Audre Lorde

Alexis Pauline Gumbs

Audre Lorde:
Sobreviver é uma promessa

Biografia

tradução
Érika Nogueira Vieira

todavia

Para McKenzie Marie Good e Penelope McClive Good

Membro da plateia: Sobre quem você estava falando quando escreveu "nós nunca estivemos destinadas a sobreviver"?
Audre Lorde: Estava falando sobre você.

Leitura de poesia, 25 de junho de 1989[1]

Parte 1
1. sentir o cheiro do vento 15
2. os ventos da orixá 18
3. prólogo 23

Parte 2
4. oyá 29
5. balada da infância 43
6. livros de histórias numa mesa de cozinha 46
7. ritos de passagem 49
8. nomeando as histórias 53
9. estudos negros 58
10. véspera de todos os santos 64
11. espelhos bons não são baratos 66
12. nota escolar 68
13. irmão alvin 73

Parte 3
14. herança-dele 79
15. a ameaça marrom 83
16. fantasia e conversa 88
17. poema para uma poeta 91
18. paz na terra 96

Parte 4

19. geração 103
20. lentes de contato 111
21. pirueta 114
22. primavera III 118
23. professora 124

Parte 5

24. a cotovia sem canto 133
25. pai, o ano caiu 139
26. (para marie) em voo 143
27. artesã 149
28. retrato 153

Parte 6

29. naturalmente 161
30. pescando a água branca 166
31. solstício 169
32. da estufa 178
33. abomé com a rua 125 188
34. horários 196
35. uma criança guiará 201
36. uma litania pela sobrevivência 213

Parte 7

37. memorial I–IV 223
38. agora 228
39. pai filho e espírito santo 233
40. za ki tan ke parlay lot 240
41. legado-dela 252
42. amor de pedra 259

Parte 8

43. na borda 273
44. amiga 279
45. para cada uma de vocês 287
46. louvor 297
47. irmã, a manhã é tempo de milagres 317
48. na casa de iemanjá 325

Parte 9

49. lar 343
50. vigas 350
51. relevante é diferentes pontos no círculo 358
52. pós-imagens 363

Parte 10

53. a princípio achei que você estivesse falando sobre 373
54. escavando 385
55. promessa futura 397
56. chamado 406
57. despedida 413
58. uma questão de clima 417

Agradecimentos 429
Notas 437
Índice remissivo 493
Créditos das imagens 515

Parte 1

*Sobrevivência é a habilidade de inspirar
conscientemente, uma vez depois da outra.*

Audre Lorde, "Black Women's Poetry Seminar, Session 6"[1]*

---

* Citações de obras já publicadas no Brasil seguiram as edições brasileiras. As referências completas podem ser encontradas nas "Notas" (p. 437). Trechos de obras que ainda não estão publicadas no Brasil aparecem em tradução livre. [N.E.].

I.
sentir o cheiro do vento

Marcas de estrago de água espalham-se pelas bordas. Camadas de pó de mofo encontram estabilidade e forma. Tenho cuidado ao tocá-los, esses exemplares de livros de Audre Lorde que sobreviveram aos furacões, enviados de St. Croix para minhas mãos. Os exemplares de Audre dos livros que ela mesma escreveu. São tesouros. Os manuais dizem que devo limpá-los com álcool desnaturado, mas primeiro sinto seu cheiro profundamente. Estou sentada em um escritório temporário esterilizado em Minnesota, mas minha língua se lembra de como o ar salgado do Caribe enferruja o motor de carros novos. Minha pele se lembra de como o sol às vezes toma tanto quanto oferece. Espalho os livros no chão do escritório cautelosamente, para não interferir nas células de pele micro-orgânicas e partículas de areia que chegaram intactas da viagem. Queria um microscópio para encontrar as digitais, a pressão e a soltura, as provas de sobrevivência.

Em vez disso, escolho um filtro de alto contraste e mando para a dra. Gloria Joseph uma selfie deitada no chão com os livros em torno da minha cabeça. Por um momento sou coroada por esse arco-íris levemente envelhecido: o tecido marrom desfiado, que já esteve ensopado, da capa dura de *Chosen Poems, Old and New*; o vermelho vivo da segunda edição de *Zami*, desbotado na lombada; as palavras rubras de *Nossos mortos em nossas costas* sobre a imagem em preto e branco de três guerreiras amazonas idosas; *Coal*, prateado como a lua através da fuligem; o amarelo desbotado da primeira tradução alemã de *Uma explosão de luz*, que devia estar em uma janela, e as nuvens azuis da edição americana do mesmo livro; o preto de *H.U.G.O. (Hell Under God's Orders)*, salpicado por uma espiral de traços de luz; o bege de uma prova não revisada de *Undersong* que conheceu inundação e sol; o azul-celeste vincado — ou seria azul do mar caribenho? — de *Irmã outsider*; a escala de cinza de três exemplares de *Cables to Rage*, com o rosto de Audre na capa, dobrados com grampos agora siena da ferrugem. Do melhor ângulo que meu pulso consegue dar conta, parece que Audre está me olhando de volta, cética em triplicata atrás de seus óculos de aros grossos e pretos.

"Como vocês conseguiram?", sussurro, relutante em me levantar do chão. "Como vocês sobreviveram?"

Dentro da primeira capa de cada livro, a dra. Gloria Joseph escreveu

>Abril de 2018
>Para Alexis
>Em memória de Audre

e assinou o próprio nome. E assim essa mensagem passa a ser parte da matéria desses exemplares particulares desses livros particulares. Uma pista de que devo ter alguma coisa a ver com sua renovação, sua próxima vida.

Se a caneta da data não fosse idêntica, poderia ter me perguntado se esses livros já haviam sido destinados a uma Alexis diferente — Alexis De Veaux, ex-aluna de Gloria Joseph, minha mentora e a primeira biógrafa de Lorde. *Quem sou eu para ajudar esses livros a voltarem a si?*, pensei. Enviei a foto e uma promessa de ser a guardiã deles e de outros artefatos que a dra. Joseph me enviou ao longo dos anos para que as gerações futuras pudessem guardar a vida frágil e eterna de Audre Lorde.

Quando Gloria Joseph me mandou esse pacote em 2018, os livros já tinham passado juntos por mais de uma tempestade. Em setembro de 2011, quando cheguei pela primeira vez do aeroporto em St. Croix para morar e trabalhar na casa em que Audre escreveu seus últimos livros e deu seus últimos suspiros, a dra. Joseph e Helga Emde corriam de um lado para outro reforçando as janelas contra mais um furacão. Nenhum dos furacões entre 1989 e 2011 foi tão forte quanto o Hugo, mas, assim como nossos corpos, os livros respondem a mudanças de pressão, à umidade do ar. Eles incham, expiram e voltam a secar. Tornam-se versões com mais textura de si mesmos.

Não sei como a casa estava sete anos depois quando, durante sua mudança de lá, a dra. Joseph decidiu me enviar esses livros pelo correio. Sei, sim, que outras pessoas que visitaram a casa desde então dizem que ela está uma bagunça, com itens aleatórios deixados para trás. Considero um milagre que aos quase noventa anos de idade, em meio às dificuldades de se mudar de uma casa que todos nós esperávamos que se tornasse um museu-santuário para nossa Lorde, a dra. Joseph tenha pensado em me mandar esses livros vincados, dobrados, anotados. E então, quando lhe foram devolvidos por causa de algum erro de envio, ela tenha colocado a caixa dentro de outra caixa e a despachado de novo.

A dra. Joseph nunca corrigia as pessoas nas ruas de St. Croix que supunham que eu era sua neta. Ela só ficava ali, em seu metro e oitenta de altura, e ria alto. Não corrigia as pessoas em St. Croix que supunham que Audre era sua irmã, não sua amada. Quando recebeu minha selfie, a dra. Joseph respondeu rápido. "Receber seu e-mail esta manhã trouxe alegria para minha alma, meu corpo e minha psique." Alguns meses depois, ela bateu à porta da morte, e então se recuperou milagrosamente quando todos tínhamos nos despedido. Um ano mais tarde, partiu de vez, aos 91 anos de idade. Durante a temporada de furacões.

2.
os ventos da orixá

Em seu primeiro funeral, Audre sentou-se na primeira fileira com lágrimas nos olhos, enquanto sua filha, Elizabeth, testemunhava: "Audre Lorde me ensinou que não precisamos ter medo de nosso poder. E a outra coisa que ela me ensinou é que não precisamos ter medo de amar". Audre apertou os lábios e sussurrou as palavras "serei para sempre" quando sua amiga próxima, Yolanda Rios-Butts, as leu em voz alta do poema "Solstício".

Audre tombou a cabeça para trás e deu um gritinho ao ouvir Blanche Wiesen Cook contar piadas sobre quando elas se conheceram no Hunter College.[1] Ela balançou a cabeça, não exatamente humilde, ouvindo as palavras de colegas e alunas sobre sua vida e seu legado, as cartas de dignatários que não puderam estar presentes, incluindo o presidente do Hunter College e o presidente do John Jay College de Justiça Criminal, que disse: "Ela tocou todos nós — inquietante, curiosa, afetuosa e real, e sempre para nos deixar refletindo e mais conscientes de nossa humanidade e, às vezes, de nossa falta de humanidade", enfatizando que a obra de Lorde "segue viva — vai sobreviver a ela e a mim e a todos vocês". Todos podiam sentir sua presença, ouvir sua risada. Podiam senti-la os tocando, não apenas com suas palavras mas com suas mãos. Ela apertou o cotovelo de sua companheira de longa data Frances, o ombro de sua irmã Helen, o rosto da mentoreada asha, o pulso de sua futura biógrafa Alexis De Veaux. Fez sua colega Johnnetta Cole rir alto. Sussurrou no ouvido de Gloria Joseph. Membros da imprensa detectaram "correntes de amor".[2] Diversas testemunhas avistaram Audre balançando os ombros aos ritmos solidários da Roda de Tambores das Mulheres Kuumba, que se reunira em sua homenagem. Foi uma cerimônia linda. E Audre estava lá.

A Lésbica Negra Feminista Guerreira Poeta Mãe Audre Lorde estava lá, respirando, rindo, falando e flertando. Fez até um discurso improvisado. Nesse evento, seu primeiro funeral, a cerimônia de dedicação do Audre

Lorde Women's Poetry Center no Hunter College, em 13 de dezembro de 1985, Audre vivia. A dois dias de embarcar para um tratamento alternativo para o câncer na Suíça, ela agraciou um encontro multigeracional que celebrava seu legado. Foi adequado que a cerimônia acontecesse no Hunter College, onde Audre estudara durante o ensino médio e a faculdade, e lecionava naquele momento como *endowed professor* [cátedra dotada]. O Audre Lorde Women's Poetry Center, batizado em sua homenagem como resultado da organização de alunas, alunos e docentes, ficaria no mesmo local da recepção: a Roosevelt House no campus do Hunter College.[3] A Roosevelt House também calhava de ser o lugar onde Audre se casara com Ed Rollins em 1962, sob circunstâncias seguramente um tanto fúnebres, se não para Audre e Ed, para alguns de seus amigos, familiares e amores.

Na noite em que as alunas ativaram seu núcleo de sonho feminista, todas as presentes estavam com o astral lá em cima. Mas também sabiam que o câncer de Audre tinha voltado. O evento foi um em uma série realizada por essa comunidade que valorizava a obra de Audre, temia sua doença terminal e via a necessidade de uma celebração e de uma cerimônia em sua homenagem.[4] Como diria Gloria Steinem anos depois: "Como ela era honesta sobre sua luta contra o câncer [...]. Sempre que líamos novas palavras e poemas dela, havia aquele peso extra e a pungência de suas limitações".[5] Essa celebração no Hunter, bem como o lançamento do livro *Nossos mortos em nossas costas* (também no Hunter) e quase todos os eventos que Audre frequentou de meados dos anos 1980 em diante, tratavam de sua vida, seu legado *e* da vida após sua morte. Mulheres negras no mundo todo celebravam a escolha de fixar o nome de Audre na porta como parte de uma vitória coletiva. A poeta Toi Derricotte, que cofundaria o Cave Canem, a mais longeva iniciativa para poetas negras nos Estados Unidos, escreveu um cartão congratulatório na ocasião: "Que coisa feliz e magnífica este centro é para todas nós mulheres negras — mulheres que, com seu amor, passaram a existir".[6] A poeta Cheryl Clarke mandou uma carta para ser lida no evento: "Não consigo pensar em nenhuma mulher negra trabalhadora, professora, escritora que mereça mais ter um centro de poesia batizado em sua homenagem, a não ser todas aquelas mulheres negras trabalhadoras anônimas que vieram antes em nome das quais sei que você aceita essa honra".[7] Clarke não fala diretamente sobre a saúde de Audre, mas acrescenta: "Desejo às alunas que lhe dedicam esse centro muitos, muitos mais anos de aprendizado com você". Clarke continua: "Obrigada por tudo que você proporcionou a mim e a todas as lésbicas negras".[8]

Nomear e reivindicar um espaço para a poesia de mulheres protegeu a própria poesia e desafiou as normas da instituição. As alunas de Audre, integrantes do diretório acadêmico e de organizações literárias do campus, se reuniram e conquistaram o que a líder estudantil Gina Rhodes disse ser "a primeira vez na história do Hunter College que a faculdade remunerava poetas estudantes".[9] As alunas de Audre a chamavam pelo primeiro nome e liam seus próprios poemas corajosos sobre abuso sexual na infância, crianças palestinas que perderam as mãos no Líbano por bombas fabricadas na América e que tiveram de ir aos Estados Unidos para receber tratamento médico, avós sentadas na frente de prédios, mulheres que mataram seus estupradores e criaram filhas nascidas do estupro. Poesia precisa e crua, de estudantes que tinham aprendido com Audre que, nas palavras delas: "A poesia é como um feixe de luz" e a "nunca ficarem caladas" e que "não tenho que ter medo de compartilhar meus sentimentos".[10]

Blanche Wiesen Cook usava um smoking. Estava incumbida de ler as cartas do presidente e do vice-presidente do John Jay College de Justiça Criminal, e acrescentou seu próprio aparte: "Mas quero sim dizer que ser amiga de Audre daquela época até hoje tem sido uma experiência de aprendizado contínua. Não é possível ser amiga de Audre sem aprender muito. Muito sobre política e sobre poder e palavras. Muito sobre você mesma e sua própria comunidade. Muito não só sobre sobrevivência mas sobre sucesso e triunfo em um mundo no qual não deveríamos sobreviver".[11]

A colega Louise DeSalvo chorou ao contar que foi a uma leitura das alunas de Audre no dia em que sua mãe fora internada em uma instituição psiquiátrica. Uma das alunas leu um poema sobre uma mulher trancada em uma dessas instituições e "naquele momento eu soube que estava exatamente onde tinha de estar. Porque ali estava uma mulher que era poeta que havia ensinado outra mulher que era poeta a escrever um poema que me curou, e Audre, é isso o que você fez por nós e eu te amo".[12]

Yolanda Rios-Butts, rouca de dar aulas no jardim de infância, contou a história de como conheceu Audre quando tinha 21 anos e "nenhuma consciência do meu valor", e de como ficou sabendo que era, na opinião de Audre, "muito inteligente mas com formação escassa".[13] Foi Audre que a ensinou de novo a ler. "Minha cartilha para aprender a ler foram as palavras de Audre. Sou plenamente formada na escola de linguagem de Audre Lorde."[14] Antes de ler seis dos seus poemas favoritos em voz alta, ela disse: "Audre, você é minha irmã, você é minha mãe".[15]

Audre testemunhou o poder de sua poesia, mesmo na boca de outras, de tocar as pessoas e fazê-las agir. Ela viu evidências de que sua poesia e sua abordagem da poesia podiam criar e transformar instituições. Gina Rhodes atribuía a Audre o crédito por ajudar as alunas a levarem a proposta do Women's Poetry Center de uma ideia no papel para um lugar físico real.

"Conseguimos alcançar sua visão com nossa visão, conseguimos alcançar sua coragem com nossa coragem, e conseguimos alcançar seu amor com nosso amor. E esta noite esse amor toma a forma de uma sala no quinto andar da Roosevelt House na qual colocaremos uma placa com o novo nome de um Centro de Poesia de Mulheres. O Audre Lorde Women's Poetry Center!", alardeou Rhodes. A multidão aplaudiu.

"Imaginem só", disse Rhodes, "que esta noite está acontecendo apesar do fato de que há um mundo lá fora que não tem interesse em ouvir a voz de poetas, de mulheres, de negras e de lésbicas, dentro e fora da academia. O que mais esta noite pode ser além de uma vitória?"[16]

"Eu só queria poder esticar meus braços em torno desta sala e abraçar todas vocês!", gritou Audre, segurando as duas placas, uma para a porta do Centro e uma para levar para casa. "Isso é que é ter o nome impresso, não é mesmo?", disse, rindo. Ela brincou alegre com o público: "Esta noite reúne três dos meus interesses favoritos: mulheres bonitas, palavras bonitas e eu mesma".[17]

Mas Audre levava muito a sério o ideal de um espaço dedicado a possíveis poemas. Ela o via como ponto de encontro energético para a jovem poeta que ela fora nos corredores do Hunter e para as jovens poetas agora matriculadas na faculdade, e como um possível "nexo" para a poesia de mulheres em geral. Entendia as palavras "centro de poesia de mulheres" de forma literal. "Sempre que olho para elas, elas me dão calafrios." Audre achava que esse Centro era um agente transformador para a energia divina e renovável da poesia na vida das mulheres.

> É uma visão que extraímos de nós mesmas, emprestando-lhe a energia do nosso corpo, do nosso amor, e passando-a adiante. E ela precisa de cada uma de vocês. Ela precisa de mulheres que nem sequer estão sentadas aqui agora, cuja boca está cheia de palavras mas que não têm um lugar para proferi-las, não têm um lugar para serem ouvidas. Bem, é disso que tem que se tratar o Audre Lorde Women's Poetry Center. Então eu lhes peço que deem um pouco da energia que vocês têm aqui esta noite,

na próxima semana, no próximo mês, no próximo ano, lembrem-se que esta é uma joia que estamos construindo juntas. E precisamos investir nossa própria vitalidade, nossa própria substância para que ela floresça e, por sua vez, também nos dê força. Estou muito feliz por isto ter chegado. Por estar começando.

Nada disso está separado, é claro, de mim mesma, das mulheres com quem compartilho, nunca está separado da consciência de mim como mulher negra em um espaço e tempo, de todas as mulheres que fui, de todas as mulheres que espero ser, que espero me tornar.[18]

Ela terminou as considerações improvisadas com seu poema "Chamado", uma invocação da deusa Serpente do Arco-Íris, Aido Hwedo. Audre explicou: "Aido Hwedo é a personificação de todas as deidades, todas as divindades do passado, cujas faces foram esquecidas, cujos nomes já não conhecemos, e que por isso, é claro, devemos adorar umas nas outras, em nós mesmas. E essa é uma prece que divido com vocês".

Menos de dez anos depois, em 18 de janeiro de 1993, o mesmo poema encerraria a verdadeira cerimônia fúnebre de Audre na St. John the Divine, a catedral inacabada do Harlem.

Audre não mencionou sua mortalidade no evento, porém, mais tarde naquela noite, depois de cruzar o rio com Frances, ela escreveu em seu diário: "Seja lá o que aconteça comigo, houve um encontro no tempo e no espaço entre alguns dos meus melhores esforços, desejos e esperanças".[19] Como escrevera depois da formatura de Elizabeth mais cedo naquele ano: "O que quer que aconteça com minha saúde, não importa o quanto minha vida possa ser curta, ela está encaminhada no mundo".[20] Repetindo a ideia presente nas expressões "Seja lá o que aconteça" e "O que quer que aconteça" em seu diário, Audre se rendeu a sua mortalidade e libertou o que não podia controlar. Mas enquanto sua filha se preparava para a faculdade de medicina, Audre assumiu o controle da própria saúde de maneiras radicais que o complexo industrial do câncer nos Estados Unidos não queria que ela imaginasse. Ela agiu de modo a proteger sua qualidade de vida e priorizar esses encontros de afirmação de legado com as comunidades que amava. Audre encarou a realidade de que a morte era iminente, mas também continuou a recrutar mais pessoas para seu legado, para sua vida eterna.

3.
prólogo

*Semana passada eu estava
morrendo. Mas agora não estou.*

Audre Lorde[1]

Quando Audre Lorde começou sua vida após a morte, em 17 de novembro de 1992, uma ampla comunidade de leitores que atribuíam a ela o crédito de ter salvado suas vidas se perguntou o que a morte dela significaria e como ou se seu legado seguiria vivo. Em Gainesville, Flórida, Linda Cue soube da morte de Lorde e ficou acordada a noite toda esperando alguma menção na CNN. Não houve nenhuma, ainda que, Cue observou, tivesse havido para James Baldwin. "Talvez alguém até escreva uma biografia", ela cogitou e depois se corrigiu: "Não. Talvez não escrevam, acho...".[2] Mas os entes queridos, alunos e desconhecidos influenciados por Audre Lorde não deixaram para um amorfo "eles" o trabalho de honrar seu legado. A própria Cue se tornou uma jovem bibliotecária em Gainesville, emprego que Audre teve em Mount Vernon, Nova York. Agora Cue apresenta a obra de Lorde para os adolescentes da sua comunidade todas as semanas.

Como Linda Cue, não posso deixar esse legado ao acaso. Quero que o legado de Audre Lorde alcance as mãos ávidas de gerações. Porque minha vida não pode ser minha vida sem honrar a vida dela. A escrita de Lorde, seu impacto em nossos movimentos, sua oferta obstinada de amor são elementares na minha existência. O universo do qual cada um dos meus suspiros é feito. E eu não sou a única.

Esta biografia, vinte anos depois da primeira biografia oficial, de diversos filmes biográficos e de uma bioantologia, não precisa confrontar o medo de que o mundo não vá se lembrar do nome de Audre Lorde. Suas alunas e as pessoas que a amavam têm sido vigilantes e prevaleceram. A questão é se nós mesmas, as gerações que Audre tornou possível, iremos sobreviver às múltiplas crises que enfrentamos enquanto espécie largamente alheia ao nosso único planeta e ignorante sobre o universo que nos conecta. E é por isso que precisamos da profundidade de sua vida agora tanto quanto sempre. Precisamos da sua poética de sobrevivência para além da versão icônica que se tornou útil em paredes de centros de diversidade e pedidos de bolsa. Precisamos do centro da vida dela, da poesia que a sociedade como um todo mais ignorou, preferindo reciclar os versos mais citáveis de seus ensaios mais citáveis (por mais necessários que esses ensaios sejam!).

Minha tarefa é seguir Audre, que estudou de perto a Terra e o universo desde a infância até o fim de sua vida, e honrar o fato de que o tamanho da vida da poeta é o tamanho do universo. No meu entender, a forma como a Terra aparece nos poemas de Audre Lorde não é meramente como metáfora ou cenário para sua análise das relações humanas. Portanto, esta biografia vai considerar o que Audre considerou e o que organizou sua vida: padrões climáticos, supernovas, escalas geológicas de transformação, poeira radioativa. Audre mencionava o mundo natural em seus poemas, não como metáfora para as relações humanas mas como um mapa para entender nossas vidas como parte de cada manifestação da Terra. Como Audre escreveu em uma carta aberta para o periódico feminista lésbico negro *Aché*: "A Terra está nos dizendo algo sobre nossa conduta de vida bem como sobre como abusamos do pacto em que vivemos".[3] Vivemos em um pacto. O planeta *é* o pacto. A Terra *é* um relacionamento.

Essa compreensão, crucial para nossa sobrevivência como seres vivos inter-relacionados, é o único modo de entendermos Audre em seus próprios termos, uma sobrevivente da injustiça contra a deficiência na infância, uma sobrevivente do suicídio da melhor amiga, uma teórica colegial do que significava sobreviver à era atômica, uma ativista universitária contra a irresponsabilidade nuclear, uma mãe que sabia que a poesia podia ajudar a ensinar seus filhos a prosperarem em um mundo racista, e finalmente uma sobrevivente de câncer, que entendia que a guerra que acontecia dentro de suas células estava conectada a todas as lutas contra opressões no planeta.

Audre fala explicitamente em entrevistas sobre como a era atômica impactou profundamente seu pensamento.[4] Ela era uma jovem leitora de ficção científica que cresceu no Harlem a quarteirões de distância dos túneis da Universidade Columbia onde pesquisadores financiados pelo governo inventaram a bomba atômica. A questão da sobrevivência na escala de uma espécie inteira permaneceu com ela ao longo de toda a vida. Os alunos daqueles pesquisadores da fissão nuclear inventariam a física de partículas e teorizariam uma realidade quântica em que a relação entre o tempo e o espaço se tornaria estranhamente multidirecional, não linear e profundamente impactada por nossa percepção. Para mim, Audre sempre foi quântica, não apenas porque ela morreu antes de eu conhecê-la, não apenas porque ela aparece na vida e nas ações de inúmeros devotos ao longo do espaço e do tempo, mas também porque sua teoria da energia e a forma como ela usou sua força vital ultrapassam a compreensão normativa da vida. Então esta não é uma biografia normativa que arrasta quem lê, linearmente, do berço ao túmulo. Este é um livro moldado pelo que Audre Lorde fez como leitora, escritora e mentora e que transformou o que um livro pode ser, o que um livro pode fazer. Esta é uma biografia quântica em que a vida em sua plenitude se manifesta no campo das relações de cada partícula. Esta é um biografia cósmica em que a dinâmica do planeta e do universo nunca está separada da vida de qualquer ser. Essa conexão profunda vale para todos nós, e vamos estudar a estranha vida de um ser que sabia disso. Como poeta, mesmo em sua prosa, Audre buscou recodificar a linguagem rumo a relações mais vivificantes na Terra. Identificando-se menos como um indivíduo do que como uma possibilidade, Audre ofereceu múltiplas versões de sua vida como um mapa. Nesta biografia, trabalho bem de perto tanto a leitura de Audre quanto sua escrita, honrando-a como uma autora que mantinha próximo o trabalho de outros autores, como faço agora. Também leio até mesmo as discrepâncias entre a Audre histórica e a versão literária de si mesma que ela ofereceu ao mundo como uma cartografia do anseio, um compromisso rigoroso de legar às gerações futuras as possibilidades que merecemos. E seguindo o exemplo de Audre, me preocupo mais em oferecer uma maravilha bem pesquisada do que em encerrar possibilidades por meio da expertise. Que este livro, que se concentra em Audre Lorde como uma maravilha do mundo, estimule ativamente seu questionamento e seu espanto. Leia este livro como um guia de sobrevivência, um ponto de conexão entre a vida de Audre e as questões mais prementes sobre seu relacionamento individual e nosso relacionamento coletivo com nosso ecossistema em transformação. Leia este livro na ordem que quiser, sabendo que ele te afetará em escala pessoal e cósmica. Leia estes capítulos como uma compilação de poemas que falam em coro e em todas as direções. Entenda cada palavra como uma oportunidade para o amor obstinado de Audre — que é o mesmo amor que pariu os vulcões e separou os continentes — chegar até você. Onde quer que você esteja.

No início de 1992, Audre deixou instruções para que suas cinzas fossem divididas em oito pacotes para serem distribuídos cerimonialmente por todo o planeta. Ao longo dos anos seguintes as pessoas que a amavam depositariam suas cinzas em cavernas subterrâneas próximas ao local onde o oceano Atlântico e o mar do Caribe se encontram em St. Croix; em dois vulcões sagrados diferentes no Havaí; em Krumme Lanke, seu lago favorito na Alemanha, entre outros lugares. E assim os mais ínfimos restos de carbono de Audre se juntaram aos mecanismos rotatórios e agitados das profundezas fundidas, ou salgadas, ou fissuradas, prontas para recriar a vida em escala geológica.

De acordo com a diretora da Thomas/Hyll Memorial Chapel em St. Croix, as cinzas cremadas de Audre nem sequer queriam ficar confinadas em sua caixa. A dra. Joseph se lembra da diretora lhe dizendo "delicadamente" que "ainda que o recipiente com as cinzas fosse lacrado com fita adesiva, ele continuava se abrindo — três vezes ela voltou a fechá-lo e a cada vez ele tornava a abrir".[5]

"Nunca irei embora de vez", nos alertou Lorde. "Sou uma cicatriz, um relato das linhas de frente, um talismã, uma ressurreição."[6] Ou como a escritora Ayofemi Folayan imaginou: "Muito depois de todos nós, agora vivos, termos nos tornado átomos no vazio do universo, alguma lembrança magnífica da grandeza que ela representou inspirará fascínio nas gerações futuras".[7]

Parte 2

Eu tive uma daquelas infâncias grotescas que transformam uma pessoa em poema.

Audre Lorde, entrada de diário[1]

4.
oyá

> *o embrulho em que venho*
> *deveria ser familiar para você*
> *como o ódio é*
> *o embrulho em que venho*
> *é próximo de você*
> *como o amor é*
> *próximo*
> *da morte*
>
> Audre Lorde, "Sonho/Canções para
> a Lua da terra de Beulah I-V"[1]

Não chovia no Harlem em 18 de fevereiro de 1934, quando Audre Lorde deu seu primeiro suspiro e abriu os olhos. Não ventava. Quietude no fevereiro mais frio registrado em Nova York. E ainda assim, Audre surgiu em meio a uma perfeita tempestade. Nesse dia no Hospital Maternidade Sloane, a bebê Lorde, como as enfermeiras se refeririam a ela, não sabia que sua vida seria moldada pelos fatores externos das guerras mundiais, da Grande Depressão, e por um racismo tão flagrante que sua comunidade do Harlem irromperia em uma rebelião logo depois de seu primeiro aniversário. Mas antes que tivesse palavras para qualquer uma dessas coisas, ela sentiu a pressão íntima, as estratégias ferrenhas de enfrentamento que sua família de imigrantes das Antilhas cultivava para sobreviver àquelas condições externas. Ela respirava e ouvia no olho do furacão, perfeitamente posicionada para aprender o perigo do silêncio.

Em seu estudo da prática espiritual do Ifá, exercida pelo povo iorubá há 6 mil anos, Audre descobriu que era filha de Oyá, a deusa dos ventos da mudança. Na tradição de Ifá, existem deidades personificadas chamadas orixás que representam a divindade de cada força da natureza. As histórias das interações entre essas deidades como amantes, irmãos, inimigos e colaboradores nos ensinam sobre a interconexão dessas forças, a conexão entre vento e eletricidade, mar e rio, profundezas e alturas, tempestades e mercados. Dessa forma, cada praticante da religião de Ifá é um cientista. E um cientista social. As histórias de Oyá nos ensinam sobre mudança e circulação e, portanto, ela é a deusa do vento, mas também do mercado e do cemitério. Oyá é a curva da dupla-hélice em nosso DNA que conecta gerações umas às outras através da morte. E quando um estudioso de Ifá reconhece que é "filho" de determinado orixá, está aceitando o fato de que as maiores lições de sua vida e os atributos do papel que tem em sua comunidade estão ligados a esse elemento específico. No caso de Audre Lorde, seu papel como filha de Oyá significa que ela incorporava o turbilhão, priorizava os relacionamentos intergeracionais e a conexão ancestral, e aceitava a destruição de qualquer coisa que precisasse ser transformada para que os elementos voltassem ao equilíbrio e à fluidez.

Como filha de Oyá, Audre acreditava que tinha a tarefa cósmica de encarnar a força elemental da mudança em sua sociedade. Mas, na história do patriarcado, uma filha é também uma trabalhadora, uma herdeira subordinada. Audre também era filha de Oyá por causa de quem seus pais biológicos foram, da relação com o conflito que aprendeu em sua família de origem e das condições políticas tempestuosas que herdou das gerações que vieram antes dela.

Audre e toda a sua geração surgiram durante o período precário entre duas guerras mundiais, em um planeta abalado pelo maior evento fatal provocado pelo homem já registrado até aquele momento. Vinte milhões de pessoas morreram na Primeira Guerra Mundial. Novas tecnologias para matar, como o combate em trincheiras e o uso de gases venenosos, deixaram suas marcas no imaginário coletivo. A mídia retratava imagens abomináveis de uma guerra total: quilômetros de cadáveres por toda a Europa, barricadas construídas com soldados mortos atrás das quais outros soldados disparavam e se esquivavam de tiros de metralhadora. Os sobreviventes traumatizados dessa guerra seriam os responsáveis pelas tomadas de decisão na vida de Audre e de todas as outras pessoas nascidas por volta de 1934. Muitos dos veteranos negros da Primeira Guerra Mundial que eram de cidades do Sul se mudaram para o Harlem, buscando um cosmopolitismo que não acreditavam poder encontrar em "casa", onde as leis de Jim Crow e os linchamentos contradiziam a dita democracia pela qual tinham lutado do outro lado do oceano.

A Segunda Guerra Mundial, que ofuscou a maior parte dos anos escolares de Audre, veria ainda mais destruição e morte em massa. A Alemanha nazista e a Itália fascista visavam judeus, negros, o povo romani, pessoas com deficiência e outras ditas não arianas na Europa, com assassinato em escala industrial em campos de morte. Aproximadamente 60 milhões morreram durante a guerra. Audre se lembrava do pai chorando as únicas lágrimas que ela viu correr pelo rosto dele enquanto a família ouvia as notícias do bombardeio norte-americano de Hiroshima no rádio de casa. "Agora a humanidade pode se destruir", sussurrou.[2]

Audre não foi de modo algum a única pessoa de sua geração a ter a consciência moldada pela guerra. O período "entreguerras" durante o qual veio ao mundo não foi de paz. A Guerra Civil Austríaca irrompeu (e terminou) na mesma semana em que ela nasceu. O leste europeu e a Europa central continuavam a ser arrasados pela violência: expulsões em massa, guerra civil, revoluções, pogroms. Até mesmo a ideia do guerreiro não era tão distante ou profissionalizada quanto podia parecer em gerações anteriores. Não apenas Audre nasceu depois da primeira conscrição nacional através da qual cidadãos norte-americanos foram "transformados em componentes dispensáveis da máquina de guerra nacional", mas durante sua vida a proporção de mortes militares e civis se inverteu de nove mortes militares para cada morte civil durante a guerra, para uma morte militar para cada nove mortes de civis em guerra.[3] Depois da Guerra do Vietnã, a ideia de guerras mundiais entre exércitos nacionais se transformou em um mundo permanente *de* guerra por tecnologia remota, em sua maioria em solo não norte-americano. Alguns historiadores chamam os efeitos colaterais dessa forma de guerra de "a morte dos outros".[4] Audre foi criada para se identificar com esses "outros" e com o próprio mundo como um lugar de guerra constante. Em 1990, na celebração de sua vida "Sou Sua Irmã", em um de seus últimos discursos, Audre falou sobre guerra para um auditório de mil pessoas que tinham acabado de se declarar soldados ativistas em seu exército de afeto e quebra do silêncio: "Devemos nos tornar tudo que somos, porque precisamos de energia para a batalha. E *é guerra*", enfatizou no Dia de Colombo, dois meses depois do início da Guerra do Golfo e quatrocentos anos após o início do projeto mortal de colonialismo de povoamento dos Estados Unidos.[5] A guerra era mais do que uma metáfora perturbadora. Ela a via como uma condição básica para sua existência.

Nascida no Harlem em uma família negra imigrante em uma comunidade que se entendia como alvo da força de ocupação da polícia branca que travava uma guerra contra civis negros, Audre não tinha o luxo de imaginar a guerra como um lugar distante.[6] Quando criança ela não sabia que durante sua vida tropas norte-americanas invadiriam a ilha da qual seus pais migraram ou que a polícia militarizada da vizinha Filadélfia bombardearia um quarteirão inteiro de uma comunidade negra, mas o impacto da guerra como um contexto sempre presente moldou não apenas sua retórica como suas decisões desde muito jovem. "Guerreira", dizia ao se apresentar.

A tempestade começou muito antes da Primeira Guerra Mundial. Começou antes da avó de Audre, Ma-Liz, também conhecida como Elizabeth Noel de Noel's Hill na ilha de Carriacou em Granada, perder seu marido português, Peter Belmar, no mar. Começou antes do dia, em 1899, em que a mãe de Audre — a bebê anteriormente chamada Linda Belmar, que um dia seria conhecida como Linda Belmar Lorde — tornou-se uma criancinha sem pai, dependente de irmãs maiores que não tinham dinheiro, mas tinham o privilégio da pele clara caribenha para proteger. Quando o marido desapareceu, Ma-Liz teve que pegar um trabalho atrás do outro como doméstica, deixando a filha mais velha, Lou, responsável pelas mais novas. Enquanto a pequena Linda estava na escola, os ventos da migração de Granada para o Panamá, Trinidad e os Estados Unidos se intensificaram. Uma nova fase do velho clima do colonialismo: o deslocamento contínuo de populações, a extração de recursos.

Quando Byron Lorde, um fugitivo de Barbados, de pele mais escura, sem pai *nem* mãe, entrou no armazém McNeely's e pegou a mão de Linda entre as latas importadas de leite condensado e os caixotes empoeirados de alimentos secos, os Belmar e os Noel devem ter tido muitas opiniões. Mas Linda passava o dia lendo revistas, trabalhando na loja do cunhado. Byron tinha um trabalho respeitável como policial. Na casa dos vinte anos, ela estava perto de ser considerada uma solteirona por sua comunidade. Alguns anos antes, quando sofreu de malária por meses, a família achou que ela certamente morreria sem se casar e ter filhos. Quando Byron pediu sua mão em casamento, os Belmar e os Noel decidiram comemorar. Dizem que, em seu delicado vestido bordado com rendas de flor de laranjeira, Linda foi a mais bela noiva.[7]

As irmãs mais velhas dela, Henrietta e Lila, já moravam em Nova York a essa altura. A Primeira Guerra Mundial desestabilizara o fornecimento de itens essenciais em Granada, aumentando os preços para além do que era antes imaginável, incluindo no armazém em que Linda trabalhava. Os preços aumentaram, mas não os salários, e o mercado de cacau de Granada chegou ao fundo do poço, provocando desemprego generalizado.

Linda e Byron entraram na onda, entre os muitos que trocaram Granada pelos Estados Unidos depois da Primeira Guerra Mundial. Talvez esperassem se beneficiar do boom econômico dos anos 1920 naquele país e depois voltar para casa. Talvez eles, os recém-casados Lorde, tivessem ideias diferentes sobre o que significava casa. Linda Belmar queria voltar para o mar do Caribe. O oceano podia ter levado seu pai, mas também devolvera a ela sua saúde. Quando lutou contra a morte por malária, foi a imersão diária no mar, aliada a remédios tradicionais, que ela acreditava terem salvado sua vida.[8]

Porém, a partir de 1921 os Estados Unidos estabeleceram uma cota para imigrantes. No mesmo ano em que os Lorde chegaram ao Harlem, a Lei de Imigração norte-americana de 1924 foi aprovada, restringindo severamente a imigração e limitando a capacidade de migrantes viajarem entre seu país de origem e os Estados Unidos. Granada se recuperou, sim, do impacto econômico da guerra na importação e da dependência excessiva do cacau como cultivo comercial, mas só em 1925, ano seguinte à partida dos Lorde. Por muitos anos Linda Belmar não teve acesso às águas curativas do mar do Caribe. Em vez disso, fazia elaboradas viagens bate-volta para praias de Nova York com as irmãs.

Todo furacão tem camadas. Mantidas juntas por pressão e calor. O vapor que sobe se organiza em faixas de chuva e vento que mantêm umas às outras tão próximas que o ar espesso ergue sonhos sólidos como casas e árvores, os arremessa uns sobre os outros, os larga onde quiser.

O pai de Audre, Frederick Byron Lorde, nasceu em Barbados em 1898. Quando o bebê Byron tinha cinco meses, ventos de 160 quilômetros por hora do grande furacão das ilhas de Barlavento varreram a maior parte de Barbados para o mar. A tempestade devastadora matou centenas de pessoas na região. Ela manteve ventos de nível de furacão por treze dias e atingiu Barbados com mais intensidade do que qualquer outra ilha. Oitenta e três pessoas morreram, 150 pessoas ficaram gravemente feridas, e 45 mil ficaram desabrigadas só em Barbados. A tempestade destruiu o motor econômico da colônia: as plantações de cana-de-açúcar. Noventa e um anos depois, Audre Lorde sobreviveria ao furacão Hugo e escreveria um relato em primeira pessoa sobre o impacto devastador da falta de responsabilidade colonial sobre os sobreviventes negros, mas em 1898, seu pai ainda criança pequena poderia estar entre os um em cada quatro barbadenses que ficaram sem moradia devido aos estragos do furacão. Passar pela tempestade como mãe solo pode ter contribuído para a decisão de Amanda Field de deixar Byron com o pai dele, Fitzgerald Lord, e desaparecer enquanto ele ainda era um bebê. Não sabemos que influência o furacão e seus estragos podem ter tido sobre a decisão do próprio Byron de fugir para trabalhar no Panamá e eventualmente migrar para Granada.

Os ventos que trazem furacões para o Caribe e os Estados Unidos todos os anos são os mesmos que impulsionaram navios negreiros pelo Atlântico. Pode ser que o furacão de 1898 tenha marcado apenas mais um estrago na vida dos descendentes de africanos escravizados que viviam em uma colônia britânica, um estrago menos formativo do que tudo que veio antes. Quando Byron conheceu Linda, ele já havia migrado pelo menos duas vezes sem olhar para trás. Enquanto Linda ansiava pelo mar do Caribe, Byron fugia de um passado complicado que incluía duas filhas que ele deixara em Granada com a mãe, Daisy Jones. Audre só ficou sabendo de suas irmãs perdidas depois que seus pais morreram.[9]

Audre nasceu de pais que viveram nas correntes do capitalismo global racial, concentrados em sobreviver, temendo perder e constantemente perdendo. Como Audre escreveria em seu poema "Diáspora":

Medo é um país sem visto de saída.[10]

Apesar do boom econômico do pós-guerra nos Estados Unidos, ninguém em Nova York queria contratar pessoas negras. Linda se passava ativamente por branca apenas para fazer trabalhos subalternos, enquanto o tom pouco mais escuro de Byron concretizava os pesadelos de seus sogros e ameaçava sua habilidade de sustentar a família. Eles nunca conseguiram guardar dinheiro suficiente para voltar para Granada. Em vez disso se concentraram na luta contra as limitações empregatícias de cunho racista, enquanto pagavam preços inflacionados por moradia e produtos. Linda se mudou de uma ilha de maioria negra onde vivia como parte da elite devido a seu privilégio de cor para um ambiente em que ser vista como uma pessoa negra significava perder seu sustento. Byron se mudou de uma comunidade em que era um policial respeitado para uma cidade em que policiais brutalizavam rotineiramente adultos e crianças negros. Os Lorde se viram em um país que sancionava a violência física e econômica com base em status raciais, em uma cidade em que obstáculos imprevisíveis podiam atingir você a qualquer momento.

Quando Audre nasceu, em 1934, seus pais já tinham duas filhas, Phyllis e Helen, e haviam sobrevivido a uma década nos Estados Unidos. Cinco anos depois da chegada deles a Nova York, e cinco anos antes do nascimento de Audre, a Bolsa de Valores caiu em meio a uma tempestade de especulação, dando início à Grande Depressão. Talvez os Lorde achassem que a Grande Depressão fosse ser só mais uma tempestade que enfrentariam antes de levar a família de volta para casa. Talvez Byron não tivesse essa intenção. Na década de 1920, os Lorde haviam feito parte de uma onda de migração caribenha para Nova York. Aquela onda convergiu em um movimento mais amplo de pessoas nos Estados Unidos. A Grande Migração estava em curso. Ex-trabalhadores rurais negros migravam do Sul rural para cidades do Norte, do Meio-Oeste e do Oeste. Ao mesmo tempo, na esteira da Primeira Guerra Mundial, filhos de fazendeiros brancos de todo o país migravam para centros urbanos. Se o racismo havia barrado os Lorde de perspectivas de trabalho em meio à relativa abundância de 1924, depois da quebra da Bolsa em 1929 parecia que todos os empregos eram destinados para brancos.

Enquanto os Lorde aprendiam os contornos específicos do racismo americano em Nova York, também testemunhavam o renascimento cultural criativo de escritores, músicos e artistas visuais negros do Harlem em sua primeira década como nova-iorquinos. Pode ter sido a aclamação de outros imigrantes caribenhos, como Claude McKay, ou das musas migrantes internas Langston Hughes e Zora Neale Hurston, ou de Countee Cullen, nascido no Harlem, que motivou os Lorde a cultivar a relação de suas filhas com os livros.

No entanto, assim como a Grande Depressão esvaziou grande parte do financiamento que alimentava o renascimento no Harlem, também provocou uma grave tensão em famílias negras como os Lorde. Ecoando a lógica colonial dos territórios caribenhos, no Harlem, os brancos eram proprietários dos negócios e serviços que supriam as necessidades básicas da vida, e impediam o emprego de negros através de políticas oficiais e práticas não oficiais. A maioria dos negócios que pertenciam a negros, até no Harlem, era no ramo de serviços — como barbearias e restaurantes —, que foi o que mais sofreu durante a Grande Depressão quando seus clientes habituais lutavam para atender às necessidades básicas. Enquanto as condições ficavam cada vez mais desesperadoras, a polícia desempenhava um papel repressivo e prendia os membros das famílias que buscavam sobreviver de formas alternativas, como engraxando sapatos nas ruas ou vendendo jornais depois do expediente.

Poucas semanas antes do nascimento de Audre, o teatro Apollo abriu suas portas. Contadores de histórias negros, sobretudo músicos, enchiam o lugar com energia narrativa e a transmutação da raiva em criatividade expressiva, e forjavam uma linguagem coletiva na canção. Nesse mesmo ano um contador de histórias diferente, o Congresso norte-americano, criou a Comissão de Valores Mobiliários (SEC, na sigla em inglês), uma narrativa sobre seguridade financeira e econômica projetada para restaurar a fé na Bolsa de Valores, embora o público ainda estivesse lidando com os efeitos desastrosos da quebra de 1929. Enquanto os negros suportavam o fardo da calamidade econômica, o governo norte-americano lutava para restaurar uma narrativa econômica na qual o capitalismo especulativo pudesse reivindicar uma aura de sensibilidade e equidade apesar da experiência coletiva da Grande Depressão. Quando o financiamento assistencial econômico do New Deal por fim chegou, o Home Relief Bureau discriminou as comunidades negras na distribuição de fundos e na contratação.

Uma resposta a essas condições racistas foi a campanha "Não compre onde você não pode trabalhar", através da qual os consumidores negros do Harlem coletivamente pressionaram empresas com práticas de contratação discriminatórias. Outra foi o Motim do Harlem de 1935. Provocado por um rumor de que um policial teria assassinado uma criança, o motim acabou por levar à criação de uma comissão da prefeitura para detalhar as consequências voláteis da discriminação extrema que os moradores do Harlem sofreram durante a Depressão. Audre tinha um ano de idade.

Byron e Linda reagiram à discriminação no trabalho criando seu próprio negócio em uma área essencial: habitação. Nos 25 anos que antecederam o nascimento de Audre, a população negra no Harlem cresceu 600% (de acordo com o relatório da comissão do Motim) e a discriminação em relação à moradia era galopante.[11] Em 1930, depois do nascimento de Phyllis, a primeira filha dos Lorde, Byron começou um curso noturno e tirou sua licença para ser corretor imobiliário. Ao começar o próprio negócio, os Lorde atenderam a uma necessidade crescente de uma comunidade em busca de moradias acessíveis e cansada dos abusos de senhorios racistas. Eles começaram sublocando imóveis em prédios de propriedade de senhorios brancos, e por fim alugaram imóveis em prédios de que eles mesmos eram donos ou que tinham arrendado, incluindo uma pensão em Lenox entre as ruas 127 e 128. "Morem na casa dos Lorde", sugeriam em seus materiais de marketing, fazendo uma releitura do testemunho do Salmo 23 do Senhor [Lord] como pastor: "Certamente que a bondade e a misericórdia me seguirão todos os dias da minha vida, e habitarei na casa do Senhor para sempre". A família Lorde pode não ter sentido que a bondade e a misericórdia a seguiu até os Estados Unidos, mas sua estratégia de marketing se destacou devido ao profundo desejo por moradia que compartilhava com os outros moradores negros explorados e desamparados do Harlem.

Na estrutura de um furacão, a parede do olho é o anel de vento e chuva mais firme e próximo ao centro da tempestade. São as rajadas de vento mais violentas, capazes de produzir a pior destruição. Mas a compressão na parede do olho também cria um espaço de imobilidade, e às vezes até de luz solar no olho da tempestade. A parede do olho protege a integridade da tempestade. É a coerência da tempestade. Sem ela, a tempestade se dispersaria e destruiria a si mesma.

A casa de Linda e Byron era uma fortaleza contra as forças destruidoras que determinavam a vida deles e de suas filhas no mundo externo. Eles criaram as filhas de um modo que consideravam apropriado frente ao racismo e à injustiça econômica que enfrentavam. As palavras que Audre usou para descrever a situação precária de sua própria filha e de seu próprio filho nos anos 1970 se aplicavam à situação que ela e as irmãs enfrentaram na década de 1930: "Eles são negros na boca de um dragão que os define como um nada".[12]

De acordo com Audre e suas irmãs, seus pais criaram uma ilusão de poder total.[13] Quando as pessoas cuspiam neles na rua, Linda convencia as filhas de que o vento tinha levado a saliva para longe do alvo pretendido, o chão. Quando os pais as mandavam para a cama sem jantar, as meninas achavam que era um castigo por seu comportamento nunca bom o suficiente, não o resultado inevitável da situação financeira.[14] Os Lorde usavam todos os instrumentos de que dispunham para mitigar o impacto que o racismo teria sobre as filhas.

Byron e Linda tomavam decisões a portas fechadas no quarto e as apresentavam como lei para as filhas. Nada era aberto para debate. Suas regras rígidas significavam que Audre e as irmãs não podiam brincar na rua com outras crianças. Isso provavelmente serviria para blindá-las da polícia do Harlem, que costumava prender crianças por motivos controversos.

Como a comissão da prefeitura sobre as causas do Motim do Harlem apontou, o Harlem Hospital, perto da casa deles, era uma confusão de má administração, atendimento precário e segregação interna nos anos que levaram ao nascimento de Audre, mas não foi ali que Audre nasceu.[15] Ela nasceu no Hospital Maternidade Sloane, fundado pelos Vanderbilt, na Universidade Columbia.[16] O relatório também observou que na década que antecedeu o nascimento de Audre nenhuma nova escola pública de ensino fundamental havia sido construída ou reformada na área. Os autores do relatório recomendaram que a escola que ficava na vizinhança deles fosse interditada e demolida imediatamente. Mas as filhas dos Lorde não estudaram na escola pública da vizinhança; estudaram em escolas católicas. E Byron garantiu que, quando chegasse a hora, Audre pudesse fazer a prova de admissão para o prestigiado Hunter College High School for Girls no Upper East Side.

O que Linda e Byron tinham de mais consistente a oferecer era trabalho e cuidado. Byron saía para trabalhar antes de as filhas acordarem e muitas vezes chegava em casa bem depois de elas já terem jantado, mas aos domingos ele lhes fazia seu café da manhã especial de ovos e fígado.[17] Audre não falava muito de carinho em seu lar de infância, mas lembrava que o pai a deixava arrancar os cabelos brancos de sua cabeça. Byron também levava para casa vários livros, para garantir que as filhas tivessem bastante material de leitura.

Linda Belmar trabalhava muitas horas em casa e ajudava Byron no escritório da imobiliária, mas não deixava de levar as filhas com regularidade à biblioteca, ao rio e a um pequeno parque na vizinhança. Ela aquecia os dias frios com suas histórias constantes sobre a infância em Granada e Carriacou e ensinava as meninas a cozinhar pratos típicos das ilhas que elas começaram a imaginar como seu verdadeiro lar, para além das dificuldades de Nova York. Os primeiros poemas de Audre foram tributos a sua mãe. Ela colhia grama e ervas daninhas para fazer "buquês" para Linda em suas primeiras idas aos poucos espaços verdes acessíveis do Harlem.[18]

Quando a Segunda Guerra Mundial eclodiu, Byron ainda era jovem o suficiente para ser convocado por um ano e meio, mas blindou sua família e a si mesmo do impacto do recrutamento para a guerra de pelo menos três formas concretas. Duas foram táticas. Primeiro, apresentou seu alistamento militar e foi incluído nos registros da Guarda Nacional, porém nunca se apresentou para o treinamento. Isso eventualmente fez com que fosse declarado "desistente". Segundo, em vez de prestar serviço militar direto, esse ex-policial robusto concluiu seu serviço obrigatório no turno da noite em uma fábrica de munições, depois de trabalhar o dia todo na imobiliária. O terceiro modo de Byron proteger a família do impacto da guerra é revelado em seu registro de alistamento militar. Quando solicitado a informar nome e endereço de alguém que "sempre saberá seu endereço", escreveu "sra. Frederick B. Lorde" e repetiu o mesmo endereço que tinha informado antes. Ele tecnicamente respondeu à pergunta, mas não forneceu nenhuma nova informação ao governo, a não ser o fato de que era casado. Não deu o primeiro nome da esposa, possivelmente porque Linda estava no meio de seu processo de naturalização para se tornar cidadã norte-americana. Pode ser que ele estivesse tentando diminuir as chances de cruzamento de informações. Ou talvez essa tenha sido uma das muitas maneiras pelas quais se interpôs entre o mundo dos brancos e sua esposa e filhas.

Em sua poesia Audre descreve a casa da infância como uma zona de guerra, uma tempestade, um motim. Ela descreve o pai como "relâmpago distante", a mãe como "adormecida em seus trovões".[19] "Minhas primeiras memórias são de guerra entre Eu e Eles", diz. "'Eles' eram minhas duas irmãs e meus pais. Era o campo deles contra o meu, e como sempre havia mais deles, eu sabia desde muito cedo que teria que ser mais esperta que todos eles juntos."[20] A mãe delas podia explodir a qualquer momento. "Minha mãe era uma histérica maníaca e angélica alimentada por infinitas fúrias", disse à revista *Christopher Street*. No mesmo fôlego acrescentou: "E eu também sou".[21] Audre se rebelou contra tudo. "Na minha pré-adolescência e adolescência, era em um estado constante de hipersensitividade que me lembro de existir."[22]

Em entrevistas, o lar era um lugar violento. Audre disse à *Gay Community News*: "Fui uma criança que apanhou".[23] Em uma conversa publicada com Adrienne Rich, Audre explicou que para ela confrontar e até mesmo se divertir com a punição era um modo de vida desde a infância: "Quando penso em como eu flertava com os castigos... Eu mergulhava de cabeça. [...] Estou falando de toda a minha vida".[24] Mais tarde, quando republicou a entrevista em *Irmã outsider*, cortou a parte sobre se tratar da primeira infância. Mas em outra entrevista reafirmou que sempre fora uma guerreira: "Eu era uma bebezinha bem beligerante".[25]

Audre descreve os maiores conflitos domésticos como emocionais. Ao longo de sua carreira ela escreveria sobre como a mãe, Linda, expressava seu racismo internalizado castigando Audre, a mais escura das filhas. Suas irmãs lembram de Audre fazendo birra quando era criança pequena e se recusando a se vestir.[26] E na casa dos Lorde, o próprio choro era um ato de rebeldia. Em uma história sobre sua infância, ela explicou que chorar era raro. "Nossa mãe nos criou para não fazer isso. Era, pensávamos, um sinal de fraqueza."[27]

Quando o pai de Audre a pegava roubando, colocava uma arma carregada sobre a mesa e a encarava até que ela confessasse. Era seu jeito de provocar medo sem agredir fisicamente. A arma sobre a mesa possuía uma mensagem que ele nunca articulou por completo sobre a gravidade da palavra dela. A gravidade de uma mentira pronunciada. Seu pai nunca bateu nas filhas, e até seus primos imaginavam que nunca teriam sobrevivido a uma surra do "tio Lorde". A ameaça de sua raiva não expressa os amedrontava a ponto de o chamarem, entre todos os tios, pelo sobrenome. Audre notava o pai trabalhando oitenta horas por semana e "voltando à meia-noite/ de círculos contraídos de raiva".[28] No seu entendimento, perseguir um sonho americano que não o incluía acabou por destruí-lo de dentro para fora. Mais tarde, quando Audre tinha dezenove anos, ficou corredor do hospital ouvindo o pai em seu leito de morte.[29] Ele repetia o último versículo do Salmo 23, texto-fonte do lema comercial da imobiliária: "e habitarei na casa do Senhor para sempre". Ouvindo o pai lutar *no vale da sombra da morte* com cerca de cinquenta anos, ela sentiu que ele não recebera nada da *bondade e misericórdia* que o salmo prometia. Audre falou e escreveu sobre esse momento até ela mesma enfrentar a morte. Acreditava que a incapacidade do pai de expressar sua frustração e seu pesar de modo saudável o matou muito antes da hora.

Mas mesmo Audre pode não ter entendido a profundidade da sensação de abandono do pai. Ela repetiria a frase "uma nova grafia do meu nome" em sua poesia e prosa ao longo da carreira, mas foi Byron Lorde, nascido Frederick Byron Lord, o primeiro a mudar a grafia de *seu* nome depois de deixar Barbados, possivelmente para atenuar a ligação com Fitzgerald Lord, o pai de quem fugiu apenas para encarar a rejeição quando por fim encontrou a mãe. Ele se recusava a falar dessas experiências da infância com as filhas. Elas nunca ficaram sabendo o que ele passou ao crescer na casa de Lord. Seu silêncio transformou a própria casa e seu negócio em uma fortaleza.

Byron e Linda talvez pensassem em sua casa como o espaço mais seguro que podiam oferecer nas circunstâncias que enfrentavam no Harlem, mas para Audre a dinâmica da família ainda fazia parte de um ciclo destrutivo fora de controle. Ela conseguia sentir a dor e a opressão que os pais tentavam esconder e se ressentia deles por se recusarem a falar a esse respeito.

Audre protestava. Ela era a única pessoa na casa que tinha seu próprio quarto. "Eu era tão louca que não conseguia viver com ninguém", explicou mais tarde.[30] Então, aos treze anos, extasiada com seu corpo em mutação, decidiu dormir nua. A mãe lhe disse para usar as roupas de dormir porque o pai tinha de entrar no quarto em que ela dormia para pegar as próprias roupas no armário antes de ir trabalhar. Recusando-se a abrir mão de sua autonomia corporal, ela pendurava o pijama do lado de fora da porta do quarto como um estandarte para que o pai e todas as outras pessoas tivessem certeza de que ela estava de fato nua na cama. "Eu realmente achava que se ele ficava incomodado com o meu corpo era ele quem não devia entrar, porque era o *meu* quarto", disse.[31]

Ao contar isso quando adulta, e enfatizando o "*meu*", Audre parece estar apontando a própria falta de consideração adolescente, considerando o fato de que o "*meu* quarto" era na verdade um espaço familiar compartilhado. Já mãe, dando uma entrevista, tinha mais consciência de que o pai precisava acessar aquele espaço para pegar as roupas para trabalhar antes de ela acordar de manhã, para conseguir pagar por aquele quarto e todas as despesas de sua vida. Mas adolescente ela não pensava no fato de que a comida que nutria seu corpo em mutação dependia das muitas horas de trabalho do pai. Esse é um espaço em que vemos Audre moldando a narrativa de sua vida. Ao contar essa história para outras feministas lésbicas, leitoras da revista *Christopher Street*, ela criou uma linha direta entre sua rebelião adolescente e seu eu feminista lésbico adulto. O espaço em questão deve ser seu quarto, um símbolo de sua autonomia corporal, e não o que ele era para seu pai: um armário. Linda bateu em Audre por esse ato de protesto. Mas Audre nunca parou de protestar.

Suas irmãs respondiam ao lar antilhano severo onde todas cresceram com obediência total e não pareciam capazes de expressar a mesma rebeldia adolescente que Audre. No entanto, apesar dos castigos severos, Audre se recusava a ser mais parecida com as irmãs e obedecer. Em suas reflexões de adulta, descreveu os castigos em casa como constantes e imprevisíveis. Talvez calculasse que não correria menos risco se seguisse as regras dos pais.

Ou talvez se rebelasse porque além de ser filha de imigrantes caribenhos ela também era filha de Oyá, a deusa iorubá associada aos ventos caóticos de mudança. Audre forja a própria persona nesses termos. Ela nasceu para tumultuar, para romper vários sistemas de opressão, simplesmente ao ser ela mesma. Em seu poema "Oya", Audre descreve o lar de seu pai ex-policial como uma prisão, e os sonhos de sua mãe como balas. Mas no poema ninguém é mais perigoso do que a filha que fala, insistindo:

> eu te amo
> agora me liberte
> rápido
> antes que eu nos destrua.[32]

5.
balada da infância

Falar exige que o falante coordene centenas de pequenos músculos. Qualquer um deles pode se recusar a funcionar conjuntamente em dado momento. Isso é gaguejar. Às vezes a gagueira se manifesta como uma repetição involuntária de uma sílaba de uma palavra, uma pausa percussiva. Às vezes a gagueira se manifesta como um alongamento involuntário de uma sílaba dentro de uma palavra, resultando em um som um pouco mais longo do que as vogais longas que Audre Lorde pronunciava quando recitava seus poemas em voz alta. Ou a gagueira pode aparecer como um bloqueio. Silêncio involuntário. Uma incapacidade temporária de produzir qualquer som devido à tensão nas cordas vocais, que interrompe o fluxo de ar do falante.

Audre escreve sobre deficiência "em tudo menos no nome" quando se caracteriza como uma criança quase cega que "só falou aos cinco anos de idade e gaguejava quando começou de fato a falar".[1] A Audre de três anos gritava. Não conseguia enxergar além das mãos. Ela transitava por uma paisagem embaçada sem ser capaz de falar com seus cuidadores. Hoje em dia especialistas têm escrito sobre a frustração intensa que crianças com atraso na fala e com deficiência visual sentem quando não conseguem se comunicar ou satisfazer suas necessidades, resultando em birras como as que Audre e suas irmãs se lembram. Os pais estressados também sofrem, envergonhados em público por essas birras. O que as irmãs de Audre lembram enquanto birras inconvenientes que atrasavam as tarefas do dia, e o que Audre lembra enquanto o modo como ela "flertava com os castigos" através de provocação, podem ser todas formas de descrever uma necessidade não atendida de autoexpressão que resultava em gritos.[2] O único jeito de expressar suas necessidades não pronunciadas e não atendidas. Frustrada e incapaz de se comunicar verbalmente quando criança, Audre ficou ainda mais determinada a fazer sua voz ser ouvida.

***

Ativistas pelos direitos das pessoas com deficiência e acadêmicos invocam com orgulho Audre como uma ancestral do movimento, citando seu insight de que "não vivemos vidas com questões únicas" como o primeiro dos dez princípios dos direitos das pessoas com deficiência. A escritora Aurora Levins Morales diz que Audre "não teve a voz coletiva dos direitos das pessoas com deficiência para nomeá-la durante seu tempo de vida como poderia ter tido trinta anos depois. Não existia esse contexto. Não existia esse terreno".[3] Ainda que a linguagem dos direitos das pessoas com deficiência não existisse durante o período de vida de Audre, a deficiência da infância com certeza moldou sua existência. Como criança com deficiência, o acesso de Audre a amizade, educação e conforto era ameaçado pelas barreiras do capacitismo, do racismo e de todos os sistemas de opressão que a cercavam e às vezes a transpassavam.

Adulta, Audre vai explicar que sua primeira infância não verbal foi uma escolha. "Eles me levaram ao médico porque acharam que eu era muda, mas eu só era sensível mesmo", diz ela, observando que, de qualquer forma, nunca seria capaz de abrir a boca entre seus pais e irmãs.[4] O fato de seu atraso na fala nunca ter sido diagnosticado como associado a uma deficiência mais duradoura pode tê-la levado a sentir, em retrospecto, que a escolha foi dela. Histórias sobre Virginia Woolf, Albert Einstein e outros gênios com atrasos na fala podem ter contribuído para o modo como ela interpretou essa parte do início de sua vida e a transformou em uma lição inspiradora para as gerações vindouras. Politicamente, Audre cresceu insistindo que o silêncio era uma escolha não apenas para ela mas para todos, uma escolha que repercutia a ênfase em direitos e escolhas no Movimento dos Direitos Civis e na segunda onda do feminismo. Ela usava seus eventos com falas públicas como uma oportunidade para ensinar muitas pessoas a transformar o silêncio em linguagem e ação.[5] "Meus silêncios não me protegeram. Seu silêncio não vai proteger você", disse ela em seu discurso bastante citado na Modern Language Association.[6] "Então é melhor falar", insistiu no fim de seu poema mais recitado, "Uma litania pela sobrevivência". Mas no mesmo poema ela descreve a dor coletiva de não ser ouvida.

> e quando falamos nós temos medo
> de nossas palavras não serem ouvidas
> nem bem-vindas
> mas quando estamos em silêncio
> ainda estamos com medo.[7]

Adulta, Audre achava o silêncio perigoso. Ela repreendia as plateias de mulheres brancas por não se manifestarem no momento de debate depois de suas performances poéticas, mesmo quando o silêncio na multidão poderia ter sido causado pelo poderoso impacto transformador de suas palavras. Em seus relacionamentos insistia que as outras pessoas elaborassem seus raciocínios *em voz alta* com ela, e ficava magoada, às vezes chegando a atacar, se elas se recusavam a falar. Se ela, uma criança não verbal, pôde se tornar uma poeta expansiva, então as outras pessoas também deveriam se desafiar e falar. Audre também não aceitava seus próprios silêncios adultos. Ela se desculpou por não se pronunciar da primeira fileira na Conferência Nacional de Escritores Afro-Americanos na Universidade Howard em 1979 quando Frances Cress Welsing e outros nacionalistas culturais negros lançaram um ataque homofóbico contra Barbara Smith enquanto ela estava no palco dividindo seu ensaio "Rumo a uma crítica feminista negra".[8] É sempre possível falar, ensinou, mesmo que não seja fácil. Mesmo que a voz vacile. É simplesmente uma questão de como o fazer.

Mas e se a fala nem sempre for uma escolha?

O artista JJJJJerome Ellis reconheceu seu gaguejar como seu "maior professor".[9] Artista, músico e, frequentemente, orador público, ele convida o público a se relacionar com o modo como sua gagueira se manifesta, por meio de blocos de pausas involuntárias, como uma oportunidade para os que escutam fazerem um momento de silêncio. Para Ellis, um momento de silêncio significa o que costuma significar popularmente, e nos convida a nos lembrar dos mortos, a lamentar nossas perdas, honrar uma realidade indizível que merece nossa presença e atenção. Mas quando provocado por um bloqueio involuntário de fala, um momento de silêncio não tem a mesma função que poderia ter tido em uma reunião escolar a que Audre assistiu durante a Segunda Guerra Mundial, ou um evento de ativistas onde ela falou adulta. No caso desse tipo particular de silêncio, ninguém sabe quando ele vai acontecer, nem mesmo quem o inicia.

Somos vulneráveis na medida em que não sabemos quando o silêncio vai assumir o controle, formatando o tempo além da nossa vontade. Não sabemos exatamente o que precisamos lamentar nem quando. Não sabemos quando o silêncio virá ou irá. Audre Lorde afirma que só começou a falar aos cinco anos. E antes disso? Só podemos imaginar o que ela teria dito.

6.
livros de histórias numa mesa de cozinha

A jovem Audre segura o livro junto do rosto e contorna as figuras com os dedos. Para ela, antes de usar óculos, as árvores nos velhos e gastos livros infantis e as árvores no parque convergiam, igualmente vagas. Nuvens verdes presas à terra por conexões marrons.[1] Ela consegue segurar um livro, mas como os pais a mantêm dentro de casa e não convidam outras crianças para brincar, é raro ver o rosto de uma amiga. Já é um enigma e tanto entender a mente dos membros de sua família, uma vez que ela não consegue ver o que o rosto deles está fazendo. Mais tarde ela vai imaginar que eles se contorcem em formas de desaprovação.

Em sua escrita, Audre Lorde descreve os limites de sua experiência de ser legalmente cega. Ela se lembra de funcionários de uma clínica cutucando-a durante um exame oftalmológico, e de como riam quando se retraía ao seu toque cruel. Deduziram, por sua fala atrasada, que ela não conseguia ouvi-los dizer "Deve ser retardada também".[2] Ou talvez deduzissem sobretudo que ela não seria capaz de contar a ninguém sobre o comportamento malicioso deles em relação a uma criança sob seus cuidados.

Audre finalmente ganhou óculos e de repente conseguia ver as folhas nas árvores. Ficou maravilhada ao se dar conta de que tantas partes minúsculas formavam o todo. Conseguia ver a expressão facial de estranhos. Em seu ensaio "Olho no olho: Mulheres negras, ódio e raiva", Audre descreve a repulsa no rosto de uma mulher branca com um casaco de pele no metrô quando ela sentou ao seu lado: "Ela contorce a boca enquanto me encara [...] as narinas dilatadas, os olhos arregalados".[3] Audre consegue enxergar o rosto da mulher. Antes de usar óculos, não tinha internalizado as linhas afiadas das pessoas que a excluíam da vida social na cidade em que nasceu. No borrão da primeira infância, não era muito claro onde ela terminava e tudo o mais começava.

Fred Moten, outro poeta e teórico americano bastante míope, e que, ele mesmo admite, não limpa os óculos com frequência, tem uma teoria sobre o potencial do borrão em um mundo de definições letais.[4] Considerando o borrão entre pinturas enquanto uma pessoa avança por uma galeria, o embaçado intencional de alguns pintores, o uso digital de movimentos desfocados e sua própria miopia por trás de óculos manchados, Moten está interessado em uma prática de estar que possa "recusar os limites do corpo e abraçar a proliferação de sua devoção irregular à diferença e à indefinição".[5] Ele sugere então que "a indefinição é o campo de onde as diferenças surgem", e que "a indefinição do espírito não admite personalidade".[6] Audre se tornaria tanto um indivíduo icônico e poderoso quanto um ser cuja energia fluía para além de seu corpo e de seu tempo de vida mesmo enquanto ainda estava viva. A experiência do início de sua infância de proximidade e isolamento necessários, especificidade sensorial e desfoque é importante para os métodos que ela usaria para criar sua vida e sua obra.

"Sou funcionalmente cega a três metros de distância, mas tenho um ponto focal que fica a cerca de sete centímetros na frente dos meus olhos", disse ela em uma entrevista de rádio relembrando sua vida.

> Tenho uma visão muito microscópica. Adoro olhar profundamente as coisas. Então quando olho para você [...] estou te escrutinando e te olhando com cuidado porque exijo de tudo o que olho que eu veja com profundidade e clareza, e olho para você do mesmo jeito que olho para pedras e conchas. [...] Meus olhos estão sempre ávidos por detalhes.[7]

Mesmo antes dos óculos, Audre consegue ver as próprias mãos. Ela as aproxima, estuda as linhas e reentrâncias. Um dia vai usar essas mãos para escrever sobre mãos. As suas próprias e como as de sua mãe a fizeram lavá-las de novo e de novo. Filha mais escura entre as três irmãs, a mãe de Audre lhe diz que suas mãos estão sempre sujas. Ela as olha de perto tentando ver o que deixou passar. Ela as lava até ficarem em carne viva tentando tirar o marrom. Um dia vai escrever um poema sobre como a linguagem do colonialismo e do racismo, tacitamente presente no colorismo de sua mãe, marca suas mãos em pesadelos. O eu lírico do poema se recusa a lavar as mãos porque aprendeu a estimar as palavras que as mancham, caminhos de tinta para outra vida possível.[8]

No início da infância, não havia palavras. Apenas mãos. Então Audre dependia do tato. Usava esse sentido para entender o que a cercava. Continuou a depender dessa lição inicial: você só pode entender o que está perto o bastante para tocar. Ela vai expressar isso mais tarde com amantes e aspirantes a amantes. Vai ficar conhecida como alguém que flerta em público, sempre encostando no braço da outra pessoa enquanto pontua sua fala. Mas antes de qualquer uma dessas coisas, almejava o toque da mãe, almejava o afeto do pai, ainda que eles dedicassem todo seu amor à criação do lar seguro ao seu redor, que ela só consegue enxergar em borrões. Antes de falar, gesticulava, gritava até que alguém chegasse perto o bastante para que ela agarrasse a pessoa com suas mãozinhas minúsculas.

    E perto o bastante para sentir o cheiro. Era mais fácil para a pequena Audre sentir o cheiro das emoções de seus pais e irmãs do que ler seus rostos. O leite salgado da cama de sua mãe. O ensopado na cozinha, as mangas, a graviola e os condimentos que a mãe trazia do mercado sob o viaduto do trem da Park Avenue, muito mais vívidos do que qualquer coisa que ela conseguia ver durante aqueles primeiros anos. Adulta, vai escrever poemas que habitam o olfato, o cheiro íntimo da pele, o odor de ralo de uma cidade putrefata, o aviso agudo de uma percepção acre. Professora, vai julgar os poemas dos alunos de acordo. *É bonito, mas cheira a quê? Tem gosto de quê?*[9] A poética de Audre não é uma poética da visão desde lá. O poema só funciona se trouxer tudo para tão perto que dê para sentir o seu cheiro.

7.
ritos de passagem

De acordo com Audre Lorde, quando finalmente começou a falar, aos cinco anos, só falava em poesia:

> Quando alguém me perguntava "Como você está?" ou "O que você pensa?" ou qualquer outra pergunta direta, eu recitava um poemaa, e em alguma parte daquele poema estaria o sentimento, a informação essencial. Podia ser um verso. Podia ser uma imagem. Aquele poema era minha resposta.[1]

Ela encontrava a maioria daqueles poemas em um livro grosso de 262 páginas: *Mother Goose: The Old Nursery Rhymes*, selecionados e ilustrados por Arthur Rackham. Ele é preto sobre preto. Capa preta, fontes pretas. Letras douradas na lombada desbotando, esmaecidas por mais de três décadas de uso por outras crianças. O livro é grande e não tão fácil de manusear para uma menina de cinco anos que usava sapatos ortopédicos, mas ela se virava.

No fim dos anos 1930 e início dos 1940 a sala infantil na filial do Harlem da Biblioteca Pública de Nova York não levava o nome em homenagem a Countee Cullen. A coleção fundacional de Arturo Schomburg de artefatos históricos africanos e afro-americanos ainda não tinha influenciado o Departamento de Aquisições dela. Mas a sala infantil central da Biblioteca Pública de Nova York em *downtown* tinha muitos livros ilustrados por artistas britânicos, incluindo uma enorme doação anônima de primeiras edições por ocasião da morte de Rackham em 1939. E, como de costume, a filial do Harlem ficava com os livros usados e relegados de que a sala infantil central já não precisava. Audre se lembra de que na sala infantil do Harlem havia "os livros mais velhos, nas piores condições".[2] E apesar do Renascimento do Harlem, levaria muitos anos até que livros relevantes no que diz respeito à raça fossem disponibilizados para as crianças do Harlem através da biblioteca. Mas o que a filial da rua 135 tinha, *sim*, era uma bibliotecária negra dedicada.

A pequena Audre estava gritando, chutando, batendo o pé e constrangendo completamente as irmãs mais velhas no clube da biblioteca no dia em que conheceu Augusta Baker, a bibliotecária de pálpebras caídas do setor infantil. De acordo com uma entrevista, a mãe de Audre a pegou pelas orelhas para castigá-la pela perturbação ressonante. Ela não perguntou "O que você acha? Como você está?". Mas bem nessa hora Augusta Braxton Baker se aproximou e olhou Audre no rosto. Disse: "Quer que eu leia uma história para você?".[3] Então Augusta, neta de uma poderosa contadora de histórias da Carolina do Sul, abriu a boca e levou Audre para outro mundo.

Em *Zami*, Baker não resgata a pequena Audre de sua birra e do castigo da mãe, ela provoca um duplo milagre. Primeiro, convoca uma das primeiras frases coerentes de Audre: "Quero ler!". E essa afirmação provoca o segundo milagre. A supostamente não afetuosa Linda se inclina e abraça Audre e a beija bem ali na biblioteca, exultante com sua capacidade de falar. Em entrevistas Audre não menciona o fato de Baker ter inspirado algumas de suas primeiras palavras ou de sua mãe ter sido afetuosa em público na biblioteca, então a cena em *Zami* pode representar mais seu desejo do que sua memória daquele dia. Mas corrobora a ideia de que, da perspectiva de Audre, conhecer Augusta Baker foi uma bênção formativa, para sempre ligada a como os livros a levariam para onde ela queria ir.

A maioria das pessoas não estabelece nenhuma diferença entre a história de vida de Audre e a fabulação em *Zami*, mas devemos fazê-lo. A poeta Diane di Prima, amiga de toda a vida de Audre, fez algo parecido em seu livro *Memórias de uma beatnik*, que era na verdade não um livro de memórias mas um romance erótico baseado na experiência de Di Prima — como em *Zami*, a protagonista tinha o mesmo nome da autora: Diane di Prima. Durante os anos em que Audre escrevia *Zami*, foi publicada uma coletânea de cartas de Virginia Woolf que incluía uma missiva para uma amiga sobre quem estava escrevendo um conto semificcional. Woolf pede mais informações sobre a vida da amiga, incentivando-a, "já que sou sua bio/mitógrafa".[4]

Audre nunca disse ter sido influenciada pelas cartas de Woolf quando escrevia *Zami*, e pode ser uma coincidência, mas, mesmo assim, a coincidência se expande e abarca o fato de que Audre não escrevia apenas uma história de vida mitológica para si, e sim intimamente sobre sua amiga querida Genevieve e outros amigos que morreram antes de ela escrever o livro. Quando começou a promover *Zami*, se referia repetidamente ao livro como "um romance" e à personagem principal Audre como "a protagonista".

Ela se sentia responsável por toda a sua geração, especialmente as mulheres que não podiam escrever sua própria história de vida. Assim autorizou sua protagonista a passar por coisas que podem não ter feito parte de sua vida de fato, mas que foram experiências que decerto ela e seus pares encararam nos anos 1940 e 1950. Para os fins desta biografia, leio *Zami* como uma janela para os modos como Lorde, enquanto escritora, pensava sobre o contexto de sua própria vida, e um espaço rico para discrepâncias entre viver uma vida e mitologizá-la para um uso mais amplo. Às vezes leio *Zami* como um lugar em que podemos ver as fantasias de Audre e sua visão crítica sobre o que vivia.

Augusta Baker teve um impacto tão grande nela que Audre se lembrou da bibliotecária pelo resto de seus dias. Atribuía a Baker o fato de saber ler antes do início da escola, e também sua decisão posterior de fazer pós-graduação em biblioteconomia e se tornar bibliotecária. Ou como Audre escreveu: "Caso essa tenha sido a única boa ação realizada por aquela senhora na vida, ela já pode descansar em paz. Porque essa ação salvou minha vida".[5]

Augusta Baker era nova na biblioteca quando Audre era uma criança pequena. Candidatara-se ao emprego três vezes. Não desistira quando o diretor da biblioteca descartou sua candidatura duas vezes. Durante a época em que ficou na biblioteca Augusta Baker criaria a mais impressionante coleção de literatura infantil para jovens leitores negros do país, hoje conhecida como a Coleção de Referência James Weldon Johnson. Nos anos 1970, incluía literatura infantil de Lucille Clifton, June Jordan e muitos outros. Ela subiria de posto e se tornaria coordenadora de serviços infantis, a primeira chefe de departamento negra do sistema da Biblioteca Pública de Nova York. Por fim compilou suas próprias coletâneas de histórias infantis, índices de livros para crianças negras e publicações relevantes sobre biblioteconomia e contação de histórias. Augusta Baker formatou o campo da literatura infantil como um todo quando se tornou chefe dos comitês que concediam as medalhas Newbery e Caldecott, e presidente da divisão infantil da Associação Americana de Bibliotecas.[6]

O cuidado e a atenção de Augusta Baker são parte do que levou a jovem Audre a estimar e decorar trechos daquele livro da Mamãe Ganso. Baker acreditava que *"Mamãe Ganso* deveria fazer companhia a Shakespeare".[7] E talvez não soubesse que estava instruindo uma futura poeta laureada do estado de Nova York, mas sua filosofia era a de que "poesia é essencial para o pleno desenvolvimento da criança".[8] Partindo de uma tradição de contação de histórias, ela ensinava que poemas deviam ser, "se possível, recitados de memória, e não lidos". Em seu clube interativo da biblioteca, Augusta incentivava as crianças do Harlem a erguerem a voz e serem ouvidas, não apenas vistas. Deve ter sido a única a fazer perguntas diretas às crianças, como: "O que você acha? Como você está?".

"Nunca é cedo demais para recitar poemas para uma criança", Augusta Baker diria para seus colegas.[9] E então ela recitava poemas para a pequena Audre. E Audre recitava de volta.

Mas no *Mamãe Ganso* de Rackham, Audre se deparou com gerações de cantilenas britânicas que repetiam a palavra *"niggedly"* sem parar[10] e apresentavam caricaturas de "judeus malvados".[11] Esse é um livro que inclui um jogo de perguntas e respostas que termina com a pessoa em último lugar sendo ludibriada a dizer "Sou uma manca-caca".[12] De algum modo os poemas da Mamãe Ganso favoritos de um ilustrador nascido em 1867, que descreve sua maior luta como os "tempos magros da Guerra dos Bôeres", se tornou a pedra de toque para uma menina negra de herança caribenha do Harlem.

Augusta Baker pode ter tido suas próprias dúvidas quanto a *Mamãe Ganso* de Rackham. Em trabalhos posteriores, recomenda outras coletâneas da Mamãe Ganso, mas nunca a de Rackham. No entanto, esse era o livro de poemas a que tinham acesso, o que Audre disse que lia, possivelmente o primeiro livro de poemas que ela leu. Um grande livro preto de poemas estranhos atribuídos a uma mãe mítica, ilustrado e compilado por um homem europeu, entregue a Audre por uma contadora de histórias e bibliotecária negra engajada. E nas mãozinhas de Audre, com seu rosto inclinado bem perto, a coletânea se tornou mais do que um tesouro de poemas infantis. Tornou-se um livro de feitiços.

8.
nomeando as histórias

> *Carregando dois tambores na*
> *minha cabeça eu falo*
> *qualquer idioma necessário*
> *para afiar as lâminas da minha língua*
>
> Audre Lorde, "Daomé"[1]

Talvez Audre, a irmã mais escura, tenha encontrado refúgio em *Mamãe Ganso* de Rackham, que começa com uma *ovelha negra*[2] e termina com uma criança cantando *do que me importa quão negra sou* [...] *sou a mocinha saltitante da minha mãe?*[3]

Será que esse livro refletia de volta para Audre a injustiça cotidiana da sua vida? Injusta como os dias da semana do pobre Solomon Grundy, *na segunda veio ao mundo* e já *no domingo* estava *morto e enterrado bem fundo*,[4] ou injustamente julgada como as mulheres que *lavam no sábado* e por essa razão são de algum modo *vacas de fato?*[5] O que ela achava da história da *velha* que *tinha três filhos* sendo que um *estava no cadafalso*, um *tinha se afogado* e um *se perdera e nunca fora encontrado*, durante uma época em que muitos de seus vizinhos eram migrantes do Sul, onde a lei de Lynch estava em pleno vigor?[6] Será que a aparente inocência desses poemas mórbidos lhe davam espaço para expressar *e* esconder o que quer que *deixava seu coração aos prantos*, como a *Pastorinha*, afinal todos de *seu rebanho* perderam sua caudinha?[7]

Será que ela se identificava com os *três ratos cegos* enquanto transitava pelo borrão de seu mundo?[8] Será que reclamou sobre como era improvável ver uma *moeda da sorte* ou uma *medalha da sorte* mesmo tão perto do chão quanto ela ficava?[9] Será que tinha espaço para falar sobre os perigos de não ser capaz de enxergar em um mundo em que um *menininho* travesso podia arrancar seus óculos e te encurralar *em um beco* e te *dar um beijo* sem o seu consentimento,[10] ou *virar* sua *cara para o muro* para você não ver o que ele está fazendo?[11] Ou os perigos de ser vulnerável como a *mulher chamada Absolutamente-Nada* que *descia em uma tragada* e sumia de vez se um *homem abrisse a boca o máximo que pudesse*.[12] Ou ela já estava determinada à indiferença protetora? Será que decidiu *não ligar para ninguém, já que ninguém liga para mim*?[13] Mais provavelmente, as parlendas, as imagens rotineiras e repetitivas de violência contra mulheres, crianças e animais nesse livro não a incentivariam a falar sobre as partes mais assustadoras do que pode ter acontecido com ela um dia ou uma semana por medo de ser chamada de *chorona*. Ela era vulnerável a ameaças de intimidadores desconhecidos de qualquer idade que poderiam dizer *solta o choro, enfia o dedo no seu olho, e diz para sua mãe que não sou o culposo*.[14]

Ou será que ela reclamava sobre a escola, sobre como as freiras a colocavam num chapéu de burro como o *pequeno Jack Horner num canto escuro*? Ela acreditava nas recompensas renomadas de *Bob Bilro* que *adorava seu livro* e *Bill Mestre-Cuca com a cara sempre enfiada num de capa dura*[15] e até de *Peter, papa-abóbora* que por fim pôde *bem amar* depois que *aprendeu a ler e soletrar*.[16] Mas a escola não era tão gratificante quanto deveria para alguém que aprendeu a ler tão cedo no clube da biblioteca. Será que ela contou para Augusta Baker sobre sua professora branca que não a defendia quando seu olfato, sua fala e sua presença *faziam as crianças rirem e gozarem* como se ela tivesse levado um animal de fazenda para a escola?[17] Será que esses poemas a ajudaram a entender sua própria fala tardia e gagueira e como de fato *quanto menos dito mais rápido é corrigido-ido, ido, ido*?[18] Será que ela cultivou qualquer compaixão por si mesma e por como foi difícil *ficar quieta* mesmo antes de poder falar?[19]

Ou o que dizer do drama em casa quando ela *perdeu seu sapato* ortopédico caro e *não sabia o que fazer* com a frustração e a raiva de seus pais quanto a substituí-lo.[20] Será que dizia como era injusto sua mãe chamá-la de garota bagunceira e descuidada quando suas irmãs não a ajudavam a se trocar e ela brincava usando a roupa errada, ou quando ninguém entendia por que ainda não sabia usar o vaso sanitário e *sua mãe a pegou e bateu na filhinha por estragar suas lindas roupas novas*?[21] Ou como ela realmente acreditou que sua mãe toda-poderosa *batia nelas a torto e a direito, e as mandava para a cama* sem jantar não porque tinha três filhas durante a Depressão e *não sabia o que fazer*, mas porque era onisciente e sabia de todos os pensamentos desobedientes que habitavam a cabeça delas?[22] Será que um castigo na casa de Linda Belmar era algo parecido com *quando os céus começam a rugir um montão é como um leão ao seu portão e quando o portão começa a ficar oco é como um pedaço de pau descendo no seu dorso e quando seu dorso começa a ficar com defeito é como um canivete estreito no seu peito*?[23] Será que ela podia dizer que estava dando sopa como o *valete de copas* que *prometeu que não mais roubaria* depois que a *rainha de copas bateu no patife sem dó*?[24] Ela continuou a roubar dos pais mesmo assim. Quando sua mãe lhe disse que pessoas negras tinham coração negro, será que ela se incluiu na condenação de sua mãe? Será que sentia o preço de sua escuridão renovado a cada surra? Será que sentiu sua mãe lhe *bater até ficar preta como carvão*?[25]

E no escuro da noite quando ficava deitada acordada e invocava o anjo da guarda católico e outras forças sobrenaturais para *abençoar a cama em que me deito* de modo que os monstros de seus pesadelos não pudessem *carregar* sua *alma para longe*, será que os poemas ajudavam?[26] Ela não contaria à bibliotecária sobre seu pai não conseguir chegar em casa para o jantar, e sua comida ser transportada em uma garrafa de leite enrolada em uma toalha *quente*, ou mais tarde naquela noite *fria*, ou até onde Audre sabia, em algum outro momento, *no dia que viria*.[27] Mas pelos anos em que dormiu numa cama dobrável no quarto dos pais era mais provável que o ouvisse chegando em casa e perguntando à mãe *"As crianças estão na cama?"*. E também ouvir a mãe questionar o pai por que chegara tão tarde.

Suas irmãs costumavam estar com ela no clube da biblioteca. Então ela podia explicar como sentia que elas não a queriam por perto, quer precisasse ou não que elas *venham amarrar meu venham amarrar* seu sapato depois que o tinham *amarrado atrás o amarrado na frente tantas vezes* e não queriam *mais o amarrar*?[28] Ou como Helen e Phyllis brigavam por quem teria que dobrar a cama em que ela dormia à noite ou acordá-la para se arrumar para o dia, se bicando, *você é que vai acordar, não eu não, pois se eu for com certeza ela vai chorar*?[29] Será que ela contou detalhes mundanos de como transformou em brincadeira a ida ao *mercadinho* superfaturado com as irmãs, saltando sobre a irritação delas no caminho de volta em que queria *pular, pular, pular*? Ou como, apesar de a mãe não ter lhes dado dinheiro algum para *doces*,[30] enquanto segurava a mão das irmãs *não havia nada que ela amasse mais* do que *não ter nada* e *não gastar nada* e ser uma *pequena nada* ao lado delas quando a mãe as obrigava a levá-la junto?[31] Será que ela contou como se sentia tanto cuidada quanto coagida, ou a complexidade de suas emoções em geral? Será que dizia *não estou nem pra baixo nem pra cima e nem pra cima nem pra baixo*?[32]

Será que Audre poderia ter expressado alguma parte de seu intenso desejo pela atenção e afeição da mãe através desses poemas? Linda pode ter achado que não tinha tempo para ouvir. *Ainda assim* Linda *via, não é, ainda assim* ela *via*³³ que era Audre que mais precisava da atenção de sua mãe, porque Phyllis e Helen tinham uma à outra e costumavam *esquecer bastante suas disputas* para se juntar contra Audre? Será que Audre sentia que era sua escuridão relativa que *fazia minha mãe bufar, e ralhar com a filha* sempre que mamãe *beijava minha irmã em vez de mim*? Talvez ela tenha se gabado para a sra. Baker sobre sua mãe e como tinha sido uma boa menina colhendo pedaços de grama no parque do projeto habitacional vizinho e as oferecendo como *rosas* para a sua *rainha*.³⁴ Ou quem sabe lamentasse as manchas vermelhas nas adoráveis mãos de sua mãe e o que não faria *por um par de luvas novas* para lhe dar naquele lugar frio.³⁵ Ou como mesmo naquela época sabia que tinha de *amar sua própria beijar sua própria, amar sua própria mãe* porque nunca tinha visto ninguém como ela e uma garota como ela *nunca ganharia uma outra dessas*.³⁶

Será que ela falava sobre como era esperar nos degraus pela mãe, às vezes tanto tempo que parecia que estava desaparecendo, como *quanto mais ela fica lá de pé mais baixa ela fica*?³⁷ Será que reclamava do clima? Pedia à *chuva* para *ir embora* e *voltar outro dia* porque *a pequena* Audre *quer brincar*?³⁸ Ou devaneava sobre o clima das Antilhas das histórias de sua mãe, *uma chuva no sol lá fora* que *não dura meia hora*?³⁹ Será que já estava estudando onde *o vento é quando*?⁴⁰

Talvez ela se baseasse no que sua mãe lhe dizia sobre o oceano e a sensação de liberdade que ele lhe trazia nos verões em Carriacou. Ou em quando Linda *pulou em cima da água, dançou sobre o oceano* para a América e perdeu o sentimento de liberdade, o sentimento de infância de que *os pássaros no ar não estão me pegando*.⁴¹ Será que ela fantasiou que *se todos os mares fossem um só* e pudesse mandar por encanto a mãe para casa através do rio do Harlem *que ótimo* presente *isso seria*?⁴² Ou se *todo o mar fosse tinta* e ela pudesse aprender a escrever sua mãe para casa, isso não teria valido a pena?⁴³ Será que os poemas ajudaram a pequena Audre a juntar as histórias que ouvia sem querer na casa de suas tias e tios sobre Peter Belmar perdido no mar, talvez até mesmo seu pai, Byron, fugindo em um barco? Será que ela já tinha alguma ideia sobre aqueles ancestrais forçados a entrar em barcos, abarrotados pior do que a ilustração dos supostos *homens sábios* no livro que *foram para o mar numa tigela*? E como o que os sustentava em sua jornada deveria ter *sido mais forte*, mas não foi e causou um grande silêncio no mundo?⁴⁴ Será que ela se perguntou se aqueles sábios naufragados eram os mesmos que encontraram pela primeira vez o menino Jesus?

Será que ela guardou alguns dos versos das rimas infantis para outros capítulos de sua vida, quando referências a cortejar jovens garotas alegres[45] e beijar garotas e fazê-las chorar[46] pareceriam mais relevantes? Quando teria mais oportunidades de construir uma comunidade com homens *todos vestidos de couro*[47] ou pessoas como os *dois belos homens* que *ficaram na cama até que o relógio badalou dez horas* que ela conheceu naquelas páginas?[48] Algumas práticas como estudar as fases da lua[49] e cuidar de abelhas[50] se tornariam partes significativas de sua vida adulta. Ela também incorporaria rimas infantis em seu ativismo para acabar com a violência contra mulheres e meninas. *Precisar: Um coro para vozes de Mulheres Negras*, que ela escreveu em resposta aos assassinatos de mulheres negras em 1979 em Boston, cita uma rima infantil silenciadora bem no início: "mexeriqueira maitaca/ sua língua vai entrar na faca/ e cada menino na cidade/ vai ficar uma naca".

Mas um tema do *Mamãe Ganso* de Rackham era imediatamente relevante para a pequena Audre: a presença incisiva da morte de crianças *quando o ramo rebenta* e o *berço cai* e o *bebê* mergulha para a morte da *copa da árvore*,[51] ou quando a *casa* de Lady Bird *está pegando fogo* e seus *filhos todos se foram* exceto Ann que escapou da morte quando *arrastou-se para baixo da tigela*,[52] ou as duas *pobres criancinhas cujos nome não conheço que foram roubadas e deixadas em um bosque* a noite toda para sofrer e então *elas soluçaram e suspiraram e amargamente choraram e jazeram e morreram*.[53] A performance percussiva de um poema infantil que termina com as palavras *e quando começa a sangrar seu coração, você está morta e morta e morta pois não?*[54] As crianças criam suas próprias ideias sobre a morte, com a ajuda ou a confusão das histórias que as cercam, incluindo as rimas infantis não tão inocentes e os contos de fadas mórbidos e assustadores dos Irmãos Grimm. Porém, na segunda série, a jovem Audre saberia em primeira mão que criancinhas de fato morrem.

9.
estudos negros

Audre nem sempre apanhava quando se comportava mal. Às vezes a mãe a mandava para a cama *sem rezar*. Essas noites eram as piores, porque Audre *não tinha um nome para a escuridão*.[1] Ou as escuridões. A escuridão da noite. A escuridão de seus sonhos assombrados. A escuridão relativa de sua pele sob a sombra do racismo internalizado de sua mãe.

"Eu costumava acordar ARRASADA por pesadelos", lembra Audre.[2]

Adulta, descobriu um caminho para lançar mão do que chamou de "um lugar sombrio onde cresce, oculto [...] nosso verdadeiro espírito". Em seu ensaio mais conhecido sobre poesia ela explica: "Esse nosso lugar interior de possibilidades é escuro porque antigo e oculto; sobreviveu e se fortaleceu com essa escuridão".[3] Mas quando criança Audre tinha medo. Aos quinze anos ainda escrevia sobre seu medo do escuro. Como encontrou a magia na escuridão que a apavorava? Ou, como perguntou em seu 15º aniversário em um poema que marcou como "extraespecial" em seu caderno: "Quantas noites para formar um dia?".[4]

Esta noite Audre ainda é uma menininha. Ela não está olhando para o teto. Não consegue enxergar tão longe. Seus óculos estão em algum lugar seguro fora do seu rosto para que não os quebre de novo. Ela não está olhando para a sombra da placa do outro lado da rua que se projeta por sua janela.[5] Não está olhando para nada. Escuta. Se estiver no catre no quarto dos pais escuta o que a mãe pode dizer para o pai quando ele chega do trabalho. Se estiver na cama dobrável no quarto das irmãs, escuta as histórias secretas que as duas só contam uma para a outra quando acham que ela está dormindo. Escuta e ouve as pessoas na rua, as vozes do outro lado do poço de ventilação. Ela ouve o que os moradores de rua arrastam ao passar. O que o embriagado de amor precisa gritar. O que os freios evitam. O que o ônibus libera. Ela ouve, mas não fecha os olhos. Tensa na *lâmina afiada/ onde o dia e a noite devem se encontrar*, ela ouve.[6] Com medo demais para sonhar.

> Eu acordava e tinha uma longa conversa com o meu anjo da guarda; quando isso não funcionava, eu escolhia as palavras de que tinha mais pavor: *monstro* etc. e as dizia até que as despia de tudo além do som — e me punha para dormir com os ritmos delas [risos]. Eu tinha uma relação muito íntima com essas palavras silenciosas — palavras que continuavam na minha cabeça. Quando eu ainda tinha medo demais de lidar com meus sentimentos, escrevia poemas sobre eles.[7]

Mas antes que pudesse rir e contar essa história, ela teve que superar milhares daquelas noites trabalhando em silêncio com as palavras. Podia falar com seu anjo da guarda inútil desde que não desse um pio. Se a mãe a tivesse mandado para cama sem rezar para o Senhor como castigo, ela não podia nem se dar ao luxo de ser ouvida rezando. Dividir um quarto tinha isso. Sempre havia alguém ouvindo, mas não o que ela realmente queria dizer. Então, em vez de dizer as palavras em voz alta, ela assistia a sua transformação em feixes nos faróis que passavam e em refrações dos postes. As palavras se tornavam prismas em que a luz encontrava a si mesma e se rompia.

> Ela escurece contra a escuridão; e seu rosto
> Apenas somando pensamento a pensamento eu traço.[8]

É provável que algumas das imagens dos pesadelos que assombravam Audre viessem diretamente dos contos de fadas mórbidos e das rimas infantis da Mamãe Ganso que ela decorava, e também de um de seus poetas favoritos de rimas pós-infância, Walter de la Mare. De la Mare foi um poeta britânico que às vezes usava uma nova grafia de seu nome, Ramal, para invocar o nome hindu para um menino destinado a ser astrólogo. Walter de la Mare escrevia em um ponto de encontro entre sonhos, narrativas, mitologia e lenda. Muitos de seus poemas viviam no que Audre chama de *as margens do sono* ou o que De la Mare chama de *os escarpados da terra dos sonhos*.[9] Cheios de lobos, *banshees*, fantasmas, bruxas e toda uma variedade de circunstâncias sob as quais crianças inocentes morrem e desaparecem, os poemas de cantilenas sinistras e oníricas eram o material de pesadelo perfeito para qualquer criança sensível e alfabetizada que já tivesse medo do escuro.

De la Mare *não* tinha uma perspectiva feminista negra sobre a escuridão. Seu único poema pacífico sobre o sono diz: "durma, durma, adorável alma alva".[10] Audre pode ter se identificado com a criança em seu poema "The Child in the Story Goes to Bed", que roga aos anjos da guarda por proteção como ela fazia, pedindo: "Vocês anjos brilhantes que me guardam,/ Ensombreiem-me com asas arqueadas/ E mantenham-me na noite obscura/ Até que a alvorada outro dia traga". Mas a criança em questão está em um quarto infantil, sob o cuidado de uma criada. Como todos os livros de poesia a que a jovem Audre tinha acesso, a obra de De la Mare não era concebida para uma garota negra amedrontada do Harlem. Audre usou sua mente para transformar o que tinha naquilo de que ela precisava.

As imagens assustadoras na poesia e nos contos de fadas da infância de Audre eventualmente se tornaram um lugar de prática e transformação. Ela não podia fugir do medo ou da escuridão, então teve de moldar sua relação com ambos até que virassem coisas que pudesse usar. Ela se tornou as personagens aterrorizantes dos poemas de De la Mare. A bruxa que deixou todos os seus apetrechos mágicos caírem da bolsa enquanto dormia no cemitério e libertou os espíritos dos mortos.[11] A rainha Djenira, uma princesa da Caledônia com damas de companhia núbias cujo nome significa "destruidora de homens" e cujos sonhos trazem vozes encantadas de pássaros de outro mundo.[12] O poderoso guerreiro negro que sabia que "Dos séculos ruidosos/ Os tolos e os temerosos desbotam/ Contudo queimam inextinguíveis estes olhos guerreiros/ Que o tempo não embaçou nem a morte desanimou".[13] Ela se tornou o Errante, em "The Journey", que ao se deparar com a miragem tentadora da luz do sol e do conforto fácil, precisa manter seu rumo escolhendo "a inospitalidade da noite escura" de novo e de novo.[14] Ela se alfabetizou na mágica da repetição e no encanto do ritmo. Ela se tornou uma garota que sabia transformar monstros em significado. Uma garota que sabia enfrentar o escuro sem as orações costumeiras. Uma garota que sabia obter paz e poder do que de outra forma poderia tê-la destruído.

Dos poemas publicados de Audre, "To a Girl Who Knew What Side Her Bread Was Buttered On" é a evidência mais óbvia de suas primeiras influências de poesia de fantasia e de contos de fadas. Em diálogo com "The Journey" de De la Mare, "To a Girl Who Knew" foi um poema que ela trabalhou e retrabalhou a partir da adolescência. Ao contrário da maior parte de sua poesia publicada quando adulta, ele reproduz o ritmo de cantilena e as rimas lúdicas que adorava quando criança.

"The Journey" de De la Mare nos apresenta um errante fiel, um peregrino em uma jornada de penitência, que rejeita os avanços de uma aparentemente bela bruxa que quer fazer seus problemas desaparecerem. "Levante o olhar, alheado Errante", diz ela, oferecendo descanso, alimento e luz, alívio da noite escura da alma pela qual ele vagueia para sempre. Mas como as vozes que o acompanham o lembram, ele não pode aceitar esse alívio: "O que é a escuridão de um breve tempo de vida/ Para as mortes que você nos fez morrer?".[15] É assim que ficamos sabendo que esse Errante não está simplesmente em uma busca espiritual. Está expiando múltiplos atos de violência e leva o coro da voz de suas vítimas. Continuar a encarar a escuridão é sua redenção, e ainda que nunca recupere a inocência, ele ganha sim sustentação através de seu comprometimento "obstinado" de viver com as consequências de suas ações.[16]

Encarando suas próprias camadas de escuridão, Audre faz algumas inversões importantes. Seu poema se centra na "garota que sabia", uma bruxa ou sacerdotisa em potencial por mérito próprio a qual encontramos imersa no ritual fiel de oferecer alimento a seus "mortos guardiões".[17] Sua vida é moldada não pelas pessoas cuja morte ela causou mas por seu trabalho de honrar seus ancestrais. A figura errante no poema de Lorde é um saqueador galante que tenta distrair a garota de seu ritual. Bem no início da segunda estrofe, como a bruxa nos poemas de De la Mare, ele grita: "Largue esses ossos, Amada! Afaste-se".[18]

Do poema "The Journey", de De la Mare:

Desolado com sua jornada estava o Errante;
Cansado e vergado ele estava;
E uma Bruxa que há muito espreitava à margem,
Atrás da feitiçaria vigiava.

"Levante o olhar, alheado Errante",
Piou ela de seu pequeno batente;
"Aqui há abrigo e tranquilidade para seu descanso, meu jovem,
E maçãs para matar a sede latente."[19]

Em "To a Girl Who Knew…", de Lorde:

> Ele, pelos olhos do primeiro saqueador
> viu-a, sua presa de brilhante trovão
> reunindo chá e pão para o morto guardião
> mastigando as palavras que diziam secas como frutos
> e, achando que os ossos estavam dormindo,
> ele irrompeu pela tarde abafada pedindo
> um fim à canção de seu ritual
> com uma perturbação de relâmpago:
>
> "Largue esses ossos, Amada! Afaste-se
> de seus pães de verão que a feno sabem —
> seus guardas que vigiem os pedaços de nossa presa
> que nossos ossos num dia de inverno aquecem!"[20]

"Levante" [no or., *lift*] e "alheado" [*lonely*] se tornam "largue" [*leave*] e "amada" [*love*]. Nos dois casos os poetas repetem o L melódico. Cada convite é uma fantasia devaneadora alternativa aos diferentes comprometimentos graves das dedicadas figuras centrais desses poemas. No poema de Lorde os ossos ancestrais não falam nada, nem a sacerdotisa, também conhecida como "trovão brilhante". Logo descobrimos por que o silêncio da sacerdotisa e de seus guardiões é mais poderoso do que a pastoral rimada do saqueador.

> e ele teve pouco tempo para perguntar-se
> no silêncio do brilhante trovão
> enquanto, com um sorriso de pena secreto,
> ela passava manteiga fresca em pães para os ossos de seus guardiões
> e eles pisoteavam-no terra adentro.[21]

Como Audre escreveu em seu diário em um solstício: "Todos os poetas têm medo de encontrar a si mesmos no escuro".[22] De la Mare continuou com medo disso. Ele implorou às presenças femininas sombrias que encontrou para "voltarem para o Hades", preferindo a "alma alva" das mulheres e crianças "claras" elevadas nas margens de sua poesia perturbadora. Mas Audre fica no escuro, brinca no escuro. Eventualmente ela centraliza vampiros, feitiços e mortes injustificáveis de crianças à sua própria maneira em seus próprios poemas.

Audre continuou a ter pesadelos quando adulta: aquele em que uma abelha pode matar uma sala cheia de gente, aquele em que ela e a filha pequena ficam à sombra de um policial montado, aquele em que ela é uma prisioneira de guerra russa, aquele em que um espião tenta roubar sua alma, aquele nojento uma vez na Flórida em que uma barata enorme botou ovos em suas mãos.[23] Às vezes acorda gritando e quando volta a dormir ainda está dentro do mesmo sonho. Às vezes acorda três vezes e ainda assim não consegue escapar.[24]

Mas seus pesadelos se tornaram recursos para sua poesia. Ela ensinou seus alunos a registrar seus sonhos mais assustadores e vasculhá-los em busca de saberes que poderiam transformá-los de dentro para fora. Trabalhando com o poder transformador da escuridão, Audre criou uma nova oração: "que eu nunca perca/ aquele terror/ que me mantém corajosa".[25]

10.
véspera de todos os santos

Nada de mais acontece no poema de De la Mare de que Audre mais gostava, "The Listeners". Mas ela o decorou mesmo assim.[1] Um viajante solitário está parado do lado de fora de uma casa vazia batendo e batendo na porta. Ele pergunta duas vezes: "Tem alguém aí?".[2] Seu cavalo come algumas plantas próximas. A lua brilha. As estrelas assistem à situação. A presença pervasiva do poema é a ausência. Uma ausência tão palpável que *se torna* presença. Ninguém responde ao homem anônimo na porta. E o não responder enche a casa, enche os corredores, enche o coração do viajante de estranheza até que ele golpeia a porta com mais força, grita mais alto: "Diga-lhes que vim, e ninguém respondeu,/ Que cumpri minha palavra!".[3] O centro do poema não é o viajante que bate e grita e por fim parte a cavalo noite adentro. A força do poema está em como *não responder* se torna um nível de escuta. Como a ausência se torna audiência, uma "miríade de ouvintes fantasmas".[4] A possibilidade de que uma pessoa ainda possa cumprir sua palavra mesmo que pareça não haver ninguém para receber sua mensagem.

Audre cumpriu essas palavras. Não apenas decorou o poema com todos os seus cantos assombrados e detalhes arquitetônicos, como o levou para sua própria poesia. Ela o usou em "Blackstudies" para descrever o vento através das gárgulas do lado de fora da sua sala de aula no sétimo andar do John Jay enquanto se perguntava se seus alunos seriam capazes de ouvi-la. Ela continuou batendo na porta de seu caixão sem ecos em "Prólogo", perguntando de novo e de novo a seus camaradas do Black Arts Movement: "Meus irmãos e irmãs conseguem me ouvir?" e "Minhas irmãs e irmãos estão ouvindo?".[5]

A garotinha que repetiu aquele poema até decorá-lo teve de transformar um mundo cheio de ausência, em que não se via refletida, em um público para o que precisava dizer. Teve de transformar espaços institucionais e de movimentos projetados para ignorá-la em receptáculos de escuta profunda. Audre diz que quando decorou "The Listeners" ela "não saberia dizer" sobre o que era.[6] *Tem alguém aí?* Mas o repetia. Ela permitiu que o poema se espaçasse em sua memória e sua respiração. Era uma promessa de bater e bater e bater, de golpear a porta e falar ainda mais alto.

Então algumas décadas depois, quando contou alguma versão da história de como se tornou poeta à sua amiga Adrienne Rich, fazia sentido que ela recitasse o poema "The Listeners". Um poema que guardava espaço para o que tinha aprendido nos anos entre sua infância se perguntando "Tem alguém aí?" e sua experiência de encontrar e cultivar sua comunidade. Identificando-se no poema com aquele que busca, ela enfatizou: "ele tem a sensação de que realmente tem alguém lá dentro".

E as salas vazias acabaram se tornando salas cheias transbordando de ouvintes que acompanhavam cada palavra de Audre. Ela encontrou alunos, públicos e parentes devotos. Viveu para ver outra geração usar suas palavras como armadura e insígnia, refletindo sua escrita de volta para ela com gratidão e amor. Mas havia sempre ouvintes fantasmas, os mortos guardiões de Audre e os que viriam, alimentando seu comprometimento. Em uma entrevista anteviu os que buscariam no futuro o caminho que ela já teria deixado para trás. "Minhas palavras estarão lá", prometeu, enchendo o espaço assombrado com escuta.[7] Um lembrete para aqueles de nós encarregados de mantê-las.

II.
espelhos bons não são baratos

Em um laboratório escuro, a décadas e quilômetros de distância, Frances Clayton mede os movimentos oculares de bebês de cinco meses.[1] Será que a psicologia comportamental pode medir como as crianças pequenas respondem às expressões faciais dos adultos? Talvez não. Metade dos bebês chora ou cai no sono, e então ela tem de descartar todos os dados. Os bebês que cooperam mal reagem ao vídeo da mulher branca de rosto neutro que sorri ou franze a testa na tela. Não faz muita diferença se Frances projeta uma imagem estática ou um vídeo. Repete o experimento e deixa os vídeos rodando por mais tempo. É meticulosa. Tudo é exatamente igual, exceto os bebês. Veja os olhos deles. Nenhuma diferença, a não ser uma resposta ligeiramente maior a um rosto neutro do que a um franzir de testa. Ela compara os resultados com base no sexo dos bebês. Nenhuma diferença significativa do ponto de vista matemático. Mas ao longo dos dois experimentos a resposta levemente mais perceptível de todos os bebês é ao sorriso. O único estudo publicado de Frances usando objetos de pesquisa humanos não prova nem refuta nada.

"Também é possível [...]. Também é possível." Ela e seu coautor repetem essa expressão diversas vezes nas conclusões. É possível que esse estudo não seja muito diferente de seus experimentos em ratos e pombos em caixas reagindo ou não a lâmpadas.[2] É possível que os bebês nem sequer registrem o rosto projetado no vídeo como um rosto no ambiente não natural do laboratório. Talvez tudo o que vejam seja uma explosão de luz.

Concluindo, sugerem Frances e seu coautor, pesquisadores futuros "devem escolher uma resposta mais sensível para medir as reações diferenciais". Concluindo, pesquisadores futuros precisam encontrar um modo de olhar ainda mais de perto. Frances sai do laboratório escuro para a luz do dia.

É 1968. Em alguns meses Frances Clayton vai usar seu status como a primeira mulher a ser professora titular no Departamento de Psicologia da Universidade Brown para se afastar do laboratório por um semestre e combinar seu trabalho como professora universitária com a visão de justiça racial que nutre em seu coração desde que era uma menina branca em um ensino médio externamente integrado mas internamente segregado em que alunos negros tinham de comer por último no refeitório. Ela deixa Rhode Island por um semestre e vai dar aulas no Tougaloo College, a faculdade negra historicamente irmã da Brown no Mississippi. Onde o rio Mississippi encontra o rio Pearl é onde Audre Lorde, a jovem poeta residente financiada pelo National Endowment for the Arts, vai conhecer Frances Clayton, a psicóloga brilhante. Ambas percebem uma diferença, uma semelhança. Noites quentes sob a ameaça de balas de supremacistas brancos. Respostas repetidas aos estímulos de estarem vivas, fora de contexto e em circunstâncias de perigo que não poderiam ser replicadas em nenhum estudo revisado por pares. Para ambas isso muda o que é possível. Frances sorri. Radiante. Ou como Audre sempre diz: "Como um girassol".

12.
nota escolar

Audre está sentada em uma carteira escolar grande o bastante para duas crianças e um anjo da guarda invisível. Sua professora, uma freira, diz que esse anjo dedo-duro a está vigiando o tempo todo. Também diz que Audre pertence à carteira no fundo da sala de aula, porque é uma "Escurinha". Não por causa de sua pele marrom-clara mas porque não se sujeita à autoridade. Ela também nunca chega à página certa rápido o bastante quando é sua vez de ler em voz alta. A freira branca sabia que até mesmo crianças pequenas negras entendiam que a palavra "escura" significava rebaixamento. Essas irmãs não tinham recebido um chamado de Deus para salvá-los de sua escureza? Ou essa professora havia sido designada a essa classe por madres superioras que superestimaram a paciência que ela poderia ter com crianças negras? Ela colocava os "Escurinhos" no fundo para que continuasse sem ensinar quem ela já não tinha conseguido alcançar, segregando-os em nome do reforço motivacional negativo. Escuro para escuso. Se Audre conseguisse convencer a professora de que era boa e gentil, e se conseguisse ler prontamente quando a chamassem, poderia ser promovida e ser um dos "Anjos". Mas por enquanto ela é uma Escurinha sozinha em uma classe católica infernal só porque o colega com quem dividia a carteira, Alvin, morreu.

Quando estava vivo, Alvin era um menino endiabrado. Em *Zami*, Lorde descreve a personagem baseada em Alvin como fedida e obcecada em desenhar bombas e escandalizá-la com sua caspa e suas roupas sujas. Porém, em uma entrevista de 1973 ela explica que esse menininho foi "meu primeiro aliado".[1] Como ele também estava preso entre os Escurinhos por causa do mau comportamento e de dificuldades para ler em voz alta corretamente, os dois colaboravam para passar a perna na professora e no anjo da guarda. Quando chegava a vez deles de ler, Alvin, que era bom com números, encontrava a página, e Audre, que havia muito sabia ler, o ajudava com as palavras. Uma lição precoce para Audre sobre solidariedade e a força criativa da diferença. Eles usavam suas habilidades diferentes para subverter um sistema que deixava os dois na mão. Infelizmente, o jeitinho temporário deles só podia promovê-los nesse sistema inadequado específico. Mas tudo isso estava acabado agora. Audre não tinha nenhum aliado. Alvin se fora.

O pequeno Alvin morreu de tuberculose na tenra idade de seis ou sete anos, e ainda que Audre diga que ele não foi a primeira pessoa a morrer em sua vida, sua morte a abalou. Ela ansiava por cerimônia e fechamento. Em *Zami*, Lorde retrata Alvin simplesmente desaparecendo depois de eles terem lutado tanto para se tornar Anjos. Sem ele, ela escorregou de volta para a escuridão do fundo da classe. Somente muitos anos depois, o que a escritora Audre Lorde chama de a personagem ficcional Audre em *Zami* se deu conta de que a morte de Alvin por tuberculose foi a razão por que todos os alunos passaram por exames de raio X depois da missa no primeiro dia em que voltaram para a escola no janeiro seguinte. Mas em sua entrevista a Nina Winter, a Audre da vida real se lembra de uma missa fúnebre em homenagem a ele na escola. Em seu poema "Irmão Alvin" ela também observa que o que a deixou sem fechamento depois da morte dele foi a falta dos "costumeiros/ rituais de separação", fazendo com que continuasse a procurar algum sinal de Alvin.[2]

Apesar do anjo da guarda, Alvin, que não era angelical mas era mais útil do que qualquer outra pessoa na classe de Audre, incluindo a professora, nunca voltaria. Quaisquer que tenham sido as cerimônias que acompanharam sua pequena morte, não foram grandes o bastante para conter o que Audre sentia, que era que ele ainda devia existir em algum lugar. O anjo da guarda não estava ao lado de Audre. E, do ponto de vista dela, ela estava em um situação de vida ou morte. Alvin morreu de uma doença respiratória altamente contagiosa que qualquer um de seus colegas de classe poderia ter pegado dele. Audre, sentada bem ao seu lado e o ajudando a ler em voz alta, teria tido mais probabilidade do que qualquer um de pegar a infecção bacteriana. Em *Zami*, Lorde a autora descreverá o pequeno Alvin como incontrolável, espalhando caspa na carteira e lhe dizendo que eram piolhos que a infectariam, chegando à escola em um estado perceptivelmente não higiênico. No poema "The Classrooms", Lorde escreve sobre "classes de crianças sujas/ que cheiravam a muco e lágrimas", e descreve a assa-fétida que sua mãe colocava em torno de seu pescoço para a proteger do contágio, de modo que ela "fedia com segurança/ e solidão".[3] Será que se lembrar de sua sala de aula da infância dava arrepios em Audre?

Dez anos depois, após provar que as freiras que ignoravam seu brilhantismo estavam redondamente erradas e se formar no competitivo Hunter College High School for Girls, a Audre de dezoito anos escreveu um poema para a revista *Seventeen*. Esse poema não era sobre o drama do amor adolescente, mas sobre como teria sido para um menininho malcriado chegar ao céu e ficar entediado por lá com os anjos. Ela intitulou esse exercício de pensamento "The Welcome Committee" e a *Seventeen* o publicou no verso de uma página de anúncio de louças inglesas sofisticadas e luvas brancas elegantes que chegavam provocativamente ao pulso. O poema retrata um encontro constrangedor entre um garotinho e uma legião de anjos perplexos com sua presença. Os anjos no poema estão "ponderando brandamente [...]. 'Como uma criatura dessas/ entrou em nosso céu?'".[4] Marcas de nascença e novos dentes são interessantes para o garotinho, mas incompreensíveis para os anjos. O eu lírico do poema sabe "que todos os meninos/ têm uma parte de demônio", porém "os anjos só ficaram lá/ todos envoltos em suas asas".[5] O poema assume a rima e o ritmo de uma rima infantil e alude aos limites de uma estrutura padrão que não pode acomodar as bagunças da perspectiva de uma criança, ou como é errada a morte de uma criança.

O esboço de 1950 do poema deixa de fora uma estrofe que parece estar do lado dos anjos e de seu espanto. Mas quando ela publicou o poema, "E eles tiveram de ficar lá"[6] se torna "E os anjos só ficaram lá".[7] A versão anterior parece culpar um Deus ausente por deixar os anjos em uma posição com a qual não sabem lidar, sugerindo que Deus pode ser o encarregado negligente. Na versão final, porém, os anjos são mais como os professores adultos: ineptos diante da infância. Nenhum deles entende as preocupações das crianças. Mais importante, nenhum deles pode proteger as crianças do pesadelo da morte precoce.

Audre nunca voltou a publicar ou a incluir em uma antologia "The Welcome Committee", mas o poema toca o desafio cognitivo da realidade de que crianças morrem. Os rituais e as manobras de responsabilidade que os adultos no comando criaram em seguida à morte de Alvin não parecem ter repercutido em Audre. As histórias que os adultos contavam a si mesmos sobre crianças mortas serem anjinhos no céu estavam atrasadas em relação à capacidade de compreensão das próprias crianças pequenas. Precisava haver uma alternativa testada com crianças. Devia haver alguma outra resposta para a morte, mais apropriada à experiência concreta de Audre e à perda repentina de Alvin.

Se os anjos e os adultos falharem, e a morte prevalecer? Você precisa lançar seus próprios feitiços.

Numa manhã bem cedo, trinta anos depois da morte do pequeno Alvin, Audre estava sentada no aeroporto de Newark esperando seu voo e lendo o jornal de cabo a rabo como de costume. Ela parou quando viu o nome "Alvin". Um pequeno aviso no jornal anunciava a morte de Alvin Frost. Ela desejou poder produzir magicamente flores para jogar sobre a terra congelada. Alvin Frost não era seu colega de carteira do ensino fundamental. Era um colega do John Jay College de Justiça Criminal que uma vez falou com ela na reunião do Black Caucus. Num ambiente acadêmico em que Audre costumava se sentir acuada e incompreendida, Alvin Frost, um colega negro que fez questão de parabenizá-la por seu livro diante de outros colegas negros, deve ter parecido um aliado em potencial. Um presente. E então de repente ele se fora. No dia seguinte ao enterro de Alvin Frost, outro colega, chamado John Wade, caiu morto no refeitório, e foi tirado de lá correndo. Audre e o resto do corpo docente só ficaram sabendo de sua morte e da doença que a causara uma semana depois. Mais uma vez, as falhas de comunicação de uma instituição de ensino, mesmo agora que Audre era integrante do corpo docente e não uma aluna do ensino fundamental, significavam que a morte vinha sem aviso ou advertência.

"Eu não quero escrever um poema sobre a natureza", protestou ela em seu "Elogio a Alvin Frost", rejeitando a ideia da morte como parte de um ciclo natural. "Quero escrever sobre a morte não natural/ de um homem jovem [...]."[8] Ela fez uma pausa para especular com seu falecido conhecido:

e você poderia ter sido meu saudoso
parceiro de mesa da segunda série chamado Alvin
crescido num passe de outra mágica[9]

A quebra de verso depois de "saudoso" dá gravidade à frase "e você poderia ter sido meu saudoso". Entre Alvin e Alvin há muitos perdidos, uma lista longa, demasiados para nomear. "Estou cansada de escrever memoriais para homens negros/ que estive prestes a conhecer", queixa-se ela.[10] Nesse momento esses conhecidos perdidos não são indivíduos distintos, são versões uns dos outros, associados pelo impacto da morte. A morte se move e leva quem quer que seja enquanto Audre não está olhando.

A única resposta para a morte é a mágica. Em seu poema "Irmão Alvin", no qual Lorde, adulta com seus próprios filhos, volta a refletir sobre a morte de Alvin na infância, ela continua a lamentar a falha dos adultos ao seu redor em oferecer formas ressoantes de conforto. Ela cria um feitiço poético, não para encerrar, mas para se comprometer com a possibilidade contínua de que Alvin não se foi.

> então até agora
> e em todos esses anos depois da sua morte
> eu procuro nos índices
> de cada novo livro
> por um passe de mágica
> esperando encontrar alguma nova grafia
> do seu nome.[11]

Audre publicou esses dois poemas em *A unicórnia preta* depois de seu primeiro confronto com a possibilidade de ter câncer. Sua recusa em aceitar a morte de qualquer uma das versões de Alvin era sua própria forma de magia. Ela conta procurar o colega de classe em índices, a tecnologia que ajuda um leitor a encontrar a página pertinente, como Alvin fazia para Audre quando dividiam uma carteira. Alvin se torna um guia. Ela está procurando "uma nova grafia de [seu] nome" antes de escolher a expressão "uma nova grafia do meu nome" como o subtítulo para sua biomitografia. Audre pratica a criação de um eu mitológico, um eu que pode viver para além de existências, ao procurar Alvin no lugar em que ela construirá sua própria vida eterna, o mesmo lugar em que nos ensinará a procurar por ela. Aqui. Nas páginas de "cada novo livro".[12]

13.
irmão alvin

O sol desbotou todo o vermelho da lombada. O dorso do exemplar de Audre Lorde da segunda edição de *Zami: Uma nova grafia do meu nome* está branco. As palavras "uma nova grafia do meu nome" estão brancas sobre o branco, mal visíveis. Audre lutou por essa segunda edição de sua biomitografia. Ela nunca recebeu royalties pela primeira, publicada pela Persephone Press, e teve de contratar um advogado para obter os direitos de seu próprio livro a fim de republicá-lo nessa segunda edição vermelho vivo pela Crossing Press. Mas agora o vermelho desapareceu da lombada. A sombra e a pressão dos outros livros devem ter protegido a primeira capa e a contracapa. Elas são vermelhas vibrantes em todos os lugares, exceto nos cantos, mesmo agora. E lá no meio da primeira capa está a foto preta e branca, emoldurada e inclinada para parecer uma peça de um álbum de recortes.

Na foto duas figuras masculinas olham para uma vitrine de vidro plano. Nós as vemos por trás, com quase nenhuma pele exposta, mas ainda podemos ler o alfabeto racial. A pessoa da esquerda tem um afro curto, a da direita tem cabelo curto, mas liso. Em ambas as nucas, e atrás dos joelhos e em um pulso exposto podemos ver que uma é branca e outra é mais acinzentada na escala de cinza da fotografia.

Se você está há décadas vendo fotos de Audre vai reconhecê-la em qualquer parte. Até mesmo de costas. Está tudo ali: a postura, os óculos, o pulso casual. Se você também tiver tido contato com as escolhas de moda de lésbicas brancas vai deduzir que a pessoa de pé ao seu lado é uma amiga *soft butch* vestindo shorts e blazer.

Mas se você não viveu uma vida moldada pela desfeminização das lésbicas pode achar que na verdade se trata de dois rapazes olhando uma vitrine cheia de taças, vasos, urnas e os tipos de sopeiras que alguns devotos caribenhos de lucumí usam como recipientes de oferendas para o orixá.

Vire para a quarta capa e você verá uma imagem de Audre em 1947 olhando de lado, magrela, *butch* e muito crescida com apenas treze anos de idade. Às vezes duvido da legenda. Essas são as aparições mais masculinas de Lorde em capas ou materiais promocionais de todos os seus livros.

Assisti e reassisti ao vídeo de Dagmar Schultz de uma conversa cheia de risadas em que Audre confessa que se livrou dessa foto bem rápido. Gloria Joseph está rindo alto e contando para todo mundo na cozinha berlinense como, ao ler *Zami* pela primeira vez, sobre aquela garotinha que crescera sofrendo tanto por ter a pele escura e ser gorda, ela não parava de virar o exemplar para ver a foto de uma autora magricela e de pele clara chamada Audre Lorde. Ela não parava de se perguntar *mas essa é a mesma pessoa?* Audre tenta não sorrir enquanto diz *pois é, foi por isso que a mudei na edição seguinte.*

De acordo com a amiga de longa data Adrienne Rich, Audre quase nunca gostava da capa de seus livros. Em uma carta de maio de 1988 ela responde às queixas de Audre sobre a capa do último livro de poemas que publicou antes de morrer, pedindo à "Querida Audre" para "pensar por que a capa de quase todos os seus livros causou tanta raiva e decepção".[1] Rich sugere que talvez não se trate das capas mas da ansiedade reiterada de Audre por expor "parte de sua alma" para o mundo.[2]

Mas quanto a *Zami* em particular, Audre ficou desconfortável com a maneira como Gloria Joseph e outras pessoas analisaram o espaço entre a fotografia e a narrativa. Ainda que Audre tenha escrito *Zami* a partir do contexto de sua própria vida, falava sobre o livro como um romance, uma obra do que ela chamava de "ficção autêntica".[3] Durante anos em suas biografias o livro em andamento aparecia como "uma obra de ficção intitulada *I've Been Standing on This Streetcorner a Hell of a Long Time*". A foto de capa convenientemente apresenta Audre nas ruas.

Às vezes eu me pergunto se Audre preferiria as edições mais recentes de *Zami*, que não usam fotografias, mas sim grafismos e ilustrações de mulheres negras poderosas sem indicadores culturais *butch*, guerreiras míticas que não se parecem em nada com Audre. Nem uma camisa de gola entre elas.

Audre escreveu *Zami* como um registro vermelho[4] daquelas que sobreviveram e especialmente daquelas que não sobreviveram ao tratamento violento da cidade de Nova York às lésbicas antes de 1960. Audre diz que escreveu *Zami* em resposta à declaração ousada de Barbara Smith no painel da Modern Library Association em 1977: "Sou uma crítica literária feminista lésbica negra se perguntando se é possível o ser e viver para contar a história".[5] Ao contar a história, Audre estava criando um espaço não apenas para sua própria história de vida mas para as "irmãs perdidas", as histórias não contadas de mulheres negras que não viveram para contar, como sua melhor amiga do ensino médio e primeiro amor, Genevieve.[6] Lésbicas negras assumidas que mostravam sua androginia ou masculinidade nas ruas de Nova York na época do romance pagaram o preço com sua carne. Mesmo hoje mulheres negras nos preparamos para os males que sofremos por sempre parecer relativamente masculinas em comparação ao ideal feminino branco, independente de nossa própria identidade de gênero. Na época da escrita deste livro, policiais uniformizados e a polícia cívica voluntária de gênero ainda visam diariamente pessoas negras que transgridem as normas de gênero.

Em *Zami* Audre tece uma mitologia curativa sobre mulheres que amam mulheres em Nova York, Connecticut e no México baseada em um ponto de referência ancestral: a amizade amorosa entre mulheres em Carriacou que dependiam umas das outras para tornar a vida e o prazer possíveis na ausência de homens navegadores, como o avô de Audre, que nunca voltou do mar. Isso significa que *Zami* aborda a presença da masculinidade na ausência de homens cis e o problema dessa presença em uma sociedade que teme a complexidade de gêneros. A primeiríssima morte que Audre descreve em *Zami* é a de Alvin, o garotinho com quem dividia a carteira. Alvin era um garotinho branco? É bem provável que não: ela retrata sua primeira escola primária, St. Mark's, como um lugar onde freiras brancas não educavam corretamente crianças negras. Foi só mais tarde, em sua segunda escola, St. Catherine's, que começou sua longa carreira de uma década como a aluna negra símbolo. Quando aluna do início do ensino fundamental, Audre se lembra de ter ficado confusa. A mãe dela, que passava por branca, era uma pessoa branca? "E o que a mamãe é? Ela é branca ou de cor?", a personagem de Audre em *Zami* pergunta à irmã, sem obter resposta. A própria Audre era uma pessoa escura ou não? Na cabeça de cinco anos de idade de Audre, qual a diferença entre ser branca e ser clara? Alvin era o garoto branco sujo na escola negra ou outro garoto negro, ruço e pálido por estar morrendo de tuberculose?

Se você tirasse seus óculos manchados poderia olhar para a capa da segunda edição de *Zami* e ver uma Audre e um Alvin jovens espiando a vitrine de uma loja de mágica, jovens mas já velhos o bastante para terem escapado da morte por alguns anos. Se eu colocasse esse livro com a frente virada para a janela por ao menos um verão, a persistência do sol o desbotaria.[7] O papel não pode reter melanina. A escala de cinza se diluiria, nas representações mais vagas de roupas e cabelo. O que não mudaria é o vinco permanente na primeira capa desse exemplar, que a dra. Joseph me mandou por correio de St. Croix. O vinco quebra a imagem diretamente à direita da mão de Audre, subindo pelo lado esquerdo do corpo da outra figura, roçando o pescoço e cortando uma orelha antes de por fim seguir pelo centro da cabeça tombada da figura e para fora da imagem. O vinco divide o subtítulo, separando "uma nova grafia" de "do meu nome" e "Za" de "mi". Se Alvin tivesse tido acesso a um pouco mais de ar fresco e sol naquele outono e inverno nos anos 1930, talvez pudesse ter sobrevivido. Poderiam ter sido eles, Audre e Alvin altos o bastante para enxergar dentro da vitrine. Com mais de dez anos e ainda não mortos. Nenhuma dobra permanente os separando por entre os limites mortais. Deve haver algum truque de prestidigitação ou papel com o poder de trazê-lo de volta à vista, o menino que morreu, e sua sobrevivente lésbica. Por meio de algum jogo de luz e encantamento eles poderiam estar ensinando reciprocamente outra forma de leitura. Audre e Alvin um ao lado do outro, masculinos, curiosos, colaborativos e vivos. Como se por um passe de mágica.

Parte 3

mas e se eu cavar debaixo
dessas coisas?

Audre Lorde, "Ballad from Childhood"[1]

14.
herança-dele

Um livro tem um peso desproporcional ao seu tamanho. Um livro exerce poder como nenhum outro objeto físico. Byron Lorde ensinou isso à sua filha menor. Não com palavras, mas com ações. Byron, que não se preocupava com nada além de dinheiro, levava livros para casa. Primeira lição: livros são nutritivos. Use os livros.

Complementando as idas frequentes da esposa com as meninas à biblioteca local carente de recursos, Byron Lorde levava para casa todo um palete de livros. Ao lado de donos de sebos ele comparecia a leilões, dava lances em seleções aleatórias de livros e levava para casa o que Audre Lorde mais tarde chamaria de "meio-lixos meio-clássicos".[1] Leitura voraz não era apenas uma metáfora. Havia uma avidez que Byron Lorde apoiava e alimentava comprando livros aos montes para suas filhas. Elas analisavam as pilhas com as mãos e os olhos. E não se interessavam apenas pelos clássicos. Interessavam-se pelos livros de mistério, de ficção científica, pelos romances de crimes de Charteris. No ensino médio, Audre, a filha que mais parecia com Byron, complementava ela mesma a coleção, vagando pelo mundo da Quarta Avenida criado pelos mesmos donos de sebos que faziam lances contra Byron por aqueles paletes. Ela se sentia em casa examinando mercadorias em calçadas e em vitrines de aluguel de vinte sebos diferentes pela rua. Audre escolhia livros por suas próprias razões estéticas, um livro francês de geometria, uma antologia amarelada de *Os poetas românticos*. A poeta June Jordan uma vez escreveu que essa era a parte que ela e Audre tinham em comum como crianças das Antilhas em Nova York. Cresceram "lendo milhares de páginas de milhares de livros".[2] Um livro podia alimentá-la. Ou pelo menos elucidar sua fome.

Segunda lição: um livro é uma exceção à regra. Audre se lembra de uma única vez que seu pai ficou ao seu lado contra a atitude disciplinar da mãe.

Foi por causa de um livro. Audre tinha encomendado um romance histórico escandaloso chamado *Forever Amber* pelo correio. Linda Belmar Lorde não foi a única pessoa a achar que esse livro era apimentado demais para uma moça ler. *Forever Amber* foi proibido em catorze estados. O procurador geral de Massachusetts, o primeiro a proibi-lo, apresentou uma contagem de referências a relações sexuais (setenta), gestações fora do casamento (39) e abortos (dez) como parte de sua argumentação para explicar por que um livro que alguém de sua equipe tinha lido com tanto cuidado e atenção (relutantemente, repetidamente?) deveria ser banido. Byron, que em geral deixava tudo sobre a criação correta de moças para a esposa, dessa vez interveio. Porque era um livro. Ele não acreditava que um livro pudesse prejudicar sua filha. Ele acreditava que "Se está escrito, ela consegue lidar com isso. Que não se deve impedir ninguém de ler qualquer livro que seja".[3] A linguagem era poderosa na casa dos Lorde, e Audre aprendeu uma coisa com essa pequena vitória: um livro pode ser uma rota de fuga em uma microcultura restritiva. Páginas e páginas de brechas pretas. Aberturas entre as quais se esgueirar rumo à liberdade.

Então a moça com a cara de Byron Lorde começou a escrever seus poemas diários. Aos catorze anos, durante uma semana em que provavelmente também tinha levado o jantar para o pai senhorio, ela escreveu uma declaração de missão poética: "Quero conhecer a beleza de minha própria casa [...]. Quero ter a certeza de que quando minha vida na Terra tiver acabado/ que deixei algo para trás/ para os outros levarem adiante".[4]

Mas qual era o peso dos livros para Byron? O que fazia valer a pena esperar em um leilão ao lado de homens que nunca o teriam contratado para trabalhar em suas livrarias, que teriam protestado se ele quisesse morar na Quarta Avenida em cima da fachada das lojas ou alugar apartamentos ali para seus clientes negros? Porém, ele vai esperar e dar lances em paletes de livros. Segurá-los no alto de sua estatura de um 1,93 metro. Descansar nos degraus de entrada e depois mais uma vez no corredor enquanto procura uma das muitas chaves que abriria a porta para suas filhas. Que também estão esperando. A essa altura elas já sabem que a grande maioria das palavras que vão tirar dele serão as palavras nas páginas desses livros. O que os livros podem ter oferecido a Byron, o marinheiro fugitivo de quinze anos, depois de trabalhar longos dias e longas noites entre as margens? O que eles podem ter oferecido à criança marginal largada na porta da casa do pai aos sete anos? Qual foi o livro que mudou tudo para ele? Que livro se tornou um lugar para se esconder? Um lugar para crescer? Quem ensinou Byron a ler? Que experiência formativa o convenceu de que valia a pena não ir ao escritório na segunda-feira, e sim acompanhar a filha à escola e exigir que ela pudesse prestar a prova de admissão para o prestigioso Hunter College High School for Girls? E foi à fé ou ao alfabetismo que Byron se agarrou alguns anos depois enquanto morria no hospital recitando o pai-nosso?

O máximo que podemos saber sobre o que os livros significavam para Byron Lorde é o que aprendemos com a vida de sua filha. Na primeira biografia publicada da autora, na *Seventeen*, a filha de Byron observa que seus tesouros são dois livros que ela encontrou em sebos na Quarta Avenida.[5] Na segunda biografia da autora, também na *Seventeen*, escrita enquanto estava exilada em Stamford, a filha de Byron lamenta estar tão distante de seu violão e de sua coleção de livros.[6] Ela não menciona o que também deixou para trás em Nova York: o pai em seu leito de morte.

Adulta, Audre explica:

> Eu sabia que não importava quão longe eu fosse na minha transgressão, se eu realmente escrevesse, se eu me destacasse — ele poderia não gostar, mas respeitaria. E isso é muito diferente da minha mãe. Eu poderia ter ganhado o prêmio Pulitzer aos treze anos e não teria significado muito para ela se eu ainda chegasse em casa tarde. Mas teria para ele.[7]

Teria. Mas a morte não esperou. Para seu pai vê-la ganhar prêmios e ser aclamada, ela teria de ter conquistado todo aquele reconhecimento ainda adolescente. Teria "realmente se destacado" décadas depois, mas a essa altura já era tarde demais. Ele se fora.

A primeira vez que o nome de Audre Lorde aparecer em um livro de verdade, seu pai não vai vê-lo ou segurá-lo ou comemorar. Mas seu nome sai impresso em uma antologia junto de um poema que descreve a mão de Byron na maçaneta, suas muitas chaves, como tudo mudava depois que ele atravessava aquela soleira.

Em 1968, a filha de Byron está sentada na cozinha de sua amiga do ensino médio e primeira editora Diane di Prima dobrando e grampeando seu primeiro livro de poemas. Em 1974, essa filha mais nova do três vezes imigrante Byron aceita sua indicação ao National Book Awards por um livro convenientemente chamado *De uma terra onde outro povo vive*. Quando a filha da filha de Byron chega ferida da escola, Audre a deixa na entrada da casa e corre para a prateleira de livros para encontrar as palavras perfeitas. É a neta de Byron, Elizabeth, a médica de sucesso que diz anos mais tarde: "Às vezes a poesia pode ser os primeiros-socorros".[8]

Em 1977, a filha de Byron responde à pergunta de Barbara Smith sobre ser possível ser uma escritora feminista lésbica negra e viver para contar a esse respeito escrevendo um livro. Em 1980, a filha de Byron responde aos lamentos de Barbara Smith sobre os Assassinatos de Boston e o racismo em movimentos feministas brancos com quatro palavras: "Precisamos de uma editora".[9]

E no entanto, quando entrevistadores comentam sobre como a filha de Byron é prolífica, ela nunca concorda. Por exemplo, em uma entrevista à jornalista feminista lésbica Karla Jay, Audre insiste: "Não me considero nem um pouco prolífica, Karla. O que me oprime o tempo todo em mim mesma é que há tanto a fazer que ainda não estou fazendo, que ainda não fiz. [...] Se dependesse de mim eu teria mais tempo, acrescentaria mais dez horas ao dia".[10]

Em 1898, o Byron Lorde de cinco meses de idade sobreviveu ao furacão das ilhas de Barlavento. Em 1989, sua filha Audre resgata sua preciosa biblioteca da inundação do furacão Hugo em St. Croix. Ela passa os próximos cinco meses reescrevendo a obra de sua vida à luz de uma lanterna enquanto a ilha funciona a geradores. E ainda que o câncer roube seu peso, seu rosto pareça cada vez menos com o de Byron, a filha de Byron permanece desafiadora e orgulhosa como a primeira poeta negra laureada de Nova York ao fazer um discurso de agradecimento que foi de fato um desafio político. Quão *bajan* [barbadense] da parte dela. No último verão de sua vida, a filha de Byron sonha com seu próximo livro. Ela quer que a Kitchen Table Press o publique. Quer chamá-lo de *She Who Survives*.

Audre usava os livros.

Um dia alguém lhe perguntou o que diria para o pai se ele pudesse ouvi-la:

"Olha só", diz ela. "Você deve estar orgulhoso de verdade de mim, porque estou conseguindo. Estou *mesmo*."[11]

15.
a ameaça marrom

Eu sou você
em seu pesadelo mais profundamente estimado
fugindo correndo pelas rachaduras pintadas.

Audre Lorde, "The Brown Menace"[1]

Depois da escola, as garotas do Hunter College High deviam deixar as dependências do campus na esquina da Lexington com a rua 68 Leste. Mas o prédio tinha de continuar aberto para os programas noturnos da faculdade. Esse era o meio-tempo, e ninguém ficava ali a não ser as garotas que não queriam ir para casa.

Havia algo se arrastando. Umidade. A persistência da fuligem nos vestiários que nunca estavam limpos o bastante. Além disso não era para ninguém estar ali. Em sua mitologização dos anos de ensino médio, Audre pisa em uma barata-d'água enquanto Maxine, sua tímida amiga judia que tocava piano, se acovardava atrás dela. Essa versão de Audre, a protagonista Audre de depois da escola, era corajosa se comparada à sua amiga assustada. Corajosa também se comparada à Audre que ela se tornaria ao voltar para o domínio da mãe.

Mas na vida real Linda e Byron ainda estavam no escritório da imobiliária. Então Audre podia se demorar e divagar e devanear. Essas fileiras de armários guardavam os livros escolares de alguns dos alunos que se deslocavam da cidade, porém ela raramente via alguém além das outras garotas que sussurravam seus próprios segredos. Raramente ouvia alguma coisa além de ecos de risadas. Os sons do prédio em sua outra vida. Audre deixava seus passos ressoarem no piso, esperando espantar antecipadamente qualquer inseto próximo. Ela estava trabalhando para transformar tudo o que não podia dizer em sentido, rima, arte. Ela caminhava, uma cerimônia silenciosa no escuro da infraestrutura da escola.

O Hunter College High School costumava ser chamado de Escola Normal. No fim do século XIX a Escola Normal era uma das muitas escolas do tipo pelos Estados Unidos, e buscava encher a cidade com professores que transmitiriam as normas da sociedade americana para as crianças de Nova York. Nos anos 1870, a escola dividia espaço com uma loja de ração para gado na rua 4 Oeste com a Broadway. Quando Audre era estudante, a escola se mudou para *uptown*. Ela se erguia sobre a Lenox Hill em um prédio relativamente novo de dezesseis andares construído em 1940 das cinzas de outro prédio e recebeu o nome triunfante do fundador do Hunter College, Thomas Hunter. Quando Audre chegou, não havia nenhum vestígio do nome "Normal" em qualquer parte do que então era apenas outra parte do campus do Hunter College.

O Hunter College High School tinha progredido. Ele continuaria a crescer como uma escola de aplicação para professores em formação no Hunter College. Um dia seria conhecido como o melhor ensino médio público dos Estados Unidos. Durante o primeiro ano de Audre, já atraía garotas com notas entre as 1% melhores das provas. Mas Audre não era uma garota Hunter normal. Em 1948 a maioria das alunas da escola vinha das famílias anglo-saxãs brancas de elite da cidade. Mais importante, Audre não se *sentia* normal.

Adulta, ela se lembrava de como as pessoas no Hunter se comunicavam de um jeito que lhe era estranho. Ela aprendera a se guiar pelas exigências tácitas da mãe e pelo cenário contraditório da Nova York nos tempos de guerra, principalmente por intuição. Em um lar antilhano rígido você tinha de adivinhar o que as pessoas nunca diriam. Agir de acordo. Não retrucar. Agir como se tivesse algum bom senso. Ninguém tem tempo para processar cada coisinha com você. Não fazer perguntas era uma forma de respeito pelo trabalho interminável de manter as filhas ingratas vivas. Mas uma garota do Hunter deveria falar o que pensa, pedir o que precisasse. Seguir instruções e atribuições de modo linear. Aperfeiçoar a arte da pergunta esclarecedora.

Audre escrevia em seu diário o que não podia dizer em voz alta. Estava apaixonada por sua professora de inglês Miriam Burstein e com raiva de si mesma por não expressar esse amor, mas também frustrada pelo contexto em que com certeza *não podia* expressar esse amor. Ela não era, não exatamente, a aluna para a qual suas professoras brancas tinham ido ao Hunter ensinar. Sentia-se desencorajada quando não recebia a atenção que queria delas, incapaz de fazer qualquer coisa a esse respeito. E a atenção que de fato recebia era suspeita. "Será que ela acha que eu sou um bicho de estimação ou algo assim?", escreveu em seu diário depois que uma professora se gabou um dia sobre ela. "Não gosto quando sou tratada com indulgência."[2] Anos depois quando ela voltou ao Hunter College para lecionar, disse aos colegas: "Aprendi muito com algumas daquelas mulheres, mas a presunção que tinham da minha inferioridade deixou cicatrizes vívidas na minha juventude".[3] Em sua opinião, a presunção de inferioridade delas era parte do legado de Thomas Hunter, o qual, nas palavras de Audre, "acreditava que apenas as pessoas de pele clara conseguiam aprender bem".[4] Audre leu em voz alta a descrição derrisória que Hunter fez do rosto de uma mulher negra que ele humilhou por levar oito anos para conseguir se formar no Hunter: "'O rosto negro em toda a sua deformidade bárbara', escreveu ele, 'nariz achatado, lábios grossos, queixo retraído'".[5] Quando Audre compartilhou essas palavras com os colegas, era *a* professora de destaque do Thomas Hunter na faculdade em que tinha se formado no bacharelado em artes. A essa altura, já tinha uma boa ideia do que Thomas Hunter poderia ter dito sobre o fato de que ela levou oito anos para se formar no Hunter College. Ele não teria levado em conta as circunstâncias econômicas que a fizeram parar e começar e parar de novo para conseguir dinheiro para sobreviver.

O que a Audre de catorze anos teria dito se você lhe dissesse que um dia ela faria parte do distinto professorado do Thomas Hunter e que lecionaria no mesmo prédio pelo qual vagava depois da escola?

Em *Zami*, Lorde descreve os corredores escuros de armários do Hunter como um espaço erótico. Um espaço em que ela e outras garotas tocavam as partes suaves em mudança de seu próprio corpo e do corpo umas das outras. Às vezes rápido demais para ser agradável. Mas seus diários não falam desses toques. Falam de anseios. Ela escreve descrições dos cabelos, das roupas e da pele de outras garotas. Ainda que a maioria de seus poemas durante o ensino médio seja muito mais formal do que seus diários e trate de temas de guerra, sofrimento, morte, natureza e das grandes emoções, há uma pequena ode dedicada à "maré de ébano brilhante", "suavemente disposta" da franja de alguém.[6] Ela aprendeu a alcançar e tocar por meio da linguagem.

Desça com Audre esses degraus de ardósia, uma garota supostamente calma que não ocupava muito espaço nos corredores entre as aulas. Imagine-a segurando um de seus tesouros — o livro amarelo francês de geometria que comprou em um sebo na Quarta Avenida. À medida que segue, ela estuda formas e ângulos. Revisa e revê como ela se encaixa e não se encaixa. Aprende os cantos, os lugares onde a intuição e um entendimento detalhado de estrutura se encontram. Até os diagramas do livro de geometria ganham vida em sua poesia como

> Coeficientes, altitudes
> E pequenas linhas rastejantes...
>
> Ângulos tropeçando sobre a páginas
> (Pois seus valores variam)
> Círculos pulando corda dupla
> E corolários gritantes...[7]

Até os anjos tropeçam como uma moça míope, enquanto os círculos que a excluem reclamam a graça pueril de pular cordas duplas. E quem está olhando feio para quem nos corredores desse ensino médio? Quais são os corolários nesse contexto em que Audre tem tanto a provar? Nesse poema notacional, Audre conecta o conteúdo do que está aprendendo ao contexto em que está aprendendo não apenas geometria mas socialidade. Ela estuda a estrutura. Aprende o prédio em si. Disseca os seus ditos pares e descobre como se agrupam. Avalia as rachaduras e os espaços, e o que pode fazer os ângulos rígidos diminuírem ou pelo menos abrirem alguns graus. E quando encontra esses espaços de ruptura, lá vêm os versos, rastejando como insetos.

Duas décadas depois, no início dos anos 1970, Audre vai escrever o "Poem to the Survival of Roaches". Mas no ensino médio ela já invocava a maioria indesejada em seus poemas. "De seus buracos elas vêm enxameando", escreve em "Of a Summer's Eve", referindo-se não aos insetos mas às crianças sem-teto de Nova York que saíam nas noites de verão quando "portas abertas/ Vômito rebenta suas excrescências/ Como um corredor de bocarras regurgitando".[8]

Lorde se lembra de ser uma criança pequena em um traje de neve azul no metrô, e de como a mulher branca de casaco de pele e chapéu sentada ao seu lado se retraiu.

> Ela contorce a boca enquanto me encara, depois baixa os olhos, levando junto o meu olhar. […] Ela puxa o casaco para si com um solavanco. Eu observo. Não entendo o que ela vê de tão horrível entre nós no assento — talvez uma barata. […] Pelo jeito como olha, deve ser algo muito ruim, então eu também puxo meu casaco. Quando levanto a cabeça, a mulher ainda me olha […]. De repente, percebo que não há nada rastejando entre nós; é em mim que ela não quer que o casaco encoste.[9]

A mulher rica estava com medo da pequena Audre, tanto que se levantou do assento no metrô cheio, seu casaco raspando no rosto de Audre. Mas há força em ser pequena e asquerosa. Ela aproveitou o pequeno poder da repulsa e tomou o lugar da mulher para que sua mãe pudesse se sentar.

Agora, nos corredores sagrados do Hunter onde o dia todo se sente intocável, Audre tira força de aprender o que está por baixo de tudo, onde estão os vãos e canos barulhentos no prédio. "A ameaça marrom" ainda a chama décadas depois. Mas por enquanto, nas entranhas de sua escola, onde é silencioso o bastante para ouvir o que a falação do período escolar abafa, ela ouve. Ela respira para além do "cheiro acre de sua recusa".[10] Chama a pessoa que ela vai se tornar:

> Me chame
> de sua própria determinação
> na forma mais detestável
> que você pode se tornar
>
> Me chame
> de sua maior ânsia
> rumo à sobrevivência.[11]

16.
fantasia e conversa

> *Para qual morte devo olhar em busca de conforto?*
> *Qual espelho quebrar ou lamentar?*
> Audre Lorde, "Corrente"[1]

Elas se chamavam de "as Marcadas", garotas párias do prestigioso Hunter, apaixonadas o bastante por poesia não apenas para escrever mas para ler em voz alta em rodas como bruxas assombradas. Elas decidem sentar no chão. Alguém levou uma vela e fósforos. Todas levaram seus poemas. As janelas são altas e pequenas, então está escuro. Talvez Audre esteja se lembrando dos ataques aéreos, e de como desde sempre sabe se esconder debaixo de uma carteira. Talvez esteja pensando que essa é a coisa ilícita mais fácil que já fez, deixar sua rígida casa antilhana para chegar cedo à escola, onde os pais acham que ela está estudando para provas, não fazendo uma *séance* para poetas mortos com meninas brancas.[2] Feitiços para amarrá-las umas às outras, palavras cifradas, telepatia, o que quer que achem que precisarão para sobreviver como jovens espertas e estranhas no fim dos anos 1940. Talvez elas só quisessem ficar de mãos dadas.

Gloria Pages acredita em palavras e vai aproveitar cada chance de usá-las. Ela já é uma foca no jornal do ensino médio. Eventualmente vai ser eleita para o comitê de escrita do Senior Day. Diane di Prima começou a escola com um semestre de atraso e sabe que a poesia é o caminho para a unidade através de barreiras que ela ainda não entende de todo, mas contra as quais se indigna mesmo assim. Um dia, Audre, a única garota negra no grupo, vai pegar o bebê recém-nascido de Diane em suas mãos marrons em um parto domiciliar. Mas agora essas garotas, corajosas o bastante para recorrer aos mortos, não ousam convidar uma garota negra para ir à casa de seus pais. Durante o dia, na escola, elas lhe dizem que horas devem se conectar telepaticamente, escrevem mensagens cada uma de seu local e comparam as anotações na manhã seguinte. Di Prima vai dizer que Audre é "negra e ferrenha, e naquela época muitas vezes indecifrável. Ela nos deixava adivinhando com seus olhos e seu silêncio. Uma espécie de saber e uma espécie de desprezo".[3] A segregação de fato mantinha a porta da casa de suas colegas brancas fechadas para Audre. O silêncio e a indecifrabilidade eram a porta que Audre podia fechar para elas. É aqui que se encontram, com o pretexto de compartilhar poemas em andamento para a revista literária da escola. A sala de chamada. Onde se prova ser mais fácil se deslocar entre a vida e a morte do que confrontar as barreiras do lar, do decoro e da raça que elas enfrentam todos os dias.

Então recorrem a poetas mortos. Os poetas românticos que as garotas costumam invocar em suas *séances* são John Keats, Percy Shelley e Lord Byron, homens que morreram jovens e só foram alçados a grandes poetas depois da morte. Elas não mencionam os outros poetas românticos que viveram tempo o bastante para se tornar parte do establishment. De algum modo, homens britânicos trágicos de outra era representam o modelo perfeito para essas moças americanas que têm idade próxima à desses homens quando eles escreveram os poemas que ninguém queria publicar enquanto ainda estavam vivos. Homens influenciados pela primeira onda do feminismo. Homens com heranças, que escreveram polêmicas sobre amor livre. Que sabedoria esses poetas têm para moças que se sentem como seres mágicos incompreendidos? Como eles podem contribuir para a experiência delas com a liberdade? Um dia, depois que se forem, essas garotas esperam que alguém vá se dar conta de que não eram estranhas e mal ajustadas, mas brilhantes, inovadoras e sábias. Talvez naquela roda elas conjurassem aqueles de nós que ainda estudamos suas influências e práticas.

Duas poetas brancas essenciais uma geração mais velha que Lorde e suas colegas também eram obcecadas por Percy Shelley e Lord Byron. A celebrada poeta *bad girl* Elinor Wylie escandalizou a sociedade e acabou na primeira página dos jornais do país todo ao deixar o marido e o filho por um homem casado e fugir para a Europa e então se casar com esse cara, mas depois o deixar por um viúvo e então escrever seus sonetos mais famosos sobre todo um outro amor não correspondido. E ela era obcecada por Shelley. Tanto que escreveu uma história de vida alternativa para ele na qual ele não morre em um acidente de navegação mas vive, sim, feliz para sempre... com ela. E então havia Edna St. Vincent Millay, amiga de Wylie, uma *rock star* da poesia que lotava leituras pagas e tinha uma venda de livros inacreditável até em meio à Depressão. A grande poesia de Millay sobre viver o momento e rejeitar petulantemente amantes piegas inspirou uma geração de mulheres americanas a escrever poesias ruins sobre as mesmas coisas.

Millay amava tanto Lord Byron que se vestiu como ele e posou para uma fotografia para imortalizar seu cosplay. Audre não escreveria sobre a coincidência entre o nome de seu pai, Byron Lorde, e o poeta Lord Byron, ou a morte de Shelley no mar em relação à morte de seu avô no mar, mas Wylie e Millay continuariam sendo duas de suas poetas favoritas ao longo da vida.

Tanto Elinor Wylie quanto Edna St. Vincent Millay sofriam de dores e doenças crônicas. As duas poetas se debatiam com a proximidade da morte. A irmã de Millay sucumbiu ao suicídio por abuso de álcool depois de tentar e não conseguir sustentar a própria carreira como poeta, nunca saindo da sombra da irmã. Três dos irmãos e irmãs de Wylie tentaram suicídio, e dois deles morreram em decorrência disso. Uma vez, Wylie desmaiou e caiu (ou se jogou?) escada abaixo na casa de um pretendente. Ninguém percebeu por horas e eles a colocaram em um trem sozinha com a pélvis quebrada. Eventualmente, a pressão de Wylie a fez cair morta aos 43 anos de idade. Naquela noite em uma leitura com os lugares esgotados no Brooklyn Institute of Arts and Sciences, Millay cancelou o programa que havia planejado, dizendo "uma poeta melhor do que eu morreu", e recitou de cor os poemas de Wylie pelo resto da noite.[4] Millay caiu de um carro e na sequência lutou com a dependência de morfina por muitos anos. Então caiu de uma escadaria e morreu quando Lorde e suas companheiras estavam no ensino médio.

A linhagem poética de Lorde e das Marcadas era premente e visionária e sombria. Elas se identificavam com os caídos. Um nível de drama que fazia a morte parecer ao mesmo tempo necessária e temporária. Elas quase com certeza leram o poema "Ode a um rouxinol" de Keats, em que um pássaro passa por uma forma de morte mas não morre. E "When Soft Voices Die", de Percy Shelley, que defende que assim como o cheiro das pétalas da flor fica mais forte quando a flor morre, a beleza e o brilho podem emergir depois da morte. Será que é possível que esse acesso ao universo da morte por meio das *séances* e da poesia seja parte do que manteve Audre viva e sã o bastante para ser funcional? O que sabemos é que Audre decorou seu poema favorito de Edna St. Vincent Millay, um poema que esta escreveu quando era adolescente, sobre a profundidade da terra e a escala da alma.

17.
poema para uma poeta

Tudo que daqui minha vista acata.[1]

O ensino médio era injusto. Mas para ser justa, isso não era nada novo. Audre acreditava em seu próprio brilhantismo e ética de trabalho para ganhar o dia até quando as condições não eram favoráveis. Ela tinha passado na prova de ingresso para o Hunter College High School for Girls e tinha tanto direito de estar ali quanto qualquer uma de suas colegas. No entanto, não estava recebendo a atenção que queria de suas professoras.

Resultava delas a visão limitada.[2]

"Renascimento" foi a primeira grande publicação de Edna Millay, um poema que primeiro ficou famoso por *não* ganhar um concurso de poesia que muitos disseram que devia ter ganhado. Esse poema menosprezado rendeu a Millay exposição e apoio para melhorar de vida, passando de uma garota pobre e talentosa do Maine para uma poeta publicada que frequentava as faculdades Barnard e o Vassar e, mais tarde, seduzia amantes homens e mulheres por todos os Estados Unidos e a Europa. Audre Lorde decorou "Renascimento" e o recitava para si mesma. Ela o usava como um campo de força poético.

Eu poderia tocá-las com a mão,
Ou quase, pensei, dessa posição.[3]

Adulta, Audre contou à sua colega de revisão de poesia e amiga querida Adrienne Rich sua experiência no ensino médio do Hunter College: "Foi uma fase difícil para mim. Eu nunca estudei; eu literalmente intuía todos os meus professores. Por isso era tão importante que eu tivesse um professor do qual eu gostasse, porque eu nunca estudava, nunca lia os trabalhos de casa".[4] Rich, uma antiga aluna modelo em uma escola de prestígio para meninas em Baltimore, ficou cética quanto à alegação de Lorde de não ter lido nenhuma de suas tarefas, então Lorde acrescentou: "Se eu lia as coisas indicadas, não as lia como era para lermos. [...] Então sempre senti que absorvia as coisas de maneiras diferentes das outras pessoas".[5]

Os pais de Audre trabalhavam muito, mas ainda assim a obrigavam a fazer o dever de casa e a estudar sob a ameaça de punição corporal. Então é improvável que Lorde "nunca estudava". Ela estava se referindo ao que significava para ela pensar como uma poeta ao longo de sua formação. Ela achava que estava tendo uma experiência completamente diferente de suas colegas. Sentia-se isolada em uma atmosfera projetada para meninas com um conjunto diferente de regras tácitas, por um corpo docente e uma equipe com dificuldades para sequer imaginar quem Audre era.

> E de repente tudo parecia miniatura
> Minha respiração rareou, virou tontura.[6]

Mas mesmo que fosse incompreensível — ou, como disse sua colega de classe, Diane di Prima, "indecifrável" —, Audre ainda sabia que era poeta.[7] Ela vinha escrevendo poemas quase todos os dias desde que tinha onze anos. No ensino médio, mantinha um caderno e cuidava para deixá-lo legível. Retranscrevia seus poemas, criando antologias anuais de sua obra completa com páginas numeradas, um sumário no início e uma legenda: um asterisco junto dos poemas que "valiam a leitura", dois asteriscos junto dos que eram "extraespeciais". Ela também escreveu uma dedicatória formal no início de um dos cadernos: "Para todas as pessoas, e para uma em particular, que me ajudou, dedico estes esforços não muito vãos do ano passado".[8] Ao longo da dedicatória há um esboço a lápis do rosto de uma mulher. A "uma pessoa em particular" era provavelmente sua paixonite, a professora de inglês Miriam Burstein.

Audre passou a fazer parte da revista literária do seu ensino médio, *Argus*, e assumiu tarefas subalternas para provar seu comprometimento, sabendo que quando estivesse no último ano se tornaria editora. Isso não aconteceu. "Quero ser editora-chefe e sou a secretária", queixou-se em seu diário em 14 de fevereiro de 1951, depois de anotar que ninguém havia lhe dado um cartão de dia dos namorados.⁹ Será que era por causa de racismo, como na cena em *Zami* em que a protagonista Audre concorre a presidente da classe porque sabe que é a menina mais inteligente, e fica chocada quando todas as colegas brancas votam em uma menina branca popular em vez dela? Podia ser por sua ideia de poesia destoar do que estava na moda para as outras alunas. A orientadora estudantil, que achava que estava dando bons conselhos, lhe disse para não ser tão sensual na escrita. Qualquer um que tenha familiaridade com a obra de Lorde sabe que ela não seguiu *mesmo* esse conselho. E a reprimenda de não ter se tornado editora-chefe, quando acreditava piamente que deveria ser, foi apenas um dos muitos momentos teto de vidro. Mesmo para uma garota negra inteligente e mágica, mérito e trabalho duro não bastavam diante de formas de popularidade que lhe escapavam.

Foi tão inacreditável para Lorde ela não ter se tornado editora-chefe que parou de acreditar nisso. Posteriormente na vida, diria que *foi* editora da *Argus*. Alguns anos depois, enquanto aluna do Hunter College, por fim realizaria seu objetivo de se tornar editora da revista literária *New Echo*. Uma vez ela se vangloriou para Langston Hughes que entre as revistas literárias universitárias, a *New Echo* "realmente era a melhor do país".¹⁰

O céu não parecia tão abismal;
Eu disse: o céu que se aprume!¹¹

Com "Renascimento" sempre em mente, Lorde escreveu seu próprio poema em maio de 1949 chamado "Location", que inclui estes versos sobre o céu ser diferente do anunciado:

Eu puxei as estrelas para o meu nível
Eu empurrei as nuvens do ar
Eu vasculhei até o canto do céu
E descobri que o céu estava vazio.¹²

Adulta, quando Lorde fala sobre a revista literária da escola, enfatiza seu próprio triunfo. Quando a *Argus* não publicou seu poema "Spring", ela o submeteu à revista *Seventeen*, a qual lhe pagou dinheiro de verdade por ele. Além disso, ganhou a validação de ser uma escritora profissional. Contudo, nessa época a jovem Audre pode também ter aprendido uma lição difícil sobre sua posição social. Ela acreditava em seu potencial infinito, mas os limites de casa e do ensino médio a trouxeram de volta para a terra repetidas vezes. Em última instância, o eu lírico de Lorde em "Location" redescobre o chão depois de procurar Deus no céu, "Sem nunca perceber que ele vivia na grama e no torrão".[13]

Sod [torrão] é uma palavra-chave nos poemas colegiais de Lorde sobre a terra, em parte porque rima com seus outros grandes temas, *God* [Deus], ou *the gods* [os deuses], mas também porque ela já estava desenvolvendo uma teoria da Terra. O eu lírico em "Renascimento", de Millay, luta contra o fardo de uma perspectiva divina dentro de um ser mundano.

> Pago pela minha onisciência, credito
> À alma um remorso infinito.[14]

Exausta, o eu lírico de Millay busca o repouso da morte e o acha profundamente confortador. "Agora subterrânea posso descansar;/ Gélida é a mão sobre a testa a roçar,/ Macio peito cuja cabeça reverencia,/ De todos aqueles que a morte vigia."[15] Mas então "E de uma vez só, e por toda parte", chove dentro da cova do eu lírico e ela tem o anseio de ver como o mundo vai ficar bonito depois da chuva.[16] "Gritei, ó Deus, faz-me renascer,/ Providencia que sobre a terra volte a viver!"[17] Isso também é concedido e toda a cova é varrida pela água. O eu lírico precisava da morte para passar pela sensação de estar viva de novo.

Em agosto de 1949, alguns meses depois de escrever "Location", Audre vai retornar à imagem de "Renascimento" da chuva varrendo o túmulo. Em seu poema "Nirvana", ela esboça uma estrofe muito revisada:

> a chuva lavou a (minha) coberta terrosa
> Revelando para a luz de um sol recém-nascido
> Olhos embrionários, ainda em desenvolvimento
> E um coração (mortal) de cristal (que) brotou (para fora) de um sonho turvo[18]

Desde muito nova, os temas a que Audre mais tarde vai voltar começam a aparecer em sua prática diária de poesia. Como poeta adulta ela vai ser conhecida por seu poema "Coal", que apresenta um eu lírico que insiste vir *do interior da terra*.[19] E aqui vemos que no ensino médio ela já entendia a vida como uma tensão entre o tempo geológico e a mortalidade humana (um cristal ou coração mortal). Talvez tenha sido isso que manteve "Renascimento" tão perto do coração mortal de cristal de Audre no ensino médio. Ela estava aprendendo a ser infinita na escala de uma vida humana ao honrar a paisagem de sua própria alma.

O eu lírico de Millay em "Renascimento" volta dos mortos e celebra o renascimento em êxtase. A paisagem que aprisionou o eu lírico no início do poema acaba oferecendo infinitas nuances sensuais primorosas a serem experimentadas. O eu lírico descobre a divindade de todas as coisas, e sua própria capacidade de tocar o divino enquanto está viva na terra.

> Deus, na grama posso abrir um vão
> E com o dedo tocarei Teu coração![20]

O eu lírico descobre que o mundo é tão amplo quanto a alma de quem o percebe. Nosso ambiente se torna maior ou menor conforme nos envolvemos com ele. No ensino médio, Audre se sentia frustrada com as dinâmicas de poder abertas e tácitas que enfrentava. Mas em sua poesia e nos poemas que adorava, ela era poderosa. Ali, a única limitação era sua própria disposição para confrontar sua alma. Isso foi a bênção. E o alerta.

> A alma logra a divisão do céu em dois,
> E a face de Deus brilhará depois.[21]

> Mas se sua *alma é pedestre*
>   — *o céu*
> *Receberá desabado*[22]
> sobre você.

18.
paz na terra

Ao longo de sua obra, Audre Lorde confunde estrelas com planetas. De seus cadernos do ensino médio onde ela escreve sobre "vida em outras estrelas",[1] ao seu último trabalho em prosa, *Uma explosão de luz*, em que lamenta o sentimento de que está "vivendo em uma estrela diferente do que aquela que eu costumava chamar de lar",[2] o uso que Audre faz da palavra "estrela" para descrever um lugar para viver sugere que a Terra também é uma estrela.

Um planeta é uma rocha que orbita uma estrela. Uma estrela é um orbe gasoso que emite radiação à medida que se transforma. Mas planetas são feitos de poeira estelar. Os físicos dizem que 93% da massa de nosso corpo é resultado de fusão estelar. Nossa ancestralidade estelar. Ainda em combustão. Audre foi uma estrela. Vivendo em uma estrela. E se a energia se mover pela matéria tão inexoravelmente quanto se move pelo céu mais limpo? Isso ajuda a vida a parecer mais possível neste planeta para uma gênia que tem razão para acreditar que alguma parte dela será sempre incompreendida?

Junto com toda a poesia que Audre Lorde escreveu enquanto era aluna do Hunter College High School, ela também escreveu sua primeira e última obra de ficção científica: "The Revolt of the Light Years".[3] Audre traçou a crise existencial de um raio de luz rebelde chamado Um que "aspirava a coisas maiores" do que carregar passivamente o luar para a Terra.[4] O que podia ser maior do que ser a própria luz? Bem, para Um, um representante velado do difícil processo da adolescência de Audre, o problema não era o trabalho de levar a luz para a Terra — o problema era que os "tolos que habitam a Terra" não estavam prontos.[5] Eles não reconheciam ou entendiam os portadores de luz quando os viam.

Audre, por dentro da ficção científica mais recente e das teorias em periódicos de pesquisa científica, subestimava os cientistas que faziam experimentos na mesma rua que ela, em Columbia. "Eles não conseguem entender nem as regras mais simples da existência extraterrestre", diz Um.[6] De uma perspectiva cósmica, o trabalho deles durante a guerra, para dividir átomos, e seus experimentos com radares são tragicamente míopes.

Dois e Três, os irmãos de Um, tentam fazer o raio de luz rebelde acreditar na glória diferida. "Um dia", eles tranquilizam Um, "depois que morrermos, vamos ser famosos." Como Keats e Byron. Mas respeito em retrospecto não basta para Um. Tem de haver algo mais.

Enquanto Um reclama sobre a injustiça do anonimato e do "esquecimento anômalo", uma coisa estranha começa a acontecer.[7] Um estremece. Enquanto Um estremece, eles se dividem em múltiplas sequências de luz decompostas, como os raios divididos que a jovem míope Audre via sempre que olhava para os postes ou faróis de carros sem os óculos. Um se tornou mais de um. Não dois ou três, mas um "equivalente interespacial" de Um.[8] Ao "estremecer", Um estava por toda parte, "irradiando pelas vastas extensões do espaço sideral".[9]

Parte da ciência na prosa de ficção científica de Audre Lorde exige uma prática de leitura não linear. Como a conversa entre Um e seus outros irmãos pode acontecer "éons antes dos protótipos para os primeiros habitantes da Terra" e também em meio à Segunda Guerra Mundial?[10] Porque a escala temporal do diálogo na história considera o fato de que a luz das estrelas que atualmente alcança a Terra foi gerada há milhões de anos. Nesse caso, os raios de luz estelar ativos antes de a Terra se tornar a Terra também podiam testemunhar a mesma segunda guerra mundial do planeta.

O elemento mais difícil de ser compreendido pelos leitores de ciências da época teria sido o tratamento dado por Audre a toda luz como "a luz". A luz que vem do Sol e rebota na Lua, a luz de estrelas distantes do sistema solar, e a luz fugaz da poeira espacial quando viaja pela atmosfera terrestre e incendeia, tornando-se um meteoro ou uma "estrela cadente". Todas essas formas de luz são intercambiáveis na história. Um são todas essas formas de luz cósmica ao mesmo tempo. Talvez Audre precisasse de uma aula de astronomia.

Ou talvez não. Na história, o protagonista de Audre desdenha das visões limitadas dos cientistas da era da Segunda Guerra Mundial, mas eventualmente o trabalho deles e de seus alunos de física de partículas revelou que a matéria pode existir em múltiplos lugares e em múltiplas formas ao mesmo tempo. Então por que não a luz?

Talvez Audre já fosse quantum.

O avatar da Audre adolescente fala com clareza do lugar vacilante da unidade e impossibilidade cósmica:

"Eu quero ser. Não quero simplesmente existir, depois perecer em uma breve *explosão de luz* numa noite escura não percebido-não reconhecido por ninguém..."[11]

Quarenta anos depois, vivendo com câncer terminal, a poeta e ativista muito apreciada e reconhecida Audre Lorde vai usar *exatamente essas mesmas palavras* como título de seu último livro de prosa, *Uma explosão de luz*. Verbatim. Ainda que dissesse aos entrevistadores que nunca tinha escrito prosa antes de *Zami*, e que teve de aprender a fazer isso como professora universitária junto de seus alunos de redação, em algum lugar em seus arquivos e em sua memória vivia aquele caderno do Hunter com o escrito em caneta verde.

Para Audre Lorde, a vida na Terra não passava de uma explosão de luz. E o câncer de mama, que eventualmente se espalharia para seu fígado, aquela meia-vida transformando-a de dentro para fora, tornava os limites da explosão urgentemente claros.

Ao descrever a clareza de viver com câncer, ela definiu a expressão "uma explosão de luz" em 1984: "É uma época acentuada por uma recuperação ferrenha do que eu chamo de explosão de luz — o conhecimento inescapável, no âmago, da minha própria limitação física".

Ela continua a escrever sobre mortalidade de maneira muito literal, compartilhando suas experiências nos consultórios médicos e nas clínicas de tratamentos. "Sinto-me aprisionada numa estrela solitária", diz.[12]

Mas ela continua cósmica. Em sua entrada de diário mais famosa, escrita depois que os médicos lhe disseram que seu câncer tinha sofrido metástase, ela diz: "Escreverei fogo até que ele saia pelas orelhas, olhos, narinas — todos os lugares. Até o meu último respiro. Vou embora como um maldito meteoro!".[13]

Vivendo em uma estrela. Respirando como um meteoro. Depois de escrever essas palavras, Audre foi para a Alemanha fazer o tratamento homeopático que lhe permitiria viver os últimos anos de vida em seus próprios termos. Profeticamente o fim da história de Um também acontece na Alemanha. Uma criancinha olha para fora da janela atrás de uma estrela para fazer um pedido e vislumbra Um caindo para a terra.

Será que a Audre quantum viajou no tempo? Como ela sabia de tudo isso aos quinze anos de idade? Na história, o monólogo de Um acaba abruptamente ao entrar na atmosfera terrestre. O protagonista arde no céu negro. Um vai embora. Como um meteoro.

Parte 4

Por sobrevivência não quero dizer mera existência, que é a esfera dos feridos ambulantes e dos mortos ambulantes, mas uma qualidade *ativa de viver.*

Audre Lorde, "Black Women's Poetry Seminar, Sessão 6"[1]

19.
geração

> *Tão longa quanto a distância*
> *Entre*
> *Amor e morte —*
> *Tão longa quanto a distância*
> *Entre*
> *Primavera e outono*
>
> Audre Lorde, "How Long Is the Summer" [1]

Quem elas vão ser? O que vão vestir para sua aventura pelas ruas da cidade? Audre saboreia essa época com o corpo nas roupas de Genevieve, o toque na cintura, um ajuste para que possam combinar como as irmãs que fingem ser em público. Genevieve era como Audre queria ser. Esbelta. Leve. Graciosa em sapatilhas de balé. Genevieve era quem Audre queria ter, uma irmã que entendia, uma amante colegial. Os elementos principais desse ritual? Primeiro, tempo roubado. Audre vai ter que enfrentar a raiva da mãe quando ela voltar do escritório no fim do dia e as tarefas ainda não estiverem concluídas. Linda atribuirá o fato à insolência e à preguiça. A mãe de Gennie também passa o dia todo no trabalho. É fácil roubar tempo quando seus pais estão ocupados. Essas aventuras também exigem o dinheiro que as duas roubam das mães ou o dinheiro que Audre devia doar na catequese. É assim que elas financiam suas jornadas. E a libação. Em *Zami* Audre diz que isso é algo doce. Champale do mercadinho da esquina, na conta fiada da mãe de Gennie.

Não sabemos quanto da representação que Audre Lorde faz de sua amizade com Genevieve em *Zami* coincide com a história de seu relacionamento e quanto adentra a fantasia, revelando os anseios emocionais ou desejos narrativos de Lorde. Talvez não tenha havido de fato tanto toque quanto os que agraciam a página da biomitografia de Lorde. Em *Zami*, há intimidade física, decadência, indulgência. Se Gennie estiver de castigo (Audre vai usar a palavra "*decked*"), elas vão ficar deitadas peladas no apartamento, bebendo e sonhando e tostando marshmallows na cama. Talvez a nudez fosse real. Talvez seja metafórica.

Mas com certeza, como duas jovens negras, teriam de ter construído suas armaduras a partir dos restos do que havia em volta se planejassem se aventurar pela Nova York de 1949.[2] Elas são garotas negras. Sabem que basta um olhar para o mundo decidir como tratá-las ou maltratá-las. E precisam de espaço o bastante para fingir que não ligam, então elas estão versadas em seu verão de imprudência. Vão andar de ônibus, porque no verão de 1948 a tarifa do metrô duplicou de cinco para dez centavos, mas a passagem de ônibus só subiu para sete centavos.

Audre passou cada momento que pôde daquele verão com a afiada e imprudente Genevieve, que conhecera por meio de uma amiga negra em comum da escola, que morava em seu bairro. Genevieve era sua amiga negra que era artista e rebelde, não parte do grupo das garotas brancas Marcadas cuja casa ela nunca via.[3] Talvez Genevieve fosse um refúgio para Audre. O que elas criaram juntas foi um campo de força em que cada menina podia ser mais de si mesma. Para o bem. E para o mal. Será que um dia elas realmente serão expulsas do ônibus número 5 por xingar profusamente ao substituir a palavra "querida" por "fodida" na conversa? Ou isso também foi fantasia? A expressão tão desejada de uma crítica reprimida às suas mães. Como autora, Lorde retrata as duas como críticas às mães que lhes dificultavam a vida já com tão pouca segurança e mobilidade. E assim esse jogo imaginário ou real de hilaridade adolescente na linguagem era mais do que apenas um jogo. Genevieve culpava sua jovem mãe por não estar em um relacionamento com seu pai. Ansiava pela integridade que achava faltar em sua vida familiar e ressentia-se do estresse que sofria no final dos longos dias de trabalho de sua mãe solo. Audre considerava sua mãe apavorante e teimosa, sua inimiga em uma guerra diária e noturna em casa. O crime violento dela era sua interpretação errônea de quem Audre era e sua orientação equivocada sobre a melhor maneira de navegar no mundo em que ela vivia. Suas infrações eram contra a ânsia de Audre por privacidade, de um lado, e por afeição, de outro. Tinha de haver outro jeito.

Então quem elas seriam em uma Nova York cada vez mais cosmopolita? Elas fingiriam ser garotas "espanholas", em uma cidade que acabara de se tornar acessível por meio do novo em folha Aeroporto Internacional Idlewild (que mais tarde seria chamado de Kennedy) de Nova York? Elas se inspiraram nas matérias sobre o início das obras da sede mundial da ONU? Elas se vestiriam como as ditas assanhadas e assediariam empresários nas ruas? Elas se vestiriam. Esperando que ninguém adivinhasse sua idade. Seriam as protagonistas de dramas em sua própria cabeça, que a maioria da cidade estaria ocupada demais para notar no calor do verão. E assim talvez a pergunta sobre quem elas seriam não fosse para os transeuntes, mas, na verdade, uma cerimônia de possibilidades para as duas. Quem elas podiam ser nesse mundo que ansiavam por conhecer de um jeito diferente do que suas mães podiam ensinar?

E por quanto tempo? Pairando sobre essas aventuras de verão cheias de risadas, audácia e comportamento ilícito, de comer raspadinhas que supostamente lhes dariam pólio a fumar cigarros nas ruas, estava o empenho de Genevieve, seu plano de morte. A sombra sobre a alegria jovem das duas, ou talvez o gume afiado que as tornava mais descaradas, era que, de acordo com o plano de Genevieve, essa era a última chance de elas aproveitarem os pequenos prazeres que a vida podia oferecer. Audre esperava que Genevieve se tornasse feliz o bastante para esquecer o plano, mas as palavras apareciam de novo no ônibus ou na mercadinho, dizendo que no outono ela não estaria mais ali. Faltavam apenas mais algumas semanas, não havia a necessidade de planejar um futuro de que ela não pretendia participar. E Audre sentia que não tinha escolha a não ser ficar do lado de Genevieve em um acordo tácito enquanto ela conspirava sua partida, porque tudo o que ela queria era ficar perto de Genevieve o máximo possível. E se conseguisse manter a confiança de Gennie ao não contar desse plano para a avó ou a mãe de Gennie, isso não lhe daria mais influência para proteger a amiga? Será que poderia amá-la o suficiente para fazê-la viver?

Quais eram as constrições que fizeram uma vida adolescente parecer intolerável para Gennie, a dançarina bonita e talentosa, a amiga espirituosa e corajosa?

Durante as guerras mundiais, a taxa de suicídio foi a mais alta de todos os tempos nos Estados Unidos. E para cada pessoa que morria de suicídio havia de dez a 25 tentativas a que as pessoas sobreviviam. Todas as semanas, suicídios eram mencionados nos jornais negros como o *Amsterdam News*. Talvez Audre lidasse com a ideação suicida de Genevieve dizendo a si mesma que ela podia tentar, mas de jeito nenhum morreria de fato. Talvez ela rezasse pedindo que a fixação de sua amiga em parar de viver fosse metafórica. Afinal, Audre escrevia sobre o grande fardo da vida em seus poemas, assim como Wylie, Millay e os românticos.[4] Será que falar sobre suicídio era uma forma de proteção contra sua vulnerabilidade como garotas negras, uma couraça feita de sentimento diferido? No poema "Suicide", de Edna St. Vincent Millay, a morte é meramente uma oportunidade para o eu lírico aprender uma lição importante: nós só temos uma chance de viver uma vida com propósito. Em seus próprios esboços de poesia adolescente Lorde escreveu sobre o refúgio da morte. Em "The Weak Gods", por exemplo, o eu lírico de Lorde questiona se existe um poder maior e, se existe, implora a Deus para ser misericordioso e para

> Arrancar do meu coração
> Aquele trapo de tortura —
> A vida.[5]

Mas pouco mais de uma semana depois, Audre escreveu um fragmento de um poema que oferecia gratidão por um milagre

> Que brotou triunfante…
> Mostrou a graça dos Deuses
> E do tempo[6]

Desde muito nova Audre Lorde trabalhava com o significado de divindade em sua poesia, e ele emergia com um contraste e dinamismo equivalentes à sua própria experiência emocional. Um poema que pedia, aos gritos, a deuses hipotéticos, pela morte não era um desejo de morrer de fato. Talvez Audre se voltasse para a poesia para processar sua própria reação à conversa sobre suicídio da amiga. Foi perto do fim do ano letivo de 1949 que Genevieve contou a Audre que planejava aproveitar um último verão e depois se matar antes que a escola recomeçasse? Em 20 de maio de 1949, Lorde escreveu um poema chamado "A Mistake":

> Pois nunca houve homem
> Que caísse tão fundo
> Que não pudesse alcançar
> Para o alto em direção às estrelas —
> E agarrar
> Um tanto ínfimo de infinito
> E com esse pedaço
> De chama que nunca morre,

Iluminar o caminho
Do rumo desolado de seus amigos.[7]

Talvez Audre acreditasse que através da amizade ela pudesse ajudar Genevieve a recobrar sua vontade de viver.

Talvez não. Em seu caderno, ela mudou o último verso do poema.

Do rumo de seu amigo desolado.[8]

O que Audre decidiu fazer em 1949 foi aproveitar seu tempo com Genevieve. Um ato de amor? Um ato de necessidade? Ambos.

Tenho uma ânsia
Tenho uma ânsia
De céus verde-escuros
E chuva roxa de menta
Tenho uma ânsia
De ser beijada por um pêssego.[9]

Mais tarde Audre Lorde vai descrever Gennie como seu primeiro amor e como a irmã que sentia que nunca teve. Ela vai se arrepender de nunca ter sido capaz de ir além dos toques pueris da infância. Se Genevieve se sentisse da mesma forma, que futuro ela via que poderia ter como ela mesma? Audre protegeu seu próprio acesso a Gennie ao não contar aos pais o quanto a via, e ao não revelar nada que a afligia sobre a mente e o coração perturbados de Gennie.

Pesquisas contemporâneas neurológicas e psicológicas relatam que desconexões entre o córtex pré-frontal e a amígdala e o hipocampo podem levar jovens adultos a ter dificuldades de entender que sua dor emocional não vai durar para sempre. O compromisso de Genevieve com a morte sobreviveu a múltiplas mudanças nas circunstâncias tumultuadas de sua vida doméstica, mas pode ser que essas condições tenham exacerbado um desequilíbrio químico. Ou talvez ela sentisse que quem era em espírito excedia as limitações depressivas de seu tempo de vida. Talvez Genevieve tenha respondido não a um equívoco adolescente sobre o fato de que a vida poderia ser melhor, e sim a uma avaliação desoladora dos limites sociais do mundo que a cercava. Ela se recusou a viver além de seus anos adolescentes. Mas quem sabe o que poderia ter acontecido naquilo que Audre Lorde chamou de "outros destinos à escolha".[10]

De modo geral, quais eram as opções para as mulheres negras talentosas de seu tempo? Audre Lorde coloca suas memórias ficcionalizadas em uma trilha sonora de canções de Sarah Vaughan e Dinah Washington, provavelmente as artistas negras de mais visibilidade para as jovens Audre e Genevieve no fim dos anos 1940. O que essas mulheres e suas canções de anseio representavam para elas na época? Sarah Vaughan e Dinah Washington nasceram em 1924. Eram dez anos mais velhas que Genevieve e Audre. Audre e Genevieve não tinham como prever que Dinah Washington teria sete casamentos tumultuados diferentes e morreria de uma combinação de remédios prescritos para insônia e para emagrecer na jovem idade de 39 anos. Não tinham como ver os relacionamentos financeiramente manipuladores e abusivos pelos quais passava Sarah Vaughan. Não tinham como enxergar, por trás da música, o mercado de performances e gravações dominado pelos homens em sua própria cidade, onde as oportunidades e o poder sexual e profissional se misturavam de maneiras que impediam artistas mulheres de terem o controle de suas próprias carreiras e finanças. Elas podiam apenas supor a partir do anseio, da tristeza e da perda nas músicas de amor que cantavam que havia algo bonito, glamoroso e verdadeiro sobre como a vida machucava as mulheres que eram seus poucos modelos intimamente visíveis da condição de mulher negra além de suas próprias mães.

Então imaginemos que elas passaram, sim, horas se aprontando para ser quem quer que imaginassem ser por ora. Elas gostavam de se vestir, trocar de roupa, imaginar e reimaginar. Porque de fato, uma vez que botassem os pés para fora do apartamento, a maior parte do feitiço já não se quebrava? Elas eram garotas negras em 1949, em um mundo ao mesmo tempo revolucionário e racista. Independente se foram ou não, elas *poderiam* ser expulsas do ônibus número 5 ou excluídas de qualquer espaço público ao bel-prazer de qualquer pequena autoridade. Elas podem não ter vivido no Sul segregado, mas todos os dias se guiavam por um sistema de ordem pública antinegros.

Talvez, como Lorde sugere em *Zami*, Audre e Genevieve se "fantasiassem" de operárias, usassem bandanas vermelhas, levassem marmitas e entoassem a plenos pulmões canções sindicais comemorando as vitórias comunistas na Europa e na China. Perto dali, Miles Davis, Gil Evans e um grupo de músicos estavam em um apartamento na rua 55 inaugurando o que chamaram de "o nascimento do cool". Se a segunda metade da década de 1940 viu o jazz (Walter Cronkite o chamou de "barulho musical" e observou nas notícias que ele levava a culpa por tudo, do "mau tempo à decadência da moralidade") e as vitórias comunistas que convenceram estudantes de que havia algo que valia a pena imaginar para além do capitalismo e da supremacia branca, ela foi também o limiar dos anos 1950, uma década em que o Estado lançaria mão de restrições de papéis de gênero e de regras familiares para fazer cumprir esses mesmos sistemas.

Se Audre e Genevieve realmente se envolveram em experimentações rebeldes — dando "três vivas para os comunistas" e compondo canções no violão usado da vida real de Audre enquanto adaptavam as primeiras traduções da poesia de Pablo Neruda —, elas podiam ter sido consideradas oficialmente perigosas. Tão perigosas quanto mulheres negras ou qualquer pessoa do "mesmo sexo" se amando. Em 1948 o governo federal já se expurgava de homossexuais suspeitos, que eram estigmatizados como "pervertidos sexuais", citando sua sexualidade como uma violação da segurança. O relatório de Kinsey sobre a sexualidade masculina revelou que o desejo e a prática sexual com o mesmo sexo era mais comum do que qualquer um admitia e provocou uma reação negativa. A homossexualidade e o comunismo emergiram como ameaças idênticas, espectros intercambiáveis, uma crise nacional. Apenas dois meses antes de Genevieve morrer, Joseph McCarthy fez um discurso apresentando seu famoso argumento circular de que os homossexuais seriam recrutados com facilidade pelos comunistas por serem psicologicamente "perversos" e que os homossexuais, como os comunistas, podiam recrutar americanos sadios para se tornarem homossexuais, o que os tornava mais propensos a serem comunistas. No entanto, as garras sobre a visão de mundo alternativa que as meninas celebravam e a liberdade sexual que elas ainda nem sequer conseguiam articular ficavam mais apertadas. McCarthy e outros insistiam ativa, desesperada e legislativamente que não havia outra maneira possível de ser. Mas o argumento apoiado no medo que ele usava baseava sua urgência em quão pervasiva, insidiosa e possível era uma mudança completa nas práticas sexuais e econômicas dos americanos.

E se houvesse outra maneira de viver em 1949? E se os únicos limites sobre quem Audre e Genevieve poderiam ser fossem sua própria imaginação e suas habilidades com tecidos? E se sua criatividade tivesse se estendido para um mundo em que elas pudessem se aceitar plenamente, até os aspectos de si mesmas que seus pais e professores não apoiavam ou aprovavam? E se? Suas mãos nos ombros uma da outra. Suas afirmações sobre as roupas escolhidas uma da outra. E se os "sim" que repetiam uma à outra em quartos do Harlem, com ou sem toque, fosse um mundo grande o bastante em que envelhecer? Será que Genevieve poderia ter vivido?

Em um dos últimos dias de agosto de 1949, Audre escreveu "Stop Hour":

A noite está morta, — o dia
não nascido
E aqui
O vazio de mundos indecisos
Fico —
Desamparada[11]

Mas Audre não conseguiu impedir a determinação de Genevieve. Naquele outono, Genevieve cortou os pulsos como planejado. Ela apareceu na escola com curativos reveladores.[12] Mas não morreu. Não exatamente. Ainda não.

20.
lentes de contato

É inevitável. O Sol vai explodir. A benevolente estrela que dá vida e que tornou a vida na Terra possível por milhões de anos um dia vai parar de fazer a fusão de hidrogênio em oxigênio e de se expandir. Nesse momento, a Terra, fielmente orbitando o Sol, vai queimar.

Como a vida vai ser para Audre sem Genevieve?
Em agosto, perto do fim do último verão das duas juntas, a poeta adolescente escreveu "The Twenty Thousandth Day", sobre a agonizante experiência estendida de um dia sem sol. Será que Genevieve é o sol?

Um dia o sol e perdi
Um dia e vinte mil anos

Ela voltou e revisou esse poema à caneta em um momento não determinado, mudando o último verso para

Apenas um dia, mas há muito poucos anos.[1]

Será que Audre estava lidando com a ansiedade de ter muito poucos dias restantes com Genevieve quando escreveu esse poema em 10 de agosto de 1949? Um dia em que elas não podiam explorar a cidade juntas pode ter parecido 20 mil anos. Retomando o poema em letra cursiva, Lorde não precisou da hipérbole de "vinte mil anos" para enfatizar a escassez de tempo.

Os cientistas discutem sobre quando exatamente o Sol vai explodir. Medições distantes multiplicadas por grandes expoentes significam que suas estimativas podem variar em milhões de anos. É possível que quando o Sol explodir, a Terra vá estar em uma situação cósmica completamente diferente. A essa altura esta galáxia, a Via Láctea, e a galáxia seguinte, Andrômeda, podem ter se fundido. Mas a maioria concorda que o Sol já vai ter explodido antes de as galáxias se tornarem uma única. Os cientistas falam desse futuro possível com nomes feios como Galáxia Lacteandrômeda. No cerne de cada galáxia está um centro organizador, um buraco negro que mantém a galáxia unida. Evelynn Hammonds, uma das primeiras mulheres negras a ter ph.D. em física e uma mentoreada de Audre, teoriza "black (w)holes" [buracos/inteiros negros] como um modo de entender e organizar a ausência da sexualidade de mulheres negras e particularmente da sexualidade de lésbicas negras nas teorias feminista e queer.[2] Mas talvez Audre acreditasse que a energia do buraco negro não dito no centro de duas galáxias diferentes de garotas negras pudesse permitir que elas se atraíssem para uma nova configuração. Talvez ela soubesse ou quisesse saber algo sobre galáxias se mantendo juntas, tão próximas uma da outra que nenhum astrofísico conseguiria decifrar onde uma de fato termina, onde a outra de fato começa.

No mês antes de Genevieve morrer, Audre explorou o fim do mundo em geral e de seu próprio mundo pessoalmente no poema "Self", perguntando:

> O que farei quando o alegre esplendor do sol
> morrer em angústia dos céus?

A resposta dela? Isolada e conectada com a terra e as estrelas.

> Vou dar as costas para a horda que lamenta
> e seguir meu caminho para um lugar solitário
> Onde possa ver a última grama crescer
> Olhar uma última vez a face de Orion

E então?

> E então vou cavar uma cova bem bem funda
> E me enterrar sob a última árvore de todas

E me erguer este epitáfio
"Em memória de MIM."³

Será que isso significa que até depois do fim do mundo a jovem Audre estava preocupada com seu legado? É assim que Audre imaginava que Genevieve se sentia? Quantos dos mundos delas já tinham chegado ao fim?

21.
pirueta

Depois do primeiro ato de Genevieve em direção ao suicídio, Audre e ela não puderam mais se ver tanto. Genevieve foi morar com o pai. Mudou de escola. Audre especulou que o pai de Genevieve abusava de álcool e que pode ser que também tenha abusado de Genevieve. Em *Zami*, Lorde sugere que pode ter havido abuso sexual. Nessa versão, a Audre-do-romance e Genevieve brigaram e não se falaram por algumas semanas naquele inverno. Depois fizeram as pazes e deram as mãos no zoológico.

Durante o mesmo inverno, Audre escreveu poemas sobre ansiedade e desalento. Em 30 de novembro:

> nas altas horas da noite: Um sentimento
> Oh Deus! E se eu tiver me enganado![1]

Em 15 de dezembro:

> Mãos macias acariciam minha cabeça
> esquecendo que o amor tomou sua rota
> sem saber que estou morta
> mas ainda viva.[2]

Em 5 de janeiro ela escreveu:

> Uma mão acudidora
> Poderia matar a dor
> Mas eu fico
> Imóvel.
> Ó Deus onde está a palavra que desejo

> a palavra que diria
> como nenhuma pôde
> que realmente lamento.³

O que aconteceu em seguida? Em *Zami*, Lorde cria uma situação em que ela poderia ter conseguido salvar Genevieve. Isso também é uma fantasia? Nessa versão, Genevieve aparece uma noite na casa de Audre com arranhões que Audre achou que tinha de esconder de sua mãe rígida. Gennie pediu para ficar. Ela não podia voltar para o pai. Ela não podia voltar para a mãe. Audre não achou que seus pais deixariam Genevieve ficar porque pensavam que ela era uma má influência. Tudo que era ilícito em relação ao relacionamento delas, o tempo e o dinheiro roubados, a bebida e os cigarros e as escapadas, até o prazer secreto das raspadinhas, para não mencionar o amor e o desejo que Audre sentia, tudo a levou a decidir que não era seguro pedir a seus pais para a ajudarem a ajudar sua melhor amiga.

E assim Genevieve foi embora, sem lugar algum para ir. E então ela tomou veneno de rato. Essa parte é documentada. Quinze pastilhas. Uma para cada ano de sua vida. Audre foi ao hospital e rezou e barganhou com Deus como tinha feito depois da primeira tentativa de suicídio de Genevieve. Mas dessa vez Gennie não se recuperou. Morreu alguns dias depois, em 27 de março de 1950.

Em seu poema "Friend", escrito um mês antes de Genevieve morrer, Audre se concentrou em uma imagem que se tornou icônica em sua obra: uma porta de entrada, a imagem de ir e vir. Nesse poema, uma amiga está na soleira, passando pela porta de entrada para uma nova vida, a outra amiga (o eu lírico do poema) é deixada para trás em pesar.

> Vi a porta atrás de você se abrir devagar
> Até o mundo diante de você não interrompeu sua calma
> A porta que se abria para a vida era sua agora
> E então você entrou, se foi, me deixando para trás.⁴

O trabalho de imagem dupla que Lorde faz nesse poema poderia mostrar sua culpa em deixar a amiga para trás quando foi visitá-la no hospital depois de sua primeira tentativa de suicídio. Ou poderia ser Genevieve a deixando, através do suicídio, para seguir para outro mundo?

Talvez Audre se arrependa das palavras que não falou, das perguntas que não fez. O amor que ela mesma reprimiu. O preço do silêncio. Ela escreveu outro poema na semana anterior à morte de Genevieve.

O poema começa:

Pode ser uma coisa bonida [sic] morrer

O poema termina:

Mas Ah! A dor
de morrer
ainda não amada.[5]

Será que Audre processou seu luto com as amigas na escola? Será que ela levou seus sentimentos sobre a morte trágica da dançarina não reconhecida para suas *séances* com as Marcadas? Imagine que uma manhã antes da aula, em vez de Shelley ou Byron ou Keats, Audre Lorde tem sua poeta favorita Edna St. Vincent Millay no colo. Millay morreu por volta de seis meses depois de Genevieve. Será que Audre pediu para suas amigas ouvirem mais de um espírito que se fora havia pouco? E se nessa manhã Audre entoa as palavras do poema "Renascimento" em voz alta? Audre sente que Edna St. Vincent Millay está aqui, quer estar aqui. Que ela pode ajudar. Afinal, o poema de Millay não é apenas *sobre* o desejo de transcender a vida e a morte, ele *é* essa transcendência. Será que ele podia se tornar um portal? *Vocês ouviram isso?* Audre pergunta quando estão sentadas em silêncio. Ela ouve Millay:

Os rumores das esferas já polidos,
O rangido do céu na claridade.
O tique-taque da Eternidade.[6]

Suas amigas também ouvem o tempo se movendo. Elas ouvem o bater de portas e o som de sapatos. Suas colegas de classe logo vão entrar na sala. Elas assopram as velas, se levantam, apertam o interruptor, voltam as carteiras para o lugar. Audre leva um tempo para se levantar do chão.

Será que ela pode ter conectado seus mundos sociais o bastante para confessar que estava ouvindo, sempre, a voz de Genevieve do outro lado do poema? Em sua sala de aula imaginária, Audre ainda está lutando para se levantar do chão. Ela não está nem graciosa nem pronta. Não quer que essa parte do dia acabe, a parte em que a vida eterna ainda é possível.

Será que a *séance* era uma estrutura que mantinha Lorde em seu luto pela morte de Genevieve? Joan Alexander e Frances Goings, as amigas do bairro que apresentaram Audre e Genevieve, teriam que lidar com sua própria dor. Será que elas eram destemidas ou destruídas o suficiente para chorar nos braços uma da outra? Em *Zami*, Lorde descreve a mãe colocando um braço em torno dela quando entra pela porta depois da aula, perguntando por que guardara segredo sobre os problemas de Genevieve. A Audre do romance acha que a mãe está invadindo seu sofrimento; ela teria preferido ficar de luto calada. Será que ela contou como se sentia a alguma das Marcadas? Todo mundo tinha visto Genevieve voltar para a escola com curativos em torno dos pulsos depois de sua primeira tentativa de suicídio. Será que elas foram além da fachada de "indecifrável" de Audre? Décadas depois, quando o melhor amigo de Diane di Prima, o dançarino Freddie Herko, pula de um prédio para morrer, é com Audre que Diane vai falar ao telefone. É Audre que vai de carro resgatar Diane da multidão frenética reunida em sua casa, é Audre que vai dirigir para o Central Park, abrir as janelas e abraçar Diane enquanto ela soluça.[7] Mas quem abraçou a Audre de dezesseis anos? Será que alguém a abraçou?

22.
primavera III

Uma estrela é uma massa de hidrogênio que se funde em hélio no céu. Os primeiros 25 elementos da tabela periódica nascem dessa fusão estelar contínua. Uma estrela sendo uma estrela. E então passamos para o ferro. Antes do ferro, o processo de fusão estelar libera energia em excesso, mas com o ferro, a exatos 26 prótons, uma estrela alcança seu equilíbrio. Simplesmente não há mais energia a ser liberada. Se esse fosse o fim da história, haveria 25 elementos no universo. Mas existem elementos mais pesados. Pelo menos 118 elementos conhecidos, com até 118 prótons. Onde a estrela consegue a energia para combustar em níquel, urânio, criptônio, ouro? Ou ela colide com outra estrela ou implode.

Na cosmologia da menina negra em luto, é possível que Audre tenha tido de guardar tudo dentro de si, reprimir seus sentimentos, lidar sozinha com o que suas interações com Genevieve e a morte de Genevieve significavam para ela. Mas independente se o mundo do Hunter College High ou o planeta da casa dos Lorde ou o universo Harlem tinham ou não espaço para o seu pesar, Audre se voltou para as estrelas. Em *Zami*, Lorde descreve olhar os diários de Genevieve antes de devolvê-los para sua mãe devastada. Nos cadernos, ela viu versos de um de seus próprios poemas rabiscados repetidas vezes na letra adolescente de Genevieve,

> e no breve momento que é o hoje
> por esperanças selvagens zela esta sonhadora
> pois tenho ouvido sussurros
> sobre vida em outras estrelas.[1]

Essa é uma referência ao poma "Eternidade", da Audre de quinze anos da vida real. Ela o escreveu no outono em que Genevieve sobreviveu a seu primeiro ato suicida. Foi a maneira que encontrou de insistir que ela e sua amiga amada nunca se separariam até que o mundo acabasse. E talvez nem mesmo então:

> Uma coisa apenas sei de nós
> A morte para nós não tem nome
> Nosso fim virá com a terra. Nossa vida
> Nosso amor e a terra são o mesmo
>
> E no breve momento que é hoje
> Esperanças selvagens esta sonhadora estremece
> Pois ouvi em sussurros rumores
> De vida além das estrelas[2]

As "esperanças selvagens" da viagem espacial eram um tema consistente na obra de Audre nos anos 1940, décadas antes de os cosmonautas realizarem esse sonho. Onde fica o sistema solar em que Genevieve poderia ter sobrevivido? No mês da morte dela, Audre escreveu "Strange Other Lands Are Calling", que termina:

> Outras terras estranhas me chamam
> Com canções estrangeiras em que presto atenção
> Destruirei minhas âncoras
> Agora que conheço minha precisão.[3]

Um ano depois de Genevieve morrer, Audre escreveu outro poema apocalíptico, em que "lentamente o disco vermelho-sangue do sol morre".[4] Depois da morte de Genevieve, como depois da de Alvin, Audre foi assombrada por uma falta de fechamento. "Não sei nem qual é a cova em que ela jaz", escreveu em um esboço de poema datado de março de 1950. O poema tenta imaginar onde Genevieve pode estar. Ela está em um terreno plano ou em colinas sinuosas, há flores lá? Alguém cuida do seu túmulo? O poema termina quando o eu lírico ouve uma "voz abafada" dizendo "chore pois qualquer luz que havia está morta".[5]

Uma versão de uma estrela morrendo é um buraco negro. A definição básica que a Nasa oferece em seu programa para alunos do ensino fundamental é a seguinte: "Um buraco negro é um lugar no espaço em que a gravidade tem tanta atração que nem mesmo a luz consegue escapar".[6] O poder da luz. A exceção negra. Em um buraco negro, o tempo tampouco segue de forma confiável. Imagine uma atração tão forte, um anseio tão profundo, de que nada consegue escapar. É uma força destrutiva ou criativa, essa negrura? Muitos cientistas teorizam que o big bang que deu origem ao universo foi provocado por um buraco negro supermassivo no centro da galáxia em nosso universo matriz. Os astrônomos também acreditam que há um buraco negro supermassivo no centro de nossa galáxia e de cada grande galáxia do universo. Como um fenômeno que está na origem de nosso universo e no centro de todas as galáxias pode ser uma exceção ao espaço e ao tempo usuais? Como a escuridão pode ser uma aberração em um universo majoritariamente negro?

Em *Zami*, Lorde imagina o fechamento que não teve quando Genevieve morreu. "Gennie foi enterrada no Cemitério Woodlawn, no primeiro dia de abril", registra ela, e então descreve uma cena comovente de estar sendo levada para longe do cemitério enquanto olha para trás e vê dois coveiros terminando de jogar terra sobre a cova. Um membro adorável da comunidade que leu *Zami*, a partir de um financiamento coletivo, criou uma entrada para "Gennie" no Cemitério Woodlawn no site Find a Grave, mas de acordo com os funcionários do Woodlawn, Genevieve não está sepultada ali. Há uma Genevieve Johnson enterrada em Colonia, Nova Jersey, com data de nascimento desconhecida, mas a data de sepultamento é 16 de fevereiro de 1952, quase dois anos depois da morte de Genevieve registrada no estado de Nova York. Não está claro se Audre chegou a encontrar o túmulo de Genevieve. As flores digitais financiadas coletivamente deixadas no site por leitores da obra de Lorde podem ser o mais próximo que ela vai chegar de cuidar do local de descanso da amiga.

Primavera é o nome para uma localização do Sol relativa à inclinação da Terra. Uma época de relativo equilíbrio em que o período do dia e o da noite são quase iguais. Uma época nutridora que em qualquer local temperado o aquecimento do sol oferece calor, mas não calor demais. Se é primavera em algum lugar deste planeta redondo, é outono em outro. Em algum lugar alguém está comemorando o fim do inverno, outros estão se preparando para o frio.

Um equilíbrio efêmero. Uma semana depois do equinócio de primavera, Genevieve tirou a própria vida, mergulhando Audre em uma escuridão dissonante. Então Audre escreveu sobre a primavera como uma contradição. Anos depois, seu poema "Second Spring" se refere ao nome de uma novela de rádio sobre uma moça que perde seu primeiro amor verdadeiro, e ecoa sutilmente a antologia de Millay *Second April*, cuja maior parte é dedicada a uma colega de classe que morreu quando Millay era aluna do Vassar.[7] O título do poema de Millay, "Canto de um abril serial", teria repercutido na saudade de Audre. Millay observa que na primavera tudo está renascendo, exceto as pessoas amadas que morreram: "tua falta está posta, / Tu, tu que tanto amei e quis".[8]

"Second Spring" também faz referência ao poema "Spring" de Audre, que foi publicado na revista *Seventeen* um ano depois da morte de Genevieve. A edição de abril de 1951 da *Seventeen* apresenta anúncios de roupas primaveris e ideias de como ser convidada para um encontro. A capa mostra uma garota branca e um garoto branco em uma pose lúdica sobre o título "Edição Garoto-Garota", um cenário claro dos anos 1950 para o ressurgimento dos pássaros e das abelhas. Talvez tenha sido por isso que Audre dispensou o poema em um comentário de improviso em uma entrevista como sendo sobre "um garoto de que eu gostava". Um poema intitulado "Spring" deve ter parecido perfeito para os editores. Mas a voz de Audre é do contra. A primavera não tem relação com renovação e entusiasmo. A primavera é um palco de tortura e morte:

Tenho medo da Primavera; não há paz aqui
A agonia de coisas crescendo em minhas veias
Onde me enterrarão (sem lágrimas, sem tristes refrões)
Não será nenhum desse assustador medo verde, de relva
Se eu pudesse apenas sonhar com outros invernos
Ou com o verão, limpo e a promessa cumprida
De longas outras primaveras em que esperei até aqui
A que sai da terra não pode ser parada
Se o tumulto verde pudesse deixar minha alma descansar
Não lançar perfumes esquecidos no meu cabelo

Nem sussurrar palavras de amor bajuladoras no meu ouvido
Eu não sentiria soluços verdes sob meu peito
Mas vi o sol de primavera na asa de um tordo
Não há paz aqui. Tenho medo da primavera.[9]

Audre nunca tornou a publicar esse poema, mas ele também poderia ser um memorial para Genevieve. A agonia de continuar a crescer, agora traumatizada pela vida estática de sua amiga, seu amor. *Onde me enterrarão* se alinha com a pergunta não respondida de Audre, *Onde a enterraram?* O "verão, limpo e a promessa cumprida" é a alegria do tempo delas juntas, mas também a crueldade da promessa de suicídio de Genevieve. Em "Memorial II", de Lorde, Genevieve vai voar para longe "parecendo um pássaro".[10] Genevieve é o sol aqui, ou o pássaro? Ou ambos? A própria primavera, a agonia do crescimento deve ser o luto de Audre. Como ela pode crescer através dele?

"Spring" é o mesmo poema tão conhecido que Audre submeteu ao periódico literário do ensino médio de que nunca se tornou editora. Ela falava repetidamente em entrevistas que havia perseverado ao publicar esse poema na *Seventeen*, mas nunca o recitava ou comentou mais sobre o assunto. Ela não o publicou em nenhuma de suas próprias antologias. Encontrou uma maneira de falar sobre ele ao longo dos anos sem mencionar que pode ser uma janela para o trauma que ela sofreu com a morte de Genevieve. Em seu próprio aniversário, nas semanas anteriores ao primeiro aniversário de morte de Genevieve, Audre reflete em seu diário sobre por que esse é "o pior ano que vou conhecer na vida", terminando com "Ah Genevieve, minha querida…".[11] Na semana seguinte seu lamento parece mais urgente: "Ah Deus Deus eu amava aquela garota. Por quê? Por quê? Por quê?".[12] E na semana antes da data da morte de Genevieve, Audre não conseguia dormir:

> 15 de março:
> Querido Deus. Tenho quase medo de dormir. Só consigo sonhar com Gene e o jeito que ela morreu. Noite passada fui eu. Tomei veneno.[13]

> 16 de março:
> Eu amava Gene e mesmo assim a matei? Deixei ela tomar veneno e nunca levantei um dedo para impedi-la? Ah Gene. Minha querida, onde você está agora? Você sabe o que está acontecendo?[14]

17 de março:
Estou quase perdendo a cabeça. Não vou dormir hoje à noite. Eu sabia. Eu sabia. Por que não a impedi? Eu a amava tanto e não consegui impedi-la.[15]

25 de março:
Um ano tem só 365 dias, 52 semanas. Mas a minha Genny já está morta há muito tempo! Muito tempo.[16]

Depois de 27 de março, o aniversário da morte de Genevieve, Audre ficou sem escrever nesse diário por vários meses.

Vinte anos depois, em seu poema "Mudança de estação", ela escreve:

tinha a certeza terrível que sempre chegaria a abril
com meu primeiro amor que morreu num domingo de manhã
envenenada e perguntando-se
se o verão chegaria algum dia.[17]

Trinta anos depois Audre anota em seu diário que tem pesadelos nos aniversários de nascimento e de morte de Genevieve. A primavera continua a levá-la de volta para aquela perda e aquele terror.[18]
Mas você nunca saberia disso pela biografia da autora na *Seventeen*, que ao lado de um poema tão assolador é supreendentemente neutra. Na revista não temos nenhuma pista de que se trata de uma garota negra poeta de luto por outra garota negra. De acordo com a biografia, nossa poeta é simplesmente uma colegial inteligente e eclética, "uma colecionadora de canções folk — as quais ela toca em seu violão usado — e de livros antigos".[19]

Buracos negros são chamados de negros pelas mesmas razões que a matéria escura e a energia escura são chamadas de escuras: porque excedem e escapam às formas de medição da astrofísica ocidental ao criarem as condições para o universo inteiro. A escuridão poética era uma forma de Audre expressar uma perda sem medida, uma perda sem fim. As galáxias misturadas, o sol explodindo, um buraco no centro que pode absorver o universo e devolvê-lo num feixe irreconhecível, como luz negra.

23.
professora

Hoje chamaríamos o sentimento que Audre Lorde tinha em relação à sua professora do ensino médio de paixonite. A pressão no peito. O ar constrito. Uma forma de foco que lhe ensinou algo sobre quem ela era e quem ela não era.

Miriam Burstein, "tão bonita quanto seu nome", havia se formado no Hunter College High School, estudado na Barnard e depois voltara para lecionar em sua alma mater.[1] Era oito anos mais velha do que Audre. Audre roubava dinheiro dos pais para comprar presentes para suas professoras. Acreditava que o modo como elas se sentiam em relação a ela era tão importante quanto qualquer outra parte de sua performance acadêmica. Mas ela não escrevia sobre todas as professoras em seu diário como escreveu sobre Miriam Burstein.

Eu me vejo pesquisando a vida de Miriam Burstein através de lentes quebradas. Aumentando cada detalhe que leio como se fosse a adolescente perdida de amor obcecada pelo mais ligeiro relance. O que Audre via? Ela viu Miriam como a estrela do jogo de vôlei entre professores e alunos na feira da escola. Ela a conhecia como uma conselheira da revista literária e do jornal da escola. Miriam Burstein parece muito equilibrada nas fotografias, mas seu sorriso mostra quando ela está trabalhando em um grupo ou em uma publicação. Parece que ela amava seu trabalho. Será que Audre chegou a voltar e ver a citação do anuário do último ano de Miriam no ensino médio do Hunter College?

> Minhas professoras me criticam
> E dizem que eu vadio e me safo
> E eu faria grandes coisas para mostrar a elas...
> Só que é trabalho demais.[2]

A classe de formatura de Miriam no Hunter College High School a elegeu como a "mais espirituosa". Em seu anuário da Barnard ela mesma escreveu as "junior notes", uma sessão com um miniperfil de cada integrante da terceira série, no qual se descreve como "cáustica".[3] De língua afiada, relativamente jovem, uma filha do Hunter apaixonada por seu trabalho com a linguagem. Será que todas as meninas estudiosas eram apaixonadas por ela? Como teria sido para Audre fazer essa professora rir?

A partir dos diários de Audre, sabemos que Miriam consolou uma Audre angustiada depois que ela não foi eleita editora-chefe da revista literária *Argus*. Miriam disse a Audre que levando tudo em conta, não era o fim do mundo.[4]

Será que elas conversavam sobre as expectativas de Audre em relação à faculdade? Será que Miriam falou com entusiasmo sobre as alegrias de uma faculdade para mulheres? É por isso que Audre estava decidida pela Sarah Lawrence? Será que foi Miriam quem fez com que Audre ficasse animada para ser editora da *Argus* para começo de conversa? Será que contou a Audre como em seu último ano na Barnard ela comandou o plantio cerimonial de hera no pátio como as editoras do jornal antes dela tinham feito?[5] Será que Miriam incentivou Audre com histórias sobre ser a editora emérita do *Barnard Bulletin*, e sobre o rito de passagem da formatura em que se podia cantar em seu próprio funeral de mentira usando robe e segurando vela? A canção diz:

> Lá nós dormimos e estivemos a ferros juntas
> em alegre harmonia
> Muitos anos perdemos lá
> em contente unidade
> Com lamento desolado
> Terminamos nosso protetorado
> Do velho e querido Bulletin[6]

Ou será que Miriam chegou à expressão "a ferros" e reconsiderou a escolha? Será que chegou à palavra "funeral" e pensou nos pulsos enfaixados de Genevieve? Será que percebeu finalmente, conversando com Audre, que o conselho editorial do *Barnard Bulletin* antes e durante e por um bom tempo depois de sua época como editora era composto apenas de alunas brancas?

Será que elas conversaram sobre como o patriarcado era insidioso? Será que Miriam disse a Audre que em seu último evento social oficial da faculdade, durante a semana dos veteranos, a presidente da classe leu em voz alta seu nome e o nome de toda as suas colegas, e elas tiveram de responder "casada", "noiva" ou "solteira"? Enquanto as garotas casadas e as noivas receberam arranjos para colocar no vestido, Miriam e as outras solteiras tiveram de aceitar graciosamente o presente amargo de um limão enquanto todo mundo, ou talvez não todo mundo, ria.[7]

Durante o último semestre de Audre no Hunter, ela comprou um buquê para Miriam: "Grandes e lindas rosas e tulipas e cravos. Paguei quatro pratas por ele também".[8] Nessa noite, "Ah maravilha das maravilhas Miriam me telefonou esta noite. Eu me pergunto o que ela teria feito se eu tivesse falado Oi Miriam. Ah bem. Ela me agradeceu pelas flores e me desejou um semestre cor-de-rosa. Se ela soubesse".[9]

Será que Miriam teve de impor limites para assegurar uma relação aluna-professora apropriada? Mais tarde no mesmo mês, Audre agonizou durante semanas por Miriam não estar falando com ela. "Ela olhou para além de mim." "Nenhuma palavra." "Por que essa mudança repentina?" "Ah Miriam por que você sempre me trata como uma criança?"[10]

Mas no fim de fevereiro ela está cansada de se "destroçar por causa de Miriam Burstein".[11]

"Estou exausta de ser machucada ou de ser emocionalmente controlada e comandada. Estou cansada de ser uma adolescente", escreve ela em 1º de março.[12]

E em 2 de março: "É claro, imagino que seja apenas outro sinal da minha adolescência...".[13]

compressão

Depois do banquete de formatura dos veteranos, o último evento de Audre no ensino médio do Hunter College, ela escreveu uma longa carta para Miriam. "Eu disse a ela da forma mais clara que pude por que sempre a amei. Que ela seja grande o bastante para entender."[14] Pouco mais de uma semana depois, ainda sem resposta da professora, Audre escreveu em seu diário:

Quando escrevi para Miriam disse a mim mesma que era um exercício, que nunca sentiria mais nada por ela de novo — que toda essa besteira estava acabada. Eu estava errada. Não está, angustiante e dolorosamente não está mesmo. Eu amo Miriam, vou sempre amá-la. Pelo menos agora ela sabe exatamente como me sinto.[15]

Mas no dia seguinte: "[...] havia uma carta de Miriam. Batida à máquina e sem assinatura. Ah meu Deus! Eu a amo e meu amor é a amizade que lhe ofereço e que ela recusa com base apenas no fato de que sou obrigada a aceitar — que seria prejudicial para ela. Eu temo pela criança — pela criança que ela é — que tem um caminho difícil e amargo pela frente. Não sei mesmo se isso é necessário. Não é certo — isso eu sei, que alguém como ela se abomine tanto".[16]

Pouco mais de um ano depois da formatura Audre escreveu um poema chamado "To Miriam", no qual descreve sua relação, sua falta de relação, com sua professora como uma forma de morte. "Você está perdida para mim como através de uma morte muito prematura."[17] Quando se formou no ensino médio, Audre já sabia bastante sobre "morte muito prematura". Mas seu uso da morte como metáfora é uma pista de que parte da angústia intensa que sentia por causa de sua paixonite por Miriam podia estar ligada ao suicídio de sua amiga Genevieve. Genevieve morreu antes que Audre pudesse articular plenamente seus sentimentos por ela. É notável que as entradas de diário sobre chorar por Miriam se intensificam nas semanas anteriores ao aniversário de um ano de morte de Genevieve.

O que foi rompido? Uma conexão de fato ou uma fantasia que a ajudava a atravessar outras formas de luto? "Lamento inútil/ não ajudaria as mentiras loquazes e imprudentes/ que tive de dizer para acobertar. Eu sabia que não apreciaria/ meu amor o bastante para se importar com o silêncio/ insidioso que nos separou."[18]

Na interpretação de Audre, era a imaturidade de Miriam e seu ódio por si mesma que a fazia repudiar as investidas de suas alunas. Audre não enxergava a maturidade de impor um limite como uma forma de cuidado. Também não deixava espaço para a possibilidade de que sua professora simplesmente não se sentisse atraída por suas alunas em geral, ou por mulheres em geral, ou por mulheres negras em geral, ou por Audre especificamente. Mas Audre era uma garota de dezessete anos se guiando por um mundo social que rechaçava grande parte de sua realidade, recuperando-se do trauma recente de perder Genevieve e rejeitando fortemente as outras figuras de autoridade adultas em sua vida, a saber, seus pais. Em algumas semanas, quando se mudar da casa deles, ela vai insistir que está começando uma nova vida e que não dói deixar ninguém para trás a não ser Miriam. Não seus pais, não suas irmãs, não seu bairro — apenas Miriam. Audre ainda não tinha as ferramentas emocionais para considerar Miriam ao mesmo tempo um catalisador de seu próprio desejo e uma figura de autoridade mantendo limites necessários. Em outras palavras, é muito cedo para Audre sentir a rejeição de Miriam como um ato de amor.

impressão

Audre dedicou seu primeiro livro de poemas publicado a Miriam Burstein, entre outras. Na página de dedicatória de *The First Cities*, Miriam aparece entre duas pessoas amadas mortas: Genevieve e Clem, a ex-terapeuta de Audre, que também morreu repentinamente. Ela dedica o livro às três, "sem mais palavras". Será que essa foi a promessa de Audre a si mesma de parar de escrever poemas sobre Miriam, sua manifestação de fechamento? Miriam claramente não estava morta para Audre. Ela não apenas causou uma boa impressão, como também se manteve presente. Audre guardou o telegrama "Feliz aniversário de Miriam" que recebeu dois anos depois da formatura, e o incluiu em seus arquivos. Audre apresentou suas queridas amigas Blanche e Clare a Miriam no Hunter quando Audre foi aceita no rol da fama da escola. Blanche diz: "Miriam era uma *dyke* à moda antiga".[19] Mas essa é a verdade sobre Miriam ou apenas a impressão de Blanche? Miriam foi uma das primeiras mentoras lésbicas de Audre ou apenas uma mulher que nunca se conformou com a estrutura matrimonial e maternal de sua época, e que em vez disso trabalhou com gerações de estudantes durante as décadas de sua carreira no Hunter? Se ela era "uma *dyke* à moda antiga" nos anos 1940, pode ter sido ainda mais importante para ela manter limites rigorosos como uma das professoras mais novas em uma escola para meninas.

A dinâmica de uma paixonite colegial nos anos 1940 ou em qualquer década deixa muito para a imaginação. Só podemos imaginar. Mas Audre como poeta em formação e futura professora achava sim muito significativo ter Miriam Burstein como parte do público imaginado para sua poesia, seu processo de transformar emoções indescritíveis em imagens e arte. Audre vai continuar a insistir em uma conexão entre seu desejo erótico e tudo que está aprendendo e transmitindo por meio de sua poesia. Esse anseio holístico vai impelir sua estética e suas políticas. Eventualmente, no fim de sua carreira, Audre vai se tornar a professora de que ela precisava quando voltar a seus próprios poemas iniciais com a atenção paciente de uma educadora experiente que consegue ouvir todos os níveis de necessidade.

Parte 5

*Sou um anacronismo, uma diversão, uma bizarrice...
Não era para eu existir. Mas eu existo.*

Audre Lorde, entrada de diário[1]

24.
a cotovia sem canto

> *Audrey Lorde está trabalhando em Stamford, Connecticut, em uma licença do Hunter College onde é aluna bolsista. Tentando economizar para se manter ao longo do próximo ano na faculdade, Audrey diz: "Sou grata pela mudança de arredores, mas sinto falta da minha coleção de livros e do meu precioso violão, que deixei em Nova York".*
>
> Biografia da *Seventeen*[1]

Na versão ideal de Audre da história, a vida após o ensino médio teria sido mais ou menos assim:

> Depois de uma carreira ilustre no ensino médio, Audre Lorde, a adorada sagaz do corpo discente e editora da revista literária, vai para o Sarah Lawrence College, onde comunga com as melhores mentes de sua geração, deleita-se na cultura especial de uma faculdade para mulheres da elite e faz um uso maravilhoso dos conselhos e contatos do estimado corpo docente, publicando seu primeiro livro de poemas antes da formatura. Sim. Ela está bem encaminhada.

Não. Não foi isso o que aconteceu.

Audre ganhou uma bolsa de 1400 dólares quando se formou no ensino médio do Hunter College, e sua professora Cornelia Newton a chamou de "uma de minhas futuras poetas".[2] Mas os pais dela não podiam arcar com o restante do valor do Sarah Lawrence College, faculdade particular que aumentou a taxa escolar em 1951, ano em que Audre se formou no ensino médio, pela segunda vez num período de três anos. O preço passou a ser 2281 dólares.[3]

Quando Audre se formou no ensino médio, Phyllis, sua irmã mais velha, já tinha se casado e se mudado da casa dos pais. Isso deixou Helen e Audre brigando pelo banheiro em uma casa silenciosa e tensa. O pai de Audre começara a ter uma série de ataques cardíacos e derrames que logo o matariam. A mãe queria silêncio para que Byron pudesse descansar. Então para Helen não fazia sentido Audre declamar o mesmo poema comprido repetidamente em voz alta enquanto passava roupa, em voz alta enquanto limpava a cozinha, em voz alta enquanto assombrava a casa como um fantasma adolescente egoísta. A mãe delas pedia uma única coisa, tranquilidade. Por que Audre não podia simplesmente se calar? Um dia no fim de julho, depois de uma discussão acalorada com a mãe e a irmã, Audre foi embora de vez. Fez as malas e se mudou para o Lower East Side.

Em uma parte da entrevista de Helen e Phyllis sobre sua irmã Audre, que Ada Gay Griffin e Michelle Parkerson deixaram de fora de seu filme *A Litany for Survival*, Helen descreve a briga que foi o estopim para Audre sair de casa. "Para mim [o poema] parecia ter umas dez páginas", queixou-se.[4] Audre adorava decorar poemas. Era um dos costumes que a ajudava a atravessar momentos difíceis na vida. Não sabemos ao certo se o longo poema que Helen se lembra de Audre recitar era "Renascimento", de Edna St. Vincent Millay, mas pode ter sido. E se Audre se sentisse compelida a recitar esse poema sobre morte e renascimento em cada canto da casa? Será que era por ela ser uma adolescente abandonada e em luto, incapaz de pensar em qualquer coisa além da perda de Genevieve? Ou será que era seu modo de lançar um feitiço, rogando à poesia para trazer seu pai de volta à vida?

Audre foi embora. Um dia ela diria repetidamente à sua filha "como eu me esgueirei para fora da casa da minha mãe/ no alvorecer, com uma malinha oliva/ lotada de livros e cartas fraudulentas/ e um violão intocado".[5] Ela se matriculou no Hunter College, que era gratuito, mas tinha de trabalhar em vários empregos diferentes para pagar por sua moradia e alimentação. Durante seu primeiro semestre na faculdade, Audre ficou sabendo pelos vizinhos que seu pai estava morrendo. Anotou a notícia trágica em seu diário, mas não voltou para casa. Em vez disso ela se mudou para ainda mais longe, tirou o que chamou de uma "licença" do Hunter e foi trabalhar numa fábrica em Connecticut. E continuou a escrever textos pagos para a *Seventeen*.

Jovem adulta vivendo sob suas próprias condições tênues, Audre precisava de uma nova história. Sua narrativa tinha de chegar além da resistência às regras da mãe na casa de seu pai. Ela estava sozinha agora. Sua nova história tinha de conter sua curiosidade e seus sonhos, seu assombro em relação ao início e ao fim da espécie, suas suspeitas do apocalipse iminente e seu profundo senso de que as coisas podiam ser diferentes. Ela precisava de uma história perturbadora o suficiente para incluir sua insistência em ver seus colegas de escola mortos no presente e no futuro. Alguns dias em Connecticut, sem contato com as pessoas de sua vida anterior, ela pode ter sentido como se estivesse em outro planeta. Mas tinha sua máquina de escrever e continuou escrevendo. "A comunidade que você tem", escreveria ela mais tarde, refletindo sobre essa época, "é a comunidade que você cria."[6]

Em janeiro de 1953, mês em que seu pai morreu, foi publicado o primeiro artigo de prosa de Audre para a *Seventeen*. Tinha como subtítulo "Uma fã de ficção científica discute o crescente apelo de histórias das extensões remotas". Audre estava trabalhando na linha de montagem da Keystone Electronics, ajudando a construir máquinas que podiam fazer com que as ondas sonoras invisíveis fossem úteis para os humanos.

A primeira organização oficial de ficção científica assinou seu estatuto em 1934, ano em que Audre nasceu. Há anos Audre vinha lendo ficção científica dos paletes de livros encalhados que seu pai levava para casa. As guerras mundiais e os avanços na ciência e na tecnologia nos anos seguintes, especialmente o desenvolvimento da bomba atômica, levaram o público em geral a pensar sobre o apocalipse e viagens. Autores de ficção científica como Ray Bradbury ganharam prêmios literários além dos limites do gênero. De acordo com Audre, quando ela se formou no ensino médio, escritores de ficção científica já tinham "tirado sua obra das revistas baratas e a levado para a classe de ficção respeitada".[7]

Depois de apenas alguns semestres como formada em inglês e especializada em filosofia no Hunter College, Audre sentia que sabia qual ficção era digna de respeito. Ainda que o subtítulo a descrevesse como uma fã, e ela se designasse como "viciada" em ficção científica no fim do texto, Audre também aludia a seus próprios gostos exigentes. Ela sabia julgar os "estudos de personagem" e a "integridade emocional" e o "talento artístico" que os autores de ficção científica bons de verdade apresentavam. Chamou Ray Bradbury de "mestre artesão" por sua "destreza" em retratar com seriedade as perspectivas imaginadas de pessoas vivendo em Marte. Chamou August Derleth de "senhor de toda a ficção de fantasia". Tudo isso antes de sua crítica, décadas depois, das ferramentas do senhor e da casa-grande.

Para Audre, era importante que a ficção científica e a fantasia de qualidade se baseassem em fatos científicos. Como observou, até mesmo crianças sabem o básico de ciência. Os autores de ficção científica não podem ser irresponsáveis e retratar humanos andando na Lua, respirando sem qualquer aparato especial. Nesse texto nossa jovem Audre, com a camaradagem esperançosa de uma fã, sugere que os leitores da *Seventeen* comecem pelas coletâneas que ela chama de "excelentes", em especial *As crônicas marcianas* de Bradbury e as antologias organizadas por Derleth *The Outer Reaches*, *The Other Side of the Moon* e *Beyond Time and Space*.[8]

Audre achava que o aumento do prestígio da ficção científica era atempada, e atemporal. "O ímpeto invencível que vai sempre instar o homem a perscrutar o futuro e buscar conhecer o que ele não conhece, é eterno", escreveu ela. Mas o timing desse texto em sua vida também é revelador. A obra orientada para o futuro que ela estava lendo e sobre a qual estava escrevendo também pode ter refletido seu próprio desejo de passar para um novo estágio de vida ou, nas palavras dela, uma "preocupação com coisas por vir e com o mundo melhor do amanhã". Ela tinha empatia por uma sociedade, especialmente pessoas de sua própria geração, que se sentia "presa em um mundo muito pouco construído por nós mesmos". Ao mesmo tempo, ela via a ficção científica como uma forma importante *de* construir o mundo, observando que aquilo que a ficção científica representa vai eventualmente passar a existir. "Cinquenta anos antes de o submarino ser inventado, Jules Verne dotou seu fabuloso *Nautilus* com equipamentos precursores do submarino atual", apontou ela.

E se a Audre de dezenove anos fosse criar um mundo, que mundo ela criaria? Seu próprio futuro tinha muito em comum com o lado oculto da Lua. Ela não fazia ideia do que ia acontecer. Mas sabia que queria alguma coisa diferente. Lembre-se, essa era a poeta colegial que escreveu:

Outras terras estranhas me chamam
Com canções estrangeiras em que presto atenção [...][9]

Em 1982, quase trinta anos depois de escrever aquele artigo, Audre e seu primeiro autor de ficção científica favorito, Ray Bradbury, fizeram leituras como parte da série de poesia Whittall da Biblioteca do Congresso. Na palestra de Bradbury, "Beyond 1984", ele elogiou a era espacial e o progresso que a ciência tinha feito. Mas primeiro contou a história de como se tornou escritor de ficção científica. Quando tinha doze anos, ele foi a um parque de diversões itinerante cuja atração de destaque era o "sr. Elétrico", uma pessoa que supostamente podia sobreviver a 1 bilhão de volts de uma cadeira elétrica que levava consigo para toda parte. O jovem Ray se sentou na primeira fileira enquanto "a eletricidade disparava pelo sr. Elétrico, seu cabelo se arrepiava, faíscas saíam de suas orelhas e ofuscavam seus olhos e dançavam pelos seus dentes e sua língua". E então o sr. Elétrico "apanhava uma espada que estava por perto e ia até o público [...] ele veio até mim e bateu nos meus dois ombros e no alto da minha cabeça e na ponta do meu nariz e a eletricidade disparou da espada para o meu corpo e ele apontou para mim disse VIVA PARA SEMPRE e por deus eu achei que esse era um ótimo conselho".[10]

É muito provável que Audre tenha lido pela primeira vez *As crônicas marcianas* ainda no ensino médio. O que ela achou da série de contos interconectados de Bradbury sobre o esforço da Terra (na verdade dos Estados Unidos) de colonizar Marte? Como essas histórias apareceram em sua vida?

Em uma delas, os corajosos astronautas chegam a Marte, mas tudo que conseguem ver é um mundo cheio de nostalgia pelas pessoas que amam e que já morreram.[11] Em outra, um cientista cria fac-símiles de sua família morta e fala com eles todos os dias, enquanto envelhece e eles mantêm a mesma idade.[12]

Há uma sobre uma marciana casada entediada com os sonhos proféticos de um amor que vai levá-la para outro mundo, até que seu marido assustado e sua obediência inerte ao patriarcado mancham seu sonho para sempre. Um alerta? Talvez Audre tenha pensado no conto anos depois quando decidiu deixar seu casamento por um novo mundo de amor.[13]

Ou "... E a Lua continua brilhando", conto intitulado segundo um poema de Lord Byron, que compara a missão colonizadora de Marte com o genocídio contra comunidades indígenas na Terra. Esse deve ter tocado especialmente fundo a poeta que escreveu "Os criadores do nosso mundo" aos catorze anos. O poema de Audre era um lamento pelo genocídio contra comunidades indígenas e pela violência do esquecimento cultural por aqueles cuja autoridade está "escrita em sangue indígena" na terra "molhada com as lágrimas de nossas crianças perdidas".[14]

E quanto a "Flutuando no espaço", a única representação de pessoas negras em qualquer das obras de ficção científica que Audre recomendou? Ele deve ter se destacado. Imagine um jubileu pensado para acontecer em junho de 2003, quando todas as pessoas negras do Sul se coletivizam e compram seus próprios foguetes. O êxodo corre como um rio em busca da liberdade. Os negros do Sul deixam suas posses para trás como se fossem fardos e se livram dos racistas brancos que por fim se dão conta de que não fazem ideia de quem são ou como vão funcionar sem pessoas negras para subjugar. Será que Audre riu alto?

Quando Ray Bradbury tomou o púlpito no auditório Coolidge em 1982, Audre já tinha estado lá lendo "Dança da morte para uma poeta", aquele em que:

> a mulher não é mais jovem
> lentamente ela passou a odiar
> sua pele de metal transparente
> a exposição sinuosa sem clemência
> seus olhos de argila
> carregados com os frutos de sonhos proféticos.[15]

Ela também já tinha gravado "Solstício" para os arquivistas de áudio da Biblioteca do Congresso, pronunciando mais alto estas três palavras: "SEREI PARA SEMPRE".[16]

Ao recomendar três das antologias de Derleth será que Audre endossava suas profecias? Aquela em que os cientistas descobrem uma cura para o câncer na Lua, e uma droga para viajar no tempo, em Plutão?[17] Ou aquela em que um tsunami draga o fundo do oceano e pescadores da Nova Inglaterra descobrem seres poderosos que não sabiam que existiam?[18] Ou aquela em que os cientistas queimam a terra com uma bomba radioativa destinada a ensinar aos humanos o verdadeiro preço da guerra?

Será que ela se demorou no conto sobre o último homem na Terra? Ele constrói uma família de crianças-robôs e as educa por meio de seus poemas favoritos. A história é contada da perspectiva do filho-robô mais velho do cientista no dia em que ele termina sua tarefa de destruir todas as criações do pai. Mas a primeiríssima coisa que ele tem que fazer é ler um poema no túmulo do pai.[19]

25.
pai, o ano caiu

A fim de não virar pó
Nunca vi o túmulo do meu pai
Audre Lorde, "Father Son and Holy Ghost"[1]

E quanto àquele em que uma garota vira uma máquina?

As colegas de Audre Lorde na Keystone Electronics eram mulheres negras da cidade ou do Sul ou de Porto Rico ou da comunidade local. A maioria não estava de "licença" da faculdade. Elas trabalhavam com a terra. A Keystone extraía cristal de quartzo no Brasil. Audre e as outras funcionárias faziam a triagem. A missão da Keystone? Encontrar cristais funcionais na superfície da Terra e transformá-los em transdutores para fazer com que radares, rádios e outros aparelhos eletrônicos funcionassem. A fábrica era o local de processamento. Primeiro, elas enxaguavam as pedras com tetracloreto de carbono tóxico.

O tetracloreto de carbono é um gás de efeito estufa cáustico que já foi bastante usado na lavagem a seco. Provavelmente foi o solvente que a mãe de Audre usou durante seu breve período trabalhando em uma lavanderia de Nova York antes de Audre nascer. A história é que um dia os pulmões de Linda Belmar Lorde começaram a arder tanto que ela ficou em casa doente, e quando Byron Lorde foi buscar o salário dela, o dono da lavanderia descobriu que Linda não era "espanhola", como alegava ser, mas uma mulher negra casada com um homem negro. Então ele a demitiu. O patrão racista de Linda pode ter inadvertidamente salvado sua vida. Gerações de mulheres da classe trabalhadora respiraram tetracloreto de carbono em fábricas e lavanderias. Não era preciso um estudo científico para sentir o ardor. Mas agora estudos mostraram que os vapores do tetracloreto de carbono destroem o fígado. Destroem tão eficazmente o fígado que cientistas o usam para testar novos medicamentos para o fígado; o objetivo é criar algo que faça exatamente o contrário do tetracloreto de carbono. No fim da vida, Audre se perguntaria se o trabalho na fábrica da Keystone em Connecticut teria sido a causa do seu câncer no fígado. Audre poderia ter vivido mais de

58 anos se nunca tivesse trabalhado na Keystone Electronics ou se as condições de trabalho fossem mais seguras.

Audre logo passou a compor um prédio cheio de mulheres afinadas com os ritmos de uma linha de montagem. Suas mãos se tornaram extensões da esteira rolante. Seus olhos eram a interface que discernia terra de terra, transformando terra em ondas invisíveis de eletricidade, eco e som. Entre longas semanas respirando vapores e triando cristais, Audre visitava o pai no hospital. Ele vinha tendo cada vez mais derrames graves. Seu coração e seu cérebro estavam sob extrema pressão, especialmente para um homem no início da casa dos cinquenta anos.

Audre ia sozinha ou com sua nova amiga, amante e colega de trabalho, Ginger: "Quando eu saía do elevador, conseguia ouvir sua voz. Ele estava delirando e com sua voz grave recitava o Salmo 23, que usava na imobiliária: 'habitarei na casa do Senhor'".[2]

Por anos Audre refletiu sobre esse momento. Ela atribuía os derrames do pai à sua repressão emocional. Imaginava que se ele tivesse encontrado maneiras mais saudáveis de processar seus sentimentos, poderia ter vivido além dos cinquenta anos. Sentia que a luta constante dele pelo sonho americano inatingível o transformara em uma máquina, e não em um pai.

Parada na porta do quarto no hospital, Audre olhava para Byron através da tenda de oxigenação plástica. Ele estava intocável. "Eu tinha a sensação de que estava acontecendo um erro cósmico, mas com muito pouco envolvimento emocional. Levou anos até eu conseguir sentir uma perda emocional, porque eu não podia lamentar algo que nunca tive", disse ela.[3]

Quando seu pai morreu, Audre voltou para casa para o funeral e ficou alguns dias na casa que já não era mais sua nem de seu pai. Quando voltou para Connecticut, conseguiu uma ligeira promoção na fábrica. Agora ela trabalhava na "Sala de leitura" com uma máquina de raio X que media a carga elétrica dos cristais para determinar quais podiam ser usados em máquinas e quais virariam resíduo industrial. A empresa dava bônus com base em quantos cristais as "leitoras" triavam por dia. Para tornar o processo mais rápido, Audre abria mão do escudo protetor da máquina de raio X e se expunha à radiação. Ela escondia cristais lavados com tetracloreto de carbono na boca e os cuspia no banheiro para acabar com a pilha mais rápido. Dizia a si mesma que estava trabalhando para voltar para a faculdade o mais rápido possível e para pagar sua viagem para estudar no México. Ela trabalhou e trabalhou e não visitou o túmulo do pai. Audre não soube que seu trabalho na Keystone desempenhou um pequeno papel na evolução das máquinas que, décadas depois, mediriam os batimentos cardíacos de pacientes hospitalares. Ela trabalhava na linha de produção, como seu pai havia trabalhado no último turno todas aquelas noites na fábrica de munições durante a Segunda Guerra Mundial.

Os cientistas ocidentais que primeiro capitalizaram sobre a força elétrica do quartzo estavam equipando submarinos na Primeira Guerra Mundial. O quartzo os ajudou a compreender o que baleias, golfinhos e morcegos já sabiam: a localização é um eco.

O quartzo é tanto um transmissor quanto um receptor. Sob pressão, ele transforma vibrações em eletricidade e de volta mais uma vez em frequências muito precisas. Os detectores de submarinos usam essa precisão, também conhecida como sonar, para medir a distância entre eles mesmos e outros submarinos, e para bloquear códigos de mísseis. Explosões subaquáticas direcionadas? Levadas a você pelo quartzo. O oscilador de quartzo em seu relógio vibra a exatamente 32 768 batidas por segundo. A vibração se torna eletricidade, que volta a se tornar movimento. É assim que o invisível se torna mensurável. Ondas sonoras. Estações de rádio. Quanto tempo você ainda tem.

Sob pressão, o osso faz a mesma coisa que o quartzo. Ele retém a frequência e transmite eletricidade. No trabalho, Audre media carga após carga de quartzos pressurizados. A máquina tinha que pressionar o quartzo forte o bastante para que ele perdesse o equilíbrio celular interno e ficasse carregado. Eventualmente os quartzos que Audre media se tornaram a pulsação de rádios, radares, objetos domésticos e produtos industriais. Os quartzos que ela cuspia fora e dava descarga no vaso sanitário voltavam para o oceano. Eventualmente, eles se juntavam a outros quartzos transdutores na maioria dos grãos de areia da superfície da Terra. Os quartzos que Audre acidentalmente engoliu? À sua própria maneira, eles também se tornaram um pequeno componente de um relógio em funcionamento.

As células de Audre metabolizaram o tetracloreto de carbono. Ela sofreu o queimar lento e imperceptível da radiação de raio X. Na versão de ficção científica dessa história existem duas possibilidades. Talvez ambas sejam verdadeiras. Por um tempo Audre se tornou parte da máquina, ocupada demais para sentir, impelida por uma rotina sem espaço para o luto. Ou talvez o tempo de Audre na máquina tenha lhe dado os superpoderes que transmitiram sua obra para o mundo todo. Ela conseguia detectar a carga elétrica nas pessoas ao seu redor e usá-la. Quando lia seus poemas em determinadas frequências, a sala toda sentia a energia mudar. Jackie Kay diz que era "eletrizante".[4] Barbara Smith diz "incandescente".[5]

E todas as outras mulheres que trabalhavam na linha, tornaram-se cristais? Que mensagens lançaram para o ar? Que mudanças provocaram em suas famílias e comunidades? Que longevidade perderam? Em março de 1953, os supervisores de Audre desconfiaram que ela estava trapaceando em suas contagens de cristais e a despediram. Ela voltou para Nova York — radioativa.

26.
(para marie) em voo

*A terra se move devagar
mas o relâmpago vem.*
Audre Lorde, "Oaxaca"[1]

O céu canta com o ar queimado. "Ar queimado", o nome que os cientistas europeus do século XVIII deram ao elemento que hoje conhecemos como nitrogênio, constitui até 78% da atmosfera da Terra. Conforme medições atuais, ele é o sétimo elemento mais abundante na galáxia. O quarto elemento mais abundante no corpo humano. O nitrogênio é uma parte crucial de cada organismo do planeta, mas é relativamente escasso na superfície da Terra. Na crosta terrestre, o nitrogênio ocorre em cerca de dezenove partes por milhão, ou 0,0019%. Então como conseguimos o nitrogênio de que precisamos?

O céu se rompe.

Em Nova York em meados dos anos 1950, Audre Lorde estava cansada. Ela fazia diversos trabalhos, guiando-se por um conjunto complexo de amizades e interesses românticos, e se organizando em prol de justiça econômica. O socialismo fazia sentido para Audre. Ela cresceu testemunhando a desigualdade econômica todos os dias como moradora do Harlem e aluna de uma escola de elite. As organizações comunistas respondiam ativamente à injustiça racial e discursavam nas esquinas do bairro de Audre. Sua colega Toni Cade Bambara, também nascida nos anos 1930 no Harlem, descreveu essa atmosfera:

> Todo mundo falava na Speaker's Corner, do centro à esquerda. Não havia muitos idiotas de direita que subiam naquele caixote. Quem falava eram pessoas como as mulheres da Sanctified Church, e elas podiam explanar sobre as pesquisas que estavam fazendo nas Colored People's Conventions da era da Reconstrução. Definitivamente sindicalistas, falando sobre a necessidade de uma coalizão negra. [...] Os membros da filial do Harlem do Partido Comunista podiam apresentar uma análise

dos candidatos que concorriam no nível do distrito eleitoral, no nível municipal ou no nível nacional. Membros de vários partidos socialistas apareciam e falavam sobre o Estado, as circunstâncias, as condições e a situação dos trabalhadores pelo mundo e por que existia a necessidade de haver solidariedade etc.[2]

Como sua contemporânea Lorraine Hansberry, Audre era filha de um senhorio que se identificava com os trabalhadores. Já nos anos 1950, a demonização dos comunistas por parte de McCarthy estava a todo vapor, inclusive sua conexão da ameaça de um modelo econômico socialista com o perigo da homossexualidade. O macarthismo buscava punir qualquer crítica às regras culturais americanas, inclusive a regra americana fundamental: o racismo. Audre estabeleceu suas afinidades, sua vida social e seu senso de identidade entre as pessoas que McCarthy mais temia.

A forma mais eficiente de o nitrogênio do céu chegar à Terra é através de uma tempestade com relâmpagos. Relâmpagos atingem uma parte da terra cem vezes a cada segundo. Como? Quando o ar quente sobe rapidamente e congela no ar, transforma-se em uma nuvem carregada. A nuvem carregada é um mundo de íons cambiantes, cargas positivas e negativas que acabam se acumulando na liberação eletrificada de um relâmpago. O relâmpago é tão quente que quebra as ligações das moléculas de nitrogênio na atmosfera. Então os átomos livres de nitrogênio no ar se ligam ao oxigênio. O óxido nitroso se dissolve no universo úmido da nuvem, formando os nitratos que caem com a chuva para animar todas as vidas fotossintetizantes ou que respiram na Terra.

O julgamento de Julius e Ethel Rosenberg era uma pauta central dos socialistas e muitos outros ativistas. O governo dos Estados Unidos acusou o casal de traição, afirmando que os dois haviam passado informações confidenciais à União Soviética durante a Segunda Guerra Mundial. Mas Audre e muitos outros achavam que não havia prova concreta de que os Rosenberg tinham compartilhado as informações, e encaravam isso como um precedente perigoso. Será que o governo dos Estados Unidos podia ir atrás de qualquer um que criticasse o capitalismo ou o Exército americano e condenar a pessoa à morte? Audre se tornou uma integrante ativa do Comitê pela Liberdade dos Rosenberg, e quando eles foram condenados por espionagem e sentenciados à morte, ela foi a Washington em um ônibus cheio de outras mulheres e dos dois filhos pequenos dos Rosenberg e marchou sob a chuva para exigir uma apelação, clemência ou pelo menos uma suspensão da execução.

> Estávamos protestando em prol da vida dos pais de dois menininhos [...] esperando que isso fizesse diferença, ainda sem acreditar que um país ao qual eu estava associada poderia assassinar os pais daquelas crianças e considerar isso legal. E eles eram brancos, o que fazia com que, para mim, isso fosse ainda mais difícil de acreditar.[3]

Não funcionou. Funcionários da prisão Sing Sing executaram Ethel e Julius Rosenberg em 19 de junho de 1953. Audre ficou devastada. E depois entrou em pânico. Para ela parecia que não havia como estar "segura e livre" nos Estados Unidos. Ela comprou sua passagem para o México.

Quando Audre chegou ao México, se matriculou como aluna na Universidade da Cidade do México. Ela adorava a sensação de estar cercada por outras pessoas de cor. Os americanos supunham que ela era mexicana. Os alunos mexicanos perguntavam se era cubana. Ela estava oficialmente fora do contexto de suas lutas nos Estados Unidos e animada com suas aulas sobre história mexicana, etnologia e música popular.[4]

Mas a cidade grande começou a parecer lotada demais, se não parecida demais com Nova York. Antes de as aulas começarem, ela alugou uma casa em Cuernavaca, em um pequeno enclave de expatriados americanos cuja maioria se mudara para lá para fugir da perseguição empreendida por McCarthy a pessoas envolvidas com organizações comunistas e socialistas. Ela conheceu artistas e pensadores que compartilhavam algumas de suas críticas e temores. Audre começou a se deslocar do interior para ir às aulas, e quando elas terminaram, viajou para Oaxaca e outras regiões rurais do México. Mais tarde diria a Adrienne Rich que houve uma reviravolta em sua poesia enquanto estava no interior mexicano, uma mudança da poesia como forma de criar beleza através da linguagem para a poesia como forma de celebrar a beleza existente da vida na Terra. "Compreendi que eu não precisaria inventar a beleza pelo resto da minha vida", disse ela. "Sempre pensei que precisava criá-la na minha imaginação, inventá-la."[5] Ela percebeu que sua ideia de beleza não era meramente conceitual e abraçou seu papel poético como de uma testemunha em diálogo com a dinâmica do planeta.

145

***

O nitrogênio no ar não está se escondendo. Só está existindo numa forma que não está pronta ou disponível para descer à Terra. Durante sua estada no México, Audre escreveu sobre os lavradores esperando relâmpagos em seu poema "Oaxaca". Ela também criou sua própria versão e grafia da lenda de La Llorona, centrada em uma mulher de luto que vai visitar o México logo antes da temporada de chuvas. "La Llurania", o primeiro conto publicado de Audre, saiu na revista *Venture* quando ela voltou do México, sob o pseudônimo Rey Domoni (literalmente Rei Senhor). Ela não estava se escondendo. Mais tarde disse a Adrienne Rich que o publicou sob um pseudônimo porque "eu não escrevo contos".[6]

Quando escreveu "La Llurania", que é lido como uma combinação de *llorar* (chorar) e *lluvia* (chuva), Audre já tinha muito a lamentar. A morte de Genevieve, o rompimento físico de se mudar da casa da mãe sob circunstâncias voláteis, seu torpor em relação à morte do pai, diversos relacionamentos românticos difíceis, a execução dos Rosenberg, os quais ela desejara sinceramente ajudar, para mencionar apenas algumas das coisas que ela carregava. Até mesmo sua terapeuta tinha morrido de repente. Talvez Audre também estivesse esperando ser atingida por um relâmpago. Não uma ideia brilhante como a de Benjamin Franklin, mas uma descarga havia muito esperada.

Em algumas versões da lenda, La Llorona é a irmã de Tlaloc, o deus nahuatl da chuva. Às vezes ela é só uma mulher que chora. Há muitas hipóteses das razões para estar chorando, mas na maioria das versões da lenda chora pelo filho afogado. Em geral, ela mesma afogou a criança. A história vem do fato de que a chuva que avança por áreas antes secas soa como o lamento de uma pessoa. La Llorona anuncia uma estação. Em áreas agrícolas do México, os lavradores esperam a chegada da chuva na estação seca. Esperam o relâmpago libertar o nitrogênio do céu. Esperam a mulher que perdeu tudo finalmente se permitir chorar.

Em "La Llurania" de Lorde, todos esperam o relâmpago. A maior parte da história acontece no início da primavera, quando os lavradores estão esperando a chuva. A narradora é uma mulher idosa que cuida de uma casa que recebe turistas. Seu filho, um lavrador local, está menos preocupado com os turistas e mais interessado em quando a chuva vai chegar:

"De que nos importa, mãe, quem a *senora* é e por que ela vem? Ela não passa de mais uma e como o resto vai embora quando *La Llurania* chorar, quando as chuvas vierem. E agora há muito as esperamos." Ele se voltou para as montanhas com um olhar preocupado. "Meus campos estão ficando secos e murchos no sol."[7]

O filho no conto poderia ser o pai ou o filho em "Oaxaca", ambos cansados de lavrar, mas

> para além do arado rachado — olham
> para as colinas — para o trovão fermentando
> pois a tempestade é conhecida.[8]

A visitante no conto não é uma Audre de vinte anos de idade; é uma mulher mais velha com muito na cabeça. "Sua voz era uma selvageria cercada", nota a caseira curiosa. Um dia, depois de finalmente irem além da conversa fiada, a caseira, mãe de cinco filhos, quatro dos quais estão perdidos para ela, levanta a questão filhos para "La Senora" e "de repente como quando um relâmpago atinge a crosta dura e quebradiça da encosta, seu rosto se moveu em uma dor aberta silenciosa". La Senora revela um medalhão com uma foto de seus dois filhos pequenos, que não estão mortos mas que ela já não considera seus filhos.

O relâmpago da revelação de La Senora aparece em "Oaxaca":

> A terra se move devagar.
> Ainda que o olho da tempestade
> Possa rachar com um raio
> A crosta de vidro quebradiço da face de uma montanha
> A terra se move devagar.

A terra se move devagar. Mas se move.

> Então uma manhã acordamos com os céus férteis sem sol, uma antiga imobilidade no ar, e eu sabia que as chuvas tinham chegado.[9]

No conto, a chuva enche os riachos e o rego abaixo da propriedade. O som é como o de uma mulher lamentando, mas a caseira ouve o som distinto de La Senora chorando também. De repente, La Senora vai embora, dando uma gorjeta excessiva à caseira, que a mantém em suas orações. "Era uma história inacabada muito estranha", admitiu Audre.[10]

Audre voltou para Nova York em um voo da Air France em julho de 1954. Ela foi embora do México imediatamente depois de as chuvas lavarem o ar queimado de volta para a Terra.

27.
artesã

Pulmões são árvores de cabeça para baixo. Eles se ramificam dentro de nós. Nossos pulmões se dividem 25 vezes antes de chegarmos ao que precisamos, uma molécula de ar. A capacidade de respirar.

Quando Audre Lorde voltou do México, ela retomou uma vida de ativista. Foi morar com sua amiga ativista Ruth no East Village e arrumou diversos trabalhos mal pagos e extenuantes para pagar sua volta ao Hunter College e depois ir para a School of Library Service de Columbia. Estudante, trabalhadora, poeta, amiga, amante, Audre era um estudo em ramificação. Diversos compartimentos permeáveis lhe davam espaço de respiro para ser.

Como ela escreveu em uma carta para Adrienne Rich: "Eu sabia que era lésbica antes de ter vinte anos, e me gabava desse fato ainda que me tornasse terrivelmente sozinha".[1]

Respirar não era um feito pequeno para Audre. Durante a Guerra Fria dos anos 1950, o Hunter College era um espaço tão homofóbico e repressivo quanto qualquer outro. Audre foi suspensa por usar calças. Seus textos para publicações escolares foram censurados por suas posições políticas.[2] Os bares para "garotas gays" em *downtown* eram de propriedade e controlados por mulheres brancas, e Audre não podia incitar a possível (e provável) homofobia de seus empregadores e se dar ao luxo de arriscar os bicos que fazia para se manter na escola. Ainda assim, ela cultivava um grupo de amigas lésbicas, em sua maioria mulheres brancas, e foi morar com a primeira parceira com quem dividiu um apartamento, Marion Masone.

No Hunter College, Audre fez amigas para a vida toda, incluindo a ativista e historiadora Blanche Wiesen Cook. Quando Blanche chegou ao Hunter em 1958, ela tinha dezoito anos e Audre, 24. Elas se conheceram porque Audre finalmente realizou seu objetivo do ensino médio de editar uma revista literária, e a redação da *New Echo* do Hunter College ficava no mesmo espaço que o escritório do grêmio estudantil de que Blanche era presidente.[3] Quando Blanche compartilhou comigo seu álbum de fotos de recordação no Alice Austen House Museum em Staten Island, chamou atenção para um retrato em preto e branco de Audre durante seus anos no Hunter. No verso da fotografia Audre escreveu: "venha pegar".[4]

Anos depois, no Hunter College na cerimônia de dedicação do Audre Lorde Women's Poetry Center, Blanche testemunhou que "Audre Lorde me ensinou muito sobre o que é possível conquistar, não apenas em sabedoria e palavras, políticas e ação, mas em termos de prazer, excitação e amor. Audre Lorde tem a ver com amor, e com poder".[5]

Audre cultivou uma fronteira porosa entre amizade e romance enquanto vivia no Village, estudando na paisagem familiar do campus do Hunter College e conhecendo uma variedade de pessoas em organizações ativistas e na cena de bares lésbicos de *downtown*. Ela apresentava seu gênero de forma diferente em diferentes contextos, adotando uma gama de estilos masculinos e femininos. Tinha amantes mulheres e homens. Ela via tudo isso como crucial para seu crescimento emocional e político, sua grande capacidade de se conhecer e impactar o mundo.

A parte dos pulmões mais próxima ao coração é chamada periarterial. Muitos capilares florescem ali para transferir o oxigênio processado pelos pulmões para o coração. Você teria de desemaranhar esses capilares se quisesse saber onde termina o coração e onde começam os pulmões.

A parceria primária de Audre com Marion não sobreviveu aos anos 1950, mas ela se formou no Hunter e conseguiu notas decentes na pós-graduação em Columbia no que era chamado de "serviços bibliotecários", não ciências bibliotecárias, na época.[6] Expandiu seu ativismo e se juntou ao Committee for a Sane Nuclear Policy. Ela se mudou para Mount Vernon para um apartamento próprio e conseguiu seu primeiro trabalho profissional como bibliotecária para jovens.

Os outros empregos de Audre tinham sido um meio para um fim, e esse foi o primeiro que fazia parte de sua decisão vocacional de ajudar jovens a acessar o superpoder que Augusta Baker lhe ajudara a encontrar dentro de si. Ela ficou orgulhosa dessa conquista. Ainda não conseguia enxergar um futuro em que a Associação Americana de Bibliotecas, da qual se tornou membra, teria uma Gay Caucus e escolheria seu *Os diários do câncer* como livro do ano. Mas ela estava olhando na direção do futuro. Como a biblioteca não tinha muitos livros relevantes para adolescentes negros, e a bibliotecária-chefe perfilava racialmente crianças negras, Audre zelava pelos jovens da comunidade e suplementava seu material de leitura com contos exclusivos para eles em sua mesa.

Audre tinha a impressão de que algumas colegas, outras bibliotecárias negras, achavam que devido à declaração política e à autoexpressão de seu afro, ela não era profissional o bastante. Em uma conversa com Adrienne Rich muitos anos depois, Audre descreve ter ficado mortificada um dia em que na sala de intervalo abriu seu armário e dele caiu um pente alisador novo em folha.[7] Suas colegas o tinham comprado para ela como uma sugestão de que ela devia alisar o cabelo. Do ponto de vista de Audre, foi um ataque contra sua autoexpressão e um exemplo doloroso da rejeição "entre nós mesmas" de outras mulheres negras de quem ela teria buscado sororidade e solidariedade.[8] Ela escreve sobre esse tipo de encontro entre mulheres negras em seu ensaio "Olho no olho: Mulheres negras, ódio e raiva", no qual esboça as formas como mulheres negras voltam suas próprias opressões internalizadas umas contra as outras. O ensaio descreve o dano específico causado pelas expectativas e críticas desmedidas de mulheres negras quando veem seus próprios medos expressos umas nas outras.

Durante essa época Audre conheceu outra amiga para a vida toda, Yolanda Rios-Butts. Audre e Yolanda acabaram se apoiando mutuamente, criando seus filhos juntas e participando de ações diretas em pequenos protestos mais tarde na vida, como pintar de branco o rosto de estátuas de jóqueis negros de jardim no meio da noite quando elas saíram de férias juntas com as crianças.[9]

Essa também foi a época em que Audre e outro amigo íntimo, chamado Ed Rollins, decidiram se casar e ter filhos. Eles eram amigos próximos, e ambos sabiam sobre os amantes do mesmo sexo e os desejos do outro. Mas suas famílias demonstraram preocupações. A mãe de Audre desconfiava de Rollins porque ele era branco. A família de Rollins nem sequer foi ao casamento. Seu pai mandou uma carta alertando que o casamento deles mataria a mãe de Ed. Marion e outros ex-parceiros e amigos queridos também se recusaram a comparecer. Mas Audre e Ed decidiram criar uma vida juntos como casal inter-racial com o máximo de coragem e aceitação que podiam. A festa foi na Roosevelt House no campus do Hunter College. Muitas das amigas lésbicas e amantes de Audre estavam presentes.

Anos depois, quando uma entrevistadora soltou que não conseguia imaginar Audre Lorde casada com um homem, Audre respirou fundo e começou a falar, cortando-a:

"Eu fui muito feliz casada com meu marido até que seguimos em direções diferentes. Não vejo por que essas direções precisam ser contraditórias. Eu amo indivíduos. Tenho a capacidade de amar."[10]

28.
retrato

Extraído das profundezas da terra, o grafite, também conhecido como plumbagina, marca páginas como a "mina" macia dos lápis. Ele também testa o destino do mundo nos núcleos resistentes ao calor dos reatores nucleares. Em geral é preciso extrair o grafite diretamente do solo, mas com calor suficiente você pode produzi-lo a partir de carvão. Sob pressão química, tanto o carvão quanto o grafite viram diamante. Carvão, grafite, diamantes. São todos formas de carbono. Versões sólidas da menor parte de qualquer suspiro dado.

Em 1962, Rosey Pool, uma estudiosa judia holandesa de poesia negra e fundadora da série de TV britânica *Black and Unknown Bards*, incluiu dois dos poemas de Audre em sua antologia *Beyond the Blues: New Poems by American Negroes*.

Quer tivesse de ser ou não, em 1962 Pool foi aceita como uma especialista branca em literatura negra.[1] Ela era integrante do corpo docente na Universidade Howard e se valia de anos de correspondência com decanos da poesia negra como Naomi Long Madgett e Langston Hughes, que em suas cartas costumavam deixá-la a par de novas obras interessantes de poetas negros. Pool considerava a *Anthology of Negro Poets 1746 to 1949*, que Hughes e Arna Bontemps haviam publicado em 1949, como uma espécie de modelo. Foi Hughes quem recomendou que Pool incluísse Audre como uma das "melhores poetas mais jovens", em sua opinião. Mas na lista dele de poetas negros recomendados da geração de Audre, que também incluía Mari Evans, Raymond Patterson e outros, havia uma ressalva:

> Esses são, penso, os mais interessantes — alguns carecendo completamente de *negritude* —, muitos do beatnik em voga — mas não são ruins nesse *gênero*. Alguns de cor bastante escura, mas não é possível distinguir sua escrita da dos brancos — o que talvez seja o objetivo da integração — apagar a linha da cor desde salas de espera até a escrita. O que você pensa? De qualquer modo, se quiser apresentar o que eles estão escrevendo hoje em dia, deve incluir os não raciais também.[2]

Hughes não indicou quais poetas da lista "careciam de negritude". E parece que Audre não sabia que fora Hughes quem a recomendara para Pool. Na carta em que apresenta seus poemas, ela menciona ter ouvido falar do trabalho de Johnny (John Henrik) Clarke. E o que Audre provavelmente não sabia mas Hughes decerto sim era que Rosey Pool tinha um relacionamento de longa data com uma mulher chamada Isa. Em suas cartas Hughes muitas vezes se dirigia a ambas e mencionava como se sentia bem-vindo e confortável na casa delas.

Um dos poemas que Audre enviou a Rosey Pool para *Beyond the Blues* foi "Coal", que eventualmente perduraria como o poema-título de sua primeira coletânea com uma editora mainstream. A marca mineral em desenvolvimento.

> Sou negra porque venho do interior da terra[3]

"Coal" é um poema sobre Negritude. Negritude cósmica. Negritude baseada na terra que precede o construto social de identidade negra. Foi a resposta de Audre a um Black Arts Movement que questionava sua negritude com base em seu casamento inter-racial, nos boatos de seu lesbianismo, seu uso das grafias britânicas e mais. Carvão é carbono preto, matéria orgânica, a persistência da vida em plantas antigas, enterradas, decompostas e combustíveis que são capazes de fornecer éons de luz depois que a fotossíntese terminou. O carvão é um alvo da extração industrial. Preto, extraído, tomado, vendido, queimado.

Para fazer grafite a partir de carvão, é preciso refiná-lo. Remover tudo que não é carbono, modelá-lo em sua especificidade em camadas de seis faces até que o preto fique tão preto que brilhe. Como Audre escolhe que partes de si ela traçaria em sua biografia da autora para *Beyond the Blues*?

Nasci em 18 de fevereiro de 1934, Cidade de Nova York Manhattan.
Formação: Hunter College, Universidade Columbia (mestrado), um ano na Universidade do México. Meu trabalho: no presente, VIVER.

Também, bibliotecária de jovens adultos na Biblioteca Pública de Mount Vernon; passado: técnica em medicina, assistente de enfermagem, revisora de textos, atendente de clínica, trabalhadora fabril, professora, assistente social, supervisora de artesanato e vendedora de livros.

Tenho formação deficiente e não sou ambiciosa: publiquei uns poucos poemas e um conto na VENTURE, e vou ter um livro pela Bird Press, Stamford, Conn., na primavera de 1962.[4]

(foto)grafia

O nome "grafite" vem do longo uso de plumbagina para marcar uma superfície mais clara, traçar uma estrutura externa. Nessa biografia, Audre olha direto em nossos olhos inclinando a cabeça adiante astutamente. Consigo enxergar seu sorriso quando diz a si mesma. Meu trabalho? VIVER. Ela ri. "Tenho formação deficiente e não sou ambiciosa." Claro. Acredite e não acredite. Audre sabia como trabalhar com negativos.

Rosey Pool pediu para todos os colaboradores escreverem sobre suas ambições. Como Audre, a maioria deles não listou nenhuma. LeRoi Jones, que logo se tornaria Amiri Baraka, o qual a propósito na época namorava Diane di Prima, amiga de Lorde, referiu-se a algumas piadas internas que tinha com Pool em sua resposta. Em uma carta de 1961 a ela, ele mencionou que a Universidade Howard, onde Pool trabalhava, estava cheia de "detestáveis de classe média".[5] Na hora de escrever sua biografia, ele disse:

Ambições?

Escrever belos poemas cheios de sociologia
mística e política abstrata.

Mostrar à América que ela é feia e cheia de
detestáveis de classe média (negros & brancos).

> Me tornar um grande agitador político e
> invadir a Grã-Bretanha.[6]

De todos os poetas, a maioria dos quais se esquivaram da questão das ambições, Jones/Baraka pode ter sido o mais honesto.

(polí)grafo

Nem tudo na biografia de Audre é verdade. Por exemplo, a Bird Press nunca publicou um livro de sua poesia. É mais provável que ela acreditasse que iriam fazê-lo, até que a própria editora caiu no esquecimento sem deixar vestígios. Será que as mãos de Audre alguma vez tremeram enquanto ela datilografava essas pequenas validações?

Por exemplo, sua ladainha de empregos? Cada forma de emprego lhe diz o que suas mãos trêmulas não precisam dizer. O trabalho é uma forma de pressão sobreposta a seus poemas. Essa compressão capitalista de seu tempo de escrita é a razão pela qual o leitor dessa nota biográfica deve considerar sua palavra uma joia.

(telé)grafo

Em sua correspondência com Pool, Audre se esforçou para não soar sincera demais. No fim da carta de apresentação datilografada à máquina, ela escreveu em caneta vermelha: "Parece que não consigo deixar de dizer Obrigada por seu interesse. Então… obrigada!".[7]

Paul Breman, um conhecido de Rosey Pool, pediu para incluir oito dos poemas de Audre em sua antologia *Sixes and Sevens*. Também pediu mais do que apenas uma biografia de autor; ele queria uma breve declaração sobre "identidade". Audre atendeu.

> Sou uma mulher Negra e poeta — todas as três coisas estão fora do domínio da escolha. Meus olhos têm um papel em minha visão, meu fôlego na minha respiração, e tudo que eu sou em quem eu sou. Todos os que eu amo são da minha gente. Não é simples.

Não nasci numa fazenda ou numa floresta, mas no centro da maior cidade do mundo — uma integrante da raça humana cercada de pedras, longe da terra e da luz do sol. Mas o que há no meu sangue e na minha pele de riqueza, de terra marrom e sol do meio-dia, e a força para amá-los, vem da jornada tortuosa da África através de ilhas solares para uma costa rochosa, e essas são as dádivas através das quais eu canto, através das quais eu vejo. Esse é o conhecimento do sol, e de como amar mesmo onde não há luz do sol. Esse é o conhecimento e a riqueza que darei a meus filhos com orgulho, como uma força contra as formas menos óbvias de estreiteza e noite.

Para o resto, me volto para Elinor Wylie:

Eu, sendo humana, nasço sozinha;
Eu, sendo mulher, sou duramente acossada;
Vivo tirando de uma pedra
O pouco de sustento que tenho.[8]

(topo)grafia

Calor e brilho africano e caribenho, irradiando através de Audre apesar do duro contexto do capitalismo. Como o grafite encontrando a si mesmo em rochas ígneas, o calor dela era ancestralmente vulcânico. Ela o usava para ficar suave o bastante para moldar termos e mundos. Quente o bastante para marcar tudo em que tocava. Mas a força do grafite no escuro também possibilitou o aumento das fontes de energia nuclear que deixavam Audre muito nervosa. Ela nasceu não numa fazenda ou numa floresta mas no Harlem, bem ao lado do Manhattan Project de Columbia. Desde seus dias de estudante, tinha estado envolvida no Committee for a Sane Nuclear Policy. Ela rabiscou poemas sobre a insanidade da guerra nuclear tanto a lápis quanto a tinta.

(biblio)grafia

Audre não menciona sua participação na ou publicação pela Harlem Writers Guild em nenhuma dessas antologias de poesia negra. Não menciona para impressionar o nome de Langston Hughes, ainda que o conheça. Ela ainda não sabe que Alice Dunbar Nelson era uma poeta que escrevia sobre amar mulheres, adiante na rua onde ela cresceu, mas também não menciona seu próprio amor erótico por mulheres. Não diz se amar mulheres ou ser casada com um homem branco é ou não parte de quem ela é "no domínio da escolha".

O grafite é escorregadio. Ele não é apenas uma coisa. O grafite espesso tridimensional, feito de camadas de grafeno, demonstra o que os cientistas chamam de efeito Hall quântico, uma medida de resistência de elétrons em geral encontrada apenas em uma escala bidimensional. Os comportamentos adaptáveis e cambiantes do grafite estão levando os cientistas a usá-lo como uma nova pedra filosofal, um material por meio do qual estudar o comportamento dos elétrons, o magnetismo do universo.

Audre, também operando em mais de uma dimensão, é um tanto vaga mesmo nessa nota biográfica estendida. Mas ela usa, sim, uma citação. Cita uma estrofe de Elinor Wylie, uma famosa poeta branca falecida cuja obra a influenciou profundamente. Talvez por trás dessa citação ela estivesse citando sua mãe e todas as mulheres caribenhas que se queixavam de serem colocadas na posição impossível de tirar pão de pedra.[9]

(carto)grafia

Talvez uma biografia seja um mapa do tesouro, que ajuda a encontrar o caminho para o valor literário. Nessa versão da bio(grafia) de autor, Audre reivindica um futuro além da ambição. Ela valoriza seu próprio conhecimento prévio. Seu conhecimento é seu posicionamento cósmico. Ele é valioso porque ela vai oferecê-lo com orgulho para seus filhos. É profético mas também pragmático. Eles também vão precisar aprender a amar *onde não há luz do sol*. Também vão ter de encontrar sustento na pedra. Há calor, combustível e possibilidade dentro dela que ela tem de cultivar antes que qualquer outra pessoa siga seu mapa para dentro dela mesma e o extraia. *O que está no meu sangue. A força para amar.* Um suave arquivo negro de fotossíntese enterrada. Audre envia esse curto ensaio sobre identidade e oito de seus poemas que mais tarde aparecerão em seu primeiro livro para Breman, do outro lado do oceano. Em alguns meses, ela vai dar à luz sua primeira filha.

Parte 6

A decisão pela sobrevivência não é algo que você faz uma única vez, mas sim várias e várias vezes.

Audre Lorde, "Büchergarten, Berlin, Germany"[1]

29.
naturalmente

Encomendei fotocópias que agora estão moles, despedaçando-se de tanto que as toquei. Segurei os diários de Audre Lorde nas mãos e tomei decisões sobre minha vida que ainda estão em desenvolvimento. Fiz anotações que mal consigo ler agora, evidências confusas de uma digitação rápida demais. Tinha demorado muito tempo. E eu fui a primeira a visitar. Tinha telefonado e mandado e-mails demais para a arquivista Taronda Spencer e a arquivista assistente Kassandra Ware, mas por fim os documentos de Lorde haviam sido processados e estavam disponíveis para pesquisas acadêmicas no Spelman College. Fui imediatamente para Atlanta.

Eu me lembro de muita coisa sobre aquela primeira vez no santuário arquivístico de caixas cinza e suportes para livros. Cordões brancos amarelados, lápis com borracha na ponta e comprovantes de requisição. Mas não há dúvida sobre qual foi o momento mais memorável na minha primeira visita à coleção de Audre Lorde.

Audre havia se debruçado sobre seu legado. Ela sabia que sua vida, como a primeira e de mais visibilidade poeta negra assumidamente lésbica, era histórica. Guardou tudo, desde seus poemas de infância até caixas e caixas de correspondências e uma vida de diários. Ela mesma uma bibliotecária formada pela Ivy League, guardou seus rascunhos, seus textos, textos de outras pessoas sobre ela, textos de outras pessoas que influenciaram sua escrita, transcrições, programas de ensino, *flyers* de eventos e correspondência com escritores e ativistas com quem colaborou no mundo todo. O Spelman College não demorou a coletar a obra de Lorde. Muito pelo contrário. A primeira presidente negra do Spelman, Johnnetta Cole, que lecionou no Hunter com Audre, trabalhou com ela de modo muito específico durante seus anos de amizade para deixar claro que sua coleção era central para ela e para o plano de Beverly Guy-Sheftall de criar um repositório para escritoras negras na principal faculdade para mulheres negras nos Estados Unidos. Quando Audre concordou em doar seus documentos, Johnnetta Cole imediatamente lhe mandou este telegrama exuberante:

> Querida Irmã Audre,
>   Você me fez ganhar meu dia, meu mês, meu ano, minha vida no Spelman. Obrigada, minha tão querida irmã Audre, por permitir que nós aqui no Black Woman's Place tenhamos a honra de conservar sua obra, e de disponibilizá-la para o mundo.
>   Nós amamos você, irmã Audre, mais uma vez, obrigada, obrigada, obrigada.[1]

Até no programa do memorial de Lorde, Cole enfatizou o quanto significava para ela ter o arquivo sagrado de Audre mantido ao alcance das atuais e futuras alunas do Spelman que ela chamava de suas "filhas de aluguel".[2]

Beverly Guy-Sheftall, fundadora do Women's Research and Resource Center no Spelman, escreveu o pedido para a Arcus Foundation que permitiu que a grande coleção arquivística fosse processada externamente. Ela também organizou diversas conferências e eventos para celebrar o arquivo e coorganizou um livro com Johnnetta Cole e Rudolph Byrd que incluiu discursos não publicados dos acervos do arquivo. Os documentos não definharam no Spelman.

Mas ao contrário do Arquivo Schlesinger na Universidade Harvard, o Spelman College não tinha verba para uma grande equipe de arquivistas, ou um especialista que pudesse se concentrar exclusivamente no processamento dos documentos de um único escritor. Lorde morreu de câncer em 1992, dez anos antes de a poeta feminista negra June Jordan também morrer de câncer de mama, mas os documentos das duas ficaram disponíveis no mesmo mês em 2009. Simplesmente aconteceu de ser o mês seguinte àquele em que finalizei as provas de qualificação para o meu doutorado e comecei a escrever minha tese sobre a obra delas.

O fato de os documentos de Audre Lorde terem sido processados externamente é um detalhe importante. A própria Audre tinha familiaridade com o trabalho de indexação, categorização e referências cruzadas, mas a condição do sistema de busca e da coleção revelou que os processadores externos não estavam muito familiarizados com a obra de Lorde, e parecem também não ter tido acesso às suas obras completas publicadas. Na época de minha primeira visita, muitos rascunhos poéticos estavam rotulados como "obra sem título", sendo que seu título e primeiro verso eram quase se não idênticos aos primeiros versos de obras publicadas. E muitas caixas estavam vagamente etiquetadas como "coisas efêmeras". Quando corri para Atlanta, o arquivo ainda estava em um estágio inicial do que tem sido um processo contínuo. Houve muito progresso desde aquela primeira visita. O sistema de busca atual é muito mais embasado no conhecimento da obra e da história de vida de Lorde. E a arquivista responsável no momento da escrita deste livro, Holly Smith, conhece os documentos como a palma da sua mão. Mas em 2009, o sistema de busca era um mapa do tesouro bem vago, e a lógica das rotulações era tão nova para os funcionários quanto para mim. Provavelmente foi por isso que o seguinte aconteceu.

Quando me levantei para abrir com cuidado uma caixa etiquetada como "coisas efêmeras", eu esperava ver fotografias, programas de conferências, álbuns de recortes ou presentes feitos à mão, como os que eu tinha tirado de inúmeras caixas naquele dia. Eu não esperava que a ponta dos meus dedos roçasse em cabelo humano. Mas roçou. Essa caixa específica de "coisas efêmeras" estava cheia dos *dreadlocks* grisalhos de Audre.[3]

O que é o cabelo? A vida após a morte da pele. As células que continuam crescendo mesmo depois de morrermos. O processo do corpo de se transformar e de deixar um rastro. Cabelo é prova. Um esconderijo para sementes durante a Passagem do Meio e outros deslocamentos. Uma interface intergeracional de toque e torção e amarração e penteado e queimadura e umectação. O cabelo é uma tela que se move com você. Uma moldura para um rosto. Uma cabeça remodelada. Uma tapeçaria tecida no seu escalpo. Uma malha para as mãos. Antenas para ouvir pelas costas.

No capitalismo racializado, o cabelo é uma característica racial secundária. Um lugar para se procurar por armas. Uma barreira. Uma paisagem a ser domesticada, amarrada.

E na magia do povo, cabelo é o ingrediente que você precisa para lançar um feitiço ou amarrar alguém.

Será que é minha própria fantasia de vingança, ou o legado arquivístico de Audre está respondendo àquelas colegas bibliotecárias negras que colocaram um pente quente em seu armário na biblioteca de Mount Vernon? Seu cabelo com *dreads* naturalmente torcido vai seguir vivendo intacto além de qualquer uma delas em um arquivo dedicado ao legado intelectual de mulheres negras. O adorno dito não profissional se tornou um artefato profético.

É claro, a Biblioteca Pública de Mount Vernon nos anos 1960 não foi o único lugar ou momento em que Audre viveu um conflito "olho no olho" com outras mulheres negras em relação a seu cabelo. Em 1990, ela escreveu um artigo para seu jornal local em St. Croix e para a *Essence* intitulado "Seu cabelo ainda é político?", referindo-se a seu próprio poema, "Uma questão de essência".[4] O ensaio descreve uma experiência na qual, por causa dos mesmos *dreadlocks* que segurei em uma caixa anos depois, uma oficial negra do aeroporto quase negou a Audre a entrada na ilha de Virgin Gorda, um país caribenho de maioria negra. Audre havia sido revistada em outros países (na Alemanha, por exemplo) por racistas que equiparavam ter *dreadlocks* com tráfico de drogas, mas sua dor ao passar por esse confronto com uma mulher negra em um contexto negro foi aguda o bastante para ela precisar escrever a esse respeito.

> [...] protestei, ainda sem acreditar que aquilo estava acontecendo comigo. Viajava livremente pelo mundo inteiro; e, num país caribenho, uma mulher negra estava me dizendo que eu não poderia entrar por causa do jeito como uso meu cabelo?
>
> "Há uma lei na nossa legislação", ela disse. "Você não pode entrar aqui com uma aparência COMO ESSA."
>
> Toquei meus *dreads* naturais, dos quais tinha tanto orgulho. Há um ano decidira parar de cortar o cabelo e deixá-lo crescer com *dreadlocks*, como uma afirmação de estilo pessoal, assim como tinha usado um black power natural a maior parte da minha vida adulta. [...]
>
> Por quanto tempo as mulheres negras se permitirão ser usadas como instrumentos de opressão umas das outras?[5]

Apesar da dor desses enfrentamentos, Audre usou seus *dreads* grisalhos até o fim da vida, quando os perdeu devido a um estágio bastante avançado de quimioterapia. Será que o fato de seus *dreads* seguirem vivendo no Spelman, uma faculdade historicamente prestigiosa para mulheres em Atlanta — onde, até pouco tempo, *dreads* não eram considerados um penteado aceitável para alunas ou membros do corpo docente —, é uma resposta às mulheres negras que Audre encontrou e que a puniram por não alisar o cabelo? A recusa de Audre em abrir mão do cabelo e suas formas particulares de estilos que invocavam o black power da década de 1960 e a cultura rastafári nos anos 1980 e 1990 eram uma expressão de autonomia. E de orgulho. Quando seus primeiros cabelos grisalhos apareceram, ficou "descomedidamente orgulhosa deles", e parou de usar seus *geles* para poder exibi-los.[6] Até que raspou a cabeça antes da primeira rodada de quimioterapia para que seus *dreads* permanecessem como eram.

Para Audre, o cabelo não era apenas um espaço de experiências contenciosas e dolorosas com outras mulheres negras. Era também um espaço de intimidade e conexão. Quando finalmente recorreu à quimioterapia depois de muitos anos de terapias alternativas, teve o amor e a orientação de sua amiga Andaiye, escritora e ativista guianense, que ela chamava de "irmã sobrevivente" já que as duas percorriam juntas suas jornadas contra o câncer. Andaiye escreve sobre sua própria decisão de raspar toda a cabeça para estar no controle de pelo menos uma parte da transformação estética provocada pela quimioterapia. Ela foi uma das pessoas para quem Audre telefonou para perguntar sobre o impacto específico da quimioterapia e de outros medicamentos para o tratamento do câncer sobre a pele, o peso e os cabelos. De acordo com Andaiye, Audre começava seus questionamentos com a abordagem sorória: "Amiga, me fale sobre...", e elas discutiam estratégias de conforto, sensualidade e autoestima enquanto suas aparências mudavam radicalmente devido ao tratamento contra o câncer.[7] Essa sororidade é parte do que permitiu e incentivou Audre a preservar intactos seus cabelos.

A presença do cabelo de Lorde em seus acervos no arquivo do Spelman College é improvável por diversas razões. Primeiramente, é um milagre que Johnnetta Cole tenha sido capaz de convencer Audre a doar seu arquivo para uma faculdade que a recebeu com homofobia quando ela falou lá, em 1978. É um milagre que Audre tenha sido capaz de manter um arquivo tão grande apesar de haver se mudado de sua casa de tanto tempo em Staten Island para St. Croix, e apesar do Hugo, o enorme furacão em St. Croix que inundou a casa que ela dividia com Gloria Joseph. Joseph conservou alguns itens para outros usos espirituais, e para sua própria obra sobre a vida e o legado de Audre, e, no entanto, em 1995 alguém transferiu a caixa com cabelo junto com o restante dos acervos do arquivo.

Então sim, minha experiência arquivística foi densa. Emaranhada. Sargaço. Me senti tomada. Presa. Puxada para o fundo. Em alguns aspectos nunca deixei o espaço do arquivo. Ainda estou pesquisando. Tocando com cuidado. E na caixa seguinte: a máscara de snorkel com grau de Audre.

30.
pescando a água branca

Aquilo sobre o que dois rios concordam quando se encontram é o oceano. Seu destino. Seu anseio. Quando dois rios se encontram, é uma cerimônia. *Tougaloo*, uma palavra choctaw, significa "o lugar de encontro de dois rios".[1] Um portal na interseção de séculos de cuidado choctaw e rejeição negra. Luz flutua sobre a água onde o Pearl encontra o Mississippi.[2] Luz ribeirinha. Milhares de interpretações de "This Little Light of Mine". Brilhando.

Em 1968, Audre Lorde foi a Tougaloo, a faculdade historicamente negra construída no local de uma antiga plantação escravista por pessoas que acreditavam que a liberdade era um projeto intelectual. Ficou lá por cinco semanas como poeta residente do National Endowment for the Arts. A chamada do NEA veio mais ou menos no mesmo momento em que sua amiga do ensino médio Diane di Prima disse: "A gente realmente precisa publicar o seu livro de poemas", e exigiu que ela parasse de revisá-lo e enviasse o manuscrito do que se tornaria *The First Cities*. O marido de Audre, Ed, insistiu que ela fizesse a residência. Ele cuidaria das crianças.

Na Tougaloo, Audre se perguntou o que significava ser poeta. Quando chegou ao ponto de encontro dos rios, ela era "uma bibliotecária que também escrevia".[3] Quando foi embora, também se considerava uma professora. Mas a convergência desses dois rios foi um divisor de águas da poesia. Audre diz que a Tougaloo foi onde aprendeu a estabelecer uma conexão entre o caos exterior e a poesia interior.[4] Um amor pelo ritmo, aclarado pelo ricocheteio de balas de supremacistas brancos nas paredes da biblioteca.

Os estudantes se perguntavam sobre essa mulher que algumas pessoas chamavam de sra. Rollins e algumas pessoas chamavam de srta. Audre Lorde — a nova poeta residente com óculos de armação de gatinho e vestido preto justo. "Srta. Lorde", eles perguntaram depois de sua leitura na primeira noite, "você se considera uma poeta da natureza?"[5] Porque eles sentiam a convergência de rios e oceanos. Porque o som de sua voz estava remodelando pedras. Porque eles, os filhos do delta, podiam sentir o cheiro do ar antes da inundação. E a inundação aconteceu. Audre se deixou amar tanto esses estudantes de poesia que lhes revelou seus segredos — quem ela era e quem ela amava. E foi isso que ela lhes ensinou a fazer com sua poesia: seja quem você é, aja de acordo com seu amor. "A melhor coisa que eu tinha para dar era quem eu era", refletiu mais tarde. "Eu queria dar a eles algo que pudessem usar." E quando chegou a hora de os alunos escreverem avaliações de seu período com a artista convidada, disseram repetidamente que queriam mais. *Minha única sugestão seria estender o período. Tragam ela de volta, por favor. Não durou tempo suficiente.* Viva la *oficina de poesia. Só que na próxima vez deixem a poeta ficar mais tempo. Acabou tão rápido.*[6] De acordo com Alice Walker, o elogio deles ainda ecoava um ano depois quando Walker começou a dar uma oficina de escrita na Tougaloo. Tanto que ela escreveu para Audre pedindo conselhos.[7]

Audre e os estudantes criaram uma publicação literária chamada *Pound* a partir dos poemas da oficina. Os estudantes compartilharam (e não anonimamente) poemas sobre suicídio, ansiedade e depressão, desejo sexual, ideologia política e pobreza. Disseram que ela os ajudou a "escrever com mais liberdade do que nunca". Todo esse trabalho foi corajoso e inovador, sobretudo em uma faculdade historicamente negra conhecida por suas políticas de respeitabilidade. Alguns dos poemas continham até palavrões. Audre incluiu "Naturally", poema que escreveu durante a residência, sobre a economia política da beleza negra.

Audre pensava em si mesma como uma "poeta tímida e de fala mansa" no início da residência. Mas teve de superar isso para o bem dos estudantes. "Ei, a melhor coisa que eu tenho para dar a alguém tem de sair de mim mesma, ou você pode apanhá-la na rua, você pode apanhá-la no Woolworth's, a não ser que ela esteja ancorada na maior força que conheço. E ela sou eu."[8]

Uma inundação e um portal. Audre se apaixonou por seus estudantes. Ela os descreveu como "um grupo de jovens escrevendo com grande orgulho, animação e poder". Também se apaixonou por Frances Clayton, nascida junto do rio Ohio, e suas vidas correram juntas pelas duas décadas seguintes. Em certo sentido, Audre deixou a Tougaloo e voltou para Nova York com uma nova clareza e confiança. Mas também é verdade que ela ficou para sempre no ponto de encontro dos rios. Mais de doze anos depois, Audre escutava sua amiga Blanche Wiesen Cook mencionar que Lorde fora uma poeta residente na Tougaloo. Ela interrompeu Blanche: "Isso foi tão crucial em termos da minha vida como poeta, como oradora, como professora, que uma linha [em sua biografia] soa muito estranho em comparação com a consciência viva, a presença viva que isso é na minha vida".[9] E ela continuou comprometida com Frances. Audre perdeu a visita de Fannie Lou Hamer à Tougaloo por apenas um ano quando Hamer veio de Sunflower County, Mississippi, para buscar seu título honorário.[10] E ela sentiria falta de seus alunos. "Eles realmente mudaram minha vida, mudaram minha consciência total", insiste.[11] Ela guardou suas cartas de avaliação e prometeu manter contato.

Audre esteve com aqueles mesmos jovens poetas quando visitaram Nova York como participantes do Tougaloo Choir. Iam cantar no Carnegie Hall, e ela planejava escrever um artigo sobre esse coral de poetas no encontro de seus próprios dois rios ao redor da ilha de Manhattan, uma semana depois de seu semestre ter acabado em Tougaloo. Mas, no meio do concerto, todos eles receberam a notícia de que supremacistas brancos tinham matado Martin Luther King Jr. a tiros em Memphis.[12] Lá estavam eles, jovens e negros, cantando no encontro de rios. Seus pulmões deram forma às palavras "What the World Needs Now Is Love" e, à medida que seguiam cantando, seus rostos agora lavados de sal, a canção se tornou ainda mais verdadeira. À medida que seguiam cantando, encarando o arrastar do oceano, respirando em convergência, Audre aprendeu algo sobre o que estava em jogo na poesia dela. No dia seguinte não houve espaço no jornal para um artigo sobre o concerto do Tougaloo Choir no Carnegie Hall. Todos os veículos de comunicação estavam transbordando com a morte de King, e o luto desenfreado que seguiu. Audre e seus companheiros escreveram poemas sobre King, para King. Livros e livros de poemas. Logo começariam a escrever sobre o assassinato de Malcolm X. Eles não se chamavam de poetas do Black Arts Movement. Ainda.

31.
solstício

Audre Lorde descreve Frances Clayton como um "girassol" nos melhores e nos piores momentos. Lá está ela, radiante de orgulho e amor na dedicação do Audre Lorde Women's Poetry Center no Hunter College: "Frances sorrindo como um girassol". E lá está ela, iluminando a sala de recuperação no Mount Sinai quando Audre encara a realidade do diagnóstico e da cirurgia de seu câncer de mama. "Frances estava na porta do quarto feito um girassol maravilhoso." Ela coloca suas mãos quentes sobre as frias de Audre, dando a dura notícia de que o tumor em sua mama é maligno. Frances está ali, "sempre [...] brilhante com uma luz quente".[1] "A pessoa que eu mais precisava e queria ver." Audre descreve se agarrar ao "último vislumbre de seu rosto como um grande girassol no céu".[2] Olhos azuis brilhantes, rosto redondo sorridente, halo de cabelo loiro. Uma bênção. Em muitas tradições espirituais o girassol, *Helianthus annuus*, significa um presente de Deus. Uma profecia realizada. Todas as flores sobre as quais Audre escreveu em sua adolescência eram amarelas.

Nem Frances nem Audre poderiam ter sabido quando foram para o Mississippi lecionar no Tougaloo College que se apaixonariam e arriscariam tudo uma pela outra. Será que as mesmas coisas ou coisas diferentes as levaram para o Sul? Para Audre, foi a jornada que ela não pôde fazer nas Freedom Rides. Será que Frances pensava nos conflitos de sua família com a Klan enquanto crescia, como seu pai costumava dizer, "O sul de Illinois fica mais ao sul do que qualquer lugar dos Estados Unidos — exceto o Mississippi"?[3]

Quando cumprimentava essa mulher branca muitos anos mais velha do que ela, Audre também dizia o nome de sua própria bisavó bajan: Frances. Mas por causa do silêncio do pai em relação à sua infância e suas origens em Barbados, ela não sabia que entoava um nome ancestral. De volta a Nova York, em meio a um casamento que estava terminando, Audre escreveu cartas grafando Frances, Frances, Frances, uma oração ligada a necessidades mais antigas. Ela queria e precisava da luminosidade e do cuidado que essa mulher podia levar para sua vida.

Em sistemas agrícolas indígenas no Meio-Oeste, os girassóis há muito são considerados a quarta irmã, plantados junto de alimentos básicos como feijão, milho e abobrinha. Mas na indústria agrícola de monocultura dos Estados Unidos, os girassóis podem diminuir a dita produtividade de campos designados para o trigo ou para o milho geneticamente modificado. Onde Frances cresceu como caçula de nove filhos na família de um pregador em uma comunidade rural, os girassóis às vezes eram considerados ervas daninhas. Frances era estudiosa e observadora quando criança. Sua família se mudava de igreja para igreja, então ela não conseguia fazer amigos, mas estudava pessoas. Na escola noturna, aprendeu que havia algo além do bem/mal binário que a igreja ensinava; chamava-se psicologia comportamental, a ciência de por que as pessoas faziam as escolhas que faziam. Frances "se sentiu em casa". E então ela tomou a decisão de fazer pós-graduação longe da família.

Será que Frances viu algum traço do carisma e da sagacidade de seu pai pregador na jovem poeta negra residente, que escrevia demais sobre natureza para ser de Nova York? De acordo com Clayton, Audre lhe deu um bolo na primeira oportunidade de observarem pássaros juntas. Mais tarde, Frances descobriu que Audre estava indo para a cama com outra pessoa no campus. Ficou surpresa de saber que Audre também era casada e tinha filhos. Frances ficou ainda mais perplexa quando "o marido gay [de Audre] [...] me agradeceu por ir para a cama com Audre. [Ed Rollins disse] 'Quem liga para quem acendeu a luz. Todas vocês aproveitam a luz'".[4]

Para entender o amor vivificador entre Audre e Frances, o amor através do qual elas aprenderam a fazer "o todo possível", como Audre escreveu com apreço em sua dedicatória para Frances em *Poemas escolhidos, velhos e novos*, talvez precisemos olhar mais de perto os girassóis.

Se olharmos tão de perto quanto Audre olharia, vamos notar algumas coisas. Primeiro, um girassol não é *um* girassol. O que chamamos de "flor" de um girassol é na verdade uma "coroa", ou *pseudanthium*, uma configuração complicada de diversos floretes de cinco pétalas um em relação circular ao outro. O que pensamos ser as pétalas exteriores de um girassol são, cada uma, uma flor assimétrica própria, uma flor que busca os raios inclinada de forma estranha o bastante para formar um halo completo. No centro do disco, as flores que eventualmente vão se tornar sementes espiralam em duas direções em uma relação matemática de Fibonacci. Essas pequenas rajadas de amarelo mais escuro abraçam uma a outra da mesma forma que nossa galáxia espirala. Imagine a cabeça de uma psicóloga comportamental, a primeira mulher da história a ser professora titular em seu departamento na Universidade Brown, calculando a dinâmica entre sentimento e ação, entre comportamento e bem-estar. Imagine todos os fatores que contribuíram para sua decisão de mudar de vida, deixar o trabalho e criar uma família com uma poeta apaixonada e casada que estava no meio de um estudo vitalício dos usos do poder erótico.

As espirais multidirecionais que tornam possível a fulgurância e a fertilidade do girassol são precisas. Elas mapeiam os abraços espiralados mais eficientes de modo que mais sementes emerjam da coroa. Quando Audre e seus filhos visitaram pela primeira vez a casa de Frances em Rhode Island, encontraram uma cozinha organizada com precisão e ordem, um lugar para cada utensílio e especiaria. Frances não era simplesmente uma louca da arrumação; organizava seu espaço para facilitar ao máximo a funcionalidade. Ela mapeava os movimentos complexos da vida diária. Elas organizariam sua casa de família da seguinte forma: o espaço de trabalho e o quarto de Frances e Audre no segundo andar, onde as crianças não podiam entrar. Estas no terceiro andar, no sótão, um pedido que fizeram muito antes de a busca pela casa sequer começar. As duas gerações se reuniam no espaço compartilhado bem organizado do primeiro andar, as tarefas domésticas sempre em dia.

Há um valor em estar ligeiramente fora de equilíbrio? As flores de raios assimétricos são o que conferem a beleza impressionante aos girassóis. Pense na vertigem da noite em que Frances conheceu as amigas queridas de Audre, Blanche e Clare, todas as três casadas com homens, sabendo que elas tinham decidido deixar os maridos e criar novas vidas e famílias de mulheres com mulheres. Audre deixou o marido e Frances deixou seu cargo de professora titular na universidade. Seu laboratório. Ela transformou toda sua vida e se mudou para Nova York com base no fato de que o acordo de custódia entre Audre e seu agora ex-marido exigia que as crianças vivessem dentro dos limites da cidade. Nos anos 1970, o amor inter-racial lésbico de

Audre e Frances encarou o mundo de um ângulo queer, desafiando normas de solidariedade racial, família heterossexual, o sistema escolar de Staten Island, os aspectos visuais de seus bairros e mais.

Antes de encontrar sua família, as habilidades organizacionais de Frances Clayton a tornaram valiosa como psicóloga comportamental. Ela era adepta da criação de experimentos reproduzíveis, ambientes quase idênticos nos quais medir exatamente que nível de privação de água tinha impacto nas tendências de ratos albinos machos a acender uma luz.[5] Ela sabia como registrar o tempo exato em que um peixe beta tentaria ou não atacar seu próprio reflexo,[6] como manter quatro pombos diferentes, de idades e sexo desconhecidos, exatamente com o mesmo peso corporal pela duração de um experimento de dois dias.

Quando Frances tinha doze anos de idade, um trem se chocou contra o carro da sua família. O impacto matou seu pai instantaneamente e quebrou a coluna de sua mãe. Frances estava sentada no banco de trás ao lado de frascos de vidro que eles tinham recolhido para suas conservas anuais; anos depois ela descreveu para a amiga Clare Coss como foi quando milhões de pedaços de vidro quebrado perfuraram sua pele.[7] Frances era a única filha morando com os pais na época da tragédia. Aos doze anos ela ficou em luto pelo pai, tornou-se cuidadora da mãe e foi recompondo sua vida caquinho por caquinho.

Frances estudou no Queens College e obteve uma certificação para fazer terapia individual. Eventualmente se tornou uma terapeuta estimada entre comunidades lésbicas e feministas em Nova York. Ela trabalhou com o Instituto de Identidade Humana, a organização responsável por remover a homossexualidade do *Manual diagnóstico e estatístico de transtornos mentais*. Em algum momento, ela se tornou parte de um movimento fundacional de terapeutas afirmativos de lésbicas e gays.

Em uma carta a sua amiga, a poeta Pat Parker, Audre escreveu: "Frances fez uma formação no Instituto de Identidade Humana[8] e está fazendo terapia com mulheres gays e está adorando".[9] Talvez Frances sentisse uma afinidade com o pai, que ela uma vez chamou de "um terapeuta sem formação", por causa da forma holística que ele servia a suas congregações.[10] Coss, que trabalhava com Frances, lembra de quanto rigor e reflexão ela incorporava em sua prática. Ela dava a seus pacientes um espaço para crescer. A filha de Audre, Elizabeth Lorde-Rollins, se lembra de seus limites impecáveis; Frances nunca vazou uma única palavra sobre seus pacientes em casa. Até hoje, os ex-pacientes de Frances surpreendem Elizabeth na rua, reconhecendo-a das fotos na mesa da terapeuta.

Frances também passou de uma prodígio acadêmica branca em uma faculdade pequena a uma mãe lésbica em um relacionamento inter-racial em Staten Island. Havia espaço para um jardim, mas as crianças sofriam ameaças de morte na escola. Racistas deixaram fezes na porta de entrada. Será que Frances Clayton se arrependeu de seguir seu coração e embarcar no maior experimento da sua vida sem a aprovação do Institutional Review Board (IRB)?[11] Será que ela alguma vez sentiu que era o objeto do teste, guiando-se por respostas condicionadas, privação e contenção?

Girassóis não são meramente bonitos. Também são nutritivos. Suas sementes e seu óleo são uma parte significativa de sistemas alimentares transnacionais. O valor nutritivo, digestivo e lubrificante dos girassóis sustenta a vida humana e não humana. Durante séculos curandeiros têm usado girassóis por seu poder medicinal. Correndo atrás, a ciência moderna agora usa girassóis para retirar toxinas do solo e remover bactérias danosas da água. O papel de Frances na vida de Audre nunca foi simplesmente o de um rosto sorridente a acompanhando em celebrações literárias. Frances tinha um impacto desintoxicante em Audre. A ordem que Frances levou para a vida de Audre e de seus filhos deixou Audre menos frenética e menos dependente de cafeína. A relação de Frances com a ordem ofereceu a estrutura de que Audre precisava para entender que tudo podia ser feito sem botar a casa toda abaixo. Tudo podia ter seu lugar. Como os pais de Audre, Frances e Audre discutiam suas decisões parentais a portas fechadas. Nas reuniões de família, era Frances que dava as ordens. Foi Frances que disse a Elizabeth para "entrar na linha" quando ela dormiu demais e perdeu a hora para uma aula de artes cara. Mas foi também Frances que ofereceu cuidado amoroso e conselhos quando percebeu que Elizabeth só tinha perdido a hora porque menstruara pela primeira vez.[12] Foi Frances quem ficou em casa e não foi à Scholar and Feminist Conference na Barnard porque o filho delas, Jonathan, estava com febre alta e ela não quis deixá-lo sozinho.[13]

As habilidades de Frances como psicóloga eram valiosas para Audre no âmbito relacional. Lá estava uma parceira que não rechaçava o desejo dela de processar a complexidade de suas vidas emocionais. Com Frances ela podia combinar o trabalho pessoal e político de ser uma feminista lésbica negra. Para Audre, a questão de saber se uma mulher negra e uma mulher branca podiam resolver juntas as pequenas e grandes situações tinha implicações para o movimento feminista como um todo.

Em "Contornos", que foi intitulado "Notas sobre mim e Frances" nos primeiros rascunhos, Audre escreveu:

> Uma mulher Negra e uma mulher branca
> emparelhamos nossos trajetos
> num mar de distância calculada
> alertado por recifes de raiva oculta
> histórias reunidas contra nós
> [...]
> se perdermos
> algum dia o sangue das mulheres vai congelar
> sobre um planeta morto
> se ganharmos
> ninguém vai contar.[14]

Frances se tornou companheira e confidente de uma das pessoas mais fascinantes que ela já tinha conhecido. Quando disse sim para um semestre de intercâmbio na Tougaloo, faculdade irmã da Universidade Brown, adquiriu um senso de comunidade que não poderia imaginar antes. Frances cultivou relacionamentos com parentes escolhidos que no fim das contas duraram mais do que sua parceria com Audre, e até mesmo do que a própria Audre.

Se quisermos entender o amor entre Frances e Audre, precisamos dispensar o mito do heliotropismo, a crença amplamente aceita de que os girassóis giram ao longo do dia seguindo a direção do sol. Não é verdade. É provável que Frances soubesse disso; afinal, ela estudou a resposta à luz e a motivação para isso em sua dissertação e seus primeiros artigos publicados. Os botões imaturos de um girassol de fato se movem, não como uma parte do processo de orientação em direção ao sol, mas para encontrar sua direção ideal. Girassóis maduros sabem se voltar para o leste em direção ao sol da manhã que os sustenta, confiando que depois que o sol se pôr atrás deles, vai voltar no dia seguinte. Embora Frances tenha desarraigado de sua vida para criar um lar e uma família com Audre, e embora elas tenham com certeza sido centrais uma para a outra como parceiras por quase duas décadas — e embora o mundo saiba mais sobre Audre Lorde do que provavelmente jamais saberá sobre Frances Clayton —, nada disso significa que a vida de Frances girava em torno de Audre. Andrea Canaan, uma amiga querida de Audre, uma vez perguntou como duas mulheres tão dominantes conseguiam ter uma parceria romântica. A resposta de Audre? *Nós nos revezamos.* Audre falou no palanque na Marcha Nacional em Washington pelos Direitos de Lésbicas e Gays, e Audre e Frances marcharam lado a lado segurando a faixa principal.[15] Como lembra Clare Coss: "Elas eram duas mulheres poderosas e superenérgicas. Dava pra sentir a energia no lugar quando elas entravam, e isso era estimulante".[16]

Audre e Frances estavam empenhadas em criar um terreno fértil, em colocar suas mãos na terra. Elas cultivavam um amor que podia criar filhos e poemas e comunidades. Não um agronegócio de monocultura, não um laboratório de ratos. Elas notavam os minerais sob elas em Staten Island, o enxofre quando ele começava a subir pelos canos. Observavam onde caminhavam e estudaram a história antiga das rochas. Mantinham uma máquina de polir pedras em sua cozinha bem organizada. Atravessavam estações juntas. Às vezes esse trabalho tangível as estabilizava depois de grandes conflitos. Em "Os limites do nosso quintal", Lorde escreve:

> Pego na sua mão ao lado de um monte de adubo
> alegre por estar viva e ainda
> com você
> [...]
> Eu não sei quando
> nós vamos rir outra vez
> mas na semana que vem
> vamos arar um outro canteiro
> para a semeadura dessa primavera.[17]

Elas cuidavam daquele jardim. Elas cultivavam seus sonhos de viver em um lugar mais quente depois que as crianças fossem para a faculdade, quando a estipulação de Ed Rollins de que Elizabeth e Jonathan morassem em Nova York já não pudesse determinar suas opções de moradia. Em janeiro de

1980, Audre escreveu em seu diário: "Até 1984 vou ser uma autora de prosa, também e vou estar morando em outro lugar. Algum lugar mais quente. As crianças vão estar na faculdade e talvez até nós e B e C vamos estar morando juntas".[18] Nós e B e C. Frances, Audre, Blanche, Clare.

Mas nem tudo tinha a ver com manter a ordem. Audre e Frances irradiavam luz e calor uma sobre a outra, resplandecendo em dias ensolarados e contra céus encobertos. "Saunas intermináveis" e empurrando uma à outra estridentemente em uma cadeira para cima e para baixo do calçadão de Atlantic City como Alice Toklas e Gertrude Stein fizeram em uma foto que tinham visto em um cartão-postal.[19] Dando um amasso no quarto de uma festa em cima dos casacos de todo mundo até que a poeta Cheryl Clarke as pegasse de surpresa. Viajando para o Lake Superior para apanhar ágatas de dia e se aninhar junto da lenha queimando à noite. O amor delas era seu próprio pequeno sol em combustão.

Mas mesmo com esse amor tão certo e repetitivo como o nascer do sol, mesmo com beleza eficiente e produtiva o bastante para inspirar equações matemáticas, há sempre um fator de caos. Duas espirais distintas conjuntamente. Será que foi assim que Frances reconciliou seu desejo de monogamia com a insistência de Audre em um relacionamento aberto?

Um girassol é uma grande variedade de flores, se espiralando em direção uma à outra e uma para longe da outra. Um furacão é uma espiral em sentido anti-horário ganhando velocidade com vento e água, às vezes até bloqueando o sol. Lembrando-se do som da chuva de verão do lado de fora da janela delas em Staten Island, Audre escreveu:

> da chuva como meu sangue fala
> em sussurros alternados
> rugindo dando e tirando procurando destruindo
> implorando brotos verdes
> em nosso jardim batalhador
> abençoando a terra enquanto sofre[20]

Será que foi assim que Frances se sentiu quando Audre gradualmente decidiu deixar a casa delas em Staten Island? O que Audre disse na manhã em que acordou para escrever em seu diário sobre um sonho que tinha tido de que ela podia voar mas Frances estava chorando?[21] Durante os anos difíceis da separação das duas, Frances recitava seu poema favorito para ter força diária. "Vou levantar-me e ir agora, e vou-me para Innisfree", ela declarava, repetindo o sonho de William Butler Yeats de viver autossuficiente e criando abelhas para lembrar a si mesma que podia de fato sobreviver sozinha, pós-Audre. Ao repetir o poema, ela "sabia no fundo do meu coração que eu criaria um lar para mim onde poderia ficar em paz".[22] Uma noite Frances acordou Audre de um pesadelo; Audre não parava de repetir a palavra "ordem" em voz alta. Isso era o perigo no sonho de Audre, a própria ordem.[23] Em 1989, depois de venderem a casa em Staten Island, foi Audre que se tornou apicultora em St. Croix com Gloria Joseph. Frances se mudou primeiro para a enevoada Carolina do Norte, onde se voluntariou em solidariedade a lavradores latinx. Será que eles plantavam girassóis? Eventualmente, a umidade e a neblina pioraram sua artrite, então Frances seguiu o sol e o conselho das crianças. Ela se mudou para Sun City, Arizona, em 1998 e morou ali o resto da vida, com prateleiras com pilhas altas de livros, fotos de família e DVDs como *Grandes cursos: Astronomia*.[24] Encheu suas paredes de pôsteres de galáxias espiraladas, nebulosas coloridas, explosões dramáticas de supernovas iluminando o céu cósmico escuro.[25]

Um furacão gira em torno de si mesmo com o potencial de incorporar infinitas possibilidades. Como galáxias molhadas na Terra, os furacões criam suas próprias versões de buracos de minhoca e dimensões, lacunas espaço-tempo e anomalias. Uma tempestade espirala em faixas concêntricas de chuva e vento tão úmidas e apertadas que ela pode te segurar onde você está. Mas em algum momento a estrutura de uma tempestade desmorona, sai de controle. O ar se recupera e as nuvens se dispersam. O sol brilha de novo em uma paisagem completamente transformada. Observadores brilhantes se dão conta de que pequenos animais e pássaros poderiam ter lhe dito tudo o que você precisava saber antes que a tempestade tivesse sequer começado. No fim, o esqueleto de toda estrutura é frágil. Você poderia estudá-los uma vida inteira: o comportamento, a psicologia de uma tempestade.

32.
da estufa

Quando perguntei a Elizabeth Lorde-Rollins sobre a vida eterna de Audre Lorde, ela falou sobre o jardim de sua mãe. De fato, foi a chance de um jardim que inspirou Audre e Frances a comprar o número 207 da St. Paul's Avenue em Staten Island. Elizabeth se lembrou de Audre consultando o velho senhor italiano que morava ao lado sobre o que poderia crescer melhor no solo da região.

> A água vasta nos desenhou, e o espaço
> crescendo verde o bastante para nos alimentar por duas estações[1]

A poeta criada no Harlem que cresceu "numa confusão genuína/ entre grama e sementes e flores" se tornou uma jardineira comprometida, incentivando seus filhos a cultivarem seus próprios canteiros. Embora a terra sob suas unhas por cuidar de tomates, quiabos e maçãs faça aparições em sua poesia, suas lições mais consistentes sobre crescimento vieram de seus dois filhos. O feminismo lésbico negro de Audre incluía um mandato autoatribuído de criar seus filhos de forma diferente de como seus pais a tinham criado. "Uma parte do preço que pagamos por aprender a sobreviver foi nossa infância", escreveu ela em anotações para o que se tornou seu ensaio "Olho no olho".[2] Como seus filhos poderiam ser crianças enquanto ela os preparava para uma guerra?

Quando Jonathan e Elizabeth estavam no ensino fundamental, Audre meditou em seu diário: "É difícil estar sempre do lado de fora olhando para dentro — para o calor, para a família, mas também quem sabe para a morte da mais forte — parte de mim — a outsider".[3] Audre estava determinada a criar uma dinâmica familiar na qual seus filhos se sentissem amados e incluídos ainda que ela não tivesse se sentido assim enquanto crescia e não tivesse certeza sequer se queria se sentir completamente incluída. Ela tinha de mostrar a eles seu amor e ainda assim ajudá-los a serem fortes. Ela acreditava que, "se eles não puderem amar e resistir ao mesmo tempo, provavelmente não vão sobreviver".[4]

Os filhos de Audre se tornaram seus professores no trabalho revolucionário de ser mãe. Ela os observava com verdadeiro interesse e maravilhamento. Audre, Frances e as crianças tinham reuniões familiares quinzenais para ver como andavam a logística e a vida emocional de seu lar. Ela anotava os sonhos dos filhos e as frases que diziam. "O que significa que os sonhos dos meus filhos apareçam tanto nos meus diários quanto os meus próprios sonhos?", escreveu ela um agosto.[5] A descrição que seus filhos faziam de seus sonhos se tornaram sementes de insights que Audre cultivou em sua escrita. "Meus filhos saíram rasgando de mim/ como poemas", escreveu em "Mudança de estação".[6]

Audre usou insights de Elizabeth e Jonathan como epígrafes de dois de seus livros, convidando seus leitores para essa lente íntima de sua curiosidade sobre o crescimento. Em 1974, ela dedicou *The New York Head Shop and Museum* para "AS PESSOAS DE CHOCOLATE DA AMÉRICA" com uma observação de abertura de seu filho, Jonathan:

Pessoas de chocolate não derretem na água
elas derretem nos seus olhos.[7]

O insight de Jonathan apareceu em uma conversa que Audre estava tendo com seus dois filhos enquanto dirigia pela cidade. Elizabeth disse: "É como ver todo tipo de gente negra-chocolate — tem chocolate suave, chocolate amargo e chocolate com laranja". E seguindo o rigor do olhar de Elizabeth, Jonathan disse: "Elas derretem nos seus olhos". Audre se lembrou de sua surpresa diante da observação de Jonathan: "O quê? Esse é um menininho que diz que odeia poesia, certo? E de vez em quando, ele abre a boca e saem essas coisas e eu penso *Que Deus o abençoe*. Lá estava ele, no alto dos seus sete anos".[8]

O senso de humor de Jonathan também rendeu a Audre algumas risadas em suas leituras de poesia. Em "My Fifth Trip to Washington Ended in Northeast Delaware", um poema sobre uma viagem de trem com outras feministas para um protesto em Washington contra a Guerra no Vietnã, ela incluiu a observação do filho de que "ele poderia ter se divertido muito mais fechado dentro de um envelope".[9]

Dois anos depois, em *Coal*, Audre dedicou seus poemas às mesmas pessoas de modo diferente, talvez de maneira mais ampla, "Para as Pessoas do Sol/ Que Possamos Todas/ Entender Melhor", com este saber de Elizabeth na epígrafe:

> Se corrermos rápido o bastante
> os ventos não vão nos alcançar.[10]

A compreensão que Audre tinha de seu público, especialmente do coletivo negro que ela esperava que lesse sua obra, baseava-se em sua ideia de responsabilidade para com as crianças negras, as quais ela acreditava carregarem as questões da interioridade negra e resistência cósmica em seus seres.

A definição de Audre de comunidade incluía um contrato sagrado entre gerações. Ao se preparar para compartilhar sua visão do futuro como parte de sua palestra na Conferência Nacional de Gays e Lésbicas do Terceiro Mundo, ela esclareceu:

> Esse futuro reside em nossas crianças, nossos jovens. Não apenas naquelas crianças de que nós mesmos podemos ter sido mães ou pais mas em todas as nossas crianças que são responsabilidade conjunta de todos nós. Devemos usar nossos insights e nossa sabedoria e nosso conhecimento para garantir que elas não sejam tiranizadas ou colocadas em guetos como aconteceu conosco.[11]

Ela formulou de maneira mais direta em uma entrevista com Deborah Wood: "Bem, meus filhos, a saber, aquelas crianças que saíram quando abri as pernas, e minhas crianças, querendo dizer todas as minhas crianças, são um símbolo muito prenhe [...] todas as coisas que eu faço são parte de uma só, de modo que ensinar e escrever e ser mãe são partes da mesma sobrevivência".[12]

Mas Audre não reivindicava dizer a outras pessoas como criar seus filhos. Em um rascunho inicial de seu ensaio "O filho homem", sobre uma abordagem lésbica negra feminista para criar um filho, ela insistiu: "Essa é minha experiência, não sou uma mãe profissional. É assim que acontece comigo e com o meu corpo".[13] Na versão final, ela disse "Eis aqui como foi/é comigo e com Jonathan [...]. Eis aqui o relato de uma mulher".[14]

Audre a mãe rechaçava o silenciamento que sentiu quando criança e se esforçava para ouvir seus filhos como as pessoas surpreendentes, sábias e imprevisíveis que eles eram, até quando iam além das ideias que ela tinha do que isso seria. Ela reparou que Elizabeth criticava sua ideia de que seus filhos devem ser "a vanguarda de um reinado de mulheres que ainda não foi estabelecido", nas linhas de frente de batalhas políticas cruciais que aconteciam durante a infância delas. Em seu diário, Audre anotou: "Beth diz — se você quer que a gente cresça e conquiste o mundo, a gente tem que viver tempo suficiente para crescer".[15]

No poema de Elizabeth "Where Were You in '68", ela se lembra de ter cinco anos de idade na cozinha e estar pronta para fazer uma viagem de trem com a mãe e o irmão para protestar contra a Guerra do Vietnã em Washington. Sua mãe sorri enquanto embrulha um lanchinho de granola, e então entrega à pequena Beth uma sacola com um pano de prato molhado enrolado dentro dela. O poema termina com a explicação pragmática de Audre: "isso é para o gás lacrimogêneo".[16]

Observações de seus filhos são uma característica constante nos diários de Audre e costumam vir à tona em ensaios, poemas e entrevistas porque ela voltava a esses momentos, os reconsiderava e queria que seu público também os considerasse. Ela se lembra, por exemplo, de um momento na mesa de jantar quando Jonathan novinho pegou um coração de galinha e perguntou: "Essa coisa ama?". Do mesmo modo, Audre termina o poema "Suportar" com uma interpretação das palavras de Jonathan. Um dia enquanto cuidava do jardim depois de uma tempestade ela reparou em Jonathan tirando água de seu próprio canteiro de flores. Ele explicou sua urgência:

> jovens sementes que não viram o sol
> esquecem
> e se afogam facilmente[17]

É um chamado por compaixão sobre o qual Audre escreveu anos antes em sua nota da autora sobre identidade, de 1968, quando previu que teria de ensinar seus filhos a "amar mesmo onde não há luz do sol". Os filhos de Audre a instigaram a se conhecer mais profundamente. Seus sentimentos a respeito de vida e morte, sobre os quais ela uma vez meditou, só se tornaram claros para ela quando sua filha começou a lhe fazer perguntas sobre a morte. Destilar suas ideias sobre morte para Elizabeth era como escrever um poema.[18]

A ideia do jardim como um lugar de afogamento apareceria de novo em seu poema "Da estufa":

os brotos verdes estão se afogando
na lama e nas bênçãos[19]

O trabalho do jardim, como o trabalho de criar filhos e o trabalho do feminismo negro, é complicado. Ela dava aos filhos o que julgava tão necessário quanto a água e a luz do sol: poesia e estruturas da linguagem. O uso correto da gramática era um nutriente tão essencial que Elizabeth se lembra de que ela e o irmão recebiam multas de 25 centavos se cometessem erros gramaticais. Às vezes, quando Elizabeth ou Jonathan chegavam em casa com machucados invisíveis ou visíveis do racismo e do bullying que viviam no pátio da escola ou no bairro, Audre corria para a estante de livros e lia para eles passagens de poemas que a ajudaram a atravessar o ensino médio.

Jonathan diz "se eu não fosse humano queria ser perfeito".[20]

Além da estrutura da linguagem, Audre também ensinou seus filhos a fazerem seu próprio trabalho emocional, especialmente seu filho. Como escreveu no ensaio "O filho homem", o patriarcado ensina os homens a terceirizar o trabalho emocional para as mulheres, a começar por suas mães: "Homens que têm medo de sentir necessitam que haja mulheres por perto para que sintam por eles", alertou ela. "Mas assim também os homens renunciam à sua humanidade básica, caindo numa armadilha de dependência e medo."[21] Essa era uma questão de vida ou morte para Audre. Ela ainda acreditava que a repressão emocional havia matado seu pai. "Eu preferiria matar meu filho a ele crescer para ser como alguns dos homens que conheço", disse ela em uma entrevista quando Jonathan tinha cerca de treze anos.[22] Eu me pergunto o que Audre pensava do fato de que, já aos treze anos, seu pai tinha passado quase metade de sua vida longe da mãe, e estava a dois anos de fugir do próprio pai para reencontrá-la e encarar a rejeição toda de novo. Em seu diário Audre escreveu: "Minha responsabilidade para com meus filhos, mulheres e homens é ensiná-los a sobreviver, a amar e a libertar".[23]

Audre levantou essa questão de responsabilidade com a Elizabeth de doze anos um dia no quintal quando estava "tomando sol e ela [Elizabeth] retrançava a lona de uma cadeira. Foi o verão anterior à sua primeira menstruação [...]". Audre disse para a filha:

> Tem muitas coisas que você tem de aprender sozinha, porque, sabe, Beth, vai chegar um dia em que não vai ser Mamãe e filha sentadas aqui se falando. Um dia vamos nos encontrar cara a cara como duas mulheres e vai ser simplesmente duas mulheres conversando: Audre e Beth.[24]

Na memória de Audre, falar aquelas palavras abriu um portal:

> Beth ergueu o rosto e seu perfil ficou contra o sol, porque ela antes estava inclinada. [...] Eu estava atrás dela — e foi como se no mesmo instante ela tivesse passado para os trinta anos. E ela disse em uma voz totalmente madura, ponderada e não de alguém de doze anos: "Isso vai ser muito interessante".[25]

A experiência do portal no quintal foi um momento fora do tempo que ficou com Audre. Ela carregava "o peso emocional panorâmico de quem essa mulher viria a ser. [...] Foi um instante de separação total e foi incrível. Então foi como se o sol tivesse se movido e ela voltou ao seu trabalho; mas eu nunca esqueci aquele momento de consciência. [...] Eu valorizo esses minutos".[26] Audre não sabia que não viveria para ver nenhum de seus filhos completar trinta anos de idade.

Às vezes, os filhos de Audre desejavam que ela adotasse uma abordagem mais tradicional quanto à maternidade. Elizabeth explica que quando eles iam à casa de seus amigos e viam as mães fazendo biscoitos e limpando o que os filhos sujavam, refletiam sobre sua própria casa simplificada, onde era esperado que eles fizessem suas próprias tarefas domésticas e se servissem enquanto Frances atendia clientes e Audre estava em seu escritório com a porta fechada.[27] Elizabeth se lembra de se perguntar: *Por que não podemos ter esse tipo de serviço em casa?*[28]

Em eventos públicos e tributos, Elizabeth costuma descrever o verão em que começou a se dar conta de que o trabalho de sua mãe como poeta podia ser um recurso para seu próprio crescimento como mulher. Em meio à tensão mãe/filha da adolescência, Audre mandou Elizabeth para passar o verão em San Francisco com Diane di Prima. No caminho para o banheiro, Elizabeth procurou algo para ler e viu a prateleira de Di Prima com os livros de sua mãe. Nesse verão, ela leu cada um deles e adquiriu um novo entendimento do trabalho de Audre no mundo.[29] Elizabeth frequentava leituras de poesia desde a infância, e aos três anos de idade até fez sua mãe prometer ler "o poema dela", conhecido pelo resto de nós como "Now That I Am Forever with Child" em toda leitura pública.[30] Mas a experiência de ler a poesia da mãe em seus próprios termos lhe deu um senso do grande dom e propósito de sua mãe. "Então eu entendi por que não podíamos ter aquele tipo de serviço em casa."

Em uma carta Elizabeth tentou explicar a complexidade do que era crescer como uma das muitas flores no jardim de sua mãe:

"Sempre tive dificuldade em aceitar o que você tinha para me oferecer — imagino que eu queria ser diferente de todas as outras [mulheres][31] que a admiram e usam sua experiência e visão para ajudá-las a ver. Eu também achava que tinha de ser forte sozinha. Estou começando a enxergar que você e sua visão podem me ajudar sem eu ser fraca."[32]

Como ela contou na dedicação do Audre Lorde Women's Poetry Center, a mãe tinha lhe ensinado "como amar mulheres, e o meu amor por mulheres. E às vezes podemos errar nisso quando não somos honestas com nós mesmas. E há muito tempo venho tentando escrever um poema sobre isso. E mexendo nos seus livros semana passada, encontrei este aqui". Ela leu um poema antigo, menos conhecido, chamado "Vizinhas", sobre duas mulheres em negação quanto ao efeito mágico de uma sobre a outra. Audre gritou para sua filha do público: "Uau! Você foi mesmo lá atrás!".[33]

No caminho para uma palestra em um evento literário em San Francisco, Audre olhou pela janela do avião e viu seu jardim no chão lá embaixo. Por causa da neblina mais cedo naquele dia, o controle de tráfego instruíra o piloto a voar em círculos sobre Staten Island. Ela tomou isso como um sinal.

Enquanto o avião circulava, ela escreveu a mesma palavra em seu caderno de poesia, inserindo espaços entre elas: "indo indo".[34]

Esse foi o início de um poema dedicado a Frances, eventualmente chamado "Quando saía eu passei por você na ponte Verrazano". Nele, Audre começou a traçar o processo complicado de deixar o jardim de que ela e Frances tinham cuidado juntas:

> enxofre combustando em Nova Jersey agora
> e quando lavo minhas mãos na mangueira do jardim
> a terra escorre em amarelo brilhoso

Um ambiente tóxico, literal e energeticamente, havia penetrado naquele local fértil da sua vida, a forçando a reconsiderar o que a alimentaria. Olhando para baixo de uma grande altura, ela escreveu:

> os voos dessa jornada
> sem mapa incertos
> e necessários feito água.[35]

Quando chegou ao evento em San Francisco, fez algo que quase nunca fazia. Leu poemas inacabados. "Não tenho realmente certeza se está terminado", ela disse ao público que a aguardava, depois de comentar sobre algumas pessoas na plateia que usavam, orgulhosas, suas camisetas "I Miss NY" [Saudades de NY].[36]

Alguns anos depois, Audre deixaria o jardim em Staten Island e começaria outra parte de sua vida na ilha de maioria negra de St. Croix, que ela considerava política e ecologicamente favorável à sua qualidade de vida enquanto lutava contra o câncer. Mas não foi uma decisão fácil deixar o santuário pelo qual ela tinha lutado ao longo dos anos junto com Frances.

Em um pedaço de um bloco de recados, ela rabiscou perguntas a si mesma:

> Abrir mão
> é um processo ou um preço
> o que estou pagando por
> não enxergar antes?

aprender no limite?
abrir mão
de algo precioso mas já não necessário?[37]

Por fim, ela foi embora. Estava fazendo o que era melhor para si, mas temia ter abandonado o solo, as mudas, a comunidade de que ela cuidava em Nova York. Muitos amigos de Audre e Frances lamentaram a transição do relacionamento delas quase com tanta intensidade como um dia lamentariam a morte de Audre. Se ao menos houvesse um sábio que pudesse reconfortar Audre enquanto ela recomeçava sua vida.

No ano em que se mudou para St. Croix, Audre recebeu um cartão de Dia das Mães de uma sábia jovem criada em um jardim de Staten Island:

"Sei que este último ano tem sido de decisões difíceis para você", escreveu Elizabeth. "Só quero que saiba que seus pés se moveram com firmeza e integridade, e que é maravilhoso ver isso."[38]

Elizabeth e Audre estão em um jardim de novo, sentadas próximas em um pequeno banco. Palmeiras, hibiscos e roupas penduradas para secar. Elas esperam a câmera começar a rodar para o filme que vai se tornar *A Litany for Survival*. Elizabeth está usando uma das camisetas de Gloria Joseph da 5K Fun Run das Ilhas Virgens. Audre está usando sua camisa das Zamani Soweto Sisters. Ela já contou a Elizabeth tudo sobre o encontro com essas mulheres sul-africanas em Londres e como é gratificante saber que mulheres negras no mundo todo estão "vivendo suas vidas". E como está esperando ansiosa seu próximo tratamento na Alemanha. Elas falam sobre o romance em andamento de Audre, *Deotha*. E falam sobre Elizabeth começar a faculdade de medicina e se mudar para Washington Heights, onde vai estar mais perto da avó e da tia, e de suas comidas caribenhas favoritas.

"Acho que você vem fazendo a coisa certa o tempo todo", diz Elizabeth.

E então Audre mostra à filha as pedras em suas mãos.

Olivina. A pedra verde que sobreviveu às vibrações sísmicas entre a crosta e o manto da Terra. "Você costumava me assustar pra caramba", diz Elizabeth. "Quando ficava brava a coisa simplesmente saía de você em ondas. Você nunca bateu na gente, só fazia um *some da minha frente*." Audre olha para o rosto dela. "Eu sabia que nunca encostaria a mão em você ou no seu irmão. Eu nunca bateria em vocês, mas dava medo, né?"

Depois a turmalina, a pedra irisada que protege quem a segura de energias negativas. "Era uma casa realmente tórrida. Você e eu éramos mesmo turbulentas", continua Elizabeth, explicando como aprender a confrontar emoções difíceis enquanto crescia a ajudou a lidar com emoções difíceis quando adulta. "Eu tentei criar vocês como guerreiros. [...] Achava que realmente tinha de fazer isso", Audre começa a falar algo que ela já disse cem vezes.

E quartzo, a pedra da limpeza, do equilíbrio, da paz. Elizabeth segura as duas mãos da mãe nas suas. "É muito bom mesmo estar aqui com você", diz. Elas se aproximam mais no banco até que não podem ver o rosto uma da outra. Falam no ombro uma da outra. Os microfones mal captam.

Eu te amo. Eu também te amo.[39]

33.
abomé com a rua 125

O altar no cômodo em que Audre Lorde escrevia era um mundo de artefatos e rostos. Erexins de rabo de zebra, leques trançados e pequenas figuras entalhadas da época em que ela passou na África Ocidental emolduravam as fotografias de seus ícones: os representantes que Audre escolheu como avatares para seu trabalho de espelho de múltiplas vidas. Cada vez que acendia um incenso em seu altar, Audre encara o poder deles. A dignidade da mulher do mercado com a bandeja no alto da cabeça. A bravura no perfil régio da mulher com os ombros expostos, coroada em ouro e prestes a entrar em uma cerimônia. A força das mulheres idosas segurando o ombro uma da outra com um braço e machetes enormes com o outro.

Os diários de Audre da época em que ela escreveu os poemas que se tornaram *A unicórnia preta* são uma versão portátil de seu altar. Um diário marrom leva seu nome em relevo dourado na capa. Uma pessoa mascarada em trajes tradicionais da África Ocidental guarda a quarta capa. Na primeira página há a imagem de uma mulher africana com múltiplos colares, olhando você direto nos olhos.[1] Neles, seus poemas mais meticulosamente pesquisados, Audre trabalhava rumo à transubstanciação.

A certa altura, ela acrescentou uma foto de uma pintura rupestre do antílope africano a seu altar junto de uma imagem das esculturas rituais bambara do chiwara: a filha meio antílope, meio humana da deusa da terra, uma imagem que se tornaria a capa de *A unicórnia preta*. Na cerimônia, dançarinas bambaras usam esse ser como esculturas verticais na cabeça. Elas se tornam criaturas sagradas híbridas com o poder de abençoar a comunidade e a terra com fertilidade e abundância.

Em 1977, Audre já tinha sobrevivido a lendas de gênero, raça e sexualidade que insistiam que ela não podia existir. Como a única integrante negra do corpo docente de seu departamento, a única poeta negra em muitos eventos feministas, a única lésbica assumida no Black Arts Movement, até mesmo ela se impressionava que as pequenas e grandes agressões contra ela em quase todo espaço por que se movia não tivessem conseguido matá-la. Ainda.

No dia seguinte ao da ligação em que seus médicos disseram que ela tinha um tumor no seio, Audre escreveu estas palavras em seu diário: "Quero ver a África de novo".[2]

Ela queria mostrar ao mundo seu eu mais negro, seu eu mais divinamente feminino, e sabia que precisaria se valer de gerações de poder criativo para fazer isso. Ela estava pronta para deixar de se esconder do escrutínio contraditório que sentia da comunidade literária negra e da comunidade literária feminista branca. Então recorreu à parte de si que já estivera aqui antes. A parte de si que não tinha medo de morrer, a parte que nunca poderia morrer.

Quando descobriu o primeiro tumor, os médicos lhe disseram que havia uma chance de 60% a 80% de que fosse maligno. Mesmo então, ela sentiu como se viesse treinando a si mesma para um diagnóstico de câncer.[3] Mais tarde, olhou de volta para esse momento e declarou para uma sala de conferência cheia de acadêmicos literários: "Eu ia morrer, mais cedo ou mais tarde, tendo ou não me manifestado".[4] Mas em particular ela apenas desejava. "Tenho tantas coisas para dizer agora. Espero que consiga dizê-las."[5] Os cirurgiões removeram aquele primeiro tumor benigno. Mas encarar sua mortalidade durante as três semanas em que esperou pela cirurgia deu força à sua crença de que "essa visibilidade que nos torna mais vulneráveis é também a fonte de nossa maior força".[6]

"Eu passei por um período em que achei que estava morrendo. [...] Não escrevia poesia e sentia que, se não conseguisse escrever, eu ia me romper. Registrava coisas no meu diário, mas não vinha nenhum poema. [...] Mais tarde no ano seguinte voltei ao meu diário, e havia esses poemas incríveis que quase saltaram do diário; muitos deles estão em *A unicórnia preta*. [...] Esses poemas saíram direto do diário, mas eu não os via como poemas antes disso."[7] Depois de ficar sabendo que o primeiro tumor era benigno, ela disse que sentia a "dádiva" de sua vida com tanta força que escreveu "Uma litania pela sobrevivência" em agradecimento por "este instante e esse triunfo/ Nós nunca estivemos destinadas a sobreviver".[8]

Em *A unicórnia preta*, seu segundo livro com a Norton, a qual Audre uma vez chamou de "a melhor editora de poesia do país", ela discorreu sobre a possibilidade de uma unicórnia preta inerentemente feminina. Sua unicórnia preta é "confundida com um símbolo", como a própria Audre foi na Broadside Press quando o editor Dudley Randall censurou seus poemas de amor explicitamente lésbicos. A unicórnia preta feminista também é "ávida" e "impaciente", palavras que Audre vai usar para descrever a si mesma em uma conversa com Joseph Beam sobre a exclusão de escritoras lésbicas negras de instituições literárias feministas, negras, gays e mainstream. E, é claro, essa unicórnia preta não depende de uma fantasia fálica, como explica Lorde no poema de abertura da antologia:

> Não é em seu colo onde o chifre repousa
> mas crescendo nas profundezas de sua cratera
> lunar.[9]

No segundo poema, "Uma mulher fala", ela insiste:

> Eu sou
> mulher
> e não branca.[10]

A unicórnia preta foi consistente com a escrita de Audre desde a infância. Seus primeiros poemas lançaram mão de histórias e lendas de grande escala, ainda que na época ela só tivesse acesso à mitologia grega. Uma vez que seu trabalho no movimento de estudos negros trouxe lendas, rituais e mitos africanos para suas mãos, ela os usou para fazer o que sempre tinha feito em sua poesia: viajar do pessoal para o cósmico. Referências a orixás e a provérbios africanos já tinham aparecido em sua obra, mas *A unicórnia preta*, com seu glossário de termos africanos e compromisso constante não apenas com histórias da África Ocidental mas com formas da África Ocidental, mergulhou Audre e seus leitores mais plenamente em uma cosmologia negra.

A primeira menção ao livro apareceu na *Kirkus Reviews* e errou de todo o foco. A pessoa que o resenhou diz que ela "fracassou totalmente", chamando suas referências de "obscuras", e sua imaginação de "sem brilho".[11] Audre ficou frustrada. Queixou-se para Mari Evans em uma entrevista em

1979 que não apenas estava sendo "oprimida pelo silêncio externo" por parte de resenhistas brancos que alegavam não serem capazes de entender seu projeto como se via como "também uma vítima do silenciamento da comunidade literária negra". "Não há dúvida alguma sobre a qualidade da minha obra a esta altura. Então por que você acha que [...] *A unicórnia preta* não foi resenhado, nem sequer mencionado, em qualquer jornal negro ou revista negra nos treze meses desde que foi publicado?"[12]

Sem os recursos da *Kirkus Reviews*, a *Obsidian*, um periódico de cultura negra fundado em 1975, publicou a resenha de Andrea Benton Rushing de *A unicórnia preta* mais de catorze meses depois do lançamento do livro. Rushing não achou o livro um fracasso, nem julgou as referências de Lorde "obscuras". Em sua resenha ela observou as intervenções que Lorde fazia na poesia do Black Arts, falou da referência que o título de Lorde faz ao poema de Dudley Randall "Black Poet, White Critic", e valorizou o "uso criativo de fontes africanas" por parte de Lorde.[13]

Para Randall, todo o projeto da Broadside Press, um veículo de publicação da poesia política de uma geração de artistas negros revolucionários, era a possibilidade de uma unicórnia preta. *Black Unicorn* é até o título do documentário que Melba Boyd fez anos depois sobre o legado de Randall como editor. Mas no caso de Audre, Randall era um crítico hétero e um editor que censurava as políticas eróticas de uma poeta feminista lésbica. Quando o primeiro manuscrito de Audre para a editora de Randall incluiu "Love Poem", um poema erótico sobre fazer amor com uma mulher, que sua amiga Clare Coss chama de "corajoso com pronomes",[14] ele disse que a não ser que se tratasse da descrição de um homem fazendo amor com uma mulher, ela devia deixá-lo de fora.[15] Por fim ela insistiu em incluí-lo em *The New York Head Shop and Museum*, seu segundo e último livro com a Broadside Press. E então ela intitulou seu segundo livro com a Norton *A unicórnia preta*.

Foram as experiências de viagem de Audre a Gana, ao Benim e ao Senegal com sua família em 1974 e à Nigéria para o Festac, um festival internacional de artistas negros em 1977, que a convenceram "não apenas de que tudo é feito de espírito, mas de que há uma conexão antes mesmo que haja vida".[16] Essa é a base de sua poética transatlântica de múltiplas vidas. À medida que aprendia sobre as deidades e os ritos de iniciação da África Ocidental, ela se via refletida por toda parte. Muitos dos poemas de *A unicórnia preta* começaram como entradas de diário durante essas visitas. Eram aberturas para uma relação que ela desejava aprofundar. Depois que o livro saiu, ela explicou: "Eu sentia isso com muita força na África. E a coisa repercutiu. Atingiu alguma coisa bem no fundo do meu ser. Todo o livro *A unicórnia preta* resulta dessa consciência".[17]

Assim que voltou de sua primeira viagem à África Ocidental em 1974, Audre escreveu um projeto ambicioso para a City University of New York (CUNY) de uma bolsa de pesquisa para passar o ano acadêmico de 1974-5 no Senegal, em Gana, na Nigéria e na Tanzânia estudando e documentando cantigas e brincadeiras infantis. Ela buscava continuidades e contrastes entre brincadeiras e histórias de crianças caribenhas, americanas e da África Ocidental. Sua solicitação total foi de 8247 dólares para viagens, alojamento e dois gravadores.[18] Ela não conseguiu o financiamento nem fez a viagem, mas acreditava que as conexões estavam lá. Então continuou a pesquisar sua oferenda do tamanho de um livro, "para aquelas entre nós que vivem na margem".[19]

Sem poder regressar à África Ocidental para pesquisar, Audre se voltou para a obra de colegas da área que tinham a oportunidade de passar mais tempo no continente, como Kofi Awoonor, um poeta jeje que trabalhava na SUNY Stony Brook nos anos anteriores e durante a época em que Audre escreveu *A unicórnia preta*. Sua viagem para documentar a poesia de seus anciãos na comunidade jeje em Gana, na Nigéria e na Costa do Marfim repercutiu em Audre. Ao considerar as principais tradições dos poetas jejes, a saber poesia fúnebre e um precursor das batalhas de rap chamado Halo, usado para meditar a respeito de conflitos e transformá-los, Awoonor defendia que o papel dos poetas em uma comunidade era intimamente relacionado com a morte e o conflito. Em sua opinião, os poetas eram necessários à comunidade mas também isolados. Eles tinham de carregar a dor de outros além da sua própria.

Audre, que com frequência se sentia usada e sub-recompensada por seu trabalho, deve ter se identificado com a apresentação de Awoonor desses poetas anciãos. Durante sua viagem à Nigéria para o Festac, ela escreveu:

> os poetas são nossas cavaleiras amazonas modernas, defensoras, exploradoras dos postos avançados mais solitários de nossos reinos. Como tal as descobertas nem sempre são agradáveis — nem sempre são o que

desejávamos ter encontrado. Às vezes a terra é arrancada dos nossos pés, mas a coragem está incutida em nossas necessidades.[20]

Para Audre, *A unicórnia preta* lhe permitiu mergulhar fundo o bastante dentro de si para encontrar a coragem de que precisava. Ela se negou a incluir poemas individuais de *A unicórnia preta* em sua antologia *Poemas escolhidos, velhos e novos*, e não reviu os poemas para *Undersong*, seu livro de revisões, porque achava que *A unicórnia preta* era uma conversa com "uma Audre ancestral", e portanto tinha sua própria integridade cerimonial. Ela sentia que ele era um artefato de sua vida como um transmorfo, um registro "das vidas pelas quais me movo, dos mundos que habito, e é claro que esses mundos mudam de um ano para o outro, de um momento para o outro".[21] No *Sinister Wisdom*, a resenhista Harriet Desmoines chamou o livro de "boa medicina" e comparou Lorde a uma curandeira da tradição navajo, descrevendo *A unicórnia preta* como uma cerimônia que se movia "rumo ao momento em que forças internas e externas se fundem, quando alguém se move em harmonia com o vento, com as pedras, os animais, o sol e a lua".[22]

Para vivenciar a cerimônia, você tem que ler *A unicórnia preta*, ou assumir o compromisso vitalício de o ler e o ensinar como eu fiz, mas para oferecer apenas um breve índice do trabalho que acontece entre a Audre Ancestral e Audre:

Audre às vezes tem medo de seu poder.
A Audre Ancestral *não* tem.[23]
Audre se ressente das mulheres em sua vida que a rejeitaram.
A Audre Ancestral as derruba como *pedras*.[24]
Audre luta para reconciliar seu senso de negritude da criação com o racismo internalizado de sua mãe influenciada pelo colorismo.
A Audre Ancestral afia a lâmina *onde o dia e a noite devem se encontrar e não ser um*.[25]
Audre se pergunta como criar um filho feminista quando espaços separatistas já o veem como uma ameaça.
A Audre Ancestral se lembra do ritual coniagui no qual crianças escolhem suas mães e depois escolhem a elas mesmas.[26]
Audre trançou seu cabelo no Daomé.
A Audre Ancestral prometeu aparecer para Audre em *sonhos*.[27]
Audre volta para o Harlem.
A Audre Ancestral aparece em cada deusa para lá e para cá na *rua 125*.[28]

Audre morre de medo da "espada desembainhada na boca" durante as reuniões do corpo docente.

A Audre Ancestral lhe lembra que ela às vezes tem que morrer para provocar de novo *"um calor escuro/ aquecendo qualquer coisa que eu toque"*.[29]

Audre está sobrepujada pelas areias do tempo.

A Audre Ancestral sabe que o *deserto* é um oceano.[30]

Audre se pergunta por que possíveis irmãs parecem ser inimigas.

A Audre Ancestral sabe que elas são todas *guerreiras* retornadas.[31]

Audre sente repulsa ao ler um artigo sobre filhas que insistem em morar com o pai que as estuprou.

A Audre Ancestral *protege* todo mundo com a disciplina amorosa da transformação de uma sociedade.[32]

Audre luta contra os fantasmas de todo mundo que ela amou.

A Audre Ancestral lhe lembra que mortes *não são* a sua *própria*.[33]

Audre sente a urgência da luxúria.

A Audre Ancestral sabe como viajar no *tempo* para paisagens eróticas infinitas.[34]

Audre se preocupa com o que estão fazendo com Assata na prisão.

A Audre Ancestral vê *Joana d'Arc e Yaa Asantewa* na cela de Assata a protegendo.[35]

Audre se sente profundamente mal compreendida, até nas comunidades de sua escolha.

A Audre Ancestral sabe que é melhor falar.[36]

Audre sabe que "nenhum de nós tem trezentos anos".

A Audre Ancestral sabe que nunca vai morrer.

Ou, como Robert Stepto escreveu em sua resenha para a *Parnassus*: "O sucesso de *A unicórnia preta* pode ser visto no fato de que quando a poeta declara 'vou comer os últimos sinais da minha fraqueza/ remover as cicatrizes das velhas guerras da infância/ e ousar entrar na floresta assobiando', nós acreditamos nela".[37]

A unicórnia preta, um livro que Stepto elogiou como "um evento nas letras", se tornou o cartão de visitas de Audre.[38] O projeto de fundamentar uma vida lésbica feminista negra em mitos e lendas da África Ocidental se tornou a mensagem de sua vida. Ela envolvia o cabelo em lindos *geles* estampados, usava vestidos largos para se apresentar. Pesquisou vidas não conformes com o gênero pelo continente africano, armando-se com esse conhecimento à medida que seguia por espaços moldados pela homofobia. Todas essas práticas eram parte de como Audre criava a si mesma como atempada e atemporal, mítica e real, autenticamente negra e transformadoramente lésbica feminista. Os anseios ancestrais dela não eram de todo livres de nostalgia por uma África imaginária e um pertencimento simples, mas os poemas em si enfatizam a contradição tanto quanto a ressonância. Como Audre disse em uma entrevista antiga: "Muitos dos poemas em *A unicórnia preta* [lidavam] com os tipos de conhecimentos e os tipos de conexões que eu fazia dentro de mim como mulher afro-americana — as maneiras pelas quais eu me conectava, as maneiras pelas quais era semelhante e as maneiras pelas quais era diferente".[39]

Audre costumava enviar cartões brancos vazios sem palavras na frente, apenas uma imagem de uma unicórnia preta em um leve relevo. Ela anexava cheques para a *Black/Out*, a revista literária da Coalizão Nacional de Lésbicas e Gays Negros editada por Joseph Beam, com um breve bilhete "hora do imposto de renda".[40] Mandava dinheiro para promover o boletim informativo do II Retiro Feminista Negro do Coletivo Combahee River: Visões do Lesbianismo.[41] Uma vez, anexou um cheque com o bilhete "presente de solstício para a revista literária lésbica negra *Azalea*. Queria que fosse mais, só que acabei de entrar nas fileiras dos desempregados e portanto sem salário até set.".[42]

Esses cartões com bilhetes aparecem nos documentos de acervos de outras pessoas como uma marca na porta. Um estudo em contraste. Uma metáfora para o que significa escrever palavras pretas em um pano de fundo branco em uma indústria branca com uma margem homofóbica, e fazer isso não como gênios individuais mas como evidência de um imperativo ancestral coletivo. Ela usava artigos de papelaria para tornar outra coisa possível. Outro meio de produzir um mundo que os sistemas de opressão "com seus pés pesados"[43] insistiam ser mera fantasia.

Ao longo da cerimônia de *A unicórnia preta* a Audre Ancestral canta através das ações da Audre mortal. Sua multiplicidade se torna mais expansiva do que os rótulos de identidade e papéis que ela representa em movimentos sociais. Ela constrói pontes entre cosmologias e continentes, tornando-se uma força curadora multigeracional. Agora é Audre que conhece a função curativa de cada pedra, que encontra o chamado do amor guerreiro no pior das notícias diárias. Essa é Audre como a conhecemos, dançarina híbrida, avatar antiga, ícone de portal, fumaça de altar.

34.
horários

"O que eles estão fazendo com a gente hoje?", Audre Lorde pergunta à sua querida amiga Yolanda Rios-Butts de manhã bem cedo.[1] Ela segura firme o fone que transforma seus primeiros fôlegos verbalizados do dia em sinais elétricos. Cabos esticados pelo país inteiro onde você podia vê-los. Uma corrente de conexão de cobre.

"Sou uma madrugadora. Bem madrugadora", disse Audre entre poemas uma noite no Barnard. "E é difícil encontrar pessoas com quem se comunicar às cinco, seis horas da manhã. Mas é sempre muito gratificante quando encontro. Só que isso sempre me faz pensar, o que a gente deve fazer, aqueles de nós que acordamos cedo cheios de luz..."[2]

Blanche, a querida amiga de Audre desde a faculdade, estava dormindo quando Audre ligava. Ela alcançava o telefone oval da marca Princess na mesa de cabeceira. A parceira de Blanche, Clare, se mexia ao seu lado, ouvindo.[3]

O que eles estão fazendo com a gente? E Audre recitava a violência nos jornais que lia de cabo a rabo todas as manhãs, atenta ao que não estava sendo noticiado. Circulando pelas histórias enterradas nos confins da seção de notas diárias sobre o que acontecia com mulheres e meninas negras. Os horrores que seu sono transformaria em pesadelos antes que suas mãos os transformassem em poemas.

Então ela acordava cedo. Não é insônia se você acorda e trabalha. Não é falta de sono se isso se torna parte do seu plano. Acordar enquanto ainda está escuro é estratégico para uma mãe em tempo integral com um trabalho em tempo integral e um chamado de serão para escrever sobre o que a apavora. Uma vez, Adrienne Rich perguntou a Audre por que acordava tão cedo, e ela disse: "Porque tenho medo de deixar alguma coisa passar".[4] Ela seguia do quarto que dividia com Frances pelo corredor, passando pelo quadro de avisos cheio de panfletos de eventos, e fechava a porta com a placa: "poeta trabalhando".

Na era do telefone fixo, cobre torcido conectava a nação a si mesma. Audre o usava ao amanhecer para fortalecer seus vínculos com as pessoas que a amavam e entendiam enquanto se preparava para um dia entre colegas e estranhos que em sua maioria não a entendiam. Às vezes por volta da hora do jantar, Audre e sua família até recebiam ligações homofóbicas ameaçadoras de pessoas que ela desconfiava que podiam ser seus próprios colegas de Estudos Negros e Porto-Riquenhos da CUNY.[5] Então ela se voltava mais uma vez para o cobre. Depois de escrever em seu diário sobre seus sonhos, telefonava para as amigas que havia tanto tempo amava, Yolanda Rios-Butts, Blanche Wiesen Cook, sua agente, Charlotte Sheedy, sua editora, Nancy Bereano. Telefonava para elas antes da primeira luz e dava voz a seus temores. Charlotte Sheedy disse:

> Ela me ligava quando estava com muita raiva, e muitas vezes, irritadiça, e, com frequência, muito deprimida. Ela estava constantemente envolvida em situações em que ficava furiosa ou muito irritada com alguém. Mas quando eu ouvia sua raiva, me acalmava.[6]

Audre começava seu dia com conversas que importavam, porque, como observou uma vez, "conversar com algumas pessoas é como falar com uma privada".[7]

Audre era tão consistente com sua prática matutina que quando questionada como enxergava a mãe em suas lembranças, sua filha Elizabeth disse: "Eu a vejo cedo, na mesa do café da manhã com seu *New York Times*, porque ela adorava de verdade acordar cedo, ou falar ao telefone com uma amiga às seis e meia da manhã. Ou contar um sonho que tinha tido na noite anterior".[8]

Na época em que a riqueza dos Estados Unidos podia ser estimada em corpos não remunerados e vidas destruídas de pessoas negras, o cobre foi o primeiro material que a Casa da Moeda americana usou para criar moedas. Em 1792, enquanto bancos e indivíduos abastados ainda levavam sua prata e seu ouro para a Casa da Moeda americana transformá-los na unidade monetária nacional, o governo fornecia cobre para criar centavos estampados com os símbolos da nação de dezessete anos de idade. De um lado, você vai ver uma mulher com nariz afilado e cabelo esvoaçante sob a palavra "liberdade", e do outro, abarcada pelas palavras circulares "Estados Unidos da América" e a denominação encerrada de "um centavo", vai ver a inconfundível imagem de uma corrente de ferro. Dois lados da mesma moeda. Talvez Audre teria preferido o centavo que o próprio Benjamin Franklin criou para circular alguns anos antes. Ele ainda tinha a imagem de uma corrente circular de um lado, mas dentro do círculo as palavras diziam "nós somos um". Do outro lado, ele colocou a imagem de um sol nascente sobre um relógio de sol com o lembrete direto gravado de "cuide de sua própria vida".

O outro cabo de cobre que conectava a nação a si mesma era o teletipo. Audre fez uma leitura crítica das notícias na maior parte de sua carreira. "Recomendo fortemente que todos nós prestemos atenção especial nas últimas páginas de todos os nossos jornais", disse ela, "porque costuma ser lá que se encontra notícias que são realmente sobre pessoas."[9]

Por exemplo, em fevereiro de 1972, ela leu o jornal no dia do funeral de Mahalia Jackson em Chicago, evento enorme em que mais de 50 mil pessoas esperaram na fila a noite toda na neve para prestar homenagem à maior cantora gospel da história. Mas Audre notou que discretamente a última página do jornal noticiava um incêndio no South Side de Chicago. Seis crianças negras "pequenas e sem canção nenhuma" morreram em um incêndio em uma creche em uma casa condenada. O pesadelo do incêndio, na interseção da creche negligenciada e inacessível da cidade, do racismo e da injustiça econômica se tornaram a imagem central do poema "O dia em que fizeram uma elegia a Mahalia".[10] Sua sintonia com as notícias diárias fez com que em outro poema ela notasse o equinócio de primavera como uma data significativa, porque era o aniversário de sua filha e também por causa do impacto da violência militar, policial e de justiceiros em crianças de "Hanoi Angona Guiné-Bissau Moçambique Phnom Penh mescladas a Bedford-Stuyvesant e Hazelhurst Mississippi".[11] Em outro poema ainda ela reparou que no Primeiro de Maio em Nova York "os trabalhadores se ergueram" não para se libertar da opressão capitalista mas para atacar estudantes que marchavam pela paz em Wall Street.[12]

Audre via sua poesia como um corretivo para a narrativa dominante das notícias. Ela lembrava a si mesma que "o papel não é nem cortês nem cruel/

meramente branco em sua neutralidade/ eu tenho para a realidade agora/ o compasso marrom do meu braço/ se movendo em ritmo entrecortado/ por este lugar morto".[13] Mas como as notícias originais, transmitidas em pausas e inícios através de linhas de cobre, a violência dos eventos contemporâneos interrompiam a vida desperta e onírica de Lorde.

Em 12 de junho de 1974, quando Audre ouviu no rádio a notícia de que um júri de onze homens brancos e uma mulher negra tinham absolvido Thomas Shea, o policial que atirara nas costas de Clifford Glover, de onze anos, ela parou o carro e escreveu o primeiro rascunho do poema eventualmente intitulado "Poder" para não machucar a si mesma e outras pessoas com a dor que sentia. Ela tinha pesadelos em que Clifford era seu próprio filho. Durante anos depois, quando falava sobre Clifford ela trocava a idade dele pela de Jonathan. Em seu sonho era ao mesmo tempo sua mãe e a jurada negra solitária, bebendo desesperadamente o sangue dele.[14]

Dois anos depois, Audre leu sobre duas adolescentes cujo pai as engravidara. As filhas abusadas insistiram em ser mandadas de volta para "casa" em vez de viver em um lar adotivo. Audre mal conseguiu tolerar isso. O artigo cita a garota de dezesseis anos dizendo: "Depois que fizemos ele disse que éramos suas filhas boazinhas". Quando Audre escreveu um poema chamado "Corrente", sobre essas garotas, estava tendo pesadelos com exércitos de crianças-esqueleto, garotas jazendo "como folhas caídas" na varanda, todas elas chamando sua "mãe".[15] Essas eram as formas de violência que povoavam os pesadelos de Audre. Crianças. Morrendo queimadas em uma creche. Assassinadas a tiros na rua. Abusadas em casa.

O que acontece com as notícias é que elas chegam todos os dias. E mesmo antes do ciclo de notícias televisionadas 24 horas por dia, Audre já estava atenta a sua dor contínua, recusando-se a se distanciar das pessoas das últimas páginas. Às vezes ela admitia em suas leituras de poesia que esperava que seus poemas fizessem essas histórias assombrarem seus ouvintes tanto quanto a assombravam. Como apontou para uma dessas audiências: "É muito conveniente ignorar partes de nós mesmos que talvez não tenhamos resolvido ou com as quais não queremos lidar".[16]

Em 1979, Audre começou a colecionar recortes da cobertura jornalística de Boston acerca de treze mulheres assassinadas ao longo de três meses. Ela tinha toda uma pasta de recortes sobre os assassinatos de crianças em Atlanta que começaram no mesmo ano. Continuou achando que o assassinato de crianças era uma conexão mundial cruel. Em seu diário, escreveu: "El Salvador vem junto enquanto ouço mais um corpo de criança linchado violado quebrado caindo nas notícias de um terraço a lateral de um prédio a pistola disparada de um policial caindo no ninho e saindo tão rapidamente quanto um saco preto de ossos se torna recusa inócua no feixe de luz direta".[17]

Ela era a mãe, ela era a irmã. Conseguia sentir as mulheres fugindo das refinarias de petróleo na África do Sul, as crianças em idade escolar mortas a tiros em Soweto. Assistindo à cobertura do noticiário da inundação do rio Pearl no Mississippi, um dos rios que convergiam em Tougaloo, Audre estudou o rosto de uma sobrevivente branca sendo entrevistada por repórteres. O marido branco raivoso da mulher "rosnando 'Ela num tem mais nada pra dizer não!'" para os repórteres fez Audre pensar nos assassinos de Emmett Till — uma masculinidade branca desesperada que transforma o pretexto de proteger mulheres brancas em males contínuos para todos.

O que eles estão fazendo com a gente hoje?
Ela não poderia aguentar toda essa dor, nem mesmo em uma vida inteira de poemas. E então não aguentava tudo. Ela se levantava antes do nascer do sol e ativava uma rede de cobre torcido para impelir seu próprio circuito dedicado de apoio.

Devia aliviar seu coração saber que alguém atenderia o telefone antes do amanhecer. Audre era grata por fazer parte de uma rede de pessoas que se importavam umas com as outras e se importavam com o que acontecia no mundo. E ela usaria o cobre, o mesmo material que fundia essas redes, para adornar o próprio peito. Torcia fios de cobre, maleáveis e brilhantes, para fazer joias, para segurar pedras polidas, especialmente pedras com as propriedades curativas do cobre, turquesa, malaquita. Ela as encordoava. Fervorosamente. Em torno do pescoço.

E ia para a faculdade.

35.
uma criança guiará

> *O que eu sou?*
> *Eles me escolheram entre meus irmãos. "Esse é o mais bonito", disseram, e entalharam em mim um rosto e colocaram uma vela dentro da minha cabeça, e me assentaram na porta de entrada. Ah, a noite estava escura mas, quando eles acenderam a vela, eu sorria.*
>
> Dorothy Aldis, "Jack-O-Lantern",
> copiado com uma pequena
> variação por Clifford Glover

O pequeno Clifford Glover transcreveu "Jack-O-Lantern", uma charada em prosa poética de Halloween, em sua aula do ensino fundamental na PS 40 em South Jamaica, Queens. Sua professora escreveu a palavra "criativo" nela. A mãe de Clifford, Eloise Glover, não tinha aprendido a ler bem na escola, mas sabia quão orgulhoso Clifford estava do que escrevera, então ela guardou o texto em uma caixa com alguns outros tesouros.[1] Depois.

Eles me escolheram entre meus irmãos
Menos de um ano depois de Clifford Glover transcrever o poema, quinze horas depois do que ele não sabia que seria seu último dia na quarta série, o patrulheiro Thomas Shea atirou em suas costas e o matou em um domingo de manhã cedo enquanto ele ia a pé para o ferro-velho com seu padrasto. Thomas Shea e seu parceiro, policiais à paisana em um carro não identificado, disseram o que sempre dizem. Clifford e seu padrasto *se encaixavam na descrição* de quem quer que estivessem procurando. Disseram que não sabiam que Clifford era uma criança. Era 1973. Clifford tinha dez anos de idade. Ele mal sobreviveu a aprender a escrever.

O pequeno sapato de Clifford Glover tinha um ligeiro salto, estiloso nos anos 1970. Enquanto ele morria no terreno baldio, a polícia procurava não um médico, mas a arma que Thomas Shea dizia que o garotinho apontara para ele. Só que ele não dizia "garotinho"; dizia "suspeito". Eles procuraram por semanas e nunca encontraram uma arma.[2] Quando um policial negro levou Clifford para o hospital, já era tarde demais. Quando detiveram Add Armstead, o padrasto de Clifford, para interrogatório, ele não sabia que seu filho estava morto. Ele disse que não conseguiu perceber que Thomas Shea e seu parceiro eram policiais quando saltaram de um carro sem identificação e à paisana. Para Armstead, eles pareciam criminosos.[3]

Quando foi divulgada a notícia de que a polícia tinha matado o pequeno Clifford Glover, igrejas celebraram cultos especiais, jovens de toda a cidade de Nova York protestaram, confrontos entre policiais e manifestantes irromperam, e a Guardian Society, uma organização de policiais negros, foi chamada para manter a paz.[4] No ano anterior, o líder da organização tinha dito ao *New York Times* que policiais brancos estavam "atirando em pessoas negras rápido demais",[5] em um artigo sobre policiais brancos do Departamento de Polícia de Nova York que havia pouco tinham atirado e matado dois colegas policiais negros do mesmo departamento. Um grupo de prisioneiros da Casa de Detenção para Homens do Queens juntou 68,17 dólares para a mãe de Clifford para "expressar sua solidariedade".[6] O refrão dos fiéis, dos jovens manifestantes, dos prisioneiros e dos líderes da NAACP [Associação Nacional Para o Progresso de Pessoas de Cor] e da Urban League era coerente. *Poderia ter sido qualquer um de nós.*

"Esse é o mais bonito", disseram

Thomas Shea era um problema. Ele tinha um histórico de uso excessivo da força. Tinha um histórico de dizer que tinha visto uma arma quando não havia arma alguma. Tinha um histórico de descarregar a arma sem motivo apropriado. Os responsáveis pelo Departamento de Polícia de Nova York eram cientes de tudo isso, mas não demitiram Thomas Shea. Não exigiram que ele fizesse mais treinamento. Não tomaram sua arma e o colocaram para trabalhar numa mesa. Eles o transferiram para um distrito policial em um bairro mais negro onde acharam que seu comportamento seria menos problemático para a imagem da corporação. Em vez disso, eles acabaram com a primeira acusação contra um policial de Nova York por assassinato em décadas.

Enquanto Clifford Glover, de quarenta quilos, estava morrendo no chão, os colegas de Shea comemoravam. "Os caras de bem venceram!", alguém gritou no rádio deles. "Morra, seu merdinha", zombou alguém na cena, ou Shea ou seu parceiro, Walter Scott, que mais tarde foi dispensado da força policial por mentir para proteger Shea. Quando o reforço chegou, a história ficou mais complicada. Um dos policiais que chegou na cena perguntou a Shea: "Você não conseguiu ver que era uma criança?".[7]

O sindicato dos patrulheiros ficou indignado com o fato de a polícia ter entregado Thomas para a promotoria apresentar uma denúncia. Eles consolidaram sua história. Insistiram que a ação de Shea foi uma conduta normal e justificada de um patrulheiro que, em meio a comunidades que eles consideravam zonas de guerra selvagens, tentava voltar para sua casa e sua família. No banquete de encerramento daquele ano da Patrolmen's Benevolent Association, centenas de patrulheiros ovacionaram de pé Shea, um homem que tinha dificuldade até mesmo para conseguir que oficiais colegas fossem seu parceiro porque tinham receio de seu comportamento perigoso e imprudente. No banquete, eles o chamaram de herói. Ele estava cumprindo seu trabalho de proteger o povo, insistiram. O sindicato dos patrulheiros também contratou um advogado que disse à mídia que Shea estava "nos protegendo dos animais que vagam pelas ruas".[8] A organização ficou do lado dele. Poderia ter sido qualquer um de nós, eles argumentaram.

e entalharam em mim um rosto
Audre Lorde não revisou a versão de Clifford Glover do poema-charada e flagrou seu pequeno erro. Ela não era sua professora na PS 40 em South Jamaica, Queens. Mas leu seu nome repetido no jornal por meses. Às vezes eles nem sequer usavam seu nome. As manchetes costumavam chamar Clifford de "garoto". Audre acompanhou as mudanças nos termos do julgamento, a seleção do júri, o escrutínio das testemunhas. Ela estava dando aulas de redação como a primeira integrante negra do corpo docente do Departamento de Inglês do John Jay College de Justiça Criminal quando os jurados decidiram que nenhuma história sobre a vida de Clifford Glover era convincente, nem o testemunho de sua mãe, nem o testemunho de seu pai. Nada era tão convincente quanto a história de Thomas Shea sobre uma arma imaginária, a saga de um policial e seu próprio medo.

O John Jay College de Justiça Criminal foi criado como parte de um esforço para dar um caráter científico à atividade policial. Originalmente chamado de COPS, o College of Police Science surgiu como parte da CUNY em 1964, durante uma época em que ativistas do Congresso de Equidade Racial (CORE, na sigla em inglês) e advogados formados no caldeirão do Movimento pelos Direitos Civis começaram a chamar atenção para o padrão de assassinatos pela polícia de jovens negros e porto-riquenhos em Nova York e a exigir conselhos civis de revisão. A polícia também estava adquirindo uma má reputação pelo modo como lidava com protestos estudantis. Por exemplo, durante os protestos pacíficos de 1968 na Universidade Columbia, a polícia atacou tanto os manifestantes pacíficos quanto os manifestantes opositores, pró-guerra. Quando os policiais de classe trabalhadora brancos étnicos de Nova York atacaram os filhos da elite protestante anglo-saxã branca, o Departamento de Polícia de Nova York se viu em um pesadelo de relações públicas.

Quando o COPS foi fundado, Audre, junto com suas colegas June Jordan, Toni Cade Bambara, Adrienne Rich e outras, trabalhava em apoio aos estudantes negros e porto-riquenhos que lutavam para transformar a CUNY. Inspirada pela época em que deu aulas em Tougaloo, Audre começou a trabalhar na CUNY no programa Search for Education Elevation and Knowledge (SEEK) através de um contato feito por sua amiga Yolanda Rios-Butts. O programa SEEK oferece cursos de reforço que permitem que formandos do ensino médio de escolas com baixo desempenho de Nova York se matriculem na CUNY. As aulas que Audre e suas colegas davam coadunavam com as lideranças estudantis do movimento por representação de vidas e histórias negras e porto-riquenhas no currículo da CUNY. O movimento estudantil culminou na tomada do City College e no estabelecimento da temporária Universidade do Harlem com as bandeiras hasteadas da Libertação Negra e de Porto Rico. Audre, junto com outros colegas, deu aulas na universidade administrada pelos estudantes, e levou comida, cobertores e uma análise feminista para apoiar os alunos que ocupavam fisicamente o prédio.

Os protestos de estudantes de cor foram apenas um dos fatores que levaram à abertura das admissões na CUNY em 1970. Estudantes brancos da classe trabalhadora também lutavam por um espaço na universidade. No que diz respeito à reitoria, a universidade se tornou um meio de administrar as mudanças demográficas da cidade. Durante a vida de Audre, centenas de milhares de pessoas brancas deixaram Nova York em direção a áreas afastadas, e centenas de milhares de pessoas negras do Sul dos Estados Unidos e do Caribe de língua inglesa e espanhola se mudaram para a cidade. A universidade pública se tornou uma forma de disciplinar o que estava se tornando uma população majoritariamente não branca. A reitoria e o governo municipal usavam a educação como outra versão do policiamento. Uma maneira de disciplinar as pessoas de cor que não eram presas pelo complexo industrial prisional mas cujas perspectivas potencialmente radicais representavam uma ameaça.[9] Entre 1969 e 1974, a população de estudantes no John Jay College passou de 86% branca e 14% negra, porto-riquenha e "outra", para 56% branca e 44% negra, porto-riquenha e "outra". A porcentagem de estudantes negros mais do que dobrou, e a porcentagem de estudantes porto-riquenhos ficou seis vezes maior. Por causa da política de admissões abertas, alunos vindos do ensino médio da cidade, que eram os mais impactados pela violência policial, agora se formavam em ciências policiais junto com recrutas brancos da classe trabalhadora.[10]

As aulas de redação que Audre Lorde lecionava no John Jay eram aulas de inglês em que aspirantes a encarregados de polícia e jovens de cor que procuravam mudar suas condições ao se tornar funcionários da infraestrutura policial do Estado aprendiam a argumentar com coerência. Eles se tornariam o rosto do sistema de "justiça" que se adaptava a Nova York.

e colocaram uma vela dentro da minha cabeça
Audre estava dirigindo quando ficou sabendo que um júri de onze homens brancos e uma mulher negra, oficial de liberdade condicional, consideraram o argumento de Thomas Shea para matar o pequeno Clifford Glover razoável o bastante para absolvê-lo. Ela parou o carro porque temia que sua raiva pudesse machucar a si mesma ou outra pessoa. Pensou em seus alunos, muitos dos quais eram policiais e iam para a aula completamente uniformizados, inclusive com suas armas registradas. No acostamento, escreveu furiosamente em seu diário. Mais tarde ela disse a Adrienne Rich: "Passava pela minha cabeça que o aluno fora aluno na John Jay e que eu poderia tê-lo visto pelos corredores, que poderia vê-lo novamente. [...] Agora estou aqui dando aulas na John Jay College. Eu o mato?".[11]

O Departamento de Relações Públicas do John Jay diz que não pode nem confirmar nem negar que esse Thomas Shea em particular já tenha sido aluno da instituição, mas que havia diversas pessoas matriculadas com esse nome, o que pode ser o motivo de Audre ter acreditado que ele havia sido. A Patrolmen's Benevolent Association o considerava um porta-voz de todos os policiais (brancos) em uma cidade de maioria de pessoas de cor que os assustava. Mas o próprio Thomas Shea não tinha aspirações ao comando da polícia ou ao conjunto de habilidades que o qualificariam para falar em nome do departamento ou a comandar uma delegacia. Ele queria fazer apenas aquilo em que era pior: interagir diretamente com a população de Nova York enquanto segurava uma arma de verdade e imaginava armas falsas. Repetidas vezes disse que tudo que queria era voltar para as ruas e fazer mais policiamento. No dia em que o júri absolveu Shea, ele e seu advogado foram comemorar em um bar com os jurados. Shea agarrou Ederica Campbell, a oficial de liberdade condicional negra de um metro e meio do júri, e deu um beijo em sua bochecha para agradecer sua liberdade. Ele disse que mal podia esperar para voltar para as ruas. Seu advogado também comemorou. Disse que acreditava em equidade. Em sua exultação gritou que esperava um dia ser o advogado de um policial negro acusado de assassinar uma criança branca.

De todas as pessoas, a que tinha mais probabilidade de aparecer nas aulas de Audre no John Jay era uma versão mais jovem de Ederica Campbell, a oficial de liberdade condicional. Ao contrário de Shea e seu advogado, Campbell não teve um surto de energia vitoriosa após o julgamento. Depois que Shea a pegou e a beijou, ela se encostou um tanto atordoada em uma parede do lugar enquanto repórteres se aglomeravam. "Eu não consegui dormir nada na noite passada", disse. "Estou exausta. Não dá pra ver?"[12] Audre também não vinha dormindo bem. Ela tinha pesadelos que registrou em poemas como "Poder". Em "Blackstudies", escreveu sobre seus pesadelos em que um demônio vinha atrás de seus filhos. Ela escreveu sobre como tinha medo de encarar seus alunos.

e me assentaram na porta de entrada
Mas ela encarou seus alunos mesmo assim. Em suas aulas, encarava a questão que a abalou sentada em seu carro ouvindo o veredito de Thomas Shea. "Como lidar com suas crenças e vivê-las não como uma teoria, nem mesmo como uma emoção, mas bem ali na linha de ação, com resultados e mudanças?"[13] A posição de Audre como a primeira integrante negra do corpo docente do Departamento de Inglês do John Jay a fazia se sentir cúmplice de um sistema que não valorizava a vida de Clifford Glover tanto quanto valorizava o medo de Thomas Shea. O rascunho inicial de "Poder" lamentava a morte de Clifford "por máquinas criadas para destruição/ trituradores de lixo, policiais/ escolas e júris". Sua lida como professora ajudava a reproduzir a lógica que dizia que a vida de Clifford Glover era descartável.

E, no entanto, sua posição também lhe dava a oportunidade de ter um impacto direto nos alunos que procuravam participar e, em alguns casos, fazer parte da mudança daqueles sistemas de injustiça. Além dos cursos de redação no John Jay College, Audre lecionou os primeiros cursos de estudos negros e de estudos das mulheres. Ela buscou fazer de sua sala de aula um espaço responsivo que levava em conta eventos atuais e injustiças em andamento. Como ela explicou depois, "o exercício que escolho para um dia chuvoso com o mesmo grupo é diferente do que o que eu escolheria se fosse um dia bonito, ou no dia seguinte ao assassinato de uma criança negra por um policial [...]".[14]

Audre incentivava seus alunos a pensar criticamente sobre seus próprios posicionamentos dentro do sistema de justiça criminal. Um aluno de um de seus cursos escreveu de forma comovente sobre a contradição do que os conservadores contemporâneos chamam de "*blue lives*" [vidas de policiais]. O trabalho diário de Karl Osborne como homem negro em uma força policial racista deixava claro que a sua vida não era tomada como *blue*. Um dia, um colega branco atirou em Osborne em meio a uma ocorrência porque não o reconheceu como policial. O que salvou a vida do aluno de Audre foi o fato de o outro policial ter errado o tiro. Suas mãos tremeram demais ao ver um homem negro armado. Notando que outros dois policiais negros, o detetive William Capers e o patrulheiro Irving E. Wright, tinham sido baleados e mortos em circunstâncias idênticas, Osborne deduziu que ser um policial negro ou porto-riquenho na verdade colocava ele e seus colegas no caminho direto da violência policial. Osborne concluiu em seu ensaio: "Há pouco que faça um policial negro se sentir *blue*; exceto a tristeza...".[15]

Audre estava tentando ser responsável por seus alunos e por suas próprias políticas enquanto enfrentava um ambiente de trabalho hostil. No início dos anos 1970 no John Jay, os colegas brancos de Audre contestavam a validade de seu trabalho por ele ser centrado na negritude, e os colegas negros contestavam seu trabalho de cocriar um currículo de estudos negros por causa da homofobia que sentiam em relação a ela. Enquanto isso, acadêmicos gays e acadêmicas lésbicas que tentavam se conhecer uns aos outros encaravam sabotagem. Blanche Wiesen Cook lembra que a primeira reunião fechada do corpo docente gay e lésbico foi interrompida por uma falsa ameaça de bomba. Ao evacuarem o prédio, eles correram o risco de serem expostos e discriminados. Informações posteriores sugeriram que a única razão para a falsa ameaça de bomba tinha sido especificamente revelar as pessoas que estavam na reunião.[16]

Sob essas circunstâncias, Audre fazia o trabalho que o presidente do John Jay, Gerald W. Lynch, mais tarde diria que desafiou a todos da comunidade da faculdade. Incluindo ela mesma. Em seu aniversário de 43 anos, ela escreveu em seu diário anotações preparatórias para uma apresentação para o Departamento de Inglês:

> E este sendo meu 43º ano
> De manhã
> E este sendo meu 43º ano
> De manhã
> Cumprimento quaisquer
> Novas caras brilhantes
> Que aparecerem
> Para me acompanhar
> Pela nova estação
> Se sou forte o bastante para sobreviver
> Vou ser forte o bastante para perdurar.[17]

E então ela foi trabalhar. Audre e seus colegas davam as mesmas aulas duas vezes ao dia para que os policiais pudessem assistir a elas depois de seus turnos rotativos.

No primeiro dia da aula que ela chamou de "Raça e a situação urbana", Audre distribuiu um programa de estudos com palavras em letras maiúsculas no alto: CIVILIZAÇÃO OU MORTE A TODOS OS SELVAGENS AMERICANOS.[18] Essa citação de um "Brinde de oficiais de 1779" revelava o racismo fundacional da ideia de policiamento nos Estados Unidos desde seu início. A aula de Audre foi um dos primeiros cursos sobre racismo sistêmico nos Estados Unidos e o primeiro direcionado a um público de policiais e futuros funcionários do sistema de justiça criminal. A própria Audre o descreveu como "um pouco como uma cidade pioneira".[19]

Como teria sido ser um aluno de uma faculdade de justiça criminal aprendendo sobre racismo sistêmico através de uma poeta negra lésbica feminista e socialista? Como lembra Blanche: "Ela nunca teve uma estrutura rígida e limitada. Sempre dependia da aula, do aluno, de cada um dos alunos. A conversa mudava diariamente a partir das necessidades do momento".[20] E ainda que os detalhes do curso mudassem ao longo dos anos e Audre se reservasse o direito de mudar os tópicos de discussão à luz dos acontecimentos nos jornais ou da energia da sala, o curso passava consistentemente por cinco unidades:

I. Definição de racismo
II. Racismo nos Estados Unidos
III. Engrenagens de opressão
IV. Efeitos do racismo em americanos brancos
V. Efeitos do racismo em americanos negros[21]

Audre tornou *Racism and the Class Struggle: Further Pages from a Black Worker's Notebook*, do ativista trabalhista e pensador negro de Detroit James Boggs, leitura obrigatória. *White Racism* era outro livro importante adotado. Ao criticar a função do racismo no capitalismo branco, ela também chamava a atenção para o papel do racismo em convencer pessoas brancas a participar de sua própria opressão econômica. Na unidade final, era exigido que os alunos examinassem as diferentes formas de opressão que diferentes pessoas negras sofriam, opressão internalizada, e o impacto do racismo nas relações de pessoas negras umas com as outras. Esse também foi um dos primeiros cursos a usar o texto fundacional *The Black Woman*, organizado pela ex-colega de Audre do SEEK Toni Cade Bambara, bem como o ensaio de Florynce Kennedy "Racism and Sexism". Audre mantinha o curso atual e atraente ao indicar novos artigos de jornal do *The Black Scholar* e do *Freedomways*. Também exigia que seus alunos assistissem a peças teatrais contemporâneas que abordassem o racismo durante o semestre, como a peça *Black Girl*, de J. E. Franklin, ou *Ain't Supposed to Die a Natural Death*, de M. Van Peebles.[22]

Com Blanche, Audre também foi cocriadora do primeiro curso de estudos de mulheres do John Jay. Na versão de Audre da história, sua decisão de lecionar um curso em conjunto foi uma intervenção que ela decidiu assumir, "já que estou convicta de que quase por definição a maioria dos cursos que tratam de mulheres nos Estados Unidos tratam de mulheres nos Estados Unidos como mulheres brancas nos Estados Unidos".[23] As narrativas subjacentes da brutalidade policial como uma violência necessária que protegia mulheres brancas dos perigos de uma cidade multirracial, ou de policiais que justificavam a força excessiva com a alegação muitas vezes reiterada de que estavam simplesmente tentando voltar para sua casa e para sua família em segurança, surgiam na sala de aula radical que Blanche e Audre criaram. A esposa de Thomas Shea levou os filhos e o abandonou depois que ele matou Clifford Glover. Imagine as discussões que aconteceram nas aulas das professoras Lorde e Wiesen Cook quando as esposas e filhas de policiais começaram a ir para a faculdade com eles. Eventualmente aspirantes a feministas da cidade toda ficaram sabendo sobre o curso e ele se tornou um fórum a que todos assistiam de pé.

Ah, a noite estava escura
Mas policiais continuavam a aparecer nos pesadelos de Audre de formas apavorantes e às vezes absurdas. Paisagens inteiras de ferimentos de bala assomavam, e as gárgulas do lado de fora da janela de sua sala de aula zombavam dela. Em um sonho, ela gritou com a filha, Elizabeth, enquanto o cavalo de um policial defecava em suas luvas favoritas. Como muitos pais negros, sentia que seus filhos não estavam seguros em um mundo em que a polícia podia matar crianças negras impunemente.

A violência do policiamento continuaria determinante na crítica de Audre ao racismo transnacional. Ela conectava a violência policial contra crianças em Nova York com o massacre de crianças em idade escolar em Soweto na África do Sul pela polícia militar. Conectava a função da polícia nos Estados Unidos à sua presença militar em Granada, na Nicarágua e em tantos outros lugares pelo mundo. Ela explicou a Adrienne Rich que em seu poema "Poder", quando escreveu sobre se matar em vez de matar suas crianças, queria dizer que cada um de nós precisava matar as partes de nós mesmos que usam a retórica para insistir em nossa própria inocência "para que o novo possa surgir, em nós mesmas, no nosso mundo".[24]

mas, quando eles acenderam a vela, eu sorria
A poesia costumava ser um meio através do qual Lorde aprofundava sua reflexão sobre a violência policial. Ela escreveu mais de um poema sobre Clifford Glover. *Entre nós mesmas*, o livro de poemas de edição limitada dela, começa com "Poder" e termina com "Uma mulher/ Lamento para crianças perdidas", dois poemas sobre Glover e dedicados a ele. Parte de sua insistência em escrever a respeito dele e de outros era por esse ser seu jeito de rebater o que chamava de os "lampejos que gritam persistentes" dos veículos de comunicação para espalhar "rumores da necessidade de sua morte".

    e eu queimo
    feito a língua faminta de um fogo ocre
    feito uma bendição de fúria[25]

Será que esse é o mesmo fogo sobre o qual Clifford Glover escreveu, dentro da boca da lanterna de abóbora, iluminando a noite?

Clifford Glover ensinou a Audre Lorde o que ela chamou de "diferença entre poesia e retórica" no poema "Poder". Ela aprendeu novas coisas sobre sua raiva e o potencial dela em sua resposta incorporada à morte dele. Aprendeu sobre seu próprio perigo, talvez até sobre sua própria natureza bravia; se deu conta de que sem a consciência dessas forças dentro de si, ela poderia reproduzir aquela energia violenta sobre quem quer que estivesse vulnerável e por perto.

Por fim, a própria exigência de Audre de aprender a diferença entre poesia e retórica exigiu uma mudança de carreira. A retórica é funcional, mas, para Audre, a poesia era outra coisa. "A poesia é uma chefe de serviço dura. Ela exige o máximo de honestidade e autoescrutínio."[26] Audre queria exigir aquele rigor dos alunos que ela estava mandando para a máquina.

"Acredito no que estou fazendo", disse ela na Pacifica Radio enquanto lecionava no John Jay antes de ler seu poema "Mestra". "Acredito que eu estou certa e acredito que há coisas que todos devemos saber sobre nós mesmos antes de sequer começar a falar sobre o que está do lado de fora. Mas às vezes... só às vezes..." A fala termina e ela lê o poema, que termina com os versos "promessa corrompe/ tudo aquilo que não inventa".[27]

Audre propôs o primeiro curso de todos os tempos no John Jay de poesia negra, intitulado "Poesia afro-americana e a estética negra".[28] Durante uma entrevista, explicou:

Se existe uma coisa que tenho de ensinar em qualquer curso que já lecionei e lecionarei é isto: que os seres humanos podem sentir, têm direito de sentir e devem sentir, se for para continuarmos existindo. Acho que todos nós somos poetas, acho que todos nós fomos poetas e fomos treinados para nos distanciar disso. Tornou-se custoso demais para nós. Isso pode ser uma coisa arriscada para uma professora de inglês dizer.[29]

Por fim, Audre não conseguia caminhar pelo campus do John Jay sem enxergar poesia por toda parte. Em seu diário, ela escreveu:

Uma placa no elevador do John Jay dizia —
    Te odeio, Joe Louis.
Parecia um poema.

Muita coisa parece um poema nestes dias — a lua deve estar se movendo.[30]

Na versão de Clifford do poema charada "Jack-O-Lantern" faltam duas palavras. Depois de "Ah, a noite estava escura", o poema original tem as palavras "e bravia". "Bravia" abre caminho para a rima final: "sorria". Mas de acordo com o repórter investigativo que inspecionou a caixa de lembranças de Eloise Glover, Clifford pulou essa parte. Em um mundo em que advogados de policiais se referiam a seu bairro como cheio de "animais" — em uma cidade em que um dia a palavra "selvageria" seria inventada para descrever o comportamento perigoso de "bandos" de jovens garotos negros, devido ao enquadramento de cinco garotos negros inocentes, por volta da idade de Clifford, pelo estupro da "corredora do Central Park" —, talvez "e bravia" não tenha soado bem. Talvez "e bravia" não fosse uma expressão segura para Clifford escrever, nem mesmo a lápis na escola fundamental.

O que mais rima com "sorria"? O poema quer responder à pergunta *Quem sou eu?*

Clifford Glover era *um cria*.

Foi assim que Clifford Glover, um menino de dez anos de idade, se tornou um dos professores de poesia mais importantes de Audre Lorde. Depois de onze anos de trabalho, Audre se desvinculou das ciências policiais e deixou o John Jay College de Justiça Criminal para lecionar poesia em tempo integral no Hunter College.

36.
uma litania pela sobrevivência[1]

A primeira coisa que ela fez foi colocar todo mundo numa roda.[2]

    Ela disse: "Entre e fique à vontade". Bem, eu quase morri.[3]

Meu coração estava saindo pela garganta, eu tinha certeza.[4]

Ela segurou meu rosto em suas mãos.[5]

Eu queria que suas palavras me curassem/carregassem.[6]

Um mundo inteiro se abriu.[7]

Eu nunca tinha tido uma professora assim antes. Ela não se exibia, ela apenas estava PRESENTE.[8]

Foi a primeira vez na vida que estive em uma aula em que senti que a professora se colocava inteira na sala de aula.[9]

Um monte de mulheres entrou no elevador e elas estavam muito animadas, então eu perguntei: "Onde vocês estavam? Em qual curso?". E foi assim que a descobri.[10]

                              Ela adorava rir.[11]

Meu deus a aura que ela tinha.[12]

E todas as mulheres tinham uma paixonite por ela, inclusive eu.[13]

Ela ria histericamente.[14]

Aquele flertar nunca passou dos limite. É só a personalidade dela. Ela simplesmente é gostosa.[15]

Ela tinha um seio, e o outro lado era uma joia.[16]

Ela tinha mãos bonitas, graciosas.[17]

Fulgurante e afiada
            O escuro e a luz.[18]

Ela não era tão dramática assim.[19]

Ela tinha uma sensibilidade tão refinada.[20]

Ela era um ser humano e conseguia rir de si mesma.[21]

Ela era muito bondosa naquela sala.[22]

Minha mãe era uma professora maravilhosa e era também uma aluna maravilhosa.[23]

Nós demos a volta na roda e já na segunda aula ela tinha decorado o nome de todo mundo.[24]

Ela realmente parava o tempo naquelas aulas. Todo mundo estava no momento.[25]

Aquele semestre foi trabalho duro. Toda semana eu ia desistir. Eu dizia: "Ela é má!". Mas ela não era.[26]

Seu amor pela poesia é surpreendente. Exige presença, respeito.

    Exige pular num abismo com Audre.[27]

  Essa não era a aula que você queria fazer só para relaxar ou conseguir os seus três créditos.[28]

Cara, ela me quebrou naquela aula. Está ouvindo?[29]

         Eu me lembro de como era difícil.[30]

Se eu soubesse então o que sei agora eu nunca teria tido a coragem de fazer a entrevista.[31]

       Carregar um livro chamado *Poesia lésbica*

              em

          público

como parte de uma matéria obrigatória

            era algo inédito naquela
      época.[32]

Você não podia falar do que o poeta estava tentando dizer. Você só podia falar de como o poema fazia você se sentir.[33]

Ela não excluía ninguém por diferença de opinião.[34]

       Ela só ficava satisfeita quando chegava aos detalhes.[35]

E aquilo era surpreendente no Hunter porque nunca haviam perguntado a muitas das estudantes como elas se sentiam a respeito de nada.[36]

      Mas era bom você não achar que iria conseguir pagar de sexy
    com ela e se safar de fazer seu trabalho. Isso não ia acontecer.[37]

Podemos falar sobre a Audre ranzinza?[38]

Ela dizia:

"Eu viajei de Staten Island sem estar me sentindo bem para estar aqui. É melhor vocês terem feito seus trabalhos ou irem embora."[39]

Ela dizia:

"Classe, vamos mudar o nome da matéria."[40]

Ela dizia os nomes.[41]

Ela dizia: "Vocês sabem quem é Emmett Till? Vocês sabem onde fica Soweto?".

                        Um dia ela entrou na sala de aula e disse: "Eleanor Bumpurs".[42]

Houve um bramido de vozes vindo da rua até nossa sala de aula no sétimo andar.

Ela apontou para a janela e disse:

"Quero garantir que o que estamos fazendo aqui dentro está intimamente conectado com o que está acontecendo lá fora."

Na semana seguinte ela chegou rindo e explicou o que de fato tinha acontecido. Um jogo do Mets.[43]

Quando levávamos nosso primeiro rascunho, ela dizia:

"Hmmmm, seu poema chegou. Agora vá trabalhar nele."[44]

Ela dizia:

"Boas ideias, mas não consigo sentir o cheiro dele. E não consigo sentir o gosto dele. E eu quero que você vá para casa e arranque isso dele e quando você conseguir sentir o cheiro dele e quando você conseguir sentir o gosto dele..."

Ela dizia:

"Está faltando toda a espinha dorsal aqui. Estão faltando todos os ingredientes aqui."[45]

 Ela era capaz de me dizer que eu estava errada sem me desmoralizar.[46]

Ela dizia:

   "Coloque isso em seu arsenal."[47]

A matéria dela foi a única que já fiz em que tirei um A.[48]

Ela via a poeta em mim. Ela via a poeta que eu viria a ser.
 Ela via a poeta que eu me tornaria, a professora que eu me tornaria.[49]

Havia o antes de Audre e o depois de Audre.[50]

O curso inteiro da minha vida mudou.[51]

Se Audre Lorde desse aula de mecânica automotiva, eu estaria consertando carros.[52]

Se ela estivesse ensinando botânica eu teria assistido.[53]

As únicas coisas que guardei do Hunter foram meus poemas das
aulas dela,
com suas pequenas anotações.[54]

  Ela me deu a ideia de que havia algum tipo de
poder dentro de mim. Ou como ela uma vez disse: "Desculpe. Estou
 falando com uma parte de você que você ainda não conhece".[55]

Eu achava que tinha medo de Audre e disse a ela que tinha medo dela, mas eu na verdade tinha medo de mim mesma e medo de olhar para mim mesma.
   E tem sido uma longa virada para dentro desde que conheci Audre, e ainda estou olhando.[56]

Eu não aprendi isso com nenhum outro professor universitário. Eu não aprendi isso em meu programa de mestrado. Eu realmente encontrei meu Norte com Audre. Naquele semestre.[57]

Ela me fez um dos melhores elogios que eu poderia ter recebido. Ela disse: "Você parece a minha filha".[58]

  Ela disse: "Agora você tem duas mães em Staten Island, uma negra e uma branca".[59]

Sou parte do povo dela. Ela é parte de meus ancestrais.[60]

Ninguém nunca me defendeu daquele jeito.[61]

Ela impactou cada aspecto da minha vida.[62]

Aquela amizade está presente em tudo que eu já fiz.[63]

Não acho que eu seria professora se Audre não tivesse apontado e dito: "Vá".[64]

Ela nos entregou um modo de ser no mundo e nos mostrou como tratar os alunos com dignidade.[65]

Com toda aquela música em suas palavras, havia um silêncio íntimo nela.

  A sensação de uma fonte muito muito profunda que a percorria.[66]

Em todas as minhas aulas eu dou seu ensaio "A transformação do silêncio em linguagem e em ação".

Todo mundo consegue se conectar com ele.⁶⁷

Não há nenhuma parte de quem eu sou, dos dedos dos meus pés aos meus cabelos, à minha filha, que não tenha sido afetada por ela. Não há nenhuma parte de mim.⁶⁸

É claro que sentíamos que tínhamos uma ligação especial com ela por sermos suas alunas, mas todas as mulheres, as mulheres que escreviam, as mulheres que liam, as mulheres que não liam.

Todo mundo se sentia assim.

E os homens também.⁶⁹

As alunas tentavam imitar a cadência dela, mas não dá.⁷⁰

É incrível ponderar sobre o efeito contínuo de Audre através de nós.⁷¹

Você não precisa nem pensar nisso, mas está fazendo.⁷²

É difícil acreditar que ela está morta por causa do quanto ela está presente.⁷³

Ela ainda é um mistério tão grande.⁷⁴

Se continuarmos fazendo isso, vamos continuar mantendo a obra de Audre viva.⁷⁵

É transubstanciação.⁷⁶

    Audre volte
em qualquer forma que você quiser.⁷⁷

Parte 7

Ainda que cada uma de nossas vidas seja inalteravelmente nossa própria e que cada um de nós seja em última instância responsável por essa vida, eu às vezes sinto como se minha sobrevivência fosse um esforço corporativo. Nós somos, cada um de nós, intricadamente enredados na existência do outro.

Audre Lorde, carta aberta para a *Aché*[1]

37.
memorial I-IV

Ondas de rádio vão estar aqui muito depois que todos nós nos formos.

Em fases, tudo que construímos para sustentar nossas vidas vai ruir. Plantas e animais ou quaisquer organismos que sobrevivam e emerjam de nossas mudanças climáticas vão se alastrar e crescer e se propagar como o que vemos acontecer agora na cidade vazia de pessoas de Chernobyl. Ou pelo menos é isso que diz Alan Weisman em *O mundo sem nós*, que monitora o que aconteceria neste planeta se os humanos desaparecessem completamente.

Mas as ondas de rádio. Elas vão continuar a avançar no universo que se expande, livres da infraestrutura perdida de cidades e quaisquer torres que uma vez tenham sido suas estações de transmissão — muito longe no espaço, até que sejam tragadas pelo som cósmico mais alto de... do quê? Do próximo universo criando a si mesmo? O que pode receber toda essa vida após a morte de vibração como vibração? Alguém tentando dizer alguma coisa. Uma voz ansiando por distâncias cada vez mais afastadas ser ouvida.

Ao longo de sua vida, Audre Lorde escreveu e revisou poemas para Genevieve. Em determinada altura eles tinham seus próprios títulos. E então começaram a ter o mesmo título: "Memorial" com numerais romanos em seguida. Nesses poemas, testemunhamos Audre implorando por comunicação com sua falecida amiga. Ela corre para cabines telefônicas, observa pássaros, senta em um banco favorito, esquadrinha seus sonhos e se dedica a leituras revisionistas de boletins meteorológicos. Repetidamente Audre busca esses sistemas conectados e desconectados, na esperança de que dessa vez a conexão vá ressoar diferente, diferente o bastante para que ela ouça a voz de Genevieve. Em *Undersong*, o livro de revisões que ela preparou no fim da vida, Audre começou a introduzir mais espaço para a escuta, acrescentando espaços não entre os versos poéticos mas *dentro* deles. Por exemplo, em "Memorial II":

Genevieve me diga[1]

Se torna

Genevieve   me diga[2]

longe de mim até[3]

Se torna

longe de mim   até[4]

Um espaço para a resposta de Genevieve? Uma mudança rumo a um reconhecimento da ausência? Uma oferta de espaço emocional para a garota devastada? Qual garota devastada? Audre nunca parou de procurar Genevieve. Ela reordenaria anagramas de seu nome enquanto assistia ao noticiário. Apanhava telefones para tentar ligar para ela e falar com ela. Mas a poesia era sua conexão mais consistente. Um espaço rítmico para a reinvocação do mesmo momento repetidamente com uma diferença adicional que significa tudo.

Em *Zami*, Lorde diz que no ensino médio as duas garotas ouviam os álbuns de Nat King Cole da avó de Genevieve, especificamente a música "Dance Ballerina Dance". Uma música triste. O narrador cantando em voz sentimental descreve o dilema de uma bailarina de coração partido que escolheu a arte sobre o amor. A música é especialmente apropriada para a situação de Genevieve. Ela também deve, como a canção diz, "ignorar [seu] coração sofrido" quando representa em seus recitais de balé. Quando olha para a audiência, "ele não está aplaudindo na segunda fileira". O "ele" não é um antigo amor, mas o pai de Gennie, que esteve ausente de sua vida e que continua a decepcioná-la depois que ela vai morar com ele. Mas no mundo fora do romance biomitográfico, as garotas não poderiam ter ouvido essa música em um disco de Nat King Cole emprestado da avó de Genevieve quando estavam no ensino médio. Nat King Cole só gravou essa versão da música em 1957, seis anos depois da morte de Genevieve.

Então o que é possível? A música em si *estava* circulando quando as garotas estavam no ensino médio, cantada por dois cantores brancos proeminentes nos primeiros anos do ensino médio de Audre e Genevieve. Talvez fosse uma música de que Genevieve gostasse, e, mais tarde, quando Audre ouviu a versão de Nat King Cole, ela pensasse na tristeza de Genevieve. Em seu próprio pesar.

Ou, e isto é uma suposição, talvez elas tivessem sim ouvido Nat King Cole cantar essa música. O Nat King Cole Trio tinha um programa no rádio na época em que as garotas estavam no ensino médio. Será que eles cantaram "Dance Ballerina Dance" ao vivo no rádio antes de gravarem a música?

Ou talvez a canção simplesmente fale com tanta precisão sobre a experiência por que Genevieve passou que quando ela de fato foi lançada em 1957, Audre a tenha registrado como a trilha sonora de suas memórias de sua melhor amiga do ensino médio.

Em *Zami*, no dia em que Audre descobre que Genevieve está morta, ela ouve Sarah Vaughan cantando a música favorita de Genevieve, "Harbor Lights", uma vez atrás da outra no jukebox de uma loja local até que o funcionário chuta a máquina. Mas não há nenhuma gravação conhecida de Sarah Vaughan cantando "Harbor Lights". Como o Nat King Cole Trio, Sarah Vaughan também tinha um programa de quinze minutos no rádio quando Audre e Genevieve estavam no ensino médio; talvez elas o tenham ouvido uma noite durante seu horário de quarta a domingo. É possível que por uma estranha coincidência Audre tenha ouvido Sarah Vaughan cantando a música de novo ao vivo se a loja tivesse um rádio em vez do jukebox ou além dele. E se Audre descobriu sobre a morte de Genevieve no dia seguinte a quando ela aconteceu. Porque o programa ia ao ar às quartas, quintas e sextas, e Genevieve morreu numa terça. Jukeboxes estavam começando a aparecer depois que sua produção fora interrompida para realocar materiais para armamentos para a Guerra Mundial. Mas, ainda assim, há uma chance.

Em 1955, quando Ronald Mallett, o estimado físico teórico afro-americano, era apenas um menininho, seu pai morreu repentinamente de insuficiência cardíaca. Dr. Mallett passou a vida tentando criar uma máquina do tempo com o único propósito de voltar ao passado e salvar seu pai, impedi-lo de fumar, ou pelo menos vê-lo mais uma vez. Em seu livro de memórias, ele compartilha o roteiro que ensaiou tantas vezes em sua cabeça até decorá-lo: as palavras exatas que vai dizer para seu pai, quando o vir, na ordem exata que irá dizê-las.

E depois de anos de trabalho e estudo, Ronald Mallett conseguiu. Ele criou uma máquina do tempo. Pelo menos no nível das partículas. Ele e seus colaboradores criaram a teoria e a tecnologia que permitem que um fóton viaje de volta no tempo. O único problema é que a máquina do tempo só funciona dentro do alcance de sua própria existência como tecnologia, o que quer dizer que se uma máquina fosse criada em escala para um humano viajar no tempo, ele só poderia voltar até o momento em que a máquina foi ligada, não antes. Mallett escreve sobre sua esperança de que, ainda que uma máquina do tempo criada na Terra nunca possa transportá-lo até seu pai, exista outra possibilidade. Se os seres humanos fizessem contato com vida inteligente em outro planeta que chegou aos próprios insights de Mallett *antes* de 1955, ele poderia usar a sequência temporal da máquina do tempo deles para voltar ao passado e ver seu pai. E qual é a melhor chance dele de encontrar vida inteligente com uma máquina do tempo de setenta anos? O projeto SETI, abreviação de Search for Extraterrestrial Intelligence. Um projeto que espera um sinal de rádio interestelar encontrar um ouvido de satélite que escute. "Há todos os motivos para acreditar", diz Ronald Mallett, "que o universo fervilha de vida."[5]

De todos os poemas que Audre escreveu no ensino médio, é este o que ela imortalizou em *Zami*, rabiscado nas margens dos cadernos de Genevieve:

> pois tenho ouvido sussurros
> sobre vidas em outras estrelas.[6]

Zami é a tecnologia de Audre. Sua invenção. Décadas depois da morte de Genevieve, Audre rabiscou em seu diário inúmeras outras possibilidades para sua relação com Genevieve:

> Querida Genni,
> Se eu pudesse ter encostado minha língua em sua solidão talvez pudéssemos ter nos aquecido até a força que precisávamos uma da outra — Talvez tivesse sido sal como o oceano um acalento para viver como o gosto das minhas lágrimas.

[abaixo em outra caneta]
Se eu tivesse encostado minha língua em seu âmago poderíamos ter nos aquecido até nos fortalecer — o que precisávamos dar uma à outra.
Será que ela teria sido sal como o oceano um acalento para viver o gosto das minhas lágrimas?[7]

Se em *Zami* Audre Lorde teve o poder de voltar e mudar uma única coisinha, o cantor do disco, uma única coisinha, o ano em que a música saiu, uma única coisinha, o jukebox para um rádio, se ela pôde acessar uma minúscula mudança de frequência, talvez ela pudesse mudar outra coisa, apenas uma pequena mudança, uma mera mudança de quantidade. Não uma mas duas garotas negras vivem.

38.
agora

> *Prestamos homenagem no mesmo altar*
> [escrito à caneta]
> *Agora vamos adorar a nós mesmas*
> [escrito a lápis]
>
> Audre Lorde, entrada de diário[1]

Antes de Audre Lorde sequer conhecer Barbara Smith de fato, ela aceitou seu desafio. Numa reunião de 1977 da Modern Language Association, Audre estava na audiência quando Barbara se levantou e disse: "Sou uma crítica literária negra feminista lésbica me perguntando se é possível ser isso e viver para contar a história".[2] Essa não foi a primeira vez que Smith pronunciou alguma configuração dessas palavras. Era a questão que a confrontava aonde quer que ela fosse. Mas quando Audre viu a crítica e ouviu aquelas palavras, respondeu imediatamente. Nesse momento soube que se mulheres mais novas que ela ainda tinham que fazer aquela pergunta, ela não tinha contado a história de sua vida do jeito que precisava contar. Inspirada pela coragem de Smith, sentiu que as mulheres negras feministas lésbicas mais novas mereciam um retrato explícito da vida lésbica das décadas de 1930 a 1950, para além dos sussurros e vestígios que elas viam em suas próprias comunidades e suas pesquisas sobre escritoras negras anteriores.

Em suas cartas para Audre, Barbara Smith exclamou: "Posso dizer de novo quão vivaz o fato de você estar viva me faz sentir?!"[3] e "Falei sobre você para uma classe de estudos de mulheres do ensino médio ontem".[4] Assim como Audre se sentia entusiasmada com a possibilidade de futuras feministas negras que levariam adiante seu legado, Barbara via Audre como uma portadora da linhagem. Em uma carta que Barbara escreveu em seu próprio aniversário, explicou para Audre que ela e sua irmã gêmea vinham procurando uma família depois de passar pela morte da mãe e da avó e das tias que as criaram. "Daqui em diante vou dizer para as pessoas que você é minha parente. Estou tão feliz por saber disso."[5] Essa criação de uma família feminista negra também incluía um compromisso de defender Audre em situações hostis. Na mesma carta, Barbara Smith respondeu a detalhes que Audre compartilhara sobre críticas que tinha recebido ao tirar satisfação com os organizadores da Conferência do Segundo Sexo por acrescentá-la no último minuto como única palestrante negra, e uma das poucas palestrantes lésbicas. Smith escreveu com indignação e proteção amorosas: "Mas que p— elas acham que são? Eu adoraria falar para elas sobre elas mesmas".[6]

Audre estava se dando conta de que precisava se envolver em espaços explicitamente feministas negros que não reproduziam o racismo do movimento feminista branco. Como ela escreveu em seu diário depois da convenção de outubro de 1975 da Organização Nacional de Mulheres (NOW, na sigla em inglês),

Não consigo escrever sobre a decepção da convenção da NOW, mas ela me machucou.
Essas mulheres me exauriram
Elas escapam pelas frestas em suas visões
Que estão à espreita antes de elas terem nascido.[7]

Mas sua carta de amor coletiva mais longeva de, para e como feminista lésbica negra foi *Zami*. E foi a presença de Barbara Smith que arrancou essa carta de amor dela. Ela tentou explicar isso para Barbara em uma carta: "De alguma forma da qual eu mesma não tenho clareza, há partes dele que pertencem a você, ou que não teriam sido expressas sem aquele lugar que é você em meu coração, e eu lhe sou grata por isso".[8]

Ao encontrar estudiosas feministas negras mais jovens como Barbara Smith, Akasha Gloria Hull e Patricia Bell-Scott em conferências acadêmicas, Audre imediatamente sentia o tipo de alegria que mais tarde experimentaria quando leu *All the Women Are White, All the Blacks Are Men But Some of Us Are Brave*, cocriado por Smith, Hull e Bell-Scott: "A coisa de uma nova era! As 'mulheres' em estudos de mulheres já não significam mais 'brancas'", ela comemorou. "Milhares de nós esperávamos por isso..."[9]

Audre também tinha esperado por um público que ela sentia que podia entender de verdade sua obra. Suas cartas para Akasha Gloria Hull, depois de ler as resenhas astutas que Hull fez de seus livros, são cheias de gratidão. "Tenho escrito para você minha irmã a minha vida toda desde que venho escrevendo, ou seja, há 31 anos, e sempre soube um dia minhas irmãs vão me ouvir. Se não ouvirem, quem vai? É o silêncio que é tão esmagador."

> Querida Gloria
> seu papel e lápis fizeram
> meu dia
> nós seguimos nos fazem seguir
> coisas pequenas
> Grandes o bastante para colocar
> o mundo de lado.[10]

Um dos espaços cruciais de Audre de construção da comunidade negra feminista foi a série de retiros feministas negros realizados pelo Coletivo Combahee River. O Coletivo Combahee River era um coletivo negro feminista lésbico socialista sediado em Boston. Depois de comparecer à Conferência da Organização Nacional de Feministas Negras (NBFO, na sigla em inglês) em 1973, Barbara Smith, Beverly Smith, Demita Frazier e outras mulheres feministas lésbicas negras de Boston criaram uma divisão local da NBFO. Mas elas ficaram decepcionadas com a falta de análise quanto à sexualidade e ao capitalismo na NBFO, então decidiram criar seu próprio grupo autônomo: o Coletivo Combahee River. Batizaram a organização em homenagem a um ato coletivo de resistência quando mais de setecentas pessoas escravizadas na Carolina do Sul se ergueram com Harriet Tubman para reclamar sua liberdade e destruir a rede de plantações escravistas de arroz que financiava o exército confederado. Em seus seis anos de existência, o Coletivo Combahee River se organizou culturalmente, nas ruas e em coalizão com diversas organizações de Boston e além, para responder à violência contra mulheres, lutar por justiça econômica e construir poder comunitário. Elas escreveram uma declaração feminista negra que continua sendo um dos documentos políticos e teóricos mais importantes de que as feministas lançam mão até hoje.[11]

As integrantes centrais do Coletivo Combahee River lamentavam o fato de que as feministas negras estivessem tão espalhadas em diferentes cidades e limitadas a telefonemas de longa distância caros ou cartas para se conectar umas às outras. Elas decidiram criar um espaço em que feministas negras com abordagens anti-homofóbicas e anticapitalistas pudessem se juntar para comungar socialmente e compartilhar suas análises políticas enquanto comiam refeições servidas em bufês toleráveis ou preparadas coletivamente. A convite de Barbara, Audre foi à maior parte se não a todos os sete Retiros Feministas Negros em várias casas emprestadas no Noroeste, cada um envolvendo muita risada, brincadeiras e drama.[12]

Durante o primeiro retiro Audre se perguntou sobre seu papel:

Com que habilidade posso contribuir para um coletivo feminista lésbico negro?
 Uma questão que surge é por que fui convidada para vir aqui. Todas estão aqui por uma razão, uma função dentro desse total. Para mim não está clara qual a minha deve ser.[13]

Mas depois ela parecia mais conectada a seu propósito:

As últimas 3 semanas desde o Mulheres Negras têm sido cheias. Decidi fazer o negócio da MLA [Associação de Línguas Modernas], porque devo a mim mesma me sentir capaz de aceitar aquilo pelo que estou lutando — uma voz e amplificação o bastante para ser ouvida para saber que não tenho medo de viver os sonhos que sonho.[14]

No segundo retiro ela já traçava possibilidades cósmicas:

Estamos nos encontrando quando a lua está em revolução é claro — coisas boas novas e poderosas podem acontecer — estamos livres de regras predestinadas agora. Será que isso vai resultar em novas maneiras de olharmos umas para as outras? 16 mulheres negras tentando forjar uma estética.[15]

Um espaço criado por e para mulheres negras, em sua maioria lésbicas, para comer, dançar, processar e construir uma comunidade juntas foi a realização de anos de anseio para Audre. Às vezes até parecia que ela tinha visto isso num sonho. Audre escreveu para Akasha Gloria Hull, que participava dos retiros e ajudava a organizá-los, declarando:

Pretensiosa ou não... eu sempre fui a profetisa, considerada ou não.[16]

Será que ela invocou a existência desse espaço?

Em 1980, ano do último Retiro Feminista Negro que o Combahee organizou, Audre mandou para Akasha (então Gloria) um poema que ela escreveu depois do primeiro retiro em 1977. O poema destaca o fato de que uma mulher no retiro tinha um nome que era o que Audre chamou de um "acrônimo", mas que provavelmente chamaríamos de um anagrama, do nome de Genevieve.

> Genevieve nossa curta vida
> previu esta reunião
> como o sangue e as lágrimas das videntes
> contam
> a visão crucial...[17]

Com esse poema Audre está explicando o poder de salvamento e as apostas da sororidade ao destacar que "minha primeira amada" "morreu de carência dessas irmãs".[18] Ela sugeria que se encontros como os Retiros Feministas Negros tivessem existido décadas antes, Genevieve poderia não ter se suicidado. Ela acreditava que o ato de estar juntas como mulheres negras podia literalmente salvar vidas. O poema une o anseio adolescente de Lorde com sua responsabilidade em relação a uma comunidade feminista emergente. Ela precisava de um espaço para imaginar vivenciar esse futuro feminista negro específico com Genevieve, e precisava transmitir a importância do espaço para as participantes reais em seus próprios termos. A Genevieve ancestral continua sendo um público para a reflexão de Audre Lorde sobre o feminismo negro, mas agora ela também tem um público vivo. Audre enviou suas ideias para Akasha Gloria Hull, um grato presente aos:

> Olhos ágeis de Gloria
> interminavelmente escrutinando
> silenciosos e pesando
> tensos, mastreados, prontos para a ação[19]

39.
pai filho e espírito santo

Bem fundo abaixo de Barbados, terra arrasada. Cicatrizes onde o planeta tem colidido contra si mesmo lentamente por milênios. Os geólogos chamam o encontro de três placas tectônicas, sob o limite da ilha onde o pai de Audre nasceu, de Prisma Acrescionário de Barbados. A maior convergência desse tipo no planeta. Se você apanhar um sedimento do Prisma Acrescionário de Barbados, vai encontrar areia do deserto do Saara, lodo do rio Amazonas e cinza dos vulcões que entraram em erupção e criaram as ilhas do Caribe. História, fora de ordem, misturada no espaço e no tempo. Terra diferente de épocas e lugares diferentes, variavelmente inflamáveis, todas se tornando combustível.

Ao longo do tempo, devido ao movimento das placas tectônicas, partes diferentes do sedimento ficaram compactadas — tão pressionadas umas contra as outras que é difícil determinar qual veio de onde, que aspectos dessas terras vão afetar umas às outras e como, com qual reação física ou química. Os termos científicos para essa relação entre sedimentos são "sobrecarga" e "sobrepressão".[1]

Muitos dos naufrágios que assombram o mar do Caribe são de navios negreiros que colidiram no terreno elevado no fundo do oceano. Danos fragmentados, convergindo em camadas de prejuízos. Antes de os navios encalharem, os africanos cativos em seus porões já estavam vivendo vidas após a morte estilhaçadas.

Quase vinte anos depois da morte de seu pai por pressão alta, Audre "fugiu para descansar para ficar sozinha" no lugar de nascimento do silêncio de seu pai.[2] Ela foi ao cartório procurando evidências do nascimento dele, e não conseguiu encontrá-lo. Então foi à praia ler, vasculhando suas memórias do "homem queimado e debulhado" que a ensinara a nadar.[3]

O que Audre leu na praia? O manuscrito de Adrienne Rich, amiga e ex-colega do SEEK, *Diving into the Wreck*. Talvez Audre tenha pressentido que o que ela precisava saber sobre seu pai e sua história estava relacionado aos duzentos naufrágios próximos à costa de Barbados. A poesia que Rich escreveu na esteira do suicídio de seu marido não era o que as revistas chamariam de leitura de verão. Mas era isso que Audre tinha nas mãos "ao lado de águas azul-pavão em Christchurch, Barbados".[4] Ela começou com a epígrafe de André Breton sobre "aprender uma escassa parcela do que esqueci" enquanto mergulhava nos escombros das memórias ocultas de seu pai. Ela vasculhava os detritos do furacão a que seu pai sobrevivera quando bebê, o naufrágio que matara seu avô materno, as consequências de seu divórcio com Ed e o impacto dele em seu relacionamento com Frances, a criação de seus filhos, o trabalho dos estudos negros na sequência das admissões abertas na CUNY, a morte de colegas, e as mortes nos jornais, 1 milhão de guerras interpessoais. Ela "fugiu para descansar para ficar sozinha" em um campo denso de nostalgia.

"Ouvi você cantar. Saindo do meu coração e para o meu coração",[5] Audre contou para Adrienne em uma carta depois de ler *Diving into the Wreck*. Audre ouviu sua própria voz nas palavras de Rich no poema que dava o título à antologia, seu próprio coração esclarecendo as razões para sua jornada:

> Vim para explorar o naufrágio
> As palavras são propósitos
> As palavras são mapas
> Vim para ver o dano que foi causado
> e os tesouros que prevaleceram.[6]

Adrienne uma vez descreveu sua amizade com Audre como um navio: "Vamos continuar raspando para limpar a ferrugem e as cracas — nós duas sabemos que o navio é navegável". Então Adrienne acrescentou à caneta: "+ o oceano é tempestuoso".[7] E o poder de sua relação de leitura e conversa sobre poesia ao longo de suas vidas repousava em sua crença compartilhada na função da poesia de escavar a política de sentimentos submersos. Grande parte da imagética em *Diving into the Wreck* ressoa os temas da própria escrita de Audre: irmãs, cartas de amor, suicídio, sonhos com os mortos, telefonemas para os mortos, os mecanismos da raiva.

Em sua antologia, Rich usa algumas das mesmas imagens que Audre usou para escrever sobre seu pai em sua própria poesia: relâmpagos, chaves em fechaduras, perguntas. No poema intitulado "The Phenomenology of Anger", Rich faz as perguntas incisivas, "o que você está sentindo/ você sente alguma coisa?", que era exatamente o que Lorde se perguntava sobre seu pai. Aliado à crítica de Rich ao patriarcado, esse livro pode ter parecido um eco ou um convite para o processo de Audre de procurar Byron. Ela achou a obra revigorante, especialmente porque na época estava indignada com a maior parte da poesia contemporânea:

> Me sinto desorientada e com raiva — procurando — como uma viajante escalando com dificuldade muralhas magnificamente esculpidas perscrutando as fendas por uma migalha uma gota d'água, ou até alguma sombra, para encontrar apenas maçanetas quebradas, que são os sinais acabados das paredes externas de uma sepultura.[8]

Localizar naufrágios específicos é difícil porque as tempestades movem consistentemente os resquícios dos navios. Os arqueólogos têm de fazer uma varredura no fundo do oceano e cruzar as referências com registros de arquivos. O furacão das ilhas de Barlavento de 1898 a que Byron Lorde sobreviveu quando criança pequena pode ter tido um impacto também nos registros em terra. Mesmo como pesquisadora experiente e bibliotecária formada, Audre não conseguiu encontrar registros do nascimento do pai. E então ela teve que se voltar para dentro, já pressentindo o que mais tarde escreveria: "Um dia morrerei não pelas imagens de minha mãe nem pelos lugares ocos de meu pai, mas pela verdade ou falsidade de quem eu sei que sou".[9]

Por contraste com a poesia contemporânea que deixava Lorde insatisfeita, a poesia de Rich apoiava o objetivo primário de Audre de sondar suas próprias profundezas internas. Ela agradeceu Adrienne pelo apoio, explicando:

> [...] sua poesia faz com que me sinta *viva*... muitas vezes me dá esperança — ou conforto — ou um senso recorrente de uma força *articulada* no meu centro que às vezes é fácil esquecer... Quando sinto seus poemas sou lembrada de que na verdade sou mais inteira do que as circunstâncias ou os ecos me fariam acreditar que sou, e assim lembrada me torno mais inteira, mais forte, mais eu mesma.[10]

Audre leu a si mesma como o eu lírico nos poemas em primeira pessoa de Rich. E em Barbados, a poesia de Rich ofereceu o equipamento de mergulho que Audre precisava para uma jornada profunda para conhecer seu pai dentro dela mesma:

> Este é o lugar.
> E eu estou aqui, a sereia cujo cabelo preto
> Esvoaça negro, o sereio em seu corpo encouraçado
> Rodeamos silenciosos
> pelo naufrágio
> mergulhamos no porão.
> Eu sou ela: Eu sou ele.[11]

Bem fundo abaixo da ilha de Barbados, na zona falha do prisma acrescionário, algumas das maiores bactérias da Terra passam por uma mudança subatômica. Se nos locais falhos em que o metano escoa pelo manto da terra para o oceano as bactérias podem mudar o número de elétrons no enxofre usando nitratos,[12] talvez seja possível que Audre tenha vivenciado alguma coisa em Barbados que mudou sua relação com o pai em nível molecular.

Eventualmente, *Diving into the Wreck*, de Rich, foi selecionado junto com *De uma terra onde outro povo vive*, de Lorde, e *Revolutionary Petunias*, de Alice Walker, e dois outros livros para a final do National Book Awards de 1974. O que o pai de Audre teria dito? Ou como teria sido para ela seu silêncio? Depois do anúncio, Adrienne propôs uma intervenção feminista pela ocasião histórica de quatro mulheres serem finalistas do National Book Awards em Poesia. Ela contatou Audre e Alice, e outra mulher branca, que recusou, com a ideia de que se qualquer uma delas ganhasse, deveriam aceitar o prêmio com uma declaração conjunta escrita em homenagem a todas as mulheres, especialmente as poetas que tinham sido negligenciadas na história do National Book Awards. Audre e Alice eventualmente concordaram e escreveram juntas um pronunciamento. No fim, o prêmio ficou empatado entre Adrienne Rich e outro indicado homem. Adrienne se levantou e leu o pronunciamento. Foi ideia de Audre doar a metade de seus quinhentos dólares de prêmio para uma organização sediada no Brooklyn chamada Sisterhood of Black Single Mothers, a qual ela designou como um grupo "essencial" e "estimulante" de "irmãs de base"[13] que praticavam ajuda mútua entre mães solo negras e buscavam mudar um discurso que culpava mães negras pelas condições de pobreza. O grupo rejeitava o termo amplamente usado "lar sem pai" para descrever suas famílias. "Por que não lares maternais?", replicavam. Audre continuou mandando doações para o grupo por muitos anos.[14]

O livro de Lorde *De uma terra onde outro povo vive* estava cheio de poemas maternos. A Broadside Press ficava mais confortável com Audre escrevendo *como* mãe.[15] *De uma terra* inclui "Para cada uma de vocês", o poema de lições para seus filhos, no qual a Broadside focou em seus anúncios publicitários da obra dela. Também inclui diversos poemas sobre sua experiência de ser mãe de sua filha, e alguns poemas sobre sua própria mãe. É só em "Prólogo", o poema final, que "a voz de túmulo" de seu pai "se junta" à de sua mãe e vampiros e outros seres mortos-vivos, revelando-o como uma presença em sua vida até depois de sua morte. Mas mesmo que não nomeado, Byron está presente no restante do texto. A palavra "inquilino" aparece em poemas que não são (explicitamente) sobre seu pai, o senhorio do Harlem. Ela escreve sobre aluguéis, cooperativas residenciais, seu apartamento pegando fogo, as complexidades de sua própria situação de moradia, as logísticas de viver além da casa do senhor (Lorde).

E escreve sobre seu filho. "Um garotinho veste meus erros", começa ela em "Enquanto cresço de novo". O poema observa as mãozinhas de seu filho ao descobrir "as portas que não se abrem facilmente". "Ele aprende lá por meu erro", confessa ela na última estrofe. Anos antes em "Father Son and Holy Ghost" [Pai filho e espírito santo], seu poema memorial sobre sua recusa de ir ao túmulo do pai, ela repetiu uma descrição da presença e da ausência das "marcas das grandes mãos" de seu pai em suas "maçanetas noturnas", o som que ela associava com ele chegando em casa. Essa é nossa pista de que em "Enquanto cresço de novo" ela também escreve implicitamente sobre o pai, cujas batalhas silenciosas Audre teme tanto que moldem a vida emocional de seu filho que ela uma vez disse preferir matar Jonathan a permitir que ele repetisse aquele sofrimento reprimido.[16]

"Esse é um país onde um outro povo vive."[17] Soa como uma queixa persistente de pais imigrantes, talvez todas as pessoas não brancas dos Estados Unidos. O refrão se torna seu próprio verso e estrofe no poema "Relevante é diferentes pontos no círculo". E é a raiz do título da antologia. Audre uma vez disse que o "outro povo" a quem ela se referia no título *De uma terra onde outro povo vive* são as pessoas brancas, as pessoas quem as estruturas dos Estados Unidos privilegiam e sustentam.[18] E o livro trata da falta de hospitalidade de viver em um lugar projetado para excluir você. *De uma terra onde outro povo vive* poderia ser um grande título de biografia de Byron, cujo único acesso ao dito sonho americano que o excluiu era comercializar casas como uma commodity para outras pessoas. A antologia poética de Audre está cheia do desejo de criar *outro* modo de vida além dos silêncios de seu pai e suas próprias experiências de opressão. Nesse sentido, *De uma terra onde outro povo vive* está também na linhagem da insistência de Linda Belmar Lorde, mãe de Audre, de que o Harlem não era sua casa, e em seu cultivo de um senso de que o Caribe era o verdadeiro lar deles.

Mas viajar para outra terra oferecia mais uma outridade, mais uma possibilidade. Audre mergulhou no contexto da ilha que seu pai achava tão asfixiante a ponto de fugir de casa quando era moço e mudar de nome. Talvez a terra onde Audre poderia conhecer seu pai fosse uma terra de fantasia, debaixo d'água, um compósito de autenticidades africanas, amazônicas e caribenhas que ela nunca poderia alcançar.

O que sabemos é que Audre estava com seu diário nas mãos quando tornou a ver o menino bajan, com o rosto coberto de sal fresco, saindo do oceano com seu lançador e seu arpão. Encontrou-o na beira da água como se o conhecesse. Ela lhe fez uma pergunta enquanto ele saía caminhando das ondas:

"O que você viu?"[19]

Pesquisadores são pagos para estudar as falhas no leito marinho e o que eles chamam de "embasamento oceânico" sob o Prisma Acrescionário de Barbados não porque eles se perguntam sobre a profundidade da perda ou porque são fascinados por como as mudanças de fases dinâmicas da Terra quebram as binaridades entre ela e seus ancestrais estelares, nem sequer por simples curiosidade sobre o que significa quando as placas tectônicas da Terra se encontram e combinam suas histórias. A verba para essa pesquisa está disponível porque corporações multinacionais estão interessadas na porosidade da região, o que quer dizer que querem saber como seria viável perfurá-la para extrair petróleo, e quais combustíveis fósseis elas potencialmente encontrariam.

Quando Audre se mudou para St. Croix no fim da vida, assumiu uma postura contra a extração de petróleo no mar, usando todas as plataformas que podia acessar para compartilhar sua crítica à Hess Oil e sua extração em St. Croix e à negligência dos Estados Unidos em relação ao impacto ambiental e à potencial perda de vida para a população de maioria negra da ilha. Essa negligência tornou a extração mais barata, mais fácil e menos regulada na/fora da colônia do que no continente. Ela ficou horrorizada com o fato de que após a passagem do furacão Hugo, 101 anos depois do furacão a que seu pai sobrevivera em Barbados, as autoridades americanas priorizaram as estruturas e os empregados da Hess à população em geral.[20]

Em 2007, o governo de Barbados criou uma lei que exigiria proteções ambientais, supervisão e o emprego de trabalhadores bajan para qualquer corporação estabelecer uma operação de extração no mar.

Agora, nos anos 2020, a Sociedade de Arqueólogos Negros, a organização internacional Mergulhando com um Propósito e o Comitê de Naufrágios de Navios Negreiros do Museu Smithsonian de História e Cultura Afro-Americana estão realizando treinamentos de mergulho e um trabalho arqueológico de recuperação de navios negreiros naufragados nas proximidades da costa de St. Croix. Eles estão entrando nas mesmas águas em que Audre nadou e tomou sol e cujo litoral esquadrinhou atrás de conchas nos últimos anos de sua vida. Ela explicou sua experiência naquele local de encontro na água para as cineastas Ada Gay Griffin e Michelle Parkerson:

> Existe um lugar onde o Atlântico encontra o mar do Caribe e é muito mágico, e a primeira vez que estive lá foi como se eu tivesse sido transformada de repente em outro lugar, outro tempo, uma síntese.
> Parada lá como uma mulher afro-americana caribenha, eu podia sentir fluindo por mim a África, os horrores da Passagem do Meio, aqueles meus pais e mães que sobreviveram, que vieram para estas costas aqui, ou vieram para Granada ou Barbados, a conexão lá com o povo indígena dessas ilhas e quem eu sou enquanto estou parada neste lugar.
> Foi como se por um momento houvesse uma consciência total de todos esses fios.[21]

40.
za ki tan ke parlay lot

Na cozinha de Linda Belmar Lorde, o pilão é o portal para o lar. Se ela traz os ingredientes certos do mercado debaixo do viaduto ferroviário da Park Avenue, o almofariz pode cuidar como uma mãe de seus filhos entre mundos. O *souse* de Granada, o prato de carne temperada que todo cozinheiro caribenho faz de seu próprio jeito "certo", fervilha central na representação de Audre Lorde da cozinha da estação de teletransporte de sua mãe.

Para o *souse*, você tem de moer os temperos, alho, cebola, pimenta, sal, aipo, viajar no tomilho, sentir o cheiro da velha cozinha de Carriacou em que as irmãs Belmar trocavam segredos. Arrebatada, triturando temperos, Audre ouvia sua mãe usar palavras codificadas que ela nunca aprenderia na escola. Dava para se desligar da linguagem se se debruçasse sobre o almofariz com peso corporal e graça o bastante. Debruçar-se sobre o líquido, a suavidade, o aroma mais velho do que a memória. As duas mãos naquela dura tecnologia antiga. Pequenas destruições circulares rumo ao sustento. Catástrofe contida vira remédio.

A cozinha era um espaço sagrado, um espaço complicado, o centro de um espaço doméstico regido pelo intenso escrutínio de Linda, mas Audre ansiava seu odor íntimo. A pressão no espaço criava uma proximidade incontestável, uma compressão de sabores. E então, bem na hora que os ingrediente são ao máximo eles mesmos, se destornam, fundindo-se com os aromas em torno deles. O destino de um ingrediente é paradoxal assim. Ele deve ser pleno, fresco e distintamente ele mesmo para melhor contribuir para uma receita. Mas no fim das contas, se tudo correr bem, esse mesmo ingrediente vai se perder completamente no calor e na pressão do processo de cozimento, a porção extática da refeição necessária, maior do que a soma de ser alguém.

Às vezes imagino Audre repetindo uma de suas citações preferidas de seu romance preferido de Morrison, *Sula*, enquanto trabalha no almofariz e no pilão:

"Ah, eles vão me amar, sim. Vai levar tempo, mas vão me amar."[1]

Audre só conseguiu ir a Granada em 1978. E mesmo então foi atrasada por uma nevasca, e então a passagem de avião se perdeu no correio, e então um pneu do táxi que a levava ao aeroporto furou. Mas em 13 de março, quando Audre e Frances por fim chegaram a Granada, foram direto do aeroporto para o mercado comprar especiarias e frutas. Antes do hotel, antes da praia. O lar é um gosto. Um cheiro.

Como era estar em qualquer mercado de rua com Audre? De acordo com a escritora Andrea Canaan, era como executar tarefas na rua com alguém que tinha acabado de aterrissar pela primeira vez no planeta Terra. Ela queria encostar em tudo. Provar tudo. Imagine como foi quando depois de dois dias de viagem e 43 anos de vontade, Audre chegou ao mercado em Granada, não enfiado debaixo de um viaduto ferroviário mas resplandecente na praça central. Anos depois, ela ainda escrevia sobre as frutas de Granada: "cacaueiros com seus frutos vermelhos, maçãs douradas, mangas, fruta-pão, pêssegos maduros, noz-moscada, banana".[2]

"Granada. Aqui estou eu", escreveu em seu diário. "Esta é uma ilha caótica exuberante e de um lindo verdejante. Chego à minha esquizofrenia altamente recomendada."[3]

Quando Audre foi a Granada pela primeira vez, o país já era independente no nome havia quatro anos, e o Movimento New Jewel era um partido de oposição ativa ao regime de Gairy havia cinco anos. E. M. Gairy tinha dissolvido as grandes propriedades de plantações do governo colonial, mas usava a terra a seu bel-prazer para oferecer favores políticos e manter o controle (não democrático) da população. Ele também lançava mão de um regime policial brutal e de tortura para silenciar os críticos de sua política de direcionar os lucros do cacau e da noz-moscada para os próprios bolsos e os de seus comparsas. Os granadinos que migraram para Trinidad, Barbados e a América do Sul e Central para trabalhar, ou que tinham feito a jornada para a América do Norte e a Europa para estudar, estavam voltando para construir seus futuros. A possibilidade de uma federação caribenha estava ativa. A retórica do Black Power e a filosofia política de C. L. R. James impactavam profundamente uma geração de jovens granadinos a pensar de outro modo sobre soberania, sobrevivência e seu lar. Audre queria que eles vencessem. Ela escreveu em seu diário: "Por favor deusa redima minha porção deixe-os seguir seu caminho cheio de pedras para o poder".[4]

Um dia Audre pegou um jornal e circulou um nome. Innocent Belmar. Belmar. O sobrenome de sua mãe. Innocent? Talvez Audre pensasse em seus anos de conflito com a mulher mais poderosa que ela conhecia. Será que o jornal a estava incentivando a perdoar? Ou Audre estava detectando a revolução? Innocent Belmar era o notório líder da "gangue dos mangustos", uma força policial brutal que apoiava violentamente o regime de Gairy, sumindo com dissidentes e ameaçando suas famílias. O artigo dizia que alguém por fim havia matado Innocent. Talvez Audre estivesse aliviada. Talvez estivesse se perguntando se Innocent era ou não seu primo.

Em seu diário Audre não escreveu sobre Innocent Belmar, mas refletiu sobre sua mãe e sobre Granada como uma pátria insurgente, dando início às reflexões que recheiam e fundamentam *Zami*. Quando voltou para "casa" em uma ilha diferente (Staten Island), continuou a escrever, encontrando uma forma de tornar sua herança como filha de Granada e Carriacou aparente e legível em sua escrita negra lésbica feminista.[5]

Os jornais de Nova York não consideravam notícia se alguém assassinasse uma mulher negra em Boston. Então ao longo dos primeiros três meses de 1979 Barbara Smith enviou recortes pelo correio para Audre enquanto outra e depois outra e depois outra mulher negra morriam por homicídio nas comunidades negras de Boston. Mas não era apenas em Boston. Em Detroit, em Newark, a necessidade cruel e urgente de feminismo negro estava escrita a sangue. As autoridades municipais desdenhavam dos assassinatos como crimes de negros contra negros. Audre lamentou em seu diário: "A matança de mulheres negras segue despercebida".[6]

Barbara Smith e o restante do Coletivo Combahee River feminista lésbico socialista sediado em Boston publicaram um panfleto, "Seis mulheres negras. Por que elas morreram?". Nacionalistas negros instaram os homens a manter a esposa em casa ou acompanhá-la pelas ruas. O Coletivo Combahee River organizou aulas de autodefesa. Os assassinatos continuavam. Imagine que é o dia do protesto ou da vigília, e você está lá com panfletos mimeografados, cartazes pintados. Mas quando a vigília de fato começa já outra mulher está morta. As integrantes riscavam os números nos panfletos e cartazes repetidamente. Não seis, não sete, são oito, nove, dez, onze, doze. Doze mulheres negras assassinadas em Boston nos primeiros três meses de 1979. O Coletivo Combahee River por fim marchou carregando uma faixa sem números, apenas com as palavras de Barbara Deming: "Não podemos viver sem nossas vidas".

Foi sob essas condições que Barbara Smith e Lorraine Bethel uniram esforços no *Conditions 5: The Black Women's Issue*. O *Conditions* era um periódico literário com foco lésbico, e essa edição seria a de mais sucesso do tempo em que ele circulou. Audre viajou para Boston para uma leitura beneficente para levantar dinheiro em prol de uma infraestrutura continuada para responder à violência contra mulheres negras. Ela escreveu *Precisar: Um coro para vozes de Mulheres Negras*, uma performance poética que colocou em primeiro plano a violência contra mulheres negras e problematizou a violência do papel supostamente necessário das mulheres negras em comunidades negras e no capitalismo americano. Ela o escreveu para duas mulheres em particular e para "as centenas de outras mulheres negras mutiladas cujos pesadelos informam estas palavras".[7]

Em meio a essa violência e organização, Audre ficou sabendo da revolução em Granada. Ela leu tudo o que pôde sobre a ascensão ao poder do Movimento New Jewel socialista, a enorme participação das organizações de mulheres granadinas, a liderança cultural de Jacqueline Creft, o programa de educação intergeracional cada-um-ensina-um, e mais. Merle Hodge, Dionne Brand, e muitas outras escritoras e artistas negras do mundo todo foram a Granada para apoiar o movimento revolucionário, mas Audre, recuperando-se de uma mastectomia recente e reorganizando sua vida para lutar contra o câncer de mama, aclamou a revolução de longe.

No decorrer dos anos ativos do Governo Revolucionário Popular (GRP) de Granada, Audre telefonava para Barbara Smith e continuava a lamentar. "Precisamos fazer alguma coisa em relação a publicações", disse ela. Na sala de estar de Barbara em 1980, as duas e outras mulheres de cor cofundaram a Kitchen Table: Women of Color Press, uma editora multirracial com escopo internacionalista dedicado à excelência literária e à solidariedade política.[8] A mesa de cozinha: onde o pilão se move no almofariz. Ou como a escritora jamaicana feminista lésbica Michelle Cliff escreveu em uma carta a Audre: "A Kitchen Table é a resposta ao sonho de alguém".[9]

A escritora granadina Merle Collins descreveu a energia revolucionária em Granada como estimulante: "As pessoas que foram arrastadas através do Atlântico e esmagadas no chão por tanto tempo agora estão se erguendo e olhando em torno e caminhando rumo ao futuro, e as coisas estão se agitando feito loucas".[10]

Os programas de educação popular ativos, a grande queda no desemprego e as atividades de artes culturais em Granada estavam a todo vapor quando Audre mandou pelo correio o rascunho do manuscrito de *Zami* para Barbara e Cherrie Moraga editarem. Barbara assumiu uma abordagem linha a linha. Cherrie cortou as páginas com tesouras e as rearranjou como um quebra-cabeça biomitográfico.[11]

Em 1843, colonos europeus começaram a cultivar noz-moscada em Granada.

Para processar a noz-moscada como especiaria para o transporte global, você sacrifica a carne. Enxerta as árvores para garantir uma fertilidade assimétrica. Deixa as sementes ao ar livre sob o sol até que fiquem ressecadas o bastante para pulverizar. Você sabe que é hora de abri-las quando sacode as sementes e ouve um chocalhar seco.

Quão importante é a noz-moscada? A Companhia Holandesa das Índias Orientais cometeu um genocídio para dominar o mercado. Em 1621, quando a Companhia Holandesa das Índias Orientais assumiu o controle de Banda Neira, uma ilha na Indonésia, para obter controle sobre a noz-moscada, 14 mil pessoas viviam no lugar. Depois da dominação colonial, sobraram apenas 480.

A participação de Audre no coletivo Kitchen Table não foi simplesmente uma chance de emprestar o reconhecimento de seu nome a uma boa causa. Ela apoiava a editora financeiramente, doando seus royalties da Norton para a Kitchen Table Press de modo que elas pudessem pagar às autoras por suas obras. Ela entrou em contato com autoras no mundo todo e lançou mão de suas próprias conexões na África do Sul para recrutar pessoas para mandarem manuscritos para avaliação da editora. Ajudou a lidar com os detalhes de bastidores da edição e promoção das primeiras antologias *Cuentos* e *Compañeras*. Barbara Smith se correspondia com ela frequentemente sobre os detalhes financeiros da editora. Até o último ano da vida de Audre, ela manteve e guardou relatórios fiscais detalhados e atas das reuniões da diretoria e falou ao telefone e se correspondeu por fax com Barbara Smith sobre o que acontecia com a Kitchen Table.[12] A dedicação de Audre ao coletivo cresceu a partir de sua afeição sincera e solidariedade com diversas mulheres envolvidas, que às vezes escreviam bilhetinhos amorosos nas margens de comunicados logísticos para Audre. Ela enxergava a si mesma como parte de uma comunidade de mulheres de cor que estavam mudando o mundo editorial. Sua participação foi constante em vários aspectos, inclusive e especialmente sua amizade duradoura com Barbara Smith.

Outro exemplo tangível do comprometimento de Audre com a Kitchen Table Press era seu trabalho voluntário. Smith enfatiza que Audre não tinha medo de colocar a mão na massa. Como uma das poucas pessoas na rede da Kitchen Table com carro, ela dizia sim à tarefa de buscar os livros quando estavam prontos para o envio e levá-los ao correio em Staten Island em seu Toyota Cressida. O escritório da Kitchen Table Press no subsolo da Igreja Presbiteriana Central na Park Avenue ficava logo virando a esquina do Hunter College, onde Audre ensinava poesia.[13]

No verão de 1983, o primeiro-ministro de Granada, Maurice Bishop, visitou o Hunter College. Audre nunca esqueceu o que ele disse nesse dia. "Eu sei que sou um alvo", explicou para o público. "Sei que sou uma ameaça. Porque sou um socialista anglófono no hemisfério ocidental."[14]

Em outubro de 1983, era temporada de furacões de novo em Granada. As crianças que haviam sobrevivido ao furacão Janet em 1955 tinham crescido. O GRP havia decidido não realizar eleições, citando temores de que poderes externos, sobretudo os Estados Unidos, estivessem à espreita, prontos para estabelecer pressões neoliberais para moldar o governo de acordo com seus interesses. Isso era exatamente o que os Estados Unidos estavam fazendo em resposta à liderança socialista na Jamaica e outras jovens repúblicas pelo mundo. A essa altura críticas da administração revolucionária surgiam de fora e de dentro. E quanto ao poder da imprensa? Por que eles tinham fechado os jornais progressistas? O que estava acontecendo com os dissidentes mantidos na prisão?

Foram realizadas reuniões sobre a transição de poder dentro do pequeno grupo vanguardista de ministros que tinham assumido o trabalho da revolução. Rumores e conflitos surgiram. Outros líderes do partido puseram o primeiro-ministro Bishop em prisão domiciliar. Depois de alguns dias, durante uma manifestação popular, um grande grupo de granadinos o libertaram da prisão domiciliar, gritando "nós libertamos nós lideramos".

Bishop e outros marcharam para o forte que era a fortaleza militar do governo revolucionário.

E então, tiros rebentaram. Os tiros em si são o sujeito da sentença porque não sei quem os disparou. Fora do forte as pessoas pularam do penhasco em pânico. Dentro do forte, os membros do Movimento New Jewel enfileiraram Maurice Bishop, Jacqueline Creft e diversos outros ministros contra a parede e executaram seus vizinhos de porta, seus camaradas, seus pares, seus parceiros no nascimento de uma revolução. O país inteiro ficou devastado. Alguns dizem que Reagan mandou agentes do Exército dos Estados Unidos para dar início à invasão àquela altura. Alguns dizem que os agentes já estavam lá.[15]

Barbara Smith era a única pessoa na Kitchen Table nesse dia, cercada por pilhas de livros no que ela chamava de "o escritório túneis de coelhos" delas no porão de uma enorme igreja gótica encomendada por John D. Rockefeller. Nossa amada poeta guerreira feminista negra veio buscar os livros encomendados como de costume. Será que a luz da tarde reverberou pelas janelas arqueadas? Será que o sol iluminou brevemente Lázaro pelos vitrais? Luz e sombra podem ter se perseguido no santuário. Barbara diz que no andar de baixo, no escritório abarrotado da Kitchen Table, "Audre chorou".[16]

A Kitchen Table Press fez um trabalho fenomenal nos seus onze anos de existência. Publicou livros inovadores de mulheres em diversos continentes. Tinha uma presença poderosa em feiras de livros feministas e convocações pelo mundo. Outras editoras, incluindo Sister Vision, Sheba e Kali vieram estudar seus processos para criar suas próprias editoras feministas lideradas por mulheres de cor no Canadá, na Inglaterra e na Índia respectivamente.[17] Gerações se beneficiaram do compromisso da Kitchen Table Press de basear reimpressões não em demanda mas em princípio, imprimindo textos cruciais que de outra forma não poderiam ter sido ensinados. Sua diligência estratégica permitiu que seu trabalho se estendesse por gerações, influenciando inúmeras escritoras, inclusive eu.

E no entanto, a visão coletiva da Kitchen Table Press recaía pesado nos ombros de Barbara Smith. Em 1984 Smith era, em outras palavras, "a única integrante fundadora que continuava a trabalhar com a editora de forma regular [...] a única pessoa diretamente responsável pela edição, produção e divulgação de nossos livros".[18] Ao longo dos anos ela mandou cartas de arrecadação de fundos para apoiadores da editora, incluindo Audre, explicando que, "se eu soubesse que um dia seria responsável sozinha pela editora, nunca teria me envolvido".[19] Em 1988, ela admitiu que achava "debilitante e assustador" que "o fato de eu manter o equivalente a dois ou três trabalhos de tempo integral não resulta nem sequer em estabilidade financeira mínima para mim, mas apenas em passar aperto mês após mês".[20] Ela sacrificou sua própria carreira de escrita emergente, custeava seu tempo com palestras e juntava compromissos de ensino. "Ainda que doar meu tempo tenha tornado a sobrevivência da Kitchen Table possível, ser a 'maior doadora' da editora também teve diversas consequências negativas."[21]

Em retrospecto, Smith chama a experiência de manter a Kitchen Table Press viva por meio de repetidos esforços heroicos de "traumática".[22] O fato de que a editora continuou a publicar, reimprimir e distribuir obras significativas de literatura por mais de onze anos é um milagre no sentido de que foi algo milagroso que aconteceu. Mas isso não aconteceu por mágica; aconteceu a um grande custo. Isso ensinou às envolvidas, especialmente Smith, algo sobre pressão e a tensão entre visões coletivas e responsabilidade individual. Grupos de pessoas se reuniam com frequência para apoiar a Kitchen Table Press, mas Barbara sabia que se ela parasse de se dedicar ao trabalho não remunerado em tempo integral, a editora fecharia no mesmo dia.

Olhando para trás, historiadores caribenhos apontam a pressão no pequeno partido de vanguarda do GRP para transformar todos os setores públicos em seu país e seu trabalho noite e dia sem substitutos como uma das maiores causas do trágico colapso da revolução em Granada e portanto da vulnerabilidade do país à invasão americana. Os participantes sobreviventes da revolução sustentam que destituir um ditador violento exigia um pequeno grupo coeso atuando por consenso em segredo. Mas administrar um país inteiro como um pequeno grupo de revolucionários não era sustentável, sobretudo diante da punição do mercado global controlado pelos Estados Unidos. Será que facções dentro do partido estavam com inveja umas das outras, ou com fome de poder? Talvez. Elas estavam definitivamente exaustas.[23]

No mês depois que os Estados Unidos tomaram o controle de Granada, Audre ainda trabalhava em prol de sua visão da Kitchen Table Press. Em uma arrecadação de fundos para a editora, Audre, Cheryl Clarke, Akasha

Gloria Hull e Barbara Smith leram excertos da antologia *Home Girls*, e o duo de feministas negras Casselberry-Dupreé apresentou o que elas chamaram de "Raw Silk Blues". Audre leu "Praia de Piche", um excerto de *Zami* que explicava como ela perdera Genevieve para o suicídio no ensino médio e como ela encontrou uma encarnação lésbica nova-iorquina mitológica da deusa Afrekete uma noite em uma festa.

No verso de sua cópia do panfleto do evento Audre rabiscou anotações de sua pesquisa sobre Granada. Ela escreveu "educação e assistência médica gratuitas". Escreveu "taxa de crescimento mais alta do Caribe". Ela também pesquisava a abordagem militar dos Estados Unidos. Escreveu "1,6 bilhão gastos diariamente em invasões". Escreveu "não venceram uma batalha desde os anos 1950". Ela estava prestando atenção nas implicações transnacionais. Pensando nas similaridades entre o relacionamento americano com o Caribe e o apartheid sul-africano, escreveu "bantustões flutuantes".[24]

Em dezembro de 1983, Audre voltou a viajar para Granada sob circunstâncias absolutamente diferentes das de suas férias de 1978. Em vez de viajar de folga com sua parceira Frances Clayton, Audre viajou em uma missão de averiguação com Gloria Joseph, uma acadêmica feminista negra nascida nos Estados Unidos de herança caribenha.

Mais tarde ela descreveu a urgência de sua viagem a um grupo de feministas negras britânicas: "Senti como se minha filha tivesse sido estuprada e, sabe, você de algum modo tem de vê-la para saber que ela ainda está viva".[25] Ela interrompeu a produção de *Irmã outsider* para incluir reflexões sobre sua viagem e sua pesquisa sobre as circunstâncias da revolução e da invasão. "Eu queria afiar minha percepção de qual era minha posição como uma granadina-americana em um nível realista, para além de horror e rejeição."[26]

"Granada revisitada: Um relato provisório" combina a pesquisa de Audre com suas impressões como testemunha ocular. Depois de reclamar a palavra *Zami* na língua de Carriacou, ela concentrou esse ensaio na realidade de sua cumplicidade e responsabilidade como uma cidadã americana que era "apenas uma descendente" dos granadinos que sofriam sob a invasão dos Estados Unidos. Ela defendia que Granada sofreu infiltração e foi tomada por ordens de Reagan. O título original do ensaio era "Um relato provisório sobre o massacre militar de Granada".[27] Audre observou que nos exercícios de treinamento para a invasão de Granada e das Granadinas, assassinar o primeiro-ministro era parte do plano. O codinome muito óbvio para os exercícios era "Âmbar e as ambarinas". Audre acreditava que o assassinato de Bishop, Creft e dos outros ministros não teria acontecido sem a intromissão dos Estados Unidos. Seu ensaio se concentra no que ela queria que seus leitores, sobretudo americanos, entendessem, que é que os Estados Unidos "ou ignoram ou defendem o lado errado de praticamente todas as lutas pela libertação dos povos oprimidos".[28]

Para Audre, o horror de camaradas atirando em camaradas era replicado em escala maior pela cumplicidade de americanos negros na invasão americana de Granada. Dois anos depois, em outubro de 1985, ela escreveu em seu diário:

> Como é possível esquecer o rosto daqueles jovens soldados negros americanos, suas baionetas reluzentes em posição, vigiando uma cabana de madeira nas colinas de Granada? Qual é o nosso verdadeiro trabalho como mulheres negras escritoras da diáspora? Nossas responsabilidades com outras mulheres negras e seus filhos em todo este mundo que compartilhamos, lutando por nosso futuro em comum?[29]

Para Audre, o trabalho revolucionário representado em Granada não estava separado do trabalho de escrever e publicar. E ela acreditava que as lutas contra o capitalismo pelo mundo estavam interligadas. É por isso que *Irmã outsider*, o livro de ensaios mais longevo de Audre, começa com sua viagem à Rússia comunista e termina com sua viagem a Granada depois da invasão, não mais uma ameaça socialista negra.

Ainda que estivesse arrasada, em "Granada revisitada", Audre nunca parou de reivindicar a revolução em si. Perto do fim do ensaio ela afirmou: "Tenho orgulho de descender do país que levantou a primeira Revolução Popular negra de falantes de língua inglesa neste hemisfério".[30] Ela viajou o mundo falando de sua "grande admiração e confiança nas mulheres de Granada".[31]

De volta a Nova York na Rádio WBAI, Audre grita no microfone denunciando a destruição de matas de pés de noz-moscada por agentes do Exército americano "à procura de cubanos não existentes". "Um pé de noz-moscada leva oito anos para dar frutos", brada ela, "25 anos até estar em plena produção."[32]

Sua amiga Blanche Wiesen Cook, a apresentadora da rádio nessa noite e uma ativista que trabalhava contra o que chamava de "campanha de desinformação" que a administração Reagan lançara para cobrir os verdadeiros motivos para a invasão granadina, incentivou Audre a ler um excerto de *Zami* sobre Granada e Carriacou. Audre ainda estava falando em tom exasperado, dizendo: "Estou muito feliz por ter escrito sobre Granada e Carriacou em *Zami*, porque assim há mulheres que sabem que são mais do que uma pedra. Mais do que uma esponja na banheira dos Estados Unidos, que eles podem espremer ou usar como quiserem".[33] Depois de um suspiro, ela leu um excerto que reuniu e alterou do primeiro capítulo de *Zami*, sobre a ideia que tinha enquanto crescia de que "lar era uma terra doce em algum outro lugar que ainda não tinham conseguido capturar no papel, nem estrangular e encadernar". Um lugar de liberdade. "Carriacou", disse ela e parou. Ela perdeu onde estava. Teve de voltar a repetir. "Carriacou".[34]

Diga "Adiante sempre" para qualquer um de certa idade em Granada ou pela maior parte do Caribe anglófono e eles vão responder sem hesitar: "Para trás nunca". O lema progressivo da revolução em Granada ressoa pela região. Ele é, como diz Audre, "mais do que um mero assobio no escuro presente".[35] A tentativa de reposicionamento da operação psicológica do Exército dos Estados Unidos foi bem-sucedida em alguns aspectos. E Granada segue um país dependente do turismo e do comércio mundial de especiarias. Até hoje a revista *Forbes* chama a noz-moscada de o "ouro negro de Granada".[36]

"Sempre" ainda significa sempre. Os anos entre o fim da revolução granadina e a morte de Audre mostram-na aprofundando seu comprometimento com a autodeterminação no Caribe e além. Ela se mudou para St. Croix e se envolveu com o movimento local por uma nova Constituição. Falou em solidariedade com mulheres indígenas na Nova Zelândia e na Austrália. Continuou a enfatizar a importância do que pequenos grupos de mulheres estavam fazendo "*sub rosa*", sem nunca esquecer "a enormidade das forças alinhadas contra nós".[37] Tornou-se uma mãe fundadora das Irmãs em Apoio às Irmãs na África do Sul, uma iniciativa de Gloria Joseph criada para injetar dinheiro de mulheres negras dos Estados Unidos em pequenas organizações criadas por mulheres em Soweto. Em uma de suas últimas conversas em Berlim, enquanto tomava café da manhã com a feminista sul-africana Ellen Kuzwayo, uma alemã feminista lésbica negra, Ika Hügel-Marshall, e outras irmãs, Audre falou apaixonadamente sobre o poder de pequenas comunidades de causar impacto no mundo através de colaborações autônomas.

Adiante sempre? O trauma da ruptura do GRP e da invasão americana de Granada foi um enorme retrocesso, uma devastação que continua a reverberar pelo Caribe e pelo planeta. Mas talvez a revolução seja tão redonda quanto soa. Audre acreditava no poder do povo, da ação coletiva, de ultrapassar o individualismo para outra possibilidade. Ela colocou todo seu peso corporal nisso, de modo que seus privilégios pudessem ser transformados em alguma coisa mais útil. Barbara Smith insiste: "Você não pode entender Audre Lorde sem entender sua política".[38] Ela ofereceu sua energia para a editora. Sua carne e esperança para a realidade esmagadora.

Em junho de 1992, cinco meses antes de Audre morrer, Barbara lhe mandou por fax uma carta para complementar uma conversa que tinham começado em uma ligação de longa distância entre Albany e St. Croix. Ela estava entusiasmada para contar sobre uma reunião das Irmãs de Cor Revolucionárias, grupo que se originou da conferência Sou Sua Irmã em homenagem a Audre em 1990 em Boston. A reunião foi "ótima", disse ela. "Eficiente, calorosa, interessante." Barbara enfatizou em letras maiúsculas à mão com cinco pontos de exclamação: "ESTAMOS CONSEGUINDO AUDRE!!!!!".[39]

41.
legado-dela

Kick'Em Jenny seria uma ilha agora se não fosse pelo que os geólogos chamam de "colapso ancestral". Em vez disso, ela é um vulcão subaquático desmoronando sobre si repetidamente. Fervente sob a água entre Granada e Carriacou perto de um grupo de rochas chamado "as irmãs", Kick'Em Jenny entra em erupção a cada seis ou dez anos. A qualquer momento ela poderia provocar um tsunami da amplitude da região que deixaria partes de todas as ilhas do Caribe debaixo d'água em até duas horas depois de sua erupção. Sem aviso.[1]

Toda essa agitação porque ao contrário de suas contrapartes no arco vulcânico caribenho, Kick'Em Jenny se recusou a se tornar uma ilha. Sua recusa é cinemática, desestabilizante. Por que ela não arrefece?

Quando Audre Lorde viajou para Granada em 1978, comparou as mulheres que viu à ideia que tinha de sua mãe, Linda:

"Este é o país de minhas mães ancestrais, as mulheres que se definiam pelo que faziam. A borda mais suave da agudeza africana está sobre essas mulheres, e elas balançam mas com mansidão [...]. Isso torna Linda ainda mais dura."[2]

Aqueles de nós que moram em ilhas perto de vulcões ativos devem viver em um estado de prontidão ou negação ou de certo modo ambos. Enquanto crescia, Audre pensava em seu lar como um espaço igualmente volátil. O que ela chama de "estrutura familiar rígida naquela casa organizada pela minha mãe" existia sobre correntes subterrâneas profundas que poderiam emergir perturbadoras a qualquer momento. Às vezes as emoções reprimidas de Audre entravam em erupção: "Era muito incomum eu chorar. Minha mãe tinha nos criado para não fazer isso. Era, nós achávamos, um sinal de fraqueza. Mas eu não conseguia parar e não ia parar".[3]

A ideia é parecer com qualquer outra montanha, esconder-se debaixo d'água, e manter a química profunda de suas emoções dentro de você. Audre disse: "Com minha mãe aprendi que você vive apaixonadamente no interior e em segredo, mas tem de tomar cuidado porque o mundo está esperando para te derrubar de verdade".[4]

Mas Audre nunca aceitou a ordem de manter as emoções sob a superfície. Era por isso que ela "flertava com os castigos [...] mergulhava de cabeça".[5]

Audre notava e reagia a essas dinâmicas muito antes de saber que na verdade Linda estava lhe ensinando sobre um vulcão. Ela se lembra da mãe dizendo palavras mágicas que ela não entendia, como "de Hog para Kick'Em Jenny". *Que porco? Quem é Jenny?*, ela se perguntava. Mais importante, quem está chutando quem? Foi só quando adulta que ficou sabendo que Hog era o nome local para um certo recife de corais nas Granadinas e que Kick'Em Jenny era o vulcão mais ativo no mar do Caribe. O espaço entre eles era usado pela mãe dela para descrever "distâncias intransponíveis e impossíveis".[6]

E quais foram as palavras, mágicas ou não, que Audre trocou com a mãe e a irmã nas horas antes de apanhar sua mala e sair de casa de vez no verão seguinte ao ensino médio? Conhecemos apenas suas qualidades: quentes o bastante para Linda Belmar ameaçar chamar a polícia. Projéteis o bastante para impelirem Audre para a ação. Sísmicas o bastante para mudarem permanentemente a forma de sua família.

Vulcões são a expressão superficial de um processo dinâmico que nós, plantas e animais raramente podemos alcançar. Neste momento, robôs subaquáticos coletam amostras de Kick'Em Jenny como a melhor chance dos cientistas de entender como a terra se torna a Terra. Os geólogos medem a pressão e o calor, os biólogos observam as formas de vida que são atraídas por essas mudanças específicas. Eles usam almofarizes feitos de ágata, uma pedra metamórfica que se forma no interior das fissuras de vulcões, para pulverizar os colapsos de Kick'Em Jenny em poeira fina o bastante para ser estudada.

Audre está no início da casa dos quarenta e sua mãe na casa dos setenta anos quando Audre diz para a imprensa: "Minha mãe era uma histérica angélica e maníaca alimentada por fúrias infinitas e eu também sou". O tempo passado se torna tensão presente. O combustível fóssil da raiva permanece. Como combustíveis fósseis de verdade, ela é antiga, intergeracional. Ao contrário de combustíveis fósseis de verdade, ela também é renovável.

Onde a terra se torna a Terra ela é instável. Kick'Em Jenny é uma abertura para os isótopos de urânio que vivem suas meias-vidas sob todos nós o tempo todo. Os químicos chamam o processo de isótopos de urânio carregados se tornando cada vez mais estáveis de uma relação "pai-filha".[7] Ao longo do tempo geológico, à medida que possível urânio se torna urânio de fato, a proporção entre pai e filha se torna cada vez mais filha, até que eventualmente a filha é tudo que há, e a volatilidade do pai se torna uma memória, uma pré-condição para a existência da filha como ela mesma.

Ou como diz Audre: "Não que eu seja mais poderosa do que minha mãe foi, mas acho que fui capaz, por meio das muitas coisas que obtive dela, articular meu poder de mais formas do que ela foi capaz de articular o dela".[8]

Audre descreveu a mãe como uma mulher profundamente inteligente e intuitiva: "Ela tinha um inconsciente que era como uma armadilha de veludo/aço".[9] E, de acordo com Audre, uma das coisas que Linda instintivamente sabia era que a prática de poesia era uma ameaça ao senso de autoridade de Linda como progenitora. Uma vez que se tornou mãe, Audre acordava cedo toda manhã e abria seu diário, pronta para transformar seu próprio saber inconsciente, sobretudo seus sonhos, em poesia.

A expressão ativa de Kick'Em Jenny permite que químicos e geólogos teorizem sobre quanto tempo levou para os elementos que constituem a terra atual se tornarem eles mesmos. A conclusão básica é que leva mais tempo do que outros cientistas antes achavam. Mais tempo por um fator de milhares. Os novos estudos teorizam que o que eles achavam que levara oitocentos anos na verdade provavelmente levou 37 mil anos.[10]

O ser filha não acontece da noite para o dia. E o processo todo é radioativo.

"Só estou feliz por não ter sido destruída", Audre uma vez disse sobre o processo de "sobreviver" ao que ela chamou de "o lar da minha mãe". Audre foi machucada fisicamente e negligenciada emocionalmente pela mãe. "Eu poderia ter ganhado o prêmio Pulitzer aos treze anos e não teria significado muito para ela."[11]

Fora da casa da mãe, depois da morte do pai, Audre começou a pensar diferente sobre o que significava ser filha de sua mãe. Calor. Pressão. Profundidade. Impacto. Colapso subaquático. Formas ancestrais. Explosões periódicas uma vez a cada década. Formas resilientes de vida.

Audre teorizou sua mãe junto a La Llorona enquanto ela estudava no México: "Aqui está essa mulher que mata, que quer algo, a mulher que consome seus filhos, que quer demais, mas não por maldade, e sim porque ela quer ter vida própria, mas agora tudo já está tão fora de controle".[12]

Isso é parte de como Audre se tornou uma cientista, peneirando e pulverizando dados, traçando probabilidades em seus poemas. Lá se foram as rimas adolescentes sobre ficar ressentida por ter que passear com o cachorro. Linda começou a aparecer na obra de Audre como uma testemunha julgadora imaginada, e então eventualmente como sua primeira professora de poesia, seu modelo de feminino ferrenho e feminilidade masculina, concedente de um legado complicado.

Nos meses antes de escrever o poema "Uma litania pela sobrevivência", Audre escreveu em seu diário:

Não era para termos sobrevivido
Era para termos destruído a nós mesmas mas nossas mães proibiram isso e da forma incompleta e dolorosa como fizeram, trataram de fazer com que sobrevivêssemos.[13]

Depois que visitou Granada, Audre começou a pensar que talvez a dureza de sua mãe a beneficiasse. Talvez Linda não pudesse se dar ao luxo de ser branda ou gentil enquanto mantinha garotas negras vivas nos Estados Unidos. Audre se relacionou com a raiva, o medo e a contradição da mãe através de seus próprios sentimentos sobre manter seus filhos seguros e criá-los para viver num mundo pensado para lhes causar sérios danos. Talvez Linda também tenha passado a respeitar a maternagem de Audre. Entre seus estimados itens arquivados, Audre guardou um cartão de Dia das Mães que a mãe lhe mandou um ano.

Em Granada, depois de visitar Grenville, onde sua mãe cresceu, e de tomar a balsa para Carriacou, Audre começou a escrever sobre sua linhagem vulcânica, entradas de diário que foram úteis para seu trabalho em *Zami* de se identificar como uma mulher afro-caribenha, moldada pela mãe e carregando o poder da mãe dentro de si.

Ao longo do tempo o relacionamento de Audre com a mãe ficou menos sulfuroso, mais fértil. Viver separadas significava que erupções e confrontações eram menos frequentes. "Acho que se eu tivesse uma compilação de poemas que percorresse por todos os meus livros ou todos os meus diferentes estágios, os poemas para a minha mãe seriam uma jornada particular, uma jornada muito específica porque passam por mudança após mudança após mudança."[14]

Mas o relacionamento continuou ígneo para Audre, abastecendo uma ideia de que ela nunca abriu mão sobre a profundidade da emoção e da paixão, e o que isso poderia gerar no mundo. A concepção de Audre sobre sua mãe nunca foi apenas sobre uma mulher como indivíduo. Era ligada a um conceito mais amplo de maternidade, divindade e criação cósmica.

Como refletiu em seu diário:

Quero que você se abra como um arco mágico entre as erupções vulcânicas
    do que deve ser contraposto ao solo mais leve mas mais certo do
    que esperamos que deva ser o futuro com nascimento à meia-
    -noite com gemidos profundos
hostis e dor oprimida.
O amor não é o único dos construtores mágicos
Nós somos[15]

Eventualmente, Audre se tornou uma das cuidadoras de sua mãe à medida que ela envelhecia e ficava cega. Ainda que Byron Lorde tenha morrido jovem, ele deixou recursos que ajudaram a sustentar Linda pelo resto de sua vida. Mas morar sozinha, idosa e cega em Nova York não era fácil. Quando Linda estava no fim da casa dos oitenta anos, Audre garantiu que estivesse segura em um apartamento que comprou na rua 152,[16] acompanhando de perto os empreiteiros para que fizessem consertos urgentes no banheiro da mãe, onde um vazamento poderia tê-la feito escorregar e cair.[17]

Embora tenha continuado a escrever sobre não se sentir totalmente aceita pela mãe, Audre estimava a vida dela. Queria que sua mãe soubesse que ela a amava, e ficou temerosa quando viu Linda seguindo rumo à morte. Ela mal conseguia escrever a esse respeito em seu diário:

"Tenho evitado escrever aqui porque tenho medo de escrever sobre minha mãe morrendo e vê-la fazer seu tipo de pazes com a morte. Devo dizer a ela que ainda a acho bonita."[18]

Linda Gertrude Belmar Lorde morreu em agosto de 1988, cercada pela família. Sua última palavra para Audre foi "maravilhoso".

Dois meses depois da morte da mãe, Audre foi falar com a deusa em pessoa. Ela sabia que a encontraria na boca de um vulcão. Mas não foi a Kick'Em Jenny. Ela e Gloria Joseph foram a outro arco vulcânico: o arquipélago havaiano. Audre foi ao vulcão em escudo ativo Kilauea, na cratera do Halemaumau, o lar da mãe Pele, a deusa criadora que deu à luz todas as ilhas havaianas.

Quando chegou, Audre ficou na borda e chorou.

Mais tarde nesse dia, escreveu um alegre relato elogioso para sua amiga, a poeta Pat Parker:

O Vulcão e a nova/velha terra se misturando…
Querida não podemos deixar de estar certas…
ecoamos Pele, a deusa que vive no centro.[19]

Gloria Joseph ficou a uma curta distância e a observou: "Eu tinha a sensação de que ela estava em outro mundo". Audre se voltou para Gloria e disse: "Em homenagem à deusa Pele, quero compartilhar minhas cinzas. Quero parte das minhas cinzas espalhadas na cratera de Pele. Sei que você vai fazer isso por mim".[20]

E então, no planeta, Kick'Em Jenny entrou em erupção de novo pela primeira vez em mais de uma década.

A terra machucada, o vul-
cão esperneando sob o
mar os mortos vão andar de cabeça em pé
em memória de novo, até
que a ferida, enterrada fundo, se rompa
pela casca para queimar viva e sarar
no ar salgado.[21]

Depois da erupção de 1988 de Kick'Em Jenny, pesquisadores com mais tecnologia puderam analisar o caráter mineral da base do vulcão de novas formas. A lava tinha atravessado um domo sedimentário. Sob ele encontraram pirita e pedra-pomes. Encontraram infiltrações frias que atraíam bactérias quimiossintetizantes e passagens hidrotermais que faziam a água bruxulear. Mas o bruxuleio na água não sobe à superfície. É pesado demais com o peso do sódio.[22]

Audre nunca quis se tornar uma ilha. Não completamente. Ela sabia o que Kick'Em Jenny sabia. Massas de terra individuais são colonizadas com muita frequência. Audre não via a si mesma como um indivíduo mas como parte da "nova/velha terra se misturando", bem fundo sob a superfície. Trabalhando no núcleo. Luminosa e esperando por quem quer que possa se render ao sal.

42.
amor de pedra

> ... *a visita*
> *se é assim que você chamaria isso*
>
> *eu chamaria isso de um terremoto*
> Pat Parker, "For Audre"[1]

O auditório ribombava. Mas, por sua vez, Audre sempre sentia a barriga ribombar quando ficava diante de um grupo de pessoas.

"Eu sou uma guerreira e falo, o que quer que sinta que precise ser falado, por mim mesma. É sempre assustador, e não vai ficando mais fácil, só mais familiar."[2]

Como a leitura na Universidade George Washington em que ela sussurrou alto o suficiente para o microfone captar "É para eu estar aqui mesmo?".[3]

A questão era se perder dentro do som, cantar tão fundo dentro de cada palavra que ela pudesse esquecer que estava com medo. Encher o momento com tanta energia que não importava que ela estivesse sempre nervosa que suas palavras *não seriam ouvidas nem acolhidas*. Qualquer que tenha sido seu discurso na Marcha Nacional em Washington pelos Direitos de Lésbicas e Gays, sua palestra na Conferência Nacional pelos Direitos de Gays e Lésbicas do Terceiro Mundo, a comemoração do vigésimo aniversário da Marcha em Washington por Trabalho e Liberdade, em que ela respirava a hostilidade dos organizadores como um token de representatividade gay, ou sua última fala pública, em que aceitou a honra de ser a poeta laureada do estado de Nova York e se pronunciou contra o fato de que um veículo militar "já ultrapassado" equivalia a mais do que todo o orçamento federal anual para as artes, ela falou em meio a tremores.[4]

Todas as vezes que suas palavras abalaram uma audiência de forma intencional e provocativa, elas a abalaram primeiro.

Nessa noite em particular, Audre Lorde era uma convidada da Universidade Stanford. A menina que antes gaguejava ou ficava calada era uma mulher-feita que se mantinha firme e enunciava cada palavra do poema "Poder".

Ela deixava que o final de cada palavra ecoasse de volta para ela pelas paredes, as sílabas medidas como se para contrastar com as batidas frenéticas de seu coração, porque o pesadelo que inspirara o poema era mais importante do que o pesadelo de estar em público para declamá-lo.

"Estou perdida num deserto de feridas... frescas... à bala..."[5]

Jacqueline Nassy Brown, uma estudante ph.D. em antropologia na época, estava no auditório de Stanford nesse dia. Como universitária, ela tinha se candidatado à oficina de poesia de Audre e sido aceita. Assistiu incrédula e com medo genuíno à sala começar a tremer em meio ao poema de Lorde sobre Clifford Glover, vítima de assassinato por um policial:[6]

uma criança morta... arrasta... seu negro... e estilhaçado... rosto...[7]

Algumas pessoas começaram a fugir da sala cheia e procurar abrigo. Jacqueline ficou lá sentada, arrebatada. Talvez a princípio ela não tivesse certeza se havia de fato um terremoto acontecendo ou se era apenas a força das palavras de Audre, recriando o mundo inteiro dela.

A Universidade Stanford fica perto da falha de San Andreas, uma falha transformante ao longo da fronteira entre duas placas tectônicas. A placa Norte-Americana e a placa do Pacífico mantêm o planeta unido ao longo do encontro uma da outra, mas, a qualquer momento, elas podem escorregar. A falha de San Andreas é uma das fendas de maior atividade do mundo. O protocolo de terremotos para estudantes, funcionários, professores e visitantes de Stanford é claro:

"Não vá para o vão de uma porta. Não corra ou entre em pânico. Cuidado com a queda de objetos."[8]

A imagética que Lorde usa em "Poder" é uma paisagem de pesadelo de terra quebrada. Uma paisagem branca aterradora em que parece que o sangue de crianças negras assassinadas é a única fonte de água disponível. Ela mesma é cúmplice por sentir sede.

Por muitos anos as pessoas casualmente especularam sobre a Califórnia estar ou não destinada a se soltar do continente e afundar no oceano Pacífico devido ao impacto transformacional da falha de San Andreas. Os geólogos dizem que isso não é possível. Mas eles preveem que o deslize repetido entre placas tectônicas significa que, ao longo do tempo geológico, o que é hoje Los Angeles acabará ficando diretamente ao lado do que é hoje

San Francisco. As placas tectônicas deslizam para um lugar e depois deslizam em outros posicionamentos, encontrando umas as outras de modos diferentes pela fenda entre elas. A ideia da eventual separação não tem base científica. Não é assim que a terra funciona. O destino da terra ao longo da linha da falha é estar fora de si de modo diferente. Durante um terremoto a terra não parece terra. Ela coleia como uma onda. O suposto chão sólido parece tão fluido quanto o oceano.

"Eu não tenho sido capaz de tocar a destruição dentro de mim..."[9] Audre ergueu sua voz em mais um decibel enquanto alguns membros da audiência olhavam para as pessoas ao lado, agarravam-se aos seus pertences e consideravam se enfiar debaixo do assento. E alguns membros da plateia estavam petrificados pelas palavras de Audre. E depois, tão de repente quanto havia começado, o terremoto terminou. Ninguém respirava. Audre proferiu as últimas palavras do poema:

"Eles são uns animais."[10]

Jacqueline disse que ouviu um arquejo coletivo quando Audre finalmente terminou de ler o poema. Até hoje ela não consegue separar todos os componentes daquela atmosfera. O alívio comum de terem sobrevivido a um terremoto, a repentina consciência de que não estavam respirando ao longo de todo o poema, seu estarrecimento ao testemunhar uma poeta tão comprometida em falar uma verdade difícil que sacudiu a terra sob os pés deles. Audre, como de costume, se perguntava o que eles fariam com o que tinham ouvido.

Depois da leitura, mulheres que tinham vindo de toda a Bay Area para ouvir Audre ler correram para cumprimentá-la. No começo da fila estava Angela Davis, a feminista negra que lutava pela liberdade, que tinha vindo de quase cinquenta quilômetros de distância para ver Audre. Jacqueline não esperou na fila. Em vez disso, ela saiu com amigos, entusiasmada pela leitura, o choque do terremoto e o burburinho da "plateia mais profundamente colorida, de múltiplos tons e de muitas mulheres e queers" que ela jamais veria em um evento em Stanford.[11]

No dia seguinte, Jacqueline viu Audre relaxando na área do pátio do refeitório principal de Stanford. Ela se aproximou da mesa de Audre para descrever sua experiência com a força de seu poema, a extraordinária coincidência do terremoto e a coragem de Audre de continuar lendo em meio a ele.

"Eu não fazia ideia de que houve um terremoto!", exclamou Audre.

Jacqueline perguntou se ela não tinha reparado em algumas pessoas correndo para as saídas, e apontou que parecia que ela tinha erguido intencionalmente o volume da voz logo depois que o chão começou a se mover.

Audre sacudiu de rir.

"Só achei que aquela gente branca não queria ouvir o que eu estava dizendo." Ela deu de ombros. "Então comecei a falar mais alto."[12]

(Acima, à esq.) Fotografia do anuário de 1959 de Audre no Hunter College.

(Acima, à dir.) Retrato da carteirinha de estudante da época em que estudou na Cidade do México. É 1953, Audre tem dezenove anos.

Audre como editora responsável da *New Echo*, a revista literária do Hunter College, com sua equipe no anuário de 1959. Um sonho colegial por fim realizado como universitária.

Audre no escritório de sua casa revisando o manuscrito final de *Zami: Uma nova grafia do meu nome*. Staten Island, NY, nov. 1981.

Audre em sua sala de jantar mostrando um cristal de sua vasta coleção de pedras para amigas que a visitavam, incluindo a artista Wendy Cadden (não registrada). Staten Island, NY, nov. 1981.

Audre em uma caminhada em Staten Island, NY, nov. 1981.

Audre e sua parceira de longa data, com quem criou seus filhos, dra. Frances Clayton, perto da casa delas na St. Paul's Avenue, 207, Staten Island, NY, nov. 1981.

(Da esq. para a dir.) Barbara Smith, Audre Lorde, Cherríe Moraga e Hattie Gossett, centrais entre as fundadoras da Kitchen Table: Women of Color Press, na conferência Women in Print. Washington, DC, out. 1981.

Audre na Lammas Women's Books & More, segurando a mão de Urvashi Vaid, a diretora de mídia e mais tarde diretora-executiva (1989-92) da National Gay and Lesbian Task Force, com Raymina Mays (ao centro). Washington, DC, abr. 1987.

Audre falando no mar em St. Croix, 1989.
Audre conversando com uma mangueira em Buck Island, St. Croix, 1989.

Audre e Gloria Joseph, Berlim, 1989.

Foto instantânea da poeta segurando uma foto instantânea e falando para uma flor, em Zurique, sem data.

Audre lendo um cartão e sorrindo em Berlim, em 1992.

Audre e sua poeta mentoreada May Ayim em Berlim, no Winterfeldt Markt, em 1991. Ayim foi uma das fundadoras do movimento de mulheres afro-alemãs.

Audre e sua querida camarada Ellen Kuzwayo, em Berlim, em 1992. Kuzwayo, visionária sul-africana, foi cofundadora das organizações de mulheres baseadas em Soweto que eram as principais beneficiárias da Sisterhood in Support of Sisters in South Africa, da qual Gloria Joseph e Audre eram as mães fundadoras.

Parte 8

Quero dizer que nenhum de nós vai deslocar a Terra um milímetro de seu eixo. Mas se fizermos o que precisamos fazer, deixaremos algo que continua para além de nós mesmos. E isso é sobrevivência.

Audre Lorde na Rádio WBAI, 1982[1]

43.
na borda

Qual é a substância da sororidade negra? Tinta? Piche? Café? Ausência? Para Audre Lorde, sororidade era difícil. Então, vamos dizer que sororidade é feita de pedra. Pedra negra. Afiada, antiga, reflexiva até quando não queremos que ela seja. De um lugar profundo, mas mudando o tempo todo à medida que nos guiamos pela temperatura do ar. Digamos que nossa sororidade é preta e linda como a obsidiana.

O ensaio de Audre Lorde "Olho no olho" encara questões de uma vida inteira: Como é para uma mulher negra amar mulheres negras para além das divisões do patriarcado e do racismo? Como é possível amar mulheres negras em um mundo que odeia tanto mulheres negras? Essas questões vinham moldando a vida de Audre desde antes de ela ganhar seus primeiros óculos. Aparecem de forma incipiente em suas avaliações pré-adolescentes da mãe e das irmãs em seus diários particulares. E se estendem além da publicação de "Olho no olho" até pelo menos 1991, quando, depois da morte de sua mãe, Audre ficou sabendo que Byron Lorde tinha duas outras filhas, deixadas para trás em Granada com outra mãe. Ela conseguiu conhecer uma irmã, Mavis, antes de morrer. Uma irmã que se parecia mais com Audre do que suas outras irmãs, com pele ligeiramente mais marrom como seu pai. Reflexão ansiada, há muito retida.

A premissa básica de "Olho no olho: Mulheres negras, ódio e raiva" é que as mulheres negras enterram o ódio e a opressão por que passamos em uma sociedade racista e sexista bem no fundo de nós mesmas para sobreviver. Expectativas altas, julgamento exacerbado e uma busca constante por reflexão e aprovação transformam os relacionamentos de mulheres negras, sejam eles íntimos, platônicos, profissionais ou até efêmeros (como um momento de serviço ou a falta dele no correio) em uma câmara magmática.

A pré-condição para um vulcão. Terra líquida borbulhando sob a superfície. Ou o que os cientistas chamam de "uma situação volátil". Lugar de nascimento da obsidiana.

Alguns dizem que os primeiros espelhos foram feitos de obsidiana polida. Lava resfriada na superfície da Terra. Uma prática preta de reflexão. Místicos acreditam que espelhos de obsidiana fazem mais do que refletir o espectador diante deles; atuam como portais através do espaço e do tempo e para dentro de outras dimensões. Lançada de uma câmara magmática de quase 999°C próxima ao manto da terra para a superfície do ar relativamente frígida, o choque de ser transportada para fora de seu contexto dá à obsidiana seu brilho. A rápida confrontação com o ar é também o que a torna tão frágil.

O ensaio que se tornaria "Olho no olho: Mulheres negras, ódio e raiva" foi mudando de título. Primeiro foi "Cara a cara", tirado de uma saudação que Audre às vezes usava no fim de cartas para mulheres negras sobre seus conflitos pessoais com elas. Era uma expressão que usava com sua primeira terapeuta negra e com June Jordan. Ela brincou com o título "Irmãs outsiders: Mulheres negras, ódio e raiva", uma pista de como esse trabalho em particular foi fundamental para seu primeiro e mais longevo livro de ensaios, *Irmã outsider*. Ela disse à poeta Pat Parker que o ensaio era um espaço para resolver alguns dos mal-entendidos na sua sororidade de duas costas. Ela deu crédito às conversas com outras mulheres negras e brancas que eram confidentes próximas, colaboradoras, amantes e amigas que ofereciam "insight e apoio" à medida que o ensaio se desenvolvia.

Antes de se tornar o ensaio mais longo de *Irmã outsider*, "Olho no olho" foi "Mulheres negras e raiva", um artigo na edição de outubro de 1983 da *Essence* impresso diretamente ao lado de "Sister Love", um ensaio sobre amar mulheres negras como um ato político erótico e diaspórico de Alexis De Veaux, futura biógrafa de Audre. A citação de destaque da versão da *Essence* do ensaio de Lorde é "Quando foi a última vez que você elogiou outra irmã, reconhecendo o quanto ela é especial? Que mulher negra não é uma celebração, como água, como a luz do sol, como rocha?".[1]

Ao contrário do granito e de outras rochas ígneas, a obsidiana não tem a chance de esfriar, endurecer e formar cristais subterrâneos. Ela é quebradiça porque cristaliza rápido, passando de líquido para sólido em meros segundos ao ser arremessada de um vulcão, porque fica mais de oitocentos graus mais fria na superfície da Terra do que no âmago da cratera. Os relacionamentos de Audre com outras mulheres negras se formaram na interação entre profundidade e superfície. A mãe de Audre, Linda, ensinou Audre, Helen e Phyllis a "ser irmãs na presença dos diferentes", mas solidariedade com um público hostil é complicado. Os relacionamentos de Audre com outras mulheres negras eram mediados pela pressão de ser uma das poucas mulheres negras onde quer que ela estivesse, no ensino médio de maioria branca, na faculdade, na maioria de seus empregos, no enclave emigrante no México, no corpo docente do Hunter College, no festival de poesia feminista branco, na conferência nacionalista em sua maioria de homens negros, e assim por diante. Ela estava buscando relacionamentos com outras mulheres negras em contextos em que costumava se sentir pessoalmente desconsiderada. Como escreveu uma vez em seu diário:

"Se a amargura fosse uma pedra de amolar eu seria afiada como o pesar. Estou convencida de que ninguém vai acompanhar meu trabalho com a paixão e a precisão que ele merece e precisa até eu estar morta. Zora e Billie estão seguras porque já não ameaçam as mulheres que teriam cuspido nelas na rua ou, mais provavelmente, virado a cara para a dor delas. Uma parte de mim é usada por todas elas e como é conveniente ter à mão todo o resto pelo qual me rejeitar. NÃO VOU FICAR CALADA!"[2]

Essa frustração, especialmente com o racismo das feministas brancas, colocou os relacionamentos de Audre com outras mulheres negras sob ainda mais pressão. É por isso que ela se aprazia com a chance de escrever longas cartas sobre o significado de sua obra para Akasha Gloria Hull uma vez que Hull começou a resenhar os livros de Lorde no *Sinister Wisdom*. Mas era também por isso que pequenas ações dolorosas ficavam com ela por tanto tempo. A balconista negra que fez vista grossa para ela para servir um homem branco que chegara depois, ou a oficial negra que tentou não deixá-la entrar em um aeroporto por causa de seus *dreadlocks*. Esses momentos a machucavam tão fundo que ela tinha de processá-los por escrito. Os cortes eram ainda mais profundos quando ocorriam em espaços íntimos em que Audre estava tentando intencionalmente construir uma comunidade. Por exemplo, enquanto ela fazia residência no retiro de artistas MacDowell, revisando o ensaio que se tornaria "Olho no olho", se perguntou:

"O que significa mulheres de cor virem à minha casa para discutir nossa formação de um coletivo de mulheres de cor e alguém fazer xixi no assento do meu vaso como se a minha casa fosse um banheiro público?"[3]

Ela não incluiu essa pergunta na versão final do ensaio.

Curandeiros usam a obsidiana para aterramento e limpeza. Algumas pessoas a usam para proteger sua energia psíquica, ou para se aproximar das profundezas da terra. Audre refletiu com uma gama de irmãs de confiança sobre os desafios e nuances de amar mulheres negras como mulher negra. Em seus agradecimentos no pé da primeira página do ensaio, ela faz referências a conversas com Andrea Canaan, uma amiga, amante e principal anfitriã durante suas viagens para a Bay Area, que escreveu seu próprio ensaio sobre *"brownness"*, sua teoria global sobre mulheres de pele marrom, para This Bridge Called My Back durante o mesmo período. Ela discutiu a respeito com Gloria Joseph, sua futura companheira, que escrevia o livro Common Differences: Conflicts in Black and White Feminist Perspectives com Jill Lewis na mesma época. Discutiu a respeito com Barbara Smith, que ajudava a coordenar retiros de feministas negras onde conflitos ideológicos e pessoais inevitavelmente surgiam. Discutiu a respeito com Judy Simmons, que a entrevistou no rádio. Discutiu a respeito com Yvonne Maua Flowers, que estava envolvida em uma das primeiras organizações de lésbicas de cor nos Estados Unidos, a Salsa Soul Sisters, sediada em Nova York, que lutava com o significado de algumas de suas líderes escolherem mulheres brancas como parceiras. Discutiu a respeito com Michelle Cliff, uma autora jamaicana de pele clara que às vezes passava por branca cuja compleição provocava desconfiança e suspeita entre outras mulheres negras e caribenhas à medida que subia de posição na comunidade literária feminista. Ela também discutiu a respeito com Adrienne Rich como amiga e também como uma mulher branca em um relacionamento inter-racial de longa data com Michelle Cliff. Discutiu a respeito com sua agente, Charlotte Sheedy. Discutiu a respeito durante refeições com Blanche e Clare e Frances, as três mulheres brancas de sua família branca de opção. Ela refletia sobre essas questões o tempo todo. Quais são as riquezas em nossas contradições vividas? O que fazemos com as faíscas de fricção em que nossas frágeis armaduras se encontram?

Audre entendia que a intensa atração que sempre sentiu por mulheres negras como amigas, amantes, interlocutoras e irmãs escolhidas estava ligada a seu desejo de estar próxima da mãe. Uma década antes de publicar "Olho no olho", ela escreveu em seu diário:

> Procurei e procurei a mulher negra que seria minha mãe de verdade — que poderia me dizer como as mentiras que engolimos nos invernos mais tenros poderiam ser enrijecidas e exploradas e jogadas fora, que me daria o nome dela e sancionaria meu sofrimento, não ao remover o que ela não podia porque ele ecoava o dela, não ao reduzi-lo porque em seu interior jaz a chave de todos os nossos poderes futuros mas ao reconhecer que curaria as brechas na minha força. [...] Aquela mulher que eu procurava era eu mesma.[4]

Em "Olho no olho", Audre chega ao mesmo ponto. Ela escreve sobre suas experiências de racismo no início da infância, seu terror ao ver o mesmo racismo impactar sua filha, seu desejo de reconhecimento de suas irmãs e seu anseio de sororidade com outras mulheres negras. Sua raiva em relação a tudo isso molda seus relacionamentos. "Conheço a raiva que existe dentro de mim como conheço a batida do meu coração e o gosto da minha saliva. É mais fácil ter raiva do que ferir."[5]

Depois de rastrear muitos desejos e perdas, Audre conta como confortou uma amiga que lamenta o fato de que nunca mais vai vivenciar amor como o amor de sua mãe, que faleceu recentemente. "Podemos aprender a ser mães de nós mesmas", oferece Audre, apelando para uma prática coletiva de presença rigorosa, responsabilização e generosidade. Audre invoca "ser mãe" como uma ação, uma prática possível entre mulheres negras. Isso borra a distinção entre o eu e o outro. "Significa que eu afirmo meu valor quando me comprometo com a minha sobrevivência, tanto no meu ser quanto no ser de outras mulheres negras."[6]

Lorde ensina que essa "busca rigorosa do possível" significa que "devemos reconhecer e alimentar os aspectos criativos umas das outras, mesmo que nem sempre consigamos compreender o que será criado", e que devemos "temer menos umas às outras e valorizarmos mais umas às outras".[7]

Ser mãe de nós mesmas é uma prática para supostas irmãs. O que repercute com a insistência da suposta irmã de Audre, Toni Cade Bambara, de que "irmã é um verbo". O que repercute com a injunção da suposta irmã de Audre, June Jordan, "chamo você de irmã com base no que você *faz*".[8] O que repercute com a lembrança da suposta irmã de Audre, Pat Parker, de que irmandade é uma decisão: "Era uma vez um sonho. Um sonho de mulheres transformando o mundo. E ele ainda vive, para aquelas que seriam irmãs".[9]

Mas Audre não disse "Podemos aprender a ser irmãs umas das outras". Disse "Podemos aprender a ser mães de nós mesmas". Qual é a relação entre ser mãe e ser irmãs? O uso de Audre de ser mãe enfatiza o trabalho de nutrir, criar um contexto, tornar algo possível. Esse é o ser mãe que pode permitir o ser irmãs, se o ser irmãs for uma forma de acompanhamento íntimo como iguais. Mas seria preciso muito mais cura intencional para aquelas que, como Lorde diz em "Uma litania pela sobrevivência", aprenderam a "sentir medo desde o leite materno".[10] Esse chamado para o trabalho de cura de "ser mães de nós mesmas" não apenas cria conexões laterais dentro de uma geração, dá à luz um mundo de direções e práticas de amor infinitas.

Todas as obsidianas eram magma antes de se tornarem pedras, mas os humanos ainda não têm a capacidade de derretê-las de volta. Artesãos astecas usavam seus cacos como lâminas de armas, mas guardavam os pedaços maiores para o trabalho de reflexão. Então talvez a verdadeira mágica da obsidiana sejam os ângulos pelos quais ela pode refletir e absorver a luz, a complexidade de se procurar por um espelho sombriamente.[11] Audre não venceu a volatilidade de seus relacionamentos com mulheres negras ao escrever e discutir os conceitos em "Olho no olho", mas suas reflexões continuam relevantes para aqueles de nós que viajam por eras temporais e narrativas de opressão, para aqueles de nós que ainda buscam um portal negro que leve a outro mundo. Para aqueles de nós atraídos pela magia negra de encararmos uns aos outros.

44.
amiga

A mostra de imagens era chamada
Preenchendo o Vácuo. *Você estava nela.*

Pat Parker, carta para Audre Lorde[1]

Geólogos marinhos chamam os amplos espaços no fundo do oceano de "planícies abissais". São áreas uniformes de até 6 mil metros abaixo da superfície. Devido aos níveis de pressão e escuridão nas profundezas do oceano, os cientistas ainda não são capazes de explorá-las.

Apesar (ou por causa) do fato de que os humanos não conseguem suportá-las, as planícies abissais são cheias de vida. São umas das áreas mais biodiversas do planeta. São um refúgio, especialmente para as criaturas que vivem melhor sem oxigênio. E para aqueles de nós que precisamos de oxigênio, elas nos ajudam a respirar ao desempenhar um papel importante no trabalho do oceano de processar o CO_2 na atmosfera terrestre. Existe pressão para as criaturas de águas profundas, mas elas não a percebem no dia a dia. A pressão do interior de seus corpos é praticamente igual à pressão externa.

As irmãs-camaradas Audre Lorde e Pat Parker trocaram cartas entre Staten Island e Oakland, e depois Pleasant Hill, Califórnia, por décadas. Durante os quase vinte anos de amizade elas mandaram amor, conselhos, curiosidade e apoio uma para a outra como poetas feministas lésbicas negras, como socialistas em apoio a uma revolução por parte da maioria do Sul global e, por fim, como duas guerreiras lutando contra o câncer. Mas elas escreviam em um ambiente misteriosamente pressurizado. Às vezes suas mensagens apareciam distorcidas como se elas estivessem falando através da água. O estresse do capitalismo, a urgência do desejo e a possibilidade da morte estavam sempre à espreita. Elas recorriam uma à outra mesmo assim, de extremidades diferentes do vácuo.

"O continente nos separou..." Audre Lorde em seu prefácio a *Movement in Black*, de Pat Parker

Em seu prefácio à antologia poética de Pat Parker *Movement in Black*, Audre descreveu como conheceu Pat em 1969 "na última noite de minha primeira viagem à Costa Oeste". Quando perguntou a suas anfitriãs brancas onde estavam as mulheres negras, elas responderam no singular e a deixaram na porta da casa de Pat Parker. Audre retrata uma afinidade imediata: "Nós duas éramos negras, lésbicas, ambas poetas, em um mundo muito branco, hétero e masculino e passamos a noite toda trocando poemas".[2]

Parker é mais provocativa na descrição do primeiro encontro das duas: "Quem é essa vaca?", pergunta ela nos versos de abertura de seu poema "For Audre":

> Quero dizer, de verdade
> Quem é essa vaca?[3]

Parker se lembrava da audácia de Audre de dar conselhos não solicitados sobre sua poesia *e* sua vida amorosa logo no dia em que se conheceram. Audre nunca parou de dar conselhos. Mas eventualmente Pat começou, sim, a pedir orientação para transitar no mundo literário, concentrar-se em sua própria escrita, gerir as finanças domésticas, enfrentar a luta contra o alcoolismo, viver o processo de se tornar mãe, aceitar os cuidados da sua comunidade e reestruturar a vida depois do diagnóstico de câncer. Às vezes ela pedia conselhos sobre coisas pequenas também. Encerrou uma carta com o acréscimo de uma nota: "P.S. Como você cozinha beterraba?".[4]

Nessa primeira noite, Audre sentiu que tinha a oportunidade de ser uma irmã mais velha.

"Na verdade ela [Audre] é a única pessoa além das minhas irmãs que pode me chamar de 'Patty'", explicou Parker para uma plateia anos depois.

> E eu me dei conta de que não tinha problema ela fazer isso porque é assim que eu a via, como uma irmã. Na verdade, às vezes como uma irmã mais velha. Eu lhe disse há alguns dias que ela era mandona. E ela é, mas não tem problema porque irmãs mais velhas são mandonas e você espera essas coisas.[5]

Audre mais tarde escreveu para Pat que se tratava de mais do que uma irmandade para ela: "É como estar num relacionamento com uma parte adorada de mim mesma".[6] Ela se deleitava com a intimidade que a primeira conexão poética das duas oferecera: "Havia poemas em sua cama, nas mesas, na geladeira, embaixo da cama, e, pelo jeito como revirava o apartamento, procurava — não por respostas — mas por perguntas inexpressáveis".[7]

Mas "no dia seguinte", lamentou Audre, "o continente nos separou".[8]

Durante a maior parte da amizade delas, com exceção de algumas visitas preciosas, elas recorreram uma à outra através de cartas, telefonemas, cartões-postais, cheques e saudações às vezes não respondidas enviadas por outras mulheres que viajavam de uma costa à outra. Ouvindo falar uma da outra tanto pela fábrica de fofocas feministas como por contato direto, as duas às vezes se perguntavam sobre o status de sua amizade. Mas no fim, que não é o fim, o amor delas persistiu, mesmo do outro lado do abismo.

"Calor de um lugar frio..."[9] Audre Lorde em carta para Pat Parker

Frio vaza do fundo da planície abissal através de respiradouros que externam isótopos. Eles são alguns dos poucos lugares onde é possível ver a reação química contínua que permite que o núcleo terrestre fique frio o bastante para ter uma superfície. Comunidades de antigos moluscos prosperam perto dessas vazantes frias, alimentando-se da doçura da radioatividade, como as plantas fotossintetizam a doçura do sol. Há 2 bilhões de anos, quando o oxigênio se tornou o principal elemento dos oceanos e da atmosfera terrestre, alguns dos mais antigos habitantes do planeta tiveram de se adaptar. Esses locais de aberturas sulfúricas, onde mal há oxigênio ou luz, são alguns dos poucos lugares em que esses bivalves ainda conseguem respirar.

Ainda que Frances e Audre só tivessem visitado Pat Parker juntas uma vez, as duas amigas costumavam relembrar a calidez, o amor e a alegria que vivenciaram nessa visita. Pat adorava receber Audre em Oakland. As duas passavam longos períodos sem a afirmação de pessoas que elas sentiam que as entendiam de verdade como mulheres negras poetas, socialistas e revolucionárias, e sobretudo como lésbicas negras com parceiras brancas.

Em suas cartas elas viajavam brevemente no tempo para a vez em que Frances, Audre, Pat e Laura (a parceira de Parker na época) estavam sentadas juntas rindo e jogando o jogo de baralho mais poeticamente apropriado: bridge.

"Queria que vocês duas estivessem mais perto, ou que o país não fosse tão largo, caramba",[10] Audre se queixou.

"Não consigo lembrar de ter desfrutado tanto a presença de alguém na minha casa",[11] Pat elogiou em outra carta. A poeta Chrystos se lembra de ver Audre na cozinha de Pat na época em que Chrystos e Parker namoravam.

> Ela entrou com uma luz irradiando ao seu redor como a Virgem de Guadalupe... Ainda que sua aura fosse um truque para entrar em uma casa mais escura, parecia lhe cair muito bem. O espírito dela era grande demais para seu corpo. Talvez fosse apenas outro jogo de luz, mas faíscas voavam de suas mãos quando ela gesticulava. Ela e Pat se abraçaram com alegria, demoradamente. Eu me lembro de ficar surpresa por não sentir ciúmes.[12]

Em vez disso Chrystos decidiu homenagear a afeição que testemunhou entre Audre e Pat. Ela sacou seu diário e começou a desenhar a luz em torno de Audre.

"Então Audre que sabia que Pat vivia na terra dos matadores de poetas presumiu que sua amiga devia estar morta pois sabia que essa era a única razão para Pat não ter respondido à sua carta."[13] Pat Parker, preâmbulo de carta para Audre Lorde

Audre e Pat identificavam uma à outra como sobreviventes afins. Pat Parker escapara com vida da violência homofóbica de Fifth Ward, em Houston, no Texas, e se mudou para Los Angeles, onde se juntou ao Partido dos Panteras Negras e seguiu para Oakland. Adulta, escreveu sobre um garoto gay que entregava jornais em sua comunidade e cantava no coral. Uma gangue homofóbica o jogou no tráfego iminente. Pat deixou um casamento abusivo e eventualmente se tornou uma das fundadoras de uma organização de lésbicas de cor na Bay Area chamada Gente. Mas sua irmã mais velha Shirley Jones não teve tanta sorte. O marido abusivo *dela* a matou depois que ela o deixou, o que devastou Parker e a incitou a escrever o livro *Womanslaughter*.

Pat estava o tempo todo ciente de como escapara por pouco. Ela não achava nada extremos os termos de vida ou morte que Audre usava para falar sobre poesia.

As duas poetas se comiseravam da deslealdade de um cenário literário que homens brancos dominavam e moldavam perdulariamente, o qual também era cheio de insegurança e sexismo de homens negros, e ignorância e racismo de mulheres brancas, para não mencionar homofobia e classismo. Suas cartas eram repletas de amor e admiração pela escrita uma da outra, mas também de alertas, especialmente de Audre, sobre instituições e indivíduos com que Pat Parker começou a interagir à medida que se tornava mais conhecida e viajava pelos Estados Unidos divulgando sua poesia.

Elas também se queixavam de quanto tempo tudo o que *não* era poesia tomava em suas vidas, e destacavam a urgência de suas obras. "Nenhuma de nós tem para sempre", Audre lembrava Pat. Mas ambas acreditavam que suas obras, na medida em que pudessem realizá-las, teriam um impacto capaz de salvar vidas no mundo muito depois que as duas tivessem se ido.

"Nós somos o apoio uma da outra de uma forma particular e insubstituível", Audre disse para uma audiência em uma leitura no Dia dos Namorados que ela e Pat fizeram no Women's Building em San Francisco em 1986. As duas poetas, amigas havia dezoito anos a essa altura, dedicaram poemas para Anastacia, a filha de Parker, que zanzava correndo do lado de fora da leitura com sua outra mãe. Havia dez anos que elas não dividiam um palco. "Eu me desculparia com vocês por nosso atraso", Pat Parker brincou com a plateia de mulheres no começo da leitura, "mas como é tudo culpa da Audre, não vou fazer isso." No final, Audre e Pat se abraçaram por um bom tempo na parte da frente da sala enquanto as mulheres reunidas gritavam sua ovação de pé, batendo os pés.[14]

"Me escreva logo ou vou te assombrar."[15] Audre Lorde no fim de uma carta para Pat Parker

Da perspectiva das criaturas que ali vivem, um abismo não é um abismo. É seu lar. Bioluminescentes, ou adaptadas ao escuro, elas não caíram de nenhuma grande altura. Para os animais que se deslocam pelo fundo do abismo, ele não é só profundidade, é um outro tipo de superfície. Eles não estão vivenciando uma metáfora da morte. Porém, para o animal terrestre cientificamente letrado, o abismo é um abismo, sim, por causa da falta de luz, porque tem mais de seis quilômetros de profundidade, mas sobretudo porque é incognoscível.

Portanto, mesmo que suas referências à ameaça da morte tivessem se tornado tão rotineiras a ponto de ser desafiadoramente irreverentes e quase mundanas, Pat não se sentia confortável de falar com Audre sobre seu próprio diagnóstico de câncer. E se fosse um gatilho para Audre ou trouxesse memórias ruins? Os detalhes da experiência de Pat não apenas sobrecarregariam Audre com a bagunça de seu processo inicial com o câncer, antes de ela ter (da perspectiva de Pat) aprendido a se orientar por ele com dignidade e graça? Mas teria sido pior não contar a ela. Então ela não se sentou para escrever. Ela pegou o telefone.

Em um evento público anos depois, Parker lembrou aquele momento.

Quando fiquei sabendo que Audre estava com câncer, fiquei muito brava, praguejei contra os deuses e as deusas e todo mundo e tudo em que conseguia pensar. E quando descobri que eu estava com câncer, a primeira coisa que fiz foi dizer à minha amada, a segunda coisa que fiz foi ligar para Audre. E ela estava na Alemanha na época fazendo tratamento, mas ainda assim dedicou tempo para conversar comigo e me ajudar e me colocar no caminho certo. E sou eternamente grata por isso, porque sei pelo que ela estava passando naquela época.[16]

Pat Parker achou que talvez sua raiva não processada fosse a razão de seu câncer, mas quando pensou sobre como era cruel que o estresse de viver como uma pessoa multiplamente oprimida pudesse ser a razão dela ter uma doença terminal, só sentiu *mais* raiva. Como ela poderia reconhecer a cura emocional e espiritual que seu câncer poderia estar exigindo em sua vida sem se culpar por sua própria doença?

Pat pensava no aviso que Audre havia lhe dado anos antes:

"Cuidado com todo o ódio que armazenou dentro de você, e as fechaduras em seus lugares tenros."[17]

Ela também estava nervosa com a possibilidade de Audre ficar brava com ela por ter escolhido tratar seu câncer com quimioterapia.

"Eu me sinto como um reator nuclear fora de controle",[18] disse Pat quando por fim sentou para escrever.

Audre ofereceu sua garantia desoladora de que a sociedade era carcinogênica e que ela não precisava se culpar. "QUALQUER DECISÃO QUE TOMEMOS SOBRE NOSSO PRÓPRIO CORPO DEPOIS DE CONSIDERAR OS FATOS É A DECISÃO CERTA!", enfatizou.[19] Ela ofereceu conselhos práticos (parar de comer alimentos processados, perguntar sobre terapia de vitamina C durante a quimio), perspectiva política (o câncer em si é um grande negócio) e orientação pessoal (sim, você precisa sim chorar). Às vezes ela citava seu próprio livro *Os diários do câncer*. Ela também enviou dinheiro em 1988 para apoiar um show beneficente comunitário que financiou a participação de Parker em um programa educacional de nove semanas sobre o câncer.[20] Em suas cartas, as duas poetas intensificaram o uso da palavra "amor", cientes de que não tinham controle sobre quantas cartas mais ainda conseguiriam mandar ou receber. No fim das contas até para essas duas poetas celebradas, as palavras não foram suficientes.

Em sua última carta para Audre a que temos acesso, Pat escreveu:

Esta não é uma folha de papel, mas meu braço se estendendo por todos os malditos quilômetros entre nós para te abraçar com toda a força que tivemos para ganhar da dor.

Esta é minha mão alcançando dentro de você para preencher o buraco que está aí.

Neste momento me sinto traída por palavras; não há nada que eu possa dizer que diga como me sinto.[21]

"Falo logo com você quando você voltar do lugar que não consigo ver."[22]
Pat Parker para Audre Lorde

A planície abissal não está bem preservada no registro sedimentar. Enquanto camadas de antigo lodo fluvial, areia do Saara e cinzas vulcânicas aparecem no registro geológico, a matéria terrestre da planície abissal costuma cair entre as fendas. Literalmente. O processo de subdução, ou o modo como a terra desaba sobre si mesma quando as placas tectônicas se movem, significa que as planícies abissais se deslocam para fora do registro e de volta rumo ao núcleo do planeta. Onde está o calor.

Audre já era adulta quando viu a terra natal de sua avó, Carriacou, pela primeira vez num mapa. Por anos, esse era um lugar imaginário em que ela podia pensar na mãe jovem, feliz e cercada por suas frutas e pessoas favoritas. Será que esse é um outro tipo de abismo, o lugar não mapeado? Um grande além, um paraíso possível? Uma vez que por fim o encontrou em um mapa na biblioteca e que aprendeu o termo *Zami*, Audre imaginou Carriacou como um lugar onde as mulheres se apoiavam como amantes e amigas enquanto os homens ficavam a maior parte do tempo no mar, às vezes nunca voltavam, como o próprio avô de Audre. Ela escreveu sobre uma presença generativa e abundante de mulheres.

Uma vez quando Audre mencionou as férias que tiraria em Gualala, Califórnia, Pat procurou o lugar em seu próprio atlas e nunca o encontrou. Então se referiu a ele em sua carta de resposta para Audre como "o lugar que não consigo ver".[23] Ela não gostava do fato de que Audre estava indo "a alguma parte afastada do mundo e que não posso visualizar onde".[24]

Como se viu, foi Pat quem foi primeiro, para o vácuo não mapeável.

Em 17 de junho de 1989, Pat Parker morreu de câncer. Pelo resto da vida de Audre Lorde, o que foi pouco mais de três anos, ela buscou homenagear sua irmã-camarada. Ela ofereceu "palavras [que] estão no lugar do ar morto/ainda entre nós".[25] Ela procurou a parceira de Pat, Marty, perguntou sobre suas filhas, escreveu poemas em sua homenagem. Um mês depois do falecimento de Pat, Audre escreveu:

Não acredito que você se foi
da minha vida
então você não foi.[26]

Em 1990, ela escreveu:

Faz quase um ano e ainda
não consigo lidar com você
não estar na outra ponta da linha.[27]

E então, em 1992, ela se juntou mais uma vez à sua amiga naquele lugar entre continentes onde a terra ainda queima.

45.
para cada uma de vocês

O amor das mulheres me curou.
Audre Lorde, *Os diários do câncer*[1]

Ife Franklin ainda era apenas uma *baby dyke* em algum momento dos anos 1980 quando sua colega de quarto lésbica feminista mais experiente a convidou para uma roda de cura para Audre Lorde em San Francisco. Será que foi no icônico Women's Building, onde Audre uma vez dividira o palco com Pat Parker? Como muitas experiências espirituais, a logística de chegar lá não deu certo para Ife. O que a cineasta e construtora de comunidade se lembra é da sala cheia de mulheres em roda, esticando as mãos, retendo energia, rezando para o bem-estar e a cura de Audre diante de seu diagnóstico de câncer. Ife diz que é grata e se sente honrada até hoje por ter oferecido energia para alguém cujas palavras alimentaram tantas pessoas. Por volta da mesma época, na Sisters Chapel do Spelman College, Sonia Sanchez pedia a todos os reunidos nos bancos de igreja polidos pelo tempo da faculdade mais antiga para mulheres negras nos Estados Unidos que mandassem energia para Audre enquanto ela passava por uma cirurgia. Essas foram duas de muitas rodas que mandaram uma forma de energia em que Audre acreditava plenamente. Um ano depois de sua cirurgia, ela disse: "Recebi a energia e espero tê-la usado bem". Do que Ife se lembra além da roda de mulheres, do amor na sala? Um detalhe espacial: os painéis de madeira das paredes que as abrigavam.[2]

> tenho procurado por você nos anéis em torno dos carvalhos
> em cada uma das doze luas de Júpiter
> nas ruas do Harlem...[3]

Toda árvore guarda um arquivo, camadas concêntricas de evidências. Provas de como ultrapassou seu limite e cresceu. Mas os limites estão ali. Você pode ler o registro da primeira geada, da seca, dos fungos, dos besouros famintos. Toda árvore guarda um arquivo de sua própria sobrevivência. Mas para ver o registro você tem de cortá-la.

As raízes armazenam e passam informações. No arquivo de Audre ela guardava os textos e artigos de pessoas cuja obra era parte do clima que a fazia se sentir possível e às vezes impossível. Os arquivos de outras pessoas incluem os cartões e o apoio financeiro que Audre mandava sem solicitação, tantas vezes sem expectativa de reembolso. E os arquivos dela mostram amplas evidências do valor de suas camadas para a floresta de escritoras negras que ela ajudou a cultivar.

Audre acreditava na integridade de sua pele. Também se preocupava com as pesquisas sobre câncer da época, que diziam que incisões podiam provocar e promover células cancerígenas e impedir os esforços regenerativos das células em processo de cura. Então ela resistiu o máximo que pôde ao impulso oncológico dominante de cortá-la e abri-la. Mas depois de ler, pesquisar e consultar as pessoas que amava, concordou com uma mastectomia do seio direito. Os funcionários e voluntários do hospital esperavam que ela colocasse um enchimento no sutiã ou usasse uma mama protética, para que ela e todas as outras pessoas pudessem fingir que nada tinha acontecido. Audre fez o contrário. Não só se recusou a usar um sutiã com enchimento, mas fez colares assimétricos para destacar sua evolução. Aquele arquivo de sobrevivência? Ela usava no peito.

O que chamamos de árvore é em sua maior parte matéria morta. A casca é morta como as unhas humanas, protegendo do mundo exterior a camada fina e viva de células em crescimento. O interior já é ancestral. Camadas de madeira seca e morta oferecem a estrutura e a armação para as partes vivas da planta suportarem o vento, alcançarem o sol. Câmbios, as células vivas das árvores, constroem a vida sobre as células mortas que vieram antes, endurecidas pelo tempo. Essa estrutura ancestral faz com que uma árvore se pareça bastante com um recife de coral. No centro de toda aquela madeira seca e morta está o âmago ou medula, o cerne original da árvore, um lugar que nunca deixa de ser macio. Entalhadores de madeira alertam seus alunos sobre o âmago. Não importa quão velha a árvore seja, a parte do cerne que emergiu da semente ainda é vulnerável. Ela vai desmoronar sob pressão.

Em 1962, em sua declaração de autora para a antologia britânica *Sixes and Sevens*, Audre apresentou sua teoria da fotossíntese feminista negra:

Não nasci numa fazenda ou numa floresta, mas no centro da maior cidade do mundo — uma integrante da raça humana cercada de pedras, longe da terra e da luz do sol. Mas o que há em meu sangue e na minha pele de riqueza, de terra marrom e sol do meio-dia, e a força para amá-los, vem da jornada tortuosa da África através de ilhas solares para uma costa rochosa e essas são as dádivas através das quais eu canto, através das quais eu vejo. Esse é o conhecimento do sol, e de como amar mesmo onde não há luz do sol. Esse é o conhecimento e a riqueza que darei a meus filhos com orgulho, como uma força contra as formas menos óbvias de estreiteza e noite.[4]

Uma floresta é um superorganismo. Múltiplas espécies possibilitam que a floresta viva, cresça, se regenere, suporte tempestades, secas ou parasitas. A respiração da floresta é o que torna a vida entre os oceanos possível. O copado de uma floresta assimila a chuva que cai sobre a terra e a expira. Uma árvore não pode mudar o clima da área em que cresce, mas uma floresta pode. Uma floresta é um sistema de ajuda mútua e de recursos compartilhados. As raízes das árvores estão conectadas através de micélios. Milhares de espécies interagem e prosperam em uma floresta saudável.

Mas nem todo grupo de árvores constitui uma floresta. Muitos grupos de árvores são cultivados para a extração de madeira, ou como barreiras sonoras ao longo da estrada. Nesses casos, o propósito não é as árvores conversarem umas com as outras, ou abrigar o potencial infinito da biodiversidade florestal. O propósito é que as árvores cresçam rápido e direto para o uso humano. A maioria dos grandes grupos de árvores neste continente hoje não são florestas. São plantações.

A madeira é grudenta, o que faz com que seja difícil transformá-la em papel. Ela é cheia de cola natural, ou seiva, e os fabricantes de polpa de papel precisam misturá-la com produtos químicos que fazem com que as fibras da árvore ajam como se não se conhecessem. Será que algo da árvore retorna se usarmos o papel para nos enredarmos juntas, insistirmos em nossa conexão, nos unirmos?

"Nós não amamos no abstrato e nós não amamos aos montes",[5] Audre escreveu em seu diário. E assim ela guardou exemplos específicos de amor de suas redes de cuidados.

Como as edições linha a linha de Barbara Smith e Cherrie Moraga de sua prosa em *Zami*. Ou as edições linha a linha de Michelle Cliff e Adrienne Rich de seus poemas em *Nossos mortos em nossas costas*.[6]

Como o cuidado que alcançou Toni Cade Bambara mesmo através dos muros da City University. Bambara escreveu uma carta em resposta a Audre sobre seu poema terno e rigoroso, "Toni querida, no lugar de uma carta parabenizando-a por seu livro e sua filha, quem você diz estar criando para ser uma pretinha muito correta". O poema homenageia Bambara tanto como criadora quanto como mãe e propõe uma reflexão do que significa criar suas filhas para serem "corretas" em vez de criá-las para serem livres. O poema termina:

Nossas filhas vão se tornar suas próprias
Mulheres Negras
achando suas próprias contradições
que elas vão aprender a amar
assim como eu amo você.

"Não vou nem parar e tentar pensar em um jeito realmente equilibrado de agradecê-la pelo poema deslumbrante. De fato deslumbrante", escreveu Toni. "Então apenas uau Audre. É um poema incrível."[7]

Ou a carta que a futura poeta premiada Rita Dove mandou sobre sua ansiedade como a única pessoa negra em seu programa de mestrado de escrita criativa da Universidade de Iowa. Ela contatou Audre porque sentia que não estava recebendo nenhum feedback útil na oficina para aperfeiçoar sua poesia sobre a vida negra.[8]

Ou a carta de gratidão em um papel de carta de elefante de bell hooks para a palestra de Audre na Associação Nacional de Estudos das Mulheres em 1981 sobre os "usos da raiva".[9] "A memória da sua voz, calorosa e forte, foi como um cobertor em que me enrolei, até chegar em casa", escreveu bell. Ou as cartas em que outras escritoras celebram as conquistas dos filhos de Audre ou perguntam o que eles estão fazendo. Ou a carta em que Sonia Sanchez incentiva sua querida irmã Audre a tomar suas vitaminas.[10]

Em seu diário, Audre escreveu: "Veja como você se imprime no meu coração".[11]

Em uma floresta, apenas 3% da luz do sol alcança o sub-bosque em que as árvores mais jovens lutam para crescer. As plantas que um dia substituirão suas árvores-mães fazem fotossíntese na quase escuridão, um "conhecimento do sol, e de como amar mesmo onde não há luz do sol" filtrada, como Audre disse em sua declaração de autora em 1962. Então o que uma árvore-mãe deve fazer? Ela alimenta as árvores abaixo de si por meio de suas raízes, à medida que elas se aproximam lentamente do céu.

Gwendolyn Brooks, a primeira poeta negra premiada dos Estados Unidos, enxergava Audre como uma parte poderosa de seu próprio legado. Foi ela que recomendou que a Broadside Press publicasse e promovesse a obra de Audre antes que Audre tivesse um agente ou o reconhecimento do mundo editorial mainstream. Ela usou seu status como figura materna no Black Arts Movement para exigir o respeito que os poetas homens nem sempre estavam dispostos a oferecer a Audre. E ela não se calou quanto à importância da obra de Audre. Em um bilhete ela escreveu:

"Você se mostrou ser de ajuda incalculável para muitas, muitas mulheres — não apenas as mulheres de hoje, mas mulheres ao longo dos tempos... Você sempre foi uma pessoa muito importante, muito significativa, Audre. Eu tenho, tive e sempre terei orgulho de você."[12]

Será que Gwendolyn Brooks sabia ou esperava que viveria oito anos a mais que Audre? Que o seu "sempre terei" ecoaria além do tempo de vida da poeta mais nova?

Uma árvore-mãe não pode mover os galhos rápido o bastante para espantar os besouros e outros parasitas que podem atacar uma árvore mais jovem no sub-bosque. Ela tem de mandar seu açúcar para a raiz para ajudá-la a sobreviver aos anos de sombra.

Na época certa do ano, logo antes de uma árvore decídua tornar a brotar folhas para a primavera, o fluido que sobe pelo câmbio é tão ruidoso que se você apoiar um estetoscópio na casca pode ouvir a seiva subindo correndo para os galhos nus.[13]

Quando Audre disse "o amor das mulheres me curou", ela falava do cuidado, do alimento e do apoio em sua jornada de cura.[14] Ela falava da gratidão e da afirmação intelectual que encontrou na comunidade e em espaços culturais de mulheres. Mas também falava do entusiasmo erótico e da excitação sensual que sentia em relação às mulheres em sua vida. Aquelas que eram amantes, e aquelas que não eram.

Audre acreditava plenamente no poder curativo do erótico, em seu próprio poder como uma curadora e na possibilidade de ser curada pelo toque. Ela não separava a experiência física do desejo do trabalho teórico do feminismo negro. Uma vez, em um avião teorizando a "estética feminina negra" em seu diário, ela se inflamou: "Agora estou ficando atrevida, menina, com fogo nas calças. A mulher negra move sua beleza para uma força cósmica, para uma órbita de verdade que a sabedoria do corpo pode seguir".[15]

Como disse Barbara Smith:

> Audre amava mulheres. Ela realmente amava mulheres. Sabe. Ela amava a aparência delas, amava o cheiro delas, amava tudo em relação a elas. Amava o senso de humor delas, amava seus sorrisos, amava a cor de sua pele, fosse qual fosse. Quero dizer, eu já a vi flertar com TODO MUNDO. Quero dizer, todas as raças, um gênero, eu a vi flertar independente de condições prévias de servidão. Sabe o que quero dizer? Ela realmente gostava de mulheres. Mas o fundamento era que ela realmente respeitava as mulheres.[16]

E em alguns cenários, Audre como Afrekete, a filha caçula malandra, usava o poder das brincadeiras estimulantes em sua comunidade de mulheres. Essa descarga de possibilidade erótica era parte da definição de "viva" de Audre, e ela se sentia segura de estar viva em comunidade. Rindo e pegando no cabelo trançado de Barbara Smith.[17] Uma parceira de dança após dança, a noite toda em Berlim.[18] Audre e Mildred Thompson brilhando sob o sol nigeriano no Festac de 1977. Andrea Canaan sentada entre as pernas de Audre enquanto Michelle Cliff lia em um evento lotado no Lesbian Herstory Archives.[19] Audre segurando a mão de Urvashi Vaid, ativista e futura diretora da National Gay and Lesbian Task Force, enquanto levava a outra mão à boca e erguia o rosto para lembrar alguma coisa em uma sessão de autógrafos na livraria Lammas em Washington, DC.[20] Ou aquele momento em uma conferência quando Cheryl Clarke apareceu para a foto de grupo e reclamou que não tinha lugar para sentar. Audre deu um tapinha no colo e disse: "Bem aqui, Cheryl".

Cheryl aspira entre os dentes e vira os olhos sempre que conta a história. E então seu sorriso se abre sorrateiro. "Audre. Tentando ser *butch*."[21]

Como Cherrie Moraga se lembra: "Ela realmente se divertia muito com a sexualidade. Era *butch* quando era apropriado e era *femme* quando era apropriado".[22] Mas algumas pessoas questionavam o cabimento da sexualidade e do flerte manifestos em espaços profissionais e ativistas. Há diferentes opiniões sobre como Audre se guiava por fronteiras íntimas, mas suas reflexões consistentes sobre suas interações com outras pessoas a mostram tentando se agarrar a uma ética feminista negra que levava em conta seu status e em alguns casos sua idade nos modos como ela interagia com outras mulheres.

Audre também acreditava que relacionamentos eróticos entre mulheres podiam ser um espaço sagrado de cura. Seu ensaio "Usos do erótico: O erótico como poder" identificava a recuperação do poder erótico como uma resposta importante ao uso e ao abuso que o patriarcado faz do corpo das mulheres. Audre acreditava que a intimidade entre mulheres tinha o poder de nos auxiliar a recuperarmos nosso corpo e a curarmos feridas profundas.

A escritora Andrea Canaan era a amiga querida e parceira de ideias com quem Audre costumava ficar quando ia para a Bay Area nos anos 1980. O ensaio de Canaan "Brownness", em *This Bridge Called My Back*, e muitas conversas ajudaram Audre a pensar através de sua própria escrita sobre os relacionamentos entre mulheres negras no ensaio "Olho no olho: Mulheres negras, ódio e raiva". Andrea se lembra do carinho de Audre como um ponto determinante de cura para lidar com suas próprias feridas de abuso sexual na infância. Uma vez, Andrea começou a chorar durante um momento de intimidade física. Audre disse que elas deviam parar tudo, se levantar e dar uma volta. Enquanto passeavam pelas vizinhanças em torno da Universidade da Califórnia Berkeley, Andrea revelou que um poderoso pastor metodista em sua comunidade tinha abusado sexualmente dela por anos quando era criança, e sua família e comunidade da igreja fingiram que ela tirara vantagem desse relacionamento explorador e não tinha sido traumatizada por ele. Em vez de reconhecer o abuso sexual do pastor, que começara quando Andrea tinha apenas doze anos, sua comunidade o caracterizou como um caso. Os membros da comunidade adulta, incluindo as mães da igreja e a própria mãe de Andrea, apontaram o dedo para ela em vez de protegê-la. As lágrimas de raiva nos olhos de Audre ofereceram a Andrea o que ela nunca tivera de sua comunidade e família de origem: a empatia que merecia, a raiva em relação a seu abusador por machucar uma criança vulnerável. Com o apoio constante de Audre por telefone e pessoalmente, ao longo de muitos anos por vir ela conseguiu nomear o que de fato tinha acontecido, aprofundar sua jornada de cura e confrontar sua família de origem e comunidade.[23]

Para entender a fotossíntese feminista negra, você precisa olhar além da escala de uma vida. Talvez fosse isso o que confundiu tanto os médicos de Audre quando ela continuava sobrevivendo a seus prognósticos. Mas Audre sabia, como escreveu em suas anotações para o ensaio que se tornou "Sou sua irmã": "não sobrevivemos enquanto indivíduos".[24]

Em uma floresta, a comunidade de árvores segue alimentando uma integrante do grupo se por alguma razão ela não puder mais processar a luz do sol. Elas a alimentam através da raiz para que possa viver. Até quando um pinheiro cai devido a uma praga ou a ventos fortes ou fogo, sua rede interconectada pode manter o cepo vivo por séculos. Os pesquisadores que notaram isso não sabem se o atribuem à pura afeição ou ao fato de que mesmo depois que uma árvore cai, seu sistema de raízes é uma força que previne a erosão sob elas, uma parte crucial do chão sobre o qual pisamos.

Shaila Shah, Olivette Cole-Wilson, Jackie Kay e Pratibha Parmar estão sentadas em semicírculo. O corpo de cada uma delas se volta em direção a Audre, que está com as pernas bem abertas em suas calças jeans e seu *dashiki* branco. Braços se ramificando para que as mãos possam pontuar cada palavra.

Nos bastidores, Ingrid Pollard, Shaheen Haq e Viv Bietz estão aprendendo a operar a câmera e as luzes. Com Parmar, elas acabaram de fazer um curso de cinema e fundaram o que chamaram de Coletivo de Vídeo Late Start. Essa é sua primeiríssima experiência com luz, som e cinema. Como preservar a presença transformadora de Audre Lorde, sentada para conversar com elas como feministas negras britânicas. Audre traz sua confiança, suas histórias, seu poema "Harriet", seus anos de prática processando a luz em lugares escuros.[25]

Dias antes, essas mesmas mulheres tinham recorrido a Audre, atravessando as barreiras do racismo e da tokenização. As feministas brancas que convidaram Audre para a Feira do Livro Feminista Internacional de Londres fecharam a porta na cara das jovens feministas negras britânicas. O evento estava cheio, as feministas brancas insistiram, sem assumir a responsabilidade pelo fato de que seu alcance não incluíra as organizações feministas negras emergentes do Reino Unido. Décadas depois Pratibha diz: "Ainda consigo sentir no meu corpo a sensação de ser literalmente fechada para fora do espaço por parte das feministas brancas. E Audre foi a única pessoa que nos defendeu, que se pronunciou. Ela rechaçou a separação".[26]

E assim, no que parece uma sala de estar, Audre está sentada no semicírculo composto de cadeiras dobráveis chamando cada feminista negra pelo nome. "Ela foi tão generosa conosco. Estava tão entusiasmada em nos ver e estar conosco", se lembra Ingrid Pollard.[27] Audre estava interessada no uso particular de "negra" pelas feministas negras britânicas, as quais incluíam uma ampla gama de mulheres não brancas que se entendiam como "negras" por causa de suas experiências compartilhadas da colonização britânica e da exclusão racista no Reino Unido. Em meio a seu trabalho com as feministas afro-alemãs e sua solidariedade com mulheres que se identificavam como aborígenes negras na Austrália, Audre via o movimento feminista negro britânico como parte de uma irmandade global emergente que colaborava generativamente através das diferenças. Para as mulheres que se sentaram em círculo com Audre, dentro e fora das câmeras, naquele dia, a presença dela foi uma iniciação. Pratibha diz que beberam dela, "seu exemplo. Como ela se portava no mundo".

Jackie Kay tinha hospedado Audre em seu apartamento na primeira vez em que ela foi para a Inglaterra. Até hoje, ela se lembra da honra que foi alimentar Audre em sua dieta especial para combater o câncer, dirigir com ela por toda a Inglaterra. No futuro, ela hospedaria a filha de Audre, Elizabeth, em sua casa por três meses. Audre se tornou uma importante mentora para Jackie, dando feedback em seus primeiros poemas, e um modelo para o que significava acolher todo o seu ser como mãe poeta feminista negra escocesa. Em 1988, quando a revista feminista britânica *Spare Rib* pagou vinte libras a Audre por uma entrevista e depois pediu o dinheiro de volta como doação, Audre brincou com Jackie: "Exatamente como as feministas brancas que dão com uma mão e tiram com a outra!". Em vez disso, Audre enviou as vinte libras para Jackie começar uma poupança para o filho que ainda não tinha nascido. Jackie escreveu em resposta para dizer que sim, ela estava "ingerindo bastante cálcio". E "adoro a ideia de dizer ao meu filho, no futuro, que ele deve seu cofrinho a você!".[28] Mas a lembrança mais marcante de Jackie é a de quando ela visitou Audre em sua casa em Staten Island no verão de 1985. Audre a apresentou a sua árvore favorita, um pé de figo preto. "Você nunca provou um figo preto?", Audre estava incrédula. Ela descascou o figo e o colocou na boca de Jackie com os dedos.

Pratibha testemunha que o impacto de Audre foi muito maior do que apenas intelectual. "Sua encarnação visceral era uma tábua de salvação. Nós podíamos sentir seu sangue correndo pelo nosso sangue. Ela chegou na minha vida na época em que eu precisava dela. Somos parte daquela estrutura radical. Essa é nossa ancestralidade."[29]

Chega um momento em que uma árvore não consegue mais ficar de pé. Talvez isso aconteça devido a uma infeção a partir do interior ou a parasitas externos. Ou talvez os galhos fortes que se segmentam cada vez mais para fora se tornem pesados demais e acabem rachando o corpo da árvore, dividindo-o. Isso provavelmente vai acontecer em um dia de vento forte, talvez durante uma tempestade. O grande corpo de uma árvore madura vai cair de volta no lugar de onde partiu no leito da floresta. Tudo o que ela era vai nutrir o crescimento da geração seguinte, até mesmo a adaptação de que ela precisou para lutar contra o que quer que a tenha matado.

"Um corpo quebrado e inteiro, e ela o deu para nós", disse Cherrie Moraga uma vez, descrevendo o legado de Lorde.[30] Às vezes uma árvore caída se torna um tronco que fornece nutrientes, um lugar seguro e fértil para nova vida crescer. Às vezes ele se desintegra no solo, alcança bem fundo as raízes das árvores que permanecem, e lhes oferece o que elas precisam para alcançar alturas maiores. Mas aquele momento, quando a grande árvore cai e o sol alcança as jovens árvores que estavam esperando no sub-bosque para se tornarem elas mesmas? Audre já nos disse como chamá-lo. Uma explosão de luz.

46.
louvor

"Querida June — bato isto em uma máquina de escrever estrangeira em um lugar muito estrangeiro — por favor perdoe os erros. Eu passaria a limpo mas quero que você receba antes de ir embora."[1]

É isso que Audre escreveu à caneta no pé de uma carta datilografada por cima, riscada e muito revisada para June Jordan em 1977. Apesar do fato de ela ter escrito um rascunho por extenso em seu diário, há erros e correções quase em todas as linhas alternadas da versão datilografada. É incomum para Audre Lorde mandar uma carta com tantas passagens riscadas, mas essa carta em particular, cheia de hesitação, era urgente.

> June, em sua apresentação na Donnell na outra noite, eu a ouvi, mas não exatamente; carregada com minhas próprias ansiedades antes e com alívio depois. Então Beth pegou sua apresentação para ler (ela tem uma caixa com seus livros) e aí como uma esquila com uma castanha na bochecha, eu pude carregá-la e tornar a ler com calma. Minha irmã, suas palavras foram um presente incrível para mim, e eu lhe agradeço ~~profundamente por elas~~.

À caneta ela acrescentou: *"Elas me tocaram de uma forma que não é fácil de falar"*. A datilografia continua:

> E afinal não é isso o que cada uma de nós anseia; uma irmã que respeitamos sem desconfiança e que diz é, eu te entendo minha irmã e posso usar o que eu sinto. Você ser capaz de me ouvir é muito importante para mim, como acredito que a minha escuta deve ser importante para você.[2]
>
> June, porque respeito o modo como sua cabeça funciona, seu fulgor e sua dor, então passei a valorizar você e sua opinião mais do que posso

dizer, o que é diferente de amar você, que eu também amo, sempre desejei uma abertura emocional entre nós... Agora devo tornar a ler minhas próprias mensagens uma vez que obviamente li incorretamente as suas.[3]

Essa carta de Audre Lorde para June Jordan é uma resposta a um momento decisivo na irmandade das duas. Quando Audre se tornou a primeira poeta negra a participar de uma leitura solo da Academy of American Poets, June a apresentou do palco. Nesse dia na filial Donnell da Biblioteca Pública de Nova York, Audre estava nervosa enquanto se preparava para subir ao palco. June também estava muito emocionada. Uma semana antes, sua mentora e mãe por escolha, a líder dos direitos civis Fannie Lou Hamer, havia morrido de câncer de mama.

"Eu me sinto contente e privilegiada de apresentar vocês à poeta Audre Lorde, minha amiga e minha irmã, que eu amo e estimo muito", disse June, lendo uma reflexão datilografada.[4]

Ela seguiu para apontar que ainda que a Academy of American Poets fosse omissa por estar oferecendo sua primeira leitura a uma poeta negra tão tarde na história, Audre Lorde era a melhor escolha. "Não poderia haver uma poeta mais notável do que esta, Audre Lorde."[5] Ela então descreveu o poder da poesia de Lorde em termos que refletiam a visão de Lorde para sua própria obra.

"Audre Lorde eviscera, ela caustica as camadas de hipocrisia. [...] Audre Lorde concebe um imaginário que ilumina a força plena do sentimento moral [...] sua obra é poesia para ser usada, com a qual se guiar, com a qual se transformar profundamente."[6]

Ela encerrou a apresentação com o mais elevado elogio que podia fazer. Exaltou a memória de Fannie Lou Hamer, "uma grande mulher negra de coragem e amor indomáveis e justos" que era "de muitas formas minha mãe".[7] Ela observou que embora estivesse de luto pela morte de Hamer, também se regozijava por haver mulheres na linhagem de Hamer, "seres mulheres extraordinários", que no entanto viviam e respiravam em comunidade.[8]

"Audre Lorde é uma dessas mulheres", declarou.[9]

Quando a filha de Audre, Elizabeth, abordou June no fim e perguntou se ela poderia dar a versão datilografada de seus comentários para sua mãe, June o autografou à caneta na mesma hora: "Para Audre, com meu amor".[10]

Irmã é uma ação. E também é uma forma de reconhecimento. A parte de Audre que reconhecia June como uma irmã era a mesma que se sentia julgada, excluída, negligenciada e *não reconhecida* por suas próprias irmãs desde muito nova.

No evento na Biblioteca Donnell em que June a apresentou, Audre leu seu poema "A Family Resemblance":

Minha irmã tem meu cabelo minha boca meus olhos
E a presumo suspeitosa...
Minha irmã tem minha língua
E toda a minha carne sem resposta
E a presumo suspeitosa como uma pedra[11]

Em um rascunho de seu ensaio "Olho no olho: Mulheres negras, ódio e raiva", Audre escreveu:

June tem olhos como minha irmã que nunca me perdoou por me tornar.[12]

Nem toda forma de reconhecimento é bem-vinda. Por exemplo, menos de um mês antes de June apresentar Audre no evento da Academy of American Poets, a bibliotecária, romancista e figura fundadora do movimento literário lésbico negro Ann Allen Shockley mandou uma carta para June Jordan a convidando para fazer parte de uma antologia que estava preparando. Shockley escreveu: "Como você provavelmente sabe, venho tentando compilar um livro de artigos de lésbicas negras sobre o risco triplo de ser negra, mulher e lésbica em uma sociedade racista, sexista e homofóbica".[13]

Shockley mencionou o nome de Audre Lorde em sua carta como outra escritora que ela havia contatado e disse que esperava logo ter notícias de Jordan sobre sua contribuição com um artigo. Ainda que June estivesse em um relacionamento com uma mulher na época, ela não se identificava como lésbica. Em uma anotação para si mesma datada de 11 de março, June escreveu diretamente na carta de Shockley, talvez um rascunho inicial de uma carta que pode ter enviado como resposta:

"Não sou uma 'lésbica negra': sou uma mulher negra determinada a estar livre de todas as formulações 'uma coisa ou outra' de minha identidade."[14]

Jordan teorizaria mais sobre isso quinze anos depois em seu ensaio "A New Politics of Sexuality", em que defende a bissexualidade por "invalidar a formulação 'uma coisa ou outra'", e "eu me aflijo com a política identitária [...] porque vou chamá-la de minha irmã com base no que você *faz* [...] e *não* com base em quem você é".[15]

Em uma máquina de escrever, o papel é um alvo em movimento. Se tudo correr como planejado, ele se move um espaço de cada vez da direita para a esquerda e começa de novo na margem. Se tudo se mover como deve, as letras encontram umas às outras marchando em direção a seu destino, com espaço o bastante entre elas para ficarem legíveis, proximidade o bastante para se unirem em uma palavra de cada vez. Descendente ágil da mídia impressa, ancestral amnésico do processador de palavras, havia uma época em que todo escritor tinha uma máquina de escrever ou precisava de uma. Tátil e barulhenta, uma máquina de escrever funciona através do impacto. Ela não esconde quanta força é necessária para deixar uma marca em uma página.

Quando Audre Lorde e June Jordan se conheceram, ambas trabalhavam no programa SEEK, apoiando alunos carentes na City University of New York. Toni Cade Bambara, Adrienne Rich e outras escritoras inovadoras faziam parte desse esforço para tornar a escrita acadêmica acessível para jovens, sobretudo jovens de cor que o sistema escolar da cidade de Nova York não atendera bem.

Na versão de June da história delas, ela foi trabalhar com Audre para apoiar as ocupações estudantis e os protestos na CUNY que mostraram a June quem ela era:

"Vou sempre me lembrar do nosso primeiro encontro, lá nos anos 1960 quando nós duas fazíamos hora extra dupla lutando por admissões abertas no City College e dando nossas aulas na Free University que aconteciam na nova faculdade do Harlem, estranhamente sem janelas, chamada I.S. 201..."[16]

June explicou: "Ela aparecia, já que a maioria dos professores não o fazia, para manter a fé dos alunos negros do SEEK [...] a integridade generosa da minha irmã Audre Lorde me impressionou então de modo que nunca vou esquecer".[17]

Ao longo dos anos que seguiram, Audre e June compartilharam sua poesia em muitos dos mesmos locais. Por exemplo, junto com dezoito outras poetas negras, a historiadora Paula Giddings e muitas outras, Audre e June foram para o Mississippi homenagear Phillis Wheatley, a primeira poeta americana negra publicada, em um grande evento organizado por Margaret Walker em 1973. No programa impresso das poetas, Jordan e Lorde eram alfabeticamente consecutivas. Elas ficaram lado a lado e cantaram com Lucille Clifton e Alice Walker. June continuou voltando ao Mississippi, estudando o poder de Fannie Lou Hamer. Também continuou a escrever, refletir e lecionar sobre Phillis Wheatley. Ela se perguntava por que era mais possível para Phillis Wheatley publicar sua poesia como escravizada da família de comerciantes Wheatley de Massachusetts do que para ela como mulher livre. Em homenagem a Phillis Wheatley, June Jordan chamou toda a prática de poesia negra de um "milagre difícil".[18]

No fim da década de 1970, Audre e June não trabalhavam mais no mesmo lugar, mas passaram a se falar mais. Elas queriam se encontrar, mas batiam na trave. Audre escreveu bilhetes à mão em papéis de cores vivas expressando saudade avivada ou leve decepção, dependendo de como você os lê:

Só recebi sua mensagem hoje, e é por isso que você não teve notícias de Frances e de mim.[19]

Adoraríamos ir, mas Frances tem compromissos na terça e na quarta.[20]

P.S. E a propósito nós tínhamos um jantar marcado na semana passada NÃO TÍNHAMOS?[21]

P.S. Queria ter ficado sabendo que você estava lá — acabei de voltar de Southampton.[22]

Achei que fosse ver você domingo passado na leitura.[23]

Senti sua falta no domingo ainda que estivesse uma bela de uma aglomeração.[24]

Que pena que você não conseguiu ir à festa, foi muito divertida...[25]

June guardou todos esses bilhetes.

Em 1976, June Jordan e Adrienne Rich lançaram um protesto contra a revista *The American Poetry Review*. Jordan tinha se tornado colunista da revista e estava indignada com as formas como eles usavam algumas pessoas negras como tokens e excluíam mulheres poetas e poetas de cor. Ela tomou conhecimento do fato de que de 648 colaborações nas 23 edições da revista, apenas 116 tinham sido de mulheres e drasticamente menos de poetas de cor. Jordan e Rich decidiram divulgar uma petição exigindo que, uma vez que a *American Poetry Review* alegava representar poetas "americanos", e uma vez que recebiam financiamento federal, deveriam publicar um conjunto diverso de poetas pelo menos proporcional à população atual dos Estados Unidos. Audre foi uma das primeiras quinze poetas a acrescentar seu nome à petição. Jordan e Rich mandaram a versão da carta com as assinaturas das primeiras quinze poetas para outros poetas e com isso receberam cinquenta assinaturas de poetas publicados apoiando suas demandas. No entanto, muitos dos poetas que Jordan e Rich contataram se recusaram a apoiar a petição, receosos com questionamentos públicos sobre tomadas de decisões editoriais. O editor da *American Poetry Review* deixou o cargo, mas no fim das contas June percebeu que colaborar na revista era infrutífero e que os poetas que estavam protestando deviam criar seu próprio periódico mais representativo.[26]

No início de 1977, June escreveu um bilhete à mão para Audre festejando sua recente volta da viagem à África Ocidental. Ela esperava que Audre tivesse tido "uma peregrinação incrível", e queria convidá-la para ir à sua casa para um encontro da "Irmandade" recém-formada, uma organização literária de mulheres negras que ela criara com Alice Walker, com quem Jordan passara algum tempo em suas viagens ao Mississippi, bem como com Ntozake Shange, Toni Morrison, Renita Weems e muitas outras. June Jordan descreveu a organização em seu bilhete para Audre:

"Alice e eu vamos fazer esse jantar de tripa de porco e champanhe para uma espécie de Irmandade Negra do Spirit Happy Purpose. Por favor venha."[27]

E elas conseguiram colocar em prática a irmandade imediatamente. Audre era a editora de poesia de uma revista literária chamada *Chrysalis* e June era uma das muitas editoras colaboradoras que escreviam para a publicação mas não participavam do processo editorial. O conselho editorial em atividade era todo branco e ficava na Califórnia, exceto por Audre, que fazia a curadoria de poesia de outro fuso horário. Audre sentia que sua missão de apresentar a poesia de mulheres negras, incluindo June Jordan, Honor Moore e outras, era frustrada por uma tendência editorial da *Chrysalis* que favorecia trabalhos em prosa. Elas não valorizavam a visão poética de Lorde.

June estimava Audre por defender sua obra. Já sonhando em se mudar para a Costa Oeste, o que ela por fim faria nos anos 1990, traçou uma estratégia em uma carta para Audre sobre como seria começar uma divisão da Irmandade na Califórnia.

> Quanto mais conheço você, Audre Lorde,
> Mais a amo e admiro...[28]

Em 1977, June e Audre mandaram cartões-postais sobre suas viagens uma para a outra, trocaram textos e ideias, conversaram sobre suas amantes. Audre emprestou dinheiro a June, que esta devolveu com gratidão fraterna e o pedido pragmático de que Audre só descontasse o cheque depois de uma semana a partir de domingo, por favor, porque só então o dinheiro estaria em sua conta.[29] Audre escreveu de volta garantindo a June que não havia pressa alguma.

Quando Audre teve que passar por uma cirurgia devido a um tumor incipiente na mama, June foi uma das amigas de confiança com quem ela compartilhou as notícias desde o momento da biópsia até a excisão. Não tinha sido isso o que June quis dizer quando falou que Audre Lorde era uma mulher na linhagem de Fannie Lou Hamer. "Estou lembrando de você em minhas orações diárias", disse June, e mandou uma afelandra zebra.[30] Lindas folhas verdes que mostram suas listras e vivem com pequenas doses frequentes de água prosperando sob a luz do sol indireta e abundante. O cartão de melhoras de June dizia:

"Meu amor e pensamentos mais afetuosos com você."[31]

Audre respondeu em um cartão com um arco-íris impresso: "Obrigada pela tão adorável afelandra zebra mas sobretudo por seus pensamentos bondosos e os bons votos. É um momento difícil agora, mas vou ficar BEM! LOGO!".[32]

Alexis De Veaux foi uma das fundadoras do Flamboyant Ladies Salon, um espaço de performance e local de evento seguro para a criatividade e prazer social de que fazia a curadoria com Gwendolen Hardwick no apartamento das duas. Os encontros eram centrados no gênio e na alegria de lésbicas negras e eram inspirados nos salões das irmãs Nardal no movimento de Negritude francesa e nos salões criativos e nas festas decadentes de Alelia Walker durante o Renascimento do Harlem. Em um salão, Alexis viu uma mulher prensando outra contra a parede "e elas estavam *se beijando pra valer mesmo*". No instante seguinte, tentando não olhar muito, Alexis se deu conta, "Ah merda é a June Jordan!".[33] De Veaux, que depois se tornou amiga próxima de Jordan por muitos anos, lembra que o amor e a afeição por mulheres era algo que June Jordan e Audre Lorde tinham em comum no âmbito social, mas elas tinham maneiras diferentes de expressar isso no âmbito político. Audre Lorde se assumiu publicamente e se tornou um ícone feminista lésbico negro. Durante o mesmo período, de acordo com De Veaux, a política de Jordan era "negra primeiro". De Veaux diz que se assumir desse jeito "teria custado a June mais do que ela podia se dar ao luxo de perder".[34] Mas Audre e muitas outras que se identificavam como lésbicas negras interpretavam o fato de June nunca ter se identificado como lésbica como uma traição.

Em seu diário Audre escreveu este curto poema:

Para June
Querer que você seja quem eu quero que você seja
É querer que você
Não seja
Você mesma.
Já provei nãos tanto tempo que eles poderiam fazer uma ferrovia tremer.
Meus sentimentos são reais mas nem sempre certos.[35]

Em maio de 1978, pela primeiríssima vez houve um painel específico sobre feminismo negro na Conferência Nacional de Escritores Afro-Americanos na Universidade Howard. O evento estava lotado. Desde que se assumira como lésbica, Audre não se sentia segura ou confortável nesse espaço, um lugar em grande parte curado e controlado por homens nacionalistas negros abertamente homofóbicos e sexistas, mas lá estava ela sentada ao lado de um grupo de feministas lésbicas negras que estavam presentes para apoiar Barbara Smith enquanto apresentava seu ensaio "Rumo a uma crítica feminista negra". June Jordan fez a moderação do painel e apresentou seu ensaio "Where Is the Love?", no qual levantou Zora Neale Hurston como um modelo de escrita para além do protesto e rumo a uma comunidade amorosa negra.

Antes naquele mês, Barbara Smith enviou uma carta para June Jordan que dizia:

> Audre sugeriu que eu escrevesse para você antes do nosso painel na Howard. Minha amiga Cheryl Clarke também me escreveu e disse que você tinha falado a respeito [...]. Planejo basicamente falar a partir de meu artigo da *Conditions*, "Rumo a uma crítica feminista negra" com observações adicionais para uma audiência negra. [...] Espero que as pessoas estejam prontas para se comportar como adultos lá. Isso é realmente o mínimo que se pode esperar...[36]

É claro, Smith e Clarke não eram as únicas pessoas que abordaram Jordan de algum modo antes do painel. Em sua reflexão sobre o painel, que serve como prefácio de "Where Is the Love?" em seu livro *Civil Wars*, Jordan observa que "A partir de ligações e outros tipos de fofoca, eu sabia que o próprio agendamento do seminário tinha conseguido dividir as pessoas em campos preparados para a guerra. [...] O seminário seria uma batalha. Não foi fácil me preparar para essa".[37]

Em resposta à oferta de Barbara Smith do que ela chamou de uma leitura lésbica de *Sula*, de Toni Morrison, a psicóloga homofóbica negra Frances Cress Welsing irritou o grupo com um longo discurso falado da plateia em que chamou a bissexualidade e a homossexualidade de "uma epidemia" e declarou que "se endossamos a homossexualidade, endossamos a morte do nosso povo".[38]

Jordan, como moderadora, estava sentada mais perto da audiência. Ela por fim interrompeu o discurso de Welsing, declarando: "Nós só temos quinze minutos ao todo e você tomou oito deles". Jordan continuou: "O que ouvi aqui foram pessoas falando sobre amor-próprio e respeito a si mesmas e se não pudermos permitir que todos nós, todas as pessoas, tenham direito de amar a si mesmas e respeitar a si mesmas, então digo que já estamos mortos como povo".[39]

Membros da audiência sem papas na língua, inclusive aqueles que já tinham lido seu artigo previamente, pareceram não entender o propósito da intervenção de Barbara Smith. Isso a frustrou. Ela argumentou que "lésbica" como uma prática de leitura crítica literária não dizia respeito a personagens literárias ou autoras fazerem ou não sexo com mulheres, mas sim a uma visão de mundo que fundamentalmente desafiava relações patriarcais. Jordan tentou dispersar os receios da audiência ao insistir que deveria haver um modo de separar conversas a respeito de feminismo negro de discussões sobre sexualidade. Embora tanto June Jordan quanto Barbara Smith tenham tentado rebater o pânico-homo dos membros da audiência ao esclarecer suas posições, suas posições eram significativamente diferentes. Mais adiante na conversa, June Jordan buscou reformular os comentários da "irmã" Frances Welsing, mas ela nunca defendeu (irmã) Barbara diretamente.[40]

Outras mulheres negras conhecidas, incluindo a cantora da liberdade dos direitos civis e organizadora cultural Bernice Johnson Reagon, ergueram a voz brevemente nos minutos que restaram, mas Audre, que apenas alguns meses antes apresentara seu hoje clássico artigo "A transformação do silêncio em linguagem e em ação", ficou sentada calada na primeira fila. Escreveu anotações em seu diário criticando as respostas da audiência homofóbica, incluindo comentários sarcásticos que ela e a coautora de Barbara da "Declaração do Coletivo Combahee River" Demita Frazier faziam, mas não se levantou ou ergueu a mão ou falou.

Barbara ficou traumatizada com os desdobramentos daquele painel. Ela se sentiu atacada por sua comunidade literária. Quando deixou a sala e tentou explicar o horror de sua experiência para um conhecido negro, ele disse: "Bem, pelo menos você não foi linchada".[41]

Em uma máquina de escrever, entre cada letra batida e a página, há a fita, absorvendo o choque, tornando o impacto significativo. A fita, tinta tornada achatada, longa e pronta para a bobina é a parte da máquina que tem de ser substituída com mais frequência. Sem ela, todo aquele esforço não é escrever. É apenas barulho.

Mais tarde, Audre se desculpou com Barbara por não tê-la defendido vocalmente. Olhando em retrospecto, Barbara disse que o silêncio de Audre foi um resultado de seu próprio trauma de vivenciar a homofobia e o sexismo e às vezes ameaças físicas diretas por mais de uma década em espaços controlados por nacionalistas culturais negros.[42] Essas foram as experiências que levaram Audre a fazer alertas urgentes a Barbara sobre a conferência de escritores da Howard e outros eventos.

Audre pode ter ficado reticente sobre como representar vocalmente a irmandade em um espaço explicitamente antifeminista e homofóbico. Também é possível que durante o painel sobre escritoras negras e feminismo ela tenha relutado em tomar um lado entre as diferentes respostas feministas negras à homofobia que Smith e Jordan estavam demonstrando na sala, e receosa de que se ela falasse de forma explícita, pudesse prejudicar sua relação com Smith ou Jordan ou ambas.

A ancestral da abreviação de e-mail de hoje em dia "cc:", ou melhor, "cco:", é a tecnologia da cópia de carbono. Um processo pelo qual o papel coberto de um lado com fuligem de carbono podia transferir a impressão de uma caneta ou máquina de escrever para outra folha de papel. Na vida das cópias de carbono, ainda usadas às vezes hoje em dia para receitas médicas, o papel ficava colorido, fino, translúcido, amarelo, cor-de-rosa, plástico — eventualmente usando não fuligem mas polímeros inventados para o claro propósito de transferir. Assim a pressão podia viajar em múltiplas direções ao mesmo tempo. Um eco tangível, um avanço fino na correspondência, uma referência poética ao antigo trabalho do palimpsesto.

Em 1979, o trabalho de Audre como editora de poesia da *Chrysalis* alcançou um ponto de ruptura. Bem quando a *Chrysalis* recebeu um subsídio do National Endowment for the Arts para fazer uma edição especial sobre poesia, Audre notificou que não poderia mais colaborar com um conselho editorial que dedicava mais páginas a uma prosa insossa e amortecedora do que à poesia de mulheres de cor que ela selecionava com tanto afeto. Ela sentia que as editoras haviam ignorado o sentido por trás de seu ensaio "Poems Are Not Luxuries", que ela publicara primeiro na *Chrysalis* e que depois revisou para *Irmã outsider* como "A poesia não é um luxo". O tratamento desrespeitoso da poesia por parte delas no processo editorial e de diagramação estava colocando pressão na própria relação de Audre com as poetas que desejava incluir, como June. Para piorar, depois que ela se demitiu, as editoras tentaram abafar o conflito e manter a credibilidade com as poetas ao se recusarem a remover o nome de Audre dos cabeços até ela ameaçar processá-las. Elas publicaram um poema banal em tributo à despedida dedicando-o a Audre antes de finalmente removerem seu nome. Ela o chamou de um "presente de aposentadoria poético" e o citou como mais uma prova de que elas não entendiam o verdadeiro propósito ou a função da poesia.[43]

Audre fazia cópias de carbono para June Jordan, Barbara Smith, Adrienne Rich, Honor Moore e outras da correspondência dela com o conselho editorial da *Chrysalis*. June, que estava a par do conflito havia anos, escreveu uma carta causticante para o conselho, declarando que eles eram inaptos a dar espaço à poesia das mulheres negras ou à complexidade da vida das mulheres negras, e, ao mesmo tempo, anunciando que queria seu nome removido da lista de "editoras colaboradoras". "Tomo essa atitude em absoluto apoio à minha irmã Audre Lorde", insistiu. Explicando que

> suas consistentes e infatigavelmente obtusas, pelo que quero dizer suas estúpidas e racistas, políticas editoriais são as responsáveis pela demissão de Audre Lorde e, logo, pela minha. [...] Nas suas mãos a *Chrysalis* se tornou uma teia de aranha de materiais ridículos e necrófilos.

Jordan então as desafiou a publicar sua crítica como sua última colaboração para a *Chrysalis*.[44]

June apoiou a demissão de Audre da *Chrysalis* em 1979 com palavras que poderiam ter sido tiradas de seu próprio protesto contra as políticas editoriais racistas e sexistas da *American Poetry Review*. Logo, em 1980, Audre usaria uma linguagem tão forte quanto a da bronca de June contra a *Chrysalis* em uma carta que escreveu para a *American Poetry Review* depois que eles tentaram reimprimir uma entrevista com ela. E ainda que não tenha mencionado June Jordan pelo nome na carta, fez uma cópia de carbono para ela de sua resposta. "Suas fracas tentativas de tokenismo não escondem sua determinação cruel de proteger o remanso em que sua falta de visão poética está estagnada", Audre repreende os editores. Ela então afirma o movimento das "mulheres do Terceiro Mundo, lésbicas e da classe trabalhadora" de criar suas próprias publicações, fazendo uma ameaça geral: "Nós vamos enterrar vocês".

O conselho da *Chrysalis* não priorizou responder às preocupações de Lorde ou aos protestos de Jordan. Foi só quando Adrienne Rich escreveu para as editoras da *Chrysalis* em solidariedade tanto a Audre quanto a June, explicando que ela também queria que seu nome fosse removido da lista de editoras colaboradoras com uma longa nova explicação das implicações racistas do modo como o periódico estava funcionando que as editoras por fim se mobilizaram e tentaram salvar sua iniciativa de poesia financiada por subsídio.[45] Elas fizeram cópias de carbono para Audre e June, além de outras, da resposta de quatro páginas que mandaram para Adrienne. June guardou o pequeno bilhete do tamanho de um post-it incluído em sua cópia, no qual um integrante do conselho editorial policiou o tom de June em sua carta como antifeminista.

A escolha do conselho de centralizar e priorizar mulheres brancas, até mesmo em sua correspondência *sobre* seu próprio racismo, indignou ainda mais June, e ela escreveu outra carta para o órgão, apontando as conexões entre o racismo das editoras e a violência policial em sua comunidade. Ela escreveu isso não como uma simples analogia mas como um testemunho do nível de violência que as mulheres negras viviam enquanto as mulheres brancas ignoravam a vida delas. June escreveu sobre o medo que sentia sempre que ouvia sobre a polícia ter matado um jovem negro e como rezava para que não fosse seu filho. Também escreveu sobre a experiência traumática a que tinha acabado de sobreviver, na qual ela e outras duas poetas negras tiveram de se esconder, atrás dos degraus no jardim do prédio de alguém, de policiais com armas em punho perseguindo membros da comunidade do Brooklyn em sua vizinhança.[46] Alexis De Veaux estava lá nesse dia e se lembra de June tremendo, temendo pela própria vida. June Jordan reconheceu que a descartabilidade demonstrada pelas editoras brancas privilegiadas e a descartabilidade geral implícita no racismo eram exatamente a dinâmica que tornava as mulheres negras descartáveis aos olhos da polícia. A recusa daquelas mulheres brancas de serem responsabilizadas por seu racismo não apenas ameaçava o ego dela ou seu status como poeta; ela acreditava que era responsável pelas ameaças físicas diárias contra sua vida.

June fez uma cópia de carbono para Audre Lorde, Barbara Smith, Gwendolen Hardwick e outras dessa resposta também. Do ponto de vista de June, o fracasso da *Chrysalis* em abordar a conexão entre suas decisões editoriais racistas e o racismo sistêmico que as mulheres negras vivenciavam diariamente era a ofensa principal; a inabilidade delas de responder às suas comunicações de forma direta e robusta era um insulto extra.

Audre cortou relações com as editoras e entregou na mão de espíritos benévolos. Ela assinou suas últimas cartas para as editoras da *Chrysalis* com as palavras "Nas mãos de Afrekete", a deusa malandra. As editoras da *Chrysalis* dobraram a aposta e publicaram uma edição em que explicavam por que a teoria da prosa era mais necessária do que (e também separada) da poesia. Mas a *Chrysalis* estava com uma dívida de 24 mil dólares e agora elas não podiam mais depender do nome de poetas feministas icônicas para obter capital cultural na comunidade. Elas nunca mais publicaram outra edição.

Afrekete deu um jeito nisso.

Enquanto escrevo, a Hewlett-Packard é a maior fabricante de impressoras do mundo. Ela também é alvo de um boicote por seu papel decisivo na ocupação de terras palestinas por parte de Israel. A HP, como a empresa é mais comumente chamada, alimenta as bases de dados que o governo de Israel usa para rastrear o movimento de palestinos, assegurar a segregação, deter pessoas na fronteira e funcionar como um Estado de apartheid. Ativistas da Boicote, Desinvestimento e Sanções comparam o papel da HP no apartheid israelense ao papel da Polaroid no apartheid da África do Sul como a empresa-chave usada para criar as cadernetas que um governo supremacista branco usava para oprimir e aterrorizar sul-africanos negros. Eles estimam que se a HP deixasse de colaborar com Israel, isso teria um efeito político comparável ao impacto do corte de laços da Polaroid com a África do Sul em 1977.

Na segunda metade de 1982, Audre se viu em algo como uma combinação entre a sala hostil da conferência de escritores da Howard e a guerra de cartas durante o colapso poético da *Chrysalis*. June Jordan, Barbara Smith e Adrienne Rich estavam todas envolvidas, mas dessa vez o conflito não tratava de poesia ou do racismo de feministas lésbicas brancas ou da homofobia nacionalista negra.

Em meio à invasão israelense no Líbano, três das mais estimadas confidentes e colaboradoras de Audre, todas contrárias à invasão, entraram, no entanto, em um desentendimento semipúblico e volátil sobre o que estava em jogo com os termos "sionismo" e "antissemitismo" no movimento feminista e de modo mais amplo.

Adrienne Rich era filha de um pai judeu que havia sido assimilado e reprimira seu legado. No início da década de 1980, ela estava recuperando sua identidade como judia. Rich vinha se comunicando com Audre sobre essa jornada recente para entender a si mesma como feminista lésbica judia. Em 1981, enviou para Audre e Frances uma carta que escreveu para Jan Clausen em resposta ao antissemitismo percebido no romance *Sinking Stealing*, observando que "como uma judia que foi criada em uma atmosfera intensa de assimilação [...] muitas vezes não consegui identificar o antissemitismo", e que "sei que coisas que li há dois anos sem registrar queixa contêm clichês e inferências antissemitas".[47]

Já em 1982, Adrienne passou a integrar a New Jewish Agenda e a organização feminista Di Vilde Chayes ("as bestas selvagens" em iídiche), grupos que buscavam desafiar o sexismo e a homofobia dentro da comunidade judaica e o antissemitismo dentro da comunidade feminista. As duas organizações eram contrárias à invasão no Líbano, mas as integrantes da Di Vilde Chayes estavam preocupadas com o fato de que a ampla crítica a Israel no movimento das mulheres estava levando a uma onda de antissemitismo não reconhecida. Em resposta ao Women Against Imperialism, que havia divulgado uma declaração de que "sionismo é racismo", a Di Vilde Chayes publicou uma carta aberta na *Off Our Backs* apontando o grande número de judeus de cor em Israel e defendendo que "nossa sobrevivência como judeus depende da existência de Israel" e que "qualquer posição antissionista é antissemita".[48] Adrienne assinou a carta e mandou as cartas abertas da Di Vilde Chayes diretamente para Audre, para sua ciência.

Enquanto isso, June estava constantemente pensando e escrevendo sobre o número de mortes na Palestina e no Líbano. Com base em sua correspondência da época, parece que isso era tudo no que pensava. Ela estava em contato com ativistas palestinos, mulheres árabes-americanas se organizando em solidariedade, ativistas feministas israelenses pela paz e mulheres judias nos Estados Unidos que organizavam respostas. June se sentia pessoalmente responsável pelas mortes sobre as quais lia no *New York Times*. Em seu poema "Apologies to All the People in Lebanon", escreveu:

> foi o dinheiro que ganhei como poeta que pagou
> as bombas e os aviões e os tanques
> que eles usaram para massacrar sua família[49]

A solidariedade de June Jordan com as mulheres árabes se aprofundou tanto que ela tentou se tornar membra associada da Rede Feminista Árabe-Americana e tiveram de lhe dizer que apenas mulheres árabes-americanas podiam participar. Ela decidiu contribuir com a doação de uma taxa de associação mesmo assim. Quando a poeta feminista lésbica negra Cheryl

Clarke pediu a June um *blurb* para seu livro *Narratives: Poems in the Tradition of Black Women*, que logo seria publicado pela Kitchen Table Press, Jordan concordou e escreveu um *blurb* que elogiava os poemas de Clarke, mas passou a maior parte do *blurb* concentrada nas mentiras e nas representações parciais do conflito no Líbano que a grande mídia norte-americana imprimia todos os dias. Clarke teve que escrever de volta pedindo que ela revisasse o *blurb* de modo que se concentrasse no seu livro.[50] Em meio a isso tudo, June Jordan ficou decepcionada ao ler a carta aberta da Di Vilde Chayes e ficar sabendo que sua amiga próxima Adrienne Rich se identificava como sionista. June acreditava que o sionismo era a filosofia por trás do imperialismo israelense e que o próprio sionismo era antissemita porque prejudicava todos os semitas, pelo que ela e outras pessoas queriam dizer os povos judeu e árabe.

Barbara Smith marchou com feministas judias em protesto contra a invasão de Israel no Líbano, e estava muito preocupada com o que os debates sobre o sionismo e o antissemitismo no movimento feminista poderiam significar para o projeto coletivo de um feminismo antirracista. Na Conferência da Associação de Estudos das Mulheres da Nova Inglaterra, uma discussão irrompeu entre mulheres judias e do Terceiro Mundo sobre a questão do antissemitismo. Barbara Smith, Cherrie Moraga, Julia Perez e Beverly Smith escreveram uma carta aberta publicada na *Gay Community News* enfatizando que mulheres judias e mulheres de cor "devem se recusar a desistir umas das outras".[51] Na reunião de 1983 da Associação Nacional de Estudos das Mulheres, Barbara Smith fez um discurso sobre as relações entre mulheres negras e judias. Ela mais tarde publicou uma versão de seus comentários na *Women's Studies Quarterly*, e a expandiu no livro *Yours in Struggle: Three Feminist Perspectives on Anti-Semitism and Racism*.[52] Smith alertava contra uma abordagem "olho por olho" e discordava das mulheres que equiparavam o antissemitismo ao racismo, mas também assumia a responsabilidade por sua própria socialização. "Sou antissemita. Não escrevo isso de uma posição isenta. Minhas mãos não estão limpas..."[53] Smith acreditava que o antissemitismo, como o racismo, estava "arraigado no próprio solo" dos Estados Unidos. Smith também apontava que o antissemitismo alinharia as feministas com seus inimigos na Ku Klux Klan, na direita cristã e no partido nazista americano, posição que achava inaceitável. Mais importante, ela não queria "que hostilidades internas dilacerem o movimento que construímos".[54]

***

Se a prensa é a ancestral mais óbvia da máquina de escrever, a arma também é um ancestral. A Remington, uma fabricante britânica das primeiras máquinas de escrever, era um subgrupo de uma fabricante de armas chamada E. Remington and Son. Lyman Smith, o fundador da Smith Typewriters, que eventualmente se tornou a Smith Corona, teve a ideia para sua empresa enquanto trabalhava para seu parente Horace Smith na Smith and Wesson, uma fábrica de armas. Durante a Segunda Guerra Mundial, em meio aos anos de infância de Audre e June, a produção de máquinas de escrever foi interrompida e as fábricas da Smith Corona voltaram a produzir armas. E você não consegue ouvir esse legado? Datilografar em uma máquina vintage soa como uma salva de uma 21. À medida que você bate as palavras, soa como botas marchando, na melhor das hipóteses. Uma torrente de artilharia, na pior.

Em setembro de 1982, como parte da invasão israelense no Líbano, entre 450 e 3500 pessoas foram mortas no bairro de Sabra e no campo de refugiados de Shatila. Em 10 de outubro, depois de Adrienne Rich afirmar que era sionista em um artigo na *Woman News*, June Jordan rascunhou uma resposta expressando sua crença de que ao se identificar como sionista, Rich se recusava a reconhecer a cumplicidade compartilhada que tinha na violência que o Estado de Israel promovia contra civis palestinos e libaneses. Jordan exaltou os ativistas do Israeli Peace Now que "arriscaram seus corpos brancos contra esse massacre" e os 400 mil israelenses que tomaram as ruas para exigir uma investigação judicial como exemplos de pessoas que demonstraram responsabilização apropriada e atuaram com audácia em resposta à violência.

"Para Adrienne, deixo esta resposta pública: Sua evidente definição de feminismo a torna indistinguível dos homens brancos que ameaçam o planeta de extinção. [...] Eu me recuso a assumir responsabilidade por suas ações e sua inércia. Não a aceito como uma das minhas."

June mandou uma cópia da carta para Barbara Smith junto com sua carta de apresentação destinada à *Woman News* que dizia: "Acredito que sua publicação da minha declaração irá engendrar uma discussão mais ampla, destemida e efetivamente baseada em princípios sobre o valor da vida humana dentro da comunidade feminista nacional".[55] Ela escreveu um bilhete à mão pedindo que Barbara a compartilhasse com Cherrie Moraga.

Também copiou Toni Cade Bambara, Thulani Davis e Alice Walker, mas não Audre Lorde.

A princípio, Barbara ficou chocada quando recebeu a carta. Ela imaginou que a *Woman News* não a publicaria de modo algum. Mas quando descobriu que na verdade a *Woman News* planejava, sim, publicar a declaração de Jordan, achou que isso inflamaria não uma discussão mais "efetivamente baseada em princípios [...] dentro da comunidade feminista nacional", mas um debate polarizado que poderia dilacerar a comunidade feminista. Ela reuniu um grupo de pessoas que identificou como "mulheres brancas judias e mulheres negras não judias" para rascunhar uma resposta.[56] O grupo expressou discordância tanto com as cartas abertas da Di Vilde Chayes quanto com a declaração de June Jordan, asseverando que a *Woman News* não devia ter publicado as primeiras cartas e concordando com partes da crítica de Jordan. Mas também disse que June Jordan deveria ter respondido de uma forma mais "responsável", com análises políticas e não com um "ataque pessoal" contra Adrienne Rich.[57] Audre Lorde assinou a carta e foi listada como um dos contatos para a *Woman News* procurar em caso de dúvidas.

Barbara enviou para June uma cópia da resposta do grupo destinada à *Woman News* e uma carta explicando que suas discordâncias não eram um ataque pessoal.[58] Há uma cópia de toda essa correspondência nos arquivos de Audre Lorde.[59]

Alexis De Veaux me contou outra história sobre sua amiga June Jordan:

> Por causa de sua risadinha e baixa estatura, às vezes sua raiva me tomava de surpresa, mas se você a esnobasse de alguma forma, ela a mataria. Ela ia na jugular. Ela me telefonava esbravejando sobre seja lá quem e como ia acabar com a pessoa. Mas primeiro tinha que passar ferro na sua calça jeans. June não saía de casa sem passar a calça jeans. Então às vezes eu conseguia acalmá-la. Chegar à casa dela antes que ela saísse e dizer ei, esquece essa pessoa, vamos tomar um drinque.[60]

Em dezembro de 1982, June Jordan escreveu uma carta para Barbara Smith e Audre Lorde. Sobretudo para Barbara, a inclusão de Audre parece ter sido uma ideia posterior. A escolha de não mandar uma carta separada para Audre dá uma pista de como June se sentia. Ela estava claramente com raiva, e apresentou um esboço enumerado e com letras de seis razões para isso. June estava respondendo ao fato de que sete semanas depois de ter escrito para Barbara, ela devolveu "um parecer me atacando". Sua primeira queixa é sobre o silêncio de Barbara: "Você me ligou ou me escreveu ou me informou sobre o que achava? Não! [...] Já eram o diálogo/ o apoio/ qualquer tipo de comunidade".[61]

Em sua carta, June é inflexível sobre não ser antissemita:

"Só uma coisa: não me chamem de antissemita [...] deixem um pouco de realidade entrar na boca de vocês." Ela aponta que tem sido "inabalável" em seu ativismo contra o "mal" do antissemitismo (o que de novo, para ela, incluía a opressão contra judeus, palestinos e todos os árabes). Vituperou contra a falta de compromisso por parte delas em relação "aos mais de 40 mil homens e mulheres e crianças palestinos assassinados pelos israelenses". E encerrou sua carta deste modo:

Vocês agiram de forma errada e covarde.
Isso é responsabilidade de vocês.
Que vocês duas vivam bem com isso.[62]

June Jordan se identificava como uma má datilógrafa. Às vezes ela cometia um deslize ou escrevia algo errado em meio à reflexão. Uma escritora apaixonada com a mente mais rápida do que as mãos, ela não deixava suas gralhas a deterem. E não apagava. Às vezes voltava e corrigia gralhas menores à caneta. Às vezes recolocava o papel na máquina e datilografava "xxxx" por cima do que quer que não tivesse a intenção de dizer. Em sua carta de dezembro de 1982 para Barbara Smith e Audre Lorde, ela fez as duas coisas. E também a última linha, "Que vocês duas vivam bem com isso", vem depois de uma gralha que possivelmente resultou de sua raiva na hora. Ela datilografou "xxxx" sobre as palavras "Qeu vocês".

Nós não temos considerações completas de Audre sobre o que ela pensava do sionismo ou do antissemitismo ou do impacto que o conflito entre Adrienne Rich e June Jordan teria em sua própria relação com June. Em seu diário, tudo que há é uma reflexão críptica, equações incompletas:

"Onde isso deixa A + eu? Onde isso deixa June + eu?"[63]

Anos depois, em seu discurso de abertura da formatura no Oberlin College de 1989, Lorde incentivou a geração seguinte a ser crítica quanto ao apoio militar americano à ocupação da Palestina:

> Nossos impostos federais contribuem com 3 bilhões de dólares anuais em ajuda econômica e militar para Israel. Mais de 200 milhões desse montante são usados para combater as revoltas do povo palestino, que está tentando impedir a ocupação militar de sua terra natal. Soldados israelenses atiram bombas de gás lacrimogêneo fabricadas na América em lares e hospitais palestinos, matando bebês, doentes e idosos. Milhares de jovens palestinos, alguns com apenas doze anos, são detidos sem julgamento em campos de detenção de arame farpado, e vários judeus conscientes, contrários a esses atos, foram presos.
>
> Encorajar seus parlamentares a pressionar por uma solução pacífica no Oriente Médio e pelo reconhecimento dos direitos do povo palestino não é altruísmo, é sobrevivência.[64]

Mas antes na mesma década, a postura de June Jordan em solidariedade aos povos palestino e libanês, e às ativistas pela paz judias e israelenses que lutavam contra o imperialismo e a ocupação israelenses, a fez ser escanteada no *New York Times*, onde escrevera resenhas por anos. Eles se recusaram a publicar qualquer um de seus artigos de opinião. Ela organizou um evento chamado Moving Towards Home para levantar dinheiro para enviar para a Unicef em prol das vítimas de massacres e bombardeios no Líbano, mas vozes proeminentes da comunidade literária, incluindo o diretor do 92nd Street Y e o comitê executivo do PEN, se pronunciaram contra a politização da leitura. Depois da leitura em si, em que June falou por último, um grupo de homens brancos a cercou e ameaçou. De acordo com Jordan, alguém na recepção disse que ela deveria ser "queimada viva".[65]

Em seu ensaio "Life After Lebanon", Jordan optou por enaltecer as mulheres que a defenderam, as mulheres que a protegeram dos homens que a cercaram, as mulheres que permaneceram solidárias a ela. Destacou que essas mulheres corajosas faziam parte da linhagem de Fannie Lou Hamer, da poeta feminista negra Alexis De Veaux, da poeta judia branca Kathy Engel, da poeta libanesa Etel Adnan, da fundadora da Liga Feminista Árabe-Americana Carol Haddad, e de outras. Dessa vez, o nome de Audre Lorde não estava na lista.[66]

47.
irmã, a manhã é tempo de milagres

Como irmãs divergem? Será que elas podem superar traições mutualmente apreendidas? Por exemplo, uma vez Alice Walker disse a Barbara Christian que teve de inventar o termo "mulherismo" porque "feminismo negro soa como um tipo de spray". Quando Audre Lorde falou em uma entrevista desdenhando da explanação de Walker, Walker lhe escreveu uma carta expressando como ficara chateada.[1] Ela disse que sua invenção de "mulherismo" como termo estava alinhada com a própria insistência de Audre de que "as ferramentas do senhor nunca derrubarão a casa-grande". Alice disse que ficou tão chateada com a crítica de Audre que desejava nunca ter ficado sabendo dela.[2] Mas já no fim desse mesmo ano, Alice escrevia um bilhete à mão agradecendo Audre por um cartão, desejando paz e amor para ela e sua companheira, Gloria Joseph, e insistindo: "Apenas saiba que estou aqui para você, se um dia precisar chamar".[3] Não há evidência de uma reconciliação desse tipo entre June Jordan e Audre Lorde.

Na era da máquina de escrever, as pessoas ainda costumavam escrever à mão. A caneta era o único dispositivo de mão disponível. Ao entrar em contato com colegas que também eram conhecidos e com sorte amigos, era preciso decidir entre escrevinhar ou datilografar. Diversos fatores podiam influenciar essa decisão. Quão boa é sua letra? Você recentemente comprou alguns cartões bonitos em branco ou cartões-postais vibrantes? A mensagem deveria manter um ar de profissionalismo? Enfim, qual será o tamanho desse breve bilhete? Um bilhete escrito à mão é íntimo *demais*? Quão premeditada é uma carta datilografada? Quanto eu me importo? Quanto eu quero que você ache que eu me importo?

Sonia Sanchez se lembra de estar presente na conferência de escritores da Howard em 1976. Isso foi dois anos antes do painel "Escritoras negras e feminismo", logo depois que Audre se assumiu lésbica perante uma comunidade mais ampla. Sonia se lembra de cumprimentar Audre como sempre, mas de não receber resposta. Confusa e se perguntando se Audre tinha ou não a ouvido, a seguiu até onde ela estava sentada com um pequeno grupo de amigas e perguntou por que ela não respondera ao seu olá. Audre explicou que deduzira que Sonia não ia querer ser vista com ela em um espaço nacionalista, uma vez que ela era uma lésbica conhecida. Ela explicou que estava protegendo Sonia do alastramento de sua reputação. Sonia lhe perguntou: "Você acha que eu não sabia que você é lésbica a esta altura? E você acha que eu ligo?".[4] Audre pode ter feito essa suposição porque na época Sonia era integrante da Nação do Islã e tinha repetido alguma retórica homofóbica de Louis Farrakhan em seu livro *A Blues Book for Blue Black Magical Women* em 1974. Na expectativa da violência do espaço, Audre Lorde, a quebradora de silêncio, escolheu o silêncio.

Mas, no fim das contas, Audre e Sonia construíram uma forte amizade. Nos anos seguintes, as duas mantiveram contato. Até falaram uma vez em um painel sobre homofobia para o Workshop Feminista Negro de Verão anual. Depois da morte de Audre, Sonia se tornou uma das portadoras de suas cinzas e fez uma oração e invocação poderosas em seu funeral. Como Sanchez disse em sua entrevista para o filme *A Litany for Survival*: "Por ela ser lésbica e eu ser muçulmana, isso não fazia de nós diferentes. Fazia de nós irmãs".[5]

As máquinas de escrever iam para onde quer que o colonialismo ia. Em países colonizados pela Grã-Bretanha, como o Quênia e a Índia, as máquinas de escrever chegaram com os escritórios coloniais. Eventualmente essas máquinas de escrever, substituídas por modelos mais atualizados, foram parar em comunidades sob o controle colonial. À medida que diferentes peças dessas máquinas de escrever foram se desgastando, as pessoas engenhosas fizeram o que sempre faziam. Substituíram as peças quebradas por peças que conseguiam encontrar, usaram material à mão para tapar os buracos, e continuaram datilografando. Hoje, colecionadores encontram máquinas de escrever híbridas que se esforçam para ligar a uma marca ou a uma geração particular de máquinas. A essa altura elas estão mantidas unidas por determinação.

Não há correspondência entre Audre e June no registro arquivístico depois de seu desentendimento em 1982. Mas Adrienne Rich seguiu com uma correspondência frequente com ambas. O que explica a correspondência de June ter continuado com Adrienne e não com Audre depois de um desentendimento sobre a mesma questão? Possivelmente a insistência de Adrienne. Embora a correspondência entre Rich e Jordan contenha muito mais desentendimentos e depreciações perceptíveis do que a correspondência entre Lorde e Jordan, no lado de Rich ela também contém um compromisso de superar o conflito ao longo dos anos.

Aqui estão algumas das declarações de Adrienne para June nos anos precedentes ao conflito público de 1983:

> 1980: "O que quer que você faça, o que quer que escreva, vai sempre ser importante para mim. Não sei se há uma ordem do dia secreta que diz que não podemos ser amigas. Se houver, não é minha."[6]
> 1981: "Quero propor um pacto — não de civilidade, mas que possamos enfurecer uma à outra e então conversar sobre o que é enfurecedor. Pode ser que eu seja um pouquinho melhor nisso do que há alguns anos."
> 1982: "Eu nunca a deixo de fora do meu campo de consciência. Nunca vou deixar."[7]

Em outro cartão-postal em 1982, Adrienne escreveu: "Não desapareça".[8]

Em 1987, Adrienne e June se sentaram e tiveram o que Adrienne disse a Audre ter sido "uma longa discussão sobre a explosão dela contra mim e como nós duas vemos uma à outra". Em uma carta para Audre depois dessa conversa, Adrienne disse: "Acho que a June vai sempre ser a June — mercurial, uma solitária, mas nos últimos tempos ela está ouvindo outras vozes, tentando medir o efeito do que faz e diz".[9]

Depois de seu encontro de 1987, June escreveu para Adrienne:

> O que eu particularmente quero fazer é compartilhar ideias à medida que as tenho e me envolver na troca de reações, independente se minhas camaradas concordam ou discordam.
> E aqui está meu amor para você.[10]

Quando June fez a apresentação de Adrienne em uma leitura no museu Guggenheim, não dava para imaginar que ela estava falando de alguém que já chamara publicamente de "covarde":

> Nós estimamos e buscamos honrar essa artista, essa visionária, essa guerreira que vive tão vibrante entre nós. A visão de Adrienne Rich se revela: uma visão conscientemente incompleta que ela não hesita em compartilhar com o resto de nós, sem reservas ou destreza de faz de conta. Das questões de linguagem aos significados do amor heterossexual ou lésbico, do desafio da raça às questões políticas de justiça, esta é uma poeta que permanece fiel aos mandamentos duplos de sua arte: dizer a verdade e dizer tudo o que você sabe com a máxima precisão, a máxima graça.[11]

Na falta de correspondência direta entre Audre e June depois de 1982, tenho de persistir, como uma afelandra zebra, na luz indireta. Nas cartas de Adrienne para Audre pelo resto de sua vida, ela às vezes mencionava June. Nas cartas de Adrienne para June pelo resto da vida *dela*, ela às vezes mencionava Audre.

Em 26 de junho de 1987, por exemplo, Adrienne fechou uma carta para June com uma atualização muito detalhada da saúde de Audre:

> Não sei se você ficou sabendo que Audre vai para o hospital Beth Israel em 29 de junho fazer uma histerectomia e uma ovariotomia. Ela tem estado em uma forma extraordinariamente boa no último ano, em remissão e parecendo muito bem — então esse é um golpe cruel. Não está claro nem se o câncer está envolvido nesse caso, mas as partes que + aumentaram de tamanho devem sair. Você leu *Nossos mortos em nossas costas*? Para mim é um livro extraordinário.[12]

E então um mês depois, em 28 de julho:

> Audre está se recuperando maravilhosamente bem da cirurgia. No entanto, células cancerígenas flutuantes foram encontradas em seu corpo. Ela se absteve de quimioterapia (para meu grande alívio) e depois de longas pesquisas sobre formas de tratamento homeopático em desenvolvimento, alguns dos quais parece que logo serão validados pelo

establishment médico americano, ela vai passar por um tratamento de três meses em Berlim no qual vai receber injeções como paciente externa. Ela está muito forte e com clareza de por que está fazendo isso e de que sua prioridade é a qualidade do tempo que lhe resta. Ela já passou um tempo em Berlim antes, dando aulas na Free University e trabalhando com mulheres afro-alemãs lá, então... Tem sido, obviamente, um momento muito difícil para ela e para as pessoas que lhe são próximas, uma escalada na luta.

Me diga como você está se sentindo.[13]

É possível que Adrienne oferecesse essas atualizações detalhadas porque estava processando seus próprios pensamentos sobre a situação de saúde de Audre. Ou porque tivesse muita esperança de que as duas amigas fizessem as pazes. É possível que Audre tenha ficado lívida ao saber que Adrienne estava compartilhando detalhes de sua vida e jornada médica com June, que enfrentava seus próprios desafios médicos a essa altura. É possível que June concordasse que informação médica deveria ser particular. Quando Alexis De Veaux entrevistou June Jordan para seu livro de memórias *Soldier*, perguntou se June iria escrever um livro de memórias detalhando sua própria luta contra o câncer. June proferiu apenas uma frase em resposta: "Eu não sou a Audre Lorde".[14]

Às vezes eu me pergunto se as máquinas de escrever que Audre e June usaram para se corresponder uma com a outra e com o resto do mundo tinham sido fabricadas pela Brother, uma empresa que, como outras fabricantes de máquinas de escrever, também produzia máquinas de costura. O que nós alinhavamos com nossas palavras? E onde está a fábrica, a máquina chamada "Sister"?

É possível que nas cartas que não estão no registro arquivístico ou que estão seladas até 2050 ou em conversas por telefone, Audre e June tenham perguntado a Adrienne sobre o bem-estar uma da outra. É possível que cada uma tenha pensado em como a outra estava se sentindo. Não há nada documentado, mas isso não significa que eu não possa imaginar. Talvez uma delas tenha pegado o telefone para dizer: *Fiquei sabendo... só queria perguntar... como você está?* Talvez tenha acontecido um milagre sorório numa manhã bem cedo. Mas as contas telefônicas eram caras na época do monopólio da AT&T. Às vezes June não pagava a dela e a linha era cortada. Até quando seu telefone estava tocando, ela costumava não atender. Kathy Engel diz que June filtrava suas ligações. Eventualmente, quem sabe, ela te ligava de volta.[15]

As primeiríssimas máquinas de escrever experimentais foram criadas por escritores cegos. Ainda que não haja imagens da máquina que o inventor Pellegrino Turri construiu para sua amante cega, a condessa Fantoni da Fivizzano, suas cartas datilografadas permanecem. A qualidade tátil da máquina de escrever, a estabilidade da disposição das teclas, continuaram a influenciar o acesso à tecnologia até hoje. A primazia do toque no uso de uma máquina de escrever, o modo como você toca nas teclas e elas tocam de volta em você, a definição sônica — eu me pergunto como essa tecnologia em particular ressoava à nossa poeta legitimamente cega. Será que ela sentia o que nunca conseguiu ver?

Pelo resto de sua carreira, Audre continuou a lecionar a poesia de June em seu curso A Poeta como Outsider. Pelo resto de sua carreira, June continuou a lecionar a poesia de Audre como parte da base do currículo Poesia para o Povo que ela desenvolveu em colaboração com seus alunos em Berkeley nos anos 1990. Elas tinham diversos alunos e mentoreados em comum, para não mencionar as muitas pessoas, inclusive eu, que têm sido inspiradas por ambas as poetas por razões muito parecidas. Mesmo sem falar uma com a outra, elas administraram uma linha direta, cocriaram uma linhagem. Muitas de nós são primas aparentadas por meio dessas duas irmãs.

Em 1997, June escreveu um e-mail para Adrienne mencionando que estava prestes a ser entrevistada para o que se tornou *Warrior Poet*, a biografia de Audre Lorde escrita por Alexis De Veaux: "Em alguns minutos Alexis vai telefonar para me entrevistar para seu livro sobre Audre — interessante o jeito como as coisas acontecem. Alexis parece muito boa ao telefone, e acho que Audre tem sorte. Alexis vai dar tudo que tem".[16]

Everett Henderson, coapresentador do podcast *Austin Typewriter, Ink.*, fala sobre a experiência de viajar no tempo ao desmontar suas máquinas de escrever antigas para limpá-las. Ele desmontou e remontou mais de cinquenta de seu modelo favorito, a Royal P, criada em 1927. Na tinta preta do interior da chapa traseira da Royal ele consegue ver, até tocar, as digitais dos trabalhadores que originalmente montaram a máquina de escrever, atravessando quase cem anos.[17]

Na comemoração do aniversário de Audre Lorde em 1993, June escreveu um tributo: "Em diferentes pontos nossas vidas divergiram, assim como os caminhos que escolhemos para a luta. Mas nós nunca nos desenredamos completamente do combate comum contra o ódio e a aniquilação de toda intolerância".

Na datilografia, falta a palavra "luta". June voltou e a escreveu à caneta.

June se recuperava de um procedimento cirúrgico relacionado ao câncer de mama quando Audre deu seu último suspiro. "E assim nossas vidas convergiram, mais uma vez, já que agora devo lutar contra o mesmo intruso pavoroso e difícil", escreveu June.

Nessa carta transformada em tributo, June conta a conexão inicial das duas. "Nós tínhamos tanto em comum!", exclama. Ela cita seus poemas preferidos de Audre; reconhece que "o exemplo de nossa vida corajosa e poderosamente dadivosa inspirou e inspira jovens poetas e jovens rapazes e moças por toda a América hoje".

June celebra a camaradagem, a escrita delas: "Em meio à nossa luta por liberdade nos vimos livres para além do medo e para além da capitulação a nossos inimigos". Mas Jordan corrigiu com corretivo as palavras "a nossos inimigos " — então lemos apenas "além da capitulação".

June está mais vulnerável quando faz sua oferenda final a Audre:

e olho para você, minha irmã, com um coração pleno e trêmulo.

Aqui estão minhas flores desabrochando como jasmim

Aqui está a chama da minha fé
Aqui estão minhas palavras que a morte
não pode augurar ou apagar

Aqui está meu tributo
Aqui está meu amor que deposito
em suas tão capazes

mãos
até que nos encontremos

novamente

Aqui mais uma vez a datilografia está perturbada sob revisão. June voltou com o corretivo e pintou espaços naquela última oferenda. Ela passou corretivo na palavra "sorório" entre "meu" e "amor". Passou corretivo em sua descrição datilografada da luta de Lorde contra o câncer.

E então por fim ela voltou à caneta para acrescentar palavras que pode ter se lembrado de uma carta que Audre Lorde lhe escreveu anos antes quando o ensaio "Olho no olho" tinha um título diferente e provisório.

Até que nos encontremos
Novamente

cara a cara[18]

48.
na casa de iemanjá

Não sei se Audre Lorde alguma vez ouviu gravações da voz de baleias-cinzentas. Aqueles poemas subaquáticos, sons rítmicos que as baleias-cinzentas mães fazem para guiar e educar gerações. Os jorros, os crocitares graves, as vibrações em baixas frequências. Os sons que elas param de fazer quando navios negreiros ou baleeiros se aproximam.

Quando Audre atravessou o oceano para dar aulas em Berlim, não havia baleias-cinzentas no Atlântico. Todas tinham desaparecido dali havia mais de um século. No poema "Berlim é difícil com garotas de cor", ela descreve o compasso da fala de "uma mulher estranha" como "o ritmo de baleias-cinzentas rezando". No verso seguinte, escreve: "escuras feito potes de granito", evocando o duro intermédio da Alemanha Ocidental, o toque de recolher, o muro. Ela poderia estar se lembrando da carta que Dagmar Schultz lhe enviou convidando para lecionar na Free University. Schultz, que aparece no mesmo poema como uma "ladra feliz de flores" com um "passo de esvoar cabelo", se queixou que a Alemanha era ainda mais racista do que o Mississippi por causa do insidioso silêncio e da negação das pessoas ali. Quando Audre escreveu suas primeiras impressões da Alemanha em seu diário em 2 de maio de 1984 ("O papel higiênico é tão duro quanto uma nota de 20 marcos"), ainda não tinha conhecido a maioria das mulheres afro-alemãs que passaria a amar profundamente.[1] Quando começou a esboçar o poema que se tornaria "Berlim é difícil com garotas de cor" uma semana depois, ela queria dizer sobretudo uma garota de cor. Ela mesma.

Baleias-cinzentas são os animais que migram para mais longe. Seu alcance? Dezenove mil quilômetros. Uma vez e meia o diâmetro da Terra. Se estivéssemos ouvindo, as baleias-cinzentas poderiam nos ensinar que o planeta inteiro é nosso lar. Um lar não é algo pequeno ou separado.

***

Talvez Audre tivesse uma noção de como seria importante para sua sobrevivência e seu legado atravessar o oceano nove vezes para a Alemanha. Três meses antes de sua primeira viagem, os cirurgiões lhe disseram que ela tinha seis meses de vida, com sorte. O diagnóstico foi difícil de ouvir. Mais difícil ainda de compartilhar. Foi um enorme ato de fé sequer viajar. Dagmar, sua anfitriã no Instituto de Estudos Norte-Americanos na Free University, ouviu a notícia e a guardou para si, sem saber se os médicos tinham contado a Audre. Mais tarde, Audre repreendeu Dagmar. "Nunca mais", disse para a mulher branca que por um breve momento ela achou que era uma agente lésbica da CIA. "Nunca esconda nada sobre a minha própria vida de mim."[2] Berlim foi difícil.

Logo que chegou, Audre estava empolgada com os cursos que estava ministrando de "Poesia de mulheres negras" e "A poeta como outsider", mas estava tendo dificuldades físicas. "Não consigo comer comida cozida e estou ficando mais enjoada. Meu fígado está tão inchado que consigo senti-lo debaixo das minhas costelas. Perdi quase 23 quilos", escreveu ela em seu diário.[3] Schultz a colocou em contato com uma médica antroposófica que tinha a mesma perspectiva de Audre de que só se deveria recorrer à cirurgia como último recurso e lhe prescreveu injeções de uma infusão de visco chamada Iscador. A adaptação durante essa visita foi lenta. As alunas em suas aulas na Free University eram quase todas brancas. Ela tinha que se espetar com uma seringa cheia de Iscador três vezes por semana. E a resposta à sua primeira leitura pública em Berlim foi desconcertante para ela. O público ficou sentado em silêncio, "tossidas e cochichos nervosos, então novamente silêncio". Segundo sua lembrança, nem uma única pessoa no auditório lotado da Universidade Técnica de Berlim disse algo durante a parte aberta para perguntas ou foi falar com ela depois que o evento terminou.

Mas mesmo antes de ir para Berlim, Audre tinha ouvido falar de uma intrigante forma de vida ameaçada de extinção: feministas lésbicas negras alemãs. Ela foi persistente em seus pedidos a Dagmar e a outras professoras e funcionárias da Free University, solicitando que convidassem alemãs negras para as leituras e as aulas.[4]

E funcionou. Devagar. Duas das figuras fundadoras do movimento de mulheres afro-alemãs, May Ayim e Katharina Oguntoye, eventualmente se conheceram no seminário de Audre no verão de 1984. Audre teve o cuidado de tornar a aula útil para as estudantes negras que apareciam uma de cada vez, dando a elas oportunidades de dividir suas ideias ao mesmo tempo que as protegia do voyeurismo da maioria de alunas brancas. "Digo isso publicamente porque esse tipo de situação é sempre tão carregada", disse para as 42 alunas que apareceram para a segunda sessão de seu seminário sobre poesia de mulheres negras. "Há certas garantias que devo dar para a única outra mulher negra presente aqui; você não está sendo paga para conduzir esta aula e [...] logo você não está sob pressão nenhuma para se explicar." Audre insistia que o consumo de poesia de mulheres negras como um assunto exótico ensinado por uma professora estrangeira não era uma opção. "Não há espectadoras aqui", disse ela.[5] Audre também não estava disposta a permitir que a maioria de alunas brancas na aula realizassem desempoderamento em relação ao racismo. "Não estou interessada na defensividade de vocês", ela disse. "Também não estou interessada na culpa de vocês."

Katharina se sentiu "estimulada e entusiasmada" com a "vitalidade e o carisma" de Audre na sala de aula e apreciava que "quando necessário, ela sacudia as alunas alemãs".[6] Audre tinha clara consciência de seu poder. Um dia durante "A poeta como outsider", depois de ler seu poema "Coal", disse abruptamente para as estudantes: "Gostaria de ouvir vocês falarem agora, esta é minha casa e eu tenho o direito".[7] Ela esperava que sua aula *estivesse* sacudindo as alunas. Como parte de um sermão duro para as alunas de seu seminário de poesia de mulheres negras ela disse:

> Semana passada tive a forte impressão de que vocês tinham ficado esgotadas, que não estavam acostumadas a sentir com intensidade, que vocês não estão particularmente habituadas a responder ao trabalho das mulheres negras, que vocês tinham feito isso por uma hora e sentiam que era demais. Espero que esse tenha sido mesmo o caso.[8]

Para suas poucas alunas negras, as aulas nunca poderiam ser longas o bastante. "Essa era nossa chance de aprender com uma professora negra", disse Katharina, uma oportunidade única na maior parte da vida delas. Elas gostavam da forma como as escolhas de conteúdo de Audre e seu estilo interativo de ensino "forçava as ouvintes a confrontar" o racismo que seus colegas e figuras de autoridade negavam e evitavam em todos os outros ambientes. No fim, Audre acreditava que a dificuldade valia a pena. Suas últimas palavras gravadas naquele primeiro verão na Free University foram: "A luta é o ritual".[9]

O currículo e a abordagem de Audre não poderiam ter sido mais diferentes da resposta que May Ayim recebeu do orientador de sua tese quando ela propôs um estudo sobre a história do racismo na Alemanha. "Na verdade não existe racismo na Alemanha", insistiu o orientador, instando-a a escolher outro assunto. Em vez disso, com o apoio da aula de Audre, May fez uma colaboração com sua colega de classe e nova amiga Katharina para publicar uma tese que serviu como um esteio para *Farbe bekennen*, a primeira antologia de e sobre mulheres afro-alemãs. Audre se baseou em suas entradas de diário durante aqueles dias decisivos em Berlim para seu prefácio para a edição em inglês do livro, chamada *Showing Our Colors*.

> Para mim, afro-alemã significa os rostos brilhantes de May e Katharina em uma conversa animada sobre as terras natais de seus pais, as comparações, alegrias, decepções. Significa meu prazer em ver outra mulher negra entrar na sala de aula, sua reticência cedendo aos poucos enquanto ela explora uma nova consciência de si, adquire uma nova maneira de pensar sobre si mesma em relação a outras mulheres negras.[10]

A entrada de diário aparece literalmente no prefácio, com uma pequena mudança. Quando escreveu essas palavras em seu diário, ela ainda não sabia escrever o nome de May.

Audre logo começou a acreditar que estava na Alemanha para ajudar a promover essa importante comunidade de mulheres que tinham algo a dizer para o mundo. A falecida e querida Ika Hügel conta como foi receber Audre Lorde no aeroporto em 1987, quando ela foi a Frankfurt para uma conferência. Para sua surpresa, Audre correu em direção a ela, a abraçou e a cumprimentou pelo nome. Audre tinha estudado as fotos da I Conferência Afro-Alemã, em Munique, e perguntou o nome das mulheres em cada fotografia, preparando-se ativamente para reconhecê-las e abraçá-las. Ela já tinha decidido que elas eram das suas. Trinta anos depois, a ativista Ria Cheatom fica com a voz embargada ao contar sobre isso. Audre de fato "veio para a Alemanha nos procurando, as afro-alemãs".[11]

Audre fazia do tempo que passava na Alemanha uma prioridade. Sua capacidade de viver e trabalhar em Berlim tanto quanto o fez foi um esforço comunitário. Ela escreveu para o reitor e para o chefe do Departamento de

Inglês do Hunter explicando sua necessidade de um sabático, além de sua licença por invalidez, para cuidar da saúde e terminar seu livro *Uma explosão de luz*, bem como concluir sua colaboração com mulheres afro-alemãs no livro *Farbe bekennen*, que elas estavam escrevendo. Não está claro se o Hunter concedeu algum auxílio a Audre por esse período de ausência, mas sua companheira, Gloria Joseph, recebeu, sim, um ano inteiro de licença remunerada de seu emprego no Hampshire College a partir do outono de 1987 para seguir com suas colaborações com as mulheres sul-africanas alocadas em Londres. Em uma carta para a escritora Toni Cade Bambara, Gloria disse que se "deslocava a trabalho" entre Londres e Berlim. Organizações como a Associação Alemã de Estudos Norte-Americanos e suas contrapartes em outros países receberam Audre para uma variedade de palestras. Ela pedia que a BBC e outros organizadores de conferências, meios de comunicação e instituições interessadas em contratá-la pagassem a viagem e o hotel para ela e cobrissem Gloria Joseph como sua acompanhante.

A grande TV a cores para o apartamento alugado nos arredores de Berlim foi um presente de Annabelle Bernard, uma cantora de ópera americana negra que tinha se mudado para Berlim fazendo parte de uma pequena comunidade de expatriados negros americanos. Bernard havia comparecido ao primeiríssimo evento público de Audre. Aquele com todo o silêncio e as tossidas.

Uma comunidade de curadores também apoiava a presença e o bem-estar de Audre. Depois de insistir um pouco que sabia dirigir carros com câmbio manual, Audre deixou que Gloria a levasse em um Volkswagen à clínica e a seus eventos públicos. Gloria gostava dos médicos com quem Audre se consultava e os descrevia como "curandeiros sofisticados" para Toni Cade Bambara, porque eles usavam as mesmas ervas com que Joseph estava familiarizada dos curandeiros caribenhos de St. Croix. Audre começou a trabalhar com Manfred D. Kuno, um naturopata com quem ela se associou para melhorar sua qualidade de vida por meio de tratamentos contínuos com Iscador e imunoterapia holística. Ela nunca de fato seguiu seu conselho de desacelerar, mas aprendeu, sim, a aproveitar as frutas frescas sem os pesticidas americanos, noites dançando em clubes lésbicos e experiências "luxuriantes" na sauna local. Gloria Joseph descrevia Berlim como um "parque de diversões" para Audre, mas também achava que ela estava lá em uma missão séria. Frustrada com algumas das limitações de seus cursos no Instituto JFK de Estudos Norte-Americanos da Free University, durante viagens posteriores ela transferiu seu trabalho para locais mais controlados pela comunidade. Leu trechos de *Os diários do câncer* e *Zami* na Alemanha Ocidental e na Alemanha Oriental em espaços novos e consagrados com foco no acesso a parcerias com o nascente movimento afro-alemão. Com o passar dos anos, Audre viu a Schokofabrik, uma fábrica de chocolate vazia, se transformar em um próspero centro comunitário de mulheres.

Ika Hügel disse: "Eu nunca me senti tão rapidamente próxima de outra pessoa nem me abri com tanta facilidade como o fiz com Audre Lorde".[12] Ika se lembrava de Audre dizendo repetidamente: "Estou orgulhosa de você". Essas eram palavras maternais de reconhecimento que ela desejara ouvir toda a sua vida. Na maior parte do tempo Ika vivenciara o oposto. Sua mãe branca, em lágrimas, mandou-a para um torturante colégio interno administrado pelo Estado para manter seu padrasto branco feliz. A equipe abusiva daquele colégio interno, na verdade uma instituição para crianças com deficiências, lhe dizia de novo e de novo que ela era má e estava errada e que nunca daria em nada. Disseram a ela que a negritude era uma deficiência. Quando adulta, a meia-irmã branca de Ika negou que elas eram irmãs para um grupo de amigos brancos, com Ika bem diante dela. O fato de Audre tê-la escolhido ativamente como família significava tudo para Ika.

As visitas anuais de Audre se tornaram parte de uma estrutura através da qual as mulheres negras alemãs podiam se encontrar e se identificar como afro-alemãs em um contexto feminista negro. Elas encontraram apoio para a urgência política que se originava de suas experiências pessoais de isolamento e de racismo sistêmico e internalizado. O acolhimento entusiasmado de Audre lhes permitia ver a si mesmas refletidas em um país que era extremamente hostil com a presença delas. Ou talvez a resposta delas à sua presença revelou quanto queriam e precisavam do apoio umas das outras possibilitado pelo feminismo negro. À medida que as mulheres afro-alemãs se uniam, elas começaram a expressar o profundo sentimento de traição que sentiam. Ou como Ika Hügel expressou, "Estou furiosa com todos aqueles que se esquivaram da responsabilidade pelo que eu sofri, com todos aqueles que não queriam que eu sobrevivesse".[13]

As afro-alemãs tinham começado a buscar umas às outras. Mas era difícil. No início, Ika Hügel se recusou a participar da primeira conferência de afro-alemãs de todos os tempos; ela explicou: "Não quero olhar na cara das afro-alemãs e enxergar minha própria dor".[14] Em muitos casos, o desejo de aprender com uma notória escritora feminista negra americana fez com que elas se reunissem na mesma sala quando nada mais o tinha feito. O entusiasmo de Audre se tornou transmissível. Em Audre, elas encontraram o contrário do que tinham passado a esperar: alguém que celebrava apaixonadamente, devotamente suas existências, que *queria* que elas sobrevivessem e fossem conhecidas no mundo todo.

Para Audre, a chance de conhecer feministas e lésbicas afro-alemãs foi transformadora. A ideia de lésbicas negras pelo mundo, na Europa e além, informou sua nova e mais audaciosa visão do futuro que sobreviveria a ela.

Audre deu conselhos afiados para as mulheres afro-alemãs sobre se organizarem juntas para além das diferenças. Ela fez perguntas específicas sobre a agenda e o progresso da organização feminista afro-alemã Adefra. Inspiradas por sua orientação, elas batizaram sua publicação de *Afrekete*. Audre incentivou as mulheres afro-alemãs a escreverem livros sobre suas próprias experiências como acabara de fazer havia pouco, para que pessoas "a 5 mil quilômetros de distância" pudessem aprender sobre como elas viviam.[15] Ela sugeriu que organizassem uma Oficina Feminista Negra de Verão na Alemanha para criar vínculos com outras mulheres negras pela Europa e no mundo todo.[16] Através de sua conexão com Cheryl Clarke no periódico literário com foco lésbico e feminista *Conditions*, Audre intermediou a inclusão de seus próprios textos sobre feministas afro-alemãs, o poema "Afro-alemã" de May Ayim, e a entrevista de Ilze Mueller com duas irmãs afro-alemãs idosas logo nas primeiras páginas da *Conditions 14: International Focus II*. Seu apoio foi estratégico. Havia também uma intimidade em seus cuidados.

Quando escreveu sobre o ritmo das baleias-cinzentas rezando em seu duro retrato de Berlim, será que Audre sabia a respeito do amor das baleias-cinzentas mães? O cuidado e devoção delas são lendários. Elas diminuem o passo para ficar em sincronia com seus bebês, que estão aprendendo a nadar na longa jornada. E até nesse ritmo mais lento, elas viajam 160 quilômetros por dia. Elas não comem durante meses enquanto estão migrando, mas alimentam seus bebês com 190 litros de leite rico em gordura todos os dias. Será que o jejum delas é uma forma de oração?

Audre alimentou as mulheres afro-alemãs — literalmente. A maioria dos registros de vídeo e imagens de Audre em Berlim a mostram na natureza ou em mesas — mesas de cozinha, mesas de restaurantes, mesas de centro de salas de estar. Assista a ela cortando beterraba na cozinha e oferecendo a May Ayim e Ika Hügel com as mãos. A ponta vermelha de seus dedos, alcançando suas mãos e boca. Degustando ela mesma a doçura da beterraba com um "Hum. Hum". Lembrando em voz alta como ela e as irmãs roubavam beterraba da mesa da mãe enquanto ela as fatiava. Ou não captada pela câmera, rindo na cozinha da ativista e cofundadora da Adefra Judy Gummich e mergulhando em discussões intensas na primeira vez em que visitou a casa dela.[17] Ou outra vez, compartilhando uma grande travessa de peixe com a acadêmica Yara-Colette Lemke Muniz de Faria e conversando com ela sobre a deusa mãe do mar Iemanjá e a história dos búzios.[18]

Baleias-cinzentas mães, como muitos mamíferos marinhos, são protetoras ferozes de seus filhotes. Isso lhes rendeu uma má reputação entre os baleeiros. Uma baleia-cinzenta mãe cometeria todo tipo de violência contra um baleeiro para proteger sua prole. A maioria das mulheres afro-alemãs, incluindo Ika, faixa preta em tae kwon do, nunca tinha vivenciado esse tipo de proteção. De acordo com Hügel e Ayim, os pais brancos de filhos afro-alemães costumavam ser castigados e isolados, e lhes diziam que era anormal, imoral e até cruel trazer crianças negras para um ambiente em que supostamente nunca poderiam prosperar. Ninguém nunca lhes dizia que o mundo todo podia mudar. Eles não ousavam ensinar a seus filhos nada diferente de como, com sorte, se encaixar o máximo possível. "Nós, como alemãs negras, nos acostumamos a ser ignoradas", disse Judy Gummich.[19] Mas Audre achava que o mundo era delas. Mais do que isso, acreditava que o mundo estava esperando elas falarem. "No interesse de nossas sobrevivências e da sobrevivência de nossos filhos, essas mulheres negras alemãs reclamam sua cor e sua voz", escreveu no prefácio de *Farbe bekennen*.[20] Portanto o mundo todo *deveria* mudar em prol das mulheres afro-alemãs. "Pela primeira vez se tratava de fato de mim", disse Ria Cheatom.[21]

"Eu leio em solidariedade a minhas irmãs afro-alemãs", dizia Audre em suas leituras de poesia na Alemanha antes de começá-las.[22] "Não há dúvida, nossa guerra é a mesma."[23] Depois de pelo menos um evento, ela pediu que todas as mulheres brancas saíssem e apenas as mulheres negras ficassem. Então insistiu que as mulheres negras se apresentassem para pelo menos uma outra pessoa afro-alemã antes de ir embora. Entusiasmada em testemunhar como May e Katharina tinham se conhecido em sua sala de aula, ela buscava criar oportunidades de construção de comunidade nos locais onde as pessoas se reuniam para ouvi-la ler. Às vezes empoderamento era insistência. "Ninguém mais vai fazer isso", ela as lembrava. "Vocês precisam fazer."[24]

Pouco depois do nascimento das baleias-cinzentas, quando elas ainda são novas, cracas brancas se fixam em sua pele. As cracas ficam com elas e se tornam locais de infestação de piolhos. As baleias-cinzentas carregam mais cracas do que qualquer outra baleia.[25] Será que é isso que as deixa cinza? Não pretas? Não brancas? O que o cinza significava para Audre na Alemanha? A palidez do céu sombrio? A insistência insípida da supremacia branca? A fuligem na pedra, a frieza da Europa? O peso do ar hostil? No poema de May Ayim "acomodação", o cinza representa a esqualidez da moradia dos imigrante no contexto da violência neonazista em ascensão:

cinza no interior
o exterior também
cinza[26]

As "cinzas e fumaça/ ossos e pele/ carbonizados"[27] que restam depois que os nacionalistas racistas incendeiam totalmente outra casa de imigrante são relacionados com os vestígios dos campos de concentração. A sujeira dos prédios, o próprio ar da Alemanha guarda um arquivo de violência. Depois da queda do muro de Berlim em 1989, Audre acompanhou a ascendente violência xenofóbica, racista e antissemita em ambas as cidades e nas cidadezinhas da Alemanha. Ela e as feministas afro-alemãs que ela adorava sentiam que o impulso genocida na Alemanha ressurgia, incentivado pela retórica nacionalista e pelos silêncios mordazes do governo. Os fantasmas dos campos de concentração pairavam no ar, e para Ayim o incêndio de casas de imigrantes constituía *aquele* cinza. O cinza da fumaça onde antes havia vidas. Os restos. São parentes, se não pela biologia, pela dispensabilidade compartilhada. Aparentados com os ossos de ancestrais africanos que as baleias-cinzentas encontravam e filtravam todos os dias.

No fundo do oceano, as baleias-cinzentas transformam a superfície da Terra. Talvez os estudos de Audre sobre geologia tenham lhe ensinado sobre a evidência do papel das baleias-cinzentas no processamento de rochas, as camadas de sedimentos em fósseis e pedras. Filtrando crustáceos minúsculos, elas ingerem bocados de lama. Durante o tráfico transatlântico de escravizados, foram elas que filtraram e processaram os ossos de mais de 2 milhões de cativos africanos que pularam ou foram jogados ao mar. Quantos eram ossos de mães cujos bebês ficaram para trás nos navios? Como as massivas baleias-cinzentas se sentiam a respeito de transformar os resquícios de sal das pessoas que se rebelavam ou que não podiam ser escravizadas, em fôlego, vida e maternidade de novo?

Uma das primeiras frases que Audre aprendeu a dizer em alemão foi *"Das ist die ganze Wahrheit"*, ou "Essa é toda a verdade". Ela a proferia para enfatizar frases que já tinha dito em inglês. Ela a proferiu depois de ter dito a um grupo incrédulo de mulheres afro-alemãs em uma roda: "Vocês são lindas". Em outros termos, toda a verdade da filosofia de sobrevivência de Audre se manifestava na capacidade e na luta das mulheres afro-alemãs, tanto quanto em qualquer outra parte.

A história do Holocausto, juntamente com a contínua opressão institucionalizada das afro-alemãs, levou Audre a acreditar que o genocídio não era uma mancha histórica mas uma ameaça presente na Alemanha do fim do século XX. Havia um mal sistêmico no hospital, no orfanato, nos jardins de infância, na universidade, em serviços de inserção no mercado de trabalho, no policiamento, na política de imigração, nas eleições, na reunificação retórica. Katharina Oguntoye descreveu sua experiência pela primeira vez em voz alta em uma caminhada no parque com Audre e Gloria: "Uma pessoa negra não é uma pessoa e não irá, sob nenhuma circunstância, ser reconhecida como tal", explicou ela no que mais tarde chamou de epifania repentina. "Aos olhos de meus concidadãos, eu não sou uma pessoa."[28] Audre conseguia entender claramente: as mulheres afro-alemãs, nas palavras de seu próprio poema mais famoso, "nunca" estiveram "destinadas a sobreviver".[29]

A baleia-cinzenta atlântica está extinta. Caçada pela gordura e pelo óleo para lamparinas, arpoada sob a pele. Elas desapareceram durante o tráfico triangular de escravizados, em que os navios podiam facilmente ser adaptados ou para levar cativos africanos acorrentados ou para processar a carne de baleias. Essa teoria significa que as baleias-cinzentas não sobreviveram à ganância de uma economia baseada em óleos, na qual o mais cobiçado deles estava dentro de seu corpo. Elas eram usadas por sua gordura.

Baleeiros, financiados por banqueiros, provavelmente perseguiram e mataram cada uma das centenas de milhares de baleias-cinzentas do Atlântico que já foram uma espécie basilar de múltiplos ecossistemas conectados ao oceano Atlântico. A teoria mais branda é que elas simplesmente foram embora. Com seu silêncio e capacidade de nadar para tão longe, elas não poderiam apenas ter ido para o oceano Pacífico? Os alemães brancos achavam que estavam dizendo algo positivo quando olhavam na cara das mulheres afro-alemãs e lhes diziam que, para seu próprio bem, elas deviam ir embora da Alemanha.

Audre escreveu para Adrienne Rich, que estava nos Estados Unidos:

> A situação política e social em Berlim e em maior medida no resto da Alemanha é um pesadelo. E o que a torna pior é o verniz de agradabilidade que ainda é bastante possível encontrar. A única esperança verdadeira é o crescente horror de grupos de pessoas como os praticantes de cura, as pequenas editoras, os assistentes sociais, os grupos de mulheres etc. mas esses clamores e essas manifestações de base estão se formando devagar demais, e é difícil galvanizá-los porque em muitos casos eles realmente não acreditam em sua própria história.[30]

A recusa de mulheres alemãs brancas, até mesmo de participantes de movimentos sociais, em "acreditar" na história de extermínio da Alemanha era uma recusa em assumir responsabilidade pelo mundo que construíam. Para Audre isso significava "conformidade por parte da comunidade e consentimento tácito" com a violência em massa mesmo entre aquelas que "deploram por completo e desejam se dissociar da inação malévola de seus antepassados durante a época nacional-socialista".[31]

Audre falava repetidamente em seus eventos sobre o racismo de feministas alemãs brancas. "O racismo na Alemanha, na Suíça, na Europa, deve se tornar uma questão para as feministas brancas porque faz parte da vida delas, ele afeta a vida de vocês em todos os aspectos", ela lhes disse.[32] Havia uma rudeza em sua voz enquanto Dagmar e outras se apressavam para traduzir. Em uma leitura gravada em Frankfurt, quando falou sobre o medo das feministas brancas alemãs de reconhecer a própria história letal apenas uma geração antes, as pessoas na audiência riram. Ela rebateu: "Isso pode soar engraçado para vocês, mas soa muito triste para mim porque coloca muitas alemãs brancas em uma posição de absoluta imobilidade e distanciamento de seu próprio poder".[33] Audre as desafiou a confrontar as consequências genocidas de seus preconceitos não analisados e de sua recusa em não levar a sério os testemunhos de mulheres afro-alemãs sobre suas próprias experiências de racismo.

Se as alemãs brancas imersas em um contexto genocida pudessem desaprender o genocídio e praticar um feminismo responsável, se as afro-alemãs pudessem desaprender as narrativas genocidas internalizadas usadas contra elas e amar a si mesmas e umas às outras ativamente, então haveria esperança para o mundo. Audre disse a seu médico Manfred Kuno que associava seu câncer à "discrepância brutal" entre amor e colaboração humanos que ela sabia ser possível e à "destruição cultural" que testemunhara ao longo da vida. O Holocausto era um símbolo enorme da destruição que Audre se recusava a aceitar.

Depois de uma leitura em Zurique em junho de 1984, Audre admitiu: "achei muito mais fácil debater o racismo do que falar sobre *Os diários do câncer*".[34] E no entanto os dois nunca estiveram desconectados. Ela sabia, com pesar, que as indústrias químicas na Alemanha estavam causando um aumento nas taxas de câncer de mama entre as mulheres para as quais ela dizia que deviam desaprender o racismo tóxico. E se o próprio câncer fosse o que ela chamou na dedicatória de *Uma explosão de luz*, "aquela parte de cada uma de nós que se recusa a se calar"?[35]

O que não quer dizer que para Audre a antinegritude do Estado-nação alemão fosse apenas uma experiência de segunda mão baseada em sua solidariedade com as mulheres afro-alemãs. Oficiais no aeroporto de Tegel assediaram e perfilaram racialmente Audre na alfândega, questionando suas razões para ir à Alemanha. Eles a receberam vasculhando seus absorventes e doces em busca de drogas.[36]

Quão longa é a oração de uma baleia-cinzenta? Longa o suficiente para viajar pelo planeta todo. Uma oração que guarda dentro de si tanto extinção quanto maternidade, perda e regresso. As baleias-cinzentas costumam fazer o som de congas quando chamam umas às outras.[37] O som das baleias-cinzentas encontrando umas às outras é como os tambores que os músicos tocavam atrás de May Ayim enquanto ela apresentava seus poemas na África do Sul, atuando no transnacionalismo que Audre incentivava, celebrando a profunda ressonância interoceânica entre sua poesia e a poesia *dub* da Jamaica. A artista de espírito livre Corazon tocou tambores em muitos dos eventos de Berlim em que Audre dançou com outras mulheres. Um dia ela levaria essas mesmas congas para tocar na cerimônia memorial de Audre. As baleias-cinzentas usam o som para se tornar visíveis umas para as outras quando não podem enxergar através da distância ou dos sedimentos.

Para Audre, o amor e o apoio das mulheres afro-alemãs eram impossíveis de serem separados de sua visão de justiça para todas as pessoas de cor, para todas as mulheres, e para todas as pessoas oprimidas, impossíveis de serem separados de sua luta por sua própria sobrevivência. Para Audre, amar as mulheres afro-alemãs que o nacionalismo alemão teria preferido remover da consciência nacional não era um tópico, não era meramente um nicho de mentoria. Tratava-se da tênue possível existência de vida na Terra em si.

"Parecia que ela tornava o universo todo visível", lembrou Katharina. "Um canal claro e brilhante de compreensão."[38]

Audre estava determinada a cultivar a vida de mulheres afro-alemãs enquanto lutava para estender seu próprio tempo na Terra. Comunicando-se usando as mãos e os pés com Yvonne Kettels quando nenhuma delas sabia o suficiente da língua da outra para falar com palavras. Dançando a noite toda na sala de estar. Segurando no colo Josephine, a bebezinha de Marion Kraft, e sorrindo, com a mão no coração da bebê e a mãozinha minúscula de Josephine na dela. Escrevendo anos depois para celebrar "os lindos olhos sorridentes de Josephine em sua roupa de neve, amada e robusta".[39] Usando o conjunto esportivo de Ika por toda parte. Compartilhando histórias de infância sobre quebrar seu trenó e se comportar mal na aula. Cozinhando para outras mulheres até mesmo quando ela já não conseguia digerir e desfrutando ativamente o desfrute da comida. Indo com Marion Kraft visitar Doris Reiprich, uma das autoras mais velhas de *Showing Our Colors* e abrindo um enorme sorriso diante do seu rosto, sentada à sua mesa da cozinha tomando chá. Fazendo de seus dias uma celebração e uma afirmação de um continuum intergeracional. Falando com autoridade sobre o que elas devem fazer pessoal e coletivamente para construir instituições feministas afro-alemãs duradouras em um clima inóspito. Mas também as aconselhando cuidadosamente para proteger o sono delas, para garantirem que suas fronhas combinem com as cobertas, assistirem a imagens da natureza antes de irem para a cama se tivessem visto ou passado por algo difícil. Absorvendo as perguntas preocupadas de Ika sobre a vida e a morte, a morte de Audre em particular, e então lendo a poesia dela em resposta.

E quando ela estava longe, ela não estava longe. May Ayim escreveu orgulhosa que tinha seguido a orientação de Audre e compartilhado sua poesia em um comício. "Eu estava usando sua jaqueta quente e acolhedora, Audre, e me senti como uma de suas filhas."[40] May situou sua poesia na linhagem de Audre e honrou sua obra como uma fonte de vida: "Há sempre um verso em seus poemas para me fazer companhia, para me ajudar a superar". Marion Kraft escreveu: "Você é a 'irmã mais velha' que eu sempre quis". "Um desejo do meu coração foi realizado", Hella Schultheiß bajulou em sua primeira carta depois de conhecer Audre. Nicola Laure escreveu para Audre, a quem ela chamou de "mãe-irmã-amiga", e disse: "Pensar em seu sorriso acolhedor me dá a força e o poder de que preciso...". Audre também ganhou poder com essas relações, força e energia para seu tempo de vida e para além dele. "Vocês são ambas uma parte do meu futuro", ela escreveu para Marion Kraft e Helga Emde, "e eu amo vocês por isso."[41]

Dois meses antes de sua morte, Audre foi a Berlim uma última vez. Na sala de estar de Ika e Dagmar, ela recitou improvisadamente "If You Come Softly", o primeiro poema memorial que escreveu para Genevieve. Ela teve de cobrir a boca de tão emocionada com a doçura de sua própria lírica incipiente. Uma risada de colegial pelo amor colegial que ela ainda levava consigo. "É tão adorável", disse atrás da mão. Ela estava empolgada com a tradução alemã de seus poemas que logo sairia. Com a voz esgotada pela radiação, fez sua última leitura de poesia de todos os tempos, sempre em um contexto transnacional em uma gravação que ela havia instruído suas amigas a compartilhar com Ellen Kuzwayo e as outras mulheres que ela conhecera em Soweto. Ela se desculpou por sua voz vacilante e estridente: "Espero que vocês tenham conseguido ouvir o amor com que compartilho esses poemas". May Ayim lhe garantiu: "Eu consigo".[42] Quatro anos depois, May se suicidaria depois de um tratamento muito questionável em um hospital de Berlim.[43]

No fim da última visita de Audre, uma pequena multidão de pessoas amadas a rodearam no salão de embarque do Tegel, o mesmo aeroporto em que ela fora assediada na alfândega. Depositaram presentes nas mãos e bolsas de Audre, chás curativos, fotografias e outros objetos sagrados. Sussurraram com urgência o quanto o tempo de Audre na Alemanha tinha significado para elas, como ela viveria profundamente no espírito delas. Quando

Audre e Gloria voltaram para St. Croix, receberam uma linda colagem, uma imagem de Audre e Gloria no centro de dezenove fotos de sua família de opção de feministas afro-alemãs com as palavras: "Você é a centelha que mudou nossas vidas, obrigada".

Mais tarde, Yvonne Kettels e Yara-Colette Lemke Muniz de Faria viajaram para San Francisco para falar no tributo organizado para Lorde pela publicação feminista negra *Aché*, uma publicação irmã do periódico *Afrekete* da Adefra. Audre havia recomendado que elas fizessem uma colaboração, então a fizeram para celebrar a vida dela. "Ela era a luz em nosso olhar, nascendo como o sol, oferecendo calor e amor...", disse Kettels, mais confiante em seu inglês do que estivera quando conheceu Audre em um café da manhã. De volta a Berlim, o memorial para Audre Lorde na Haus der Kulturen der Welt em fevereiro de 1993 foi um evento lotado, com mais de quatrocentas pessoas amadas. Foi cheio de batucadas, danças, homenagens e lágrimas. Marion Kraft fez uma declaração sobre a obra de Audre e seu impacto na Alemanha. O altar na frente estava coberto de flores, corais, conchas e pedras. Mais tarde, Dagmar, Ika e May espalharam um pacote com suas cinzas no Krumme Lanke, o lago de um antigo enclave nazista em que Audre adorava relaxar e brincar num bote inflável. Seu corpo se tornou parte do sedimento.

Ika, que já havia visitado Audre e Gloria em St. Croix uma vez, fez do regresso a St. Croix sua peregrinação regular. "Isso se torna meu retorno anual ao lar", disse.[44] Ela escreveu sua autobiografia *Invisible Woman* com o apoio do Audre Lorde Literary Award. Nele, compartilha detalhes de sua vida e da tomada de consciência como feminista afro-alemã e escreve impetuosamente contra a narrativa de "um país cuja cultura racista afirma [...] que eu não existo".[45]

Mas, em novembro de 1992, Audre ainda não achava que tinha feito o suficiente. Sentada no quintal em St. Croix, Gloria Joseph lhe disse: "Relaxa". Mas a voz de Audre é urgente quando diz: "Mas e a carta para o chanceler?".[46] O último ato político oficial de Audre no exato mês em que ela morreu foi escrever com Gloria Joseph uma carta aberta para o chanceler alemão Helmut Kohl. Elas vituperaram o que chamaram de "os perigosos elementos fascistas que vemos em ação" nos ataques xenófobos contra os imigrantes vietnamitas e ciganos em Hoyerswerda em 1991 e em Rostock em 1992, e em muitos outros incidentes de violência no transporte público e nas ruas. Na visão delas dos eventos "tudo parece ser uma forte reminiscência da atmosfera e das condições que precederam a ascensão do nacional-socialismo ao poder nos anos 1930".[47] Elas instaram Kohl a examinar "as questões fundamentais do racismo, do antissemitismo e da xenofobia, questões dentro da psique alemã que não foram publicamente examinadas ou abordadas [...] e que ainda permeiam a atual consciência expressa da sociedade alemã mais ampla pela qual nos movemos".[48] Até quando estava morrendo de câncer, Lorde insistiu com Joseph que "é errado agora [...] se cada uma de nós não emprestarmos quem quer que sejamos, qualquer que seja nosso poder relativo, para acabar com esse câncer social".[49]

Em novembro de 1992, May, Ika e Dagmar voaram para St. Croix e se juntaram a outras pessoas amadas para estar com Audre além de seu último suspiro. Ika se lembrou de que uma das frases finais de Audre foi a primeira frase que ela aprendeu em alemão. *"Das ist die ganze Wahrheit."* "Esta é toda a verdade."

Parte 9

Como colocamos em prática em nossa vida as lições que aprendemos através de nossa sobrevivência? Se toda mulher que desejou meu bem-estar colocar essa paixão e energia e amor na luta por ar limpo, melhores escolas, assistência médica decente [...] se cada uma a colocar em seu trabalho diário por sobrevivência e mudança, então o futuro de nossas crianças será muito mais possível. Não garantido, porém muito mais assegurado.

Audre Lorde, "To My Sister Readers of *Aché*"[1]

49.
lar

*Sou um anacronismo uma zombaria
uma esquisitice. Eu e a abelha.
Não era nunca para ela voar.
A abelha está morta
Se tornou
Científica
Em vez de mágica.
Não é para eu existir. Mas eu existo.*

Audre Lorde, entrada de diário[1]

No ano em que Audre Lorde nasceu, um entomologista francês chamado Antoine Magnan anunciou sua teoria: as abelhas não deveriam ser capazes de voar. Ele argumentou que as abelhas eram aerodinamicamente impossíveis. Pequenas asas batendo devagar, em corpos tão comparativamente grandes? No voo, as abelhas ignoram de todo as dinâmicas de *peso*, *arrasto*, *sustentação* e *tração* nas quais Magnan e outros cientistas ocidentais vinham acreditando depois da invenção do avião no século XX.

O rumor ainda está circulando.[2]

Mas as abelhas não ligam.

peso

Quantos homens negros no Harlem encheram suas filhas nascidas na era da Depressão de sonhos de que elas podiam se tornar médicas ou advogadas ou professoras? Pelo menos um. Byron Lorde acreditava que qualquer coisa era possível com educação suficiente. Ele assegurou a Audre acesso a um ensino médio baseado na mesma crença. As garotas do Hunter College High School podiam fazer qualquer coisa, ser qualquer coisa. Ou pelo menos assim lhes era permitido pensar durante seus quatro anos. Audre, usada como token entre a elite da cidade de Nova York, aprendeu que era tão inteligente quanto qualquer outra pessoa. Durante esses mesmos anos, Audre assistiu à ciência e à tecnologia se transformarem rapidamente para atender as demandas de um mundo em guerra. Ela lia relatórios de pesquisa e ficção científica sobre a possibilidade de viagens no tempo e viagens espaciais enquanto usufruía de condições acadêmicas que iam além do que seus pais e seus avós poderiam ter sonhado. Ela viajava em seu diário e escrevia poesia todos os dias.

Talvez essa seja nossa pista. Para Audre, crescendo na casa de Linda e Byron, viajar não era apenas possível — era necessário. Ela sentia reverência, apego e admiração pela mãe, mas também sentia que precisava sair do domínio dela para respirar. A coisa impossível que ela queria? Uma casa que não ativasse seu reflexo de fuga. Aceitação total de suas irmãs e sua mãe, sendo quem ela era. Ser uma mulher negra livre, plenamente amada e vista pelas mulheres negras ao redor dela. Será que essa era uma impossibilidade científica?

Em algum lugar onde Audre não podia vê-la, a pequena Gloria Ida Joseph também crescia em um empenhado lar antilhano em Nova York. Sobrinha-neta de um dos mais famosos apontadores de jogos de todos os tempos, Gloria sabia alguma coisa sobre dinheiro inesperado e matemática de sonhos. Como Linda e Byron, seus pais a mandaram para escolas católicas desde bem cedo. As coisas que Gloria fazia com uma bola de basquete, com um taco de hóquei de campo? As garotas brancas do outro time devem ter chamado de bruxaria. Magia negra. Seu envolvimento na insurreição dos estudantes negros na Universidade Cornell, seu papel fundador nos estudos negros no Hampshire College? Gloria sabia alguma coisa sobre a massa e a medida de obstáculos e o que fazer com elas. Pular mais alto, ou, se você puder, disparar através deles.

O poema de Lorde "The Bees" questiona a agressão humana contra os insetos. Em uma cena que ela ou testemunhou ou imaginou, um grupo de garotos destrói violentamente uma colmeia jogando pedras até ela cair no chão. Eles então demolem a colmeia com cabos de vassouras, chegando a esmagar toda a comunidade de abelhas na terra. Essa é uma das críticas mais gráficas de Lorde à separação humana da natureza. "O que as crianças aprendem as possui", escreve ela. Os garotinhos se entusiasmam com a destruição. Mas há outra visão no poema, uma questão feminina em ação já no ensino fundamental: uma garotinha aponta que as abelhas nunca machucaram as crianças. "Nós poderíamos ter estudado a produção do mel", propõe ela.[3]

***

Não muito diferente dos colonizadores de séculos anteriores, Warwick Kerr, um geneticista e especulador, achou que um certo tipo de abelhas no Sul da África era mais produtivo do que as abelhas europeias já importadas para as Américas. Como segregacionistas de outrora, ele e seus investidores pensaram que se essas abelhas africanas pudessem ser usadas por seu trabalho e mantidas completamente separadas das abelhas europeias, o ganho econômico para o mercado de mel seria surpreendente. Mas como os arquitetos da escravidão e do colonialismo de povoamento se esqueceram de aprender da primeira vez, não é assim que os pássaros e as abelhas funcionam. Todas as variedades de abelhas entrecruzam sem permissão, causando pânico na hierarquia corporativa da apicultura e no noticiário noturno, dando origem ao termo "abelha africanizada".

Alguns dizem que as abelhas africanizadas são perigosas não apenas porque vão expulsar uma rainha europeia de sua colmeia e colocar uma abelha africanizada em seu lugar, ou fertilizar uma rainha europeia para que ela tenha filhotes africanizados, mas também porque elas são teoricamente mais defensivas. Mais propensas a enxamear. Toda a colmeia vai se foragir junta por segurança. Se a colmeia for atacada, uma porcentagem maior delas estará disposta a morrer para proteger as gerações seguintes. Elas espantam os atacantes de sua colmeia para mais longe e os picam para que não voltem. Africanizadas. Algumas pessoas dizem que essas abelhas são simplesmente mais comunais, mais coesas como macroorganismo. O articulador de justiça alimentar Zachari Curtis, também conhecido como Afroqueerized Beekeeper, diz que elas oferecem um modelo de colaboração que pode ensinar a todos nós como responder em/como comunidade. O ferrão delas é idêntico ao ferrão de uma abelha europeia. Mas elas se movem juntas com mais agilidade, e tomam conta umas das outras melhor.

Qual é o número de abelhas nas Américas que são "africanizadas" ou que poderiam ser chamadas de "abelhas assassinas" por repórteres sensacionalistas nos anos 1970? Ninguém sabe. Os geneticistas dizem que não há consenso sobre o nível de contribuição genética para determinar se uma abelha é uma abelha assassina ou não. Uma versão apiária da regra de uma gota de sangue.

Assassina de quê? Perigosa para quem?

arrasto

À medida que Audre recalibrava sua energia para enfrentar o arrasto pesado do câncer, ela começou a perceber que se fosse viver seu propósito, teria de abandonar cada história que a impedia de amar a si mesma. Se acreditasse, em qualquer parte de seu ser, que era de fato impossível viver uma vida com uma mulher negra, como poderia viver consigo mesma? Talvez ela nem se desse conta de que possuía essas crenças até chegar a hora de abrir mão delas.

Enquanto isso, Gloria Joseph mudava sua própria vida. Depois que conseguiu se tornar professora titular no Hampshire College, ela se mudou para St. Croix, a terra de maioria negra de seus ancestrais, e comprou uma casa em uma subdivisão chamada Judith's Fancy, uma área reservada em sua maioria para americanos e europeus brancos expatriados. Começou a organizar conferências e encontros para escritoras caribenhas. E por alguma razão, talvez porque alguém tenha sugerido que ela não conseguiria fazê--lo, também decidiu criar abelhas.

sustentação

No momento em que escrevo, as abelhas nas Américas estão passando por dificuldades. Todo o sistema alimentar está em risco porque elas, uma das polinizadoras mais importantes, estão morrendo aos bandos devido à poluição e ao aquecimento global impelido pelos humanos. Além disso, ao longo das duas últimas décadas as abelhas têm vivenciado algo chamado colapso das colônias. Em 2008, apicultores relataram até 90% dos membros desaparecendo da colmeia e nunca mais voltando. Se abelhas, borboletas e outros polinizadores não sobreviverem para conectar as plantas umas às outras através da reprodução de pólen, nenhuma planta angiosperma pode persistir, incluindo as plantas que produzem alimentos de que nós e outros animais dependemos para nos nutrir. Há diversos fatores provocando impacto nessa extinção massiva de abelhas, incluindo as práticas abusivas de produtores de mel em grande escala, que tratam as abelhas com tanta brutalidade quanto corporações americanas tratam outros rebanhos. Mas um fator importante no colapso das colmeias é a introdução de uma nova forma de pesticidas chamada neonicotinoides. Instituições agrícolas testaram os pesticidas e descobriram que o contato com eles não matava as abelhas — pelo menos não diretamente. Foi só quando o uso disseminado desses pesticidas começou que elas se deram conta de que os neonicotinoides matam as abelhas ao danificar sua habilidade de se orientar. Elas deixam a colmeia para polinizar e nunca mais voltam. Morrem de fome quando não conseguem encontrar o caminho de volta para casa.

Gloria Joseph convidou Audre para falar para sua classe no Hampshire College. Gloria convidou Audre, Toni Cade Bambara e Adrienne Rich para ir a St. Croix e serem as palestrantes principais de uma conferência feminista que ela organizou. Ela convidou Audre e James Baldwin para ter uma conversa no campus do Hampshire, uma conversa longa e abrangente de cinco horas que continua viva em um pequeno fragmento publicado como "Revolutionary Hope" na *Essence*. "Eu simplesmente sabia", Audre disse a James Baldwin. "Se eu vivesse, eu teria de fazê-lo sozinha."[4]

Todas as vezes que Gloria mandou um convite, Audre disse sim. Audre disse sim. Audre disse sim. E quando Audre disse: venha comigo para Granada descobrir o que realmente aconteceu, ou venha comigo para a Europa, vamos passar o verão em Berlim, Gloria também disse sim. De 1981 a 1992, Gloria foi uma grande parte da vida de Audre.

"Audre. Antes de mim, você já deixou alguém rir de você?", Gloria perguntou a Audre durante uma das visitas das duas a Berlim. Audre balançou a cabeça, segurando a palavra apertada entre os lábios tentando não sorrir até que finalmente a soltou com uma risada. "Não!"[5]

Em 1986, Audre e Gloria foram de férias juntas para a pequena ilha de Anguilla, à qual Gloria já tinha ido muitas vezes. Lá, Audre sentiu seu espírito a arrastando, lhe ensinando algo sobre seu lar. Era possível, ela por fim se deu conta, de fato viver no Caribe. Não apenas visitar. Um lar era fisicamente possível, e urgentemente necessário para seu corpo, que estava cansado de lutar contra o câncer, o frio e o estresse de Nova York. Audre e Gloria decidiram viver juntas em St. Croix na casa da subdivisão que Gloria havia comprado. Outra impossibilidade teórica realizada.

tração

os muros escritos com
mel no sonho

Audre Lorde, "Um encontro de mentes"[6]

Em uma visita a St. Croix, Toni Cade Bambara batizou o empreendimento de mel de Gloria Joseph "Doc Locks Honey", por causa do cabelo com *dreadlocks* da dra. Joseph. O doce nome pegou. Gloria mandou remessas de mel para Toni e sua filha Karma. Quando Audre se mudou para St. Croix, tornou-se parte do grupo apicultural. Ela vestia todo o traje de gala de apicultura e luvas de couro específicas para cuidar de abelhas e trabalhava junto de Joseph e de um grupo de homens negros em sua comunidade. A experiência inteira era sensual para Audre. Tirar os quadros das colmeias, remover a cera, centrifugar cada quadro na extratora manual. O cheiro de mel, o som das risadas, a alegria de estar num pequeno grupo de pessoas negras em colaboração com as minúsculas mágicas que produzem açúcar dançando. Gloria se lembra de Audre descrevendo a coisa como "uma experiência de alegria extasiante". Quem sabia que a vida com câncer avançado poderia ser tão doce assim? Audre e Gloria abrindo um coco para beber a água. Audre e Gloria cortando mangas e trocando piscadelas sobre Bessie Smith na cozinha. Audre e Gloria rindo alto e falando uma por sobre a outra. Audre e Gloria em casa.

Sadiq Abdullah, outro membro do coletivo de apicultura, se lembra de seu mentor, conhecido na região como "Homem do Mel", ter uma bela paixonite por Audre. Um dia o Homem do Mel até sacou seu banjo e fez uma serenata para ela, arrematada com sugestivos movimentos de propulsão abaixo da cintura. Audre nunca teria aceitado um comportamento desses de um homem negro heterossexual nos Estados Unidos, mas ali ela decidiu: "Ninguém foi ferido. Admito que, de certo modo, fiquei lisonjeada".[7] Ao contrário das abelhas fêmeas, que expulsam os machos para morrer uma vez que cumpriram sua função reprodutiva, a experiência de Audre com a apicultura abriu espaço para outra impossibilidade teórica, amizades feministas lésbicas negras seguras e até jocosas com homens negros heterossexuais e politicamente incorretos.

Mel é o néctar de Oxum, a deusa iorubá da abundância, da sensualidade e da fertilidade. O poema de Audre sobre o longo sonho de produzir mel que foi finalmente realizado se chama "Production".

Doce desliza como abelhas
Por cada racha de ar quente.[8]

Uma artista local trabalhou com Audre para fazer um panfleto desse poema, marrom sobre um fundo amarelo, um favo de mel geométrico se curvando em uma sugestiva abertura feminina. Uma gota espessa de mel escorre para fora.

Se as abelhas quisessem voar como aviões, estariam perdidas. Mas por que as abelhas iam querer voar como aviões quando já sabiam algo mais antigo, mais doce? É claro que uma abelha pode voar. Ela só tem que moldar o ar que a cerca em 1 milhão de minúsculos furacões.

50.
vigas

A maior celebração de sua própria vida a que Audre compareceu enquanto estava respirando foi a cele-conferência internacional Sou Sua Irmã em outubro de 1990 em Boston, no fim de semana do "Dia de Colombo". Mil pessoas de 23 países se reuniram para dar a Lorde suas flores e literalmente uma coroa de louros, uma túnica customizada, um lindo prêmio emoldurado, e mais.[1] A cele-conferência, uma palavra inventada para essa convocação celebratória, era voltada para o futuro. Menos de dois meses antes da conferência, Audre explicou o que ela era:

> Uma oportunidade para as pessoas se reunirem e discutirem algumas das questões e dos temas reais dentro da minha obra, como elas foram afetadas por eles, e como esses temas podem ser colocados em prática da melhor maneira possível, em suas comunidades, em suas vidas. Afinal de contas estamos seguindo em direção a um novo século. Quais novas estruturas podem ser construídas? Quais das antigas podemos reconstruir?[2]

A Sou Sua Irmã: Cele-conferência aconteceu, em parte, no Massachusetts Institute of Technology, mas o MIT não o lista em sua linha do tempo de eventos significativos de 1990.[3] Lista, sim, o lançamento do telescópio espacial *Hubble*, o primeiro satélite telescópio a transmitir imagens de longo alcance do espaço sideral sem a obstrução da atmosfera terrestre.[4] O telescópio *Hubble* introduziu uma nova era de pesquisas sobre o cosmos. Produziu imagens de alta qualidade de galáxias e eventos cósmicos distantes como supernovas, estrelas que se tornam milhões de vezes mais brilhantes quando morrem ou se transformam em outra coisa.

O telescópio espacial *Hubble* foi muito provavelmente a fonte dos pôsteres de supernova que Frances Clayton pendurou nas paredes de sua casa de Sun City, Arizona, anos depois.[5] Em outubro de 1990, Frances Clayton, Gloria Joseph, Elizabeth Lorde-Rollins e outras pessoas amadas viajaram para testemunhar a explosão multigeracional de Audre de perto.[6]

Iniciada e levada a cabo pela ativista e acadêmica lésbica negra de Trinidad e Tobago M. Jacqui Alexander e a ativista, educadora e dançarina feminista lésbica negra nascida em Boston Angela Bowen, a conferência foi uma oferenda. Um grupo de organizadoras dedicadas trabalhou para criar um espaço que elas, e a própria Audre, idealizaram como um campo energético. E se endividaram para torná-lo financeiramente acessível para as comunidades que Audre priorizava.[7] A cele-conferência foi uma oportunidade de operacionalizar a vida e o corpo de Lorde em um recurso renovável para aumentar a força de um movimento feminista transnacional. Ela pareceu ainda mais necessária no encalço do retrocesso reacionário da década de 1980 e em meio ao número de mortes desenfreado da epidemia de aids.

A conferência aconteceu no curto espaço entre a queda do Muro de Berlim e a dissolução da União Soviética. Durante a Guerra Fria, a exploração espacial era vista como uma corrida em direção ao futuro. Nos cadernos de astrofísicos que buscavam mapear o universo, a necessidade de telescópios cada vez melhores, como o *Hubble*, era história cósmica. Quanto mais anos-luz distante uma estrela, um planeta ou uma galáxia, mais próxima a luz está do início dos tempos. Esses teóricos procuravam responder à pergunta que impulsiona a astronomia: quais são as origens do universo?
    Mas sempre houve uma relação mais antiga com o estudo das estrelas. A navegação. Seria possível olhar para as estrelas não precisasse prever o futuro ou revelar o passado? Será que para as estrelas basta nos dizer a direção para a qual estamos nos movendo, ou ainda melhor, exatamente onde estamos?

Em sua carta de pedido de doações, as organizadoras e conselheiras da conferência escreveram:

> Se estivesse organizando um evento desses e especialmente se estivesse consultando a própria Audre, você teria poesia e ficção, música, comida internacional, dança, teria mulheres de todas as cores, classe sociais, idades, etnias e sexualidades, mulheres com deficiência, mulheres

indígenas deste e de outros países, e mulheres brancas comprometidas com o trabalho antirracista. Você se comprometeria com 50% dos participantes da conferência sendo mulheres negras, de cor ou carentes. Você teria uma plataforma de jovens, incluindo filhos adolescentes de lésbicas e homens gays, jovens lésbicas e gays, e jovens ativistas; e você teria uma plataforma para homens pró-feministas.[8]

E elas fizeram tudo isso, o que foi um enorme empreendimento e exigiu a colaboração de muitas organizações comunitárias, para não mencionar muitas conversas com mulheres brancas privilegiadas que não conseguiam entender como as organizadoras podiam priorizar parâmetros demográficos e a visão de Audre em detrimento do desejo delas pelas vagas.[9]

A construção e o lançamento do telescópio espacial *Hubble* custaram mais de 2 bilhões de dólares. Na década de 1970, quando a Nasa empregava lobistas para ajudar a convencer o Subcomitê Orçamentário da Câmara a reverter sua decisão de não financiar o "Grande Telescópio Espacial", eles estimaram que ele custaria apenas 2 milhões de dólares. Ao longo dos anos, os custos de manutenção continuaram a se acumular, os custos totais ultrapassando 10 bilhões de dólares no momento em que escrevo.[10] Em dezembro de 2021, o telescópio espacial *James Webb* foi lançado, tornando o *Hubble* de fato obsoleto. No entanto, o *Hubble* ainda está tirando fotos agora.

Para tornar a Sou Sua Irmã financeiramente acessível para comunidades pelas quais Lorde se sentia responsável, as organizadoras acumularam dívidas em seus cartões de crédito, zeraram suas economias, pagaram elas mesmas por viagens transnacionais de outras pessoas, pediram favores e providenciaram que uma equipe de voluntários cozinhasse para as centenas de participantes da conferência.[11]

Quando Bowen e Alexander contataram Audre, ela estava vivendo em St. Croix, uma época que alguns dos membros de sua comunidade de Nova York pensam como a primeira vida após a morte dela. A carta da proposta visionária delas foi atrasada pelas consequências do furacão Hugo, e quando Audre a recebeu, ela e Gloria Joseph ainda estavam vivendo sem eletricidade em uma pequena ilha sem um hospital completamente funcional enquanto enfrentavam a realidade de que dois novos tumores tinham aparecido no fígado de Audre.

Bowen e Alexander não sabiam por quanto tempo Audre continuaria bem o suficiente para viajar e participar de um evento da escala que estavam organizando.[12] Bowen disse: "Como organizadoras da conferência, tivemos de agir rápido. Audre já estava vivendo com câncer havia doze anos".[13] O esforço de organização delas foi uma corrida contra a morte. Usaram prédios no MIT e na comunidade de Boston que estavam disponíveis, mas não completamente à altura dos padrões delas de acessibilidade a cadeiras de rodas.[14] "Este é um prédio antigo, então pedimos a cooperação de todos para nos ajudar quanto à locomoção coletiva", as organizadoras imprimiram no programa da conferência.[15]

O evento se centrava na própria Audre como avatar vivo de sua obra. A gratidão resplandecente, a transferência de energia e o ritual de homenagem que Bowen e Alexander imaginaram só poderia acontecer se Audre comparecesse fisicamente para abrir os braços e receber. Olhando em retrospecto, Audre disse que a carta com a ideia para a conferência veio "com o cheiro de querosene e o som do vento. E tentando ouvir o gerador. E eu não consigo ter nada nas minhas costas".[16] Ela não tinha espaço para pensar a respeito disso depois do Hugo. Mas um dia, "uma visão começou e eu estava no sol. E eu pensei 'e se a gente realmente imaginasse uma conferência que fosse diferente de qualquer outra que já aconteceu'".[17]

Quando as primeiras fotografias voltaram do telescópio espacial *Hubble*, elas estavam desfocadas.[18] Pareciam o que Audre Lorde teria visto sem seus óculos se você a mandasse para o espaço. Depois de gastar 2 bilhões de dólares em meio a uma recessão para construir e lançar um telescópio, a Nasa estava encrencada. Críticos, de comediantes a ativistas antipobreza e inimigos da taxação, bradavam a plenos pulmões sobre como o telescópio *Hubble* era um enorme desperdício de dinheiro.

Por que essas imagens eram tão turvas? O problema vinha de dentro. Como qualquer outro telescópio, o telescópio espacial funciona usando um espelho para refletir e ampliar a luz e poder aumentar o escopo de visão. O espelho primário do telescópio *Hubble* era falho. Ele transmitia um universo distorcido.

A conferência foi uma reflexão celebratória da vida, do trabalho e do impacto de Audre. Durante os eventos da noite, ela pôde ver jovens feministas lésbicas negras como Malkia Cyril (agora Devich-Cyril), de dezessete anos, apresentar assumidamente poemas sobre amar mulheres, algo que Audre não tinha espaço público para fazer quando tinha dezessete anos. Um grupo de mulheres e o cantor negro gay Blackberri cantaram "I Found My Thrill on Blueberry Hill", provocando Audre sobre a cena em *Zami* em que ela mitologizou sua primeira sessão de amassos lésbica negra.[19]

Uma das pessoas mais novas na cele-conferência, Devich-Cyril se lembra do evento como um espaço alegre e esperançoso tanto política quanto socialmente. Ela até se apaixonou durante o evento de vários dias.[20] A ex-aluna de Audre Cheryl Boyce-Taylor também enfatizou o prazer. Ela apresentou um coquete poema erótico que escreveu especialmente para a ocasião. Usou uma roupa sexy e olhou Audre direto nos olhos enquanto anunciava o título do poema: "Uma *dyke* de vestido".[21]

O cerne da cele-conferência foi uma série de oficinas que usaram ensaios e poemas de Lorde para trabalhar a construção de solidariedade através da diferença. Ao longo dos quatro dias, gerações de mulheres de cor, mulheres brancas e homens feministas apresentaram plenárias e oficinas simultâneas em que suas próprias experiências foram relacionadas aos temas da escrita de Lorde. Amor lésbico, poder erótico, sobrevivência ao câncer, poesia como práxis, e mais. Foi uma oportunidade para todos os envolvidos compartilharem suas respostas à pergunta que Audre fazia a todos: *Você está fazendo o seu trabalho?* Sessões interativas como "O poder do erótico: A sabedoria do corpo", de Sharon Page Ritchie, uma plenária em três sessões sobre "Violência pública e privada: Fazendo as conexões" e "Uma explosão de luz: Organização feminista negra para o século XXI", de E. Frances White e Evelynn Hammonds, refletiram sobre as intervenções políticas que Lorde estava fazendo no limiar dos séculos.[22]

Mas o espelho principal no telescópio mais caro até hoje era falho. Ele foi assentado ligeiramente plano demais, uma diferença tão pequena que ninguém notou até que o telescópio estivesse flutuando no espaço. A senadora Barbara Mikulski, uma figura-chave que garantiu o financiamento para o telescópio *Hubble*, criticou a Nasa publicamente. Ela sugeriu que o erro com o espelho era um reflexo de uma "cultura" problemática na Nasa. Estava criticando a cadeia de comando e o uso dos fundos. Os cientistas responsáveis pelas medidas dos espelhos relataram que seus superiores insistiram que eles instalassem os espelhos sem executar um teste final por preocupações com o custo. O erro acabou sendo muito mais custoso do que o teste teria sido.

Uma equipe chamada Substituição Axial de Correção Óptica do Telescópio Espacial (Costar, na sigla em inglês) pensou num plano para o que um dos engenheiros chamou de "redenção".[23] Transportar outro espelho de quase 830 quilos para o espaço e desmontar o telescópio de doze toneladas em órbita para instalá-lo não era uma opção. O que salvou foi o fato de que o espelho tinha a forma errada na medida certa, ou era "precisamente errado".[24] Então os astronautas que foram na primeira missão de conserto ajustaram todos os componentes do telescópio com a mesma medida de incorreção, e o telescópio espacial Hubble tira fotos claras até hoje. Sempre que uma missão espacial atualiza a câmera de alta definição no telescópio Hubble, calcula o erro original no espelho que fica no centro da coisa toda. O telescópio espacial Hubble já ultrapassou sua expectativa de vida original em 100%.

O texto central da conferência Sou Sua Irmã foi "Olho no olho", o ensaio da gênia míope Audre Lorde sobre a clareza e a complexidade que emerge quando mulheres oprimidas de forma semelhante encaram as manifestações internalizadas e intergrupais do ódio ao qual sobreviveram. A reflexão de Audre, originalmente escrita para lidar com o conflito com outras mulheres negras nos Estados Unidos, se tornou um modelo para o grupo diverso de participantes da conferência. As organizadoras criaram um conjunto de convenções dentro das quais os grupos trabalhariam suas questões internas. Mas, de acordo com alguns dos participantes da conferência, elas erraram. O senso delas da estrutura dos grupos (as latinas nascidas nos Estados Unidos e as mulheres nascidas na América Latina deviam estar no mesmo grupo?) e o excesso inevitável da identidade complexa de cada pessoa além de qualquer categoria originou uma série de queixas. Exigiram mudanças no programa da conferência. As organizadoras ficaram acordadas a noite toda reestruturando os eventos de domingo com base nas críticas dos participantes das "convenções de interesses especiais". Em uma entrevista no dia seguinte à conferência, Audre expressou sua satisfação com o fato de tanto os participantes quanto as organizadoras terem se disposto a fazer os ajustes necessários, a lidar com as percepções que surgiam "entre nós mesmas" em tempo real.[25] Por mais borradas que as coisas estivessem.

Será que os Estados Unidos finalmente financiaram o telescópio espacial *Hubble* como um passo rumo à colonização de outros planetas e galáxias? Edwin Hubble, o homônimo do telescópio, mediu e publicou as fotos de nebulosas que convenceram astrônomos de que o universo era muito maior do que apenas a Via Láctea, eventualmente levando à teoria dominante no momento de que o universo está se expandindo. E agora o espaço é a fronteira pela qual as corporações americanas se aventuram em busca de mais território. Edwin Hubble, cujos ancestrais eram proprietários de escravizados e participaram das "Guerras Indígenas", pôs em prática seu próprio destino manifesto. Ele abandonou sua família, se mudou para o Oeste e reinventou sua história de vida (falso sotaque britânico e tudo). No Observatório Monte Wilson, perto de Pasadena, ele focou o maior telescópio da época para conseguir medir a distância, não das estrelas em si mas dos borrões — a vaga nebulosa além e atrás das estrelas.[26]

O último dia da conferência foi Dia de Colombo. Os participantes fizeram um protesto contra o Dia de Colombo em solidariedade a ativistas de Dakota do Sul que no ano anterior tinham começado a defender a mudança do feriado para "Dia dos Nativos Americanos". Em apoio, Audre articulou o que chamaríamos de um éthos "Land Back": "Nós somos parte de comunidades e no mundo todo as pessoas da Terra estão dizendo: 'Você tomou minha Terra, você não a usou bem, você abusou dela, você a poluiu, você não pagou por ela. Devolva'. É nisso que começamos".[27]

No encerramento da conferência, as pessoas ficaram de pé e prestaram homenagem. O rosto de Audre brilhou quando a icônica ativista sul-africana Ellen Kuzwayo começou a ler uma declaração escrita: "Estas são as palavras que vêm de Soweto pelos marcos de inspiração". Kuzwayo colocou seus óculos.

> Seu nome é CONHECIDO em Soweto. Você é enormemente considerada pelo trabalho que fez. Você mandou sua mensagem por meio da poesia, mandou sua mensagem por meio da sua prosa. Mandou sua mensagem por meio apenas do seu amor e da sua afeição. Vamos sempre nos lembrar de você e do seu amor. Obrigada.[28]

E então as organizadoras adornaram Audre com roupas cerimoniais customizadas e uma coroa. Talvez você tenha visto. O pôster mais popular de Audre Lorde está na parede de um centro universitário de diversidade perto de você. Ele mostra Audre com os braços abertos usando as roupas cerimoniais e revelando o amor da multidão reunida, uma multidão que gritava enquanto ela girava para lhes dar uma visão de 360 graus. Essas são as pessoas que a coorganizadora Angela Bowen teria descrito como o "exército" de Lorde.[29]

Neste momento, dra. Mae Jemison, a primeira mulher afro-americana astronauta, tem um projeto chamado 100 Year Starship, que imagina o que seria preciso para os humanos estarem prontos para viagens interestelares. Dra. Jemison, que também é médica, argumenta que os avanços na ciência médica e na tecnologia, e a cooperação através de diferenças, que o desafio fisicamente desgastante e logisticamente difícil das viagens interestelares demanda, beneficiarão todos na Terra, mesmo que os humanos nunca conseguissem passar deste sistema solar.[30] Em palestras pelo mundo, dra. Jemison conta os diversos milagres que foram necessários para que a pequena Mae, uma garota afro-americana com sonhos de medicina e dança, passasse uma semana no espaço em setembro de 1992. A primeira viagem espacial de Mae Jemison aconteceu dois meses antes da última chuva de meteoros de Audre.

O MIT pode ainda não ter reconhecido isso, mas Audre Lorde e as outras participantes e organizadoras da Sou Sua Irmã encararam sua reunião como um avanço tecnológico. Um ponto de virada em uma época de esgotamento. Uma solução para uma crise de movimento energético. Elas acreditavam que a energia erótica, a gratidão e até a raiva e o conflito no espaço ajudariam o coletivo a se propelir para um futuro transformado.

Na sessão final da conferência, todos estavam na mesma sala. Audre se levantou e foi até o púlpito, radiante. "Amandla!!!", gritou ela, erguendo o pulso, olhando para Ellen Kuzwayo na plateia e incentivando toda a multidão a responder ao grito de liberdade em solidariedade às mulheres negras da África do Sul. E o público gritou: "Awethu!!". "Sempre se tratou disso para mim", disse ela. "Que o trabalho seja usado. Eu não posso fazer isso sozinha. Nenhuma de nós pode fazer isso sozinha. Mas será feito e nós faremos juntas."[31] E então ela proclamou sua teoria da relatividade, sua lei da termodinâmica interdependente. "Tomem esta energia, esta onda maravilhosa. Lembrem-se de que o que vocês estão sentindo não pertence a mim", advertiu. "São vocês. É de vocês. Vocês estão fazendo isto. Vocês estão gerando isto, e vocês vão levar isto para fora desta sala. E vocês podem fazer o que quiserem com isto."[32]

51.
relevante é diferentes pontos no círculo

Eu era velha
quando minha mãe
adormecida em suas raivas
me deu à luz gritando
e chorando
para frios
dedos girando meu relógio
de volta para agora
enquanto assisto
minha juventude está chegando

Audre Lorde, entrada de diário[1]

Estava escuro na ilha. Silencioso exceto pelo barulho do gerador que elas esperavam que manteria a comida na geladeira fria por tempo o bastante para não estragar. Depois do furacão Hugo, St. Croix decretou um toque de recolher às seis da tarde. O governo colonial o instituiu para proteger propriedades privadas contra os ditos saques. Mas com a rede de energia elétrica interrompida e destroços nas estradas por toda a ilha, os moradores já sabiam que não era seguro ir a lugar algum.[2]

Audre era uma moradora agora. Acrescente mais uma à sua lista de sobrevivências: sobrevivente de um furacão. O Hugo solapou a ilha com força e níveis de estragos parecidos com os do furacão de 1898 nas ilhas de Barlavento a que seu pai, Byron, sobreviveu quando era bebê.

Audre não era mais jovem. Os tumores tinham tornado a crescer em seu fígado. Ela estava simplesmente grata por não precisar de assistência médica imediata. Todos os pacientes do hospital tinham sido evacuados para Porto Rico. Alguns sob a mira de um revólver. Outro dia mesmo, uma amiga de Audre e Gloria tinha chorado contando como os soldados ficaram entre ela e sua mãe doente no estacionamento do hospital e se recusaram a lhe dizer para onde a estavam levando.[3]

As "consequências de pesadelo" do Hugo obrigaram Audre a estar no presente: "Todo o nosso [...] modo de vida tinha sido destruído em uma noite".[4] Ela pensava, como sempre, nas políticas de sua situação pessoal. A forma óbvia como o Exército americano estava priorizando seus interesses de perfuração offshore em detrimento da sobrevivência da população de maioria negra da qual ela agora fazia parte.[5] Audre ficou intencionalmente presente, se recusando a se identificar como uma das expatriadas americanas do continente que tinham o direito de abandonar a comunidade local, como muitos outros que já tinham evacuado seus "lares". Estar presente era um ato político no contexto de uma ilha que foi abandonada pelos interesses estatais e corporativos no momento de maior necessidade.

Mas os estragos também tiraram Audre do tempo. Ela escreveu na introdução de *Undersong*: "Enquanto tirava com a pá os restos encharcados do meu estúdio, me deparei com um exemplar ensopado mas legível de *Poemas escolhidos, velhos e novos*, um dos poucos livros que foi possível salvar da minha biblioteca depois da tempestade". Ela sentou sob a luz de uma lanterna de emergência e leu um segmento da obra de sua vida como se estivesse lendo o trabalho de um de seus alunos. Enquanto lia, as estrelas brilhavam ainda mais claras do que de costume sobre St. Croix. A tempestade tinha acabado com todas as luzes elétricas, muitas das árvores mais altas.

À luz de velas e candeeiros, Audre viajou no tempo. "Você precisa ser capaz de entrar no mundo do poema no momento em que ele foi escrito", explicou. "Eu precisava sentir de novo quem eu era."[6]

Ela adorava voltar a seus primeiros poemas, "que eram líricas realmente lindas", disse uma tarde em Berlim antes de recitar um de seus memoriais de amor para Genevieve. "Eu os amava. Eu ainda os amo", deu uma risadinha.[7] Ela passou os meses depois do furacão visitando seus eus mais jovens. Toda noite ela convocava os mortos que os poemas carregavam, os sentimentos que nunca morriam.

Durante um eclipse solar, a Lua reflete o Sol de volta a si mesma ao se mover diretamente entre o Sol e o planeta Terra. A Lua é quatrocentas vezes menor do que o Sol, mas o Sol está quatrocentas vezes mais distante da Terra do que a Lua, então no momento de um eclipse total eles se encaixam perfeitamente para oferecer um instante de escuridão durante o que de outra forma seria plena luz do dia. Você poderia chamar essa distância e o tamanho da Lua e do Sol de uma coincidência que lhes permite eclipsar perfeitamente um ao outro de vez em quando. Ou você poderia atribuir isso ao poder da perspectiva.

Enquanto Audre revisava o conjunto de sua obra, ela recuperou poemas que não tinha incluído em *Poemas escolhidos* da primeira vez porque agora "o tempo e a distância iluminaram seu valor".[8] "Valor" foi a palavra que ela marcou a lápis roxo em uma versão datilografada de sua introdução de *Undersong: Chosen Poems Old and New Revised*.[9]

Na versão final ela mudou de novo a palavra; não valor, "uso".[10]

Pode parecer que um eclipse solar total está acontecendo no espaço sideral, mas não está. Um eclipse solar total só está acontecendo na Terra. As pessoas viajam para estar no caminho do eclipse, a linha de visão a partir da qual o Sol e a Lua, em sua órbita regular, parecem brevemente alinhados. A escuridão causada por um eclipse solar total não é uma escuridão solar porque o Sol continua a brilhar. É uma escuridão terrestre. Os pássaros a sentem e de repente pousam. Animais noturnos piscam os olhos.

No rascunho com marcações do que seria *Undersong*, um quadrado entre palavras a lápis verde significava "inserir 4 espaços".[11] De fato, a diferença mais consistente entre os poemas que Audre republicou em *Undersong* e suas contrapartes anteriormente publicadas é o espaço. Nas provas impressas ela circula estrofes para revisão de novo. Desenha órbitas a lápis coloridos prontas para eclipsarem o que veio antes. Mais quebras de versos, mais quebras de estrofes, mas especialmente mais espaços *dentro* do verso, uma prática de que Audre só começou a lançar mão em sua poesia nos seus trabalhos tardios. Espaço interno. O universo de seus poemas se expande como o nosso universo. A Audre viajante do tempo faz uma jornada ao passado através desses poemas e "re-sente" seus próprios relacionamentos constritos com seu primeiro amor suicida, seus pais e suas irmãs, seus colegas racistas e homofóbicos. Ela oferece a seus antigos interlocutores mais espaço para impactá-la e para nos impactar. Ela viaja no tempo adiante para seu próprio legado e oferece a seus futuros leitores mais espaço para refletir.

Em julho de 1991, antes de entregar seu rascunho da introdução de *Undersong*, Audre Lorde viajou para o Havaí com Gloria Joseph, Sonia Sanchez, Clare Coss e Blanche Wiesen Cook para se colocar diretamente no caminho do eclipse solar total de maior magnitude desde o século VI.[12] Antes de ir embora, ela disse à sua velha parceira de *séance* Diane di Prima que tinha uma "hora marcada com a deusa".[13] Blanche empurrou Audre na cadeira de rodas pelos campos de lava do Pele. Ativistas da região fizeram um festival em homenagem a Audre. Ela encontrou forças para recitar seus poemas. Ela levantou da cadeira de rodas e dançou.[14]

O eclipse de 11 de julho de 1991 foi um eclipse solar central raro, o que quer dizer que a linha central de sua sombra de fato tocou a superfície da Terra. O gama, a medida para o quão central a sombra atinge a Terra, esteve mais alto nesse momento do que em qualquer eclipse solar em oitocentos anos. Não haverá outro eclipse solar tão central ou de tanto impacto na Terra por mais oitocentos anos.

Há uma história que circula amplamente sobre Cristóvão, Cristóbal, Cristóforo Colombo Colón e o eclipse. Em 1504, um homem chamado Colón e sua tripulação estavam na ilha de Xaymaca, terra de madeira e água, agora chamada Jamaica. Nos dias que antecederam o eclipse lunar de 1504, a comunidade aruaque que vinha hospedando e alimentando os invasores parou de fornecer alimentos para Colón e seus homens. A história conta que Colón olhou para os materiais de navegação que tinha trazido da Europa e se deu conta de que o eclipse lunar total estava chegando. Na versão dominante da história, Colón usou seu acesso superior à informação para lograr seus anfitriões aruaques a oferecerem mais hospitalidade forçada. Ele alegou que seu deus estava nervoso e que atacaria o povo a não ser que continuassem a alimentar seus homens. Ele citou o eclipse como prova da ira de seu deus. Os aruaques assustados alimentaram os colonizadores e a expedição foi salva. O genocídio seguiu livre.[15]

A escritora Jamaica Kincaid conta estar sentada em sua escola primária colonial antiguana lendo a história de Cristóvão Colombo repetidamente, feliz de vê-lo acorrentado. Ela escreve sobre o colonialismo, desejando um final diferente.[16] Então talvez haja outra forma de entender essa parte da história. Se a comunidade aruaque que recebeu Colón compartilhava práticas espirituais com seus parentes aruaques da região do rio Pomeroon, na América do Sul, eles podem ter acreditado que era perigoso se alimentar durante um eclipse. O poder transformador do eclipse, que os astrônomos aruaques não ignoravam de modo algum na época da chegada de Colón, era reverenciado e vivenciado com um ritual em comunidade. Durante um eclipse, uma pessoa podia se transformar em uma planta ou em um animal, talvez até em uma estrela. Por essa razão, existe uma tradição documentada de jejum aruaque durante o período de um eclipse, para que eles não se transformassem acidentalmente nas plantas ou animais que poderão ingerir durante esse tempo. Talvez Colombo, sem saber disso, ou não ouvindo bem a comunidade que o mantinha vivo, tenha exigido mais comida apesar do tabu. Sabemos o resto da história. Colombo pilhou, abriu caminho para mais pilhagem e começou o violento e contínuo processo de colonização que (apesar de uma etimologia que o precede) carrega hoje seu nome "Colón". Por causa da quase erradicação dos povos indígenas das Américas sob o regime brutal da colonização, alguns consideram Cristóbal Colón o maior assassino em massa da história da Terra. Mas Cristóbal Colón também voltou à Europa e enfrentou o ceticismo dos membros da família real espanhola que o haviam enviado. E então ele sofreu de uma severa doença crônica. Morreu uma morte lenta na Europa, sangrando pelos olhos, atormentado por dor em cada osso. Há uma teoria que circula de que Colombo tinha um tipo de artrite chamado síndrome de Reiter. Talvez ele não tenha ludibriado os aruaques no fim das contas. De acordo com pelo menos um reumatologista, seus sintomas são condizentes com os efeitos totalizadores de longo prazo de intoxicação alimentar.[17]

Durante o eclipse solar de julho de 1991, a totalidade começou no oceano Pacífico e se moveu pelo Havaí, pela América Central e por parte da América do Sul, passando ao sul do rio Pomeroon, sobre Wakapau, onde o povo que fala aruaque continua a viver e se lembrar dos ensinamentos de seus ancestrais. Durante um eclipse, não há permanência de forma. Uma pessoa poderia se transformar em um animal, uma planta, uma estrela. As revisões de Audre eram sobre espaço e perspectiva, embasadas em seu própria compreensão cósmica. Durante um eclipse, qualquer coisa pode se transformar.

52.
pós-imagens

Esta é uma história sobre onde o ferro encontra o ar.

Era uma vez uma poeta guerreira. Seus poemas eram espadas e escudos. Ela lutava por "um reino de mulheres ainda desconhecido e não garantido".[1] Seus poemas eram martelos e pregos. Ela construía uma casa para o impossível, uma ponte por sobre abismos. E a corajosa poeta guerreira construtora sabia que o tempo que tinha para respirar era curto. A vida precisava de seu respiro para se dispersar no universo, de modo que suas palavras pudessem ser mais do que espadas e escudos, mais do que casas e pontes. Elas precisavam se tornar planetas e estrelas.

Entra Ada Gay Griffin.

Ada Gay Griffin, uma aluna de Gloria Joseph no Hampshire College, conheceu Audre como palestrante convidada em um curso cominustrado por Joseph no Hampshire chamado A Irmã Insurgente. Na época, Audre estava em meio à escrita de *Os diários do câncer*. Ada pensou: "Esta é uma mulher que definitivamente sabe onde seu poder está — dentro de si mesma".[2] Ela começou a ler tudo que Lorde já escrevera. Quando Gloria Joseph convidou Audre Lorde e James Baldwin para um bate-papo no Hampshire, Ada assistiu a eles se engajando, se desafiando, insistindo quanto a futuros negros de modos muito diferentes. E então viu o que estava bem diante dela.

Não era Audre Lorde a primeira pessoa gay negra a ser notória na escrita em todos os tempos. É claro que não. Tinha havido Langston Hughes e o próprio James Baldwin. E como uma leitora e pensadora feminista negra com acesso ao novo campo de estudos feministas negros, Ada sabia que escritoras negras lésbicas e escritores negros gays estavam a toda nossa volta. Mas Ada se deu conta de que Audre *era* a primeira pessoa negra que escrevia que tinha algum apoio do mainstream que, consistente e assumidamente, anunciava sua sexualidade como parte determinante de quem era, tão importante quanto sua negritude e seu gênero. Não era a primeira vez que ela via Audre, mas estava despertando para a significância histórica do que via. A mulher sentada diante dela era o primeiro ser de todos os tempos de sua espécie.

Ada continuou sua jornada feminista negra e compareceu à conferência de 1985 da ONU em Nairóbi, no Quênia, em comemoração ao encerramento da Década das Mulheres da organização global. Mulheres de todo o mundo se reuniram para compartilhar ideias e recursos. Feministas negras dos Estados Unidos compareceram com força total. Ada estava lá como parte do Third World Newsreel, um coletivo de cinema sediado em Nova York que usava filmes como instrumento de libertação para as pessoas de cor. Barbara Smith estava lá, representando a Kitchen Table Press com seus novos panfletos impressos em *adinkra*, "Série Organização da Liberdade".[3] Mas onde estava Audre? Onde estava aquela que Ada considerava "uma das mulheres mais importantes do planeta" e "uma gigante do movimento LGBTQ" e "uma líder importante na luta pelos direitos humanos no mundo todo"?[4] Quando voltou aos Estados Unidos, ela foi atrás e descobriu que Audre não pudera viajar para Nairóbi porque seu câncer tinha voltado. Ada conhecia seu objeto de estudo, conhecia sua ferramenta, sabia que seu tempo era limitado, sabia o que tinha que fazer. Ada não foi a primeira pessoa a dizer a Audre que queria fazer uma biografia integral sobre sua vida, mas ela e seus colaboradores foram os primeiros a de fato levarem isso a cabo. Ada estava empenhada. As gerações futuras precisavam saber a história de "uma filha de imigrantes granadinos que descobrira como se transformar em uma deusa".[5]

O centro da Terra é composto sobretudo de ferro. Ele tem um núcleo relativamente estável, então quando as estrelas explodem, muito ferro continua ferro. Quando este planeta criou a si mesmo a partir de poeira estelar e gravidade, foi o ferro que o juntou em torno de si mesmo. Oitenta e cinco por cento de ferro no centro deste mundo. Nossa atração a ele é tudo o que conhecemos.

Ada primeiro compartilhou sua ideia de um filme biográfico sobre Audre Lorde com seus colegas do Third World Newsreel, e depois foi procurar a colaboradora perfeita: Michelle Parkerson. Profundamente envolvida com o movimento cultural negro lésbico e gay de Washington, Parkerson conhecia Audre Lorde através de seus textos porque ambas participaram da liderança da Coalizão Nacional de Lésbicas e Gays Negros. Foi um sim fácil para Michelle. Para ela, Audre era não só um tesouro, uma guia e uma dádiva. Ela era um milagre feminista lésbico negro.

No trigésimo aniversário de Michelle, ela estava se sentindo para baixo. O que significava ser uma lésbica negra de trinta anos em Washington, em 1983, quando homens gays negros e lésbicas negras estavam sendo mortos nas ruas e o HIV/a aids estava devastando a comunidade artística que era a família que ela tinha escolhido? Ela estava em casa, sozinha, ponderando tudo isso quando ouviu uma batida em sua porta. Michelle abriu a porta da frente de seu apartamento no subsolo e lá estava Audre Lorde. Como uma mensagem em carne e osso do universo.[6]

Antigamente, a superfície da Terra era anaeróbica. Mal havia oxigênio, e a vida respirava fumos vulcânicos. As formas de vida em sua maioria unicelulares em toda a superfície da Terra tinham se adaptado para respirar cinzas. Mas eventualmente, no oceano, apareceu uma profeta chamada cianobactéria. Elas faziam fotossíntese em toda a superfície do oceano, transformando luz em açúcar e produzindo oxigênio como resíduo. O oxigênio era tóxico para as cianobactérias e para todos os outros seres. E quando as cianobactérias se proliferaram, produziram tanto oxigênio que começou a matá-las. Eis nossos ancestrais. Eis nosso alerta. A primeira espécie conhecida a fazer com que seu próprio ambiente se tornasse tóxico para si mesma.

Os astrobiólogos da Nasa ainda não sabem como a atmosfera da Terra mudou tanto a ponto de se tornar rica em oxigênio. Eles chamam isso de o "Grande Evento de Oxigenação", mas não sabem o que exatamente aconteceu. No passado, algumas pessoas achavam que as cianobactérias aumentaram o oxigênio no oceano e no céu aos poucos, ao longo de bilhões de anos. Mas pesquisadores contemporâneos acham isso improvável porque sempre que as cianobactérias criavam um aumento significativo de oxigênio, elas também morriam sufocadas, diminuindo sua população (e portanto a quantidade de resíduo de oxigênio que podiam produzir coletivamente) a números mínimos de novo.

Os cientistas podem traçar o Grande Evento de Oxigenação por meio do estudo de vestígios de ferro em todo o planeta, já que o ferro se liga ao oxigênio. Eles examinam as faixas vermelhas de história em xistos antigos no fundo do oceano, fazendo as mesmas perguntas que me levaram a Audre Lorde. Como o mundo muda? O que aconteceu para que este tenha se tornado um lugar em que consigo respirar?[7]

Ao longo de nove anos e com o apoio de mais de trinta artistas independentes de cinema e um orçamento de meio milhão de dólares obtido por meio de subsídios, patrocínios e doações individuais, Ada Gay Griffin e Michelle Parkerson produziram *A Litany for Survival*. O filme traz imagens de arquivo de Nova York nos anos 1930 e 1940 bem como registros dos movimentos de direitos civis e do Black Power, e do movimento antiapartheid na África do Sul. E ao longo dele ouvimos a voz gravada de Audre Lorde lendo trechos de *Zami*. Camadas sobre camadas. Uma litania sônica e visual editada em conjunto com a cineasta experimental feminista Holly Fisher. Como expectadores e ouvintes, ouvimos a voz de Audre tecendo mito sobre as imagens de arquivo, permitindo que seu contra-arquivo da existência lésbica negra remodele o modo como entendemos as possibilidades do século XX.

O fato de que excertos de *Zami* guiam boa parte do filme significa que obtemos detalhes da vida de Audre Lorde misturados às suas fantasias. E o mesmo nas entrevistas. "Fui editora da revista literária do meu ensino médio", diz Lorde. Mas como já foi mencionado antes, seus diários revelam que ela queria ser editora, e que o fato de ela não ter sido foi um de seus maiores desgostos colegiais. Audre queria moldar substancialmente o modo como as gerações futuras entenderiam seu legado. "Se alguém estivesse fazendo um filme sobre a sua vida, você teria algumas ideias a respeito", Griffin lembra os espectadores contemporâneos.[8]

A fita dentro de uma fita VHS é pintada com óxido de ferro. Ela é marrom-avermelhada pela mesma razão que o xisto no fundo do oceano, que os cientistas estão examinando para determinar a história do oxigênio, é marrom-avermelhado. Pela mesma razão por que as correntes de navios naufragados perto da costa de St. Croix são marrom-avermelhadas. O trabalho de memória da fita de vídeo depende do magnetismo para atrair o som e a imagem para um pedaço de plástico e os manter lá. Ela é mais estável do que a mídia digital, menos propensa a se tornar obsoleta. Eu bobino e rebobino o vídeo, voltando como os cientistas debaixo d'água em busca de pedras com ferrugem, tentando entender o que aconteceu.

Ada Gay Griffin e Michelle Parkerson implementaram um processo interativo de cinema em que Audre Lorde não foi apenas tema do filme, mas também coautora, coprodutora e colaboradora. Muito disso teve a ver com o modo como Griffin e Parkerson trabalharam juntas no filme. "Esse tipo de reciprocidade em uma colaboração para o cinema é rara", diz Parkerson hoje.[9] Griffin, junto com J. T. Takagi, que fez o som de *A Litany for Survival* e de muitos outros filmes importantes, explicou o processo delas em uma entrevista dizendo que na Third World Newsreel "nós visamos uma polinização transgeracional de reflexão e ação".[10] Elas também acreditavam em uma ética de filmagem de documentários que produzia trabalhos em colaboração com ativistas e seus objetivos.

A equipe de *A Litany for Survival* sabia que uma abordagem intergeracional feminista negra exigia "amor, comprometimento e apoio",[11] o que significava que parte do processo de filmagem era apenas estar com Audre, ajudando a lavar roupa ou os pratos. A equipe tinha que praticar a atenção pacífica, sendo capaz de se integrar ao mundo de Audre e Gloria como colegas artistas quando Audre não estava se sentindo bem o bastante para trabalhar no filme, mas também estar pronta para ir rápido quando ela se sentia, sim, disposta para filmar. Um dia, enquanto Audre descansava, a equipe foi filmar as colmeias onde ela e Gloria faziam o Doc Locks Honey e acidentalmente derrubou uma torre de caixas de abelhas. A equipe toda correu para se proteger exceto J. T. Takagi, que seguiu o exemplo de Audre e Gloria de se sentar imóvel e respirar.

Quando Audre estava em St. Croix e Ada e Michelle estavam no continente, elas enviaram a Audre as fitas VHS das entrevistas que fizeram com o filho dela, Jonathan; o poeta Essex Hemphill; Barbara Smith; e outros, e conversaram pelo telefone sobre as ideias dela. "Ela pôde ver todos os avanços, rolos sincronizados, toda a gravação sem edição e muitos dos cortes brutos", explicou Ada.[12] Às vezes Audre caminhava pelo quintal com uma câmera filmando o nascer do sol enquanto recitava sua poesia, ou ligava a câmera gravando Gloria jogar golfe. Ainda que muitas das primeiras entrevistas tenham sido filmadas em película de 16 milímetros, o fim do documentário muda para vídeo. Estas são cenas em que Audre medita sobre como o tapete desbotou, como o mistério do que ela vai se tornar depois de morrer a está chamando. Michelle Parkerson destaca que o filme terminar em vídeo é um gesto em direção à tecnologia por vir, assim como Audre faz gestos ao longo do poema no fim do filme, "Today Is Not the Day", em direção ao que virá em seguida em suas previsões gravadas em vídeo de como Gloria, Elizabeth, Jonathan e todos nós viveremos além dela.

Ada Gay Griffin e Michelle Parkerson criaram o que a educadora e teórica do cinema feminista negro Crystal A. (C. A.) Griffith chama de um set de filmagem democrático. C. A. Griffith foi a diretora de fotografia e a operadora de câmera de partes determinantes de *A Litany for Survival*. Sobre essa prática, Griffith diz: "Você não era apenas uma técnica, elas se importavam com você como uma pessoa também".[13]

Griffith explica:

> Ada e Michelle sempre fizeram cada integrante da equipe se sentir valorizada por sua habilidade, especialidade e talento artístico. A opinião de Audre, a opinião delas, a opinião da assistente de produção, a opinião da diretora de fotografia eram todas decisivas para o processo. O delas foi o set mais verdadeiramente democrático, afetuoso e afirmador de que já tive o privilégio de fazer parte.[14]

Ou como formula Michelle Parkerson: "Nós estávamos constantemente na sala de aula do *making of* da criação do filme".[15]

Nas duas décadas desde que seu ensaio foi publicado em *Black Feminist Cultural Criticism*, de Jacqueline Bobo, Crystal Griffith vem fazendo filmes sobre revolucionárias (Angela Davis, Yuri Kochiyama e mais) e formando novas cineastas na prática feminista negra democrática que ela vivenciou como parte da equipe de *Litany for Survival*.

Quase quarenta anos depois de ter viajado para Berlim com a equipe de *Litany for Survival* para documentar o impacto de Audre no movimento das mulheres afro-alemãs, Crystal se lembra de flutuar levemente mareada e admirada em "um barco cheio de lindas mulheres afro-alemãs, a maioria delas lésbicas".[16] Ela teria ido para a *after-party*, mas precisava limpar cada superfície de cada componente do equipamento de filmagem para se certificar de que não havia sido danificado pela água. Acima de tudo, ela se lembra do magnetismo da energia de Audre aonde quer que ela fosse. Ela filmou uma das últimas aulas de poesia que Audre deu na Hunter. Estava testemunhando em tempo real o gênio da escritora "que mudava vidas" cuja obra ela encontra por acaso em Stanford quando alguém deixa um livro que integra a bibliografia obrigatória de um curso, em uma fonte no campus. Griffith relaciona o feedback que dá hoje a seus alunos de cinema ao que aprendeu assistindo a Audre lecionar poesia.[17]

Quando filmou a entrevista crucial com Barbara Smith, na cozinha de fato da Kitchen Table, e o discurso de Audre ao aceitar o título de poeta laureada do estado de Nova York, Crystal estava sentindo uma dor excruciante. A câmera de 16 milímetros que ela segurava nos ombros para *A Litany for Survival* (e também em todos aqueles sets de filmagem não democráticos, não tão afirmativos) pesava 45 quilos. O ferro, o principal componente do aço, é pesado. A câmera era tão pesada quanto as sacas de algodão que a avó de Crystal colhia e carregava sozinha até a balança quando *ela* tinha 24 anos, por volta da idade que Crystal tinha na época da filmagem de *Litany*.[18] Ada e Michelle não deixaram Crystal carregar nem as próprias malas naqueles últimos dois dias. Assim que ela terminou de filmar o discurso de aceitação, elas tiraram a câmera de seus ombros e a fizeram se sentar. Esse acabou por ser seu último dia como operadora de câmera.

Quando Ada e Michelle convidaram Crystal para filmar com elas em St. Croix no fim da vida de Audre, Crystal estava confinada à sua cama. Uma hérnia de disco em seu pescoço estava curvada de um jeito que comprimia seus nervos. "Eu estava perto assim de ficar permanentemente paralisada", disse ela, deixando um pequeno espaço entre os dedos no Zoom.[19] O cirurgião lhe deu a opção de ou fundir um disco em suas costas ou seis meses de repouso de cama. "Meu corpo e meu espírito ainda estavam quebrantados demais", escreveu ela em seu ensaio, explicando posteriormente que não ter podido se despedir de Audre segue sendo seu motivo de maior tristeza.[20]

Quando por fim assistiu ao filme depois dos quase dez anos que levou para ser terminado, lágrimas embaçaram o foco perfeito dela.

"O fato de Audre ter falecido tão jovem é prova dos perigos que nós enfrentamos como mulheres negras vivendo em um mundo tóxico", diz Ada Griffin, cujo documentário seguinte a *A Litany for Survival* registrou como o racismo ambiental tem impacto na saúde de comunidades negras.[21] E no entanto, por causa do trabalho desse filme e de outros, gerações continuam a ouvir a voz de Audre e a olhar em seus olhos. Nós usamos ferro oxidado, a própria ferrugem, para relembrar um grande evento que mudou o que a vida significa para nós ainda vivos, como uma mudança no que era possível dizer ajudou a gerar organismos como nós. Pistas de como Audre nos legou um mundo em que é possível respirar.

Parte 10

Eu amo a palavra sobrevivência, ela às vezes me soa como uma promessa. Mas às vezes me faz pensar, como eu defino o formato do meu impacto nesta terra?

Audre Lorde, "Face to Face: Black Women, Hatred and Anger — Where Does the Pain Go When it Goes Away"[1]

53.
a princípio achei que você estivesse falando sobre

> *Algumas palavras estão abertas*
> *diamantes em uma janela de vidro*
> *cantando dentro do choque*
> *do sol passando*
> Audre Lorde, "Coal"[1]

> *Entrevistas são um saco. Sofrer também é.*
> Audre Lorde, carta para Pat Parker[2]

Quando o sol se move pelo horizonte, os raios têm que se estender do ponto mais distante para nos alcançar através da atmosfera e do smog. Os componentes da luz se decompõem. Os raios mais curtos de azul se espalham, e os raios mais longos de vermelho e laranja ficam visíveis. Até o roxo é possível no avançar do nascer do sol. O nascer e o pôr do sol replicam a visão de uma pessoa extremamente míope. Tudo que Audre consegue enxergar sem seus óculos são o nascer e o pôr do sol o dia todo, o alcance decomposto da luz expondo suas partes coloridas.

"Audre Lorde é como um diamante", Joseph Beam escreveu na primeira vez em que tentou descrever a conversa dos dois de março de 1985.[3]

"Joe não era um homem dado a idolatrar as pessoas, mas se você lhe perguntasse o nome do escritor contemporâneo que ele admirava acima de todos os outros, o nome que imediatamente sairia da boca dele seria o de Audre Lorde", explicou Angela Bowen, colega de Joe no conselho da Coalizão Nacional de Lésbicas e Gays Negros.[4]

Barbara Smith pode ter sido quem conectou Beam e Lorde para esta conversa. Ela foi a primeira pessoa que Joseph Beam procurou para falar sobre seu sonho de replicar o sucesso de valorização da vida do emergente movimento editorial de mulheres de cor em algo parecido para homens gays negros. O sonho dele eventualmente se materializou em *In the Life*, a primeira antologia de todos os tempos de textos escritos por homens gays negros. E assim no nascer do sol, Joe está sentado à sua mesa bem organizada no que seus amigos chamam de seu "conjugado".[5] Ele chama sua casa de "uma *brownstone* bastante surrada" ou "um cafofo numa região da moda perto da Rittenhouse Square da Filadélfia".[6] Ele está preparado para esta conversa. Suas cópias bastante manuseadas de *Zami* e *Home Girls* estão ao alcance.

A luz alcança a baía do lado de fora da janela de Audre. Ela passou a noite toda acordada escrevendo sobre sua viagem a Granada. "Só tenho que te avisar antes", suspira ela. "Eu literalmente acabei de largar a máquina de escrever depois de terminar esse relato provisório sobre Granada e estou mesmo bem aérea. Trabalhei 72 horas sem parar, então esse é o cenário em que esta entrevista vai ser conduzida."[7]

A luz se move a 300 mil quilômetros por hora no vácuo. Mais devagar na água, ainda mais devagar através do vidro, e ainda mais devagar através de diamante — menos de metade da velocidade. Isso ainda equivale a 125 mil quilômetros por hora. Se Audre tirar seus óculos a qualquer altura durante esta conversa para descansar os olhos, cansada de datilografar a noite toda, a luz na sala vai se dispersar em diversos arco-íris.

Ao contrário da luz, as ondas sonoras precisam de um meio, um condutor através do espaço e do tempo. Será que o som pode alguma vez alcançar a velocidade da luz? Existe algum modo de nossas palavras alcançarem umas às outras rápido o bastante?

A mãe de Joe disse que ele estava sempre correndo para terminar as coisas, como se "carregasse o peso do mundo nas costas". "Ele trabalhava até ficar doente", lamentou ela depois de sua morte inesperada aos 33 anos de idade, apenas quatro anos e meio depois desse telefonema com Audre. Algumas de suas últimas palavras para Dorothy Beam ao telefone foram: "Mãe, eu não tenho tempo".[8]

Mas nesta manhã, Joe está paciente. Curioso, como quando "falava com mulheres negras em lavanderias, só para ouvir a perspectiva delas".[9] Ele está ali ao telefone, com o que seu amigo e camarada escritor e ativista Colin Robinson chamou de "suas pontas dos dedos redondas como a lua"[10] segurando o quê? Uma caneta? Será que fumava um cigarro? Ou será que era o que Colin se lembrou como "o delicado e um tanto nervoso enrolar de seus *dreads* curtos"[11] com uma mão, enquanto tomava notas velozes com a outra?

Beam faz sua primeira pergunta. "Como você dá conta?", questiona ele, imaginando como Audre conseguia desempenhar tantos papéis em sua comunidade e também ter tempo para lavar a louça. Era sustentável ser tão multifacetada? Ele se perguntava sobre sua vida doméstica. Ele não lhe disse o quanto lamentava sua própria falta de uma parceria, não se sentir "operacionalmente gay", como formulou Barbara Smith. De certo modo, cada pergunta nessa entrevista trata da possibilidade de um lar, ou da ameaça de isolamento. De lavar a louça dela à sua participação na Kitchen Table Press, da vida doméstica e da administração do tempo a *Home Girls: A Black Feminist Anthology*. Como ela dá conta disso tudo? Ele quer saber.

Audre menciona sua parceira, Frances, brincando que talvez a louça não esteja de fato sendo lavada. O segredo está em ser ela mesma. "Acho que tenho muito mais energia do que costumava ter, simplesmente porque gasto muito menos energia tentando decidir se estou certa ou não." Ela está sinalizando seu próprio crescimento. Dez anos antes, ela perguntara a si mesma em seu diário: "Por que estou sempre um poema atrasada?".[12]

Com a inspiração de Audre Lorde, a amizade de Barbara Smith e o companheirismo de Essex Hemphill, Joseph Beam tinha ido muito longe em sua própria jornada de tentar decidir se estava certo. Ele se sentia reconhecido como parte de um movimento literário gay e lésbico negro. Mas Joseph, filho de Sun F. Beam, ainda tinha uma relação complicada com sua própria luz.

Cinco anos antes dessa ligação ele estava congelando, prestes a abandonar a pós-graduação em Iowa. Na escola tinha moderado seus movimentos corporais, o som de sua voz, os comentários que fazia, até "quão vivas eram as cores que eu vestia" para se proteger da homofobia.[13] Mas sua luz nunca baixara completamente.

Colin Robinson diz que "ele tinha um senso de humor cínico, muitas vezes realçado por um meio-giro feminino do pescoço, um leve pressionar dos lábios e um lampejo de seus olhos pequenos".[14] O ativista LGBTQ+ panamenho Gil Gerald se lembra dele em reuniões ativistas fazendo poses divertidas como se câmeras disparassem ao seu redor. O performer e educador Djola Branner diz que até sua foto de autor "praticamente irradiava calor e paixão. Seus olhos pareciam olhar direto para, não, direto *através* de você, e transmitir empatia e compaixão". Ele tinha uma voz que os amigos descrevem como "terna, rica", "grave e ressonante, ainda assim clara e articulada".[15] Branner conta como foi conhecer Beam em 1987 em um evento de promoção de *In the Life* e sentir preocupação quanto ao bem-estar do editor porque, ao contrário dos olhos na foto, "os olhos *dele* traíam o sorriso caloroso em seu rosto de chocolate meio amargo". Mas ele ficou "luminoso" assim que o público chegou e ele começou a falar sobre o trabalho do livro, sua correspondência com homens privados de liberdade, na América Central, no Sul rural. "Ele realmente brilhou à medida que a noite avançou."[16]

Talvez a paixão de Joe fosse solar demais para ser contida por um amor individual. "O livro ainda nem saiu", ele se queixará para Essex, "e já fui transferido para a liga das pessoas que são idolatradas mas com as quais não se lida."[17] Como escreveu para seu amigo de longa data encarcerado Baki: "Não quero ser reduzido a um belo objeto". O que ele queria mais do que tudo era estar em casa. Como ele mesmo. Com ele mesmo. "Não posso ir para casa como quem eu sou e isso me machuca profundamente", escreveu.[18] Audre foi uma das pessoas que o fez acreditar que um lar era possível.

No alvorecer, a escuridão da noite parece retroceder. Ela se dissipa no azul-escuro e então em reflexos mais pálidos do sol nascente. Mas onde exatamente o escuro e a luz se encontram? Em muito da escrita de Joseph Beam, ele se pergunta sobre a política de relacionamentos românticos inter-raciais e suas implicações para homens gays negros. Em seu ensaio "Brother to Brother", escreve sobre "Maurice", que "tem uma propensão a pessoas brancas", o que é mais uma "política" de rejeitar pessoas negras, a vida negra, black music e a política negra. "À noite ele sonha com navalhas cortando fatias finas de sua pele negra."[19] Na entrevista, pergunta a Audre sobre "o relacionamento inter-racial em que você está envolvida", observando hesitante que é "meio que uma questão na comunidade gay e lésbica" e sugerindo que ela não abordou isso em sua escrita.

"Ah, por favor!", exclama ela. "Essa é sempre uma questão!" Ela diz que está cansada das perguntas repetidas a esse respeito. Aponta onde de fato a aborda *sim* em sua escrita. Ele parece mudar de assunto.

"O establishment literário na América tem uma tendência a selecionar e homenagear um escritor negro por ano", diz ele. "Você vê essa tendência, que tem sido empregada por décadas, como problemática?"[20]

É claro que ela vê isso como problemático. Ela tem muito a dizer sobre o establishment literário. Reclama sobre seu próprio status como uma "*dyke* negra" ou uma "feminista lésbica negra comprometida com a mudança social radical", radical demais para ser apresentada, como Alice fora havia pouco, na capa da *New York Times Book Review*.[21] Mais tarde em suas marcações no rascunho datilografado da entrevista, ela riscou algumas orações e acrescentou mais uma frase para esclarecer que "as mulheres negras que aparecem nele são sagazes o bastante" para ter sua própria crítica do establishment.[22]

Beam volta a conversa para a Kitchen Table Press, uma alternativa necessária para o mainstream literário. Audre fica animada nessa parte. "Ah, sim!", brada quando ele menciona a Kitchen Table. Ele quer falar sobre *Home Girls*, o protótipo dele. O livro que o fez acreditar que talvez ele pudesse ir para casa, criar uma casa, como um homem gay negro tendo como pivôs homens gays negros. Ele compara *Home Girls* a *This Bridge Called My Back* e diz que *Home Girls* é "mais acessível".[23]

Ela fica surpresa. "Ah, você acha?" Ele esclarece que por acessível quer dizer "realmente simples, realmente pé no chão". Ela ainda parece intrigada. "Isso é muito interessante...", diz. Ele torna a esclarecer, festejando o fato de que ele acredita que *Home Girls* seria legível para pessoas tanto de dentro quanto de fora dos movimentos ativistas. "Eu acho que poderia dar *Home Girls* à minha mãe e o livro não precisaria de qualquer apresentação..."[24]

Audre considerava Joseph um irmão querido. Mas ele era um irmão que vinha de uma mãe completamente diferente. A mãe dele diz: "Eu teria feito qualquer coisa para deixá-lo feliz". Ela até começou a pensar como poderia ajudá-lo a encontrar um parceiro gay negro, "mas eu não conhecia ninguém".[25] Um repórter diz que ela olha melancolicamente para Essex Hemphill, que está sentado perto enquanto ela falou isso. Sra. Beam não apenas compareceu orgulhosa ao lançamento de *In the Life* na Giovanni's Room, participando de tudo, inclusive das partes sexualmente explícitas, mas também gravou a leitura para a posteridade. Quando chegou a hora, ela se uniu a Essex para terminar *Brother to Brother*, a continuação de *In the Life*, em contrato com a Alyson Press. Trabalhou com Diana Lachatanere, curadora da Divisão de Manuscritos, Arquivos e Livros Raros do Centro Schomburg de Pesquisa em Cultura Negra, para organizar e preservar os documentos dele. Dorothy Beam também descobriu que uma de suas vocações era aconselhar outros pais de homens e mulheres gays: "Eles se assumiram, e agora é hora de vocês se assumirem", ela incentivava.[26] Encarava como uma missão que lhe fora dada por Deus ampliar a visão transnacional de comunidade e orgulho gay negro em que seu filho acreditava. E ela fez isso durante décadas depois que Audre e Joe se tornaram pura luz. Agora a coleção de material de arquivo gay e lésbico negro no Schomburg é chamada In the Life Archive em memória do trabalho inovador de Beam. Audre não acreditava que a mãe dela jamais demonstraria esse nível de apoio público, muito menos se enxergaria como uma parceira no trabalho da sua vida.

Nesta manhã, Joe acha que Audre tem o que ele quer. Mas ela não reconhece a versão de si mesma que irradia da boca dele.

"Nos últimos anos, lésbicas de cor criaram editoras e estão sendo publicadas por algumas das maiores editoras deste país. Que palavras de inspiração..."

Ela interrompe. "O que o que o quê? Lésbicas de cor? Sendo publicadas por algumas das principais editoras?"[27]

Ele está falando dela, é claro. A escritora lésbica negra de maior sucesso de todos os tempos. "A Norton publicou sua obra...", ele a lembra.[28] Ela não se dá conta de que da perspectiva dele, o que ela, Barbara Smith, Cherríe Moraga e suas colaboradoras alcançaram parece a terra prometida. Sobretudo em comparação com o silêncio literário sufocante que ele sente dentro da comunidade gay negra masculina, a qual, da perspectiva dele, sem terra, sem casa, não é uma comunidade. Ele se queixa disso para Barbara carta após carta. Nesta manhã ele quer palavras de inspiração de alguém que alcançou o que lhe parece quase impossível.

Audre não enxerga as coisas dessa maneira. No início ela não entende. Ele está dizendo obrigado. Está dizendo você me inspira. Está dizendo tenho orgulho de ser parte do seu legado. "A Norton provavelmente é uma das mais refinadas editoras de poesia deste país", diz ela. "Mas eu sou apenas uma única *dyke* negra e sou gananciosa. Quero mais de nós lidas e vistas."[29]

Da perspectiva de Audre, nada foi prometido. Então muito mais é possível. Está chateada por até na comunidade literária gay, a Lambda Rising não ter listado a obra dela como "parte da experiência gay". Está ficando mais ruidosa. Ele datilografa pontos de exclamação depois da maioria das frases dela e ela acrescenta ainda mais em sua revisão. "Veja quantas escritoras lésbicas existem cujo nome não é conhecido!" Ela está pensando nas escritoras que lê e respeita, Barbara Smith, Pat Parker, Akasha Gloria Hull. Elas deveriam ser "palavra[s] familiar[es]!".[30] Audre continuaria mantendo essa linha. Por exemplo, em 1990, quando a Triangle Publishing Foundation a homenageou com seu prêmio Bill T. Whitehead pelo conjunto da obra, ela não compareceu à cerimônia. Em vez disso, mandou sua mentoreada e ex-aluna Jewelle Gomez para ler um discurso que ela escrevera que criticava a organização por sua falta de representação e se recusava publicamente a aceitar o dinheiro deles.

Joe quer a mesma coisa. É por isso que ele se levantou na Conferência Nacional de Escritores Negros no Medgar Evers College no Brooklyn ao lado de Barbara Smith para apresentar uma carta assinada por Lorde e outros escritores gays negros e escritoras lésbicas negras protestando contra a exclusão deles de instituições literárias negras. "Porque agimos com integridade, nos recusamos a ser colocados no armário e abordamos a opressão de lésbicas e gays como uma questão política, nossas vidas e nossa obra são invisibilizadas."[31] Barbara mais tarde vai dizer que estava quase lacrimosa no palco, não por causa dos colegas nacionalistas negros hostis diante dela, mas por causa de Joe, o irmão compassivo que chamava de "alma gêmea" junto dela. "Eu não precisei fazer isso sozinha dessa vez."[32]

Beam sabe que Audre não ouviu o que ele quis dizer pelo telefone. "É, acho que essa questão está meio mal formulada... Sei tão pouco sobre o mundo editorial." Mas ela começa a ouvir. A ânsia, a decepção na voz dele. "Estou sendo muito incisiva, Joe?", pergunta ela. "Não, não, de jeito nenhum", ele a tranquiliza.[33] Mas ele lhe diria se ela estivesse? "Sob este exterior forte e eficiente está um homem facilmente devastado", ele uma vez escreveu para um amigo.[34]

Ela está sendo muito incisiva? Ele é uma pessoa sensível. "Um único caco de uma observação cortante basta para machucar profundamente, então eu me mantenho seguro, em casa; a porta trancada, o telefone fora do gancho...", escreve ele para Hemphill.[35] Mas agora, ele fica no telefone. Na versão final da entrevista, não vai incluir o momento em que ela perguntou se estava sendo muito incisiva, ou como ele respondeu. Mas a palavra sobrevive no preâmbulo da entrevista publicada, em que ele a descreve exatamente assim. "Incisiva." "Como um diamante multifacetado." Que "não tem papas na língua".[36] Ele a vê como uma joia inestimável, mas ela não quer ser preciosa e rara. Ela tem uma máquina de polir pedras no andar de baixo na cozinha porque acredita que cada pedra merece seu brilho.

O que é importante para mim nessa entrevista é como eles lutam. Não uma discussão direta, como ela vai ter com James Baldwin nesse mesmo ano.

Essa expressão de amor declarada de forma hesitante e inaudita é o que faz deles família um para o outro. Joseph tem algo a dizer que não consegue exatamente dizer. Há todo um livro de coisas que ele quer dizer para outros homens negros os quais ele teme que não vão ouvir da maneira correta. Esse sentimento de que Audre ainda não está ouvindo sua admiração não é nada novo. Ele aprendeu isso em casa.

Sun Fairchild Beam tem setenta anos de idade quando Joseph Beam escreve o ensaio "Brother to Brother" em *In the Life*, sua antologia inovadora. A princípio, ele vê o trabalho do filho como um reconhecimento de seu sucesso. Ele é o pai "amável e gentil" que, nas palavras de Joseph, "trabalhou duro por mim, para que eu pudesse ser capaz de escrever essas palavras".[37] Mas o fato de seu filho ser gay perturba seu senso de virilidade. Sua esposa o vê sofrendo, pensando: "Talvez tenha sido um erro meu. Eu não sou o homem que eu achava que era?".[38]

Joseph se apressa em responder à pergunta de Audre. Muito incisiva? "Não, não, de jeito nenhum."

Vai ser muito mais tarde, em um feriado em Carriacou, que Audre vai ler o ensaio "Brother to Brother", que apresenta dois excertos de seu próprio ensaio "Olho no olho", e repara que o pai de Joe, como o dela, nasceu em Barbados. O pai dele, como o dela, não fala sobre a ilha de sua infância. De um trem em Boston, ela vai escrever uma carta para Joe dizendo como é grata por ele existir no mundo dela, no mundo de seu filho. No texto de Joseph Beam sobre o silêncio de seu pai bajan, Audre sente esperança por seu filho, pressentindo a possibilidade de ele não repetir a repressão que ela acredita ter explodido os vasos sanguíneos de seu pai. Na verdade, Joe estava esperado por essa resposta. Ele se lembrava de ler a conversa dela com James Baldwin na *Essence* e tomar a cobrança dela para Baldwin como uma cobrança pessoal: "O que você está escrevendo para o meu filho?".[39] Mas o trabalho cura algo no próprio espírito dela também. Ela está quase sem palavras quando escreve essa carta. Quase. "Não consigo começar a te contar, meu irmão", escreve. "Quem sabe um dia eu consiga."[40]

Mas na manhã de hoje, Joseph Beam está tentando lhe dizer o que gostaria de poder dizer a seu pai, talvez o que ambos gostariam de poder dizer:

"Obrigado. Você trabalhou tão duro para que eu pudesse escrever minhas próprias palavras. (O seu) passado é o meu presente, o nosso presente, uma base para o futuro. [...] Eu nunca disse a ele que suas mãos grossas e calejadas me trouxeram até aqui e me deram opções que ele nunca imaginou... Papai. Eu te amo. *Estou aqui por causa de você...* Nosso amor um pelo outro, embora grande, talvez nunca seja dito."[41]

Sun Fairchild Beam foi ao lançamento do livro em que seu filho publicou aquelas palavras inconfessas para todos verem. Joseph Beam estava "tão satisfeito e emocionado que meu pai tinha tido a coragem de sair e apoiar seu filho gay. Aqueles poucos momentos comigo compensaram tanto do passado, tanto".[42] Mais tarde, em memória do filho, Sun Beam concordou com a ideia de sua esposa de Essex Hemphill ir morar com eles e ajudar com a conclusão do livro em que Joe estava trabalhando. Sun Beam se tornou parte da equipe de *Brother to Brother*. Ele ia ao correio e buscava os textos de homens gays negros que respondiam ao chamado de seu filho. Ele recebeu as palavras de escritores gays negros do mundo todo naquelas mãos calejadas.

Mas nesta manhã, o abismo do amor inconfesso balança os limites, desfoca a visão conjunta que Joe, Audre e a comunidade dos dois carrega. As perguntas da entrevista dele não mencionam especificamente a gratidão.

Joseph Beam adora Audre Lorde por causa do que os poemas dela fazem. No rascunho da entrevista, ele cita longamente Lillian Smith:

Só o poeta pode olhar além dos detalhes no cenário total; só o poeta pode sentir a coragem além do medo; só o poeta pode apanhar as farpas e dobrá-las em novas totalidades que ainda não existem. É o trabalho do poeta pensar não em anos, mas em espaços de milhares de anos; o trabalho do poeta é medir o desacelerar, desacelerar o movimento do espírito humano que evolui...[43]

Então ele confia que Audre acabará entendendo o que ele quer dizer. Ela está reflexiva. Como um diamante. Ele volta. "Lésbicas de cor estão publicando, posso dizer isso ao menos?"

"Sim." Ela está respirando um pouco mais devagar.

"Que palavras de inspiração e de conselho você tem para homens negros de cor que têm estado muito calados? Como começamos a escrever sobre nossas experiências?"[44]

Ela começa a ouvir agora, não no abstrato mas no pessoal. Põe em prática o escrutínio de sua miopia de luz decomposta, leva as perguntas dele a sete centímetros do rosto.

"A arte", Audre por fim insiste, "não existe no vácuo." A publicação, ela quer que ele saiba, só virá como um resultado de discussões, trabalho interno e construção de comunidade que os homens gays de cor precisam uns dos outros. Homens gays de cor, luz perfeita fraturada, precisam "examinar as verdades dentro de suas experiências que podem ser divididas, e ao mesmo tempo desenvolver uma visão de algum futuro que essas verdades possam ativamente ajudar a moldar, porque essa é a função de qualquer arte, nos tornar mais quem desejamos ser".[45] O dia amanhece.

Em sua sequência não datada do poema "Coal" — intitulado "Coal II" — Audre escreve:

> Como a luz entra em meu corpo
> Soldada com o trovão
> Minha escuridão proferida
> Como um diamante para fora da minha terra
> Eu escolho entre a escolha
> E amor do que já
> Está escolhido
> Decisão recarregando
> As energias mais negras da Terra[46]

Cansada mas ardente, Audre quer abrir espaço para quem Joe deseja poder ser. É isso o que ela já escolheu. Ela está recarregando a decisão dela. Quer deixar claro que ele deveria não querer ser ela. Mas a reflexão emerge do compromisso comum dos dois com pessoas negras, especialmente com os tesouros desconhecidos dentro de artistas negros gays e negras lésbicas. O que eles dois querem é transformar as energias mais negras da Terra em joias.

Quando a luz alcança uma superfície reflexiva, ela ricocheteia. Ela se move através do espaço por bilhões de quilômetros para ser absorvida. O amor que Joseph Beam e Audre Lorde projetaram em suas comunidades e um sobre o outro se dispersou em caminhos diferentes. O amor que Joe ansiava de um parceiro romântico brilhou em páginas brancas do correio aéreo e cartas para homens privados de liberdade, e no que se tornou um livro best--seller gay masculino de 1986, em salas ansiosas de escuta prolongada e interrompida. Eles acreditavam que o que estivera eternamente inconfesso podia viver. É isso o que os tornava brilhantes. É isso o que os fez amar um ao outro o bastante para continuar ouvindo.

Luz no fundo dos "olhos de águas profundas" dos dois, estável e estática o bastante para se estudar.[47] Nos anos que seguiram essa conversa, Beam escreveu repetidamente sua gratidão. Mais tarde no mesmo ano, em agosto, ele escreve para Audre: "Seu trabalho e seus textos continuam a ser uma fonte de inspiração. Seu poder me permite começar a falar. Obrigado".[48] Por volta de um ano depois da entrevista: "Acabei de tornar a ler *Zami* para me nutrir. Sempre sou incentivado por suas palavras e experiências, até as penosas, que você transforma em combustível para crescimento". Na Boston Public Radio, em um tributo em áudio para Audre que Jennifer Abod produziu em 1987, ele elogiou a relevância perene da obra dela. "Estou esperando que ela consiga, sabe, que ela simplesmente escreva e escreva e escreva", disse, gesticulando em direção à eternidade com uma leve hesitação porque ele sabia que ela estava lutando contra o câncer.

Nos poucos anos que tiveram de sobra, Audre também vangloriou Joe continuamente. Ela lhe agradeceu por seus artigos, como aquele sobre incluir história gay e lésbica negra no Mês de História Negra, que não alcançou a resposta que ele esperava. Quando os dois se encontraram pessoalmente no ano seguinte na convenção da Coalizão Nacional de Lésbicas e Gays Negros, ela participou do comitê de publicação para apoiar a *Black/Out*, a revista de notícias da organização, que se tornou um portal cultural de insights sob a editoria de Beam. Quando leu *In the Life*, ela o elogiava de cabo a rabo aonde quer que fosse. "Estou tão orgulhosa de Joseph Beam e da antologia", disse, "e acho que Langston Hughes também estaria."[49]

No final, Beam abriu a versão publicada da entrevista prismática dos dois:[50]

> Audre Lorde é como um diamante multifacetado. Ela é mãe, poeta, romancista, editora, socialista, feminista e lésbica. Incisiva. Ela desbrava o espinheiro do politicamente correto e não tem papas na língua. Reflexiva. Ela mostra não apenas onde estamos, mas onde desejamos estar…[51]

Joe Beam seguiu a maioria das instruções de Audre. Oficinas e conversas, introspecção e vulnerabilidade. Ele moldou ativamente o futuro gay negro. Mas ainda havia alguns silêncios importantes. O pôr do sol dele aconteceu em silêncio, em casa, em 27 de dezembro de 1988. Sua família e comunidade ficaram em choque. "Ele não queria falar a respeito", Barbara Smith se lembrou.[52] Mas ele não podia esmaecer em silêncio para a escuridão. Deixando para trás seus irmãos autores no grupo de escrita Blackheart, deixando para trás a publicação que instigou aquela entrevista, *Blacklight*. Deixando para trás a publicação da Coalizão, a *Black/Out*. A morte de Beam abalou uma comunidade extensa.

Mas ele já tinha feito o que veio fazer. Seu curto tempo na vida de Audre poderia ser caracterizado pelo termo que os amigos dele cunharam para descrever sua escrita: "Beamesco".[53] Ele voltou a luz para a linguagem e foi embora. Ou na linguagem do poema "Coal", ele tomou a palavra dela por uma joia e se foi. De volta para o interior da Terra. Audre lamentou junto com um mundo cheio de escritores negros. Desde então, gerações de ativistas e escritores se valeram do desejo de amor de Joseph Beam através de projetos coletivos como *Black Gay Genius: Answering Joseph Beam's Call*, a compilação de textos e entrevistas de Steven G. Fullwood e Charles Stephens sobre Joseph Beam e seu legado; o Counternarrative Project, também fundado por Stephens; e o Beam: Black Emotional and Mental Health, fundado pelo poeta e curador Yolo Akili, para mencionar apenas algumas áreas de foco em que a luz de Joseph Beam continua a brilhar.

A *Black/Out*, antigamente organizada pelo próprio Beam, dedicou toda uma edição à sua memória depois que ele faleceu. Angela Bowen abriu o tributo com o poema "Dear Joe" de Lorde, disposto sobre uma imagem icônica do rosto de Beam. Nove palavras do poema pousam em seus lábios fechados:

> podemos falhar mas isso não é razão
> para parar.[54]

54.
escavando

> *Quando leio um poeta como Essex Hemphill, meu coração simplesmente vem parar na minha boca e faz uma dança popular africana no fundo da minha garganta!*
>
> Audre Lorde em entrevista a
> Charles Rowell para a *Callaloo*[1]

O sangue de Essex Hemphill sussurrava segredos. Desde as primeiras batidas de seu coração como bebê prematuro em Chicago, os médicos ficaram perplexos. De acordo com Hemphill, sua avó e as mulheres de sua família o curaram com o calor e a intensidade de seu amor. Elas abraçaram seu coração murmurante.[2]

Em novembro de 1986, Audre implorara a Joseph Beam: "Da próxima vez que falar com Essex Hemphill — cujo endereço não tenho — diga que ainda estou adorando seu trabalho e que estou muito feliz de ele existir no meu mundo e no mundo do meu filho. Isso também vale para você, Joe, como você sabe".[3]

O coração de Audre saltou quando ela leu os poemas de Essex Hemphill. O coração dele zunia com o sangue ainda encontrando seu caminho. Audre sabia que o que ela chamava de "o fundo de energia" — aquela corrente de energia que voltaria ao coletivo depois de sua morte — queimava intenso no jovem poeta performático gay negro Essex Hemphill.[4] O trabalho dele é assumidamente erótico; lida com violência, transformação e possibilidade. Seus ensaios críticos resolutos, muitas vezes derivados de discursos de conferências como os de Lorde, desafiam a comunidade gay branca quanto ao racismo e desafiam a comunidade heterossexual negra quanto aos custos da homofobia. Eu me pergunto se Audre considerava "The Brass Rail", a performance de Essex Hemphill e Wayson Jones em resposta aos assassinatos de homens gays negros em Washington, uma parente próxima de sua obra *Precisar: Um coro para vozes de mulheres negras*, a qual ela escreveu em resposta aos assassinatos de mulheres negras em Boston e outros lugares. Com certeza ela testemunhou o renascimento gay e lésbico negro de que ele fazia parte na região de Washington, DC. E o éthos transnacional de Essex Hemphill repercutiu em Audre sobretudo no último capítulo de sua vida, quando ela levou intencionalmente sua voz ao cenário mundial e viveu fora dos Estados Unidos continentais.

Conhecendo o amor de sua mãe por Essex Hemphill, Elizabeth comprou um exemplar de 1992 de seu livro *Ceremonies* assim que foi publicado e o enviou para St. Croix para que ela pudesse ler imediatamente. Meses antes de morrer, Audre escreveu para Adrienne Rich que levaria os poemas de Hemphill junto com os de Dionne Brand "dentro de mim para onde quer que eu vá".[5] Audre escreveu uma carta elogiosa para Essex o parabenizando pelo livro. Ele escreveu de volta: "Obrigado por suas bênçãos, Audre. Significam tanto para mim".[6] Foi um momento de fechamento para Essex.

A primeira vez que Essex se conectou com a obra de Audre Lorde foi no primeiro ano da faculdade, em que cursou uma matéria de literatura de mulheres negras na Universidade de Maryland com a professora Chargios. A classe compareceu à conferência de escritores negros na Universidade Howard especificamente para ouvir a poesia de Lorde. Vinte anos depois, ele lhe contou sobre a experiência daquele dia.

"Você leu 'Poder', um dos poemas mais incríveis que eu já ouvi. Da sola dos pés ao alto da cabeça, a energia de suas convicções e de sua música mexeu com a gente, todos nós na plateia ficamos de pé. Nunca esqueci aquela leitura, Audre."[7]

Ou talvez esse seja o momento de fechamento de Audre, percebendo que quando erguia a voz para falar sobre violência policial e a morte de um jovem garoto em um espaço cultural negro nacionalista e homofóbico, estava, sem se dar conta, incentivando um futuro poeta guerreiro gay negro, um estudante adolescente franzino apenas alguns anos mais velho do que Clifford Glover.

E é claro, Audre e Essex estavam ligados pelo amor deles por Joseph Beam. E o luto deles por seu falecimento. E o compromisso deles em honrar seu legado.

Audre escreveu um *blurb* celebratório para a antologia *Brother to Brother*, a segunda antologia de textos de homens negros gays, que Hemphill assumiu depois da morte repentina de Joseph Beam:

"É profundamente estimulante para mim ter as vozes de meus irmãos gays negros erguidas aqui no que está se tornando nossa demanda comum por liberdade de todas as opressões", escreveu ela. "Joe Beam teria ficado contente de ver seu sonho começar a dar frutos."[8]

Essex embarcara de todo coração nesse objetivo de manter a energia de Beam viva, como mencionou em sua carta de agradecimento a Audre pelo *blurb*:

"Muitas pessoas presumiram que este livro é *meu*, mas logo digo que este é *nosso* livro, o que realmente é."[9]

Na poesia dos dois, Lorde e Hemphill apresentam um luto mais complicado.

"Dear Joe", de Lorde, termina com uma imagem urgente:

uma drag queen com ceroulas vinho
e uma barragem dental na boca
está comprando uma navalha.[10]

Na repercussão da morte de Beam, Essex escreveu com seu próprio senso de urgência. Em "The Tomb of Sorrow", ele invoca uma imagética parecida:

Quando eu morrer,
docinho,
meus anjos
serão altas
drag queens negras.
Vou comer suas meias-calças
enquanto elas as lançam
nas sombras
azuis da aurora.[11]

Tanto Hemphill quanto Lorde dividiam o impulso de recorrer aos guardiões da fronteira. Os porteiros, os marginais do gênero, as pessoas negras mais vulneráveis à violência de um binarismo de gênero letal e homofóbico. Afastando-se da moderação que algumas pessoas esperavam que fosse trocada pela respeitabilidade gay, Lorde e Hemphill chamaram em vez disso drag queens negras, alguns de seus afins mais queer, como guias para o que a obra deles deveria ser. O que a vida deveria significar diante da morte. Quando Joseph Beam morreu, Audre e Essex já estavam lutando contra doenças terminais.

Linfócitos T são células sanguíneas que têm um papel determinante em nosso sistema imunológico. São as células que combatem as doenças, e elas usam memória, adaptação e ação para responder ao que quer que ameace nossas vidas. Eu penso nos linfócitos T como poetas guerreiros do nosso sangue, constantemente transformando o que passamos em informação importante rumo à sobrevivência. Agindo no que conhecem, liberando o que não precisamos. O HIV, o vírus de imunodeficiência humana, recodifica os linfócitos T que devem alertar nosso sistema imunológico para combater infecções. Ele escreve seu próprio material genético sobre o que quer que tenhamos aprendido sobre equilíbrio e bem-estar, e se prolifera através do nosso sangue até que ele tenha esquecido completamente como nos proteger. Nesse lugar de completo esquecimento, qualquer coisa pode nos matar. E nos mata.

 Audre pensava nos linfócitos T o tempo todo enquanto lutava contra o câncer. Uma abordagem imunoterapêutica, que é a abordagem que Audre adotou muito antes de ela se tornar padrão nos Estados Unidos, depende de os linfócitos T dentro e em torno dos tumores reconhecerem e combaterem as células cancerígenas. Pesquisas recentes sobre o que determina se os linfócitos T são efetivos no combate ao câncer sugerem que se trata de uma questão do invólucro de DNA chamado cromatina. O que importa é se os linfócitos T estão abertos a mudança ou "disfuncionais", o que quer dizer que já não podem se adaptar. Além de infusões medicinais e uma dieta de apoio imunológico, Audre usava diversas técnicas de meditação e visualização para mobilizar seus linfócitos T para a ação. "Imagino as células cancerígenas tão brancas quanto policiais sul-africanos", disse ela. Ela imaginava seus linfócitos T como um mar de rostos negros pisoteando o apartheid até ele virar pó.

Quando Essex teve a oportunidade de ler em público ao lado de Audre no Hunter College, ficou tão empolgado que passou mal fisicamente. Ou foi assim que descreveu. Eles leram juntos em um evento beneficente do Artists Against Apartheid, o primeiro evento do tipo organizado por um coletivo de lésbicas negras e por organizações gays em solidariedade com o South African Freedom Movement. Do púlpito, Hemphill reconheceu como era grato "pela honra de ler com Audre Lorde", contando sobre a primeira vez que a ouviu declamar "Poder". "Isso me descarregou", disse.[12] Então correu do palco para vomitar. Ele voltou, riu e pediu um pouco de água, "já que estou tão pressionado".[13]

Apesar das questões estomacais, Essex leu com potência sua própria poesia, mas primeiro leu poemas do poeta sul-africano Willie Adams, cuja obra foi apresentada na antologia *Somehow We Survive*. "Duas coisas estão acontecendo ao mesmo tempo", explicou. "Estou começando a expressar mais preocupação e compromisso em relação a questões fora da minha vida pessoal imediata, mas à medida que isso acontece, essas questões se tornam mais pessoais para mim... Existe algo acontecendo mutuamente aqui."[14] Essex disse à plateia que esperava que a poesia dele "apoiasse a causa de pôr fim ao apartheid e todas as formas de opressão em nosso país e ao redor do mundo".[15]

Ele chegou ao fim da leitura com muita energia e entusiasmo pelo público o ter recebido com risadas, interações e aplausos constantes depois de vários poemas. Eles ficaram de pé no fim da performance quando ele finalmente disse: "Vou ter de fazer a coisa mais sábia e me sentar porque já passei mal uma vez. Estou surpreso de ter chegado até aqui e meu estômago está tendo ataques. Mas obrigado por esta noite".[16]

Um membro da audiência refletiu: "Uau, ele está mesmo com tanto medo assim? Ele se saiu bem!". Mais tarde Donald Woods, o apresentador e organizador da noite, mencionou que Hemphill poderia estar tendo uma reação a um peixe que comeu na estação Amtrak. A plateia gemeu. "Eu sei", disse Woods. "Essex, por que você comeu peixe na estação Amtrak?"[17] Anos depois, Hemphill insistiria que havia sido de fato seu nervosismo por dividir o palco com uma de suas poetas preferidas, mas reconheceria que pode ter sido uma combinação de nervos, intoxicação alimentar e seu sistema imunológico já comprometido.

Essex conversou com Audre antes da leitura. Ela até anotou seu endereço, que evidentemente não conseguiu encontrar dois anos depois quando o pediu a Joseph Beam, mas de fato pode não ter testemunhado sua performance. Membros da plateia capturados em imagens de arquivos especularam: "Audre provavelmente devia ter ido meditar em algum lugar".[18] Outra pessoa comentou: "Na caverna dela".[19] As observações da plateia são prova da presença já mítica de Lorde na imaginação de sua comunidade de ouvintes. A artista de cura Gina Breedlove tinha 24 anos quando conduziu o público em um canto coletivo celebratório entre os atos poéticos no evento de arrecadação de fundos. Gina diz: "Audre segurou a minha mão e eu literalmente desfaleci".[20] Audre poderia ter estado fora do palco ouvindo com atenção, ou até em algum lugar na plateia. Mas ela não comentou diretamente a performance de Essex quando subiu ao palco.

Audre começou sua apresentação enfatizando "o horror que está se dando na África do Sul". Disse que era grata por ver o rosto de todos os apoiadores na sala porque todos os cidadãos americanos eram cúmplices do apartheid imposto pelo governo que ameaçava a sobrevivência de todos os negros sul-africanos.[21] "Somos cidadãos de um país que está do lado errado de todas as lutas de libertação", insistiu ela, ligando os 500 milhões de dólares de negócios que corriam dos Estados Unidos para a África do Sul a cada ano à taxa de mortalidade de 50% das crianças negras sul-africanas menores de cinco anos. Ela incentivou todos a pressionar sua escola, o lugar onde trabalhavam e bancos a se retirar. Audre apontou ainda que a desinformação no *New York Times* era intencional. "Não podemos ficar parados e esperar sermos instruídos por uma estrutura que pretende nossa destruição."

Como o apagamento que o HIV faz nos códigos vivificadores dos linfócitos T, a campanha da mídia corporativa americana de desinformação tentava sobrescrever o impulso de sobrevivência dos cidadãos americanos oprimidos. Audre os instou a combater essa recodificação perigosa. Em sua busca por informações de sobrevivência confiáveis, ouviu em solidariedade às mulheres negras sul-africanas. Então transformou essa escuta em poesia. Usou sua plataforma para compartilhar informações, incluindo estatísticas detalhadas sobre população e propriedade de terras na África do Sul. Ela queria que os poemas que leu naquela noite — "Irmãs em armas" e "Another Final Solution" — ativassem as pessoas reunidas para que "tocassem o poder [delas] e o usassem". Ela queria que a realidade do impacto do apartheid nos negros sul-africanos se tornasse parte da memória protetora do nosso sangue.

O que Essex e Audre praticaram naquela noite no Hunter foi "fluidariedade"[22] diaspórica, termo que a antropóloga Diane Nelson criou para descrever uma solidariedade adaptativa, nesse caso ligada aos fluídos corporais de vida negra através de oceanos, epidemias e identidades. Água salgada, saliva e sangue.

Em 1989, o cineasta Marlon Riggs apresentou Essex Hemphill e sua poesia no revolucionário filme *Línguas desatadas*. O filme é um texto basilar para estudos gays negros e estudos queer negros de forma mais ampla, mas quando foi lançado apenas meses depois de Joseph Beam ter falecido, também foi uma homenagem memorial multimídia para ele. Audre deve ter ficado impressionada com as imagens do rosto de Joseph sobrepostas a cenas de pessoas carregando um caixão. Como ela se sentiu com as palavras dele na boca de todo mundo, "de irmão para irmão, de irmão para irmão", um coro invisível de homens sussurrando uns para os outros na montagem de abertura? Como foi para Audre ver e ouvir Essex proferindo as palavras dela citadas no início do ensaio de Beam?

"Conheço a raiva que existe dentro de mim como conheço a batida do meu coração e o gosto da minha saliva. É mais fácil ter raiva do que ferir, e ter raiva é o que faço de melhor. É mais fácil ter fúria do que anseio. Mais fácil crucificar o que há de mim em você do que enfrentar o ameaçador universo da branquitude ao admitir que merecemos querer bem umas às outras."[23]

Quando *Línguas desatadas* foi lançado, Essex Hemphill apoiava o trabalho de Daniel Garrett, Colin Robinson e outros escritores gays negros, que haviam criado um grupo de escrita e uma organização comunitária chamados Other Countries [Outros países]. A organização celebrava as ligações de James Baldwin entre a vida gay negra, o exílio e a possibilidade de relação transnacional. No último ano de sua vida, Essex Hemphill seria um palestrante de destaque em uma conferência chamada Black Nations/Queer Nations?, envolvendo M. Jacqui Alexander e muitos outros mentoreados de Lorde, uma comunidade que vislumbrava e praticava o que o amor negro transnacional pode significar.

O amor de Audre por Essex era algo que ela mencionava para muitas pessoas, mas os dois nunca se sentaram e conversaram. No que provavelmente foi a última correspondência entre eles, Essex agradeceu Audre profusamente por seu impacto positivo sobre ele. Michelle Parkerson o entrevistara havia pouco tempo para *A Litany for Survival*. Ele propôs que talvez pudesse ir a St. Croix e ficar em um hotel próximo, "se você estiver aberta a algo assim". "Nunca conversamos muito e em algum momento poderíamos explorar conversas que podem se mostrar de interesse significativo para nós dois", disse ele com a formalidade de alguém que nunca conversou longamente com ela. "Realmente espero que quando receba esta carta sua saúde esteja retornando", escreveu ele — duas vezes, na mesma carta.[24]

No fim das contas, Essex nunca viajaria para St. Croix. Sua própria saúde estava se esvaindo. Logo antes de escrever essa última carta, ficara hospitalizado em Chicago por uma semana inteira: "Meus linfócitos T estão baixos, passei por uma sinusite terrível e uma cirurgia no ânus".[25] Antes da hospitalização, ele também estivera na estrada por mais de um ano.

"Devo transformar-me em resiliência", disse ele, sabendo que era mais fácil falar do que fazer. "É uma pena não podermos apenas estalar os dedos e a transformação acontecer."[26]

O que significa conhecermos a raiva como a batida do nosso coração, o gosto da nossa saliva? O que significa em nível celular ter medo da vulnerabilidade de querermos bem uns aos outros? O poema épico final de Hemphill, "Vital Signs", lida com o paradoxo de "Olho no olho" de Lorde, que se torna o paradoxo de "Brother to Brother" de Joseph Beam — que se torna o paradoxo de *Línguas desatadas* de Marlon Riggs, proferido pela boca de Essex Hemphill. O paradoxo é que raiva e intimidade fluem do mesmo amor.

Nesse poema de presença e memória, Essex solta marcos em uma dança espiral com o irresistível "pretendente", a morte. Ele oferece um relato sistêmico e interpessoal do que está acontecendo com seus linfócitos T.

> Alguns dos linfócitos T que me faltam não estão aqui por minha própria culpa. Não perdi todos eles tolamente, e não perdi todos eles eroticamente. Alguns dos linfócitos T que me faltam foram perdidos para o racismo, uma doença transmissível bem conhecida. Alguns foram perdidos para a pobreza, porque não havia dinheiro para fazer alguma coisa a respeito do encanamento antes de os canos estourarem e a sala ficar inundada.[27]

Audre concorda. "Lutar contra o câncer é muito parecido com lutar contra o racismo, lutar contra o sexismo."[28] Desde que Hemphill escreveu esse poema, estudos mostraram que o estresse tem impacto direto no número de linfócitos T no sangue de uma pessoa. Hemphill reconhece a violência da pobreza; por exemplo, o mofo que ataca o sistema imunológico de pessoas que vivem em casas com problemas de umidade não tratados. Hoje, grandes especialistas em tratamento autoimune brincam que a primeira pergunta a fazer para pacientes cujo sistema imunológico parece estar atacando o próprio corpo é: "Em que ano o seu porão foi inundado?".[29]

Dinâmicas interpessoais que estão ligadas à opressão sistêmica que está ligada a fatores ambientais são todos partes da visão holística de Essex de seu sistema imunológico, o que significa que as condições de seus linfócitos T têm implicações em nossa sobrevivência coletiva:

> A homofobia matou uns bons tantos, mas também o fez minha raiva e minhas fúrias afiadas. Também o fizeram as guerras em casa e as guerras interiores. Também o fizeram as drogas que eu usava para ficar calmo, tranquilo, sereno. Há linfócitos jazendo mortos à beira da estrada massacrados pelo disfarce da amizade, a mesquinhez e o ciúme de mentes e talentos no processo de se tornarem inúteis devido à inveja, encarando o quintal dos outros, em vez de olhar atentamente e cuidar do seu próprio.
>
> Há linfócitos T sacrificados entre o amor e a raiva que minha mãe e eu temos um pelo outro.
>
> Linfócitos T simplesmente explodiram por causa dos decibéis de nossos berros. Há inúmeros linfócitos T entre meu pai e eu, resultado de dolorosos silêncios clandestinos que não consigo resolver com apenas 23 linfócitos T. E também não devem esperar que eu o faça. E eu também não devo tentar porque a violência foi dele. Testemunhei-a e permaneci assustado com ela. Sou forçado a me lembrar dele de certas formas. A sempre vê-lo socando e empurrando, estapeando e gritando. Não porque quero, apenas não aprendi a transformar tantas cicatrizes em coisas de beleza. E não sei se algum dia vou conseguir.[30]

Ali está ela de novo. A raiva nos separa. Audre pergunta: "Quanto dessa dor eu posso usar?". Lamenta: "Não acredito que nossas vontades tornaram todas as nossas mentiras sagradas". E Essex está admitindo, "apenas não aprendi a transformar tantas cicatrizes em coisas de beleza".

Para Essex, essa é uma questão da possibilidade de perdão. Em uma entrevista à NPR ele suspira: "Você não consegue voltar a certos lugares. Algumas tragédias vão continuar a ser as tragédias grandes ou pequenas que foram". Mas, ele diz: "Perdoar é tão divino quanto dizer 'obrigado'. Tenho certeza disso. Então acordo todos os dias grato. Sabe. Apenas grato".[31]

É isso que significa "transformar em resiliência"? Enquanto Audre reagrupa seus linfócitos T para uma guerra legítima, dessa vez contra a ressurgência nazista na Alemanha, contra a qual ela e Gloria Joseph protestaram durante as últimas semanas de Lorde, Essex parece se render. Na última troca entre os dois, Audre ainda perguntava sobre os pais de Joseph Beam e se Essex sabia o que realmente havia acontecido com Joe. Em resposta, Essex escreveu: "Tenho minhas preocupações e perguntas sobre muitas coisas em relação aos últimos dias de Joe, mas resolvi deixar tudo isso estar".[32]

Um mês depois dessa carta, Lorde escreveu para Adrienne Rich dizendo que levava os poemas de Hemphill consigo.

Dois meses depois *daquela* carta, as estrelas cadentes voltaram a aparecer e levaram Audre com elas. No primeiro ano depois da morte de Audre, Essex Hemphill escreveu seu poema épico descrevendo a dispersão de seus linfócitos T: "Meus linfócitos T estão espalhados como as folhas de uma árvore imponente, como os cabelos caídos de um homem velho, como as estrelas de um universo em colapso".[33]

Quando Hemphill escreveu "Vital Signs", seu poema estava em sintonia com as crenças dominantes na astrofísica sobre como depois que o Sol se esgotar e o mundo acabar, o universo também vai chegar ao fim. Em 1993, a teoria prevalente era a de que o universo, que começara com a expansão de um big bang, ainda estava em expansão. Mas a certa altura, ele chegaria a seu limite e começaria a se contrair de novo. Tudo no universo tornaria a se apinhar e imploderia. Um universo em colapso. Os físicos chamavam isso de "big crunch" [o grande colapso]. Mas apenas alguns anos depois do colapso de Essex Hemphill, os físicos descobriram uma medição que mudou tudo. Em vez de desacelerar, a expansão do universo estava evidentemente em aceleração. O universo já não ia entrar em colapso, ia se dispersar, espalhado como os linfócitos T perdidos de Hemphill para o isolamento. Alguns chamam isso de morte térmica por calor devido ao caos da entropia, e outros chamam isso de morte térmica por congelamento. Os dois poetas a quem eu adoraria perguntar a esse respeito não estão aqui para descrever melhor a questão.

***

"Diáspora" tecnicamente significa dispersão de sementes. Esporos no vento, ou espermas em seu movimento através de corpos e continentes. Quando escreveram suas últimas cartas um para o outro, Audre e Essex se entendiam como parte da diáspora gay e lésbica negra, aprendendo como transmitir as sementes de informação que aprendiam em seus relacionamentos, eróticos ou não, nos poemas que dispersavam pelo planeta. E Lorde carregava as sementes de outros poetas gays negros e de outras poetas lésbicas negras dentre de si ao seguir além do domínio da morte.

Qual é o impacto cósmico quando os linfócitos T se dispersam? Ou quando, como escreve Audre em sua autoelegia, o câncer cria uma casa de campo em sua barriga, toda uma cidade em seu fígado, "vasos intricados inchando com o presente". Em "Today Is Not the Day" Audre reconhece a possibilidade quântica. "Este poderia ser o dia. Eu poderia [...] me desenrolar nas águas/ vasos de claro reflexo da lua."[34]

Talvez aquilo com que os poetas trabalhem seja só energia negra e matéria negra, aqueles 95% do universo que a física não consegue medir ou prever. O mistério que eles esperam que revele a conexão entre o modelo padrão da física e a probabilidade quântica está em alguma parte desses 95%. Talvez ninguém saiba mais sobre escuridão dispersada por toda parte. Talvez ninguém possa nos ensinar mais sobre como o universo chega ao fim do que Essex Hemphill e Audre Lorde.

O Food and Drug Administration só irá aprovar o primeiro medicamento que protege os linfócitos T da transcrição viral do HIV um mês depois da morte de Essex Hemphill. Vai demorar muito mais tempo para pacientes com HIV na África do Sul e em outras nações do Sul global terem acesso a antirretrovirais. Essex é um dos inúmeros universos criativos que já perdemos e que ainda perdemos para o HIV/a aids e a homofobia e o racismo que ainda impede tratamento igualitário até hoje.

"É isso que sou agora, *um deles*, um *deles*. Um único fio, uma folha enrolada, o luto vaticinado de uma estrela em combustão. Digo isso apenas para dissipar tal melancolia. Digo isso alto para matar o desabrochar da morte", escreve ele.[35]

"O luto vaticinado de uma estrela em combustão", diz o poeta. A beleza de todas essas estrelas, motores moribundos transformando um gás em outro através da queima até que fiquem sem, não ar, não vapor, mas elétrons — e depois? Sem a pressão da transformação constante, elas entram em colapso e queimam mais brilhantes do que 1 milhão de sóis. A morte de um nêutron é tão pesada em seu colapso que se transforma em um buraco negro, irresistível em sua atração como aquele lindo nada-tudo negro no centro da Via Láctea. E agora a gravidade nos espirala em uma galáxia em órbita, nos atrai mais para perto até que tudo fique escuro, e a física não tenha mais poemas para nós porque estamos todos muito dentro do recôndito do inimaginável.

55.
promessa futura

Quando os colonizadores portugueses obrigaram a população local a construir o castelo Elmina na costa do que hoje é Gana, eles imaginaram que estavam construindo um forte para todo o ouro que roubariam do continente. Não estavam. Eles estavam construindo um acelerador de partículas.

Os aceleradores de partículas modernos separam as coisas. Também chamados de esmagadores de átomos, grandes aceleradores de partículas do tamanho de cidades cultivam o choque de maior velocidade que conseguem gerenciar no nível do próton, criando o maior número possível de colisões para que os prótons estraçalhem uns aos outros e mostrem aos pesquisadores e seus financiadores do que são feitos. Seja através de colisão, dissecação ou isolamento de estímulos, os experimentos científicos quebram as coisas em pedaços, supostamente para ver como elas funcionam. Mas no contexto do capitalismo, a motivação adicional para abrir as coisas é arrancar trabalho delas, produzir valor para quem quer que controle os meios de destruição.

Em meio ao grande experimento chamado colonialismo, os monarcas europeus adaptaram sua prática. Em vez de usar fortes e castelos na costa ocidental da África para abrigar minerais, especialmente o ouro que extraíam da terra, tentaram acrescentar um exponente. Eles multiplicaram os recursos roubados pelo fator de trabalho roubado.

Quando Audre Lorde visitou a masmorra do castelo Elmina em 1974, não tinha um caderno de laboratório ou um livro-razão. O que ela sentiu nesse lugar a afetou tão profundamente que quase não escreveu a esse respeito em seu diário. Qualquer coisa além da poesia "diminuiria" isso, ela percebeu.[1] Mas vivenciou, sim, o resíduo da colisão enquanto esteve ali. "Velhos velhos sonhos na pedra de Elmina", escreveu.[2]

Elmina e todas aquelas outras fortalezas se tornaram aceleradores de partículas incipientes, estruturas de compressão em que os colonizadores e seus colaboradores locais apinharam milhões de africanos sequestrados tão apertados em masmorras que as células de suas peles e excrementos ainda tornam as pedras de Elmina lisas. Uma catividade tão comprimida que o cheiro de seu sofrimento físico permanece nas paredes até hoje. Mas lembre-se, o progresso científico ocidental exige o maior número possível de colisões. Aceleradores de partículas transatlânticos estilhaçaram linhagens, estilhaçaram contratos sociais, estilhaçaram consciências, estilhaçaram os ossos de braços e pernas e costelas e rostos dos que tentaram fugir, estilhaçaram grupos linguísticos para afunilar em uma unidade individual de capital. O resultado dessa matriz de colisões? Um corpo de cada vez quebrado em suas menores partes, já não mais parte de um todo social complexo. O acelerador empurrou o menor componente de uma comunidade por um espaço abarrotado chamado "a porta do não retorno" para se tornar carga.

Hoje, nos prédios de três andares ao longo do túnel arredondado do Grande Colisor de Hádrons perto de Genebra, na Suíça, físicos experimentais assistem aos destroços forjados pelo maior acelerador de partículas do mundo. Eles não conseguem dar conta de tudo o que acontece com cada um dos centenas de milhões de prótons de hidrogênio que lançam juntos a cada vez no colisor. Eles procuram, sim, padrões baseados no trabalho de físicos teóricos que imaginam que na escala minúscula de um próton, um pequeno pedaço de um átomo, podem encontrar a estrutura do universo inteiro. Os cientistas no colisor e seus computadores mapeiam os caminhos em que as partículas se dispersam. Eles o executam inversamente em equações sobre velocidade e massa, o trabalho de quantificação da física quântica.[3] Os economistas do tráfico de escravizados fizeram uma coisa parecida. Eles olharam para os destroços — quantos cativos morreram em decorrência de serem apinhados, quantos continuaram respirando, quantos se tornaram isca de tubarão, quantos tentaram se amotinar, quantas deram à luz, quantos pularam de navios. O trabalho de quantificação de fatorar o roubo em seus menores componentes de risco, retornando-o a uma equação de venda ou perda.[4]

Olhar para a frente envolvia olhar para trás de um modo *particular*.[5]

Audre Lorde e Dionne Brand não têm o mesmo sotaque. Por que teriam? A poeta, romancista, cineasta e criadora de mundos Dionne Brand nasceu em Guayaguayare, Trinidad, e migrou para o Canadá no início da idade adulta. O sotaque da própria Audre era um amálgama de seus pais granadina e bajan, sua comunidade de Nova York e sua educação de elite. Então quando cada uma diz a palavra "particular", ela não soa exatamente igual. Mas se você ouvir uma gravação de Audre Lorde dizendo "particular" e ouvir uma gravação de Dionne Brand dizendo "particular", vai ouvir uma afinidade projétil no centro da palavra, uma velocidade que poderia multiplicar mundos. Particular. É uma palavra que ambas usam, mas de modo diferente.

Você se lembra da carta que Audre escreveu para Adrienne Rich meros meses antes de morrer, explicando que estava levando poemas de Essex Hemphill e Dionne Brand "dentro de mim aonde quer que eu vá"?[6] Aonde quer que ela tenha ido, menos de dois meses depois, foi um lugar fora desta vida, o domínio que nem mesmo os cientistas alegam medir.

É fácil entender por que Audre manteria perto a poesia inicial de Dionne Brand. Dela emergia uma sensualidade que era exatamente o que Audre exigia de seus alunos e de si mesma na poesia. Ela teria ficado comovida com os poemas nuançados de Brand de testemunho sobre a revolução em Granada que havia abalado ambas com esperança e depois devastação. Ela não viveu o bastante para ver Brand escrever seu próprio *Mapa para a porta do não retorno*.

Será que Audre Lorde já sonhou sobre como seria ser Dionne Brand? Não Dionne Brand em particular, mas Dionne Brand em geral: uma verdadeira ativista poeta lésbica negra nascida no Caribe. Será que já sonhou o que teria acontecido se ela pudesse ter ido para Granada como Dionne Brand fez para apoiar ativamente a revolução escrevendo relatórios agrícolas em vez de estar presa em Nova York passando por uma mastectomia e um processo de recuperação do câncer de mama durante a maior parte do período em que o GRP esteve no poder, só capaz de voltar a Granada quando os Estados Unidos já tinham invadido o país?

Dionne Brand não tem certeza se falou durante a sessão Poesia Não É um Luxo na cele-conferência Sou Sua Irmã em 1990,[7] mas se lembra, sim, de que durante a III Feira do Livro Feminista Internacional em Montreal em 1988 ia almoçar com Audre e um grupo de outras feministas, mas se perdeu no caminho e só encontrou o lugar tarde demais. "Audre estava te esperando", disse depois sua amiga Linda Carty.[8]

No acelerador, nem todos os prótons colidem. A maior parte deles nunca encontra um ao outro de forma direta. A probabilidade de colisão é relativamente baixa, explicam os físicos, porque a matéria é, em sua maior parte, espaço vazio. Mas para ter mais chances de impacto os prótons atacam uns aos outros dos dois lados do ponto de colisão, organizados em feixes de matéria da extensão de um lápis, grosso modo.

As pessoas ficam confusas se *Zami: Uma nova grafia do meu nome* é uma partícula ou uma onda. É uma história real da experiência individual de Audre ou é uma variedade de experiências tiradas de uma geração de lésbicas negras em Nova York em meados do século XX condensadas em uma protagonista para criar impacto? A física quântica diz as duas coisas e nenhuma delas. Tudo é tanto partícula quanto onda a depender de como você a mede, mas os teóricos da quântica ainda discutem se energia e tempo podem ser medidos com os mesmos princípios usados para medir matéria.

O que importava para Audre era "o grande espaço vazio" que ela queria preencher contando uma história de vida feminista lésbica negra.[9]

Em uma carta não datada ela explicou:

[...] o silêncio tem sido um fardo colocado sobre nós por nossas mães: uma carência com a qual todas lutamos e às vezes morremos, gritando por quê. Não desejo tomar parte nisso colocando esse mesmo fardo nas minhas irmãs negras mais novas que buscam alguma palavra de que sim, de fato, nós existimos, e sim nós sofremos antes delas, e sim, algumas de nós de fato sobrevivemos, e os comos de nossa sobrevivência são necessários para copiar ou evitar. Ouço mulheres negras jovens que amam a si mesmas e a outras mulheres procurando ressaltar sua própria força com alguma palavra que sempre existiu antes [...] (e com muita frequência elas encontram apenas mulheres brancas, algumas bem-intencionadas, dizendo "olhe para nós e espere, um dia alguém vai escrever sobre sua história também").[10]

Audre queria que as gerações seguintes de feministas e lésbicas negras entendessem as possibilidades e os desafios que ela e outras como ela vivenciaram saindo do que chamava de "a idade atômica".[11] A divisão do átomo foi um ponto de virada para a geração de Lorde, e não apenas para viciados em ficção científica como ela. Todos estavam pensando em quantos mundos havia, que escalas de destruição a bomba atômica tornava possível, e o que significava ser humano em um contexto que de repente parecia mais infinito.

Ao mesmo tempo, Audre pegou um pouco do que obteve da ficção científica — de seu próprio modo negro especulativo informado pela deusa — para criar uma obra que oferecia mitologia, uma infinidade de possibilidades.

"Quando escreve você tem um grupo particular de pessoas em mente?", a escritora e ativista lésbica branca Karla Jay perguntou a Audre em uma entrevista. Como de costume, Audre respondeu que sua obra era para qualquer pessoa que pudesse usá-la, mas que se sentia sim responsável por "aquelas pessoas que se identificam com aquelas partes em particular de mim".[12] Uma manobra de escala. Uma particularidade que não descreve um grupo inteiro de pessoas, mas que assinala partes componentes dentro do ser dela. O eu dela é múltiplo, seus pontos de conexão com outras pessoas também são múltiplos, e ainda assim eles são específicos. Mas onde exatamente Audre termina, e onde o coletivo começa?

Entrevistadora e entrevistada estavam preocupadas com particularidades. E quanto a lecionar? Audre gosta "daquela forma *particular* de feedback".[13] E quanto ao tempo e à história em *Zami*? "Olhar para a frente envolvia olhar para trás de um modo *particular*."[14] Audre foca e desfoca em todos os modos possíveis de olhar, todas as formas possíveis de feedback e fisga entre os dedos a que ela quer dizer.

Na entrevista, Karla Jay aborda o artigo recente de Audre na revista *Essence*, "Mulheres negras e raiva". Na época da entrevista, Audre revisava "Olho no olho" para ser incluído em *Irmã outsider*. O ensaio, que se valia das dificuldades em suas amizades com Pat Parker e June Jordan, as contradições em seus relacionamentos com suas irmãs, sua filha, sua mãe, sua terapeuta, a atendente da biblioteca, basicamente todas as mulheres negras em sua vida, vibra sob a pressão do que a categoria "mulher negra" significa para diferentes mulheres interagindo umas com as outras usando e definindo a categoria ao mesmo tempo. Então ela precisa da particularidade quântica:

> O que me interessa primeiramente são as permutações e combinações específicas e *particulares* a mulheres negras, as raivas *particulares* entre mulheres de qualquer grupo oprimido. Aquele ódio que engendra uma

crueldade e raiva *particulares*, os modos como sobrevivemos e aprendemos a punir umas às outras é uma técnica de sobrevivência de mulheres oprimidas, de pessoas oprimidas. Isso não quer dizer que a raiva não é uma questão muito sensível entre mulheres em geral, mas que é entre mulheres oprimidas *em particular*.[15]

Que trabalho em particular toda essa particularidade está fazendo? Há velocidade nela. Não é apenas a especificidade de *como* as mulheres negras machucam umas às outras, é quão forte isso bate, quão fundo isso entra vindo com tanta força de tão perto, ricocheteando em um espaço contido e pressurizado. *Particular* se torna uma relação, um espaço e uma qualidade. Próximo, afiado, bem aqui, com o poder de abrir você à força.

Em 2019, quando Dionne Brand deu uma palestra no Centro de Literatura Canadense na Universidade de Alberta chamada "Uma autobiografia da autobiografia da leitura", ela não falou sobre *Zami: Uma nova grafia do meu nome*. Não falou de Audre Lorde de forma alguma. Mas, como Lorde, ela quebrou sim a ideia da autobiografia.

"Esse retrato poroso é cheio de múltiplas autobiografias", explica. Ela enfatiza como o artigo indefinido de "*uma* autobiografia" é distinto de "*a* autobiografia". Ela é "uma de muitas autobiografias possíveis".[16] Ela poderia ter contado a história de muitas formas diferentes. O sentido da exposição de Brand era subverter as estruturas colonizadoras nos livros que influenciaram sua educação e criticar o que eles lhe ensinaram em relação a contar uma história de vida. Quando deu essa palestra, Dionne Brand já tinha alcançado esse tipo de subversão muitas vezes em sua própria obra. Escrevera *Um mapa para a porta do não retorno*, um livro fundacional nos estudos de diáspora negra crítica, que traça o impacto lancinante da ruptura no colisor do castelo negreiro. Mais recentemente em *The Blue Clerk* ela explora uma divisão interna, criando uma obra de prosa poética que dá espaço lírico para a autora que não é um ser unificado. A personagem administra tudo que a autora não consegue colocar na página, o excesso constante. A autora e a personagem batem de frente e divergem reiteradamente.

Em sua palestra em camadas, Brand começa falando sobre o livro que a moldou como moça durante sua educação em Trinidad, seguindo o modelo de C. L. R. James, que "leu incessantemente e em particular Thackeray".[17] De certo modo, ela está se gabando. Depois de ter ganhado quase todos os prêmios que o Estado-nação do Canadá e o aparato literário que a Commonwealth britânica podem oferecer, ela volta a uma infância na qual tudo a que tinha acesso era literatura colonial e colonizadora. Ela a desmonta a partir de dentro.

Sem um buraco de minhoca, os físicos ainda não conseguem explicar o que Brand faz nessa palestra, que é também o que Lorde faz em sua biomitografia: o trabalho de viagem no tempo de voltar para buscar a eu jovem para ficar junto de si no presente. E, para Brand também, não se trata apenas de si mesma, por mais múltipla que ela seja.

"É particular, mas não individual." Esclarece, tomando "particular", essa palavra projetada para distinguir, e distinguindo-a ainda mais para nós.[18] Ela rechaça a escala do individual, essa partícula desconectada pequena o bastante para funcionar como uma unidade do capitalismo. Sua experiência de leitura como ela a oferece de volta para o mundo aqui não trata apenas de como esses livros a impactaram — trata do que é possível escrever, dizer, entender, saber, e estar em um mundo moldado pelas narrativas do colonialismo.

A revolução granadina também terminou em um forte colonial transformado em acelerador de partículas. O ensaio arrebatador de Lorde, "Granada: Um relato provisório", e o livro de poemas de Brand *Chronicles of a Hostile Sun* e o romance *In Another Place, Not Here* examinam o impacto da colisão. Um partido revolucionário se tornou múltiplo de formas que ainda parecem impossíveis de mensurar. Audre acreditava que uma dessas formas de multiplicidade era a infiltração de agentes em colaboração com o Exército americano. A revolução se chocou contra si mesma, arrasando muitas vidas e gerações de esperança.

Mas se no fim o GRP não era um partido revolucionário unificado, a Revolução Granadina também não era uma revolução única. Para Brand, a revolução é um lugar a que ela regressa em sua escrita de modos diferentes ao longo dos anos. O forte em que os revolucionários enfileiraram seus camaradas contra o muro de pedra e em que atiraram em suas costas, o penhasco de que a multidão de pessoas reunidas começou a pular quando os tiros irromperam. O flashback da lenda de Carib's Leap em Granada, de onde aqueles que não se dobravam à colonização pularam para a morte séculos antes. Aconteceu rápido. Mas também ainda está acontecendo. Laurie R. Lambert, autora de uma história feminista da Revolução Granadina, diz sobre a obra de Brand: "Central é o entendimento dual da revolução como quebra radical e como condição cíclica. Ela revisa representações da Revolução Granadina porque até mesmo em seu fracasso essa revolução é continuamente gerativa…".[19] Como um acelerador de partículas aerodinâmico, a quantidade de energia cinética gerada pela colisão não é limitada à força da propulsão. Ela excede.

Até agora apenas uma pessoa inclinou acidentalmente a cabeça no caminho das partículas em colisão. De algum modo, ela sobreviveu a centenas de vezes o nível de radiação que costuma ser letal em humanos. Os pesquisadores que tornaram o homem parte do experimento em 1978, antes da revolução em Granada, e o estudaram enquanto ele esteve no hospital felizmente não têm uma grande amostra para comparar sua experiência com outras. Mas têm a teoria de que o homem sobreviveu porque o impacto foi muito localizado. O que ele viu antes de um lado de seu rosto ficar permanentemente dormente?[20] "Luz", ele disse. "Mais brilhante do que mil sóis."

Em 1980, Granada estava em meio a seu experimento revolucionário e o Exército dos Estados Unidos executava modelos sobre como destruir o potencial revolucionário de Granada. No meio-tempo, John Wheeler executava um experimento em física de partículas a que hoje se referem como "qual caminho". O experimento de Wheeler descobriu que depois de se chocarem umas nas outras, as partículas subatômicas podem existir em mais de um lugar ao mesmo tempo, e ser mais de uma coisa ao mesmo tempo. As protagonistas de Dionne Brand em *Another Place, Not Here* encarnam essa possibilidade quando sonham com uma realidade alternativa na qual poderiam viver livres. Audre chama isso de "biomitografia". Os físicos de partículas chamam de "superposição". A teórica da diáspora negra Michelle Wright explica: "Isso significa que não se pode tentar rastrear uma partícula através do espaço ou do tempo lineares; só se pode usar o momento presente, mais especificamente o *agora* para determinar a localização de um objeto".[21]

Dionne Brand também foi ao castelo Elmina, muitos anos depois de Audre. O que ela encontrou? Uma versão do mesmo cheiro. O que ela fez? Um pequeno ritual. Ela e seu grupo derramaram rum em reconhecimento àqueles que atravessaram para aquela colisão transatlântica, a porta do não retorno. Em *The Blue Clerk*, ela relata o discurso de várias gerações: "Disseram com espanto e admiração, você ainda está viva, como o hidrogênio, como o oxigênio. Nós todos ficamos lá por um tempo infinito".[22] Ela descreve isso como uma forma de desafio, um retorno impossível de parte do material genético que se dispersou a partir desse lugar durante um experimento que não terminou.

Em suas falas públicas e em pelo menos uma conversa em particular, Dionne Brand deixa claro: ela é uma materialista. Não acredita que havia algo mágico ou espiritual acontecendo quando foi a Elmina.

"Apenas o fato", diz, "de que eles estiveram lá e nós estamos aqui." E então ela faz uma pausa por um nanossegundo eterno. "Mas esse é um fato bastante assombroso."[23]

Audre não escreveu sobre fazer um tour em um grande acelerador de partículas. Ela lidou sim com a dispersão mais íntima dos pequenos aceleradores de partículas que os hospitais usam para tratar o câncer com radiação. Audre evitou esses métodos de tratamento até bem o fim de sua jornada, a mesma época em que estaria viajando com os poemas de Dionne Brand e de outros dentro dela. Talvez ela imaginasse sua poesia e a poesia deles se encontrando em seu peito, seu fígado, seus ossos, por toda parte a que os feixes de prótons iam. Se, como disse, ela pudesse ver suas células do fígado saudáveis atacando o câncer como combatentes pela liberdade repelindo os agentes do apartheid, talvez pudesse ver palavras se movendo à medida que o pequeno acelerador de partículas redistribuía suas moléculas em todas as direções. Talvez pudesse senti-los, os poemas que ela escreveu e aqueles que ela ajudou a tornar possíveis. Chocando-se uns contra os outros na velocidade da luz.[24]

56.
chamado

Mais de 4 mil pessoas sob os arcos da Cathedral Church of St. John the Divine de Manhattan, no Harlem, em uma segunda-feira fria e ventosa para honrar a vida da falecida poeta laureada do estado de Nova York. Audre Lorde foi a primeira mulher de cor cujo velório foi realizado na St. John nos cem anos de história da icônica catedral, que continua em construção até hoje. Em 18 de janeiro de 1993, as paredes de pedra ecoaram com os sons agudos de tambores africanos e uma banda de tambores de aço caribenhos por sobre os sons mais brandos dos fiéis reunidos, dando as mãos, se abraçando.

Mesmo antes de a multidão chegar, a energia era palpável. M. Jacqui Alexander, a principal organizadora da cerimônia fúnebre pública oficial de Lorde, caminhou pelo piso de pedra vestida de branco. Ela havia aquecido o espaço com horas de fôlego, construindo um altar expansivo com milhares de conchas, corais e outros tesouros do fundo do oceano. Jacqui, uma praticante da religião afro-caribenha lucumí, derivada do iorubá, se preparava para comemorar o legado espiritual complexo de Audre com poesia, pontos de orixás e a liturgia episcopal tradicional, tudo na mesma cerimônia. Jacqui pediu à comunidade dela de professores para ajudar a criar o espaço energético. Iya Lola, a *madrina*, ou madrinha, de Jacqui, arranjou o "Poets Corner" do santuário como um altar de companhia. Iya Lola colocou uma grande fotografia de Audre em um aparador e a rodeou com uma guirlanda vodum de reverência que ela havia feito com as próprias mãos. Jacqui aspergiu água de flórida ao longo dos corredores para preparar o espaço para os convidados, seus sapatos salgados das calçadas, seu rosto com rastros de lágrimas.

O reverendo Canon Joel A. Gibson também usou vestes brancas, destacadas com dourado e vermelho. Ele seguiu para a frente da igreja que havia percorrido mil vezes, mas hoje tropeçou e quase caiu. Não conseguia tirar os olhos do rosto de Audre, emoldurado por flores entre os nomes cinzelados dos grandes poetas cujos versos haviam sido entalhados nas paredes e no piso da igreja.[1] Melinda Goodman, aluna de Audre que assumiu as aulas de poesia dela depois que ela deixou o Hunter, também estava fascinada. Apertou o olhar para os olhos penetrantes de sua professora. Bem nesse momento uma forte rajada de vento soprou pelas portas e tanto a fotografia quanto o tripé que a segurava se estatelaram no chão. Vinte e nove anos depois, nesse exato local, um pedreiro cinzelou o nome de Audre Lorde e um excerto de seu poema "Uma litania pela sobrevivência" no chão.[2]

Entre 17 de novembro de 1992 e 18 de janeiro de 1993, o dia em que milhares se reuniram na St. John the Divine, muitas pessoas já tinham criado suas próprias cerimônias memoriais. Uma organização de Boston que se reunira para se aprofundar nos insights da cele-conferência de 1990 Sou Sua Irmã se juntou para criar uma declaração pública. As alunas de poesia de Audre chamaram Imani Rashid e lhe pediram para organizar uma pequena cerimônia iorubá para os filhos, as alunas e algumas amigas próximas no Hunter College, que aconteceu na última semana de novembro. Um grupo de mulheres na Inglaterra que tinham conhecido Lorde na Feira do Livro Feminista Internacional em 1984 fez um jantar memorial em Londres.[3]

Em 29 de novembro, no mesmo dia do memorial em Londres, a *Aché* organizou uma cerimônia memorial na Modern Times Bookstore em San Francisco. O cantor Blackberri, que ficara ao lado de Audre no palco da Marcha Nacional em Washington pelos Direitos de Lésbicas e Gays cantando "Eat the Rich", usou sua camiseta "Sou Sua Irmã". Depois de cantar uma canção de amor comovente que escrevera para Pat Parker, amiga comum dele e de Audre, disse aos companheiros de luto: "Audre era minha irmã, e eu era sua irmã". Cherrie Moraga emocionou-se ao falar sobre como a morte de Audre havia tornado a unir alianças rompidas entre mulheres de cor que não se falavam havia anos. As escritoras asiático-americanas Merle Woo e Nellie Wong falaram da inspiração de Audre como socialista feminista e também como uma mentora sobrevivente do câncer de mama para Woo. "Nós concordamos que era um ato revolucionário permanecermos vivas", ela leu de uma carta que havia escrito para Lorde no último mês de abril, expressando sua gratidão por toda semana Audre reservar um tempo de sua própria luta contra o câncer para ver como Merle estava. Três mulheres afro-alemãs leram uma declaração que listava os muitos nomes de mulheres afro-alemãs cuja vida Audre mudara, e lhe agradeceram por sua mentoria, que as inspirara a criar as primeiras organizações e publicações do movimento de mulheres afro-alemãs. Gwen Avery, que abriu e fechou a cerimônia, contou que um ano antes se espalhara um boato de que Audre tinha morrido. Audre lhe telefonou da Alemanha para dizer: "Não os deixe mentir sobre mim, e não os deixe me enterrar antes de eu morrer". Avery admitiu que não estava nem um pouco preparada para enterrar Audre. Fotografias que Jean Weisinger, uma coorganizadora desse memorial, tirara de Audre na cele-conferência emolduravam o microfone e formavam o pano de fundo da celebração. Do microfone, Merle Woo anunciou outro evento de tributo, planejado para duas semanas depois na mesma cidade, e entregou panfletos na porta.[4] Logo no dia seguinte, a Feminist Action Network apresentou uma "celebração da vida" com música, leituras e compartilhamento para Audre Lorde no Apostolado Católico Negro em Albany. Barbara Smith organizou a celebração e também enviou cópias do panfleto para feministas negras dos Estados Unidos que talvez não pudessem comparecer.[5]

Em 13 de dezembro, um grupo de lésbicas negras em Washington organizou sua própria cerimônia memorial na Howard Divinity School Chapel.[6] Diana Onley-Campbell, uma das organizadoras, disse que a cerimônia, que não contou com a presença da família próxima, surgiu "organicamente" como um espaço para que aquelas mulheres que haviam sido impactadas pela vida de Audre Lorde testemunhassem sobre seu impacto transformador. Onley-Campbell lembra que Faye Williams se levantou e anunciou sua intenção de criar a Sisterspace and Books, uma livraria feminista negra que se tornou uma importante instituição para a comunidade literária e ativista de lésbicas negras de Washington. Campbell sentiu o que chama de "uma feliz obrigação" de trazer as palavras de Audre Lorde para o seu trabalho e acabar com a violência contra mulheres. E essas são apenas *algumas* das cerimônias que mulheres impactadas por Audre Lorde se encarregaram de fazer no mundo todo antes e depois do funeral da St. John the Divine. Os planos já estavam em andamento para outra grande celebração da vida de Audre Lorde em Berlim, que aconteceu pouco mais de uma semana depois.

Em uma cerimônia organizada pelo Centro Teológico de Mulheres em Jamaica Plain, Massachusetts, a mentoreada de Audre Kate compartilhou o que ela lhe dissera da última vez que conversaram. "Semana passada eu estava morrendo", Audre havia dito, dando de ombros. "Mas agora não estou."[7]

Naquela manhã de segunda-feira em Manhattan, enlutados se espremeram na catedral com seus casacos e cachecóis. A futura poeta laureada Joy Harjo chegou cedo, pronta para falar bem no fim da cerimônia sobre o "Ano internacional dos povos indígenas do mundo" da ONU, irradiando o amor da multidão por Audre Lorde em direção a uma ação coletiva.[8] Harjo conheceu a obra de Lorde em um dia com sensação térmica de sessenta graus abaixo de zero na livraria de sua universidade no Meio-Oeste. Ela segurou *Coal* e de alguma forma o livro a aqueceu. Então fez sentido quando mais tarde Audre disse a Joy que quando ela escrevia poesia "imaginava uma roda de mulheres em torno de uma fogueira".[9]

Estranhos e conhecidos sentaram lado a lado em cada fileira e se sentiram próximos, ligados por sua experiência em comum do calor de Audre. Joy Harjo abraçou a arquivista lésbica negra Paula Grant antes de se acomodar em seu banco. Grant conhecera Harjo em 1986, quando ela assistia a uma das aulas de Audre em que Harjo foi uma palestrante convidada. Será que Harjo mencionou a ocasião em que ouviu Audre ler o erótico "Love Poem" e gritou da plateia "Leia de novo"?[10] Lembrando-se do dia da cerimônia, Grant diz que sentiu como se "Audre Lorde estivesse lá e sorrisse".[11]

Então os percussionistas bateram o seu chamado. A procissão entrou. Pontos de louvor para o panteão de orixás abriram um espaço mais amplo do que o telhado inacabado poderia aguentar. Pontos para Exu, o mensageiro que viaja entre o material e o infinito; para Ogum, o guerreiro que abre os caminhos; para Iemanjá, a mãe que embala gerações no mar; para Obá, a esposa que se oferece inteira por amor; para Oyá, o turbilhão que tudo muda. A poeta Kate Rushin declarou a celebração aberta, incentivando as pessoas reunidas a "se consolar ao saber que ela se juntou à linha ancestral" e a "se tranquilizar com as palavras de Audre e ficar mais confiantes de que o espírito da vida e do amor basta à medida que seguimos adiante a cada dia".

Elizabeth Lorde-Rollins se levantou e se dirigiu diretamente à sua mãe. "Eu realmente sinto sua falta, mãe", disse assim que chegou ao microfone. Ela pranteou as conversas, as viagens de carro, as noites dançando e as caminhadas na praia de que sentiria falta, as mangas que dividiam, a doçura sonolenta de um cumprimento matinal. Compartilhou a profunda admiração que sentia pela determinação de viver de sua mãe. Falou da ferocidade brilhante da mãe, junto de seu amor de adulta por brinquedos para banheira, especialmente o golfinho e a mergulhadora. Então Elizabeth disse aos milhares reunidos que conseguia ver a mãe onde ela estava agora, em um campo florido, livre da dor, usando cores chamativas, balançando seu cabelo com *dreadlocks*.

Jonathan Lorde-Rollins, ainda em meio a seu treinamento militar, ficou de pé e saudou a mãe como uma guerreira. Ele lhe agradeceu por "tudo que sou, a minha própria vida". Jonathan, que às vezes ficava de pé e lia sobre o ombro de sua mãe enquanto ela escrevia e revisava sua obra,[12] usou a linguagem dos ensaios e poemas dela para lembrar à comunidade as batalhas adiante e do fato de que, com a visão de sua mãe sobre o poder criativo da diferença, todos tinham o que precisavam para seguir adiante. Ele repetiu o mantra que ela entoara em incontáveis discursos: "Minha mãe era uma mulher guerreira poeta feminista lésbica negra fazendo seu trabalho". No mesmo fôlego acrescentou: "Agora é a hora de fazermos o nosso".

Cada amigo e familiar que se levantou e discursou transitou com fluidez entre o impacto íntimo de Audre em sua vida e a importância dela para o mundo como um todo. "A luta por dignidade e mudança era sua pista de dança", disse Blanche Wiesen Cook. "Ela brincava e dançava com propósito." A poeta Mitsuye Yamada contou como Audre lançara sua carreira ao escrever "Essa é boa, gostei", em resposta a um poema que ela havia mandado para a *Amazon Quarterly* quando Yamada pensava em si mesma como "apenas uma dona de casa". Barbara Smith invocou suas próprias raízes na Igreja batista negra e pregou um sermão de perguntas e respostas sobre as políticas pessoais de Audre e sua decisão de se assumir como lésbica negra como uma escolha ética e um legado político. A ativista Angela Davis insistiu na relevância da coragem de Audre em relação a todas as lutas por liberdade no mundo.

"Eu conheci uma mulher que era um movimento", gritou a poeta lésbica negra de dezessete anos Malkia Devich-Cyril. A multidão aplaudiu. Quem quer que estivesse sentado mais perto do gravador soltou aquele grunhido de "umph" que se faz quando algo acerta no lugar anterior à linguagem.

Malkia nunca apresentara sua poesia para um grupo tão grande. Apesar dos tambores e das canções no programa que chamava a reunião de uma "Celebração da Vida", ela diz que não se sentia comemorativa nesse dia. Sentia-se devastada pela perda de sua mentora Audre, uma das muitas perdas em sua vida e em sua comunidade compartilhada de artistas gays e lésbicas negros fortemente atingida pela aids e pelo câncer ao longo dos anos 1980. "Ela era uma camarada em um sentido mas em um sentido totalmente diferente ela era como uma figura materna para mim", disse Malkia em uma entrevista mais tarde naquele ano. "Ela me dava conselhos com bastante frequência. Estava presente para mim de uma forma que os mais velhos estão presentes para seus filhos e, de certo modo, representava uma profeta para mim."[13] Na noite da véspera da celebração, Malkia descartou o que planejava ler e escreveu algo novo. "Sempre volto ao por quê, à injustiça, à parte penosa da vida…", disse para a multidão.[14] Olhando em retrospecto 28 anos depois, Devich-Cyril explica o pesar que caracterizou aquele dia para ela. "Pra mim ela não era uma ideia. Era de fato uma pessoa. Não acredito naquele clichê de que 'sempre vão continuar vivendo em nossos corações'. A vida dela continua sendo parte da minha, mas sua morte também é real. Uma morte tão grande assim tem um impacto", continua. "Até hoje, a perda de Audre Lorde, nossa experiência compartilhada da morte dela, moldou nossos movimentos."[15]

O programa para a "Celebração da Vida" de Lorde foi inundado de tributos de indivíduos e coletivos pelo mundo todo. Amigos próximos e dignatários políticos, colaboradores e coletivos ofereceram sua gratidão. A espessa brochura é uma antologia de elogios. A presidente do Spelman College Johnnetta Cole escreve sobre a contribuição em andamento de Audre para a vida das filhas de opção de Cole, as alunas do Spelman College, através da doação de seus documentos de arquivo. A organização Radical Women falou com Audre na segunda pessoa e prometeu "seu nome brasonado na bandeira" do trabalho em andamento delas. A cofundadora do Lesbian Herstory Archives, Joan Nestle, disse: "Seu espírito, suas palavras, como um toque, nunca vão nos deixar". A ícone feminista Gloria Steinem escreveu sobre a possibilidade de honrar Audre ao "deixar suas palavras extraírem de nós as qualidades que ela cultivou tão corajosamente em si mesma. Se fizermos isso, ela vai viver para sempre".[16]

A poeta Sonia Sanchez, amiga querida de Audre, ativou um feitiço final do púlpito. Ela repetiu os nomes da deusa dos ventos iorubá Oyá e da deidade não binária submarina Olocum enquanto venerava a ascensão de Audre Lorde entre os ancestrais.

Estas palavras sem olhos, estas palavras sem narinas, estas palavras sem ouvidos. Agora eu as visto como uma musicista com *dreadlocks*, para que elas possam te ver em casa, para que elas possam te acompanhar enquanto você se desloca cercada por vozes de mulheres de vilarejos, enquanto se move pelos rastros de línguas chamando Olocum, Olucum...[17]

E então veio a própria voz de Audre gravada lendo "Chamado", o último poema do último livro de poesia que ela publicou antes de morrer. A gravação era de Audre lendo o poema no Audre Lorde Women's Poetry Center na noite de sua dedicação. "Chamado" oferece nomes para as deusas não nomeadas, a deidade feminina esquecida que vive através de mulheres negras revolucionárias de todos os tempos. Por sua própria prece, Audre se tornou parte dessa divindade e ofereceu sua vida à sua comunidade:

eu sou uma mulher Negra destrinchada
e em oração
toda minha vida tem sido um altar
valoroso seu final[18]

No fim da celebração, os participantes se enfileiraram para levar objetos do altar na frente do santuário, um reconhecimento tangível do papel deles em levar adiante o legado de Audre Lorde. Paula Grant gosta de pensar nas conchas lá reunidas como remanescentes de criaturas que cresceram mais que seus corpos e os deixaram para trás. As conchas que Paula Grant levou do altar continuam em sua sala de estar até hoje. Ao longo dos anos suas sobrinhas e sobrinhos continuaram virando-as em suas mãozinhas que cresciam.[19]

57.
despedida

> *Quando cavo a terra e encontro alguma*
> *pedra preciosa, é como se ela tivesse jazido*
> *lá no fundo todos aqueles milhões de anos e*
> *esperado que eu abrisse a terra e a encontrasse.*
>
> Audre Lorde em "A Radio
> Profile of Audre Lorde"[1]

> *Na máquina de cortar pedra*
> *que cheira a malaquita e jaspe*
> *de coprólitos desgastados e enlouquecidos*
> *na máquina de cortar pedra*
> *o pó verde rodopiante queima meu nariz*
> *como o fogo de Pentecostes.*
>
> Audre Lorde, "Escavando"[2]

A primeira batida ecoa pelas paredes da catedral. O pedreiro usa seus anos de prática, seu peso corporal equilibrado, sua marreta preferida para bater o metal na pedra. Ainda que assistamos pelo Zoom, reclusos em quarentena pela Covid-19, nossos peitos ecoam com o impacto preciso de cada golpe.

Audre Lorde, santa padroeira de múltiplas identidades, cujos oito pacotes de cinzas desafiaram a ideia de um local único de repouso, é agora parte do piso de granito do Poets Corner na catedral de St. John, a Inacabada. Parte de suas cinzas foram para a cratera vulcânica de Pele, e agora suas palavras gravam rochas ígneas.

Seu nome, seu poema, escrito em pedra em uma montanha criada pelo homem no ponto mais alto do bairro onde nasceu. Suas quebras de versos foram suturadas em sentenças de vida:

Quando falamos temos medo de nossas palavras não serem ouvidas nem bem-vindas. Mas quando estamos em silêncio, ainda estamos com medo.

Então é melhor falar.[3]

A poeta laureada Joy Harjo lê o poema cinzelado em voz alta. Depois diz: "Esse poema foi a terra de partida para tantos dos meus poemas, me manteve viva e me manteve escrevendo por tantos momentos".[4]

A rocha que você usa para construir uma catedral se ergue saindo de vulcões, ígnea. Ao contrário da frágil e reflexiva obsidiana, o granito, outra forma de pedra ígnea, é opaco. O granito tem altos níveis de sílica e metal e a chance de se resfriar debaixo da superfície da Terra, o que resulta em uma rocha enorme, estável e sólida o bastante para construir um santuário para qualquer deus.

Para Audre, respirar a poeira da máquina de polir pedras que ela mantinha em sua cozinha era uma forma de transubstanciação. Era algo como o Whitsuntide, a celebração católica e anglicana do Pentecostes, o momento em que o espírito santo desceu na terra sete semanas depois da ressurreição de Jesus e ofereceu sabedoria impossível para meros mortais. O nascimento da Igreja cristã. Na história de Jesus, a pedra rola para longe do túmulo. Na cosmologia de Audre criada pela Terra, a terra se torna sopro se torna espírito se torna fogo.

Rochas sedimentares se recusam a ser uma coisa só. Não vulcânicas, elas são arquivos do que acontece na superfície da Terra quando a poeira fica pesada o suficiente para encontrar suas camadas. Areia, lodo, esqueletos de animais, matéria vegetal petrificada. Uma rocha sedimentar é um pedaço de tempo duro o bastante para permanecer.

E então existem as rochas metamórficas. Arquivos da mudança. Prova do que acontece quando uma rocha se torna algo novo sob pressão e calor, quando a transformação é espessa o bastante para deixar prova.

Muitas vezes Audre desejou poder se recristalizar, se tornar dura o bastante para não sentir tudo que acontecia em torno dela, dentro dela, com ela. Ela se valia do provérbio do Oeste da África: "Uma pedra atirada dentro da água não tem medo do frio".[5] Se apenas pudesse renascer como uma pedra. Ou pelo menos ter uma carapaça mais grossa. Em seu poema "Louvor", descreve o destino de uma garota que tem pesadelos "na casa da minha irmã".

> a noite não pode quebrá-la agora
> nem o sol curá-la
> e em breve seu calor branco implacável

> irá fundir
> seus olhos de pesadelo
> em ágata
> sua língua sombria
> em obsidiana.
>
> Então ela vai dar o bote
> Mas não vai sangrar outra vez.[6]

Só que a própria Audre nunca se tornou impenetrável à dor. Ela sentia tudo. As pequenas ofensas e as grandes. A violência acontecendo em sua comunidade e a violência acontecendo do outro lado do mundo. Ela nunca parou de usar seus órgãos mais vulneráveis, sua língua, seus olhos. Absorveu, sim, tudo. Talvez fosse assim que entendesse seus tumores. As pedras no interior eram mudanças que ela simplesmente não podia processar em um tempo de vida. Uma raiva tão profunda que se tornou geológica. Ou, como escreveu em "Cicatriz":

> Aquelas pedras no meu coração são vocês
> da minha própria carne
> entalhando-me com seus afiados olhos falsos
> procurando prismas[7]
>
> Eu falo com pedras
> às vezes elas respondem
> divididas
> como uma mulher apaixonada[8]

A cantaria de Audre precisava de todas as três qualidades das rochas terrestres. A memória ígnea do calor, a persistência de arquivos sedimentares e a prova metamórfica da mudança. Suas joias assimétricas acentuavam sua mastectomia e celebravam o que ela enxergava como sua linhagem guerreira amazona. Eventualmente, à medida que seu câncer avançava, ela começou a criar colares que combinavam diferentes pedras e conchas do planeta todo, mas em especial aquelas que encontrava em suas caminhadas na praia em St. Croix. Ela apanhava quítons por seu azul vistoso ou o coração de uma concha com corais fossilizados no interior. Um dia, caminhando com Elizabeth, ela encontrou uma concha com um molusco ainda vivo no interior. "Eles chamam este de coração sangrando", explicou ela para sua filha, e o lançou de volta na água. Gritando por sobre as ondas, ela disse: "Pronto, volte pra casa".[9]

Audre está fazendo um colar. Ela ri durante a gravação com Dagmar Schultz em St. Croix em meio a uma entrevista que não foi parar em nenhum filme biográfico. Audre está com uma linha amarrada no dedão do pé e estica a perna, trançando e fazendo macramê de pedra com concha com contas. "Você pode focar nisso?", diz ela.[10]

Alinhavar pedra a pedra se tornou medicinal nos estágios finais da jornada de Audre contra o câncer. Paliativo, meditativo, uma forma de transferir energia. "Tirava a mente dela do corpo", explicou Gloria Joseph.[11] Ela fazia cada colar com uma pessoa amada em mente, se concentrando nas pedras, conchas e mosaicos artesanais que criava a partir de contas que poderiam trazer cura, alegria ou memórias caras para a pessoa.

"Não sei se você consegue ver os pontos de macramê que unem as pedras e as conchas, mas eles são muito, muito refinados", explicou Audre. "Eu adoro esse tipo de trabalho."[12]

Fragmentos de asteroides são meteoros enquanto se movem pela atmosfera do nosso planeta. Por alguns momentos, eles se tornam meteorológicos. Clima distante. Eles queimam com tanto brilho que os chamamos de estrelas cadentes. Eles se movem com tanta rapidez que chamamos isso de uma chuva, mas não são estrelas e não são chuva. São rochas. Passadas pela órbita, como contas cósmicas.

> Sonho que sou uma pedra preciosa
> tocando a borda de você
> que precisa
> do amor da lua.[13]

Em novembro de 1992, a chuva de meteoros Leônidas voltou a aparecer. Audre fez seu último colar. As pessoas que ela amava montaram uma cama no escritório onde ela escrevia em St. Croix, e ela escreveu suas últimas palavras. Um bilhete de amor, é claro.[14] Em 17 de novembro, rochas em órbita chegaram o mais próximo que podiam da Terra. Elas brasearam para além da diferença entre rocha e estrela, rastros ardentes de poeira no alto da atmosfera. Audre Lorde soltou um último suspiro.

58.
uma questão de clima

Do chão não há imagem do furacão, nenhuma forma, exceto a forma do impacto dela.[1] E assim será com você. E assim será comigo.

Mas e se eu pudesse lhe mostrar quem ela era em movimento? Quando ninguém conseguia ver nada, mas conseguia ouvir a pressão por trás das barreiras insuficientes da segurança e do lar. E se eu pudesse lhe mostrar como ela ergueu o mar e os sedimentos? Arrancou casas de sua fundação. Não havia evidência de que a tempestade acontecera. A não ser o colapso de cada estrutura preexistente. Quando você por fim se sentiu seguro o bastante para sair pela porta, nada no mundo era igual.

Audre Lorde viveu por pouco tempo em St. Croix. Mas você ainda pode ver seu impacto. Em 2024, a Coalizão de Mulheres de St. Croix que ela ajudou a fundar continua a trabalhar para acabar com a violência de gênero em sua comunidade. Os alunos que ela conheceu através de sua colaboração com dra. Chenzira Davis Kahina na St. Croix Central High School são hoje líderes comunitários em todos os setores da vida de St. Croix.[2] Audre Lorde viveu no planeta apenas 58 anos. Mas nós não sentimos seu impacto por toda parte?

Nas fotografias que Audre tirou das árvores, dos prédios, das cicatrizes deixadas em St. Croix pelos ventos de quatrocentos quilômetros por hora do furacão Hugo vemos autorretratos de uma mulher moldando seu próprio impacto. Como podemos honrar a enxurrada de pesar, os destroços de sobrevivência que moldaram a forma como enxergamos e registramos o desastre natural do Hugo e o desastre social do colonialismo americano em St. Croix?

Fotografia: "Três meses depois, galvanizados ainda pendem de uma árvore danificada pelo Hugo, mas contra uma nuvem com um revestimento prateado".[3]

Todos os fios elétricos e postes telefônicos caíram. A árvore, esfarrapada e tombada com sua própria perda, guarda o que não lhe pertencia antes. O céu e as nuvens poderiam guardar mais de onde isso veio, mas não guardam. O sol? Ela os ilumina por trás.

Será que isso é um autorretrato? O que você está guardando que ainda precisa liberar? E a condensação das nuvens? Lágrimas acumuladas ainda não derramadas? Como você é o pedaço de telhado mutilado e suspenso, aguentando firme? Como você está deixando o sol te alcançar? Como você também é o próprio sol, iluminando tudo isso?

Em *Hell Under God's Orders*, Gloria Joseph e Hortense Rowe incluem fotografias de St. Croix que condizem com o projeto do livro de mostrar o impacto do furacão Hugo e a perspectiva local de sobrevivência que ele gerou. Algumas dessas fotografias são atribuídas a A. Lorde. Chamo essas fotografias de autorretratos porque, como diz Lorde, observar o estrago era como "olhar num espelho".[4] E a refração do autorretrato resvala em mim, respinga em nós, porque a artista, o eu que o retrato invoca, já se considera intersubjetiva. Nas palavras de Audre:

"Eu sou quem sou, fazendo o que vim fazer, agindo sobre vocês como uma droga ou um cinzel para que se lembrem do que há de mim em vocês, enquanto descubro vocês em mim."[5]

Fotografia: "O lento processo de refazer o cabeamento da ilha".[6]

O sol, o calor, os capacetes rígidos, o guindaste, tudo branco. Fio. Eletricidade. Faísca. Possibilidade. No primeiro plano, grama cortada. No plano de fundo, a montanha dá suas costas.

E você? Será que você é o risco, a traição geológica? Será que você está tremulando, latente e enterrada sem a centelha da vida? Será que você é o sol, o calor e também o reflexo? Será que você é a versão industrial de um pássaro? Será que é você que elevamos para reconectar o que foi derrubado? Será que é você que fica no chão e assiste à nossa elevação? Será que você é o capacete rígido encouraçado em nosso crânio, a maciez vulnerável sob ele? Será que você é o terreno podado? A elevação? A árvore recém-plantada. O lento retorno. A velocidade inimaginável de luz para luz e além disso para a vida para sempre.

Por anos, o governo deles negligenciara a infraestrutura local e desviara fundos para financiamento corporativo. Então eles nunca poderiam estar preparados. E quando a tempestade irrompeu, o país deles os abandonaria, os sobreviventes negros do furacão. O dito líder estaria indisponível para comentários ou responsabilização.[7] A mídia apresentaria o povo como seu próprio desastre, como criminosos, saqueadores, perigo.[8] Eles enviariam tropas para proteger propriedades, e reiteradamente atrasariam o envio de suprimentos para alimentar e abrigar famílias. Empreiteiros esperariam que a maioria das pessoas negras que perderam suas casas fosse embora para sempre e nunca conseguisse reconstruí-las porque seria melhor para o turismo. Essas declarações, cumulativa ou individualmente, poderiam todas ser tomadas como descrições do inesquecível desastre social do furacão Katrina, que atingiu a Costa do Golfo dos Estados Unidos em 2005. Mas elas também descrevem o desastre social do efeito do impacto do furacão Hugo em St. Croix que ocorreu dezessete anos antes do Katrina e foi amplamente esquecido nos Estados Unidos continental. Desde 1917, quando o país comprou as quatro grandes ilhas conhecidas como as Ilhas Virgens da Dinamarca, St. Croix é parte dos Estados Unidos. Como acontece com muitos outros de seus territórios, os Estados Unidos exploram os recursos naturais e humanos da ilha. St. Croix funciona como um destino turístico e como um local lucrativo para a perfuração offshore de petróleo, sem o poder político para impedir as corporações de colocar o meio ambiente e a vida dos moradores em perigo.[9]

Fotografia: "Oficiais dos Estados Unidos em patrulha — protegendo os americanos".[10]

A rua, a arcada, e em algum lugar não exatamente visível, a entrada do prédio. A presunção injustificada. Homens brancos com armas vestidos todos de preto. Usando bonés que retêm o calor, cabeças-quentes fazem a situação escalar. Brancos e negros desarmados, homens de camiseta branca de cara feia e de conversa. Repetição, porque uma tropa é uma tropa é uma tropa indo e vindo pela rua. Como as arcadas brancas repetidas, embutidas na estrutura. Nas sombras, alguém quase vestido para jogar tênis dá as costas para aqueles homens brancos com armas porque eles também são brancos e por isso podem. Na rua um carro adiante. Do ângulo da câmera pelo espelho retrovisor lateral no enquadramento parece que você está enquadrada pela janela do seu próprio carro também.

Como você está dentro e fora? Como você é privilegiada e refugo? Como você é o fim e o começo da conversa? Que balas você guarda em torno da cintura? Qual é a curva do que você vai suportar testemunhar? Qual é o conflito esperando em suas veias? Quais são os horrores para que você pode dar as costas? Que versões de você se repetem relativamente inalteradas? O que dentro de você absorve e o que reflete? Que parte de você está entediada com sua tarefa? Que cara você faz quando sabe que está sendo vigiada?

Audre escreveu sobre o furacão Hugo em detalhes e com uma análise sistêmica porque, como alertou na primeira frase do ensaio "Of Generators and Survival": "Aqueles que não aprendem com a história estão condenados a repetir seus erros".[11] Você poderia dizer que o resultado do Katrina foi uma dessas repetições. E à medida que a crise climática se intensifica e os furacões ficam mais fortes, as ilhas do Caribe têm enfrentado estragos recordes. No fim da vida, Audre Lorde se manifestou constantemente sobre a relação colonial entre St. Croix e o governo dos Estados Unidos continental.[12]

Audre era crítica a como os americanos negros do continente não pensavam nem reconheciam a população de maioria negra das Ilhas Virgens Americanas como parte da América negra. Ela sonhava com solidariedade entre os americanos negros colonizados no continente e os colonizados longe da costa.[13] E se a relação colonial com os Estados Unidos que permitiu que os Estados Unidos abandonassem St. Croix diante de um desastre natural imenso e previsto era similar na forma à falta de responsabilização que fez com que residentes da Costa do Golfo dos Estados Unidos, e em especial New Orleans, fossem chamados de "refugiados" naquele que consideravam ser seu próprio país,[14] então talvez a recorrência não diga respeito a vento e destruição, ou ao que o mar traz da costa da África durante o fim do verão e o início dos meses de outono. Talvez a repetição diga mais respeito à narrativa patologizadora que diz que aquelas pessoas são responsáveis por seus próprios desastres, são responsáveis por tudo que sofrem.

Mesmo que seja um "ato de Deus", mesmo que ele venha do mar ou do céu. Não dá para ajudar algumas pessoas. Ou assim conta a história.

> Fotografia: "O teto caído no Hendrick's Market, Market Square, Christiansted, St. Croix".[15]

A dianteira da caminhonete se mete na fotografia. Galhos, galvanização, árvores despidas no primeiro plano. E de fato, o teto está no chão, parecendo ter esmagado toda a construção sob ele. Tábuas e tijolos, quebrados. Pedaços de madeira lembrando árvore. As próprias árvores lembrando quando tinham folhas. Todos tentando lembrar estarem secos antes. A montanha respira calma exatamente onde está.

Como você é sempre a galvanizada? A corrugada, a prateada, a percussiva. Fazendo um refrão com o barulho da chuva enquanto nos protege do céu. E você nos protege do céu até que não protege. E se você se recusasse? Entrasse em greve? Açoitasse por toda parte, acertando tudo em seu caminho? O que aprenderíamos com isso? Como você é a caminhonete enxerida que poderia facilmente sair daqui, que poderia se quisesse rebocar os pedaços do que quebrou? Como você é um meio de transporte? Como você é o teto que aguentou e aquele que despencou? Nos dias em que você não despenca, o que faz a diferença? O que é consistente ao longo das vezes que você se mantém inteira? Será que você é o parentesco entre o galho e a tábua, unidos na possibilidade da farpa? Será que você é o ar que tomou tudo e o mudou? Reestruturação veloz do mercado. Feita por você, nossa Lorde? Até agora irritada com os cambistas. Diga-me, é você o que deita abaixo os poderosos? Memória da montanha, diga-nos o que você viu.

Audre Lorde insiste em uma narrativa mais compreensível do desastre em seu ensaio "Of Generators and Survival: A Hugo Letter", publicado em *Hell Under God's Orders*, a antologia documental que levou Lorde e Gloria Joseph a criar a Winds of Change Press para publicá-la. Sua carta aberta contesta a narrativa racista que a mídia dos Estados Unidos impôs aos sobreviventes, ela inclusa, ao caracterizar civis como saqueadores ou saqueadores em potencial e se mobilizar para proteger propriedades em vez de pessoas. Lorde escreveu essa carta sobre o Hugo para contrapor a patologização da vida negra em modo de sobrevivência. Mas ela também precisou de patologia para contar sua história. Usou a narrativa de doença, especificamente a metáfora de tumores cancerígenos, para descrever o modo como construções insustentáveis, extração de petróleo e outras práticas coloniais impactam o meio ambiente, e como essas práticas extrativas capitalistas ameaçam a vida humana mais do que os desastres naturais. "Dirigir para a cidade é como olhar no espelho depois de se recuperar de uma doença quase fatal", escreve, falando também de sua própria experiência com o câncer. Essa frase se tornou parte da epígrafe de toda uma seção do livro chamada "Coping", no qual a carta sobre o Hugo aparece.

Fotografia: "A famosa velha figueira-de-bengala em Frederiksted, derrubada pelo Hugo".[16]

Os prédios são pequenos mas a árvore é enorme. E se ela tivesse caído em cima de qualquer um dos prédios, ele estaria chapado. A placa do hospital pende, desamparada. O hospital em si está fora do enquadramento, mas ele fracassou e os idosos doentes tiveram de ser transportados pelo ar sem dignidade ou escolha ou comunicação com a família ou cuidadores. E as raízes da árvore, ainda que antigas e profundas, não eram grossas o bastante para impedir que a mudança tombasse a árvore de lado. Desse ângulo, os galhos e as raízes da árvore tocam o céu em um amplo semicírculo. Uma coroa alcançando algo além do ar. Um espreguiçar. Um alcance. Uma circunferência aberta.

Como você é as casas de tábuas no plano de fundo, antes sombreadas e agora tendo de se haver com a luz? Como você é a placa pendente de que a cura não está contida em uma construção mas compreendida no seu corpo? Como você é a árvore icônica agora encontrando a terra de modo diferente? Será que você é a coroa, a coroada, a cingida, a alcançada? Será que você é a gigante tombada mostrando a todos nossos limites? Será que você é a força das raízes que não cedem?

O câncer não é uma metáfora fácil, não uma que Audre Lorde pudesse escolher com leveza. Ela sobreviveu ao furacão Hugo também sabendo que dois tumores em seu fígado haviam voltado recentemente, apesar do fato de ela ter dissolvido dois tumores por meio de métodos naturopáticos nos anos anteriores.

Para Lorde, o câncer não é apenas uma metáfora patologizante da malignidade do capitalismo em nossas vidas e na Terra. É também um alerta sobre a coragem necessária para olhar para nós mesmos e para ao que sobrevivemos. Para ao que estamos sobrevivendo. A metáfora da doença é a melhor forma como consegue descrever o pesar da sobrevivência. Para Lorde, sobreviver ao furacão e viver com câncer não são coisas separadas. Ela se recusa a se separar de sua comunidade afro-caribenha patologizada. Também se recusa a deixar os leitores e as testemunhas se enganarem pensando que o desastre do capitalismo só vive fora de nós.

Fotografia: "Uma semana depois uma cena da Gallows Bay Street".[17]

Postes altos se inclinam para longe uns dos outros. Um deles é um poste de energia? Um deles é o mastro de um navio? Duas pessoas guiam dois cavalos adiante. Para onde? Poças refletem a luz que há ali agora. Carros parados ao longo das laterais da rua estão voltados para longe da câmera. Os cavalos tomam o meio da estrada. De um lado de um prédio de dois andares, árvores de pé, galhos tortos. Há algo grande e quebrado à distância adiante.

Como você é o cavalo, superando o carro? Como você é a sede por mais movimento sem gasolina? Como você é o oposto polar de si, se inclinando para longe de seu próprio poder, se inclinando para longe de sua própria jornada? Como você é a poça? Prova de que esse asfalto tem alguma depressão tangível que pode amparar o que caiu. Será que você é a revelação invisível de falhas preexistentes? Será que você é o futuro quebrado em direção ao qual todos caminham? Ou será que isto é você? O ar espesso nos embebedando de memória e apodrecimento? Transformando-nos em nossos eus mais suaves.

Eu não tenho sido capaz de tocar a destruição dentro de mim
Mas a menos que eu aprenda a usar...[18]

Escrevo isto no tempo da repetição. Não aprendemos o suficiente com a história. Escrevi essas palavras pela primeira vez no fim da temporada de furacões, 32 anos depois do Hugo. Escrevi isso *como* um furacão. Graças ao que Ruth Wilson Gilmore chama de "abandono organizado", a recusa do meu governo de responder ao desastre natural e criado pelo homem da Covid-19, agora posso ser uma força letal apenas ao respirar.[19] E alguns diriam que como mulher negra queer, sempre fui uma força letal. Ou, nas palavras de June Jordan, há muitos que já tinham medo "desse terror impressionante que devo ser".[20] Escrevo isto agora como um furacão em uma temporada de incalculável destruição, o estrago de uma doença fatal que muitos de nós podem estar carregando sem saber. Um desastre invisível exceto por seu impacto: os milhões de mortos e doentes, o número indeterminável de mortos indiretamente, como minha prima cujo câncer estava sob controle até que seu protocolo de tratamento foi interrompido por protocolos muito escassos e tardios para Covid-19. O desastre é invisível, exceto em seu impacto. Como tempestades provocadas por mudanças climáticas, a Covid-19 e sua destruição impactaram desproporcionalmente comunidades negras, indígenas e de pessoas de cor.

Fotografia: "Residentes buscando sua água potável da unidade de dessalinização militar no cais de Christiansted".[21]

Uma mulher branca se debruça, olhando para galões de água no chão. Suas mãos estão nas costas. Será que ela consegue mover a água com a fronte? A unidade de dessalinização parece um tanque. Não um tanque de água, um tanque de guerra. Os prédios ao longe parecem pequenos em comparação. E as nuvens no céu não oferecem o que você precisa. Que é água. Ainda que não muito tempo atrás, os céus tenham se aberto e penetrado 90% dos tetos da ilha. As nuvens no céu riem sem graça e não oferecem o que você precisa. Que é água. Então as pessoas têm de beber do mar.

Como você é o mecanismo para extrair o sal? Como você ainda está nos fazendo abrir mão de quaisquer componentes de nosso complexo superficial que nos impedem de hidratar o futuro? Purificando o coletivo. Como você é as casas no plano de fundo, a casa em si que ficou pequena pela necessidade, a casa ainda inimaginável até que superemos nossa boca seca e falemos? Como você é a mulher branca com as mãos nas costas? Será que a brancura é o problema de não saber o que fazer com suas mãos? Não saber levantar o que está bem na sua frente? Ou será que a água sempre foi pesada demais para mover sozinha? Que parte sua está esperando outra pessoa fazer o que é necessário para sua vida? Que parte sua está me esperando?

Se você estivesse aqui, não poderia ver meu rosto. Eu usaria uma máscara para respeitar sua vida agora que é tarde demais. Mas você veria quem eu sou, veria quem você é. Esses minúsculos furacões suspensos no ar insistem no que eu nunca quis admitir. A destruição está dentro de mim.

A destruição se move dentro de nós. Através de nós. Nós somos visíveis apenas pelo que construímos, que é destruição. Visíveis apenas pelo que destruímos, que é tudo. A doença fatal é apenas um espelho.

Fotografia: "Em meio à grande devastação, um fogão permanece sozinho. Jean Walcott e sua filha fugiram desses escombros durante a calma da tempestade".[22]

A terra é escura. O fogão é escuro. O fogão parece ter sido apanhado e colocado no quintal e então a pessoa se esqueceu e saiu andando para longe para passar fome em outro lugar.

Você não sabe alguma coisa sobre uma casa de que deve fugir para salvar sua vida? Você, prova de como às vezes o que te prendeu vai te matar se você não for embora a tempo? Será que você é uma fonte de calor fora de contexto? Será que você é um instrumento necessário à vida desconectado das fontes de energia de costume? Será que você é a casa destelhada se tornando céu? Será que você é o contraste pálido com outras escuridões? Como você é a força que move o que você quiser, para onde você quiser, e com a mesma rapidez deixa para lá? Como você é a destruidora dos mundos em que vive? Será que você é os restos arruinados deixados pelo que aconteceu? Como pode ser? Quando o que acontece somos nós? Quando o que aconteceu foi você?

As perguntas que faço enquanto me pergunto como essas fotografias dos estragos do furacão, da ocupação militar e da sobrevivência podem ser retratos de Audre Lorde, feitos por Audre Lorde, são também perguntas para mim mesma: o que posso aprender com a destruição que me visa, o que posso aprender por meio do meu próprio impacto destrutivo, o que posso aprender enquanto o que eu achava que era se torna escombros? Os adivinhos disseram a Audre Lorde que ela era filha de Oyá, os ventos da mudança, rainha do cemitério, alma da tempestade, mãe guerreira, espiralando por gerações. Na vida dos fiéis, aqueles de nós dispostos a oferecer qualquer coisa, Oyá promete destruir o que quer que em nossa vida esteja nos bloqueando de nosso destino mais elevado. Em sua "Hugo Letter", Audre Lorde traz a ira de Oyá para o desenvolvimento capitalista:

O furacão Hugo foi um desastre natural terrível, mas a natureza cura a si mesma. É o que injetamos nela como tumores que infeccionam e crescem repugnantes sem atenção constante, se recusando a destruir a si mesmo, porque com nossa sabedoria distorcida — alguma fantasia de imortalidade sem sangue — nós os criamos como se fossem durar mil anos. Mas o vento é nosso professor.[23]

Fotografia: "Na manhã seguinte ao Hugo, o hidroavião de traslado VI veio jazer no quintal das casas de Watergut".[24]

De cabeça para baixo. O avião está de costas, olhando para o mesmo céu que normalmente estaria cortando. Os galhos tortos que continuam nas palmeiras registram a última e mais destrutiva direção do sopro da tempestade. As extremidades da aeronave, quebradas. O condomínio de apartamentos arrasado e mal parando de pé.

Como você é o avião aterrado, por fim admitindo que não está acima de tudo isso? Golpeado pela realidade de que isso não são férias, isso é um compromisso. Será que você é o quintal recebendo presentes arbitrários e impossíveis? Será que você é as árvores? Prova do que a raiva ou a mudança fez que não pode ser desfeito? Será que você é o próprio vento, exigindo uma reformulação completa? Será que você é a justaposição entre casa e voo? Lealdade e uma ruptura significativa?

Fotografia: "Entrada da UVI. Algumas aulas foram retomadas no campus de Santa Cruz seis semanas depois do Hugo, graças ao esforço de limpeza heroico dos funcionários e estudantes, com ajuda da Hess Oil Corp".[25]

Tronco grosso de coqueiro no plano de fundo. Emaranhado de galhos e árvores menores viradas no fundo. Entre eles, a placa "Universidade das Ilhas Virgens" dá boas-vindas ou protege ou se ergue como um indicador de que o conhecimento persiste. Um pequeno abrigo com apenas uma quina de paredes abriga mesas. Uma poça visível na grama, assim como os destroços cercando as árvores. Ainda nenhum aluno.

Como você é a placa? O resquício, o indicador. Você se mantém convicta sobre como podemos nos unir? Será que você é um estandarte para o que podemos ser? Será que nós somos a qualidade do universo? Universidade ou universalidade?

A prática de ser o universo ainda não terminou. Será que você é a árvore alta que não apresenta nada de folhas ou galhos ou frutas? Será que você é uma fundação estável na terra, não importa o que esteja acontecendo na sua cabeça? Será que você é os pedaços espalhados aqui e ali que devemos agora recolher? Será que você é a poça, a libação excessiva, o legado em que espirraremos? Você. Pequena casa para os arrivants *que buscam abrigo em seu canto. Lugar para nos sentarmos juntos e afirmarmos que embora não haja portão, nós alcançamos. O que você está aprendendo agora?*

Como encontramos lições na história e na presença de um desastre? Abandonada pelo Estado, Audre recebeu e redistribuiu suprimentos enviados por uma rede de amor, organizou doações de sacos para dormir, lonas, geradores e mais, enviados por feministas lésbicas negras de um coletivo da Bay Area e da publicação *Aché*. Que sistemas podemos substituir com nossa vida, nosso questionamento reiterado e nosso cuidado contínuo? Como podemos apoiar uns aos outros para tocar a destruição dentro de nós mesmos, encarar o espelho do que fizemos uns com os outros e sermos honestos sobre o estrago para podermos recolher os cacos e viver? É isso que quero praticar com você. O trabalho de chamar um desastre de desastre, e de lembrar exatamente o que precisamos para viver. O jeito mais amoroso possível de moldar nosso impacto.

Fotografia: "Uma casa antes magnífica reduzida a ruínas".[26]

Caídos como uma barreira, destroços se empilham de modo que você mal consegue ver a casa. Árvores desmoronam. Vigas despencam. Agora o portão está no caminho de entrada. O caminho não está livre. O que era alto ainda se estende, mas em ângulos antes desconhecidos. Alguns tapumes para se proteger da tempestade ainda estão tapados. Alguns pendem como dentes quebrados.

Você é a que já foi magnífica? Como você é a casa que tem uma função diferente agora? Não segurança, mas prova. Não residência ativa, mas sinistro de seguro. Não santuário, mas o registro desolador do que o vento ensina. A sua vida é história de frangalhos? A vida em si é uma história de escombros? O mundo como conhecemos, a própria ideia de lar, é uma bagunça? Nossas tentativas futuras de criar um lar em um corpo e em um momento também estão em ruínas. O que resta?

Audre Lorde queria que nós, as pessoas que viveriam depois dela, estudássemos sua vida. Mas não para colocá-la em um pedestal como exemplo de como a vida deveria ser vivida. No quintal de Santa Cruz, em uma conversa gravada com Gloria Joseph, ela insistiu que realmente queria que as pessoas aprendessem com seus próprios erros e, mais importante, aprendessem a como aprender com nossos próprios erros, nossas contradições, nossos pavores, nossas relações destrutivas.[27] Ela achava que o insight sobre a prática de obter sabedoria a partir de todos os danos a que sobrevivemos e que infligimos era seu presente duradouro para os que estavam por vir. Presente recebido.

> Fotografia: "De volta ao básico. No churrasco de sábado à tarde ou no piquenique de domingo. Isto é cozinhar para a sobrevivência".[28]

Gloria sobre uma fogueira paliativa, panelas em blocos de concreto, destruição por todo o entorno. Um muro, um batente, parte de um telhado. Cocos empilhados no que antes era a varanda dos fundos, escovões de pátio ao lado. Gloria arqueada e concentrada em se recusar a (deixar você) morrer.

Isso deve ser você. O amor que arqueia Gloria para a graça, coloca seu rosto no foco crítico do machete. Sim. Isto é você. A refeição de salvamento. Este milagre conquistado com dificuldade. Por fim você. Casa molhada na qual viver, mal sustentando seu formato. Exatamente você. Moradia livre de escovões e destroços. Vejo você. Estimada fruta apanhada. Ainda guardando água. Ainda aqui.

Não parada. Em movimento.

Agradecimentos

Agradecimento como cerimônia, agradecimento como testemunho.

Foi nossa grande mãe Boda que sobreviveu à Passagem do Meio e se lembrou de seu nome de coral. Foi nosso *nanunuk* que transformou *wampum* em adivinhação. Foi meu avô Jeremiah Gumbs que decorou poemas e os declamou para mim. Foi minha avó Lydia Gumbs que disse: "Esta é minha neta, a poeta". Foi meu avô Joseph McKenzie que falava em fábulas. Foi minha *nana* Joyce McKenzie que nos uniu por sete gerações. Foi minha mãe, Pauline McKenzie, que guardava livros feministas negros onde eu sempre conseguia vê-los, perto da TV. Foi meu pai, Clyde Gumbs, que leu minha dissertação de quinhentas páginas sobre Audre Lorde, June Jordan, Barbara Smith e Alexis De Veaux repetidamente até poder dizer orgulhoso: "Eu também sou um feminista queer negro". Foi minha irmã Ariana Good que me ensinou que a sororidade é a melhor abordagem à vida. Foi meu irmão Jared Gumbs que me ensinou que uma irmã é uma líder. Foi meu irmão Seneca Morin que me ensinou que sonhos devem ser estudados. Foi minha irmã Kyla Day-Fletcher que me deu *Warrior Poet: A Biography of Audre Lorde* de Natal. Minha família me ampara para fazer este trabalho. Eu venho de amor revolucionário. Também tenho as melhores tias, tios e primos do universo.

Foi E. R. Anderson quem me levou ao grupo Young Women Writers na Charis Books. Foi Linda Bryant que nos sentou no almoxarifado entre livros do curso de um professor da Emory, pilhas roxas dos *Collected Poems of Audre Lorde*, pilhas azuis de *Irmã outsider*. Foi Fiona Zedde que viveu um seminário Usos do Erótico bem na nossa frente na livraria. Foi Bea Sullivan que escreveu poemas mais corajosos que eu depois da aula. Foi também Linda que me deu de presente uma pulseira que foi passada adiante por Audre Lorde quando voltei para a Charis para comemorar meu primeiro livro. A Charis Books recebeu um evento de lançamento de cada livro que já escrevi, incluindo os que eu mesma grampeei na faculdade. Eu venho de uma livraria feminista.

Foi Charles McKinney que me disse para mergulhar em Octavia Butler. Foi Donna Ellwood que me mostrou a cara de Fred Hampton. Foi Catherine Tipton que me ensinou que se eu posso respirar, posso escrever. Foi Vivian Taylor que disse pela primeira vez "vida da mente". Foi Jennie Kassanoff que me disse para levar meus textos críticos a sério. Foi Monica Miller que abriu portas rindo. Foi Rosalind Rosenberg que disse que o desajustado é o acadêmico. Foi Marcellus Blount que me deixou brigar sobre James Baldwin. Foi Steven Gregory que disse que você tem que bater na porta. Foi Farah Griffin que me mostrou os panfletos Kitchen Table: Women of Color Press Freedom Organizing Series, e o caminho para casa. Foi Cheryll Greene que me escolheu como filha. Foi Deborah Thomas que me ajudou a dançar para casa. Foi John Jackson que olhou para mim como se eu fosse Zora Neale Hurston. Foi Mark Anthony Neal que me ensinou diligência digital. Foi Karla Holloway que aprendeu a controlar alterações enquanto lia o primeiro capítulo da minha dissertação. Foi Wahneema Lubiano que disse que isso era ambicioso e mais de um projeto. Foi Michaeline Crichlow que me ensinou a me teletransportar. Foi Fred Moten que disse que Audre e June podiam estar mortas, mas não estão. Fui abençoada por uma comunidade de professores que me enxergaram e me instruíram além da minha teimosia. Eu venho de educadores criativos e incansáveis.

E foi Maurice Wallace que me defendeu e acreditou em mim. Foram Maurice, Wahneema, Karla e Ian Baucom que me liberaram para escrever minha dissertação dias antes de a arquivista Taronda Spencer anunciar que os documentos de Audre Lorde estavam disponíveis para pesquisadores no Spelman College. Obrigada, Beverly Guy-Sheftall, por sua mentoria e fé em mim e por criar o Women's Research and Resource Center no Spelman e permitir que ele seja uma das minhas casas. Obrigada também, dra. Bev, por solicitar o subsídio que permitiu que os documentos de Lorde fossem processados no momento divino que eu precisava.

Depois de minha primeira viagem criei a School of Our Lorde na minha sala de estar. Gratidão a todos os meus amados de Durham, muitos para citar, que participaram das sessões da School of Our Lorde. Durham para sempre. Gratidão também à Ford Foundation Dissertation Fellowship, que involuntariamente tornou possível para mim dar início a uma escola comunitária durante meu último ano de um programa de ph.D. Gloria ficou sabendo sobre a School of Our Lorde e me convidou para ir para St. Croix ajudá-la a terminar *The Wind Is Spirit*, sua bio/antologia de Audre Lorde.

Além de Gloria Joseph, tantas pessoas que Audre Lorde amava se tornaram minhas mentoras e família de opção mesmo antes de eu começar a escrever este livro. Obrigada, asha bandele, M. Jacqui Alexander, Cheryl Boyce-Taylor, Tina Campt, Jewelle Gomez, Cheryl Clarke, Imani Rashid, Helga Emde, M. NourbeSe Philip, Dagmar Schultz, Blanche Wiesen Cook, Clare Coss, Joan E. Biren, Melinda Goodman, Jennifer Abod. Vocês e tantas mais são quem tornam a vida de Audre Lorde eterna.

Obrigada, minhas irmãs *in the Lorde*, Aishah Shahidah Simmons e Cara Page, por serem irmãs *in the Lorde* e pontes através de gerações.

Obrigada, Nikky Finney, por ratificar minha intromissão arquivística como uma linha direta. Obrigada, Paula Giddings, pelo próprio som da sua voz. Obrigada, Alexis De Veaux, por ser a primeira e me convocar.

Obrigada, Priscilla Hale, Omi Osun, Sharon Bridgforth, Sangodare, Sokari Ekine e Alexis De Veaux, por uma conversa transformadora de vida na cozinha que o universo respondeu no dia seguinte com uma tarefa de escrever esta biografia. E também por me recomendarem para a National Humanities Center Fellowship.

Obrigada, Brittney Cooper, por seu próprio furor e por dizer meu nome a Tanya McKinnon. Obrigada, Tanya McKinnon, por me encontrar, ajudando na criação da proposta e no processo de negociação, me conectando à Farrar, Straus and Giroux, e sempre atendendo o telefone (mesmo que eu nunca ligue). Obrigada ainda mais, Tanya, por seu próprio amor por Lorde e sua animação quanto ao que o legado dela pode oferecer para o nosso planeta.

Obrigada para sempre, Valerie Boyd, por me dar conselhos cruciais e um modelo indelével de como escrever uma biografia ancestralmente responsável. Amo você e sinto saudades e gostaria que estivesse aqui para ler estas palavras.

Agradeço a todos que disseram sim quando perguntei se podia ouvir as memórias que tinham de Audre Lorde. Obrigada, em primeiro lugar, Elizabeth Lorde-Rollins, por ficar comigo no Zoom enquanto eu examinava certidões de nascimento, batismo e registros militares de seus ancestrais e por tudo o que você compartilhou. Obrigada por me deixar ouvir, Barbara Smith, M. Jacqui Alexander, Blanche Wiesen Cook, Clare Coss, Pratibha Parmar, Ingrid Pollard, Paula Grant, Melinda Goodman, Cheryl Clarke,

Aurora Levins Morales, Ann Russo, Jennifer Abod, Malkia Devich-Cyril, Malika Hadley-Freydberg, Diane Onley-Campbell, Joan E. Biren, Dagmar Schultz, Ika Hügel-Marshall, Mab Segrest, Joan Gibbs, Karla Jay, Michelle Parkerson, Ada Griffin, Cheryl Boyce-Taylor, Crystal Griffith, Ife Franklin, Linda Bryant, Andrea Canaan, Akasha Hull, Anne Charles, Asali Solomon, Francesca Royster, Jackie Brown, Imani Rashid, Kathy Engel, Alexis De Veaux, Laura Flanders, Linda Cue, Nancy Bereano, Tonia Poteat, Evelynn Hammonds, Sarah Schulman, asha bandele, Donna Masini, J. Bob Alotta, Gloria Wekker, Jackie Kay, Dionne Brand, Jean Weisinger, Gina Breedlove e Judith Casselberry, por dizer: "Sim, eu me lembro".

Gratidão infinita aos arquivistas e bibliotecários generosos que se esforçaram ao máximo para apoiar meu fascínio insaciável, não apenas por Audre Lorde mas por todos e tudo em qualquer parte de sua órbita. Obrigada, arquivista alma gêmea Steven G. Fullwood, por me incentivar a me candidatar e a ser meu mentor ao longo da bolsa de verão Martin Duberman para pesquisar no Arquivo Gay e Lésbico Negro no Centro Schomburg de Pesquisa em Cultura Negra, na Biblioteca Pública de Nova York. Obrigada, arquivista comunitária Lisbet Tellefsen, por documentar a vida e a pós-vida de Audre Lorde de tantas maneiras cruciais. Agradeço à falecida Taronda Spencer e à recentemente aposentada Kassandra Ware, que monitorou minhas primeiras viagens aos Arquivos do Spelman College enquanto eu escrevia minha dissertação. Agradeço à Biblioteca Stuart A. Rose de Manuscritos, Arquivos e Livros Raros da Universidade Emory e especialmente a Randall Burkett, por tantos anos de apoio e por uma bolsa de pesquisa de dissertação em que conheci o amor da minha vida. Agradeço aos Lesbian Herstory Archives, no Brooklyn, e em especial a Shawnta Smith e Paula Grant, pelo arquivo comunitário adorável dos nossos sonhos. Obrigada, Julie Enszer e *Sinister Wisdom*, por ser um arquivo impresso. Agradeço aos arquivistas da Biblioteca Schlesinger, no Instituto Harvard Radcliffe, por acesso e inspiração cruciais. Agradeço aos bibliotecários e arquivistas da CUNY, em especial Kathleen Collins do John Jay College de Justiça Criminal, que leu atentamente anos de registros para me ajudar a responder a uma pequena pergunta. Obrigada, meus queridos portais arquivísticos irmãos Derrais Carter e Marvin K. White. Agradeço aos especialistas de gravações da Biblioteca do Congresso por serem incansáveis. Um agradecimento especial aos bibliotecários ROCKSTARS do National Humanities Center, Research Triangle Park, na Carolina do Norte, que reuniram materiais de muito longe e os trouxeram literalmente à minha porta. Brooke Andrade, Sarah Harris, e toda a equipe da biblioteca do NHC são meus heróis. Acima de tudo, agradecimentos eternos a Holly Smith, minha querida irmã *in the Lorde*, que não apenas me disponibilizou tanta coisa enquanto os arquivos estavam fechados durante a quarentena como também tornou minhas viagens de pesquisa, quando os arquivos finalmente abriram, uma alegria tão grande.

Obrigada, Linda Bryant, Joan Nestle, Aiden Graham, Gloria Joseph, Diane Elyse, Paula Grant e Malika Hadley-Freyberg, por compartilharem materiais sagrados comigo que são parte da minha coleção e do meu altar de Lorde e de que lancei mão diariamente como fontes de referência e fonte de força durante esse processo.

Obrigada, Matice Moore, Andrea Ritchie e Lisbeth Wright, por me convidarem para o Black Artists Focus Retreat no Blue Mountain Center, Blue Mountain Lake, Nova York, onde escrevi a proposta para este livro. Obrigada, Meta DuEwa Jones e Jennifer Williams, por me incentivarem a me candidatar para a National Humanities Center Fellowship, com a qual pesquisei e escrevi a primeira versão deste livro. Agradeço a Elizabeth Alexander e à Mellon Foundation, que financiaram o tempo que passei no NHC. Agradeço aos funcionários do NHC por possibilitarem que eu me concentrasse na escrita durante a quarentena. Agradeço aos colegas, às universidades, aos museus e às organizações no mundo todo que me convidaram para ministrar palestras públicas nas quais testei versões dos capítulos deste livro. Um agradecimento especial a Monica Miller, Kim Ford e Yvette Christianse dos Estudos Africanos no Barnard College, e a Rhon e James Manigault-Bryant dos Estudos Africanos no Williams College, por oferecerem maravilhosas oportunidades constantes de interagir com alunos de graduação sobre esta obra.

Agradeço a todos os camaradas que fizeram a jornada junto de mim e tornaram a escrita deste livro durante uma pandemia não tão isoladora quanto poderia ter sido. Agradeço à irmandade do seminário Writing and Publishing Black Women's Biography in the Black Lives Matter Era em Radcliffe. Agradeço em especial a Tanisha Ford e Ashley Farmer, por me convidarem e me incluírem. Obrigada, Tiffany Florvil e Caleb Ward, por essa jornada lordeana entrelaçada. Agradeço a meus camaradas de escrita do NHC Mina Rajagopalan, Brandi Brimmer, Fernando Esquivel-Suarez, Jordynn Jack, Joan Keith Miller, Joan Neuberger e Saundra Weddle. Obrigada, Lisa Factora-Borchers, por criar o grupo de escrita The End para mulheres de cor trabalhando em prol de concluir um projeto. Obrigada, Deesha Philyaw, Jenn Jackson, Leslieann, Tamiko Nimura, Amber Butts e Ching-In Chen, por oferecerem uma camaradagem de irmãs naquele grupo. Agradeço a Steffani Jemison e Quincy Flowers, por criarem o portal de escrita At Louis Place, e a Naima Lowe, por intermediar e me convidar para a jornada. Obrigada, irmão de alma Eric Darnell Pritchard, por continuamente criar solidariedade de biógrafo comigo.

Agradeço a todos a quem mandei capítulos para feedbacks de comunidades. Obrigada, M. Jacqui Alexander, Torkwase Dyson, Steven Fullwood, Charles Stephens, Sendolo Diamanah, Yolo Akili, Jeannette Bronson, Lisa Powell, Mecca Jamilah Sullivan, Julie Enszer, Kriti Sharma, Paula Grant, Thandi Lowenson, Clare Coss, Barbara Smith, Elizabeth Lorde-Rollins e Katie Robinson. Agradeço a Patsy Lewis e Brian Meeks, pelo feedback no capítulo sobre a Revolução de Granada. Obrigada, Fred Moten, por sua reflexão sobre o trabalho fabril de Audre Lorde. Um agradecimento especial à minha professora de escrita Zelda Lockhart, que não só me ensinou a escrever todos os dias como leu diversos rascunhos de capítulos deste livro.

Agradeço ao *dream team* de editores Eric Chinski e Tara Sharma da Farrar, Straus and Giroux, por acreditar em mim e neste projeto e cuidar dele com tanta precisão e curiosidade. Obrigada, Olivia Polk, legítima estudiosa de Lorde, por oferecer um apoio tão entusiasmado, detalhado e cheio de energia para citações, permissões e envios. Eu nunca teria chegado com este livro até aqui sem vocês.

Sangodare, sou grata a você sempre. Eu te amo. Você disse que uma biografia de Audre Lorde era parte da minha tarefa na Terra até quando eu não conseguia escutar isso. Você foi o primeiro público para cada palavra que aparece neste livro. Seu feedback vigilante, seu comprometimento tanto com o legado de Audre Lorde quanto com minha relação com o poder dela, o modo como você instalou múltiplos monitores para que eu pudesse ver múltiplas versões do documento em meu furor de notas de rodapés, o modo gracioso e amoroso que você apoia tudo que eu faço. No fim, nem a poesia consegue descrever isso.

Notas

Epígrafe

1. Audre Lorde, "Büchergarten, Berlin, Germany", em *Audre Lorde: Dream of Europe*. Org. de Mayra Rodriguez Castro, intr. de Dagmar Schultz. Berkeley: Kenning, 2020, p. 233.

Parte 1

1. Audre Lorde, *Audre Lorde: Dream of Europe*, op. cit., p. 63.

2. os ventos da orixá [pp. 18-22]

1. Arquivos do Spelman College, *Observações de Blanche Wiesen Cook na cerimônia da dedicação do Audre Lorde Poetry Center*. Documentos de Audre Lorde, fitas 1-3, 13 dez. 1985, série 5, caixa 56; *Discurso de Audre Lorde na cerimônia de dedicação do Hunter College Poetry Center*. Documentos de Audre Lorde, série 5, caixa 57.
2. Gina Rhodes, "'Who Said It Would Be Simple': Inauguration do Audre Lorde Women's Poetry Center", *Returning Womans*, pp. 15 e 18, 1950. Disponível em: <library.hunter.cuny.edu/old/sites/default/files/pdf/archive_articles/rhodes_who_said_it_would_be_simple_nodate_0.pdf>. Acesso em: 19 maio 2025.
3. Roosevelt House, assim chamada porque Sara Delano Roosevelt, Franklin Delano Roosevelt e Eleanor Roosevelt moraram lá. Foi fundada como um espaço onde as estudantes do Hunter pudessem reconciliar diferenças religiosas e sociais, e foi o lar da primeiríssima organização estudantil negra do Hunter, a Toussaint L'Ouverture Society.
4. Arquivos do Spelman College, *Materiais de memoriais*. Documentos de Audre Lorde, série 8, caixa 79. Essa série, 1992-94, inclui programas, anúncios e coisas efêmeras de várias cerimônias memoriais e tributos a Audre Lorde após sua morte.
5. Id., *Programa do tributo memorial na St. John the Divine*. Documentos de Audre Lorde, série 8, caixa 79.
6. Id., *Cartão de Toi Derricotte*. Documentos de Audre Lorde, caixa 2, pasta 36.
7. Id., *Carta de Cheryl Clarke para Audre Lorde*, sem data. Documentos de Audre Lorde, caixa 1, pasta 1.1.026.
8. Ibid.
9. Arquivos do Spelman College, *Cerimônia de Dedicação do Audre Lorde Poetry Center*. Documentos de Audre Lorde, fitas 1-3, 13 dez. 1985, série 5, caixa 56; *Discurso de Audre Lorde na cerimônia de dedicação do Hunter College Poetry Center*, op. cit.

10. Id., *Yasmin Adib, Deborah Aguayo Delgado e Jean Johnston, respectivamente, gravação da cerimônia de dedicação do Audre Lorde Women's Poetry Center*. Documentos de Audre Lorde, fitas 1-3, 13 dez. 1985, série 5, caixa 56; *Discurso de Audre Lorde na cerimônia de dedicação do Hunter College Poetry Center*, op. cit.
11. Id., *Cerimônia de Dedicação do Audre Lorde Poetry Center*. Documentos de Audre Lorde, fitas 1-3, 13 dez. 1985, série 5, caixa 56; *Discurso de Audre Lorde na Cerimônia de Dedicação do Hunter College Poetry Center*. Documentos de Audre Lorde, série 5, caixa 57.
12. Ibid.
13. Ibid.
14. Ibid.
15. Ibid.
16. Ibid.
17. Ibid.
18. Ibid.
19. Audre Lorde, "A Burst of Light", em *A Burst of Light and Other Essays*. Ed. rev. Mineola: Ixia, [1988] 2017, p. 77. [Ed. bras.: "Uma explosão de luz: Vivendo com câncer", em *Sou sua irmã: Escritos reunidos e inéditos*. Org. e apres. de Djamila Ribeiro, trad. de Stephanie Borges. São Paulo: Ubu, 2020, p. 142.]
20. Ibid., p. 69. [Ed. bras.: p. 135.]

3. prólogo [pp. 23-6]

1. Kate Rushin, em *Sojourner: The Women's Forum*, v. 18, n. 6, p. 12, fev. 1993. Ver também Arquivos do Spelman College, *Programa do tributo memorial na St. John the Divine*. Documentos de Audre Lorde, série 8, caixa 79. Rushin compartilhou a citação pela primeira vez em um serviço memorial para Lorde na English High School patrocinado pelo Women's Theological Forum, em Boston, em novembro de 1992.
2. Linda Cue, em *Sojourner: The Women's Forum*, v. 18, n. 6, p. 14, fev. 1993.
3. Biblioteca Beinecke de Livros Raros e Manuscritos, Universidade Yale, Audre Lorde, carta aberta para a *Aché*, mar. 1990. Documentos de Lisbet Tellefsen, caixa 1, pasta 8.
4. Biblioteca Pública de Nova York, Entrevista com Audre Lorde, 5 out. 1983. Documentos de Karla Jay, 03279.
5. Gloria I. Joseph, *The Wind Is Spirit: The Life, Love, and Legacy of Audre Lorde*. Nova York: Villarosa Media, 2016, p. 279.
6. Audre Lorde, *A Burst of Light and Other Essays*, op. cit., p. 59. [Ed. bras.: "Uma explosão de luz: Vivendo com câncer", em *Sou sua irmã*, op. cit., p. 126.]
7. Ayofemi Folayan, em *Sojourner: The Women's Forum*, v. 18, n. 6, p. 15, fev. 1993.

Parte 2

1. Arquivos do Spelman College, *Diário 16 de Audre Lorde (roxo), 29 dez. 1977*. Documentos de Audre Lorde, série 2.5 (Diários).

4. oyá [pp. 29-42]

1. Audre Lorde, "Dream/Songs from the Moon of Beulah Land I-V", em *Collected Poems of Audre Lorde*. Nova York: W. W. Norton, 2000, pp. 294-5. Originalmente em *The Black Unicorn*. Nova York: W. W. Norton, 1978. [Ed. bras.: *A unicórnia preta*. Trad. de Stephanie Borges. Belo Horizonte: Relicário, 2020, p. 185.]
2. Id., "Apartheid USA", em *A Burst of Light and Other Essays*, op. cit., p. 29. [Ed. bras.: "Apartheid nos Estados Unidos", em *Sou sua irmã*, op. cit., p. 23.]
3. David W. Seitz, *World War I, Mass Death, and the Birth of the Modern US Soldier: A Rhetorical History*. Lanham: Lexington, 2018, p. xiii.
4. Ver John Tirman, *The Deaths of Others: The Fate of Civilians in America's Wars*. Oxford: Oxford University Press, 2012.
5. "I Am Your Sister", discurso registrado em *The Edge of Each Other's Battles: The Vision of Audre Lorde*, dirigido por Jennifer Abod. Nova York: Women Make Movies, 2002. DVD (58 min.), color.
6. Ver *The Complete Report of Mayor LaGuardia's Commission on the Harlem Riot of March 19, 1935*. Nova York: Arno, 1969.
7. Gloria I. Joseph, *The Wind Is Spirit*, op. cit., p. 12.
8. Elizabeth Lorde-Rollins, conversa com a autora, 11 nov. 2020.
9. Gloria I. Joseph, *The Wind Is Spirit*, op. cit., p. 104.
10. Audre Lorde, "Diaspora", em *Collected Poems of Audre Lorde*, op. cit., p. 383. Originalmente em *Our Dead Behind Us*. Nova York: W. W. Norton, 1986. [Ed. bras.: "Diáspora", em *Nossos mortos em nossas costas*. Trad. de tatiana nascimento. Rio de Janeiro: A Bolha, 2021, p. 57.]
11. *The Complete Report of Mayor LaGuardia's Commission on the Harlem Riot of March 19, 1935*, op. cit., p. 63.
12. Shelley Savren e Cheryl Robinson, "Interview: Audre Lorde Advocates Unity Among Women", *The Longest Revolution: News and Views of Progressive Feminism*, v. 6, n. 5, p. 8, jun. 1982.
13. Phyllis Blackwell, "My Sister Audre", em Gloria I. Joseph, *The Wind Is Spirit*, op. cit., pp. 17-9; e em Ellen Shapiro, "Interviews: Three Women on Lesbians and Fathers", *Christopher Street*, v. 1, n. 10, p. 30, abr. 1977.
14. Ellen Shapiro, "Interviews: Three Women on Lesbians and Fathers", op. cit., p. 30.
15. *The Complete Report of Mayor LaGuardia's Commission on the Harlem Riot of March 19, 1935*, op. cit., pp. 101-4.
16. Harold Speert, *The Sloane Hospital Chronicle: A History of the Department of Obstetrics and Gynecology of the Columbia-Presbyterian Medical Center*. Philadelphia: Davis, 1963, p. 3.
17. Gloria I. Joseph, *The Wind Is Spirit*, op. cit., p. 15.
18. Louise Chalwa, "Poetry, Nature and Childhood: An Interview with Audre Lorde", em Joan Wylie Hall (Org.), *Conversations with Audre Lorde*. Jackson: University Press of Mississippi, 2004, p. 116.
19. Audre Lorde, "Oya", em *Collected Poems of Audre Lorde*, op. cit., p. 140.
20. Id., entrevistada por Nina Winter, *Interview with the Muse: Remarkable Women Speak on Creativity and Power*. Berkeley: Moon, 1978, p. 74.
21. Ellen Shapiro, "Interviews: Three Women on Lesbians and Fathers", op. cit., p. 28.

22. Karla Hammond, "An Interview with Audre Lorde", em *Conversations with Audre Lorde*, op. cit., p. 30.
23. Audre Lorde, entrevistada por Jil Clark, "Inside and Out", *Gay Community News*. Boston, v. 9, n. 12, 10 out. 1981.
24. Adrienne Rich, "An Interview with Audre Lorde", *Signs: Journal of Women in Culture and Society*, v. 6, n. 4, p. 714, verão 1981. Observe que isso aparece na publicação original da entrevista, mas em *Irmã outsider* "como na primeira infância, como uma criança muito pequena, de novo e de novo ao longo da vida" é cortado, e aparece apenas: "Estou falando de toda a minha vida". Audre Lorde, *Sister Outsider: Essays and Speeches*. Berkeley: Crossing, 2007, p. 70. [Ed. bras.: "Uma entrevista: Audre Lorde e Adrienne Rich", em *Irmã outsider*. Trad. de Stephanie Borges. Belo Horizonte: Autêntica, 2019, p. 101-2.]
25. Karla Hammond, "An Interview with Audre Lorde", *American Poetry Review*, v. 9, n. 2, p. 20, mar.-abr. 1980.
26. Centro de Pesquisa sobre Cultura Negra Schomburg, Divisão de Manuscritos, Arquivos e Livros Raros; Biblioteca Pública de Nova York, Entrevista de Alexis De Veaux com Helen Lorde, Ver também De Veaux, *Warrior Poet: A Biography of Audre Lorde*. Nova York: W. W. Norton, 2004, p. 14.
27. Audre Lorde, entrevistada por Nina Winter, *Interview with the Muse*, op. cit., p. 75.
28. Id., "Oya", em *Collected Poems of Audre Lorde*, op. cit., p. 140. Originalmente em *The New York Head Shop and* Museum. Detroit: Broadside, 1974.
29. Ellen Shapiro, "Interviews: Three Women on Lesbians and Fathers", op. cit., p. 21.
30. Ibid., p. 31.
31. Ibid.
32. Audre Lorde, "Oya", em *Collected Poems of Audre Lorde*, op. cit., p. 140.

5. balada da infância [pp. 43-5]

1. Ver Moya Bailey e Izetta Autumn Mobley, "Work in the Intersections: A Black Feminist Disability Framework", *Gender & Society*, v. 33, n. 1, pp. 19-40, 2019. Disponível em: <doi.org/10.1177/0891243218801523>. Acesso em: 19 maio 2025.
2. Adrienne Rich, "An Interview with Audre Lorde", op. cit., p. 714. [Ed. bras.: "Uma entrevista: Audre Lorde e Adrienne Rich", op. cit., p. 101.].
3. Aurora Levins Morales, conversa via Zoom com a autora, 15 maio 2021.
4. Audre Lorde, entrevistada por Nina Winter, em *Interview with the Muse*, op. cit., p. 9.
5. Id., "Transformation of Silence into Language and Action", em *Sister Outsider*, op. cit. [Ed. bras.: "A transformação do silêncio em linguagem e ação", em *Irmã outsider*, op. cit., pp. 51-5.]
6. Ibid., p. 52.
7. Audre Lorde, "A Litany for Survival", em *Collected Poems of Audre Lorde*, op. cit., p. 255. Originalmente em Audre Lorde, *The Black Unicorn*, op. cit. [Ed. bras.: "Uma litania pela sobrevivência", em *A unicórnia preta*, op. cit., p. 81.]
8. "BARBARA Smith", *Making Gay History*, temporada 6, episódio 3. Disponível em: <makinggayhistory.com/podcast/barbara-smith>. Acesso em: 19 maio 2025.
9. "INK: A piece for museums". James & Jerome e Media Designer Shawn Duan. Direção de Rachel Chavkin e Annie Tippe. Nova York: Metropolitan Museum of Art, jan. 2019.

Disponível em: <indd.adobe.com/view/1effa8ac-b912-4d77-8c5e-fb7c3f6c8aec>. Acesso em: 19 maio 2025.

6. livros de histórias numa mesa de cozinha [pp. 46-8]

1. Adrienne Rich, "An Interview with Audre Lorde", op. cit., p. 717. [Ed. bras.: "Uma entrevista: Audre Lorde e Adrienne Rich", op. cit., p. 105.].
2. Audre Lorde, "Eye to Eye: Black Women, Hatred, and Anger," em *Sister Outsider*, op. cit., p. 148. [Ed. bras.: "Olho no olho: Mulheres negras, ódio e raiva", em *Irmã outsider*, op. cit., p. 186.]
3. Ibid.
4. Fred Moten, "The Blur and Breathe Books", em *Black and Blur: Consent Not to Be a Single Being*. Durham: Duke University Press, 2017, p. 261.
5. Ibid., p. 259.
6. Ibid.
7. Jennifer Abod, "A Radio Profile of Audre Lorde", originalmente transmitido pela WGBH, Boston, fev. 1987. Disponível em: <www.jenniferabod.com/audio-cds/audioprofile.htm?doing>. Acesso em: 19 maio 2025.
8. Audre Lorde, "Blackstudies", em *Collected Poems of Audre Lorde*, op. cit., pp. 153-7. Originalmente em *The New York Head Shop and Museum*, op. cit.
9. Elizabeth Lorde-Rollins, observações no painel de discussão "Powerful and Dangerous: The Work and Legacy of Audre Lorde". Alice Austen House, 27 ago. 2020. Disponível em: <aliceausten.org/events/powerful-and-dangerous-online-panel>. Acesso em: 19 maio 2025.

7. ritos de passagem [pp. 49-52]

1. Adrienne Rich, "An Interview with Audre Lorde", op. cit., p. 714. [Ed. bras.: "Uma entrevista: Audre Lorde e Adrienne Rich", op. cit., p. 102.].
2. Ibid., p. 715.
3. Nina Winter, "Audre Lorde", em *Conversations with Audre Lorde*, op. cit., p. 10.
4. Em uma carta de 1º de setembro de 1907, Virginia Woolf descreveu a si mesma como a "bio/mitógrafa" de sua amiga próxima Violet Dickinson e passou a escrever biografias dedicadas a honrar mulheres mortas que de outro modo teriam permanecido anônimas e desconhecidas. Essa missiva constava em uma coletânea de cartas pessoais de Woolf que foi publicada durante o período em que Lorde escrevia *Zami*. Ver *The Flight of the Mind: The Letters of Virginia Woolf*, v. 1, *1888-1912*. Org. de Nigel Nicolson e Joanne Trautmann. Londres: Hogarth, 1975, pp. 308-9.
5. Audre Lorde, *Zami: A New Spelling of My Name — A Biomythography*. 2. ed. Berkeley, CA: Crossing, 2011, p. 22. [Ed. bras.: *Zami: Uma nova grafia do meu nome — Uma biomitografia*. Trad. de Lubi Prates. São Paulo: Elefante, 2021, p. 50.]
6. A eventual criação de Baker, a coleção de referência James Weldon Johnson de literatura infantil e a série de guias de livros infantis relevantes para crianças negras, demorou muito para acontecer. Só em 1955, quando Audre Lorde já estava na faculdade, Augusta Baker organizou um livro dos contos de fadas favoritos da contação de histórias da biblioteca, mas quase todas as que ela escolheu incluir eram categorizadas como sendo

de diferentes países da Europa; as únicas histórias das Américas eram dois contos do Brasil. Não havia histórias da África, do Caribe ou da América do Norte. Três anos depois, através da biblioteca, ela organizou e atualizou a edição de *Stories: A List of Stories to Tell and Read Aloud*, que incluía um índice de assuntos chamado "fábulas de muitas terras", que contavam com muitos países europeus designados pelos nomes e "África, América Latina, Arábia e América do Norte" como conglomerados culturais. Baker acreditava que "as atitudes interculturais dos bibliotecários se refletiam em sua escolha de livros". E assim ela trabalhava nela. Em 1952, foi a primeiríssima a receber o Dutton-Macrae Award for Advanced Study in the Field of Library Work, de mil dólares, que usou para conduzir uma "breve pesquisa sobre relações interculturais em vários sistemas de bibliotecas", e quando ela foi promovida a especialista em contação de histórias já tinha criado a coleção de referência James Weldon Johnson na sucursal de Countee Cullen da Biblioteca Pública de Nova York e publicado sua pesquisa e diretrizes no que se tornaria um recurso permanentemente atualizado de melhores práticas para bibliotecários chamado *Books About Negro Life for Children*, que enfatizava não apenas a importância da representação de jovens leitores negros como também a necessidade de crianças não negras verem representações apropriadas da vida negra para contrapor os estereótipos na cultura dominante. Quando Baker se tornou a primeira coordenadora negra de serviços infantis, ela pôde usar sua pesquisa e experiência para fazer a curadoria de aquisições de literatura infantil para todo o sistema da Biblioteca Pública de Nova York. Mas mesmo antes de ela ter essa influência, sua presença significava alguma coisa para as crianças negras do Harlem.

7. Augusta Baker, *Best Loved Nursery Rhymes and Songs: Including Mother Goose Selections* [1963]. Nova York: Parents Magazine Enterprises for Playmore, 1973, p. xi.
8. Id. (Org.), *Young Years Library*, v. 1, *Best Loved Nursery Rhymes and Cradle Songs*. Nova York: Home Library, 1963, p. iv.
9. Augusta Baker, *The Black Experience in Children's Books*. Nova York: New York Public Library, 1971, p. 7.
10. *Mother Goose: The Old Nursery Rhymes, Illustrated by Arthur Rackham*. Nova York: Century, 1913, p. 116.
11. Ibid., p. 213.
12. Ibid., p. 7.

8. nomeando as histórias [pp. 53-7]

1. Audre Lorde, "Dahomey", em *Collected Poems of Audre Lorde*, op. cit., p. 239. Originalmente em Audre Lorde, *The Black Unicorn*, op. cit. [Ed. bras.: "Daomé", em *A unicórnia preta*, op. cit., p. 37.]
2. "Baa baa black sheep", *Mother Goose*, op. cit., p. 3.
3. "What care I how black I be", *Mother Goose*, op. cit., p. 252.
4. "Solomon Grundy", *Mother Goose*, op. cit., p. 225.
5. "They that wash on Monday", *Mother Goose*, op. cit., p. 251.
6. "There was an old woman had three sons", *Mother Goose*, op. cit., p. 62.
7. "Little Bo-Peep", *Mother Goose*, op. cit., p. 32.
8. "Three blind mice", *Mother Goose*, op. cit., p. 159.
9. "See a pin and pick it up", *Mother Goose*, op. cit., p. 225.

10. "There was a little boy and a little girl lived in an alley", *Mother Goose*, op. cit., p. 141. Em *Zami*, Lorde descreve esse tipo de abuso. Se ela não passou por isso em sua própria infância (embora possa ter passado), ele foi definitivamente parte de seu senso de vulnerabilidade de uma garota míope crescendo em sua situação.
11. "Here's Sulky Sue", *Mother Goose*, op. cit., p. 10.
12. "There was an old woman called Nothing-at-all", *Mother Goose*, op. cit., p. 230.
13. "There was a jolly miller", *Mother Goose*, op. cit., p. 228.
14. "Cry baby cry", *Mother Goose*, op. cit., p. 84.
15. "Little Bob Snooks" e "Little Jack-a-Dandy", *Mother Goose*, op. cit., p. 37.
16. "Peter, Peter pumpkin-eater", *Mother Goose*, op. cit., p. 219.
17. "Mary had a little lamb", *Mother Goose*, op. cit., p. 43.
18. "There was a little man", *Mother Goose*, op. cit., p. 233.
19. "There was an old woman, and what do you think?", *Mother Goose*, op. cit., p. 235.
20. "Cock a doodle doo!", *Mother Goose*, op. cit., p. 82.
21. "Little Polly Flinders", *Mother Goose*, op. cit., p. 113.
22. "There was an old woman who lived in a shoe", *Mother Goose*, op. cit., p. 55.
23. "A man of words and not of deeds", *Mother Goose*, op. cit., p. 170.
24. "The Queen of Hearts", *Mother Goose*, op. cit., p. 242.
25. "Snail, snail, come out of your hole", *Mother Goose*, op. cit., p. 123.
26. "Matthew Mark Luke and John", *Mother Goose*, op. cit., p. 114.
27. "Pease-pudding hot", *Mother Goose*, op. cit., p. 218.
28. "Jeanie, come tie my bonnie cravat", *Mother Goose*, op. cit., p. 107.
29. "Little Boy Blue", *Mother Goose*, op. cit., p. 112.
30. "Handy-Spandy, Jack-a-dandy", *Mother Goose*, op. cit., p. 9.
31. "Oh, my little nothing", *Mother Goose*, op. cit., p. 197.
32. "O, the grand old Duke of York", *Mother Goose*, op. cit., p. 216.
33. "Yet didn't you see, yet didn't you see", *Mother Goose*, op. cit., p. 166.
34. "Little girl, little girl, where have you been?", *Mother Goose*, op. cit., p. 39.
35. "The rose is red, the violet blue", *Mother Goose*, op. cit., p. 145.
36. "Love your own, kiss your own", *Mother Goose*, op. cit., p. 111.
37. "Little Nancy Etticoat", *Mother Goose*, op. cit., p. 112.
38. "Rain, rain, go away", *Mother Goose*, op. cit., p. 124.
39. "A sunshiny shower", *Mother Goose*, op. cit., p. 176.
40. "When the wind is in the east", *Mother Goose*, op. cit., p. 252.
41. "I had a little nut tree", *Mother Goose*, op. cit., p. 99.
42. "If all the seas were one sea", *Mother Goose*, op. cit., p. 195.
43. "If all the world was apple pie", *Mother Goose*, op. cit., p. 199.
44. "Three wise men from Gotham", *Mother Goose*, op. cit., p. 240.
45. "Where have you been all the day" e "Build it up with wood and clay", *Mother Goose*, op. cit., pp. 205, 256.
46. "Georgie Porgie", *Mother Goose*, op. cit., p. 8.
47. "One misty moisty morning", *Mother Goose*, op. cit., p. 210.
48. "Robin and Richard were two pretty men", *Mother Goose*, op. cit., p. 221.
49. "Girls and boys, come out to play", *Mother Goose*, op. cit., p. 89.
50. "A swarm of bees in May", *Mother Goose*, op. cit., p. 193.
51. "Hush-a-Bye Baby", *Mother Goose*, op. cit., p. 17.

52. "Lady bird, lady bird, fly away home", *Mother Goose*, op. cit., p. 11.
53. "My dear do you know", *Mother Goose*, op. cit., p. 206.
54. "A man of words and not of deeds", *Mother Goose*, op. cit., p. 170.

9. estudos negros [pp. 58-63]

1. "e quando minha mãe me castigava/ me mandando para a cama sem orações/ eu não tinha nome para a escuridão." Audre Lorde, "Blackstudies", em *Collected Poems of Audre Lorde*, op. cit., p. 155. Originalmente em *The New York Head Shop and Museum*, op. cit.
2. Karla Hammond, "An Interview with Audre Lorde", em *Conversations with Audre Lorde*, op. cit., p. 37.
3. Audre Lorde, "Poetry Is Not a Luxury", em *Sister Outsider*, op. cit., p. 36. [Ed. bras.: "A poesia não é um luxo", em *Irmã outsider*, op. cit., p. 46.]
4. Arquivos do Spelman College, "How Many", em *Caderno de poesia de Lorde do colegial do Hunter College, fev. 1949*. Documentos de Audre Lorde, série 2.5 (Diários).
5. Id., "Tonight", em *Caderno de poesia de Lorde do colegial do Hunter College, 1949*. Documentos de Audre Lorde, série 2.5 (Diários).
6. Audre Lorde, "From the House of Yemanja", em *Collected Poems of Audre Lorde*, op. cit., p. 235. Originalmente em Audre Lorde, *The Black Unicorn*, op. cit. [Ed. bras.: "Da casa de Iemanjá", em *A unicórnia preta*, op. cit., p. 27.]
7. Karla Hammond, "An Interview with Audre Lorde", em *Conversations with Audre Lorde*, op. cit., p. 37.
8. Walter de la Mare, "The Shade", em *Collected Poems 1901-1918*, v. 1. Nova York: Henry Holt, 1920, p. 122.
9. Audre Lorde, "Dreams Bite", em *Collected Poems of Audre Lorde*, op. cit., p. 189; "Power", em *Collected Poems of Audre Lorde*, op. cit., p. 215 [Ed. bras.: "Poder", em *Entre nós mesmas: Poemas reunidos*. Trad. de tatiana nascimento e Valéria Lima. Rio de Janeiro: Bazar do Tempo, 2020, p. 121]; Walter de la Mare, "Nod", em *The Listeners and Other Poems*. Londres: Constable, 1912, pp. 23-4.
10. Walter de la Mare, "Lullaby", em *Collected Poems 1901-1918*, v. 2. Nova York: Henry Holt, 1920, p. 88.
11. Id., "The Witch", em *The Listeners and Other Poems*, op. cit., pp. 49-51.
12. Id., "Queen Djenira", em *The Listeners and Other Poems*, op. cit., pp. 55-6.
13. Id., "The Portrait of a Warrior", *Songs of Childhood*. Londres: Longmans, Green, 1916, p. 87.
14. Id., "The Journey", *The Listeners and Other Poems*, op. cit., pp. 69-73.
15. Ibid., p. 70.
16. Ibid., p. 73.
17. Audre Lorde, "To a Girl Who Knew What Side Her Bread Was Buttered On", em *Collected Poems of Audre Lorde*, op. cit., p. 13. Originalmente em *The First Cities*. Nova York: Poets' Press, 1968.
18. Ibid., p. 13.
19. Walter de la Mare, "The Journey", op. cit., p. 69.
20. Audre Lorde, "To a Girl Who Knew What Side Her Bread Was Buttered On", op. cit., p. 13.
21. Ibid.

22. Arquivos do Spelman College, *Diário 23 de Lorde, 21 dez*. Documentos de Audre Lorde, série 2.5 (Diários).
23. Id., *Diário 27 de Lorde (tecido verde e preto) 1983-1984: em um pedaço de papel ofício amarelo no diário, 6 jun*. Documentos de Audre Lorde, série 2.5 (Diários).
24. Arquivos do Spelman College, *Diário 17 de Lorde, 8 out. 1979 e 19 out. 1979*. Documentos de Audre Lorde, série 2.5 (Diários).
25. Audre Lorde, "Solstice", em *Collected Poems of Audre Lorde*, op. cit., p. 329. Originalmente em Audre Lorde, *The Black Unicorn*, op. cit. [Ed. bras.: "Solstício", em *A unicórnia preta*, op. cit., p. 283.]

10. véspera de todos os santos [pp. 64-5]

1. Walter de la Mare, "The Listeners", em *The Listeners and Other Poems*, op. cit., pp. 64-5.
2. Ibid., p. 64.
3. Ibid., p. 65.
4. Ibid., p. 64.
5. Audre Lorde, "Prologue", em *Collected Poems of Audre Lorde*, op. cit., p. 97. Originalmente em *From a Land Where Other People Live*. Detroit: Broadside, 1973. [Ed. bras.: "Prólogo", em *Entre nós mesmas*, op. cit., p. 134.]
6. Adrienne Rich, "An Interview with Audre Lorde", op. cit., p. 715. [Ed. bras.: "Uma entrevista: Audre Lorde e Adrienne Rich", op. cit., p. 103.].
7. Charles Rowell, "Above the Wind: An Interview with Audre Lorde", *Callaloo*, v. 14, n. 1, p. 89, inverno 1991.

11. bons espelhos não são baratos [pp. 66-7]

1. Ver Barbara Morgan Wilcox e Frances L. Clayton, "Infant Visual Fixation on Motion Pictures of the Human Face", *Journal of Experimental Child Psychology*, v. 6, pp. 22-32, 1968.
2. Ver, por exemplo, Frances Clayton, "Two Measures of the 'Cue Strength' of a Stimulus and Its Conditioned Reinforcing Value", *Psychological Reports*, v. 10, pp. 231-40, 1962; e "Light Reinforcement as a Function of Water Deprivation", *Psychological Reports*, v. 4, pp. 63-6, 1958; e William O. Jenkins e Frances L. Clayton, "Rate of Responding and Amount of Reinforcement", *Journal of Comparative and Physiological Psychology*, v. 42, pp. 174-81, 1949.

12. nota escolar [pp. 68-72]

1. Nina Winter, "Audre Lorde", em *Conversations with Audre Lorde*, op. cit., p. 11.
2. Audre Lorde, "Brother Alvin", em *Collected Poems of Audre Lorde*, op. cit., p. 275. Originalmente em *The Black Unicorn*, op. cit. [Ed. bras.: "Irmão Alvin", em *A unicórnia preta*, op. cit., p. 133.]
3. Arquivos do Spelman College, "The Classrooms". Documentos de Audre Lorde, série 2.4, caixa 24, pasta 13. Não publicado até que a CUNY Poetics Document Initiative o usou para abrir um panfleto sobre a prática de Lorde como professora. *Lost & Found: The CUNY Poetics Document Initiative, Series VII*. Nova York: Center for the Humanities, CUNY Graduate Center, 2018, p. 17.

4. Audre Lorde, creditada como "Audrey Lorde", "The Welcome Committee", *Seventeen*, v. 13, n. 3, p. 38, mar. 1954. .
5. Ibid.
6. Arquivos do Spelman College, "Welcome Committee", ago. 1950. Documentos de Audre Lorde, caixa 30, pasta 2.4.218.
7. Audre Lorde, "The Welcome Committee", *Seventeen*, op. cit., p. 38.
8. Id., "Eulogy for Alvin Frost", em *Collected Poems of Audre Lorde*, op. cit., pp. 263-4. Originalmente em Audre Lorde, *The Black Unicorn*, op. cit. [Ed. bras.: "Elogio a Alvin Frost", em *A unicórnia preta*, op. cit., p. 101.]
9. Ibid.
10. Ibid., pp. 263-4. [Ed. bras.: p. 105.]
11. Id., "Brother Alvin", em *Collected Poems of Audre Lorde*, op. cit., p. 275. Originalmente em Audre Lorde, *The Black Unicorn*, op. cit. [Ed. bras.: "Irmão Alvin", em *A unicórnia preta*, op. cit., p. 133.]
12. Ibid.

13. irmão alvin [pp. 73-6]

1. Arquivos do Spelman College, *Carta de Adrienne Rich para Audre Lorde*, 18 maio 1988. Documentos de Audre Lorde, caixa 4, pasta 107.
2. Ibid.
3. Audre Lorde — Ser jovem, lésbica e negra nos anos 50. AfroMarxist. Disponível em: <www.youtube.com/watch?v=_nS8_5Dm-sg&t=2788s>. Acesso em: 19 maio 2025. A amiga de uma vida toda de Lorde e primeira editora Diane di Prima tinha feito algo parecido uma década antes. Seu *Memórias de uma beatnik* é um romance erótico da perspectiva de uma protagonista chamada Diane di Prima, que compartilha todo o contexto demográfico e geográfico com a verdadeira Di Prima, mas que tem um conjunto de experiências que são inventadas usando seu autêntico testemunho da dinâmica de uma comunidade de que ela fazia parte na época, enquanto acrescentava muitas cenas de sexo gratuitas a pedido de seu editor. Há até uma versão ficcional de Audre Lorde (com um nome diferente) em *Memórias de uma beatnik*, que participa de uma orgia com amigos da escola e da faculdade de Di Prima. Ver Diane di Prima, *Memoirs of a Beatnik* [1969]. Nova York: Penguin Random House, 1998. [Ed. bras.: *Memórias de uma beatnik*. Trad. de Ludimila Hashimoto. São Paulo: Veneta, 2013.]
4. Ver Ida B. Wells, *A Red Record: Tabulated Statistics and Alleged Causes of Lynching in the United States*. Panfleto autopublicado, 1895.
5. Barbara Smith e Audre Lorde em *The Edge of Each Other's Battles*, op. cit.
6. Ver também carta de Woolf, 1 set. 1907, em Virginia Woolf, *Flight of the Mind*, op. cit., pp. 308-9.
7. Não se preocupe. Eu definitivamente não vou fazer isso.

Parte 3

1. Audre Lorde, *Collected Poems of Audre Lorde*, op. cit., p. 142. Originalmente em *The New York Head Shop and Museum*, op. cit. Grifo nosso.

14. herança-dele [pp. 79-82]

1. Ellen Shapiro, "Audre Lorde", em *Conversations with Audre Lorde*, op. cit., p. 19.
2. Biblioteca Schlesinger, *Tributo/carta de June Jordan a Audre Lorde*, 18 fev. 1993. Documentos de June Jordan, 1936-2002, MC 513, caixa 58, pasta 58.2. Instituto Radcliffe, Universidade Harvard, Cambridge. Usado com permissão do June M. Jordan Literary Estate, junejordan.net.
3. Ellen Shapiro, "Audre Lorde", op. cit., p. 19.
4. Arquivos do Spelman College, "All These", 3 nov. 1948. Documentos de Audre Lorde, caixa 28, pasta 2.4.163.
5. Audre Lorde, creditada como "Audrey Lorde", "Spring", *Seventeen*, v. 10, n. 4, p. 137, abr. 1951.
6. Ibid., "On the Book Beat", *Seventeen*, v. 12, n. 1, pp. 26 e 44, jan. 1953.
7. Ellen Shapiro, "Audre Lorde", op. cit., p. 19.
8. Reunião de Zoom marcada pela Cathedral of St. John the Divine. Nova York, 18 fev. 2020.
9. Biblioteca Schlesinger, *Tributo de Barbara Smith para Audre Lorde, anexo a uma carta de June Jordan, 1980*. Documentos de June Jordan, 1936-2002, MC 513, caixa 101, pasta 4. Instituto Radcliffe, Universidade Harvard, Cambridge. Usado com permissão do June M. Jordan Literary Estate, junejordan.net.
10. Biblioteca Pública de Nova York, *Entrevista com Audre Lorde, 5 out. 1983*. Documentos de Karla Jay, n. 03279.
11. Ellen Shapiro, "Audre Lorde", op. cit., p. 25. Grifo do original.

15. a ameaça marrom [pp. 83-7]

1. Audre Lorde, "The Brown Menace, or Poem to the Survival of Roaches", em *Collected Poems of Audre Lorde*, op. cit., p. 149. Originalmente em *The New York Head Shop and Museum*, op. cit.
2. Arquivos do Spelman College, *Diário 2 de Lorde, 9 fev. 1951*. Documentos de Audre Lorde, série 2.5 (Diários).
3. Audre Lorde, "Proposal for Faculty Seminar at Hunter on Race", de "I Teach Myself in Outline", em *Lost & Found: The CUNY Poetics Document Initiative, Series VII*. Nova York: Center for the Humanities, CUNY Graduate Center, 2018, p. 41.
4. Ibid., p. 40.
5. Ibid., p. 41.
6. Arquivos do Spelman College, *"Short Ode to a Lady's Bangs"* (diversas revisões), 3 ago. 1949. Documentos de Audre Lorde, caixa 28, pasta 2.4.188.
7. Id., *"Coefficients, altitudes"*, 28 ago. 1949. Documentos de Audre Lorde, caixa 28, pasta 2.4.191.
8. Id., *"Of a Summer's Eve"*, 17 ago. 1949. Documentos de Audre Lorde, caixa 28, pasta 2.4.190.
9. Audre Lorde, "Eye to Eye", op. cit., p. 147. [Ed. bras.: "Olho no olho", op. cit., p. 186.]
10. Id., "The Brown Menace, or Poem to the Survival of Roaches", op. cit., p. 149.
11. Ibid.

16. fantasia e conversa [pp. 88-90]

1. Audre Lorde, "Chain", em *Collected Poems of Audre Lorde*, op. cit., p. 247. Originalmente em Audre Lorde, *The Black Unicorn*, op. cit. [Ed. bras.: "Corrente", em *A unicórnia preta*, op. cit., p. 61.]
2. Note que em *Interview With the Muse* Lorde fala sobre como muitas pessoas do colegial não conseguiram. O livro foi publicado em 1978, na época de seu primeiro susto com o câncer. Ver Nina Winter, *Interview With the Muse*, op. cit., pp. 76-8.
3. Diane di Prima, *Recollections of My Life as a Woman: The New York Years*. Nova York: Viking, 2001, p. 73.
4. Nancy Hoyt, *Elinor Wylie: The Portrait of na Unknown Lady*. Indianapolis: Bobbs-Merrill, 1935, p. 197.

17. poema para uma poeta [pp. 91-5]

1. Edna St. Vincent Millay, "Renascence", em *Collected Poems: Edna St. Vincent Millay*. Nova York: Harper, 1956, p. 3. [Ed. bras.: *Poemas, solilóquios e sonetos*. Trad. de Bruna Beber. Belo Horizonte: Âyiné, 2022, p. 17.]
2. Ibid.
3. Ibid.
4. Adrienne Rich, "An Interview with Audre Lorde", op. cit., p. 716. [Ed. bras.: "Uma entrevista: Audre Lorde e Adrienne Rich", op. cit., p. 104.].
5. Ibid.
6. Edna St. Vincent Millay, "Renascence", op. cit.
7. Ver Diane di Prima, *Recollections of My Life as a Woman*, op. cit.
8. Arquivos do Spelman College, *Página de dedicatória, em Caderno do Hunter College, 1949*. Documentos de Audre Lorde, caixa 26, pasta 113.
9. Arquivos do Spelman College, *Diário 2 de Lorde, diário nacional 2, fev.14, 1951*. Documentos de Audre Lorde, série 2.5 (Diários).
10. Biblioteca Beinecke de Livros Raros e Manuscritos, Universidade Yale, *25 out. 1960, carta de Audre Lorde para Langston Hughes*. Documentos de Langston Hughes.
11. Edna St. Vincent Millay, "Renascence", op. cit., p. 4. [Ed. bras.: p. 17.]
12. Arquivos do Spelman College, *"Location", 27 maio 1949*. Documentos de Audre Lorde, caixa 28, pasta 2.4.182.
13. Ibid.
14. Edna St. Vincent Millay, "Renascence", op. cit., p. 5. [Ed. bras.: p. 21.]
15. Ibid., p. 8.
16. Ibid.
17. Ibid., p. 10. [Ed. bras.: p. 27.]
18. Arquivos do Spelman College, *"Nirvana", 31 ago. 1949*. Documentos de Audre Lorde, caixa 28, pasta 2.4.114.
19. Audre Lorde, "Coal", em *Collected Poems of Audre Lorde*, op. cit., p. 163. Originalmente em *Coal*. Nova York: W. W. Norton, 1976.
20. Edna St. Vincent Millay, "Renascence", op. cit., p. 13. [Ed. bras.: p. 31.]
21. Ibid.
22. Ibid.

18. paz na terra [pp. 96-9]

1. Audre Lorde, *Zami*, op. cit., p. 100. [Ed. bras.: p. 189.]
2. Id., "A Burst of Light", em *A Burst of Light and Other Essays*, op. cit., p. 131. [Ed. bras.: "Uma explosão de luz", op. cit., p. 133.]
3. Arquivos do Spelman College, *"The Revolt of the Light Years"*, em *Caderno do Hunter College 1949*. Documentos de Audre Lorde, caixa 26, pasta 113.
4. Ibid.
5. Ibid.
6. Ibid.
7. Ibid.
8. Ibid.
9. Ibid.
10. Ibid.
11. Ibid. Grifo nosso.
12. Audre Lorde, *A Burst of Light and Other Essays*, op. cit., p. 89. 24 dez. 1984. [Ed. bras.: "Uma explosão de luz", em *Sou sua irmã*, op. cit., p. 152.]
13. Id., *A Burst of Light and Other Essays*, op. cit., p. 76. 9 dez. 1985. [Ed. bras.: p. 141.]

Parte 4

1. Audre Lorde, *Audre Lorde: Dream of Europe*, op. cit., p. 63. Grifo nosso.

19. geração [pp. 103-10]

1. Arquivos do Spelman College, *"How Long Is the Summer"*, jan. 1950. Documentos de Audre Lorde, caixa 29, pasta 2.4.201.
2. Ou 1948 e 1949; é provável que aquelas descrições de Audre Lorde em *Zami* sejam baseadas em uma fusão de ambos os verões.
3. Talvez Lorde pensasse em sua irmandade com Genevieve nos termos que Wylie usara para descrever sua irmã Nancy, com frases como "Você é uma rosa mas com o espinho mais afiado" e "mágica entre o açúcar e a pimenta". Ver Elinor Wylie, "Nancy", em *Nets to Catch the Wind*. Nova York: Harcourt, 1921, p. 35.
4. Em *Black Armour* (Nova York: Doran, 1923), de Wylie, toda a primeira seção, intitulada "Breastplate" [couraça], descreve a morte como um descanso e um refúgio. Wylie esteve cercada pelo suicídio: seu irmão e sua irmã se suicidaram e o terceiro irmão pulou no mar de um transatlântico esperando morrer mas foi resgatado.
5. Arquivos do Spelman College, *"The Weak Gods"*, 5 maio 1949. Documentos de Audre Lorde, caixa 28, pasta 2.4.179.
6. Id., *"That Sprung"*, 16 maio 1949. Documentos de Audre Lorde, caixa 28, pasta 2.4.180.
7. Id., *"A Mistake"*, maio 1949. Documentos de Audre Lorde, caixa 28, pasta 2.4.181.
8. Id., *"A Mistake"*, em *Caderno do Hunter College 1949*. Documentos de Audre Lorde, caixa 26, pasta 113.
9. Arquivos do Spelman College, *"I have a longing"*, em *caderno do Hunter College 1949*, 13 ago. 1949. Documentos de Audre Lorde, caixa 26, pasta 113.

10. Audre Lorde, "Timepiece", em *Collected Poems of Audre Lorde*, op. cit., p. 287. Originalmente em Audre Lorde, *The Black Unicorn*, op. cit. [Ed. bras.: "Relógio", em *A unicórnia preta*, op. cit., p. 165.]
11. Arquivos do Spelman College, *"Stop Hour"*, 29 ago. 1949. Documentos de Audre Lorde, caixa 28, pasta 2.4.192.
12. Ver Diane di Prima, *Recollections of My Life as a Woman*, op. cit.

20. lentes de contato [pp. 111-3]

1. Arquivos do Spelman College, *"The Twenty-Thousandth Day"*, ago. 1949. Documentos de Audre Lorde, caixa 28, pasta 2.4.189.
2. Ver Evelynn Hammonds, "Black (W)holes and the Geometry of Female Sexuality", *differences*, v. 6, n. 2-3, pp. 126-45, 1994.
3. Arquivos do Spelman College, *"Self"*, fev. 1950. Documentos de Audre Lorde, caixa 29, pasta 2.4.208.

21. pirueta [pp. 114-7]

1. Arquivos do Spelman College, *"I have forgotten what it is to dream"*, 30 nov. 1949, em *Caderno do Hunter College 1949*. Documentos de Audre Lorde, caixa 26, pasta 113.
2. Id., *"Deep skies loom over me"*, em *Caderno do Hunter College 1949*, 15 dez. 1949. Documentos de Audre Lorde, caixa 26, pasta 113.
3. Id., *"Apologies"*, jan. 1950. Documentos de Audre Lorde, caixa 29, pasta 2.4.200.
4. Id., *"Friend"*, fev. 1950. Documentos de Audre Lorde, caixa 29, pasta 2.4.207.
5. Id., *"It can be a beautious thing to die"*, mar. 1950. Documentos de Audre Lorde, caixa 29, pasta 2.4.214.
6. Edna St. Vincent Millay, "Renascence", op. cit., p. 5. [Ed. bras.: p. 19.]
7. Diane di Prima, *Recollections of My Life as a Woman*, op. cit., p. 397.

22. primavera III [pp. 118-23]

1. Audre Lorde, *Zami*, op. cit., p. 100. [Ed. bras.: p. 189.]
2. Arquivos do Spelman College, *"Eternity"*, em *Caderno de poesia de Lorde do colegial do Hunter College*. Documentos de Audre Lorde, caixa 26, pasta 113.
3. Id., *"Strange other lands are calling"*, mar. 1950. Documentos de Audre Lorde, caixa 29, pasta 2.4.212.
4. Id., *"Forecast of an ending"*, mar. 1951. Documentos de Audre Lorde, caixa 30, pasta 2.4.230.
5. Id., *"I know not even the grave"*, mar. 1950. Documentos de Audre Lorde, caixa 29, pasta 2.4.213.
6. "What Is a Black Hole?", Nasa, 21 ago. 2018. Disponível em: <www.nasa.gov/audience/forstudents/k-4/stories/nasa-knows/what-is-a-black-hole-k4.html>. Acesso em: 19 maio 2025.
7. Audre Lorde, "Second Spring", em *Collected Poems of Audre Lorde*, op. cit., p. 10. Originalmente em *The First Cities*, op. cit.

8. Edna St. Vincent Millay, "Song of a Second April", originalmente publicado em *Second April*, reimpresso em *Edna St. Vincent Millay: Early* Poems. Nova York: Penguin, 1998, p. 101. [Ed. bras.: p. 121.]
9. Audre Lorde, "Spring", *Seventeen*, op. cit., p. 137.
10. Id., "Memorial II", em *Collected Poems of Audre Lorde*, op. cit., p. 3. Originalmente em *The First Cities*, op. cit.
11. Arquivos do Spelman College, *Diário 2 de Lorde, 18 fev.1951*. Documentos de Audre Lorde, série 2.5 (Diários).
12. Ibid.
13. Arquivos do Spelman College, *Diário 2 de Lorde, 15 mar. 1951*. Documentos de Audre Lorde, série 2.5 (Diários).
14. Id., *Diário 2 de Lorde, 16 mar. 1951*. Documentos de Audre Lorde, série 2.5 (Diários).
15. Id., *Diário 2 de Lorde, 17 mar. 1951*. Documentos de Audre Lorde, série 2.5 (Diários).
16. Id., *Diário 2 de Lorde, 25 mar. 1951*. Documentos de Audre Lorde, série 2.5 (Diários).
17. Audre Lorde, "Change of Season", em *Collected Poems of Audre Lorde*, op. cit., p. 80. Originalmente em *From a Land Where Other People Live*, op. cit. [Ed. bras.: "Mudança de estação", em *Entre nós mesmas*, op. cit., p. 80.]
18. Arquivos do Spelman College, *Diário 27 de Lorde, 22 maio 1983*. Documentos de Audre Lorde, série 2.5 (Diários).
19. Audre Lorde, "Spring", *Seventeen*, op. cit., p. 137.

23. professora [pp. 124-9]

1. De acordo com Di Prima, colega de ensino médio de Audre, em *Recollections of My Life as a Woman*, op. cit., p. 73.
2. Hunter College, *Annals*. Anuário de 1941 do ensino médio, p. 15.
3. Barnard College, *Mortarboard*. 1944, p. 28.
4. Arquivos do Spelman College, *Diário 2 de Lorde, domingo, 4 fev. de 1951*. Documentos de Audre Lorde, série 2.5 (Diários).
5. "Seniors Feted in June Week", *Barnard Bulletin*, 5 jun. 1945, p. 1.
6. "Bulletin Members Make Merry at Their Own Annual Funeral", *Barnard Bulletin*, 27 abr. 1945, p. 2.
7. "Seniors Feted in June Week", op. cit., p. 1.
8. Arquivos do Spelman College, *Diário 2 de Lorde, sábado, 3 fev. 1951*. Documentos de Audre Lorde, série 2.5 (Diários).
9. Id., *Diário 2 de Lorde, domingo, 4 fev. 1951*. Documentos de Audre Lorde, série 2.5 (Diários).
10. Id., *Diário 2 de Lorde, sábado, segunda-feira, 19 fev. 1951*. Documentos de Audre Lorde, série 2.5 (Diários).
11. Id., *Diário 2 de Lorde, segunda-feira, 26 fev. 1951*. Documentos de Audre Lorde, série 2.5 (Diários).
12. Arquivos do Spelman College, *Diário 2 de Lorde, quinta-feira, 1 mar. 1951*. Documentos de Audre Lorde, série 2.5 (Diários).
13. Id., *Diário 2 de Lorde, sexta-feira, 2 mar. 1951*. Documentos de Audre Lorde, série 2.5 (Diários).

14. Id., *Diário 2 de Lorde, quarta-feira, 27 jun. 1951*. Documentos de Audre Lorde, série 2.5 (Diários).
15. Id., *Diário 2 de Lorde, domingo, 8 jul. 1951*. Documentos de Audre Lorde, série 2.5 (Diários).
16. Id., *Diário 2 de Lorde, domingo, 9 jul. 1951*. Documentos de Audre Lorde, série 2.5 (Diários).
17. Id., *"To Miriam"*, em "Notebook of Poems to Genevieve with No Words Spoken", p. 50, sem data. Documentos de Audre Lorde, caixa 26, pasta 114.
18. Ibid., p. 49.
19. Blanche Wiesen Cook, conversa com Clare Coss e a autora, 21 fev. 2021.

Parte 5

1. Arquivos do Spelman College, *Diário 17 de Audre Lorde, 25 ago. 1979*. Documentos de Audre Lorde, séries 2.5 (Diários). Grifo nosso.

24. a cotovia sem canto [pp. 133-8]

1. Audre Lorde, "On the Book Beat", *Seventeen*, v. 1, pp. 26 e 44, jan. 1953.
2. Arquivos do Spelman College, *Diário 2 de Lorde, Diário nacional, terça-feira, 26 jun. 1951*. Documentos de Audre Lorde, série 2.5 (Diários).
3. "Tuition Will Rise to Meet $30,000 Need in '51-'52", *The Campus*, Sarah Lawrence College, v. 21, n. 22, 11 abr. 1951.
4. Arquivos do Spelman College, *Audre Lorde Film Project, Sync Reel 28, Entrevista com Phyllis e Helen Lorde*. Documentos de Audre Lorde, série 5, caixa 63.
5. Audre Lorde, "Progress Report", em *Collected Poems of Audre Lorde*, op. cit., p. 65. Originalmente em *From a Land Where Other People Live*, op. cit. [Ed. bras.: "Relatório de progresso", em *Entre nós mesmas*, op. cit., p. 29.]
6. "Audre Lorde — To Be Young, Lesbian, and Black in the '50s", AfroMarxist. Disponível em: <www.youtube.com/watch?v=_nS8_5Dm-sg&t=2788s>. Acesso em: 19 maio 2025.
7. Audre Lorde, "On the Book Beat", *Seventeen*, v. 1, pp. 26 e 44, jan. 1953.
8. Ibid.
9. Arquivos do Spelman College, *"Strange other lands are calling"*, mar. 1950. Documentos de Audre Lorde, caixa 29, pasta 2.4.212.
10. "Ray Bradbury reading his poems and giving a lecture entitled Beyond 1984, what to do when the doom doesn't arrive!" Washington: Biblioteca do Congresso, gravação de áudio, 26 abr. 1982. Disponível em: <www.loc.gov/item/98704557>. Acesso em: 19 maio 2025.
11. Ray Bradbury, "April 2000/2031: The Third Expedition", *The Martian Chronicles* [1950]. Nova York: Harper Collins, 2013, p. 41.
12. Id., "April 2026/2057: The Long Years", *The Martian Chronicles*, op. cit., pp. 207-19.
13. Id., "Feb 1999/2030: Ylla", *The Martian Chronicles*, op. cit., p. 2.
14. Arquivos do Spelman College, *"The Makers of Our World"*, 10 dez. 1948. Documentos de Audre Lorde, caixa 28, pasta 2.4.166.
15. Audre Lorde, "Death Dance for a Poet", em *Collected Poems of Audre Lorde*, op. cit., p. 291. Originalmente em *The Black Unicorn*, op. cit. [Ed. bras.: "Dança da morte para uma poeta",

em *A unicórnia preta*, op. cit., p. 177.] Não é relevante, é?, que eu nasci em 1982, depois da leitura de Lorde e Bradbury. Não é relevante (é?) que "Dança da morte para uma poeta" foi o primeiro poema que adorei de Audre Lorde, sublinhado a lápis de cor turquesa. Ver "Audre Lorde and Marge Piercy reading their poems in the Coolidge Auditorium". Arquivo de Poesia e Literatura Gravadas, Biblioteca do Congresso, Washington. Gravação de áudio, 9 fev. 1982 Disponível em: <www.loc.gov/item/91740486>. Acesso em: 19 maio 2025.
16. "Audre Lorde reading her poems with comment in the Recording Laboratory". Arquivo de Poesia e Literatura Gravadas, Biblioteca do Congresso, Washington. Gravação de áudio, 23 fev. 1977. Disponível em: <www.loc.gov/item/91740794>. Acesso em: 19 maio 2025.
17. Clark Ashton Smith, "The Plutonian Drug", em August Derleth (Org.), *The Outer Reaches*. Nova York: Berkley, 1951, p. 144. Em que foi descoberta na Lua uma cura para o câncer chamada Selenine.
18. Peter Schuyler Miller, "The Thing on the Outer Shoal", em August Derleth (Org.), *The Other Side of the Moon*. Nova York: Berkley, 1949, pp. 80-91.
19. Nelson Bond, "This Is the Land", em *The Outer Reaches*, op. cit., pp. 106-15.

25. pai, o ano caiu [pp. 139-42]

1. Audre Lorde, "Father Son and Holy Ghost", em *Collected Poems of Audre Lorde*, op. cit., p. 15. Originalmente em *The First Cities*, op. cit.
2. Ellen Shapiro, "Audre Lorde", op. cit., p. 21.
3. Ibid., p. 22.
4. Jackie Kay, conversa com a autora, set. 2022.
5. "1970s: The Vanguard of Struggle", *Pride*, temporada 1, episódio 3, transmitido em 14 maio 2021, no FX. Disponível em: <www.fxnetworks.com/shows/pride>.

26. (para marie) em voo [pp. 143-8]

1. Audre Lorde, "Oaxaca", em *Collected Poems of Audre Lorde*, op. cit., p. 19. Originalmente em *The First Cities*, op. cit.
2. Toni Cade Bambara, "Salvation Is the Issue", em Mari Evans (Org.), *Black Women Writers (1950-1980): A Critical Evaluation*. Nova York: Doubleday, 1984, p. 43.
3. Audre Lorde, *Zami*, op. cit., p. 149. [Ed. bras.: pp. 274-5.]
4. Isso foi um avanço enorme em relação às suas aulas de espanhol no ensino médio, que nunca foram o seu forte; no último semestre ela anotou em seu diário, "Tomei bomba em espanhol como de costume". Arquivos do Spelman College, *Diário número 2 de Lorde, Diário nacional 2, 13 mar. 1951*. Documentos de Audre Lorde, série 2.5 (Diários).
5. Adrienne Rich, "An Interview with Audre Lorde", op. cit., p. 717. [Ed. bras.: "Uma entrevista: Audre Lorde e Adrienne Rich", op. cit., p. 106.].
6. Ibid., p. 718. [Ed. bras.: "Uma entrevista: Audre Lorde e Adrienne Rich", op. cit., p. 108.].
7. Rey Domoni (pseudônimo de Audre Lorde), "La Llurania", *Venture*, v. 2, pp. 47-51, 1955.
8. Audre Lorde, "Oaxaca", em *Collected Poems of Audre Lorde*, op. cit., p. 19.
9. Ibid.
10. Adrienne Rich, "An Interview with Audre Lorde", op. cit., p. 718. [Ed. bras.: "Uma entrevista: Audre Lorde e Adrienne Rich", op. cit., p. 107.]

27. artesã [pp. 149-52]

1. Arquivos do Spelman College, *Diário de Lorde, rascunho de carta para Adrienne Rich, que não sabia que ela era lésbica antes dos vinte anos de idade, 1977*. Documentos de Audre Lorde, série 2.5 (Diários).
2. *A Litany for Survival: The Life and Work of Audre Lorde*. Direção de Ada Gray Griffin e Michelle Parkerson. Nova York: Third World Newsreel, 1996. Disponível em: <video.alexanderstreet.com/watch/litany-for-survival-the-life-and-work-of-audre-lorde-a-90--min>. Acesso em: 19 maio 2025.
3. Ibid.
4. Wiesen Cook, conversa com Coss e a autora. Ver também "An Unseen Photo Album Preserves Life of Audre Lorde", *Plea for the Fifth*, 13 fev. 2021. Disponível em: <www.pleaforthefifth.com/an-unseen-photo-album-preserves-of-life-of-audre-lorde>. Acesso em: 19 maio 2025.
5. Arquivos do Spelman College, Audre Lorde, *Dedicação do Poetry Center*. Documentos de Audre Lorde, fitas 1-3, 13 dez. 1985, série 5, caixa 56; *Discurso de Audre Lorde na Dedicação do Hunter College Poetry Center, sem data*. Documentos de Audre Lorde, série 5, caixa 57.
6. Que mais tarde passaria a se chamar "Library Science" [biblioteconomia].
7. Adrienne Rich, "An Interview with Audre Lorde", op. cit., p. 730. [Ed. bras.: "Uma entrevista: Audre Lorde e Adrienne Rich", op. cit., p. 126.].
8. Audre Lorde, "Between Ourselves", em *Collected Poems of Audre Lorde*, op. cit., p. 223.
9. *A Litany for Survival*, op. cit.
10. Audre Lorde, "Interview with Christel Schmidt, Germany 1987", em *Audre Lorde: Dream of Europe*, op. cit., p. 153.

28. retrato [pp. 153-8]

1. Chapin Library Special Collections, Williams College, *Correspondência entre Naomi Long Madgett e Paul Breman, sem data*. Documentos de Paul Breman na Heritage Press, caixa 8, pasta 8.
2. Centro de Pesquisa Moorland-Spingarn, Universidade Howard, *Carta de Langston Hughes para Rosey E. Pool, 21 out. 1961*. Documentos de Rosey E. Pool, caixa 93, pasta 94. Copyright © 2023 the Estate of Langston Hughes. Usado com permissão de Harold Ober Associates and International Literary Properties LLC.
3. Audre Lorde, "Coal", em *Collected Poems of Audre Lorde*, op. cit., p. 163. Originalmente em *Coal*, op. cit.
4. Biografia de Audre Lorde escrita pela autora para Rosey E. Pool (Org.), *Beyond the Blues: New Poems by American Negroes*. Lympne, Kent: Hand and Flower, 1962, p. 140.
5. Centro de Pesquisa Moorland-Spingarn, Universidade Howard, *Carta de LeRoi Jones (Amiri Baraka) para Rosey Pool, 30 ago. 1961*. Documentos de Rosey E. Pool, caixa 82-2, pasta 84.
6. Biografia de LeRoi Jones escrita pelo autor para *Beyond the Blues*, p. 131.
7. Centro de Pesquisa Moorland-Spingarn, Universidade Howard. *Carta de Audre Lorde para Rosey Pool, sem data*. Documentos de Rosey E. Pool, caixa 82-2, pasta 94. .
8. Declaração de Audre Lorde em Paul Breman, *Sixes and Sevens: An Anthology of New Poetry Selected by Paul Breman*. Londres: Heritage, 1962, p. 39.

9. Ver Dionne Brand, *Bread out of Stone: Recollections, Sex, Recognitions, Race, Dreaming, Politics*. Toronto: Penguin Random House Canada, 2019. [Ed. bras.: *Pão tirado de pedra: Raça, sexo, sonho, política*. Trad. de Lubi Prates e Jade Medeiros. Rio de Janeiro: Bazar do Tempo, 2023.]

Parte 6

1. Audre Lorde, *Audre Lorde: Dream of Europe*, op. cit., p. 224. Grifo nosso.

29. naturalmente [pp. 161-5]

1. Arquivos do Spelman College, *Telegrama da dra. Johnnetta B. Cole para Audre Lorde, sem data*. Documentos de Audre Lorde, caixa 2, pasta; 1.1.031.
2. Id., *Programa do memorial de Audre Lorde para a segunda-feira, 18 jan. 1993, memorial na Cathedral Church of St. John the Divine, página de adendo*. Documentos de Audre Lorde, série 8, caixa 79, pasta 8.009.
3. Essa já não é uma caixa de "coisas efêmeras" que se pode abrir, por boas razões.
4. Audre Lorde, "Is Your Hair Still Political?", em *I Am Your Sister: Collected and Unpublished Writings of Audre Lorde*. Org. de Rudolph P. Byrd, Johnnetta Betsch Cole e Beverly Guy-Sheftall. Nova York: Oxford University Press, 2009, pp. 224-30. [Ed. bras.: "Seu cabelo ainda é político?", em *Sou sua irmã*, op. cit., p. 60.]
5. Ibid., pp. 225 e 227. [Ed. bras.: pp. 61 e 64.]
6. Leitura de poesia de Audre Lorde, em 12 de dezembro 1980 no Barnard College, para angariação de fundos para o Women's Experimental Theater de Nova York. *The Velvet Sledgehammer*. Nova York: WBAI. Emissão de rádio, 22 abr. 1981. Cortesia do Pacifica Radio Archive.
7. Andaiye, "Sister Survivor: For Audre Lorde", em Alissa Trotz (Org.), *The Point Is to Change the World: Selected Writings of Andaiye*. Londres: Pluto, 2020, pp. 178-81. [Ed. bras.: "Irmã sobrevivente: para Audre Lorde", em *O importante é transformar o mundo*. Org. de Alissa Trotz, trad. de Dafne Melo. São Paulo: Funilaria, 2022, pp. 279-84.]

30. pescando a água branca [pp. 166-8]

1. Nesse caso o rio Pearl e o rio Mississippi, lar dos choctaws por séculos. O lugar em que, segundo a história de origem conta, o esteio que havia tombado de lado em todos os outros terrenos finalmente ficou de pé.
2. Ver "Floating Lights", em *Choctaw Tales*. Sel. e notas de Tom Mould. Jackson: University Press of Mississippi, 2004.
3. *A Litany for Survival*, op. cit.
4. Audre Lorde, entrevista com a apresentadora Blanche Wiesen Cook, em *Women and the World in the 1980s*. Nova York: WBAI. Emissão de rádio, 20 ago. 1982. Cortesia do Pacifica Radio Archive.
5. Louise Chawla, "Poetry, Nature, and Childhood: An Interview with Audre Lorde", em *Conversations with Audre Lorde*, op. cit., p. 115. Ver também James Manigault-Bryant, "Journaling the Body into Nature: Audre Lorde's Poetic Transgressions of Environment's Scripture", *The Abeng*, v. 2, n. 1, pp. 34-44, 2018.

6. Arquivos do Spelman College, *Cartas de resposta à Pound, publicada por estudantes das aulas de poesia de Audre Lorde enquanto ela fazia residência no Tougaloo*, 14 mar. 1968. Documentos de Audre Lorde, caixa 23, pasta 47. Uma amostra das avaliações dos estudantes inclui:
"escrevo mais livre do que nunca."
"minha única sugestão seria estender o horário…"
"uma das muito poucas melhores experiências da minha vida. Elas trouxeram um despertar e um grande entendimento não apenas de poesia mas da vida em geral. A srta. Lorde tem sido uma inspiração tão grande, tão expressiva… P.S. Por favor, a tragam de volta, por favor."
"A única desvantagem da oficina é que ela não durou tempo o bastante."
"A srta. Lorde era linda."
"Não foi LONGA o bastante."
"*Viva la* oficina de poesia!"
"Acho que alguma coisa dinâmica, alguma coisa que tinha de ser expressa, alguma coisa muito profunda e que mexeu com o coração se originou de nossa relação com a srta. Lorde. Nunca vou esquecê-la e espero que no futuro o Tougaloo tenha sorte o bastante de ter alguém tão grandioso e tão lindo e tão 'junto' como a srta. Lorde. Só que na próxima vez, *por favor*, deixem o poeta ficar *mais tempo*!!"
"O insight de Audre Lorde fez com que terminássemos poemas que havia muito estavam emperrados, com que escrevêssemos poemas que nunca haviam visto um papel… Só lamento que tenha acabado tão rápido."
"Audre nos ensinou a ser honestos e nos ajudou a entrar 'em contato com nossos sentimentos'."
"Sua dinâmica de ensino nos ajudou a nos tornarmos melhores escritores de poesia e também aumentou a confiança que temos."
7. Id., *Carta de Alice Walker a Audre Lorde*. Documentos de Audre Lorde, caixa 5, pasta 1.1.136.
8. *Women and the World in the 1980s*, op. cit., 20 ago. 1982.
9. Ibid.
10. "Sunflower" é uma referência metafórica amorosa à flor real, um verdadeiro milagre em busca do sol, honrando a centralidade do sol para os choctaws. Não é o condado de Sunflower, lar da grande Fannie Lou Hamer, onde fazendeiros supremacistas brancos tentaram matar de fome meeiros negros naquele mesmo ano e nos muitos antes e depois.
11. *Women and the World in the 1980s*, op. cit., 20 ago. 1982.
12. Audre Lorde, "Is Your Hair Still Political?", em *I Am Your Sister*, p. 227. [Ed. bras.: "Seu cabelo ainda é político?", op. cit., p. 168.]

31. solstício [pp. 169-77]

1. Audre Lorde, *The Cancer Journals*. Nova York: Penguin Classics, 2020 [1980], p. 30. [Ed. bras.: *Os diários do câncer*. Trad. de tatiana nascimento. São Paulo: Ginecosofia, 2024, p. 57.]
2. Ibid., p. 36. [Ed. bras.: p. 66.]
3. Frances Clayton, como relatado a Clare Coss, "A Lesbian Life", *Sinister Wisdom: A Multicultural Lesbian Literary & Art Journal*, n. 122, p. 180, outono 2021.
4. Ibid., p. 195.

5. Ver Frances Clayton, "Two Measures of the 'Cue Strength'", pp. 231-40; e Frances L. Clayton e Joan G. Stevenson, "Extinction of Bar Pressing Following Training Under a Multiple VI VI Schedule", *Journal of the Experimental Analysis of Behavior*, v. 4, n. 4, pp. 295-7, 1961.
6. Frances L. Clayton e Robert A. Hinde, "The Habituation and Recovery of Aggressive Display in *Betta splendens*", *Behaviour*, v. 30, n. 1, pp. 96-106, 1968.
7. Frances Clayton, como relatado a Clare Coss, "A Lesbian Life", op. cit., p. 181.
8. O Instituto de Identidade Humana foi fundado em 1973 e formou centenas de terapeutas em práticas LGBTQ afirmativas. Frances fez sua formação em 1975.
9. Julie Enszer (Org.), *Sister Love: The Letters of Pat Parker and Audre Lorde 1974-1989*. Dover: Midsummer Night's, 2018, p. 47.
10. Frances Clayton, como relatado a Clare Coss, "A Lesbian Life", op. cit., p. 181.
11. O IRB é um comitê que tem de aprovar qualquer estudo de pesquisa que envolva sujeitos humanos.
12. Elizabeth Lorde-Rollins, "Afterword — Frances Clayton, ph.D.: A True Parent", *Sinister Wisdom: A Multicultural Lesbian Literary & Art Journal*, n. 122, p. 199, outono de 2021.
13. Arquivos do Spelman College, *Agenda de Lorde, título da capa: The Reporter Company, sábado, 21 de abril*. Documentos de Audre Lorde, série 2.5 (Diários), pasta 46.
14. Audre Lorde, "Outlines", em *Collected Poems of Audre Lorde*, op. cit., p. 366. Originalmente em *Our Dead Behind Us*, op. cit. [Ed. bras.: "Contornos", em *Nossos mortos em nossas costas*, op. cit., pp. 25 e 32.]
15. Como visto em um negativo de fotografias cortesia de Joan E. Biren, compartilhado em 30 jun. 2023.
16. "A Conversation About Frances Clayton", Sinister Wisdom. 18 nov. 2021. Disponível em: <www.youtube.com/watch?v=-6uvo3PNgnU>. Acesso em: 19 maio 2025.
17. Audre Lorde, "Walking Our Boundaries", em *Collected Poems of Audre Lorde*, op. cit., p. 262. Originalmente em Audre Lorde, *The Black Unicorn*, op. cit. [Ed. bras.: "Os limites do nosso quintal", em *A unicórnia preta*, op. cit., pp. 98-9.]
18. Arquivos do Spelman College, *Caderno Diário de Lorde 23 jan. 1980*. Documentos de Audre Lorde, série 2.5 (Diários).
19. Id., *Diário 16 de Lorde (Roxo), 28 nov. 1977*. Documentos de Audre Lorde, série 2.5 (Diários).
20. "From the Greenhouse", em *Collected Poems of Audre Lorde*, op. cit., p. 312. Originalmente em Audre Lorde, *The Black Unicorn*, op. cit. [Ed. bras.: "Da estufa", em *A unicórnia preta*, op. cit., p. 237.]
21. Arquivos do Spelman College, *Entre anotações para o poema "Uma litania pela sobrevivência", Diário 16 de Lorde, sem data*. Documentos de Audre Lorde, série 2.5 (Diários).
22. Frances Clayton, como contado a Clare Coss, "A Lesbian Life", op. cit., p. 175.
23. Arquivos do Spelman College, *Diário 27 de Lorde (tecido verde e preto), 6 jun. 1983 ou 1984, em um pedaço de papel ofício*. Documentos de Audre Lorde, série 2.5 (Diários).
24. Elizabeth Lorde-Rollins, "Afterword — Frances Clayton, ph.D.", op. cit., p. 199.
25. Descrição completa do espaço em que Frances Clayton vivia em Clayton, como contado a Clare Coss, "A Lesbian Life", p. 176.

32. da estufa [pp. 178-87]

1. Audre Lorde, "On My Way Out I Passed Over You and the Verrazano Bridge", em *Collected Poems of Audre Lorde*, op. cit., p. 403. Originalmente em *Our Dead Behind Us*, op. cit. [Ed. bras.: "Quando saía eu passei por você na ponte Verrazano", em *Nossos mortos sobre nossas costas*, op. cit., p. 97.]
2. Arquivos do Spelman College, *Revisões para o ensaio "Olho no olho: Mulheres negras, ódio e raiva", p. 32, 1984*. Documentos de Audre Lorde, caixa 17, pasta 29.
3. Id., *Diário de Lorde, nov. 1972*. Documentos de Audre Lorde, série 2.5 (Diários).
4. Audre Lorde, "Manchild: A Black Lesbian Feminist's Response", em *Sister Outsider*, op. cit., p. 74. [Ed. bras.: "O filho homem: Reflexões de uma lésbica negra e feminista", em *Irmã outsider*, op. cit., p. 93.]
5. Arquivos do Spelman College, *Diário 25 de Lorde (marrom), 1981-1982*. Documentos de Audre Lorde, série 2.5 (Diários).
6. Audre Lorde, "Change of Season", em *Collected Poems of Audre Lorde*, op. cit., p. 79. Originalmente em *From a Land Where Other People Live*, op. cit. [Ed. bras.: "Mudança de estação", em *Entre nós mesmas*, op. cit., p. 80.]
7. Id., *Collected Poems of Audre Lorde*, op. cit., p. 99.
8. Id., entrevistada por Deborah Wood na II Conferência Nacional de Escritores Afro-Americanos na Universidade Howard, em 23 abr. 1976. Juliette Bowles (Org.), *In the Memory of Frances, Zora and Lorraine: Essays and Interviews on Black Women and Writing*. Washington: Institute for the Arts and Humanities, Universidade Howard, 1979, p. 16.
9. Arquivos do Spelman College, *Audre Lorde N. 599, Etheridge Knight, gravação de áudio em cassete, 26 set. 1974*. Documentos de Audre Lorde, série 5, caixa 55.
10. Audre Lorde, "Dedicatória", em *Coal*, op. cit.
11. Arquivos do Spelman College, *Notas para abertura da Conferência de Gays e Lésbicas do Terceiro Mundo, Diário 20, sem data*. Documentos de Audre Lorde, série 2.5 (Diários).
12. Audre Lorde, entrevista com Wood, *In the Memory of Frances, Zora and Lorraine*, op. cit., p. 17.
13. Arquivos do Spelman College, *Anotações para "Manchild", Diário 18 de Lorde, 17 jul., 1979*. Documentos de Audre Lorde, série 2.5 (Diários).
14. Audre Lorde, "Manchild", op. cit., p. 72. [Ed. bras.: "O filho homem: Reflexões de uma lésbica negra e feminista", em *Irmã outsider*, op. cit., p. 91.]
15. Arquivos do Spelman College, *Diário 13 de Lorde, 22 out. 1975*. Documentos de Audre Lorde, série 2.5 (Diários).
16. Id., *Elizabeth Lorde-Rollins, "Where Were You in '68"*. Documentos de Audre Lorde, caixa 1, pasta 2.
17. Audre Lorde, "Coping", em *Collected Poems of Audre Lorde*, op. cit., p. 267. Originalmente em Audre Lorde, *The Black Unicorn*, op. cit. [Ed. bras.: "Suportar", em *A unicórnia preta*, op. cit., p. 111.]
18. Nina Winter, *Interview with the Muse*, op. cit., p. 78.
19. Audre Lorde, "From the Greenhouse", em *Collected Poems of Audre Lorde*, op. cit., p. 312. Originalmente em Audre Lorde, *The Black Unicorn*, op. cit. [Ed. bras.: "Da estufa", em *A unicórnia preta*, op. cit., p. 237.]
20. Arquivos do Spelman College, *Diário 13 de Lorde, 10 jul. 1976*. Documentos de Audre Lorde, série 2.5 (Diários).

21. Audre Lorde, "Manchild", op. cit., p. 74. [Ed. bras.: "O filho homem", em *Irmã outsider*, op. cit., p. 93.]
22. Ellen Shapiro, "Audre Lorde", op. cit., p. 25.
23. Arquivos do Spelman College, *Anotações para o que vai se tornar "Manchild", Diário 18 de Lorde, sem data*. Documentos de Audre Lorde, série 2.5 (Diários).
24. Karla Hammond, "An Interview with Audre Lorde", *American Poetry Review*, op. cit., p. 18.
25. Ibid., p. 19.
26. Ibid.
27. Audre Lorde, "Hanging Fire", em *Collected Poems of Audre Lorde*, op. cit., p. 308. Originalmente em Audre Lorde, *The Black Unicorn*, op. cit. [Ed. bras.: "Chama suspensa", em *A unicórnia preta*, op. cit., p. 225.]
28. "The feminist Wire's Feminists We Love: Elizabeth Lorde-Rollins M.D., M.Sc". Direção de Aishah Shahidah Simmons. AfroLez Productions, 2014, Vimeo. Disponível em: <vimeo.com/87539969>. Acesso em: 19 maio 2025.
29. Elizabeth Lorde-Rollins, "Meeting Audre Lorde", em Gloria I. Joseph, *The Wind Is Spirit*, op. cit., pp. 125-32. Ver também Elizabeth Lorde-Rollins, "Meeting Audre Lorde", *The Advocate*, 25 fev. 2016. Disponível em: <www.advocate.com/books/2016/2/25/meeting-audre-lorde>. Acesso em: 20 maio 2025.
30. Arquivos do Spelman College, *"The Poet Speaks", apresentado por Herbert Kenney, editor literário do The Boston Globe, com a convidada Audre Lorde*. Boston: WGBH-FM. Gravação de áudio em cassete, 10 dez. 1971. Documentos de Audre Lorde, série 5, caixa 62.
31. Aqui Elizabeth Lorde-Rollins usa o símbolo para mulher em vez da palavra "mulheres".
32. Arquivos do Spelman College, *Carta de Elizabeth Lorde-Rollins, sem data*. Documentos de Audre Lorde, caixa 1, pasta 2.
33. Id., *Dedicação do Audre Lorde Poetry Center*. Documentos de Audre Lorde, fitas 1-3, 13 dez. 1985, série 5, caixa 56; *Discurso de Audre Lorde na Dedicação do Hunter College Poetry Center, sem data*. Documentos de Audre Lorde, série 5, caixa 57.
34. Id., *"On My Way Out I Passed Over You and the Verrazano Bridge" (diversas revisões), jun. 1982-1984*. Documentos de Audre Lorde, caixa 30, pasta 2.4.290. [Ed. bras.: "Quando saía eu passei por você na ponte Verrazano", em *Nossos mortos em nossas costas*, op. cit., p. 97.]
35. Audre Lorde, "On My Way Out I Passed Over You and the Verrazano Bridge", em *Collected Poems of Audre Lorde*, op. cit., p. 406. Originalmente em *Our Dead Behind Us*, op. cit. [Ed. bras.: "Quando saía eu passei por você na ponte Verrazano", em *Nossos mortos em nossas costas*, op. cit., pp. 97 e 101.]
36. Arquivos do Spelman College, *Fita cassete de Lorde lendo The Cancer Journals e The Black Unicorn, 23 abril (nenhum ano listado)*. Documentos de Audre Lorde, série 5, caixa 56.
37. Id., *Diário de Lorde, sem data*. Documentos de Audre Lorde, caixa 32, pasta 452.
38. Id., *Cartão de Elizabeth Lorde-Rollins, sem data*. Documentos de Audre Lorde, caixa 1, pasta 2.
39. Id., *Entrevista com Elizabeth Lorde-Rollins e Audre Lorde, "Audre Lorde Film Project, Summer 1987; Elizabeth Lorde Rollins Conversations with Audre Lorde; Judith's Fancy, St. Croix", 1987, fita VHS*. Documentos de Audre Lorde, série 5, caixa 63.

33. abomé com a rua 125 [pp. 188-95]

1. Arquivos do Spelman College, *Diário 12 de Lorde, sem data*. Documentos de Audre Lorde, série 2.5 (Diários).
2. Id., *Diário 16 de Lorde (roxo), 12 nov. 1977*. Documentos de Audre Lorde, série 2.5 (Diários).
3. Id., *Diário 16 de Lorde (roxo), 14 nov. 1977*. Documentos de Audre Lorde, série 2.5 (Diários).
4. Audre Lorde, "Transformation of Silence into Language and Action", op. cit., p. 41. [Ed. bras.: "A transformação do silêncio em linguagem e em ação", em *Irmã outsider*, op. cit., p. 52.]
5. Arquivos do Spelman College, *Diário 16 de Lorde (roxo), 11 nov. 1977*. Documentos de Audre Lorde, série 2.5 (Diários).
6. Audre Lorde, "Transformation of Silence into Language and Action", op. cit., p. 42. [Ed. bras.: "A transformação do silêncio em linguagem e em ação", em *Irmã outsider*, op. cit., p. 54.]
7. Mari Evans, "My Words Will Be There: An Interview with Audre Lorde", em *Conversations with Audre Lorde*, op. cit., p. 76.
8. Audre Lorde, "A Litany for Survival", em *Collected Poems of Audre Lorde*, op. cit., pp. 255-6. Originalmente em Audre Lorde, *The Black Unicorn*, op. cit. [Ed. bras.: "Uma litania pela sobrevivência", em *A unicórnia preta*, op. cit., p. 83.]
9. Id., "The Black Unicorn", em *Collected Poems of Audre Lorde*, op. cit., p. 233. Originalmente em Audre Lorde, *The Black Unicorn*, op. cit. [Ed. bras.: "A unicórnia preta", em *A unicórnia preta*, op. cit., p. 21.]
10. Id., "A Woman Speaks", em *Collected Poems of Audre Lorde*, op. cit., p. 234. Originalmente em Audre Lorde, *The Black Unicorn*, op. cit. [Ed. bras.: "Uma mulher fala", em *A unicórnia preta*, op. cit., p. 25.]
11. Resenha de *The Black Unicorn*, *Kirkus Reviews*, 1 set. 1978. Disponível em: <www.kirkusreviews.com/book-reviews/a/audre-lorde/the-black-unicorn>. Acesso em: 19 maio 2025.
12. Mari Evans, "My Words Will Be There: An Interview with Audre Lorde", op. cit., p. 73.
13. Andrea Benton Rushing, "A Creative Use of African Sources", *Obsidian*, v. 5, n. 3, pp. 114-6, inverno 1979.
14. Clare Coss, no painel de discussão "Powerful and Dangerous", op. cit.
15. Arquivos do Spelman College, *"Love Poem", sem data*. Documentos de Audre Lorde, caixa 34, pasta 2.4.48. Ver também a discussão de Briona S. Jones aqui: Karla Mendez, "Celebrating the Power of the Black Lesbian Literary Tradition: A Conversation with Briona Simone Jones", Black Women Radicals (blog), sem data.
16. Louise Chawla, "Poetry, Nature, and Childhood", op. cit., p. 125.
17. Ibid.
18. Arquivos do Spelman College, *Descrição do Projeto sobre Crianças e Canções/Cantos (bolsa CUNY) 1974-1975, sem data*. Documentos de Audre Lorde, caixa 23, pasta 48.
19. Primeiro verso de "Uma litania pela sobrevivência", o poema mais permanente de Lorde, em *Collected Poems of Audre Lorde*, op. cit., p. 255. Originalmente em Audre Lorde, *The Black Unicorn*, op. cit. [Ed. bras.: "Uma litania pela sobrevivência", em *A unicórnia preta*, op. cit., p. 81.]

20. Arquivos do Spelman College. *Diário 14 de Lorde (da viagem à Nigéria), 5 dez. 1976*. Documentos de Audre Lorde, série 2.5 (Diários).
21. Biblioteca do Congresso, Audre Lorde — gravação de som. Kansas City: New Letters, 1979. (29 min.) Disponível em: <lccn.loc.gov/89740292>. Acesso em: 20 maio 2025.
22. Harriet Desmoines, "Sweet Medicine", *Sinister Wisdom: A Multicultural Lesbian Literary & Art Journal*, v. 13, n. 59, pp. 58-62, primavera 1980.
23. Audre Lorde, "A Woman Speaks", em *Collected Poems of Audre Lorde*, op. cit., p. 234. [Ed. bras.: "Uma mulher fala", em *A unicórnia preta*, op. cit., p. 23.]
24. Id., "Journeystones I-XI", em *Collected Poems of Audre Lorde*, op. cit., pp. 313-5. [Ed. bras.: "Pedras do caminho I-XI", em *A unicórnia preta*, op. cit., p. 242.]
25. Id., "From the House of Yemanja", em *Collected Poems of Audre Lorde*, op. cit., pp. 235-6. [Ed. bras.: "Da casa de Iemanjá", em *A unicórnia preta*, op. cit., p. 27.]
26. Id., "Coniagui Women", em *Collected Poems of Audre Lorde*, op. cit., p. 237. [Ed. bras.: "As mulheres coniagui", em *A unicórnia preta*, op. cit., p. 31.]
27. Id., "Dahomey", em *Collected Poems of Audre Lorde*, op. cit., pp. 239-40. [Ed. bras.: "Daomé", em *A unicórnia preta*, op. cit., p. 37.]
28. Id., "125th Street and Abomey", em *Collected Poems of Audre Lorde*, op. cit., p. 241. [Ed. bras.: "Abomé e rua 125", em *A unicórnia preta*, op. cit., p. 41.]
29. Id., "The Women of Dan", em *Collected Poems of Audre Lorde*, op. cit., p. 242. [Ed. bras.: "As mulheres de Dan", em *A unicórnia preta*, op. cit., p. 45.]
30. Id., "Sahara", em *Collected Poems of Audre Lorde*, op. cit., pp. 243-4. [Ed. bras.: "Saara", em *A unicórnia preta*, op. cit., p. 49.]
31. Id., "The Women of Dan", em *Collected Poems of Audre Lorde*, op. cit., p. 242. [Ed. bras.: "As mulheres de Dan", em *A unicórnia preta*, op. cit., p. 45.]
32. Id., "Chain", em *Collected Poems of Audre Lorde*, op. cit., pp. 246-8. [Ed. bras.: "Corrente", em *A unicórnia preta*, op. cit., p. 61.]
33. Id., "Sequelae", em *Collected Poems of Audre Lorde*, op. cit., pp. 249-51. [Ed. bras.: "Sequelas", em *A unicórnia preta*, op. cit., p. 67.]
34. Id., "Timepiece", em *Collected Poems of Audre Lorde*, op. cit., p. 287. [Ed. bras.: "Relógio", em *A unicórnia preta*, op. cit., p. 165.]
35. Id., "For Assata", em *Collected Poems of Audre Lorde*, op. cit., p. 252. [Ed. bras.: "Para Assata", em *A unicórnia preta*, op. cit., p. 73.]
36. Id., "A Litany for Survival", em *Collected Poems of Audre Lorde*, op. cit., pp. 255-6. [Ed. bras.: "Uma litania pela sobrevivência", em *A unicórnia preta*, op. cit., p. 81.]
37. Robert Stepto, "The Phenomenal Woman and the Severed Daughter: Maya Angelou and Audre Lorde", *Parnassus*, v. 7, pp. 312-20, outono-inverno 1979.
38. Ibid.
39. Audre Lorde [gravação de som], [Kansas City, Mo: New Letters, 1979]; 1 fita, 29 min.: analog., 7 1/2 ips, mono; 7 in. RXA 6374. Biblioteca do Congresso. Disponível em <lccn.loc.gov/89740292>. Acesso em: 19 maio 2025.
40. Centro de Pesquisa em Cultura Negra Schomburg, Divisão de Manuscritos, Arquivos e Livros Raros, Biblioteca Pública de Nova York, Bilhete de Audre Lorde para Joseph Beam, 2 jun. 1989. Documentos de Joseph Beam, Sc MG 455, caixa 5, pasta 2.
41. Centro de Pesquisa em Cultura Negra Schomburg, Divisão de Manuscritos, Arquivos e Livros Raros, Biblioteca Pública de Nova York, *Materiais do Retiro Feminista Negro de 1977-78, caixa 2*. Documentos de Cheryl Clarke, Sc MG 642.

42. Arquivos do Spelman College, *Bilhete de Audre Lorde para Azalea, 12 dez. 1979*. Documentos de Audre Lorde, caixa 1, pasta 4.
43. Audre Lorde, "A Litany for Survival", em *Collected Poems of Audre Lorde*, op. cit., p. 255. Originalmente em *The Black Unicorn*, op. cit. [Ed. bras.: "Uma litania pela sobrevivência", em *A unicórnia preta*, op. cit., p. 81.]

34. horários [pp. 196-200]

1. Wiesen Cook, conversa com Clare Coss e a autora.
2. Leitura de poesia de Audre Lorde, em 12 dez. 1980 no Barnard College, para angariação de fundos para o Women's Experimental Theater de Nova York. *The Velvet Sledgehammer*. Nova York: WBAI. Emissão de rádio, 22 abril 1981. Cortesia do Pacifica Radio Archive.
3. Wiesen Cook, conversa com Clare Coss e a autora.
4. "Audre Lorde: A Burst of Light", 18 fev. 1993. Walter J. Brown Media Archives & Peabody Awards Collection da Universidade da Georgia, American Archive of Public Broadcasting (GBH e Biblioteca do Congresso), Boston, MA, e Washington, DC. Documentário em áudio.
5. Ver Audre Lorde, "I Teach Myself in Outline", op. cit., p. 11.
6. "Audre Lorde: A Burst of Light". Documentário em áudio, op. cit.
7. Audre Lorde, "A Sewerplant Grows in Harlem", em *Collected Poems of Audre Lorde*, op. cit., p. 109.
8. "Audre Lorde: A Burst of Light". Documentário em áudio, op. cit.
9. Audre Lorde [gravação de som], Kansas City, Mo.: New Letters, 1979; 1 fita (29 min.): analog., 7 1/2 ips, mono; 7 in. RXA 6374. Biblioteca do Congresso. Disponível em: <lccn.loc.gov/89740292>. Acesso em: 19 maio 2025.
10. Id., "The Day They Eulogized Mahalia", em *Collected Poems of Audre Lorde*, op. cit., p. 61. Originalmente em *From a Land Where Other People Live*, op. cit. [Ed. bras.: "O dia em que fizeram uma elegia a Mahalia", em *Entre nós mesmas*, op. cit., p. 21.]
11. Id., "Equinox", em *Collected Poems of Audre Lorde*, op. cit., p. 63. Originalmente em *From a Land Where Other People Live*, op. cit. [Ed. bras.: "Equinócio", em *Entre nós mesmas*, op. cit., p. 28.]
12. Id., "The Workers Rose on May Day, or Postscript to Karl Marx", em *Collected Poems of Audre Lorde*, op. cit., p. 114. Originalmente em *The New York Head Shop and Museum*, op. cit.
13. Id., "Paperweight", em *Collected Poems of Audre Lorde*, op. cit., p. 197. Originalmente em *Coal*, op. cit.
14. Id., "Power", em *Collected Poems of Audre Lorde*, op. cit., p. 215. Originalmente em *Between Ourselves*. Point Reyes, CA: Eidolon Editions, 1976. [Ed. bras.: "Poder", em *Entre nós mesmas*, op. cit., p. 121.]
15. Id., "Chain", em *Collected Poems of Audre Lorde*, op. cit., p. 246. Originalmente em *The Black Unicorn*, op. cit. [Ed. bras.: "Corrente", em *A unicórnia preta*, op. cit., p. 61.]
16. Arquivos do Spelman College, *Audre Lorde lendo na Universidade George Washington, prova da Watershed Foundation, 1982*. Documentos de Audre Lorde, série 5, caixa 55.
17. Arquivos do Spelman College, *Diário 23 de Lorde, 24 fev. 1981*. Documentos de Audre Lorde, série 2.5 (Diários).

35. uma criança guiará [pp. 201-12]

1. Thomas Hauser, *Trial of Patrolman Shea: The True Account of the Police Murder of Clifford Glover*. Nova York: Viking, 1980, loc. 1573.
2. Murray Schumach, "Police Tell Shea Trial of Futile Gun Hunt: Nothing Recovered", *New York Times*, p. 16, 25 maio 1974.
3. Thomas Hauser, Trial of Patrolman Shea, op. cit., loc. 1575.
4. Ibid., loc. 1606.
5. "Patrolman Mistaken for Criminal Is Buried", *New York Times*, p. 4, 9 mar. 1973.
6. Carta de Benjamin J. Malcom, comissário de correções de Nova York. Thomas Hauser, *Trial of Patrolman Shea*, op. cit., loc. 1644.
7. Thomas Hauser, *Trial of Patrolman Shea*, op. cit., loc. 821.
8. "Police Need Shea, Trial Told, to Guard City from 'Animals'", *New York Times*, p. 66, 23 ago. 1974.
9. Detalhes sobre John Jay em Helen S. Astin et al., *Open Admissions at City University of Nova York: An Analysis of the First Year*. Englewood Cliffs: Prentice-Hall, 1975, p. 184.
10. Ver também David Lavin, *Right Versus Privilege: The Open Admissions Experiment at the City University of New York*. Nova York: Free Press, 1981; e *Women's Club of Nova York: The Privileged Many; A Study of the City University's Open Admissions Policy, 1970-1975*. Nova York: The Club, 1975.
11. Adrienne Rich, "An Interview with Audre Lorde", op. cit., p. 734. [Ed. bras.: "Uma entrevista: Audre Lorde e Adrienne Rich", op. cit., p. 131.].
12. Laurie Johnston, "Jury Clears Shea in Killing of Boy: Finds Queens Officer Shot in Self-Defense", *New York Times*, p. 27, 13 jun. 1974.
13. Adrienne Rich, "An Interview with Audre Lorde", op. cit., p. 735. [Ed. bras.: "Uma entrevista: Audre Lorde e Adrienne Rich", op. cit., p. 132.].
14. Audre Lorde, "Poet as Teacher-Human as Poet-Teacher as Human", em *I Am Your Sister*, p. 182. [Ed. bras.: "A poeta como professora – a humana como poeta – a professora como humana", em *Sou sua irmã*, op. cit., p. 90.]
15. Arquivos do Spelman College, *Ensaio de aluno de um curso lecionado por Audre Lorde no John Jay College, sem data*. Documentos de Audre Lorde, caixa 82, pasta 2.
16. Wiesen Cook, conversa com Clare Coss e a autora.
17. Arquivos do Spelman College, *Fala para o Departamento de Inglês do John Jay, Diário 15 de Lorde, 18 fev. 1977*. Documentos de Audre Lorde, série 2.5 (Diários).
18. Id., *"Syllabus for Race and the Urban Situation Class 1970-1972"*. Documentos de Audre Lorde, caixa 17, pasta 60.
19. Id., *"The Poet Speaks", apresentado por Herbert Kenney, com a convidada Audre Lorde*. Documentos de Audre Lorde, série 5, caixa 62.
20. Blanche Wiesen Cook, no painel de discussão "Powerful and Dangerous", op. cit.
21. Arquivos do Spelman College, *"Syllabus for Race and the Urban Situation Class 1970-1972"*. Documentos de Audre Lorde, caixa 17, pasta 60.
22. Ibid.
23. Arquivos do Spelman College, *"The Poet Speaks", apresentado por Herbert Kenney, com a convidada Audre Lorde*. Documentos de Audre Lorde, série 5, caixa 62.
24. Adrienne Rich, "An Interview with Audre Lorde", op. cit., p. 735. [Ed. bras.: "Uma entrevista: Audre Lorde e Adrienne Rich", op. cit., p. 132.]

25. Audre Lorde, "A Woman/Dirge for Wasted Children, for Clifford", em *Collected Poems of Audre Lorde*, op. cit., p. 228. Originalmente em *Between Ourselves* (1976). [Ed. bras.: "Uma mulher/ Lamento para crianças perdidas", em *Entre nós mesmas*, op. cit., p. 178.]
26. Arquivos do Spelman College, *Carta para srta. Cuffee, 8 set. 1977*. Documentos de Audre Lorde, caixa 1, pasta 4.
27. Audre Lorde, *Women Reading Poetry*. Nova York: WBAI, 17 jul. e 28 ago. 1982. Cortesia de Pacifica Radio Archives.
28. Id., "I Teach Myself in Outline", op. cit., p. 33.
29. Arquivos do Spelman College, *"The Poet Speaks"*, apresentado por Herbert Kenney, com a convidada Audre Lorde. Documentos de Audre Lorde, série 5, caixa 62.
30. Id., *Diário 16 de Lorde, 7 de mar. 1978*. Documentos de Audre Lorde, série 2.5 (Diários).

36. uma litania pela sobrevivência [pp. 213-9]

1. Cada palavra nesta litania é uma citação direta de uma amostra das alunas de Audre Lorde durante os anos que ela lecionou poesia no Hunter College.
2. Sarah Schulman (daqui em diante SS), conversa com a autora, 20 ago. 2021. Schulman, a escritora e ativista, se formou no ensino médio do Hunter e no SUNY Empire State College. É autora de diversos livros importantes, dos quais o mais recente é *Let the Record Show: A Political History of Act Up New York, 1987-1993*. Ela é uma professora de destaque na área de humanas do College of Staten Island.
3. Cheryl Boyce-Taylor (daqui em diante CBT), conversa com a autora, set. 2020. Boyce-Taylor é uma poeta premiada e autora de vários livros de poesia, e mais recentemente de um livro de memórias híbrido chamado *Mama Phife Represents* e da antologia poética *We Are Not Wearing Helmets*. É membra-fundadora do Stations Collective, que apresentou a poesia de Audre Lorde ao vivo em diversos locais de Nova York depois que ela deixou o Hunter College. Boyce-Taylor também homenageou a poesia de Lorde através de uma colaboração performática com Bill T. Jones. Ela é curadora da Calypso Muse e de vários coletivos de escrita e poesia. É graduada pelo Fordham e recebeu um Stonecoast MFA na Universidade do Sul do Maine.
4. Id., "A Woman Speaks", em *We Are Not Wearing* Helmets. Evanston, IL: Northwestern University Press, 2022.
5. asha bandele (daqui em diante AB), conversas com a autora, 15 jul. 2020; e observações, "Celebration: Audre Lorde", simpósio, Roosevelt House, Hunter College, 2 out. 2012. Bandele foi a primeira presidente do Audre Lorde Women's Poetry Center. Ela posteriormente se tornou uma poeta e autora premiada. Sua poesia, seu livro de memórias *The Prisoners Wife* and *Something Like Beautiful*, e seu romance *Daughter* trouxeram a honestidade que Audre Lorde ensinava para o século XXI. Seu trabalho intergeracional como líder de oficina e coautora de memorialistas mais jovens impacta movimentos contemporâneos em prol da liberdade negra de forma indelével. Foi membra-fundadora do Stations Collective. Asha visitou Audre Lorde em St. Croix e estava lá quando ela partiu em 1992.
6. CBT.
7. AB.
8. CBT.

9. Jewelle Gomez (daqui em diante JG), no painel de discussão "Powerful and Dangerous", op. cit.; e "Coal", em *Still Water* (Bloomington: BLF, 2022), escrito em homenagem a *Coal* de Lorde. Jewelle Gomez é uma poeta, ficcionista e dramaturga premiada, mais conhecida por *The Gilda Stories*, um romance ao qual Audre ofereceu feedback crucial e que começa com uma epígrafe do poema "Prólogo", de Lorde. Gomez procurou Audre Lorde porque tinha usado *De uma terra onde outro povo vive* (1973) como modelo para sua primeira compilação poética, *The Lipstick Papers*. Ela então construiu uma amizade e um relacionamento de mentora/mentoreada com Audre, que incluiu ser aluna ouvinte de oficinas de poesia de Lorde e eventualmente lecionar no Hunter depois que Lorde deixou Nova York. Quando Audre Lorde foi agraciada com o Bill T. Whitehead Award pela Triangle Publishing Foundation, ela leu o discurso de Lorde na ausência dela (Lorde estava na Alemanha fazendo tratamento alternativo para o câncer). Em seu discurso Lorde criticou a organização e se recusou a aceitar o dinheiro. Depois da morte de Audre Lorde, Jewelle Gomez fez festas de aniversário em sua homenagem, nas quais convidava pessoas a ler tiras de papel roxo com trechos da obra de Lorde (Palestra sobre Audre Lorde em 1998 no OutWrite Festival na Universidade Northeastern, Boston).
10. Arquivos do Spelman College, *Lisa Vice*, dedicação do Audre Lorde Poetry Center. Documentos de Audre Lorde, fitas 1-3, 13 dez. 1985, série 5, caixa 56; série 5, caixa 57.
11. Donna Masini (daqui em diante DM), conversa com Jacqueline Brown e Sarah Schulman, 18 fev. 2021. Masini é uma poeta premiada que atribui a Audre Lorde sua carreira atual como professora de poesia do Hunter College e a conclusão de sua formação. Ela foi aluna do Hunter College e fez seu mestrado na Universidade de Nova York por sugestão de Lorde. Foi uma acompanhante da cerimônia memorial de Audre Lorde na St. John the Divine e oradora em sua admissão no American Poets Corner, também na catedral.
12. Beatriz Hernandez (daqui em diante BH), conversa com a autora, 12 out. 2021. Hernandez é uma lésbica cubana que está processando o governo suíço pela pensão de sua esposa em um caso histórico de direitos humanos. Ela fez a oficina de poesia de Audre Lorde três vezes enquanto estava no programa para alunos avançados no Hunter College. Lança mão da energia de Audre Lorde para ter força e orientação até hoje.
13. CBT.
14. Jacqueline Nassy Brown (daqui em diante JNB), conversas com a autora, 12 fev. 2021; e conversa com Donna Masini e Sarah Schulman, 18 fev. 2021. Brown foi aluna de Lorde na oficina de poesia de 1986 no Hunter, uma oficina especificamente para mulheres de cor e seu último curso na faculdade. Ela é hoje professora de antropologia no Hunter College, onde lidera uma iniciativa para ter o West Building do campus rebatizado em homenagem a Audre Lorde. Seus esforços já levaram a uma rua ser nomeada em homenagem a Lorde.
15. CBT.
16. SS.
17. BH.
18. JG.
19. JNB.
20. BH.
21. JNB.
22. BH.

23. Elizabeth Lorde-Rollins (daqui em diante ELR), no painel de discussão "Powerful and Dangerous", op. cit. Lorde-Rollins é filha de Audre Lorde, e também fez sua oficina de poesia. Lorde-Rollins é formada no Harvard-Radcliffe College e na Universidade Columbia. Ela hoje é ginecologista e obstetra no Mount Sinai Hospital, e uma das principais pesquisadoras de saúde reprodutiva. Ela fez parte de sua formação médica na maternidade onde sua mãe nasceu.
24. SS.
25. BH.
26. CBT.
27. BH.
28. ELR.
29. CBT.
30. ELR.
31. JNB.
32. SS.
33. SS.
34. BH.
35. ELR.
36. SS.
37. CBT.
38. AB.
39. CBT.
40. SS.
41. DM.
42. DM.
43. JNB.
44. CBT.
45. CBT.
46. SS.
47. DM.
48. SS.
49. CBT.
50. DM.
51. AB.
52. Melinda Goodman (daqui em diante MG), conversa com a autora, set. 2020. Goodman foi aluna de Audre Lorde no Hunter College e assumiu o posto dela como professora quando ela se mudou para St. Croix. Agora leciona poesia no Hunter há 33 anos. Conheceu Audre Lorde quando esta visitou um curso que Gloria Joseph estava ministrando no Hampshire College. Mais tarde se tornou membra-fundadora do Audre Lorde Women's Poetry Center. Goodman tem um MESTRADO EM ARTES PELA UNIVERSIDADE DE NOVA YORK e um MFA da Universidade Columbia.
53. Donna Masini, observações, "Celebration: Audre Lorde", simpósio, Roosevelt House, Hunter College, 2 out. 2012.
54. BH.
55. DM.
56. Vice, observações, dedicação do Audre Lorde Poetry Center.

57. CBT.
58. AB.
59. DM.
60. BH.
61. MG.
62. AB.
63. JG.
64. DM.
65. JNB.
66. BH.
67. SS.
68. AB.
69. CBT.
70. BH.
71. JNB.
72. JG.
73. SS.
74. BH.
75. CBT.
76. JG.
77. asha bandele, "Poem for Audre Lorde", *The Feminist Wire*, 18 fev. 2014. Disponível em: <thefeministwire.com/2014/02/poem-for-audre-lorde>. Acesso em: 19 maio 2025.

Parte 7

1. Biblioteca Beinecke de Livros Raros e Manuscritos, Universidade Yale, *Outono de 1991*. Documentos de Lisbet Tellefsen.

37. memorial I-IV [pp. 223-7]

1. Audre Lorde, "Memorial II", em *Collected Poems of Audre Lorde*, op. cit., p. 7. Originalmente em *Coal*, op. cit.
2. Id., "Memorial II", *Undersong: Chosen Poems Old and New Revised*. Nova York: W. W. Norton, 1992, p. 4.
3. Id., "Memorial II", em *Collected Poems of Audre Lorde*, op. cit., p. 207.
4. Id., "Memorial II", em *Undersong*, op. cit., p. 4.
5. Ronald L. Mallett, *Time Traveler: A Scientist's Personal Mission to Make Time Travel a Reality*. Nova York: Thunder's Mouth, 2006, p. 191.
6. Audre Lorde, *Zami*, op. cit., p. 100. [Ed. bras.: p. 189.]
7. Arquivos do Spelman College, *Diário 18 de Lorde, sem data*. Documentos de Audre Lorde, série 2.5 (Diários).

38. agora [pp. 228-32]

1. Arquivos do Spelman College, *Diário 10 de Lorde, abril 1974*. Documentos de Audre Lorde, série 2.5 (Diários).

2. *The Edge of Each Other's Battles*, op. cit.
3. Arquivos do Spelman College, *Carta de Barbara Smith, sem data*. Documentos de Audre Lorde, caixa 5, pasta 123.
4. Id., *Carta de Barbara Smith, 26 maio 1979*. Documentos de Audre Lorde, caixa 5, pasta 123.
5. Id., *Carta de Barbara Smith, 16 nov. 1979*. Documentos de Audre Lorde, caixa 5, pasta 123.
6. Ibid.
7. Arquivos do Spelman College, *Diário 13 de Lorde, 25 out. 1975*. Documentos de Audre Lorde, série 2.5 (Diários).
8. Id., *Carta para Barbara Smith, 1 set. 1978*. Documentos de Audre Lorde, caixa 1, pasta 4.
9. Id., *Comentários para Hope Inelli em But Some of Us Are Brave, sem data*. Documentos de Audre Lorde, caixa 1, pasta 4.
10. Id., *Um poema para Akasha Gloria Hull que Audre eventualmente mandou para Hull em um cartão-postal. Rascunho de correspondência para Akasha (Gloria) T. Hull, sem data*. Documentos de Audre Lorde, caixa 3, pasta 56.
11. Barbara Smith, conversa por telefone com a autora, 12 out. 2020.
12. Ibid.
13. Arquivos do Spelman College, *Em relação ao Retiro de Feministas Negras de 27 jul. 1977, Diário 15 de Lorde (1977), sem data*. Documentos de Audre Lorde, série 2.5 (Diários).
14. Id., *Diário 15 de Lorde (1977), sem data*. Documentos de Audre Lorde, série 2.5 (Diários).
15. Id., *Diário 15 de Lorde (1977), 6 nov*. Documentos de Audre Lorde, série 2.5 (Diário).
16. Id., *Carta para (Akasha) Gloria Hull, 11 jan. 1978*. Documentos de Audre Lorde, caixa 1, pasta 4.
17. Id., *"First Retreat", sem data*. Documentos de Audre Lorde, caixa 32, pasta 2.4.429.
18. Ibid.
19. Ibid.

39. pai filho e espírito santo [pp. 233-9]

1. Sabine Hunze e Thomas Wonik, "Compaction in the Nankai and Barbados Accretionary Prisms: New Insights from Logging-While-Drilling Data", *Institute for Applied Geosciences*, v. 8, n. 2, 13 fev. 2007. Disponível em: <doi.org/10.1029/2006GC001277>. Acesso em: 19 maio 2025.
2. Biblioteca Schlesinger, *Carta de Audre Lorde para Adrienne Rich, 2 jul. 1973*. Documentos de Adrienne Rich, 1927-1999, MC 1120, caixa 15, pasta 166. .
3. Ellen Shapiro, "Audre Lorde", op. cit., p. 21.
4. Biblioteca Schlesinger, Instituto Radcliffe, Universidade Harvard, Cambridge, *Carta de Audre Lorde para Adrienne Rich, 2 jul. 1973*. Documentos de Adrienne Rich, 1927-1999, MC 1120, caixa 15, pasta 166. .
5. Ibid.
6. Adrienne Rich, "Diving into the Wreck", em *Diving into the Wreck: Poems 1971-1972*. Nova York: W. W. Norton, 1973, p. 23. Copyright © 1973 by W. W. Norton & Company, Inc. Usado com permissão da W. W. Norton & Company, Inc.
7. Arquivos do Spelman College, *Carta de Adrienne Rich para Audre Lorde, 6 maio 1989*. Documentos de Audre Lorde, caixa 4, pasta 107; Excertos de cartas não publicadas de Adrienne Rich, copyright © 2023 by the Adrienne Rich Literary Estate. Reimpresso com permissão.

8. Biblioteca Schlesinger, Instituto Radcliffe, Universidade Harvard, Cambridge, *Carta de Audre Lorde para Adrienne Rich, 2 jul. 1973*. Documentos de Adrienne Rich, 1927-1999, MC 1120, caixa 15, pasta 166. .
9. Arquivos do Spelman College, *Diário 1 de Lorde (1972), nov*. Documentos de Audre Lorde, série 2.5 (Diários).
10. Biblioteca Schlesinger, Instituto Radcliffe, Universidade Harvard, Cambridge, *Carta de Audre Lorde para Adrienne Rich, 2 jul. 1973*. Documentos de Adrienne Rich, 1927-1999, MC 1120, caixa 15, pasta 166. .
11. Adrienne Rich, "Diving into the Wreck", *Diving Into the Wreck*, op. cit., p. 2.
12. Daniel S. Jones, Beverly E. Flood e Jake V. Bailey, "Metatranscriptomic Analysis of Diminutive *Thiomargarita*-Like Bacteria ('*Candidatus thiopilula*' spp.) from Abyssal Cold Seeps of the Barbados Accretionary Prism", *Applied and Environmental Microbiology*, v. 81, n. 9, pp. 3142-56, maio 2015.
13. Audre Lorde, entrevista com Wood, *In the Memory of Frances, Zora and Lorraine*, op. cit., p. 16.
14. Arquivos do Spelman College, *Diário de Lorde*. Documentos de Audre Lorde, série 2.5 (Diários), pasta 068.
15. Dudley Randall, *Broadside Poets I Have Known*. Detroit: Broadside, 1975, pp. 14-5.
16. Ellen Shapiro, "Audre Lorde", op. cit., p. 25.
17. Audre Lorde, "Relevant Is Different Points on the Circle", em *Collected Poems of Audre Lorde*, op. cit., p. 83. Originalmente em *From a Land Where Other People Live*, op. cit. [Ed. bras.: "Relevante é diferentes pontos no círculo", em *Entre nós mesmas*, op. cit., p. 89.]
18. Id., entrevista com Wood, *In the Memory of Frances, Zora and Lorraine*, op. cit., p. 16.
19. Arquivos do Spelman College, *Diário 6 de Lorde, 21 abril*. Documentos de Audre Lorde, série 2.5 (Diários).
20. Charles Rowell, "Above the Wind", op. cit., p. 90.
21. *A Litany for Survival*, op. cit.

40. za ki tan ke parlay lot [pp. 240-51]

1. Toni Morrison, *Sula*. Nova York: Alfred A. Knopf, 1973, p. 145. [Ed. bras.: *Sula*. Trad. de Débora Landsberg. São Paulo: Companhia das Letras, 2021.]
2. Audre Lorde, "Grenada Revisited", em *Sister Outsider*, op. cit., p. 177. [Ed. bras.: "Granada revisitada: Um relato provisório", em *Irmã outsider*, op. cit., pp. 221-1.]
3. Arquivos do Spelman College, *Diário 16 de Lorde (1978), 18 mar*. Documentos de Audre Lorde, série 2.5 (Diários).
4. Ibid.
5. Como escreveu Carole Boyce Davies, "A conexão de Lorde com o Caribe tem seu ímpeto na Granada Revolucionária (e não na Granada colonial) e no senso de possibilidade e desafio que representava"; ver *Black Women, Writing and Identity: Migrations of the Subject*. Londres: Routledge, 1994, p. 122.
6. Arquivos do Spelman College, *Diário 16 de Lorde, 12 abril (1978 ou 1979)*. Documentos de Audre Lorde, série 2.5 (Diários).
7. Audre Lorde, *Need: A Chorale for Black Woman Voices*. Latham: Kitchen Table: Women of Color, 1990, p. 7. [Ed. bras.: "Precisar: Um coro para vozes de Mulheres Negras", em *Entre nós mesmas*, op. cit., p. 229.]

8. Biblioteca Schlesinger, Instituto Radcliffe, Universidade Harvard, Cambridge, *Tributo de Barbara Smith a Audre Lorde, anexo em uma carta a June Jordan*. Documentos de June Jordan 1936-2002, MC 513, caixa 101, pasta 4. Usado com permissão do June M. Jordan Literary Estate.
9. Arquivos do Spelman College, *Carta de Michelle Cliff para Audre Lorde, sem data*. Documentos de Audre Lorde, caixa 2, pasta 2.
10. Merle Collins, "Tout Moun Ka Plewe (Everybody Bawling)", *Small Axe*, v. 11, n. 22, p. 5, fev. 2007.
11. Barbara Smith, conversa por telefone com a autora.
12. Arquivos do Spelman College, *Toda a correspondência com Barbara Smith 1983-1992, e Kitchen Table Press*. Documentos de Audre Lorde, caixa 5, pasta 1.1.124 e caixa 12, pasta 1.2.187.
13. Barbara Smith, conversa por telefone com a autora.
14. De acordo com Lorde em entrevista dela e de Zala Chandler para Blanche Wiesen Cook sobre a invasão de Granada para a "Women of the World". Ver "Audre Lorde Interview on Grenada's 1983 Invasion", AfroMarxist. Disponível em: <www.youtube.com/watch?v=8SbKW-qTO8c&t=54s>. Acesso em: 19 maio 2025.
15. Ver Laurie Lambert, *Comrade Sister: Caribbean Feminist Revisions of the Grenada Revolution*. Charlottesville: University of Virginia Press, 2020.
16. Barbara Smith, conversa por telefone com a autora.
17. Ibid.
18. Arquivos do Spelman College, *Carta de arrecadação de fundos de 1984 da Kitchen Table de Barbara Smith*. Documentos de Audre Lorde, caixa 12, pasta 1.2.187.
19. Ibid.
20. Ibid.
21. Ibid.
22. Barbara Smith, conversa por telefone com a autora.
23. Ver Wendy Grenade (Org.), *The Grenada Revolution: Reflections and Lessons*. Jackson: University Press of Mississippi, 2015.
24. Arquivos do Spelman College, *Publicações: Informações sobre Granada (cartas, panfletos, mapa etc.), 1983*. Documentos de Audre Lorde, caixa 49, pastas 3.505-596.
25. "A Candid Conversation Between the Late Start Collective and Audre Lorde", vídeo do Late Start Collective (1985), arquivado por Cinenova, Londres. Late Start Collective era Viv Bietz, Shaheen Haq, Pratibha Parmar e Ingrid Pollard.
26. Ibid.
27. Arquivos do Spelman College, *Anotações/rascunhos relacionados a "Interim Report on the Military Massacre of Grenada", 1983*. Documentos de Audre Lorde, caixa 23, pasta 85.
28. Audre Lorde, "Grenada Revisited: An Interim Report", em *Sister Outsider*, op. cit., p. 183. [Ed. bras.: "Granada revisitada: Um relato provisório", em *Irmã outsider*, op. cit., p. 229.]
29. Audre Lorde, "A Burst of Light", em *A Burst of Light and Other Essays*, op. cit., p. 74. [Ed. bras.: "Uma explosão de luz: Vivendo com câncer", em *Sou sua irmã*, op. cit., p. 139.]
30. Id., "Grenada Revisited", op. cit., p. 189. [Ed. bras.: "Granada revisitada: Um relato provisório", em *Irmã outsider*, op. cit., p. 236.]
31. "A Candid Conversation Between the Late Start Collective and Audre Lorde", op. cit.
32. Entrevista de Audre Lorde e Zara Chandler com Wiesen Cook.
33. Ibid.

34. Ibid.
35. Ibid.
36. Daphne Ewing-Chow, "Nutmeg: Grenada's 'Black Gold' Is on the Cusp of Resurgence", *Forbes*, 23 fev. 2020. Disponível em: <www.forbes.com/sites/daphneewingchow/2020/02/23/nutmeg-grenadas-black-gold-is-on-the-cusp-of-resurgence/?sh=60ef5b513f28>. Acesso em: 19 maio 2025.
37. Entrevista de Audre Lorde e Zara Chandler com Wiesen Cook.
38. Barbara Smith, conversa por telefone com a autora.
39. Arquivos do Spelman College, *Carta de Barbara Smith para Audre Lorde, jun. 1992*. Documentos de Audre Lorde, caixa 5, pasta 1.1.124.

41. legado-dela [pp. 252-8]

1. Martin S. Smith e John B. Shepherd, "Preliminary Investigations of the Tsunami Hazard of Kick'Em Jenny Submarine Volcano", *Natural Hazards*, v. 7, pp. 257-77, 1993.
2. Arquivos do Spelman College, *Diário 16 de Lorde, 18 mar. 1978*. Documentos de Audre Lorde, série 2.5 (Diários).
3. Nina Winter, "Audre Lorde", op. cit., p. 10.
4. Karla Hammond, "An Interview with Audre Lorde", em *Conversations with Audre Lorde*, op. cit., p. 35.
5. Adrienne Rich, "An Interview with Audre Lorde", op. cit., p. 45. [Ed. bras.: "Uma entrevista: Audre Lorde e Adrienne Rich", op. cit., p. 101-2.].
6. Audre Lorde, *Zami*, op. cit., p. 32. [Ed. bras.: p. 63.]
7. F. Huang et al., "U-Series Disequilibria in Kick'em Jenny Submarine Volcano Lavas: A New View of Time-Scales of Magmatism in Convergent Margins", *Geochimica et Cosmochimica Acta*, v. 75, pp. 195-212, 2011.
8. Lauren A. Greene, "Breaking the Barriers of Silence", em *Conversations with Audre Lorde*, op. cit., p. 182.
9. Ellen Shapiro, "Audre Lorde", op. cit., p. 23.
10. F. Huang et al., "U-series Disequilibria in Kick'em Jenny Submarine Volcano Lavas", op. cit.
11. Ellen Shapiro, "Audre Lorde", op. cit., pp. 19-20.
12. Adrienne Rich, "An Interview with Audre Lorde", op. cit., pp. 713-36. [Ed. bras.: "Uma entrevista: Audre Lorde e Adrienne Rich", op. cit., p. 107.].
13. Arquivos do Spelman College, *Diário 14 de Lorde, 1977*. Documentos de Audre Lorde, série 2.5 (Diários), pasta 068.
14. Leitura de poesia de Audre Lorde, em 12 de dezembro 1980 no Barnard College, para angariação de fundos para o Women's Experimental Theater de Nova York. *The Velvet Sledgehammer*. Nova York: WBAI. Emissão de rádio, 22 abril 1981. Cortesia do Pacifica Radio Archive.
15. Arquivos do Spelman College, *Diário 15 de Lorde (1977) 1 maio*. Documentos de Audre Lorde, série 2.5 (Diários), pasta 068.
16. Louise Chawla, "Poetry, Nature, and Childhood", op. cit., p. 121.
17. Arquivos do Spelman College, *Carta ao "St. Nicholas Place Group", 10 jun. 1987*. Documentos de Audre Lorde, caixa 1, pasta 4.

18. Id., *Diário 17 de Lorde*, 29 jun. (*ano não definido*). Documentos de Audre Lorde, série 2.5 (Diários).
19. Carta de Audre Lorde para Pat Parker, provavelmente out. 1988, em *Sister Love*, op. cit., p. 103.
20. Gloria I. Joseph, *The Wind Is Spirit*, op. cit., p. 107.
21. Merle Collins, "Roll Call", em *Lady in a Boat*. Leeds: Peepal Tree Press, 2003, p. 21. Cortesia de Merle Collins e Peepal Tree Press.
22. S. Carey et al., "Cold Seeps Associated with a Submarine Debris Avalanche Deposit at Kick'em Jenny Volcano, Grenada (Lesser Antilles)", *Deep Sea Research*, n. 1, v. 93, pp. 156-60, 2014.

42. amor de pedra [pp. 259-62]

1. Pat Parker, "For Audre", em *The Complete Works of Pat Parker*. Org. de Julie R. Enszer. Dover: Midsummer Night's, 2016, p. 177.
2. Arquivos do Spelman College, *De uma carta sem data a "Virginia"*. Documentos de Audre Lorde, caixa 1, pasta 4.
3. Arquivos do Spelman College, *Leitura de Audre Lorde na Universidade George Washington, prova da Watershed Foundation, 1982*. Documentos de Audre Lorde, série 5, caixa 55.
4. *A Litany for Survival*, op. cit.
5. Audre Lorde, "Power", em *Collected Poems of Audre Lorde*, op. cit., p. 215. [Ed. bras.: "Poder", em *A unicórnia preta*, op. cit., p. 257.]
6. Jacqueline Nassy Brown, conversa com a autora, 12 fev. 2021.
7. Audre Lorde, "Power", op. cit., p. 215. [Ed. bras.: "Poder", op. cit., p. 257.]
8. "Earthquake". Universidade Stanford. Disponível em: <cardinalready.stanford.edu/emergency/earthquake>. Acesso em: 19 maio 2025.
9. Audre Lorde, "Power", op. cit., p. 216. [Ed. bras.: "Poder", op. cit., p. 259.]
10. Ibid.
11. Jacqueline Nassy Brown, e-mail para a autora, 27 dez. 2021.
12. Id., conversa com a autora.

Parte 8

1. Entrevista de Audre Lorde e Zara Chandler com Wiesen Cook. Grifo nosso.

43. na borda [pp. 273-78]

1. Audre Lorde, "Black Women and Anger", *Essence*, p. 83, out. 1983.
2. Arquivos do Spelman College, *Diário 23 de Lorde, 6 jun. 1980*. Documentos de Audre Lorde, série 2.5 (Diários).
3. Id., Documentos de Audre Lorde, caixa 17, pasta 29.
4. Arquivos do Spelman College, *Diário 1 de Lorde, nov. 1972*. Documentos de Audre Lorde, série 2.5 (Diários).
5. Audre Lorde, "Eye to Eye", op. cit., p. 154. [Ed. bras.: "Olho no olho", op. cit., p. 193.]
6. Ibid., p. 17. [Ed. bras.: p. 215.]
7. Ibid.

8. June Jordan, "A New Politics of Sexuality", em Torry D. Dickinson e Robert K. Schaeffer (Orgs.), *Transformations: Feminist Pathways to Global Change*. Nova York: Routledge, 2008, p. 441.
9. Pat Parker, "There Is a Woman in This Town", em *Movement in Black: The Collected Poetry of Pat Parker 1961-1978*. Ithaca: Firebrand, 1978, p. 154.
10. Audre Lorde, "A Litany for Survival", em *Collected Poems of Audre Lorde*, op. cit., p. 255. Originalmente em Audre Lorde, *The Black Unicorn*, op. cit. [Ed. bras.: "Uma litania pela sobrevivência", em *A unicórnia preta*, op. cit., p. 81.]
11. Dialogando com 1Cor 13,12.

44. amiga [pp. 279-86]

1. Carta de Pat Parker para Audre Lorde, 12 mar. 1988, em *Sister Love*, op. cit., p. 96. A apresentação de slides foi mostrada por Sylvia Rhue no Fórum Nacional de Liderança Lésbica e Gay Negra em reconhecimento a escritores negros gays e lésbicas que enfrentavam uma ausência literária.
2. Audre Lorde, prefácio de *Complete Works of Pat Parker*, op. cit., p. 25. [Ed. bras.: "Introdução a *Movement in Black*, de Pat Parker", em *Sou sua irmã*, op. cit., p. 102.]
3. Pat Parker, "For Audre", em *Complete Works of Pat Parker*, op. cit., p. 177.
4. Carta de Pat Parker para Audre Lorde, 16 fev. 1986, em *Sister Love*, op. cit., p. 69.
5. "Audre Lorde: A Burst of Light", op. cit.
6. Carta de Audre Lorde para Pat Parker, 6 fev. 1988, em *Sister Love*, op. cit., p. 88.
7. Audre Lorde, prefácio a *Complete Works of Pat Parker*, op. cit., p. 25. [Ed. bras.: "Introdução a *Movement in Black*, de Pat Parker", em *Sou sua irmã*, op. cit., p. 102.]
8. Ibid.
9. Primeiras palavras de uma carta de Audre Lorde para Pat Parker, 12 out. 1974, em *Sister Love*, op. cit., p. 25.
10. Carta de Audre Lorde para Pat Parker, 7 out. 1975, em *Sister Love*, op. cit., p. 47.
11. Carta de Pat Parker para Audre Lorde, 16 fev. 1986, em *Sister Love*, op. cit., p. 67.
12. Chrystos, "Writing for Public Consumption", em Gloria I. Joseph, *The Wind Is Spirit*, op. cit., p. 218.
13. Uma "dyke tale", ou prelúdio a uma carta de Pat Parker para Audre Lorde, 18 jan. 1975, em *Sister Love*, op. cit., p. 31.
14. "Pat Parker and Audre Lorde: February 7, 1986", gravada no Women's Building, em San Francisco. American Poetry Archives. Disponível em: <diva.sfsu.edu/collections/poetrycenter/bundles/238556>. Acesso em: 19 maio 2025.
15. Carta de Audre Lorde para Pat Parker, 12 out. 1974, em *Sister Love*, op. cit., p. 26.
16. "Audre Lorde: A Burst of Light", op. cit.
17. Carta de Audre Lorde para Pat Parker, 6 dez. 1985, em *Sister Love*, op. cit., p. 66.
18. Carta de Pat Parker para Audre Lorde, 4 jan. 1988, depois do diagnóstico de câncer de Parker, *Sister Love*, p. 78.
19. Carta de Audre Lorde para Pat Parker, 6 fev. 1988, em *Sister Love*, op. cit., p. 89.
20. "Coming Together: The Benefit for Pat Parker", *Hotwire*, v. 5, n. 1, p. 38, jan. 1989.
21. Carta de Pat Parker para Audre Lorde, 8 set. 1988, em *Sister Love*, op. cit., p. 104.
22. Fim de uma carta de Pat Parker para Audre Lorde, 1 ago. 1986, em *Sister Love*, op. cit., p. 77.

23. Carta de Pat Parker para Audre Lorde, 1 ago. 1986, em *Sister Love*, op. cit., p. 77.
24. Ibid., p. 76.
25. Audre Lorde, "Sister, Morning Is a Time for Miracles", em *Collected Poems of Audre Lorde*, op. cit., p. 348. Originalmente em *Chosen Poems, Old and New*. Nova York: W. W. Norton, 1982. [Ed. bras.: "Irmã, a manhã é tempo de milagres" em *Entre nós mesmas*, op. cit., p. 219.]
26. Audre Lorde, "Lunar Eclipse", em *Collected Poems of Audre Lorde*, op. cit., p. 469. Originalmente em *The Marvelous Arithmetics of Distance*. Nova York: W. W. Norton, 1993.
27. Id., "Girlfriend", em *Collected Poems of Audre Lorde*, op. cit., p. 468. Originalmente em *The Marvelous Arithmetics of Distance*, op. cit.

45. para cada uma de vocês [pp. 287-96]

1. Audre Lorde, *The Cancer Journals*, op. cit., p. 32. [Ed. bras.: *Os diários do câncer*, op. cit., p. 72.]
2. Ife Franklin, conversa com a autora, 8 jun. 2021.
3. Audre Lorde, "Digging", em *Collected Poems of Audre Lorde*, op. cit., p. 277. Originalmente em *The* Audre Lorde, *Black Unicorn*, op. cit. [Ed. bras.: "Escavando", em *A unicórnia preta*, op. cit., p. 141.]
4. Declaração da autora de Lorde em Paul Breman, *Sixes and Sevens*, op. cit., p. 28.
5. Arquivos do Spelman College, *Diário de Lorde, 27 jun. 1975*. Documentos de Audre Lorde, série 2.5 (Diários), pasta 068.
6. Id., Mencionado em uma carta de Adrienne Rich para Audre Lorde, 13 mar. 1989. Documentos de Audre Lorde, caixa 4, pasta 107.
7. Id., *Carta de Toni Cade Bambara, 14 set*. Documentos de Audre Lorde, caixa 1, pasta 11.
8. Id., *Carta de Rita Dove, sem data*. Documentos de Audre Lorde, caixa 2, pasta 40.
9. Id., *Bilhete de bell hooks para Audre Lorde, sem data*. Documentos de Audre Lorde, caixa 3, pasta 54.
10. Id., *Carta de Sonia Sanchez para Audre Lorde, sem data*. Documentos de Audre Lorde, caixa 4, pasta 113.
11. Id., *Diário de Lorde, mar. 1974*. Documentos de Audre Lorde, série 2.5 (Diários).
12. Id., *Carta de Gwendolyn Brooks para Audre Lorde, sem data*. Documentos de Audre Lorde, caixa 1, pasta 17.
13. Peter Wohlleben, *The Hidden Lives of Trees: What They Feel, How They Communicate*. Vancouver: Greystone, 2015, p. 58.
14. Audre Lorde, *The Cancer Journals*, op. cit., p. 32.
15. Arquivos do Spelman College, *Diário 16 de Lorde (Roxo: 1977-1978), 13 fev. 1978*. Documentos de Audre Lorde, série 2.5 (Diários).
16. Barbara Smith em "Audre Lorde: A Burst of Light", documentário de áudio.
17. Ver *The Edge of Each Other's Battles*, op. cit.
18. Ver *Audre Lorde: The Berlin Years, 1984-1992*. Dirigido por Dagmar Schultz. Nova York: Third World Newsreel, 2012. DVD.
19. Ver foto de Paula Grant para o Lesbian Herstory Archives, enviado por email para a autora, 28 set. 2021.
20. Visto em negativo fotográfico cortesia de Joan E. Biren.

21. Cheryl Clarke, conversa com a autora, 15 jun. 2021. Também diversas discussões públicas por Clarke, incluindo o painel de discussão "Powerful and Dangerous", op. cit.
22. Cherrie Moraga em "Audre Lorde: A Burst of Light", op. cit.
23. Andrea Canaan, conversa com a autora, 19 fev. 2021.
24. Arquivos do Spelman College, *Diário 12 de Lorde, 27 jun. 1975*. Documentos de Audre Lorde, série 2.5 (Diários).
25. "A Candid Conversation Between the Late Start Collective and Audre Lorde", op. cit.
26. Pratibha Parmar, conversa com a autora, 29 nov. 2021.
27. Ingrid Pollard, conversa com a autora, 31 out. 2021.
28. Filho de Jackie Kay. Com uma poupança financiada por Audre Lorde, Matthew Kay cresceu e se tornou um cineasta ativista premiado, lançando luz e contando histórias importantes para combater a opressão até hoje.
29. Pratibha Parmar, conversa com a autora.
30. Cherrie Moraga em "Sister Comrade", uma celebração de Audre Lorde e Pat Parker na First Congregational Church, em Oakland, Califórnia, 3 nov. 2007. Disponível em: <www.youtube.com/watch?v=E30IOx4NF5w>. Acesso em: 19 maio 2025.

46. louvor [pp. 297-316]

1. Biblioteca Schlesinger, Instituto Radcliffe, Universidade Harvard, Cambridge, *Correspondência com Audre Lorde, 28 mar. 1977*. Documentos de June Jordan, 1936-2002, MC 513, caixa 36, pasta 9. Usado com permissão do June M. Jordan Literary Estate, junejordan.net.
2. Ibid.
3. Arquivos do Spelman College, *Rascunho de resposta em Diário 15 de Lorde, sem data*. Documentos de Audre Lorde, série 2.5 (Diários).
4. Arquivos do Spelman College, *Apresentação de June Jordan na Biblioteca Donnell, sem data*. Documentos de Audre Lorde, caixa 23, pasta 57. Usado com permissão do June M. Jordan Literary Estate, junejordan.net.
5. Ibid.
6. Ibid.
7. Ibid.
8. Ibid.
9. Ibid.
10. Ibid.
11. Audre Lorde, "A Family Resemblance", em *Collected Poems of Audre Lorde*, op. cit., p. 170. Originalmente em *Coal*, op. cit.
12. Arquivos do Spelman College, *Revisão de "Olho no olho" na MacDowell. P. 14 de outro rascunho: "June tem olhos como minha irmã Helen que nunca me perdoou por me tornar..."*. Documentos de Audre Lorde, caixa 17, pasta 29.
13. Id., *Carta de Ann Allen Shockley, 28 fev. 1977*. Documentos de Audre Lorde, caixa 5, pasta 1.1.120.
14. Ibid.
15. June Jordan, "A New Politics of Sexuality", op. cit., p. 441.
16. Biblioteca Schlesinger, Instituto Radcliffe, Universidade Harvard, Cambridge, *Tributo/carta de June Jordan a Audre Lorde, 18 fev. 1993*. Documentos de June Jordan, 1936-2002,

MC 513, caixa 58, pasta 58.2. Usado com permissão do June M. Jordan Literary Estate, junejordan.net.
17. Id., *Apresentações. Audre Lorde, Biblioteca Donnell, 1977: datilografia e panfleto*. Documentos de June Jordan, 1936-2002, MC 513, caixa 58, pasta 16. Usado com permissão do June M. Jordan Literary Estate, junejordan.net.
18. June Jordan, "The Difficult Miracle of Black Poetry in America or Something Like a Sonnet for Phillis Wheatley", em *Some of Us Did Not Die: New and Selected Essays of June Jordan*. Nova York: Basic Civitas, 2002, pp. 174-86.
19. Biblioteca Schlesinger, Instituto Radcliffe, Universidade Harvard, Cambridge, *Carta de Audre Lorde, 24 jun. 1976*. Documentos de June Jordan, 1936-2002, MC 513, caixa 36, pasta 9. Usado com permissão do June M. Jordan Literary Estate, junejordan.net.
20. Ibid.
21. Ibid.
22. Biblioteca Schlesinger, Instituto Radcliffe, Universidade Harvard, Cambridge, *Carta de Audre Lorde, 29 jul. 1976*. Documentos de June Jordan, 1936-2002, MC 513, caixa 36, pasta 9. Usado com permissão do June M. Jordan Literary Estate, junejordan.net.
23. Id., *Carta de Audre Lorde, nov. 1976*. Documentos de June Jordan, 1936-2002, MC 513, caixa 36, pasta 9. Usado com permissão do June M. Jordan Literary Estate, junejordan.net.
24. Ibid.
25. Biblioteca Schlesinger, Instituto Radcliffe, Universidade Harvard, Cambridge, *Carta de Audre Lorde, sem data*. Documentos de June Jordan, 1936-2002, MC 513, caixa 36, pasta 9. Usado com permissão do June M. Jordan Literary Estate, junejordan.net.
26. Id., *American Poetry Review: respostas à petição de Jordan e Rich re: racismo, A-K, ca. 1976-1977*. Documentos de June Jordan, 1936-2002, MC 513, caixa 105, pasta 14. Usado com permissão do June M. Jordan Literary Estate, junejordan.net.
27. Arquivos do Spelman College, *Bilhete de June Jordan para Audre Lorde, 29 jan. 1977*. Documentos de Audre Lorde, caixa 3, pasta 63. Usado com permissão do June M. Jordan Literary Estate, junejordan.net.
28. Id., *Bilhete de June Jordan para Audre Lorde, 11 nov. 1977*. Documentos de Audre Lorde, caixa 3, pasta 63. Usado com permissão do June M. Jordan Literary Estate, junejordan.net.
29. Id., *Carta de June Jordan para Audre Lorde, 16 nov. 1977*. Documentos de Audre Lorde, caixa 3, pasta 63. Usado com permissão do June M. Jordan Literary Estate, junejordan.net.
30. Arquivos do Spelman College, *Carta de June Jordan para Lorde, 16 nov. 1977*. Documentos de Audre Lorde, caixa 3, pasta 63. Usado com permissão do June M. Jordan Literary Estate, junejordan.net.
31. Id., *Carta de June Jordan para Lorde, 1 dez. 1977*. Documentos de Audre Lorde, caixa 3, pasta 63. Usado com permissão do June M. Jordan Literary Estate, junejordan.net.
32. Biblioteca Schlesinger, Instituto Radcliffe, Universidade Harvard, Cambridge, *Carta de Audre Lorde, jan. 1978*. Documentos de June Jordan, 1936-2002, MC 513, caixa 36, pasta 9. Usado com permissão do June M. Jordan Literary Estate, junejordan.net.
33. Alexis De Veaux, conversa com Kathy Engel e a autora, 15 jul. 2022.
34. Ibid.
35. Arquivos do Spelman College, *Diário de Lorde, rascunho inicial de "Olho no olho", 21 maio 1979*. Documentos de Audre Lorde, série 2.5 (Diários).

36. Biblioteca Schlesinger, Instituto Radcliffe, Universidade Harvard, Cambridge, *1 maio 1978, Carta de Barbara Smith para June Jordan*. Documentos de June Jordan, 1936-2002, MC 513, caixa 87, pasta 5. Usado com permissão do June M. Jordan Literary Estate, junejordan.net.
37. June Jordan, "Where Is the Love?", em *Civil Wars: Observations from the Front Lines of America*. Nova York: Touchstone, 1995, p. 268.
38. "Black Women Writers and Feminism Panel Q&A Session", em *In the Memory and Spirit of Frances, Zora and Lorraine*, op. cit., p. 53.
39. Ibid., p. 54.
40. Ibid.
41. "Barbara Smith", em *Making Gay History*, op. cit.
42. Ibid.
43. Biblioteca Schlesinger, Instituto Radcliffe, Universidade Harvard, Cambridge, *Carta de Audre Lorde para Chrysalis, 20 jul. 1979*. Documentos de June Jordan, 1936-2002, MC 513, caixa 85, pasta 1. Usado com permissão do June M. Jordan Literary Estate, junejordan.net.
44. Id., *Carta de June Jordan para Chrysalis, 10 set. 1979*. Documentos de June Jordan, 1936-2002, MC 513, caixa 85, pasta 1. Usado com permissão do June M. Jordan Literary Estate, junejordan.net.
45. Id., *Carta de Adrienne Rich para Chrysalis, 19 nov. 1979*. Documentos de June Jordan, 1936-2002, MC 513, caixa 85, pasta 1. Usado com permissão do June M. Jordan Literary Estate, junejordan.net.
46. Id., *Carta de June Jordan para Adrienne Rich com cópia para Chrysalis, 16 nov. 1979*. Documentos de June Jordan, 1936-2002, MC 513, caixa 85, pasta 1. Usado com permissão do June M. Jordan Literary Estate, junejordan.net.
47. Arquivos do Spelman College, *Carta de Adrienne Rich para Jan Clausen, 23 dez. 1981. Enviada para Audre Lorde e Frances Clayton "para sua informação, não para divulgação"*. Documentos de Audre Lorde, caixa 4, pasta 107.
48. Evelyn T. Beck et al., "... What Does Zionism Mean?", *Off Our Backs*, v. 12, n. 7, p. 21, 1982.
49. June Jordan, "Apologies to All the People in Lebanon", em *Directed by Desire: The Collected Poems of June* Jordan. Port Townsend: Copper Canyon, 2005, p. 380. Originalmente publicado em June Jordan, *Living Room*. Nova York: Thunder's Mouth, 1985.
50. Biblioteca Schlesinger, Instituto Radcliffe, Universidade Harvard, Cambridge, *Carta de Cheryl Clarke para June Jordan, 29 jun. 1982*. Documentos de June Jordan, 1936-2002, MC 513, caixa 88, pasta 12; e *carta de Cheryl Clarke para June Jordan, 15 ago. 1978*. Documentos de June Jordan, 1936-2002, MC 513, caixa 89, pasta 4. Usado com permissão do June M. Jordan Literary Estate, junejordan.net. Ver também Centro Schomburg de Pesquisa em Cultura Negra, Divisão de Manuscritos, Arquivos e Livros Raros, Biblioteca Pública de Nova York, *Carta de June Jordan para Cheryl Clarke, 15 ago. 1982*, e *Carta de June Jordan para Cheryl Clarke, 21 ago. 1982*. Documentos de Cheryl Clarke, caixa 2, pastas 2-3., Sc MG 642. Usado com permissão do June M. Jordan Literary Estate, junejordan.net.
51. Barbara Smith, introdução a *Home Girls: A Black Feminist Anthology*. Org. de Barbara Smith. New Brunswick: Rutgers University Press, 2000, p. xlvi.
52. Na reunião de 1983 do NWSA Barbara Smith estava em uma plenária chamada "Racismo e antissemitismo no Movimento das Mulheres", e intitulou seus comentários "A Rock

and a Hard Place: Relationships Between Black and Jewish Women". Reimpresso em Barbara Smith (Org.), *The Truth That Never Hurts: Writings on Race, Gender, and Freedom*. New Brunswick: Rutgers University Press, 1998, pp. 133-53.
53. Barbara Smith, "A Rock and a Hard Place", op. cit., p. 135.
54. Id., introdução a *Home Girls*, op. cit., p. xlvi.
55. Arquivos do Spelman College, *Carta de June Jordan para Woman News, 10 out. 1982*. Documentos de Audre Lorde, caixa 1, pasta 1.1.063. Usado com permissão do June M. Jordan Literary Estate, junejordan.net.
56. Id., *Carta aberta (cópia de Lorde), 9 nov. 1982*. Documentos de Audre Lorde, caixa 5, pastas 1.1.123 e 1.1.124.
57. Ibid.
58. Arquivos do Spelman College, *Carta de Barbara Smith para June Jordan enviada a Audre Lorde por Barbara Smith, 29 nov. 1982*. Documentos de Audre Lorde, caixa 5, pastas 1.1.123 e 1.1.124.
59. Ibid.
60. Alexis De Veaux, conversa com Kathy Engel e a autora.
61. Arquivos do Spelman College, *Carta de June Jordan para Barbara Smith e Audre Lorde, 3 dez. 1982*. Documentos de Audre Lorde, caixa 3, pasta 1.1.063. Usado com permissão do June M. Jordan Literary Estate, junejordan.net.
62. Ibid.
63. Arquivos do Spelman College, *Diário 14 de Lorde, sem data*. Documentos de Audre Lorde, série 2.5 (Diários).
64. Audre Lorde, "Commencement Address at Oberlin College", em *I Am Your Sister*, op. cit., pp. 216-7. [Ed. bras.: "Discurso de abertura da formatura no Oberlin College", em *Sou sua irmã*, op. cit., p. 51.]
65. June Jordan, "Life After Lebanon", em *Some of Us Did Not Die*, p. 192.
66. Ibid., p. 194.

47. irmã, a manhã é tempo de milagres [pp. 317-24]

1. "Pratibha Parmar and Jackie Kay Interview Audre Lorde", em Shabnam Grewal (Org.), *Charting the Journey: Writings by Black and Third World Women*. Londres: Inland Womensource, 1988, pp. 121-31.
2. Arquivos do Spelman College, *Carta de Alice Walker para Audre Lorde, 9 abr. 1988*. Documentos de Audre Lorde, caixa 1, pasta 1.136.
3. Id., *Carta de Alice Walker para Audre Lorde, 24 dez. 1988*. Documentos de Audre Lorde, caixa 1, pasta 1.136.
4. Sonia Sanchez no Simpósio de Poética Feminista na UMass Amherst, 25 mar.
5. *A Litany for Survival*, op. cit.
6. Biblioteca Schlesinger, Instituto Radcliffe, Universidade Harvard, Cambridge, *Carta de Adrienne Rich para June Jordan, 16 nov. 1980*. Documentos de June Jordan, 1936-2002, MC 513, caixa 41, pastas 15-17. Usado com permissão do June M. Jordan Literary Estate, junejordan.net.
7. Id., *Carta de Adrienne Rich para June Jordan, 17 fev. 1982*. MC 513, caixa 42, pasta 1. .
8. Id., *Carta de Adrienne Rich para June Jordan, 1982*. MC 513, caixa 42, pasta 1. .

9. Arquivos do Spelman College, *Carta de Adrienne Rich para Audre Lorde, 4 fev. 1987*. Documentos de Audre Lorde, caixa 4, pasta 1.1.107.
10. Biblioteca Schlesinger, Instituto Radcliffe, Universidade Harvard, Cambridge, *Carta de June Jordan para Adrienne Rich, 3 dez. 1987*. MC 513, caixa 42, pasta 1. .
11. Id., *Apresentação de Adrienne Rich ao ao Guggenheim, 5 maio 1987*. Documentos de June Jordan, 1936-2002, MC 513, caixa 58, pasta 20. Usado com permissão do June M. Jordan Literary Estate, junejordan.net.
12. Id., *Carta de Adrienne Rich para June Jordan, 26 jun. 1987*. MC 513, caixa 42, pasta 1. .
13. Id., *Carta de Adrienne Rich para June Jordan, 28 jul. 1987*. MC 513, caixa 42, pasta 1.
14. Alexis De Veaux, conversa com Kathy Engel e a autora.
15. Kathy Engel, conversa com Alexis De Veaux e a autora, 15 jul. 2022.
16. Biblioteca Schlesinger, Instituto Radcliffe, Universidade Harvard, Cambridge, *Carta de June Jordan para Adrienne Rich, sábado, 23 ago. 1997*. Documentos de Adrienne Rich, 1927-1999, MC 1120, caixa 96 pasta 20. Usado com permissão do the June M. Jordan Literary Estate, junejordan.net.
17. "The Typewriter Feel", *Austin Typewriter, Ink*. Episódio 51, 31 maio 2023. Disponível em: <www.podomatic.com/podcasts/austintypewriterink/episodes/2023-05-30T18_04_41-07_00>. . Acesso em: 19 maio 2025.
18. Biblioteca Schlesinger, Instituto Radcliffe, Universidade Harvard, Cambridge, *Tributo/ carta de June Jordan para Audre Lorde, 18 fev. 1993*. Documentos de June Jordan, 1936-2002, MC 513, caixa 58, pasta 58.2. Usado com permissão do June M. Jordan Literary Estate, junejordan.net.

48. na casa de iemanjá [pp. 325-40]

1. Arquivos do Spelman College, *Diário de Lorde (1984), 2 maio*. Documentos de Audre Lorde, caixa 31.
2. Dagmar Schultz, conversa com a autora, 17 out. 2020.
3. Audre Lorde, "A Burst of Light", em *A Burst of Light and Other Essays*, op. cit., p. 58. [Ed. bras.: "Uma explosão de luz: Vivendo com câncer", em *Sou sua irmã*, op. cit.]
4. Tiffany N. Florvil, *Mobilizing Black Germany: Afro-German Women and the Making of a Transnational Movement*. Champaign: University of Illinois Press, 2020, cap. 1, nota 45, p. 199.
5. Audre Lorde, "Black Women's Poetry Seminar, Session 1", em *Audre Lorde: Dream of Europe*, op. cit., p. 25.
6. Katharina Oguntoye, "My Coming-Out as a Black Lesbian in Germany", em Gloria I. Joseph, *The Wind Is Spirit*, op. cit., p. 160.
7. Audre Lorde, "The Poet as Outsider, Session 6", em *Audre Lorde: Dream of Europe*, op. cit, p. 105.
8. Id., "Black Women's Poetry Seminar, Session 4", em *Audre Lorde: Dream of Europe*, op. cit., p. 41.
9. Id., "The Poet as Outsider, Session 7", em *Audre Lorde: Dream of Europe*, op. cit., p. 114.
10. Audre Lorde, prefácio de *Showing Our Colors: Afro-German Women Speak Out*. Org. de May Opitz, Katharina Oguntoye e Dagmar Schultz, trad. de Anne V. Adams. Amherst: University of Massachusetts Press, 1992, p. vii.

11. *Audre Lorde: The Berlin Years, 1984-1992*, op. cit.
12. Ika Hügel-Marshall, *Invisible Woman: Growing Up Black in Germany*. Nova York: Peter Lang, 1993, p. 112.
13. Ibid., p. 108.
14. Ibid., p. 104.
15. *Audre Lorde: The Berlin Years, 1984-1992*, op. cit.
16. Tiffany N. Florvil, *Mobilizing Black Germany*, op. cit., pp. 156-9.
17. Judy Gummich, "Afro-German: A New Spelling of My Identity", em Gloria I. Joseph, *The Wind Is Spirit*, op. cit., p. 170.
18. "Serviço fúnebre", *Aché*, 29 nov. 1992. Disponível em: <www.youtube.com/watch?app=desktop&v=nVXekoSNV1M>. Acesso em: 19 maio 2025.
19. Judy Gummich, "Afro-German", op. cit., p. 172.
20. Audre Lorde, prefácio de *Showing Our Colors*, op. cit., p. xiv.
21. *Audre Lorde: The Berlin Years, 1984-1992*, op. cit., 13min50.
22. Audre Lorde, "Stuttgart, May 18, 1990", em *Dream of Europe*, op. cit., p. 244.
23. Id., prefácio de *Showing Our Colors*, p. xi.
24. *Audre Lorde: The Berlin Years, 1984-1992*, op. cit.
25. "Hitchhikers: Free Rides on Gray Whales", Journey North, Arboretum of the University of Wisconsin-Madison. Disponível em: <journeynorth.org/tm/gwhale/Hitchhikers.html>. Acesso em: 19 maio 2025.
26. May Ayim, "accommodation", em *Blues in Black and White*. Trad. para o inglês de Anne Adams. Trenton: Africa World, 2003, p. 112.
27. Ibid.
28. Katharina Oguntoye, "My Coming-Out as a Black Lesbian in Germany", op. cit., p. 157.
29. Audre Lorde, "A Litany for Survival", em *Collected Poems of Audre Lorde*, op. cit., p. 255. [Ed. bras.: "Uma litania pela sobrevivência", em *A unicórnia preta*, op. cit., p. 83.]
30. Arquivos do Spelman College, *Carta de Audre Lorde para Adrienne Rich, 20 set. 1992*. Documentos de Audre Lorde, caixa 1, pasta 4.
31. Audre Lorde e Gloria Joseph, Carta para o chanceler alemão Helmut Kohl, impressa como uma carta aberta em *Off Our Backs: A Women's Newsjournal*, nov. 1992. Também em Audre Lorde, *Audre Lorde: Dream of Europe*, op. cit., pp. 270-3.
32. *Audre Lorde: The Berlin Years, 1984-1992*, op. cit.
33. Audre Lorde, "Schokofabrik, Kreuzberg, Frankfurt, November 20, 1988", em *Audre Lorde: Dream of Europe*, op. cit., p. 214.
34. Audre Lorde, "A Burst of Light", em *A Burst of Light and Other Essays*, op. cit., p. 60. [Ed. bras.: "Uma explosão de luz", op. cit., p. 127.]
35. Id., Dedicatória de *A Burst of Light and Other Essays*, op. cit., p. 5.
36. "Audre Lorde — In Bed, on Racism at the Airport", 1992, corte de *The Berlin Years*, direção de Dagmar Schultz, Vimeo. Disponível em: <vimeo.com/183357169>. Acesso em: 19 maio 2025.
37. Ouça as gravações de baleias-cinzentas no site do Ocean Conservation Research. Disponível em: <ocr.org/sounds/gray-whale>. Acesso em: 19 maio 2025.
38. Katharina Oguntoye, "My Coming-Out as a Black Lesbian in Germany", op. cit., p. 159.
39. Carta 6 datada de 30 nov. 1989 e citada na p. 110 de Marion Kraft, *Empowering Encounters with Audre Lorde* Münster. Germany: Unrast, 2018.
40. Tiffany Florvil, *Mobilizing Black Germany*, op. cit., p. 43.

41. Marion Kraft, *Empowering Encounters with Audre Lorde*, op. cit., p. 108.
42. "Audre Lorde — The Complete Last Reading in Berlin", set. 1992, corte de *The Berlin Years*, direção de Dagmar Schultz, Vimeo. Disponível em: <vimeo.com/261115617>. Acesso em: 19 maio 2025.
43. Dagmar Schultz, conversa com a autora. Ver também: Silke Mertins, "Blues in Black and White: May Ayim: A Biographical Essay", em May Ayim, *Blues in Black and White*, op. cit., pp. 141-67.
44. Ika Hügel-Marshall, em *Invisible Woman*, op. cit., p. 118.
45. Ibid., p. 122.
46. *A Litany for Survival*, op. cit.
47. Audre Lorde e Gloria Joseph, Carta para Kohl, em *Off Our Backs* e Audre Lorde, *Audre Lorde: Dream of Europe*, op. cit., pp. 270-3.
48. Ibid.
49. Ibid.

Parte 9

1. Biblioteca Beinecke de Livros Raros e Manuscritos, Universidade Yale, *20 ago. 1991*. Documentos de Lisbet Tellefsen, caixa 1, pasta 8.

49. lar [pp. 343-49]

1. Arquivos do Spelman College, *Diário 17 de Lorde, 25 ago. 1979*. Documentos de Audre Lorde, série 2.5 (Diários).
2. Por exemplo, no filme de 2007 *Bee Movie: A história de uma abelha*.
3. Audre Lorde, "The Bees", em *Collected Poems of Audre Lorde*, op. cit., p. 146. Originalmente em *The New York Head Shop and Museum*, op. cit.
4. "Revolutionary Hope: A Conversation Between James Baldwin and Audre Lorde". Originalmente publicado na *Essence*, em 1984, e republicado pelo Museu de Artes Diaspóricas Africanas Contemporâneas, Nova York. Disponível em: <mocada-museum.tumblr.com/post/73421979421/revolutionary-hope-a-conversation-between-james>. Acesso em: 19 maio 2025.
5. *Audre Lorde: The Berlin Years, 1984-1992*, op. cit.
6. Arquivos do Spelman College, *"A Meeting of Minds", jul. 1984*. Documentos de Audre Lorde, caixa 31, pasta 2.4.319. [Ed. bras.: "Um encontro de mentes", em *Nossos mortos em nossas costas*, op. cit., p. 65.]
7. Sadiq Abdullah, "Life Is Sweet: Working with Audre in the Bee Collective", em Gloria I. Joseph, *The Wind Is Spirit*, op. cit., p. 68.
8. Audre Lorde, "Production", em *Collected Poems of Audre Lorde*, op. cit., p. 443. Originalmente em *The Marvelous Arithmetics of Distance*, op. cit.

50. vigas [pp. 350-7]

1. *The Edge of Each Other's Battles*, op. cit.
2. Charles Rowell, "Above the Wind", op. cit., p. 90.
3. "MIT 1990-2004: The Vest Years". Timeline, Massachusetts Institute of Technology. .

4. "Hubble Space Telescope". Hubblesite. Disponível em: <hubblesite.org>. Acesso em: 20 maio 2025.
5. Clare Coss, "Frances Clayton: Remembering Our Friend and Chosen Family", *Sinister Wisdom: A Multicultural Lesbian Literary & Art Journal*, n. 122, pp. 175-6, 2023.
6. *The Edge of Each Other's Battles*, op. cit.
7. Jennifer Abod, conversa com a autora, 25 set. 2020.
8. Centro Schomburg de Pesquisa em Cultura Negra, Divisão de Manuscritos, Arquivos e Livros Raros, Biblioteca Pública de Nova York, *Carta de arrecadação de fundos de maio de 1990 de "I Am Your Sister: Forging Global Connections Across Difference"*, caixa 1, pasta 2. Documentos de Cheryl Clarke, Sc MG 642.
9. *The Edge of Each Other's Battles*, op. cit.
10. "Mission Timeline". Hubblesite. Disponível em: <hubblesite.org/mission-and-telescope/mission-timeline>. Acesso em: 20 maio 2025.
11. M. Jacqui Alexander, conversa com a autora, 21 set. 2020.
12. Ibid.
13. *The Edge of Each Other's Battles*, op. cit.
14. Para um relato completo da experiência da conferência da perspectiva de uma feminista negra com deficiência, ver Ayofemi Folayan, *Gay Community News*, Boston, v. 18, n. 16, p. 10, 2 nov. 1990.
15. Programa da conferência Sou Sua Irmã. Coleção de Elizabeth Amelia Hadley, cortesia da autora.
16. *The Edge of Each Other's Battles*, op. cit.
17. Ibid.
18. William Harwood, "Fixing Hubble's Blurry Vision". Space Flight Now, 23 abr. 2015. Disponível em: <spaceflightnow.com/2015/04/23/fixing-hubbles-blurry-vision>. Acesso em: 19 maio 2025.
19. *The Edge of Each Other's Battles*, op. cit.
20. Malkia Devich-Cyril, conversa com a autora, 5 nov. 2020.
21. Cheryl Boyce-Taylor, conversa com a autora, 19 set. 2020.
22. Programa da conferência Sou Sua Irmã, op. cit.
23. "Hubble Space Telescope — 25th Anniversary Resource Reel". Nasa, 23 abril 2015. Disponível em: <www.youtube.com/watch?v=64jzZ7AY5W8&ab_channel=NASA>. Acesso em: 19 maio 2025.
24. Ver Kathryn D. Sullivan, *Handprints on Hubble: An Astronaut's Story of Invention*. Cambridge: MIT Press, 2019.
25. *The Edge of Each Other's Battles*, op. cit.; M. Jacqui Alexander, conversa com a autora.
26. Ver Gale F. Christianson, *Edwin Hubble: Mariner of the Universe*. Philadelphia: Institute of Physics Publishing, 1995.
27. Arquivos do Spelman College, *Cassete de áudio do discurso de encerramento de Sou Sua Irmã, 8 out. 1990*. Documentos de Audre Lorde, série 5, caixa 63.
28. *A Litany for Survival*, op. cit.
29. Angela Bowen, coorganizadora de Sou Sua Irmã e autora da primeira dissertação sobre Audre Lorde, lembra a noite em que ouviu pela primeira vez Audre Lorde ler em pessoa em Bridgeport, CT. "Eu vi ela lá, sozinha, ao que parecia. E pensei: *Ela precisa ter ajuda. Ela precisa ter um exército.* E pensei que seria parte desse exército." No discurso de Sou Sua Irmã registrado em *The Edge of Each Other's Battles*, op. cit. The

Passionate Pursuits of Angela Bowen. Direção de Jennifer Abod. Nova York: Women Make Movies, 2016.
30. Mae C. Jemison e Dana Meachen Rau, *The 100 Year Starship*. Nova York: Scholastic, 2013.
31. Arquivos do Spelman College, *Gravação de Sou Sua Irmã não usada para The Edge of Each Other's Battles, AL_AV_0153; Discurso de fechamento de Sou Sua Irmã*. Documentos de Audre Lorde.
32. *The Edge of Each Other's Battles*, op. cit.

51. relevante é diferentes pontos no círculo [pp. 358-62]

1. Arquivos do Spelman College, *Diário 6 de Lorde, 1972*. Documentos de Audre Lorde, série 2.5 (Diários).
2. Audre Lorde, "Of Generators and Survival — Hugo Letter", em Gloria I. Joseph e Hortense M. Rowe, *Hell Under God's Orders: Hurricane Hugo in St. Croix*. St. Croix, VI: Winds of Change Press, 1990, p. 74.
3. Audre Lorde, "Of Generators and Survival", op. cit., p. 79.
4. Id., introdução a *Undersong*, op. cit., pp. xiii-xiv.
5. Arquivos do Spelman College, *Carta para Toi Derricotte, sem data*. Documentos de Audre Lorde, caixa 1, pasta 4. "Em vez de berços, suprimentos médicos e cobertores para os desabrigados, Bush enviou c-141 com jipes do exército, helicópteros e PMs e eles levaram os turistas de volta para Miami em massa! Em massa! De graça.
6. *A Litany for Survival*, op. cit. Ver também "Audre Lorde in Berlin — On Her Book 'Chosen Poems'", verão 1992, corte de *The Berlin Years*, direção de Dagmar Schultz, Vimeo. Disponível em: <vimeo.com/183357186>. Acesso em: 19 maio 2025.
7. "Audre Lorde in Berlin — On Her Early Work", verão 1992, corte de *The Berlin Years*, op. cit. Disponível em: <vimeo.com/183357187>. Acesso em: 19 maio 2025.
8. Audre Lorde, introdução a *Undersong*, op. cit., pp. xiii-xiv.
9. Arquivos do Spelman College, *Poemas-Páginas de Provas de Undersong: Chosen Poems Old and New, 13 mar. 1992*. Documentos de Audre Lorde, caixa 39, pasta 1005.
10. Audre Lorde, introdução a *Undersong*, op. cit., pp. xiii-xiv.
11. Arquivos do Spelman College, *Poemas-Páginas de Provas de Undersong: Chosen Poems Old and New, 13 mar. 1992*. Documentos de Audre Lorde, caixa 39, pasta 1005.
12. Gloria I. Joseph, *The Wind Is Spirit*, op. cit., p. 107.
13. Diane di Prima, "Audre Lorde", em *The Poetry Deal*. San Francisco: City Lights, 2014, p. 87.
14. Clare Coss, Painel de discussão "Powerful and Dangerous".
15. Samuel Eliot Morison, *Admiral of the Ocean Sea: A Life of Christopher Columbus*. Boston: Little, Brown, 1942, pp. 653-4.
16. "Jamaica Kincaid, "On Seeing England for the First Time", *Transition*, n. 51, pp. 32-40, 1991; "Columbus in Chains", *New Yorker*, p. 48, 2 out. 1983.
17. "Columbus Day 2013: Christopher Columbus Suffered from a Rare and Incurable Form of Arthritis". *Medical Daily*, 14 out. 2013. Disponível em: <www.medicaldaily.com/columbus-day-2013-christopher-columbus-suffered-rare-and-incurable-form-arthritis-259861>. Acesso em: 19 maio 2025.

52. pós-imagens [pp. 363-9]

1. Audre Lorde, "Manchild", op. cit., p. 73.
2. "A Litany for Survival: The Life and Work of Audre Lorde by Ada Gay Griffin & Michelle Parkerson", *BOMB*, 1 jul. 1996.
3. Barbara Smith, conversa com a autora, 24 out. 2010.
4. Festival de cinema virtual Women Sweet on Women sediado por ZAMI NOBLA e Out on Film, em Atlanta. Exibição de *A Litany for Survival*, 19 fev. 2021.
5. Ibid.
6. Michelle Parkerson, conversa com a autora por Zoom, 22 set. 2022.
7. Miki Huynh, "Clues to the Early Rise of Oxygen on Earth Found in Sedimentary Rock", Instituto de Astrobiologia da Nasa, 5 mar. 2019.
8. Festival de cinema virtual Women Sweet on Women.
9. Ibid.
10. Keelyn Bradley, "Women of Color in Film: An Interview with JT Takagi and Ada Gay Griffin", *BUALA*, 3 mar. 2021. Disponível em: <www.buala.org/en/face-to-face/women-of-color-in-film-an-interview-with-jt-takagi-ada-gay-griffin>. Acesso em: 19 maio 2025.
11. Festival de cinema virtual Women Sweet on Women.
12. Ibid.
13. C. A. Griffith, conversa com a autora por Zoom, 20 jul. 2022.
14. Id., "Below the Line: (Re)Calibrating the Filmic Gaze", em Jacqueline Bobo (Org.), *Black Feminist Cultural Criticism*. Hoboken: Blackwell, 2001, p. 101.
15. Festival de cinema virtual Women Sweet on Women.
16. C. A. Griffith, conversa com a autora por Zoom.
17. Ibid.
18. Id., "Below the Line", op. cit., p. 101.
19. Id., conversa com a autora por Zoom.
20. Id., "Below the Line", op. cit., p. 101; C. A. Griffith, conversa com a autora por Zoom.
21. Festival de cinema virtual Women Sweet on Women.

Parte 10

1. Arquivos do Spelman College, (*Rascunho/Editado*) [n.d.]. Documentos de Audre Lorde, caixa 22, pasta 28. Grifo nosso.

53. a princípio achei que você estivesse falando sobre [pp. 373-84]

1. Audre Lorde, "Coal", em *Collected Poems of Audre Lorde*, op. cit., p. 163.
2. Carta, 7 out. 1975, em *Sister Love*, op. cit., p. 47.
3. Centro Schomburg de Pesquisa em Cultura Negra, Divisão de Manuscritos, Arquivos e Livros Raros, Biblioteca Pública de Nova York, rascunho de entrevista. Documentos de Joseph Beam, Sc MG 455, caixa 9, pasta 2.
4. Angela Bowen, "Joe Beam Speaks a Smorgasbord", *Black/Out*, v. 2, n. 2, p. 3, verão 1989.
5. Gil Gerald, "You Have Got to Tell the Story: Recalling My Brother/Sister Joseph Beam", em Steven G. Fullwood e Charles Stephens (Orgs.), *Black Gay Genius: Answering Joseph Beam's Call*. Nova York: Vintage Entity, 2014, p. 39.

6. Carta de Joseph Beam para Essex Hemphill, 2 nov. 1985, citada em "Stronger, in This Life: Loving the Genius of Essex Hemphill and Joseph Beam", em *Black Gay Genius*, op. cit., p. 68.
7. Centro Schomburg de Pesquisa em Cultura Negra, Divisão de Manuscritos, Arquivos e Livros Raros, Biblioteca Pública de Nova York, *Rascunho de entrevista*. Documentos de Joseph Beam, Sc MG 455, caixa 9, pasta 2.
8. Jacqueline Trescott, "Anthology of a Mother's Grief", *Washington Post*, p. C1, 17 ago. 1991.
9. "Barbara Smith Interviewed by Steven G. Fullwood", em *Black Gay Genius*, op. cit., p. 36.
10. Colin Robinson, "An Archaeology of Grief: The Fear of Remembering Joseph Beam", em *Black Gay Genius*, op. cit., p. 76.
11. Ibid.
12. Arquivos do Spelman College, *Diário 10 de Lorde (1974)*, sem data. Documentos de Audre Lorde, série 2.5 (Diários).
13. Joseph Beam, "Making Ourselves from Scratch", em Essex Hemphill (Org.), *Brother to Brother: New Writings by Black Gay Men*. Washington: Redbone, 2007, p. 335.
14. Colin Robinson, "An Archaeology of Grief", op. cit., p. 76.
15. Angela Bowen, "Joe Beam Speaks a Smorgasbord", op. cit.
16. Djola Branner, "On Meeting Joe Beam", em *Black Gay Genius*, op. cit., p. 48.
17. Martin Duberman, *Hold Tight Gently: Michael Callen, Essex Hemphill, and the Battlefield of aids*. Nova York: The New Press, 2016, p. 109.
18. Joseph Beam, "Brother to Brother", em *In the Life: A Black Gay Anthology*. Boston: Alyson, 1986, p. 231.
19. Ibid., p. 240.
20. Centro Schomburg de Pesquisa em Cultura Negra, Divisão de Manuscritos, Arquivos e Livros Raros, Biblioteca Pública de Nova York, *Rascunho de entrevista*. Documentos de Joseph Beam, Sc MG 455, caixa 9, pasta 2.
21. Ibid.
22. Ibid.
23. Ibid.
24. Ibid.
25. Jacqueline Trescott, "Anthology of a Mother's Grief", p. C1.
26. Ibid.
27. Centro Schomburg de Pesquisa em Cultura Negra, Divisão de Manuscritos, Arquivos e Livros Raros, Biblioteca Pública de Nova York, *Rascunho de entrevista, caixa 9, pasta 2*. Documentos de Joseph Beam, Sc MG 455, caixa 9, pasta 2.
28. Ibid.
29. Ibid.
30. Ibid.
31. Centro Schomburg de Pesquisa em Cultura Negra, Divisão de Manuscritos, Arquivos e Livros Raros, Biblioteca Pública de Nova York, *Fotocópia da carta que também incluía uma bibliografia de obras de escritores negros gays e lésbicas*. Documentos de Joseph Beam, Sc MG 455, caixa 18, pasta 2.
32. Barbara Smith, conversa por telefone com a autora.
33. Centro Schomburg de Pesquisa em Cultura Negra, Divisão de Manuscritos, Arquivos e Livros Raros, Biblioteca Pública de Nova York, *Rascunho de entrevista*. Documentos de Joseph Beam, Sc MG 455, caixa 9, pasta 2.
34. Martin Duberman, *Hold Tight Gently*, op. cit., p. 107.

35. Ibid., p. 109.
36. Joseph Beam, "An Interview with Audre Lorde", em *Conversations with Audre Lorde*, p. 128.
37. Martin Duberman, *Hold Tight Gently*, op. cit., p. 109.
38. Jacqueline Trescott, "Anthology of a Mother's Grief", op. cit., p. C1.
39. Jennifer Abod, "A Radio Profile of Audre Lorde", op. cit.
40. Centro Schomburg de Pesquisa em Cultura Negra, Divisão de Manuscritos, Arquivos e Livros Raros, Biblioteca Pública de Nova York, *Carta de Audre Lorde, jan. 1987*. Documentos de Joseph Beam, Sc MG 455, caixa 5, pasta 2.
41. Joseph Beam, "Brother to Brother", op. cit., p. 235.
42. Carta de Joseph Beam para os pais, 1 mar. 1986, em Martin Duberman, *Hold Tight Gently*, op. cit., p. 114.
43. Centro Schomburg de Pesquisa em Cultura Negra, Divisão de Manuscritos, Arquivos e Livros Raros, Biblioteca Pública de Nova York, *Rascunho de entrevista*. Documentos de Joseph Beam, Sc MG 455, caixa 9, pasta 2.
44. Ibid.
45. Ibid.
46. Arquivos do Spelman College, *Poema — "Coal II", sem data*. Documentos de Audre Lorde, caixa 26, pasta 2.4.117.
47. Kay Whitlock, "Letter from Colorado", um tributo memorial em *Black/Out*, v. 2, n. 2, verão 1989, p. 29.
48. Centro Schomburg de Pesquisa em Cultura Negra, Divisão de Manuscritos, Arquivos e Livros Raros, Biblioteca Pública de Nova York, *Carta de Joseph Beam para Lorde, 14 ago. 1984*. Documentos de Joseph Beam, Sc MG 455, caixa 5, pasta 2.
49. Jennifer Abod, "A Radio Profile of Audre Lorde, op. cit.
50. Ver Joseph Beam, "An Interview with Audre Lorde", em *Conversations with Audre Lorde*, op. cit., p. 128.
51. Ibid.
52. Barbara Smith, conversa por telefone com a autora.
53. Ver Craig G. Harris, "Your Life's All in Your Dreams and Your Dreams Are All Your Life", *Gay Community News*. Boston, v. 16, n. 29, p. 9, 5-11 fev. 1989. Ver também Dante Micheaux, "Beamesque", em *Black Gay Genius*, op. cit., p. 188.
54. Audre Lorde, "Dear Joe", em *Collected Poems of Audre Lorde*, op. cit., p. 446. Originalmente em *The Marvelous Arithmetics of Distance, op. cit.*

54. escavando [pp. 385-96]

1. Charles Rowell, "Above the Wind", op. cit., p. 89.
2. Essex Hemphill, *Ceremonies: Prose and* Poetry. Washington: Cleis, 2000, p. 43.
3. Centro Schomburg de Pesquisa em Cultura Negra, Divisão de Manuscritos, Arquivos e Livros Raros, Biblioteca Pública de Nova York, *Carta de Audre Lorde para Joseph Beam, 16 nov. 1986*. Documentos de Joseph Beam, Sc MG 455, caixa 5, pasta 2.
4. Ver discussão sobre o "fundo de energia" em Louise Chawla, "Poetry, Nature and Childhood", p. 116.
5. Arquivos do Spelman College, *Carta de Audre Lorde para Adrienne Rich, 20 set. 1992*. Documentos de Audre Lorde, caixa 1, pasta 1.1.004.
6. Arquivos do Spelman College, *Carta de Essex Hemphill para Audre Lorde, sem data*. Documentos de Audre Lorde, caixa 2, pasta 1.1.052.

7. Ibid.
8. Joseph Beam, *Brother to Brother*, op. cit., quarta capa.
9. Arquivos do Spelman College, *Carta de Essex Hemphill para Audre Lorde, sem data*. Documentos de Audre Lorde, caixa 2, pasta 1.1.052.
10. Audre Lorde, "Dear Joe", em *Collected Poems of Audre Lorde*, op. cit., p. 446. Originalmente em *The Marvelous Arithmetics of Distance*, op. cit.
11. Arquivos do Spelman College, *Gravação de áudio de Hemphill lendo parte de "The Tomb of Sorrow", publicado em Ceremonies: Prose and Poetry (Washington: Cleis, 2000), para o Art Against Apartheid Reading com Lorde no Hunter College, 16 nov. 1984*. Documentos de Audre Lorde, série 5, caixa 55.
12. Ibid.
13. Ibid.
14. Ibid.
15. Ibid.
16. Ibid.
17. Ibid.
18. Ibid.
19. Ibid.
20. Mensagem de texto de Gina Breedlove para a autora, terça-feira, 11 maio 2021.
21. Arquivos do Spelman College, *Gravação de áudio de Lorde e Hemphill lendo para o Art Against Apartheid Reading com Lorde no Hunter College, 16 nov. 1984*. Documentos de Audre Lorde, série 5, caixa 55.
22. Ver a falecida Diane Nelson sobre fluidariedade diaspórica: "'Yes to Life = No to Mining': Counting as Biotechnology in Life (Ltd) Guatemala", *S&F Online*, v. 11, n. 3, verão 2013. Disponível em: <sfonline.barnard.edu/yes-to-life-no-to-mining-counting-as-biotechnology-in-life-ltd-guatemala>. Acesso em: 20 maio 2025.
23. Audre Lorde, "Eye to Eye", op. cit., p. 153 [Ed. bras.: "Olho no olho", op. cit., p. 193]; e Joseph Beam, "Brother to Brother", op. cit., p. 180.
24. Arquivos do Spelman College, *Carta de Essex Hemphill para Audre Lorde, sem data*. Documentos de Audre Lorde, caixa 2, pasta 1.1.052.
25. Ibid.
26. Ibid.
27. Essex Hemphill, "Vital Signs", em Thomas Avena (Org.), *Life Sentences: Writers, Artists and AIDS*. San Francisco: Mercury, 1994, pp. 54-5.
28. *A Litany for Survival*, op. cit.
29. Tom O'Bryan, *The Autoimmune Fix: How to Stop the Hidden Autoimmune Damage That Keeps You Sick, Fat, and Tired Before It Turns into Disease*. Nova York: Tantor and Blackstone. Ed. integral, 2021, audiobook.
30. Essex Hemphill, "Vital Signs", op. cit., p. 55.
31. Terry Gross, "Essex Hemphill on Battling AIDS and Racism in Poetry". *Fresh Air with Terry Gross*, WHYY, Filadélfia, transmissão de rádio, 1 dez. 1994. Disponível em: <freshairarchive.org/guests/essex-hemphill>. Acesso em: 20 maio 2025.
32. Arquivos do Spelman College, *Carta de Essex Hemphill Audre Lorde, sem data*. Documentos de Audre Lorde, caixa 2, pasta 1.1.052.
33. Essex Hemphill, "Vital Signs", op. cit., p. 56. Para ouvir Essex Hemphill ler um excerto de "Vital Signs" no *Fresh Air* do WHYY, acesse: <freshairarchive.org/guests/essex-hemphill>. Acesso em: 20 maio 2025.

34. Audre Lorde, "Today Is Not the Day", em *Collected Poems of Audre Lorde*, op. cit., p. 472. Originalmente em *The Marvelous Arithmetics of Distance*, op. cit.
35. Essex Hemphill, "Vital Signs", op. cit., p. 56.

55. promessa futura [pp. 397-405]

1. Arquivos do Spelman College, *Diário de Lorde (1974), sem data*. Documentos de Audre Lorde, série 2.5 (Diários).
2. Ibid.
3. "The Large Hadron Collider". CERN. Disponível em: <home.cern/science/accelerators/large-hadron-collider>. Acesso em: 20 maio 2025.
4. Ver Ian Baucom, *Specters of the Atlantic: Finance Capital, Slavery, and the Philosophy of History*. Durham: Duke University Press, 2005.
5. Biblioteca Pública de Nova York, *Entrevista com Audre Lorde, 5 out. 1983*. Documentos de Karla Jay, n. 03279. Grifo nosso.
6. Arquivos do Spelman College, *Carta de Audre Lorde para Adrienne Rich, 20 set. 1992*. Documentos de Audre Lorde, caixa 1, pasta 4.
7. Ela provavelmente falou. Ela está listada no programa da cele-conferência. A organizadora M. Jacqui Alexander também não se lembra exatamente, mas ambas se lembram de que uma van cheia de seus camaradas de Toronto veio celebrar Audre. M. Jacqui Alexander, conversa com a autora, 31 ago. 2021; e Dionne Brand, conversa com a autora, 10 out. 2021.
8. Dionne Brand, conversa com a autora.
9. Arquivos do Spelman College, *Carta não enviada de Audre Lorde, sem data*. Documentos de Audre Lorde, caixa 1, pasta 4.
10. Ibid.
11. Karla Jay, "Speaking the Unspeakable: Interview with Audre Lorde", em *Conversations with Audre Lorde*, op. cit., p. 110.
12. Biblioteca Pública de Nova York, *Entrevista com Audre Lorde, 5 out. 1983*. Documentos de Karla Jay, n. 03279. Grifo nosso.
13. Ibid.
14. Ibid.
15. Ibid.
16. Dionne Brand, *An Autobiography of the Autobiography of Reading*. Edmonton: University of Alberta Press, 2020. Grifo nosso. Para o vídeo da leitura no Centro Canadense de Literatura em 16 de abril de 2019, no Timms Centre for the Arts, Edmonton, ver "2019 CLC Kreisel Lecture with Dionne Brand | An Autobiography of the Autobiography of Reading", Centre for Literatures in Canada. Disponível em: <www.youtube.com/watch?v=sc6hhrTcpRw&t=5s>. Acesso em: 20 maio 2025.
17. Dionne Brand, *An Autobiography of the Autobiography of Reading*, op. cit.
18. Ibid.
19. Laurie Lambert, *Comrade Sister: Caribbean Feminist Revisions of the Grenada Revolution*. Charlottesville: University of Virginia Press, 2020, p. 113.
20. Nathaniel Scharping, "If You Stuck Your Head in a Particle Accelerator...", *Discover Magazine*, 7 dez. 2017. Disponível em: <www.discovermagazine.com/health/if-you-stuck-your-head-in-a-particle-accelerator>. Acesso em: 20 maio 2025.

21. Michelle M. Wright, *Physics of Blackness: Beyond a Middle Passage Epistemology*. Minneapolis: University of Minnesota Press, 2015, p. 16.
22. Dionne Brand, *The Blue Clerk: Ars Poetica in 59 Versos*. Durham: Duke University Press, 2018, pp. 223-4.
23. "The Blue Clerk: A Reading with Dionne Brand Followed by a Conversation with Saidiya Hartman", 31 out. 2018. Sojourner Project — Dialogues on Black Precarity, Fungibility, and Futurity. Paris, convened by the Practicing Refusal Collective. Barnard Center for Research on Women.
24. Tecnicamente, 0,9999 vez a velocidade da luz.

56. chamado [pp. 406-12]

1. Todos os anteriores vêm de M. Jacqui Alexander, conversa com a autora, 2020.
2. Melinda Goodman, conversa com a autora, 11 nov. 2020.
3. Gail Lewis, conversa com a autora, 22 set. 2023.
4. Cerimônia memorial da *Aché*, 29 nov. 1992.
5. Biblioteca Schlesinger, Instituto Radcliffe, Universidade Harvard, Cambridge, *Correspondência com Barbara Smith, sem data*. Documentos de June Jordan, 1936-2002, MC513, caixa 101, pasta 4. Usado com permissão de June M. Jordan Literary Estate, junejordan.net.
6. Diana Onley-Campbell, conversa com a autora, 17 nov. 2020.
7. Apud Kate Rushin em *Sojourner: The Women's Forum*, v. 18, n. 6, p. 12, fev. 1993.
8. Arquivos do Spelman College, *Programa do memorial de Audre Lorde para segunda-feira, 18 jan. 1993, memorial na Cathedral Church of St. John the Divine, página de adendo*. Documentos de Audre Lorde, série 8, caixa 79, pasta 8.009.
9. Joy Harjo, leitura na Skylight Books, Los Angeles. Apresentação por Zoom, 23 mar. 2021.
10. Ibid.
11. Paula Grant, conversa com a autora, 29 out. 2020.
12. Visto em uma página de negativos fotográficos de Lorde e sua família em casa, cortesia de Joan E. Biren.
13. "Audre Lorde: A Burst of Light", op. cit.
14. Gravações de áudio da cerimônia memorial podem ser ouvidas em "Audre Lorde Memorial Service", Cathedral Church of St. John the Divine, Nova York, 18 jan. 1993, *This Frenzy*. Disponível em: <thisfrenzy.com/audre-lorde-memorial-service/audre-lorde--memorial-service-nyc-18-january-1993>. Acesso em: 20 maio 2025.
15. Malkia Devich-Cyril, conversa com a autora, 6 nov. 2020.
16. Na verdade, muitos dos tributos memoriais foram republicados literalmente quatro anos depois em *The Cancer Journals: Special Edition* (San Francisco: Aunt Lute, 2006), e mais de 23 anos depois em *The Wind Is Spirit*, a "bio/antologia da vida, do amor e do legado de Audre Lorde", de Gloria Joseph.
17. "Audre Lorde Memorial Service", gravações de áudio.
18. Audre Lorde, "Call", em *Collected Poems of Audre Lorde*, op. cit., p. 418. Originalmente em *Our Dead Behind Us*, op. cit. [Ed. bras.: "Chamado", em *Nossos mortos em nossas costas*, op. cit., p. 125.]
19. Paula Grant, conversa com a autora.

57. despedida [pp. 413-6]

1. Jennifer Abod, "A Radio Profile of Audre Lorde", op. cit.
2. Audre Lorde, "Digging", em *Collected Poems of Audre Lorde*, op. cit., p. 277. Originalmente em *The Black Unicorn*, op. cit. [Ed. bras.: "Escavando", em *A unicórnia preta*, op. cit., p. 143.]
3. Id., "A Litany for Survival", em *Collected Poems of Audre Lorde*, op. cit., p. 255. [Ed. bras.: "Uma litania pela sobrevivência", em *A unicórnia preta*, op. cit., p. 83.] Este conjunto de cortes de versos e pontuação aparece apenas na pedra de fato do Poets Corner.
4. Reunião por Zoom na quinta-feira, 18 fev. 2020, 18h, convocada pela Cathedral of St. John the Divine, 1047 Amsterdam Avenue (na rua 112), Nova York, NY 10025.
5. Audre Lorde, "A Rock Thrown into the Water Does Not Fear the Cold", em *Collected Poems of Audre Lorde*, op. cit, p. 238. Originalmente em *The Black Unicorn*, op. cit., p. 238. [Ed. bras.: "Uma pedra atirada dentro da água não tem medo do frio", em *A unicórnia preta*, op. cit., p. 35.]
6. Id., "Eulogy", em *Collected Poems of Audre Lorde*, op. cit., p. 321. Originalmente em *The Black Unicorn*, op. cit. [Ed. bras.: "Louvor", em *A unicórnia preta*, op. cit., p. 263.]
7. Audre Lorde., "Scar", em *Collected Poems of Audre Lorde*, op. cit., p. 270. Originalmente em *The Black Unicorn*, op. cit. [Ed. bras.: "Cicatriz", em *A unicórnia preta*, op. cit., p. 119.]
8. Id., "Parting", em *Collected Poems of Audre Lorde*, op. cit., p. 454. Originalmente em *The Marvelous Arithmetics of Distance*, op. cit.
9. Arquivos do Spelman College, *Entrevista com Elizabeth Lorde-Rollins e Audre Lorde*. "Audre Lorde Film Project, Summer 1987; Elizabeth Lorde Rollins Conversations with Audre Lorde; Judith's Fancy, St. Croix", 1987, fita VHS. Documentos de Audre Lorde, série 5, caixa 63.
10. Ibid.
11. "Gloria Joseph on Audre Lorde's Necklaces", sem data, corte de *The Berlin Years*, op. cit. Disponível em: <vimeo.com/183357121>. Acesso em: 20 maio 2025.
12. Jennifer Abod, "A Radio Profile of Audre Lorde", op. cit.
13. Audre Lorde, "On the Edge", em *Collected Poems of Audre Lorde*, op. cit., p. 381. Originalmente em *Our Dead Behind Us*, op. cit. [Ed. bras.: "Na borda", em *Nossos mortos em nossas costas*, op. cit., p. 53.]
14. Gloria Joseph, conversa com a autora, 9 set. 2011.

58. uma questão de clima [pp. 417-28]

1. Isso se refere a uma reflexão extraída de um rascunho inicial do ensaio "Olho no olho" de Lorde, em que escreve: "Eu adoro a palavra sobrevivência, ela sempre me soa como uma promessa. Só que às vezes ela me faz pensar, como eu de fato defino a forma do meu impacto nesta Terra?" (Documentos de Audre Lorde, caixa 22, pasta 28; Arquivos do Spelman College). Ela também informou o título do meu ensaio de 2012 sobre Lorde, "The Shape of My Impact", *The Feminist Wire*, 29 out. 2012. Disponível em: <thefeministwire.com/2012/10/the-shape-of-my-impact>. Acesso em: 20 maio 2025.
2. Ver Coalizão de Mulheres de St. Croix. Disponível em: <https://wcstx.org/about-us>. Acesso em: 20 maio 2025.
3. Legenda sob uma foto de autoria de Audre Lorde em *Hell Under God's Orders: Hurricane Hugo in St. Croix; Disaster and Survival*, org. de Gloria I. Joseph e Hortense Rowe

(St. Croix, VI: Winds of Change, 1990), p. 165. Uma observação sobre as legendas: tenho 98% de certeza de que elas foram escritas por Gloria Joseph, companheira e principal colaboradora de Audre Lorde no fim de sua vida e principal organizadora do livro em que essas fotografias aparecem. Refiro-me a essas fotografias com base em suas legendas caso alguém queira fazer a referência. Intencionalmente não tentei incluir as fotografias aqui porque a tarefa é refletir. As questões não tratam de ou são para um objeto externo. Elas tratam de você, são para você.

4. *Hell Under God's Orders*, op. cit., p. 201.
5. Audre Lorde, "Eye to Eye", op. cit., p. 147. [Ed. bras.: "Olho no olho", op. cit., p. 185.]
6. *Hell Under God's Orders*, op. cit., p. 173.
7. Entrevista com o governador Alexander A. Farrelly, *Avis*, 9 mar. 1990. Reimpressa em *Hell Under God's Orders*, op. cit., p. 287.
8. Robert Moore, "Media Bias", em *Hell Under God's Orders*, op. cit., p. 31.
9. Audre Lorde, "Of Generators and Survival", op. cit., pp. 72-82.
10. *Hell Under God's Orders*, op. cit., p. 177.
11. Audre Lorde, "Of Generators and Survival", op. cit., p. 72.
12. Charles Rowell, "Above the Wind", op. cit., p. 84.
13. Ibid.
14. "Calling Katrina Survivors Refugees Stirs Debate". NBC News, 6 set. 2005. Disponível em: <www.nbcnews.com/id/wbna9232071>. Acesso em: 20 maio 2025.
15. *Hell Under God's Orders*, op. cit., p. 182.
16. Ibid., p. 168.
17. Ibid., p. 182.
18. Audre Lorde, "Power", em *Collected Poems of Audre Lorde*, op. cit., p. 319. Originalmente em *The Black Unicorn*, op. cit. [Ed. bras.: "Poder", em *A unicórnia preta*, op. cit., p. 259.]
19. Ruth Wilson Gilmore com James Kilgore, "Some Reflections on Prison Labor", *Brooklyn Rail*, jun. 2019. Disponível em: <brooklynrail.org/2019/06/field-notes/Some-Reflections-on-Prison-Labor>. Acesso em: 20 maio 2025.
20. June Jordan, "I Must Become a Menace to My Enemies", *Directed by Desire: The Collected Poems of June Jordan*. Port Townsend, WA: Copper Canyon, 2005, p. 23. [Ed. bras.: "Eu devo me tornar uma ameça para os meus inimigos", em Lubi Prates (Org.), *Você lembrará seus nomes*. Várias tradutoras. Rio de Janeiro: Bazar do Tempo, 2024, p. 110.
21. *Hell Under God's Orders*, op. cit., p. 178.
22. Ibid., p. 180.
23. Audre Lorde, "Of Generators and Survival", op. cit., p. 75.
24. Ibid., p. 166.
25. Ibid., p. 313.
26. Ibid.
27. Gloria I. Joseph, introdução a *The Wind Is Spirit*, op. cit., pp. 1-2.
28. *Hell Under God's Orders*, op. cit., p. 317.

Índice remissivo

Todos os textos de Audre Lorde podem ser encontrados sob *escritos de Audre Lorde*.
Números de páginas em *itálico* referem-se a imagens

A

Abdullah, Sadiq, 348, 481
abelhas: africanas, 345; apicultura, 345, 348; Audre como apicultora, 177, 348; europeias, 345; polinização e, 346-7; racismo na apicultura, 345
abissais, planícies, 279, 285
Abod, Jennifer, 383, 439, 441, 482-3, 486, 490
aborígenes negras, 295
Academy of American Poets, 298-9
aceleradores de partículas, 397-8, 405
Aché, 24, 221, 339, 341, 407, 427, 438, 480, 489
"acomodação", 333
Adams, Willie, 389
Adefra, 331-2, 339
Adnan, Etel, 316
adolescência de Audre, 39, 41-2, 96, 107, 119, 126, 169
aeroportos, racismo em, 164, 275, 336, 338
Afrekete, 248, 292, 309, 310
Afrekete, 331, 339
África, 189, 442; abelhas da, 345; África Ocidental, 188, 190-2, 194, 302; artefatos históricos africanos, 49, 188; cosmologia negra, 190; nostalgia pela, 195; provérbios africanos, 190; Sul da, 345; tráfico de escravizados da, 334, 398
África do Sul, 200, 210, 244, 250, 310, 336, 357, 366, 390, 395; South African Freedom Movement, 389
"Afro-Alemã", 331
afro-alemãs, mulheres, *270*, 321, 325-6, 328-32, 334-7, 368, 408; Adefra, 331-2, 339; I Conferência Afro-Alemã, 328
afro-americanos, 30, 49; Conferência Nacional de Escritores Afro-Americanos, 45, 304, 458; Grande Migração, 35; mulheres afro-americanas, 195, 211, 239, 357; veteranos da Primeira Guerra, 30
afro-caribenha, Audre como, 256, 399, 423
ágata, 176, 253, 415
agricultura, 146, 170, 347, 399; lavradores, 146, 177; monocultura, 170, 175
Aido Hwedo, 22
aids, 351, 365, 395, 411, 485, 487; *ver também* HIV
Ain't Supposed to Die a Natural Death, 209
ajuda mútua, 236-7, 289
Akili, Yolo, 384
Aldis, Dorothy, 201
Alemanha, 26, 30, 99, 164, 186, 284, 325-6, 328, 330-6; afro-alemãs, 321, 325-6, 328-32, 334-7, 368, 408; cinzas de Audre na, 339; feminismo/feministas na, 335; genocídio na, 334, 336; nazista, 30, 335, 340; perfilamento racial em aeroporto na, 336; I Conferência Afro-Alemã, 328; racismo na, 164, 328, 333, 335-6, 394

Alexander, Joan, 117
Alexander, M. Jacqui, 351, 391, 406, 482, 488-9
All the Women Are White, All the Blacks Are Men But Some of Us Are Brave, 229
altares, 188, 195, 228, 339, 406, 412
Alvin, 68-9, 70-3, 75-6, 119, 445-6
Amazon Quarterly, 410
amazonas, 15, 192
Amazonas, rio, 233
ambiental, racismo, 369
ambientalista, Audre como, 239
América Central, 241, 362, 376
América do Norte, 241, 442
América do Sul, 241, 361-2
América Latina, 355, 442; mulheres latinas, 355
American Poetry Review, The, 302, 308, 440, 459, 476
amizade, 44, 75, 103, 107, 127, 143, 150, 161, 218, 234, 245, 279, 281, 318, 348, 375, 393, 401, 465
amor: capacidade de Audre para amar além da identidade, 152; lésbico, 320, 354; poder do, 409
anaeróbica, vida, 365
ancestrais, 56, 61-2, 195, 218, 238, 252, 255, 333, 346, 356, 362, 365, 411
Andaiye, 165, 455
androginia, 75
anjos, 60, 70-1, 86, 387; da guarda, 60
Anthology of Negro Poets 1746 to 1949, 153
antissemitismo, 310-2, 315, 333, 340, 477; na comunidade feminista, 311
apartheid, 248, 310, 388-90, 405; Artists Against Apartheid, 388
Apollo, Teatro, 36
"Apologies to All the People in Lebanon", 311, 477
Apostolado Católico Negro, 408
árabes, 315; mulheres, 311; palestinos, 20, 310-1, 313, 315-6; Rede Feminista Árabe-Americana, 311
Argus, 92-3, 125
Armstead, Add, 202
arqueólogos, 235; Sociedade de Arqueólogos Negros, 239

Arquivo Schlesinger, 162
Artists Against Apartheid, 388
aruaques, 361-2
Asantewa, Yaa, 194
assassinatos, 31, 57, 168, 199, 202, 204, 207, 242, 249, 260, 385; Assassinatos de Boston, 82
Associação Americana de Bibliotecas, 51, 151
Associação Nacional de Estudos das Mulheres, 312
astecas, 278
asteroides, 416
astrofísica ocidental, 123, 394
astronomia, 97, 351; *ver também* física
ativismo: antiguerra, 179, 181; antinuclear, 24, 150, 153, 157; apoio financeiro para, 288; contra a extração de petróleo no mar, 238, 422; contra violência policial, 210, 309, 386; feminista, 311; na CUNY, 300; pela África do Sul, 250, 357, 366, 390; por autodeterminação, 250; por justiça econômica, 37, 143, 198, 230; *ver também* feminismo/feministas; lésbicas; mulheres negras
atômica, era, 24, 400
Audre Lorde Literary Award, 339
Audre Lorde Women's Poetry Center, 19, 21, 150, 169, 184, 412, 437-8, 464, 466
Austrália, 250, 295
autobiografia, 339, 402
Avery, Gwen, 408
Awoonor, Kofi, 192
Ayim, May, 270, 326, 328, 331-3, 336, 338, 480, 481
Azalea, 195, 462

B

bactérias, 173, 236, 258; cianobactérias, 365
bajan, 82, 169, 238-9, 380, 399
Baker, Augusta Braxton, 50-2, 54, 150, 441-2
Baldwin, James, 23, 347, 363, 379-80, 391, 481
baleias, 141, 325, 331, 333-4, 336, 480

baleias-cinzentas, 325, 331-4, 336, 480; gordura e óleo extraídos de, 334
bambara, esculturas rituais dos, 188
Bambara, Toni Cade, 143, 204, 209, 277, 290, 300, 314, 329, 347-8, 453, 474
Banda Neira, 244
bandele, asha, 18, 464, 467
Baraka, Amiri, 155-6, 454
Barbados, 32-3, 41, 169, 233-4, 236, 238-9, 241, 380, 468-9; cana-de-açúcar em, 34; furacões em, 33, 239; Prisma Acrescionário de Barbados, 233
Barnard College, 91, 124-5, 173, 196, 451, 455, 462, 471, 487, 489
Beam, Joseph, 190, 195, 373-89, 391-2, 394, 461, 484-7
beatnik, 154
beleza negra, 167
Bell-Scott, Patricia, 229
Belmar, Henrietta e Lila, 32
Belmar, Innocent, 242
Belmar, Lou, 32
Belmar, Peter, 32, 56
Benim, 191
Bereano, Nancy, 197
Berlim, 250, 269-70, 292, 321, 325-6, 328-9, 331, 333, 335, 337-8, 347, 351, 359, 408; Universidade Técnica de, 326
Bernard, Annabelle, 329
Bethel, Lorraine, 243
Beyond the Blues: New Poems by American Negroes, 153, 454
Biblioteca do Congresso, 136, 138, 452-3, 461-2
Biblioteca Pública de Nova York, 49, 51, 298, 440, 442, 447, 461, 477, 482, 484-8
bibliotecários, 50, 150, 299, 442; Audre como bibliotecária, 51, 150, 155, 161, 163, 166, 235
biblioteconomia, 51, 454
Bietz, Viv, 294, 470
big bang, 120, 394; *ver também* universo
Bill T. Whitehead Award, 378, 465
binarismo de gênero, 387; *ver também* gênero
biodiversidade florestal, 289
"biomitografia", conceito de Audre de, 404

Bird Press, 155-6
Bishop, Maurice, 245-6
bissexualidade, 299, 305
"black (w)holes", 112
Black Arts Movement, 64, 154, 168, 189, 191, 291
Black Feminist Cultural Criticism, 368, 484
Black Girl, 209
Black Nations/Queer Nations, 391
"Black Poet, White Critic", 191
Black Power, 366; retórica do, 241
black power, 164-5
Black Scholar, The, 209
Black Unicorn, The, 191
Black Woman, The, 209
Black/Out, 195, 383-4, 484, 486
Blackberri, 354, 407
Blackheart, 384
Blacklight, 384
Blue Clerk, The, 402, 404, 489
Blues Book for Blue Black Magical Women, A, 318
Bobo, Jacqueline, 368, 484
Boggs, James, 209
boicotes, 310
Bontemps, Arna, 153
Boston, 57, 230, 242-3, 251, 350-1, 380, 386, 407, 438; Assassinatos de Boston, 82
Bowen, Angela, 351-3, 357, 373, 384, 482-5
Boyce-Taylor, Cheryl, 354, 464, 482
Boyd, Melba, 191
Bradbury, Ray, 135-6, 138, 452
Brand, Dionne, 243, 386, 399, 402, 404-5, 455, 488-9
Branner, Djola, 375, 485
branquitude, 391; supremacia branca, 67, 109, 166, 168, 333; *ver também* racismo
Brasil, 139
"Brass Rail, The", 385
Breedlove, Gina, 390, 487
Breman, Paul, 156, 158, 454, 474
Breton, André, 234
Broadside Press, 190-1, 237, 291
Brooks, Gwendolyn, 291, 474
Brother, 321
Brother to Brother, 377
"Brother to Brother", 376, 380, 392, 485-7

Brown, Jacqueline Nassy, 260, 465, 472
"Brownness", 293
Bumpurs, Eleanor, 216
buracos negros, 123
Burstein, Miriam, 84, 92, 124, 126, 128
butch, 73, 74, 292; *ver também* lésbicas
Byron, Lord, 89-90, 137

C

cabelos, 163, 165; black power, 164-5; *dreadlocks*, 163-5, 275, 348, 374, 410, 412; feitiços com, 163; racismo e, 151, 163-4
Califórnia, 260, 286, 302-3
Callaloo, 385, 445
Campbell, Ederica, 206
Canaan, Andrea, 175, 241, 276, 292-3, 475
Canadá, 246, 399, 403
cana-de-açúcar, 34
câncer, 19, 22, 24, 72, 82, 98, 138, 139, 162, 165, 169, 185, 189, 243, 279-80, 284-8, 295, 298, 320-1, 323-4, 336, 340, 346-8, 353-4, 364, 383, 388, 392, 395, 399, 405, 407, 411, 415-6, 422-4, 438, 448, 453, 456, 459, 465, 470, 473-4, 479, 489; de mama, 98, 162, 169, 243, 298, 323, 336, 399, 407; quimioterapia, 164-5, 284, 320
cantilenas, 59; britânicas, 52
Capers, William, 207
capitalismo, 34, 36, 109, 144, 156-7, 163, 198, 209, 230, 243, 249, 279, 397, 403, 422-3, 425
carbono, 26, 153, 154, 307-9; tetracloreto de, 139-41
Caribe, 15, 26, 33-4, 204, 233, 238-9, 248, 250-3, 347, 399, 420, 423, 442, 469; ilhas do, 233; imigrantes caribenhos, 35, 42; mar do, 26, 33-4, 233, 239, 253
Carnegie Hall, 168
Carriacou, 32, 38, 56, 75, 240, 242, 248, 250, 252, 255, 285, 286, 380
Carty, Linda, 400
carvão, 55, 153-4; diamante e, 153
Casa da Moeda, 197
Casselberry-Dupreé, 248
Cave Canem, 19

censura, 149, 191
Centro Schomburg de Pesquisa em Cultura Negra, 377, 477, 482, 484-6
Centro Teológico de Mulheres, 408
cérebro: desconexões entre o córtex pré-frontal e a amígdala e o hipocampo, 107
Ceremonies, 386, 487
Cheatom, Ria, 328, 332
Chernobyl, acidente nuclear de, 223
"Child in the Story Goes to Bed, The", 60
China, 108
chiwara, 188
choctaw, 166, 455-6
Christchurch, 234
Christian, Barbara, 317
Christopher Street, 39, 42, 439
Chronicles of a Hostile Sun, 403
Chrysalis, 302-3, 307-10, 477
Chrystos, 282, 473
chuva, 33, 37, 56, 94, 107, 144-8, 176, 177, 289, 357, 416, 421
cianobactérias, 365
ciência: Audre como cientista, 255; ficção científica, 24, 79, 96-7, 135-7, 141, 344, 401; *ver também* astronomia; geologia; física; química
ciganos, 31, 339
cinema, 294, 364, 366-9, 484; *ver também* filmes
cinzas de Audre, 26, 257, 339, 413
City University of New York (CUNY), 192, 197, 203-4, 234, 300, 437, 445, 447, 460, 463
Civil Wars, 305, 477
Clarke, Cheryl, 19, 176, 247, 292, 305, 311, 331, 437, 461, 475, 477, 482
Clarke, John Henrik, 154
classismo, 283
Clausen, Jan, 310, 477
Clayton, Frances, 66-7, 167, 169-79, 185-6, 241, 248, 266, 276, 281, 301, 310, 350-1, 445, 456-7, 477, 482
Cliff, Michelle, 243, 276, 290, 292, 470
Clifton, Lucille, 51, 301
clima, 56, 288-9, 417; mudanças climáticas, 223, 424; *ver também* furacões
Coalizão de Mulheres de St. Croix, 417, 490

Coalizão Nacional de Lésbicas e Gays Negros, 195, 365, 373, 383
cobre: joias de, 200; moedas de, 197-8; telégrafo e linhas telefônicas de, 196, 198-200
"colapso ancestral", 252
Cole, Johnnetta, 18, 161-2, 165, 411, 455
Cole, Nat King, 224, 225
Coleção de referência James Weldon Johnson, 51, 441-2
Coletivo Combahee River, 195, 230, 242-3, 306; II Retiro Feminista Negro do Coletivo Combahee River: Visões do Lesbianismo, 195
Coletivo de Vídeo Late Start, 294, 470, 475
Cole-Wilson, Olivette, 294
Collins, Merle, 244, 470, 472
Colombo, Cristóvão, 361-2; Dia de Colombo, 31, 350, 356
colonialismo, 31-2, 47, 244, 318, 345, 361, 397, 403, 417; tráfico de escravizados, 334, 398
colorismo, 47, 193
Columbia, Universidade, 24, 38, 97, 149-50, 155, 157, 204, 466; bomba atômica inventada na, 24, 157; nascimento de Audre nas proximidades da, 157; protestos estudantis na, 204; School of Library Service da, 149
combustíveis fósseis, 238, 254; perfuração offshore para obtenção de, 359, 419; *ver também* petróleo
Comitê de Naufrágios de Navios Negreiros, 239
Comitê pela Liberdade dos Rosenberg, 144
Committee for a Sane Nuclear Policy, 157
Common Differences: Conflicts in Black and White Feminist Perspectives, 276
Commonwealth britânica, 403
Compañeras: Latina Lesbians, 244
Companhia Holandesa das Índias Orientais, 244
comunismo/comunistas, 108-9, 143-5; homossexualidade e, 109; Partido Comunista, 143
conchas, 47, 239, 339, 406, 412, 415-6
Conditions, 243, 305, 331

Conferência da Associação de Estudos das Mulheres da Nova Inglaterra, 312
Conferência Nacional de Escritores Afro-Americanos, 45, 304, 458
Conferência Nacional de Escritores Negros, 379
Conferência Nacional de Gays e Lésbicas do Terceiro Mundo, 180
conflitos, 40, 169, 175, 192, 245, 274, 276; *ver também* violência
Congresso de Equidade Racial, 203
coniagui, 193, 461; ritual das crianças, 193
convergência: de oceanos, 167-8; de placas tectônicas no Caribe, 233; de rios, 166, 233
Cook, Blanche Wiesen, 18, 20, 128, 149-50, 168, 171, 176, 196-7, 207-9, 249, 276, 360-1, 410, 437, 452, 455, 463, 470
COPS, 203-4; *ver também* John Jay College de Justiça Criminal
corações, 149
Corazon, 336
corpos: autonomia corporal, 41-2; como poeira estelar, 96; ossos, 333-4, 405
cosmologia negra, 190
Coss, Clare, 172, 175, 191, 360, 452, 456-7, 460, 462-3, 482-3
Costa do Marfim, 192
Covid-19, pandemia de, 413, 423-4
cozinhar, 38, 428
Creft, Jacqueline, 243, 246, 249
crianças/filhos, 35, 38, 43, 46, 49-52, 54-5, 57, 59, 62, 66, 68-71, 75, 79, 84, 86, 136-8, 145, 151, 166, 171, 173, 175-80, 192-3, 198-200, 210, 245, 260, 315, 330, 332, 341, 344, 390, 441-2, 464; abuso sexual de, 20, 114, 293; de Audre *ver* Lorde-Rollins, Elizabeth; Lorde-Rollins, Jonathan; literatura infantil, 51, 441, 442; palestinas, 20, 315; ritual coniagui das, 193; *ver também* infância
Crônicas marcianas, As, 136-7
Cronkite, Walter, 109
Crossing Press, 73
cubanos, 145, 249, 465
Cue, Linda, 23, 438, 445, 457
Cuentos: Stories by Latinas, 244

Cullen, Countee, 35, 49, 442
cumplicidade, 248-9, 313
CUNY *ver* City University of New York
Cyril, Malkia, 353-4, 410-1, 482, 490

D

"Dance Ballerina Dance", 224-5
Davies, Carole Boyce, 469
Davis, Angela, 261, 368, 410
Davis, Miles, 108
Davis, Thulani, 314
De la Mare, Walter, 59-62, 64, 444-5
De Veaux, Alexis, 16, 18, 274, 303, 304, 309, 314, 316, 321-2, 440, 476, 478-9
Década das Mulheres da ONU, 364
deficiência/pessoas com deficiência, 24, 31, 43-4, 330, 351, 482
Deming, Barbara, 243
Derleth, August, 135, 453
Derricotte, Toi, 19, 437, 483
DeSalvo, Louise, 20
desfoque, Moten sobre, 47
Desmoines, Harriet, 193, 461
Deus, 68, 70, 94-5, 106, 114-5, 169, 179, 377, 421
deusas, 22, 29-30, 42, 188, 193, 242, 248, 257, 284, 309, 332, 348, 361, 364, 401, 411-2
deuses, 94, 106, 284
Devich-Cyril, Malkia, 353-4, 410-1, 482, 489
Di Prima, Diane, 50, 81, 88, 92, 117, 155, 166, 184, 360, 446, 448, 450, 483
Di Vilde Chayes, 311-2, 314
diamantes, 153, 373-4, 379, 381-3
diários de Audre 22, 27, 62, 84-5, 93, 122-6, 134, 161, 176, 178, 181, 183, 188-9, 192, 197, 200, 205, 208, 211, 226, 229, 238, 241-2, 249, 254-6, 273, 275, 277, 282, 289-90, 292, 297, 304, 306, 315, 325-6, 328, 344, 366, 375, 397, 453; poesia das entradas dos, 27, 192, 256, 328
diáspora negra, 402, 404
discursos de Audre, 31, 316, 369, 385, 410
Diving into the Wreck, 234, 236, 468-9

"Doc Locks Honey", 348, 367
doença transmissível, racismo como, 392
Domoni, Rey, 146, 453
dor emocional, 107
Dove, Rita, 290
drag queens negras, 387
dreadlocks, 163-5, 275, 348, 374, 410, 412
"*Dyke* de vestido, Uma", 354

E

eclipses: eclipse lunar, 361; eclipse solar, 359-62
efeito estufa, gases de, 139
Einstein, Albert, 44
El Salvador, 200
elementos químicos, 118, 254
eletrônicos, aparelhos, 139
Ellis, JJJJJerome, 45
Elmina, castelo, 397, 404
Emde, Helga, 16, 338
energia escura e matéria escura, 123
Engel, Kathy, 316, 322, 476, 478-9
ensino médio, 19, 24, 67, 75, 79, 81, 83-6, 88, 90-2, 94-6, 122, 124, 126-7, 133, 135, 137, 150, 166, 182, 204-5, 224-6, 228, 248, 253, 275, 343, 366, 451, 453, 464
equinócio, 121, 198
erótico, poder curativo do, 292; erótica do feminismo negro, 292, 357
escravidão: tráfico de escravizados, 334, 398
escritos de Audre Lorde: "A Family Resemblance", 299, 475; "A Mistake", 106, 449; "A poesia não é um luxo", 307, 444; "A transformação do silêncio em linguagem e em ação", 218, 306, 460; *A unicórnia preta*, 72, 188-95, 439-40, 442, 444-6, 448, 450, 453, 457-62, 472-4, 480, 490-1; "Another Final Solution", 390; "As ferramentas do senhor nunca derrubarão a Casa-Grande", 317; *Audre Lorde: Dream of Europe*, 7, 101, 159; "Ballad from Childhood", 77; "Berlim é difícil com garotas de cor", 325; "Black Women's Poetry Seminar", 13, 101, 479; "Blackstudies", 64, 206, 441,

444; "Büchergarten, Berlin, Germany", 159; *Cables to Rage*, 15; "Chamado", 22, 412, 489; "Cicatriz", 415, 490; *Coal*, 15, 180, 409, 448, 454, 458, 462, 465, 467, 475; "Coal", 95, 154, 327, 373, 382, 384, 448, 454, 465, 484; "Coal II", 382, 486; *Collected Poems of Audre Lorde*, 439-42, 444-8, 450-4, 457-62, 464, 467, 469, 472-5, 478, 480-1, 484, 486-91; "Contornos", 174, 457; "Coping", 422, 458; "Corrente", 88, 199, 448, 461-2; "Da estufa", 182, 457-8; "Dança da morte para uma poeta", 138, 452-3; "Daomé", 53, 442, 461; *De uma terra onde outro povo vive*, 81, 236-8, 465; "Dear Joe", 384, 387, 486-7; *Deotha*, 186; "Diáspora", 34, 395, 439; "Elogio a Alvin Frost", 71, 446; "Enquanto cresço de novo", 237; "Escavando", 413, 474, 490; "Eternidade", 119, 450; "Father Son and Holy Ghost", 139, 237, 453; "For Those of Us", 237; "Friend", 115, 450; "Granada revisitada: Um relato provisório", 248, 403, 469-70; *H.U.G.O. (Hell Under God's Orders)*, 15; "Hanoi Angona Guiné-Bissau Moçambique Phnom Penh mescladas a Bedford-Stuyvesant e Hazelhurst Mississippi", 198; "Harriet", 294; "How Long Is the Summer", 103, 449; *I've Been Standing on This Streetcorner a Hell of a Long Time*, 74; "If You Come Softly", 338; *Irmã outsider*, 15, 40, 248-9, 274, 307, 401, 440-1, 444, 458-60, 469-70; "Irmão Alvin", 69, 72, 445-6; "Irmãs em armas", 390; "La Llurania", 146, 453; "Location", 93-4, 448; "Louvor", 414, 490; "Love Poem", 191, 409, 460; "Memorial I-IV", 122, 223-4, 451, 467; "Mestra", 211; "Mudança de estação", 123, 179, 451; "My Fifth Trip to Washington Ended in Northeast Delaware", 179; "Na borda", 490; "Naturally", 167; "Nirvana", 94, 448; *Nossos mortos em nossas costas*, 15, 19, 290, 320, 439, 457, 459, 481, 489-90; "Now That I Am Forever with Child", 184; "O dia em que fizeram uma elegia a Mahalia", 198, 462; "O filho homem: reflexões de uma lésbica negra e feminista", 180, 182, 458; "Oaxaca", 143, 146-7, 453; "Of a Summer's Eve", 86, 447; "Of Generators and Survival", 420, 483, 491; "Olho no olho: Mulheres negras, ódio e raiva", 46, 151, 178, 273-5, 277-8, 293, 299, 324, 355, 371, 380, 392, 401, 441, 458, 473, 476-7, 488, 491; *Os diários do câncer*, 151, 285, 287, 330, 336, 363, 456, 474; "Os limites do nosso quintal", 175, 457; "Os usos da raiva: As mulheres reagem ao racismo", 290; "Oya", 42, 439, 440; "Parting", 490; "Poder", 199, 206, 210-1, 260, 389, 444, 462, 472, 491; "Poem to the Survival of Roaches", 86, 447; *Poemas escolhidos, velhos e novos*, 170, 193, 359; *Precisar: Um coro para vozes de mulheres negras*, 57, 243, 385, 469; "Production", 348, 481; "Prólogo", 64, 237, 445, 465; "Relevante é diferentes pontos no círculo", 237, 469; "Revolutionary Hope", 347; "Second Spring", 121, 450; "Self", 112, 450; "Seu cabelo ainda é político?", 164, 455; *She Who Survives*, 82; "Solstício", 18, 138, 445; "Sonho/Canções para a Lua da terra de Beulah I-V", 29; "Sou sua irmã", 294; "Spring", 93, 121-2, 447, 451; "Stop Hour", 110, 450; "Strange Other Lands Are Calling", 119; "The Bees", 344, 481; "The Brown Menace", 83; "The Classrooms", 69, 445; *The First Cities*, 128, 166, 444, 450-1, 453; *The New York Head Shop and Museum*, 179, 191, 440-1, 444, 446-7, 462, 481; "The Revolt of the Light Years", 96, 449; "The Twenty Thousandth Day", 111; "The Weak Gods", 106, 449; "The Welcome Committee", 70, 446; "To a Girl Who Knew What Side Her Bread Was Buttered On", 60, 62, 444; "To Miriam", 127, 452; "Today Is Not the Day", 368, 395, 488; "Toni querida, no lugar de uma carta parabenizando-a por seu livro e sua filha, quem você diz

estar criando para ser uma pretinha muito correta", 290; "Um encontro de mentes", 348, 481; *Uma explosão de luz*, 15, 96, 98, 296, 329, 336, 354, 438, 449, 470, 479; "Uma fã de ficção científica discute o crescente apelo de histórias das extensões remotas", 135; "Uma litania pela sobrevivência", 44, 189, 255, 278, 407, 440, 457, 460-2, 473, 480, 490; "Uma mulher fala", 190, 460-1; "Uma mulher/Lamento para crianças perdidas", 210, 464; "Uma questão de essência", 164; *Undersong: Chosen Poems Old and New Revised*, 15, 193, 223, 359-60, 467, 483; "Usos do erótico: O erótico como poder", 293; "Vizinhas", 184; *Zami: Uma nova grafia do meu nome*, 15, 50-1, 68-9, 73-5, 85, 93, 98, 103, 108, 114-5, 117-8, 120, 224-7, 229, 242, 244, 248, 250, 256, 286, 290, 330, 354, 366, 374, 383, 400-2, 441, 449-50, 453, 467, 471; *ver também* diários de Audre
escuridão, 55-6, 58-61, 63, 69, 120-1, 123, 279, 291, 359-60, 376, 382, 384, 395, 444; como condição para o universo, 123; como rebaixamento, 68; matéria escura e energia escura, 123
espanhol, idioma, 453
espelhos: de obsidiana, 274; em telescópios, 353, 354, 355
espirais, 171, 176
espiritualidade de Audre, 29, 30, 42, 425
Essence, 164, 274, 347, 380, 401, 472, 481
estado de Nova York, Audre como poeta laureada do, 52, 259, 369, 406
Estados Unidos, 19-20, 31-5, 37, 83-4, 91, 137, 144-5, 162, 169-70, 247; Academy of American Poets, 298, 299; Associação Americana de Bibliotecas, 51, 151; Casa da Moeda dos, 197; Exército dos, 144, 246, 249-50, 358, 403-4; Grande Depressão, 29, 35-6; Grande Migração, 35; imigração e, 33; Jim Crow, 30; latinas nos, 355; Lei de Imigração, 33; mercado global controlado pelos, 247; moedas americanas, 197-8; Movimento dos Direitos Civis, 44; racismo fundacional da ideia de policiamento nos, 208; Rede Feminista Árabe-Americana, 311; taxa de suicídio nos, 105
estrelas, 64, 93, 96-7, 99, 106, 112, 118-9, 226, 350-1, 356, 359, 363-4, 394-5, 416; explosão de, 111; navegação e, 351; planetas e, 96, 363; poeira estelar, 96; *ver também* astronomia; sol
estudantes: protestos estudantis, 204
estudos negros, 58, 190, 207, 234, 344, 444
Europa, 30-1, 89, 91, 108, 241, 331, 333, 335, 347, 361-2, 442
Evans, Gil, 108
Evans, Mari, 153, 190, 453, 460
Exército americano, 144, 246, 249-50, 358, 403-4
"exército" de Audre, 357
extração, economia de, 32, 154, 238-9, 289, 422
Exu, 409

F

faculdades historicamentes negras, 67, 166-7; políticas de respeitabilidade em, 167
falar em público, medo de Audre de, 260
Farbe bekennen, 328-9, 332
Faria, Yara-Colette Lemke Muniz de, 332, 339
Farrakhan, Louis, 318
fascismo/fascistas, 31, 339
Feira do Livro Feminista Internacional (Londres), 294, 407
Feira do Livro Feminista Internacional (Montreal), 399
feitiços, 52, 62, 71, 88; cabelos como ingredientes de, 163
feminismo/feministas, 89, 178, 182, 232, 242, 292, 304, 306-7, 312-3, 317-8, 336; Adefra, 331-2, 339; antissemitismo dentro da comunidade feminista, 311; autonomia corporal e, 41-2; comunidade feminista, 232, 311, 313-4; conferências feministas, 229, 347; conflitos dentro do, 311; editoras

feministas, 246, *ver também* Kitchen Table Press; em sets de filmagem, 368; Feira do Livro Feminista Internacional (Londres), 294, 407; Feira do Livro Feminista Internacional (Montreal), 399; feminismo negro/feministas negras, 45, 60, 162, 182, 194, 228-30, 232, 242, 246, 248, 261, 276, 288, 292-5, 304-7, 316-7, 330-1, 339, 354, 363-4, 367-8, 408, 482; Feminist Action Network, 408; feministas brancas, 189, 229, 275, 294-5, 335; feministas lésbicas negras, 75, 82, 174, 229-30, 250, 279, 304, 311, 326, 348, 351, 353, 376, 400, 410, 427; "fotossíntese feminista negra", 288, 294; israelenses, 311; judias, 311-2, 314; livrarias feministas, 408; movimento feminista negro britânico, 295; na Alemanha, 335; primeira onda do, 89; racismo no, 229, 311, 335; Radical Women, 411; Rede Feminista Árabe-Americana, 311; segunda onda do feminismo, 44; sororidade, 151, 165, 232, 273-4, 277; *ver também* lésbicas; mulheres

Feminist Action Network, 408

ferro, 118, 198, 363-6, 369

ferrugem, 16, 234, 366, 369

Festac, 191-2, 292

Fibonacci, sequência de, 171

"ficção autêntica", Audre sobre, 74; *ver também* Zami: *Uma nova grafia do meu nome*

ficção científica, 24, 79, 96-7, 135-7, 141, 344, 401

Field, Amanda, 34

filmes, 23, 364, 367-8; *ver também* cinema

Fisher, Holly, 366

física, 112, 233, 395-6, 398; astrofísica ocidental, 123; de partículas, 24, 98, 404; quântica, 395, 398, 400; *ver também* astronomia

fitas VHS, 366-7, 459, 490

Flamboyant Ladies Salon, 303

flores, 71, 119-20, 126, 169, 171, 176, 178, 181, 184, 323, 325, 339, 350, 407; *ver também* girassóis

florestas, 289, 291

Flowers, Yvonne Maua, 276

Folayan, Ayofemi, 26, 438, 482

"For Audre", 259, 280, 472-3

Forever Amber, 80

Fórum Nacional de Liderança Lésbica e Gay Negra, 473

fotografias de Audre, 263-71

fotografias tiradas por Audre, 417-28

fotossíntese, 154, 158, 288, 291, 365; cianobactérias e, 365; "fotossíntese feminista negra", 288, 294

Franklin, Benjamin, 146; como designer das moedas de centavo, 198

Franklin, Ife, 287, 474

Franklin, J. E., 209

Frazier, Demita, 230, 306

Free University (Berlim), 321, 325-7, 329

Free University (Nova York), 300

Freedomways, 209

freiras, 54, 68, 70, 75

fronteiras íntimas, 293

Frost, Alvin, 68-9, 71, 446

fuga, 80, 344

Fullwood, Steven G., 384, 484-5

furacões: em Barbados, 33, 239; em Granada, 245; em St. Croix, 16, 34, 82, 165, 239, 352-3, 358, 417-23, 426; Hugo, 16, 34, 82, 165, 239, 352, 353, 358, 417-23, 426; Janet, 245; Katrina, 419-20, 491; no Caribe, 420; temporada de, 17, 423; *ver também* vento, o

G

gagueira, 43, 45, 54

Gairy, E. M., 241-2

galáxias, 112, 120, 123, 177, 350, 355

Gana, 191-2, 397

Garrett, Daniel, 391

gases de efeito estufa, 139

Gay Community News, 40, 312, 440, 482, 486

gays: Coalizão Nacional de Lésbicas e Gays Negros, 195, 365, 373, 383; Conferência Nacional de Gays e

Lésbicas do Terceiro Mundo, 180; escritores negros gays, 363; Fórum Nacional de Liderança Lésbica e Gay Negra, 473; história gay e lésbica, 383; Marcha Nacional em Washington pelos Direitos de Lésbicas e Gays, 175, 259, 407; negros, 365, 373, 376-7, 379, 381, 385, 387, 391, 395; terapeutas afirmativos de lésbicas e gays, 172, 457; *ver também* homossexualidade/homossexuais; lésbicas

gênero, 188; binarismo de, 387; drag queens negras, 387; identidade de, 75; não binário, 411; nos anos 1950, 109; papéis de, 109; violência de, 417; *ver também* feminismo/feministas; mulheres; sexismo

"Genevieve Gennie", 51, 75, 103-23, 125, 127-8, 134, 146, 223-6, 232, 248, 338, 359, 449, 452

genocídio: de indígenas, 137, 361; em Banda Neira, 244; na Alemanha, 334, 336

Gente, 282

geologia, 333; planícies abissais, 279, 285; tempo geológico, 95, 254, 260; *ver também* pedras; Terra

geometria, 79, 85-6

Gerald, Gil, 375, 484

Gibson, Joel A., 406

Giddings, Paula, 300

Gilda Stories, The, 465

Gilmore, Ruth Wilson, 423, 491

Ginger, 140

Giovanni's Room, 377

girassóis, 67, 169-71, 173-4, 176-7; *ver também* flores

Glover, Clifford, 199, 201-3, 205-6, 209-12, 260, 386, 463

Goings, Frances, 117

Gomez, Jewelle, 379, 465

Goodman, Melinda, 407, 466, 489

Gossett, Hattie, 266

Governo Revolucionário Popular, 243

Grã-Bretanha, 156, 318; cantilenas britânicas, 52; colônias britânicas, 34; Commonwealth britânica, 403; feministas britânicas, 295; grafias britânicas, 154; movimento feminista negro britânico, 295; poetas britânicos, 59; *ver também* Inglaterra

grafite, 153, 154, 155, 157, 158; *ver também* carbono; carvão; diamantes

gramática, comprometimento de Audre com, 182

Granada, 32-4, 38, 210, 239-45, 247-52, 255, 273, 347-4, 399, 403-4, 469-70; Governo Revolucionário Popular, 243; Movimento New Jewel, 241, 243, 246; Revolução Granadina, 250, 403-4

Grande Colisor de Hádrons, 398

Grande Depressão, 29, 35-6

"Grande Evento de Oxigenação", 365

Grande Migração, 35

granito, 274, 325, 413-4

Grant, Paula, 409, 412, 474, 489

Griffin, Ada Gay, 134, 239, 363, 366-9, 454, 484, 488

Griffith, Crystal A., 368-9

Gualala, 286

Guerra Civil Austríaca, 31

guerra nuclear, 157

guerras, 29-31, 105, 135, 194, 234, 393

Gumbs, Alexis Pauline, 16, 23-6, 124, 246, 321, 453; como um furacão, 423, 424; livros de Audre presenteados a, 15-7, 73, 75; pesquisa de, 161-5

Gummich, Judy, 332, 480

Guy-Sheftall, Beverly, 162, 455

H

H.U.G.O. ver Hell Under God's Orders

Haddad, Carol, 316

Halo, 192

Hamer, Fannie Lou, 168, 298, 301, 303, 316, 456

Hammonds, Evelynn, 112, 354, 450

Hampshire College, 329, 344, 346-7, 363, 466

Hansberry, Lorraine, 144

"Harbor Lights", 225

Hardwick, Gwendolen, 303, 309

Harjo, Joy, 409, 414, 489

Harlem, 22, 24, 29, 31, 35-6, 41, 143, 157, 178, 343, 406; discriminação extrema no, 36; funeral de Audre no, 22, 406; Motim do Harlem, 36, 38; população do, 36; Renascimento do, 49, 304
Harlem Writers Guild, 157
Harlem, Universidade do, 204
Havaí, 26, 360, 362
heliotropismo, 174
Hell Under God's Orders, 15, 418, 421, 483, 490-1
Hemphill, Essex, 367, 375, 377, 379, 381, 385-7, 389, 391-2, 394-5, 399, 485-8
Henderson, Everett, 322
Hernandez, Beatriz, 465
Hess Oil Corp., 426
heterossexualidade, 172, 320, 348, 385
Hewlett-Packard, 310
hidrogênio, 111, 118, 398, 405
Hiroshima, bombardeio norte-americano de, 31
HIV, 365, 388, 390, 395; *ver também* aids
Hodge, Merle, 243
Holiday, Billie, 275
Holocausto, 334, 336
Home Girls, 248, 374-5, 377, 477-8
"Homem do Mel", 348
homens negros, 72, 275, 283, 343, 348, 380-1, 386; gays negros, 365, 373, 376-7, 379, 381, 385, 387, 391, 395
homofobia, 45, 149, 165, 195, 197, 207, 230, 282, 283, 299, 306-7, 310-1, 318, 360, 375, 385, 387, 393, 395; do binarismo de gênero, 387; do establishment negro, 304, 386; em instituições literárias, 190, 379; na psicologia, 305-6; nas escolas, 360; pânico-homo nos EUA, 109, 306; violência homofóbica, 282, 387
homossexualidade/homossexuais, 109, 144, 305; comunismo e, 109; expurgo de homossexuais nos EUA, 109; removida do *Manual diagnóstico e estatístico de transtornos mentais*, 172; *ver também* gays; lésbicas
hooks, bell, 290, 474
Howard, Universidade, 45, 153, 155, 304, 386, 454, 458; Conferência Nacional de Escritores Afro-Americanos, 45, 304, 458
Hubble, 350-6, 482
Hügel-Marshall, Ika, 250, 480-1
Hughes, Langston, 35, 93, 153-4, 157, 363, 383, 448, 454
Hugo (furacão), 16, 34, 82, 165, 239, 352-3, 358, 417-23, 426
Hull, Akasha Gloria, 229, 231-2, 247, 275, 378, 468
Hunter College, 18-20, 38, 70, 81, 83-5, 91, 93, 96, 118, 124-6, 133-5, 149-50, 152, 155, 169, 212, 245, 275, 343, 388, 407; Audre Lorde Women's Poetry Center, 19, 21, 150, 169, 184, 412, 437-8, 444, 448-54, 459, 464-6, 487
Hurston, Zora Neale, 35, 305

I

"I Found My Thrill on Blueberry Hill", 354
identidade de gênero, 75; *ver também* gênero
Iemanjá, 332, 409
Ifá, 29, 30
Ilhas Virgens, 186, 419, 420, 426; *ver também* St. Croix
imigração, 33; imigrantes caribenhos, 35, 42
imperialismo, 312, 316
imunológico, sistema, 393
In Another Place, Not Here, 403
In the Life, 373, 375, 377-8, 380, 383, 485
Índia, 246
índices de livros, 51, 72
indígenas, 137, 170, 239, 250, 352, 362, 409, 424; genocídio de, 137, 361
Indonésia, 244
infância, 20, 24, 38-41, 43-4, 46-8, 56, 59-60, 65, 70, 72, 107, 161, 169, 178, 181, 184, 190, 194, 277, 313, 334, 337, 380, 403, 440, 443; abuso sexual na, 20, 114, 293; de Audre, 39-40, 44-7, 60, 65, 68, 72, 169, 440; deficiência na, 24; literatura infantil, 51-2, 441-2; *ver também* crianças/filhos

Inglaterra, 138, 246, 295, 407; movimento feminista negro britânico, 295
insetos, 83, 86, 344; *ver também* abelhas
Instituto de Identidade Humana, 172, 457
interconexão, 29, 294
inter-raciais, relacionamentos, 152, 154, 171, 173, 276, 376
interseccionalidade, 18, 74-5, 180, 228, 230, 242; Audre como santa padroeira da, 364, 413
Interview with the Muse, 439-40, 448, 458
Invisible Woman, 339, 480-1
iorubás, 29, 42, 348, 406-7, 411
irmandade, 278, 281, 298, 302, 307, 449; global, 295; *ver também* amizade; solidariedade; sororidade
Irmãs de Cor Revolucionárias, 251
Irmãs em Apoio às Irmãs na África do Sul, 250
Israel, 310-3, 316; judeus de cor em, 311
Itália, 31
Ivy League, 161

J

"Jack-O-Lantern", 201, 212
Jackson, Mahalia, 198, 462
Jamaica, 243, 245, 336, 361
Jamaica Plain, 408
James Webb, 352
James, C. L. R., 241, 402
Janet, 245
Japão, 31
jardim/jardinagem de Audre, 175, 178, 181-2, 184-6
Jay, Karla, 82, 401, 438, 447, 488
jazz, 109
jeje, 192
Jemison, Mae, 357
Jesus Cristo, 56, 414
Jim Crow, 30
John Jay College de Justiça Criminal, 18, 20, 71, 203, 205, 207, 212, 463
Jones, Bill T., 464
Jones, LeRoi, 155, 454
Jones, Shirley, 282

Jones, Wayson, 385
Jordan, June, 51, 79, 162, 204, 274, 278, 297-306, 308-17, 321, 401, 423, 447, 470, 473, 475-9, 489, 491
Joseph, Gloria, 15-8, 26, 74, 76, 165, 177, 186, 248, 250, 257, 269, 276, 317, 329, 339, 346-8, 351-2, 360, 363, 394, 416, 418, 421, 428, 466, 480-1, 489-91
"Journey, The", 60-1, 444
judeus, 31, 52, 311, 315-6; de cor em Israel, 311; feminismo judaico, 311-2, 314; mulheres judias, 311-2, 314, 316

K

Kali, 246
Katrina, 419-20, 492
Kay, Jackie, 142, 294-5, 453, 475, 478
Kay, Matthew, 475
Keats, John, 89-90, 97, 116
Kennedy, Florynce, 209
Kettels, Yvonne, 337, 339
Keystone Electronics, 135, 139-41
Kick'Em Jenny, 252-4, 257-8
Kincaid, Jamaica, 361, 483
King Jr., Martin Luther, 168
Kinsey, relatório de, 109
Kirkus Reviews, 190-1, 460
Kitchen Table Press, 82, 243-7, 266, 312, 364, 369, 375, 377, 470
Kohl, Helmut, 339-40, 480
Kraft, Marion, 337-9, 480-1
Krumme Lanke, 26; cinzas de Audre espalhadas no, 339
Ku Klux Klan (KKK), 312
Kuno, Manfred D., 329
Kuumba, Roda de Tambores das Mulheres, 18
Kuzwayo, Ellen, 250, *270*, 338, 356-7

L

Lachatanere, Diana, 377
Lambda Rising, 378
Lambert, Laurie R., 403, 470, 488

Lammas, *267*, 292
"Land Back", 356
latinas, mulheres, 355
Laura (parceira de Pat Parker), 281
Laure, Nicola, 338
legado de Audre, 18-9, 22-3, 113, 161, 165, 228, 326, 366, 378, 412, 489
Lei de Imigração, 33
Lesbian Herstory Archives, 292, 411, 474
lésbicas, 154; abordagem de maternidade de, 183; afro-alemãs, 331; amor lésbico, 320, 354; Audre como, 18, 75, 149, 161, 180, 189, 191, 195, 208, 228-9, 242, 304, 318, 366, 376, 378, 383, 395, 399-400, 410, 446, 454; brancas, 73, 310, 401; *butch*, 73-4, 292; casadas com homens, 171; Coalizão Nacional de Lésbicas e Gays Negros, 195, 365, 373, 383; de cor, 276, 282, 378; Conferência Nacional de Gays e Lésbicas do Terceiro Mundo, 180; "*dyke* à moda antiga", 128; em relacionamentos inter-raciais, 152, 154, 171, 173, 276, 376; escritoras negras lésbicas, 363; feministas lésbicas negras, 75, 82, 174, 229, 230, 250, 279, 304, 311, 326, 348, 351, 353, 376, 400, 410, 427; Fórum Nacional de Liderança Lésbica e Gay Negra, 473; história gay e lésbica, 383; "lésbica" como prática de leitura crítica literária, 305-6; Marcha Nacional em Washington pelos Direitos de Lésbicas e Gays, 175, 259, 407; negras, 19, 75, 112, 190, 281, 299, 304, 331, 365, 379, 388, 395, 400, 408; revistas/periódicos para, 243, 305, 331; terapeutas afirmativos de lésbicas e gays, 172, 457; *ver também* gays; homossexualidade/homossexuais
Lewis, Jill, 276
LGBTQ+, movimento, 375, 457; papel de Audre no, 364; terapeutas afirmativos, 172, 457; *ver também* bissexualidade; gays; lésbicas
Líbano, 20, 310-3, 316
"Life After Lebanon", 316, 478
Liga Feminista Árabe-Americana, 316
linchamentos, 30

Línguas desatadas, 391-2
Lipstick Papers, The, 465
"Listeners, The", 64-5, 445
Litany for Survival, A, 134, 186, 318, 366-9, 391, 440, 454-5, 460-2, 469, 472-3, 478, 480-4, 487, 490
literatura: infantil, 51, 441-2; literatura negra, 153, 363, 384, 386, 473; escritoras negras lésbicas e escritores negros gays, 363; racismo na literatura infantil, 52; *ver também* Black Arts Movement; escritos de Audre Lorde
Llorona, La, 146, 255
Lola, Iya, 406
Londres: Feira do Livro Feminista Internacional, 294, 407
Lord, Fitzgerald, 34, 41
Lord, Frederick Byron *ver* Lorde, Byron
Lorde, Audre: adolescência de, 39, 41-2, 96, 107, 119, 126, 169; amantes de, 48, 103, 140, 149-52, 274, 276-7, 286, 291, 303; amor, capacidade de, 152; Audre Ancestral, 193-5; aura de, 282; avós de, 32, 34, 41, 56, 75, 234, 286; "biomitografia", conceito de Audre de, 404, *ver também Zami: Uma nova grafia do meu nome*; cabelo de, 121, 151, 164-5, 193; cerimônia fúnebre de Audre na St. John the Divine, 22, 406; cinzas de, 339, 413; cobre, artesanato e joias de, 200; como afro-caribenha, 256, 399, 423; como ambientalista, 239; como bibliotecária, 51, 150, 155, 161, 163, 166, 235; como cega, 43, 46-7; como cientista, 255; como criança quase cega, 43, 46; como doula, 88; como filha de Oyá, 29-30, 42, 425; como força curadora multigeracional, 195; como guerreira, 18, 32, 40, 194, 246, 259, 363, 410, 415, 425; como ícone, 195, 304; como leitora, 24-5, 49-50, 79, 85, 89, 199, 234, 236, 248, 299, 332; como lésbica, 18, 75, 149, 161, 180, 189, 191, 195, 208, 228-9, 242, 304, 318, 366, 376, 378, 383, 395, 399-400, 410, 446, 454; como madrugadora, 196-7; como mãe, 18, 180-3; como maravilha do mundo,

25; como mulher negra, 22, 151, 184, 195, 232, 249, 276, 281; como outsider, 178; como poeta, 18, 24-5, 39, 61-2, 90, 94, 128, 137, 153, 156, 166, 184, 260, 279, 309, 344, 348, 354, 463; como poeta laureada do estado de Nova York, 52, 259, 369, 406; como portadora de linhagem, 228; como professora, 19, 85, 169, 209, 211-2, 301, 322, 325, 369, 401, 465; como santa padroeira da interseccionalidade, 413; como ser quântico, 25, 98, 99, 395, 401; como socialista, 143, 208, 249, 279, 281, 383, 407; como um movimento, 410; como viajante no tempo, 99, 138, 194, 281, 344, 359-60, 403; demora para começar a falar, 43, 45, 49; diários de, 22, 27, 62, 84-5, 93, 122-6, 134, 161, 176, 178, 181, 183, 188-9, 192, 197, 200, 205, 208, 211, 226, 229, 238, 241-2, 249, 254-6, 273, 275, 277, 282, 289-90, 292, 297, 304, 306, 315, 325-6, 328, 344, 366, 375, 397, 453; Domoni, Rey, 146, 453; escrita de, 190, 234; espiritualidade de, 29-30, 42, 425; "exército" de, 357; "ficção autêntica", Audre sobre, 74; ficção científica de, 96-7; filhos de, 179, 182, 183, 290, *ver também* Lorde-Rollins, Elizabeth; Lorde-Rollins, Jonathan; fotografias de, *263-71*; fotografias tiradas por, 417-28; "fotossíntese feminista negra", 288, 294; gênero de, 22, 151, 184, 195, 232, 249, 276, 281; generosidade de, 295, 300, 303, 475; geologia, estudos de Audre sobre, 97, 333; gramática, comprometimento de Audre com, 182; infância de, 39-40, 44, 46-7, 60, 65, 68, 72, 169, 440; jardim/jardinagem de, 175, 178, 181-2, 184-6; joias de cobre confeccionadas por, 200; legado de, 18-9, 22-3, 113, 161, 165, 228, 326, 366, 378, 412, 490; meia-irmã de, 273; memoriais para, 407, 490; morte de, 23, 186, 250-1, 318, 338, 394, 407, 416, 465; nascimento de, 29, 31, 34, 35, 38, 135, 155, 157, 343; nome de, 19, 23, 81, 299, 307, 316, 407; parceiros que moraram junto com *ver* Clayton, Frances; Joseph, Gloria; Masone, Marion; Rollins, Ed; perfilamento racial de Audre em aeroporto na Alemanha, 336; pesadelos de, 47, 55, 58-9, 63, 123, 196, 199, 206, 210, 414; poema para, 91; prêmios e distinções, 31, 81, 236, 251, 350, 352, 355, 357, 378, 399, 407, 465; primeiro amor de *ver* "Genevieve Gennie"; pseudônimo literário de, 146, 453; publicações de *ver* escritos de Audre Lorde; saúde de, 19, 22, 320, 321, *ver também* câncer; sensibilidade de, 415; sotaque de, 399; Sou Sua Irmã (cele-conferência), 31, 251, 350, 352, 355, 357, 399, 407; superpoderes de, 142, 150; últimas palavras de, 416; *ver também* escritos de Audre Lorde

Lorde, Byron, 32-3, 40-2, 79-82, 90, 133, 138-40, 182, 233, 235-6, 255-6, 273, 343

Lorde, Helen, 18, 35, 55-6, 133-4, 275, 440, 452, 475

Lorde, Linda Belmar, 32-3, 38, 42, 47, 50, 54, 79-80, 134, 139, 151, 238, 240, 253-7, 275

Lorde, Phyllis, 35, 37, 55-6, 133-4, 275, 439, 452

Lorde-Rollins, Elizabeth, 18, 22, 82, 173, 175, 178-84, 186-7, 197, 210, 295, 298, 351, 368, 386, 409, 410, 415, 439, 441, 457-9, 466, 490

Lorde-Rollins, Jonathan, 173, 175, 178-9, 181-2, 199, 237, 367-8, 410

lua, 15, 64, 97, 136-8, 193, 212, 231, 359, 395, 416, 453; eclipse lunar, 361; fases da, 57

lucumí, 73, 406

luz, 96, 374; do sol, 60, 157-8, 182, 274, 289, 291, 294, 303; explosão de, 66, 98; luz negra, 123; velocidade da, 374, 405, 489

M

macarthismo, 144-5
MacDowell, 275, 475
Madgett, Naomi Long, 153, 454
madrugadora, Audre como, 196-7
magnetismo, 158, 366, 368

malaquita, 200, 413
Mallett, Ronald, 225-6, 467
Manhattan Project, 24, 157
Manual diagnóstico e estatístico de transtornos mentais, 172
Mapa para a porta do não retorno, Um, 399
máquinas de escrever, 313, 318, 321, 322; primazia do toque no uso de, 322
mar do Caribe, 26, 33-4, 233, 239, 253
"Marcadas, as", 88, 90, 104, 116-7
Marcha em Washington por Trabalho e Liberdade, 259
Marcha Nacional em Washington pelos Direitos de Lésbicas e Gays, 175, 259, 407
masculinidade: branca, 200; de lésbicas, 75
Masini, Donna, 465-6
Masone, Marion, 149
mastectomia, 243, 288, 399, 415
matéria escura e energia escura, 123
maternidade: Audre como mãe, 18, 180-3
Mavis, 273
Mays, Raymina, *267*
McCarthy, Joseph, 109, 144-5
McKay, Claude, 35
Memórias de uma beatnik, 50, 446
mercado global, 247
Mergulhando com um Propósito, 239
Mês de História Negra, 383
metáforas, 24, 31, 79, 127, 195, 284, 421-3
meteoros, 357, 416
México, 75, 141, 145-6, 148-9, 155, 255, 275
mídia, 30, 203, 300, 312, 366, 390, 419, 421
Mikulski, Barbara, 354
Millay, Edna St. Vincent, 89-91, 94-5, 105-6, 116, 121, 134, 448, 450-1
Mississippi, 67, 168, 200, 301-2; *ver também* Tougaloo College
Mississippi, rio, 67, 455
MIT, 350, 353, 357, 481-2
Modern Language Association (MLA), 228, 231
Modern Library Association, 74
moedas americanas, 197-8
mofo, 15, 392
molecular, nível, 236
Montreal: Feira do Livro Feminista Internacional, 399

Moore, Honor, 303, 308
moradia, discriminação em relação à, 37
Moraga, Cherríe, 244, 266, 290, 292, 296, 312-3, 378, 407, 475
Morales, Aurora Levins, 44, 440
Morrison, Toni, 241, 302, 305
Moten, Fred, 47, 441
Mother Goose: The Old Nursery Rhymes, 49
Motim do Harlem, 36, 38
Mount Vernon, 23
Movement in Black, 280, 473
Movimento dos Direitos Civis, 44
Movimento New Jewel, 241, 243, 246
mudança, como possível, 30
mudanças climáticas, 223, 424
Mueller, Ilze, 331
mulheres: afro-alemãs, 321, 325-6, 328-32, 334-7, 368, 408; afro-americanas, 195, 211, 239, 357; árabe-americanas, 311; Associação Nacional de Estudos das Mulheres, 312; brancas, 45, 149, 200, 209, 276, 283, 309, 314, 332, 352, 354, 400; Conferência da Associação de Estudos das Mulheres da Nova Inglaterra, 312; Década das Mulheres da ONU, 364; estudos de, 207, 209, 228, 229; judias, 311-2, 314, 316; latinas, 355; negras, 19, 57, 74-5, 108-9, 112, 127, 139, 151, 162, 164-5, 186, 228, 231-2, 242-3, 249-50, 273-8, 280-1, 287, 293, 302-3, 306, 308-9, 312, 314, 326-8, 330-2, 344, 352, 355, 357, 369, 374, 377, 385-6, 390, 400-2, 412, 423; Organização Nacional de Mulheres, 229; poesia de, 20-1, 303, 307, 327; Radical Women, 411; Roda de Tambores das Mulheres Kuumba, 18; sororidade, 151, 165, 232, 273-4, 277; *ver também* feminismo/feministas; lésbicas
"mulherismo", criação do termo, 317
Mundo sem nós, O, 223
Munique: I Conferência Afro-Alemã, 328
Museu Smithsonian de História e Cultura Afro-Americana, 239
música, 108, 145, 218, 224-5, 227, 351, 386, 408

N

NAACP, 202
Nação do Islã, 318
"Não compre onde você não pode trabalhar", 36
Nardal, irmãs, 304
Narratives: Poems in the Tradition of Black Women, 312
Nasa, 120, 352, 353-4, 365, 450, 482, 484
National Book Award, 81, 236
National Endowment for the Arts, 67, 166, 307
naufrágios, 233-5
navegação, estrelas e, 351
navios negreiros, 34, 233, 239, 325; *ver também* tráfico de escravizados
nazismo/nazistas, 30, 312, 335, 339-40, 394; neonazistas, 333
"negra", 295
negras *ver* lésbicas negras; mulheres negras; pessoas negras
negritude, 154, 193, 207, 330, 364; identidade negra, 154
Nelson, Alice Dunbar, 158
Nelson, Diane, 390, 487
Neruda, Pablo, 109
Nestle, Joan, 411
New Deal, racismo do, 36
New Echo, 93, 150
New Jewish Agenda, 311
New Orleans, furacão Katrina em, 420
"New Politics of Sexuality, A", 299, 473, 475
New York Times, The, 197, 202, 311, 316, 376, 390, 463; política e desinformação do, 390
Newton, Cornelia, 133
Nigéria, 191-2, 461
nitrogênio, 143-4, 146
Noel, Elizabeth, 32
Norton, 190-1, 244, 378
notícias, poesia como corretivo para a narrativa dominante das, 198
Nova York, 104, 155; Biblioteca Pública de Nova York, 49, 51, 298, 438, 440, 442, 447, 461, 477, 482, 484-6, 488; demografia de, 36-7, 205, 206; infância de Audre em, 29, 32, 34-5; policiamento em, 204, 206; porto-riquenhos em, 204-5; protestos estudantis em, 204; Tougaloo Choir em, 168
Nova York, estado de, 23, 120
noz-moscada, 241, 244, 249-50

O

Obá, 409
Oberlin College, 316, 478
Obsidian, 191, 460
obsidiana, 273-4, 276, 278, 414-5; espelhos de, 274
oceano/oceanos: Atlântico, 26, 34, 239, 244, 325, 335; convergência de, 167, 168; Iemanjá e, 332, 409; Pacífico, 260, 335, 362; Passagem do Meio, 163; planícies abissais nos, 279, 285; tráfico transatlântico de escravizados, 334, 398; tsunamis, 138; xistos antigos no, 365-6
"Ode a um rouxinol", 90
Off Our Backs, 311, 477, 480-1
Ogum, 409
Oguntoye, Katharina, 326, 334, 479-80
"Olho no olho: Mulheres negras, ódio e raiva", 46, 151, 178, 273-5, 277-8, 293, 299, 324, 355, 371, 380, 392, 401, 441, 458, 472, 475-6, 487, 490-1
olivina, 186
Olocum, 411-2
ônibus, racismo em, 108
Onley-Campbell, Diana, 408, 489
ONU, 104, 364, 409; Década das Mulheres da ONU, 364
Organização Nacional de Mulheres, 229
orixás, 18, 29-30, 73, 190, 406, 409
Osborne, Karl, 207
Other Countries, 391
outsider, Audre como, 178
oxigênio, 111, 144, 150, 279, 281, 365-6, 405; "Grande Evento de Oxigenação", 365; *ver também* respiração
Oxum, 348
Oyá, 29-30, 42, 409, 411, 425; Audre como filha de, 29-30, 42, 425

P

Pages, Gloria, 88
Pai-Nosso, 81
Palestina: apoio militar americano à ocupação da, 316; Audre sobre a ocupação da, 316; palestinos, 20, 310-1, 313, 315-6
Panamá, 32, 34
pânico-homo nos EUA, 109, 306
Panteras Negras, 282
Parker, Pat, 172, 257, 259, 274, 278-87, 373, 378, 401, 407, 457, 472-5
Parkerson, Michelle, 134, 239, 364-8, 391, 454, 484
Parmar, Pratibha, 294, 295, 470, 475, 478
Parnassus, 194, 461
partículas subatômicas, 404
Partido dos Panteras Negras, 282
Passagem do Meio, 163
patriarcado, 30, 126, 137, 182, 235, 273, 293; *ver também* sexismo
Pearl, rio, 67, 200, 455
pedras, 47, 139, 157, 167, 175, 186, 193, 242, 265, 278, 289, 333, 339, 344, 366, 379, 398, 414-6; com propriedades curativas, 186-7, 200; joias feitas por Audre com, 200; polidas, 200; rochas sedimentares, 414; *ver também* geologia; rochas
Peebles, Melvin Van, 209
Pele (deusa), 257
Pele (monte), 257, 361; cinzas de Audre no, 257, 413
Persephone Press, 73
pesadelos de Audre, 47, 55, 58-9, 63, 123, 196, 199, 206, 210, 414; como recursos para a poesia, 63, 196
pessoas negras, 34-5, 55, 75, 137, 197, 202, 204, 209, 290, 302, 334, 348, 363, 376, 382, 387, 419
petróleo, 200, 238, 419, 422; perfuração offshore para obtenção de, 359, 419
"Phenomenology of Anger, The", 235
placas tectônicas, 233, 238, 260, 285
planetas, estrelas e, 96, 363
planícies abissais, 279, 285
plantações, 34, 230, 241, 289
poesia: antologias de, 70, 92, 122, 136, 138, 157, 238, 244, 280, 464; Audre Lorde Women's Poetry Center, 19, 21, 150, 169, 184, 412, 437-8, 464, 466; beleza e, 90, 145; censura de, 191; como corretivo para a narrativa dominante das notícias, 198; como escavação da política de sentimentos submersos, 234; conexão entre desejo erótico e, 129; das entradas dos diários de Audre, 27, 192, 256, 328; de Audre, 62, 95, 106-7, 112, 260, 298, 322, 386, 407, 444, 455-6, 462, 464-5, 471; de mulheres, 20-1, 303, 307, 327; desejo e, 129; "diferença entre poesia e retórica" para Audre, 211; na comunidade jeje, 192; pesadelos de Audre como recursos para a, 63, 196; poética da visão, 48; poética de sobrevivência, 23, 24; romântica, 79, 89; *ver também* escritos de Audre Lorde
Poesia lésbica, 215
"Poesia para o Povo", 322
"Poeta como *outsider*, A", 322, 326, 327
poetas: Audre como, 18, 24-5, 39, 61-2, 90, 94, 128, 137, 153, 156, 166, 184, 260, 279, 309, 344, 348, 354, 463; negras, 19, 300, 309; românticos, 89
Poetas românticos, Os, 79
Polaroid, 310
poliamor, 18, 150, 170, 175, 291
polícia: policiais brancos, 202; policiais negros, 201-2, 206-7; policiamento em Nova York, 204, 206; racismo fundacional da ideia de policiamento nos Estados Unidos, 208; sindicato dos patrulheiros, 203; violência policial, 205, 207, 210, 309, 386
polinização, abelhas e, 346-7
Pollard, Ingrid, 294-5, 470, 475
poluição, 346
Pool, Rosey, 153-6, 454
portas, 36, 38, 86, 116, 173, 237, 407
Porto Rico, 204, 358; porto-riquenhos em Nova York, 204-5
Pound, 167, 456
Preenchendo o Vácuo, 279

primavera, 103, 120
Primeira Guerra Mundial, 30, 32-3, 35, 141
Prisma Acrescionário de Barbados, 233
professora, Audre como, 19, 85, 169, 209, 211-2, 301, 322, 325, 369, 401, 465; aula de Audre sobre racismo sistêmico nos Estados Unidos, 208; "Poeta como *outsider*, A", 322, 326, 327
prosa de Audre, 97, 135; "biomitografia", conceito de Audre de, 404, *ver também Zami: Uma nova grafia do meu nome*; conto de ficção científica, 96; *Deotha*, 186; discursos de Audre, 31, 316, 369, 385, 410; primeiro artigo publicado, 135; primeiro conto publicado, 146; pseudônimo usado na, 146; *ver também* escritos de Audre Lorde
protestos estudantis, 204
provérbios africanos, 190
pseudônimo literário de Audre, 146, 453
psicologia comportamental, 66, 170
pulmões, 139, 149-50, 168, 353

Q

quântica, realidade, 25, 98-9, 395, 398, 400-1; Audre como ser quântico, 25, 98-9, 395, 401
quartzo, 139, 141, 187
queer, comunidade, 112, 172, 261, 387, 391, 423
Quênia, 318, 364
química: elementos químicos, 118, 254
quimioterapia, 164-5, 284, 320

R

"Racism and Sexism", 209
Racism and the Class Struggle: Further Pages from a Black Worker's Notebook, 209
racismo, 29, 34-8, 40, 44, 47, 58, 82, 93, 138, 144, 164, 182, 193, 198, 208-10, 229, 273, 275, 277, 283, 294, 308-12, 327-8, 330, 333, 335-6, 340, 369, 385, 392, 476; ambiental, 369; aula de Audre sobre racismo sistêmico nos Estados Unidos, 208; cabelos e, 151, 163-4; como doença transmissível, 392; como dragão, 37; como repulsa, 46, 86-7; comunismo e, 109, 143; de feministas alemãs brancas, 335; discriminação em relação à moradia, 37; do New Deal, 36; em aeroportos, 164, 275, 336, 338; em bibliotecas, 151, 163; em contratações, 36; em instituições literárias, 190, 379; em jornais, 198, 242; em ônibus, 108; injustiça racial, 143; internalizado, 40, 58, 193; Jim Crow, 30; masculinidade branca e, 200; mudanças demográficas e, 204; na Alemanha, 164, 328, 333, 335-6, 394; na apicultura, 345; na astrofísica ocidental, 123; na literatura infantil, 52; na unidade monetária americana, 197-8; nas escolas, 89, 360; no feminismo, 229, 311, 335; no metrô, 46, 86-7; no tratamento de HIV, 395; proteger as crianças de, 70-1, 199, 200; racismo fundacional da ideia de policiamento nos Estados Unidos, 208; relacionamentos inter-raciais e, 152, 154, 172, 276, 376; segregação, 30, 38, 89, 310; sistêmico, 208, 309, 330
Rackham, Arthur, 49, 52-3, 57, 442
radiação, 96; como tratamento para o câncer, 338, 405; exposição a, 140-1, 404-5
Radical Women, 411
rádio: ondas de, 223; programas de, 121; sinal de rádio interestelar, 226
raio X, 69, 140-1
Randall, Dudley, 190-1, 469
Rashid, Imani, 407
Reagan, Ronald, 246, 248, 249
Reagon, Bernice Johnson, 306
reatores nucleares, 153
Rede Feminista Árabe-Americana, 311
Reiprich, Doris, 337
relacionamentos inter-raciais, 152, 154, 171, 173, 276, 376
religiosidade africana: cosmologia negra, 190; Ifá, 29, 30; lucumí, 73, 406; orixás, 18, 29-30, 73, 190, 406, 409
Remington, 313

Renascimento do Harlem, 49, 304
"Renascimento", 91, 93-5, 116, 134
repressão emocional, 140, 182
respeitabilidade, políticas de, 167
respiração, 18, 23, 65, 92, 136, 140, 149, 156, 168, 261, 289, 350, 381, 398; *ver também* oxigênio
retórica: "diferença entre poesia e retórica" para Audre, 211
Revolução Granadina, 250, 403-4
revolucionários, movimentos, 243, 247, 403
Rhodes, Gina, 20-1, 437
Rich, Adrienne, 40, 65, 74, 91, 145-6, 149, 151, 196, 204-5, 210, 234, 236, 276, 290, 300, 302, 308, 310, 312-5, 319-20, 335, 347, 386, 394, 399-41, 445-6, 448, 453-4, 463, 468-9, 471, 474, 477-80, 486, 488
Riggs, Marlon, 391-2
rios, convergência de, 166-7, 233
Rios-Butts, Yolanda, 18, 20, 151, 196-7, 204
Ritchie, Sharon Page, 354
Robinson, Colin, 374-5, 391, 485
rochas: ígneas, 157, 274, 413; metamórficas, 414; sedimentares, 414; *ver também* pedras
Roda de Tambores das Mulheres Kuumba, 18
"Roll Call", 472
Rollins, Ed, 19, 151, 166, 170, 175, 234
românticos, poetas, 79, 89
Rosenberg, Julius e Ethel, 144-6
Rowe, Hortense, 418, 491
Rowell, Charles, 385, 445, 469, 481, 486, 491
royalties das obras de Audre, 73, 244
"Rumo a uma crítica feminista negra", 304
Rushin, Kate, 409, 438, 489
Rushing, Andrea Benton, 191, 460
Rússia, 249

S

Salmo 23, 37, 40, 140
Salsa Soul Sisters, 276
Sanchez, Sonia, 287, 290, 318, 360, 411, 474, 478

Sarah Lawrence College, 133, 452
School of Our Lorde, 430-1
Schulman, Sarah, 464-5
Schultheiß, Hella, 338
Schultz, Dagmar, 74, 325-6, 416, 437, 474, 479-81, 483
Scott, Walter, 202
Second April, 121, 451
SEEK, programa, 204, 209, 234, 300
Segunda Guerra Mundial, 30, 39, 45, 97-8, 141, 144, 313
Senegal, 191, 192
sentimentos submersos, poesia como escavação da política de, 234
SETI, projeto, 226
Seventeen, 70, 81, 93, 121-3, 133-6, 446-7, 451-2
sexismo, 273, 283, 299, 304, 306, 308, 311, 392; *ver também* patriarcado
sexualidade, 109, 112, 188, 230, 292, 299, 306, 364; masculina, 109
"Shade, The", 444
Shah, Shaila, 294
Shaheen Haq, 294, 470
Shakur, Assata, 194, 461
Shange, Ntozake, 302
Shea, Thomas, 199, 201-3, 205-6, 209, 463
Sheba, 246
Sheedy, Charlotte, 197, 276
Shelley, Percy, 89-90, 116, 439
Shockley, Ann Allen, 299, 475
Showing Our Colors, 328, 337, 479-80
silêncio, 43-5, 306
Simmons, Judy, 276
sindicato dos patrulheiros, 203
Sinister Wisdom: A Multicultural Lesbian Literary & Art Journal, 193, 275, 456-7, 461, 482
Sinking Stealing, 310
sionismo, 310-3, 315
sistema imunológico, 388-9, 392-3
"Sister Love", 274
Sister Vision, 246
Sisterhood of Black Single Mothers, 236
Sisterspace and Books, 408
"Six Black Women. Why Did They Die?", 242
Sixes and Sevens, 156, 288, 454, 474
Smith and Wesson, 313

Smith, Barbara, 45, 74, 82, 142, 228-30, 242-6, 248, 251, 266, 276, 290, 292, 304-6, 308-10, 312-5, 364, 367, 369, 373, 375, 378-9, 384, 408, 410, 446-7, 468, 470-1, 474, 477-8, 484-6, 489
Smith, Bessie, 348
Smith, Beverly, 230, 312
Smith, Holly, 163
Smith, Horace, 313
Smith, Lillian, 381
Smith, Lyman, 313
sobrevivência, 15, 20, 23-4, 44, 86-7, 101, 134, 159, 180, 189, 213, 221, 242, 247, 255, 271, 277-8, 288, 311, 316, 326, 332, 334, 337, 341, 354, 359, 371, 388, 390, 393, 400, 402, 407, 417-8, 420-1, 423, 425, 428, 440, 457, 460-2, 464, 473, 480, 490; poética de, 23-4
socialismo/socialistas, 143-5, 208, 230, 242-3, 245, 279, 281, 407; Audre como socialista, 143, 208, 249, 279, 281, 383, 407
Sociedade de Arqueólogos Negros, 239
sol, 97, 193, 359; explosão do, 111; luz do, 60, 157, 158, 182, 274, 289, 291, 294, 303; *ver também* estrelas
Soldier, 321
solidariedade, 69, 144, 151, 172, 177, 202, 243, 245, 250, 275, 295, 308, 311, 316, 332, 336, 354, 356-7, 388, 390, 420
solo, 153, 173, 178, 186, 256, 296; *ver também* geologia; Terra
som, 59, 374; velocidade do, 374
Somehow We Survive: An Anthology of South African Writing, 389
sonar, 141
"Song of a Second April", 451
sonhos, 33, 42, 58, 59-60, 63, 134, 137-8, 175, 179, 193, 197, 223, 231, 234, 254, 343-4, 357, 397; pesadelos de Audre, 47, 55, 58-9, 63, 123, 196, 199, 206, 210, 414
sororidade, 151, 165, 232, 273-4, 277; *ver também* feminismo/feministas; lésbicas; mulheres
sotaque de Audre, 399
Sou Sua Irmã (cele-conferência), 31, 251, 350, 352, 355, 357, 399, 407

South African Freedom Movement, 389
South Jamaica, 201, 203
Soweto, 186, 200, 210, 216, 250, 338, 356
Spare Rib, 295
Spelman College, 161-2, 164-5, 287, 411
Spencer, Taronda, 161
Spirit Happy Purpose, 302
St. Catherine, 75
St. Croix, 15-7, 26, 76, 82, 164-5, 177, 185, 239, *268*, 329, 339, 347, 352, 366-7, 369, 415-9, 464; apicultura em, 177, 348; cinzas de Audre em, 26, *268*; Coalizão de Mulheres de St. Croix, 417, 491; extração de petróleo em, 359, 419
St. John the Divine, 22, 406-8, 437-8, 447, 455, 465, 489-90; cerimônia fúnebre de Audre, 22, 406
St. Mark, 75
Stamford, 81, 133, 155
Stanford, Universidade, 260
Staten Island, 150, 165, 172-3, 175-8, 184-6, 216, 218, 242, 245, 279, 295, 464
Stations Collective, 464
Stein, Gertrude, 176
Steinem, Gloria, 19, 411
Stephens, Charles, 384, 484
Stepto, Robert, 194, 461
Still Water, 465
Suíça, 19, 335, 398
suicídios, 24, 90, 105-6, 114, 115, 117, 122, 127, 167, 234, 248, 449; de negros, 105
Sula, 241, 305, 469
superpoderes de Audre, 142, 150
supremacia branca, 67, 109, 166, 168, 333, 456; *ver também* racismo

T

Takagi, J. T., 367, 484
Tanzânia, 192
Teatro Apollo, 36
telefonemas: desejo de poder telefonar para Genevieve, 224; de Audre, 117, 196-7, 200, 243-4, 281, 284, 293, 321-2, 367, 374, 379; como ritual matutino, 197, 200
telescópios espaciais, 350, 352-3, 355

tempo: espaço e, 24-5; geológico, 95, 254, 260; viagem no, 99, 138, 194, 281, 344, 359-60, 403; *ver também* quântica, realidade
terapeutas afirmativos de lésbicas e gays, 172, 457
terapias alternativas, 99, 165
Terra, 24, 96-7, 111-2, 148, 253-4, 271, 361; atmosfera terrestre, 97, 99, 143, 279, 281, 350, 365; bactérias da, 236; eclipses e, 359; evolução da, 281, 364; ferro no centro da, 364; "Grande Evento de Oxigenação", 365; na ficção científica, 96; núcleo terrestre, 281, 364; vida anaeróbica na, 365; vida na, 80, 98, 111, 145, 337; *ver também* geologia
terremotos, 259-61
Third World Newsreel, 364, 367, 454, 474
This Bridge Called My Back, 266, 276, 293, 377
Thompson, Mildred, 292
Till, Emmett, 200, 216
Toklas, Alice, 176
"Tomb of Sorrow, The", 387, 487
toque, primazia do, 322
Tougaloo College, 67, 166-9, 174, 200, 204, 456; Tougaloo Choir em Nova York, 168
tráfico de escravizados, 334, 398; Passagem do Meio, 163; *ver também* navios negreiros
Triangle Publishing Foundation, 378, 465
Trinidad, 32, 241, 399, 402
trovão, 39, 62, 147, 382
tsunamis, 138
Tubman, Harriet, 230
turmalina, 187
turquesa, 200

U

últimas palavras de Audre, 416
Unicórnia preta, A, 72, 188-95, 439-40, 442, 444-6, 448, 450, 453, 457-62, 472-4, 480, 490-1
Universidade da Cidade do México, 145
Universidade Técnica de Berlim, 326

universo: big bang, 120, 394; escuridão como condição para o, 123; expansão do, 394; fim do, 394-5; galáxias, 112, 120, 123, 177, 350, 355; *ver também* estrelas
urânio, 118, 254; isótopos de, 254
Urban League, 202

V

vácuo, 279, 286, 374, 382
Vaid, Urvashi, 267, 292
Vaughan, Sarah, 108, 225
velocidade da luz, 374, 405, 489
vento, 0, 29, 37, 56, 64, 193, 288, 426, 427; Oyá, 29, 425; *ver também* furacões
Venture, 146, 453
Verne, Júlio, 136
Via Láctea, 112, 356, 396
viagem no tempo, 99, 138, 194, 281, 344, 359-60, 403; *ver também* quântica, realidade
vibração, 141, 223
vida anaeróbica, 365
Vietnã, Guerra do, 31, 179, 181
violência, 31, 35, 54, 57, 61, 137, 196, 198-9, 205, 207, 209-10, 230, 243, 282, 309, 313, 318, 332-3, 335, 339, 385-7, 392-3, 408, 415, 417
visão, 21, 48
"Vital Signs", 392, 394, 487-8
vulcões, 25-6, 233, 252-3, 414; obsidiana, 273-4, 276, 278, 414-5

W

Walker, Alelia, 304
Walker, Alice, 167, 236, 301-2, 314, 317, 456, 478
Walker, Margaret, 301
Ware, Kassandra, 161
Warrior Poet, 322, 440
Washington, DC, 144, 175, 179, 181, 259, 292, 365, 385, 407, 408; Marcha em Washington por Trabalho e Liberdade,

259; Marcha Nacional em Washington pelos Direitos de Lésbicas e Gays, 175, 259, 407
Washington, Dinah, 108
Weems, Renita, 302
Weisinger, Jean, 408
Weisman, Alan, 223
Welsing, Frances Cress, 45, 305-6
Wheatley, Phillis, 301, 476
Wheeler, John, 404
"When Soft Voices Die", 90
"Where Is the Love?", 305, 477
"Where Were You in '68", 181, 458
White Racism, 209
White, E. Frances, 354
Whittall, 136
Williams, Faye, 408
Winds of Change Press, 421
Winter, Nina, 69, 439-41, 445, 448, 458, 471
Woman News, 313-4, 478
Womanslaughter, 283
Women Against Imperialism, 311
Women's Building, 283, 287, 473
Women's Poetry Center *ver* Audre Lorde Women's Poetry Center
Women's Studies Quarterly, 312
Wong, Nellie, 407
Woo, Merle, 407-8
Wood, Deborah, 180, 458
Woods, Donald, 389
Woolf, Virginia, 44, 50, 441, 446
Wright, Irving E., 207
Wright, Michelle, 404
Wylie, Elinor, 89-90, 105, 157-8, 439, 448-9

X

X, Malcolm, 168

Y

Yamada, Mitsuye, 410
Yeats, William Butler, 177
Yours in Struggle: Three Feminist Perspectives on Anti-Semitism and Racism, 312

Z

Zamani Soweto Sisters, 186
Zami: Uma nova grafia do meu nome, 15, 50-1, 68-9, 73-5, 85, 93, 98, 103, 108, 114-5, 117-8, 120, 224-7, 229, 242, 244, 248, 250, 256, 286, 290, 330, 354, 366, 374, 383, 400-2, 441, 443, 449-50, 453, 467, 471

Créditos das imagens

pp. 263, 269 (acima e abaixo à dir.): Arquivos do Spelman College, Documentos de Audre Lorde
pp. 264-7: © JEB [Joan E. Biren]
pp. 268, 269 (abaixo à esq.), 270: © Dagmar Schultz

Survival Is a Promise: The Eternal Life of Audre Lorde © Alexis Pauline Gumbs, 2024. Publicado mediante acordo com Farrar, Straus and Giroux, Nova York.

Todos os direitos desta edição reservados à Todavia.

Grafia atualizada segundo o Acordo Ortográfico da Língua Portuguesa de 1990, que entrou em vigor no Brasil em 2009.

capa
Oga Mendonça
foto de capa
Audre Lorde, Berlim, 1991 © Dagmar Schultz
composição
Jussara Fino
preparação
Gabriela Marques Rocha
índice remissivo
Luciano Marchiori
revisão
Karina Okamoto
Huendel Viana

Dados Internacionais de Catalogação na Publicação (CIP)

Gumbs, Alexis Pauline (1982-)
 Audre Lorde: Sobreviver é uma promessa / Alexis Pauline Gumbs ; tradução Érika Nogueira Vieira. — 1. ed. — São Paulo : Todavia, 2025.

 Título original: Survival Is a Promise: The Eternal Life of Audre Lorde
 ISBN 978-65-5692-850-0

 1. Biografia. 2. Perfil biográfico. 3. Poeta norte-americana. 4. Feminista. I. Vieira, Érika Nogueira. II. Título.

CDD 920.72

Índice para catálogo sistemático:
1. Biografia : Mulheres 920.72

Bruna Heller — Bibliotecária — CRB 10/2348

todavia
Rua Fidalga, 826
05432.000 São Paulo SP
T. 55 11 3094 0500
www.todavialivros.com.br

fonte
Register*
papel
Pólen natural 70 g/m²
impressão
Geográfica